民商法学家

MINSHANGFA XUEJIA

民商法学家（第16卷）

张民安 主 编

物联网隐私权总论
——新信息性隐私权（一）

张民安 主 编
林泰松 副主编

·广州·

版权所有　翻印必究

图书在版编目（CIP）数据

物联网隐私权总论：新信息性隐私权（一）/张民安主编；林泰松副主编．—广州：中山大学出版社，2020.11
（民商法学家・第 16 卷/张民安主编）
ISBN 978 - 7 - 306 - 07024 - 1

Ⅰ．①物⋯　Ⅱ．①张⋯　②林⋯　Ⅲ．①物联网—隐私权—研究—中国　Ⅳ．①D923.04

中国版本图书馆 CIP 数据核字（2020）第 215194 号

出 版 人：王天琪
策划编辑：蔡浩然
责任编辑：蔡浩然
封面设计：方楚涓
责任校对：杨文泉
责任技编：何雅涛
出版发行：中山大学出版社
电　　话：编辑部 020 - 84111996，84113349，84111997，84110779
　　　　　发行部 020 - 84111998，84111981，84111160
地　　址：广州市新港西路 135 号
邮　　编：510275　　　　　传　真：020 - 84036565
网　　址：http://www.zsup.com.cn　E-mail：zdcbs@mail.sysu.edu.cn
印 刷 者：佛山市浩文彩色印刷有限公司
规　　格：787mm×1092mm　1/16　45 印张　713 千字
版次印次：2020 年 11 月第 1 版　2020 年 11 月第 1 次印刷
定　　价：99.00 元

如发现本书因印装质量影响阅读，请与出版社发行部联系调换

主编特别声明

　　提出新观点，倡导新观念，援引新资料，解决新问题，推动中国民商法理论的创新和民商法学的进步，是《民商法学家》一贯的宗旨，也是《民商法学家》主编一直以来所追求的目标。

　　《民商法学家》主编张民安教授和副主编林泰松律师凭借良好的专业素质、外语水平以及与国内外民商法理论界和民商法实务界的良好关系，从理论和实务、国内和国外两个角度诠释了当代民商法的最新理念，揭示了当代民商法案例中所蕴含的内涵，提升了我国民商法的理论水准，为我国立法机关科学地制定民商法提供了理论支撑，为我国司法机关科学妥当地解决纷繁复杂的民商事案件提供了理论指导。

　　尊敬的读者，如果您在《民商法学家》中读到所援引的案例、法官的判词、学者的精辟论述和提出的学术观点，并且在撰写文章或者出版著作时引用，请您遵守最基本的学术规范和尊重作者最基本的权利，加上"转引自张民安主编的《民商法学家》"等字样，以体现对作者艰辛劳动的尊重。因为，学术虽然是开放的，但是，作者的劳动是应当得到保护的，只有这样，在学术上倡导新观念、提出新观点的学者才能真正体现其价值。

序

一、物联网的界定和构成要素

所谓物联网，是指被镶嵌了传感器的一个、几个或者千千万万个的有体物、有形物借助于互联网与另外同样被镶嵌了传感器的一个、几个或者千千万万的有体物、有形物之间所进行的信息连接、信息存储、信息传输、信息处理，并因此能够产生各种各样数据的全球性网络系统，其中被镶嵌了传感器的有形物、有体物被称为可连接物、智能物、智能设备等。作为一种网络系统，物联网应当具备三个最基本的构成因素，这就是互联网、物和传感器。笔者将它们称为物联网的三个必要的构成要素，因为，只有同时具备了这三个构成要素，物联网才能够产生、运作并且发挥人们发明创造物联网的功效，缺少其中的任何一个构成要素，物联网既无法产生、运作，也无法发挥其原本的功效。

所谓"互联网"，是指通过电子、无线和光纤网络技术等一系列广泛的技术将不同地方、不同地域、不同国家的不同个人、不同大学、不同企业或者不同政府等所使用的电脑网络连接在一起，并因此形成超越地域范围、国界的互联互通的庞大网络系统。① 换言之，所谓互联网，是指一个人、一个单位、一个国家的网络与另外一个人、另外一个单位、另外一个国家的网络之间的联系，也就是网络与网络之间的互联互通，这就是人们将互联网称为"互联网络"（interconnected network, réseau interconnecté）的原因。

所谓物，是指人们通过发明所创造出来的除了计算机、智能手机或平板电脑等之外的有体物、有形物，因此，无体物、无形物不能够构成物联网当中的物。计算机、智能手机或平板电脑等之所以不是物联网当中的物，是因为它们是物与物之间实现连接和沟通的媒介，换

---

① Internet, https://en.wikipedia.org/wiki/Internet; Internet, https://fr.wikipedia.org/wiki/Internet; 互联网, https://zh.wikipedia.org/wiki/互联网。

言之，它们属于物联网的第一个构成要素的组成部分，应当包含在第一个要素即互联网当中。

所谓传感器，是指人们所发明的用于探测环境中所发生的事件、变化并且将所探测的消息发送至其他电子设备（如中央处理器）的装置。换言之，所谓传感器，是一种物理设备或生物器官，它们不仅能够探测、感受外界的信号、物理条件（如光、热、湿度）或化学组成（如烟雾），而且还能够将探测、感受探知到的信息传递给其他设备。传感器的类型繁多，根据不同的标准，人们对其做出不同的分类。

虽然物联网的必要构成要素可以分为互联网、有体物和传感器，但是，我们也可以将第二个构成要素和第三个构成要素合并在一起并因此形成一个构成要素，这就是物联网当中的智能物体、可连接物、可连接的智能物体等。例如，为了实现对家居、办公室进行监控和管理的目的，通过将传感器镶嵌在传统的摄像头、门铃、门锁、花盆、灯泡、窗帘和运动器材当中，人们可以让这些传统的物嬗变为智能摄像头、智能门铃、智能门锁、智能花盆、智能灯泡、智能窗帘和智能运动器材。

二、物联网的产生和发展

1985年9月，美国国会黑人议员基金会在华盛顿特区举行了第十五届年度周末立法会议。在该会议上，Peter T. Lewis 就互联网与人和智能物体之间的关系做了演讲，在演讲当中，他首次使用了"物联网"一词。1999年，英国技术专家 Kevin Ashton 第二次使用"物联网"一词。不过，真正让"物联网"一词成为家喻户晓的一个术语的人既不是 Peter T. Lewis，也不是 Kevin Ashton，而是国际电信联盟，在2005年所提交的关于物联网的报告当中，国际电信联盟对物联网涉及的方方面面做出了说明，由此让"物联网"一词广泛流行。

作为一种新的技术现象和法律现象，物联网的主要特征有五个：其一，物联网的互联互通性（interconnectivity）；其二，物联网能够为人们提供与物有关系的服务（things-related services）；其三，物联网的差异性（heterogeneity）；其四，物联网的动态变化性（dynamic changes）；其五，物联网的庞大规模性（enormous scale）。

物联网能够应用的领域包括：航天航空（系统状态监测、绿色生产），汽车（系统状态监控、V2V 通信即车车通信、V2I 通信即车路通信），电信，智能建筑（能源自动计量/家庭自动化/无线监控），医疗技术，医疗保健（个人局域网、参数监测、位置测定、实时定位系统），独立生活（健康、流动性、人口老龄化监测），制药，零售，物流，供应链管理，制造，产品生命周期管理，石油和天然气加工工业，安全与隐私保护，环境监测，人员和货物运输，食品溯源，农业和养殖，媒体、娱乐和票务，保险，回收利用，等等。Strategy Analytics 预测，到 2020 年，物联网的市场价值将达到 2420 亿美元。

当今，人们似乎都在谈论物联网的好处，认为人们应当高度重视物联网所带来的价值。Bill Gates 指出，"如果你在人工智能方面有突破性的发明，以便让机器能够学习，那么，你的发明的价值将会是微软的 10 倍"[1]。Jared Newman 指出："智能家居和其他可连接产品将不仅仅是为了人们的家庭生活，它们也将会对商人的商业活动产生重大影响。就像世纪之交忽视互联网的那些公司被重视互联网的那些公司甩在后面一样，在当今，那些拒绝物联网的公司将会冒被重视物联网的公司甩在后面的危险。"[2]

Brendan O'Brien 指出："如果你认为互联网已经改变了你的生活，那么请你三思。因为，物联网不仅再一次准备改变你的生活，而且还

---

[1] Bernard Marr, 19 Astonishing Quotes About the Internet of Things Everyone Should Read, Forbes, https://www.forbes.com/sites/bernardmarr/2018/09/12/19-astonishing-quotes-about-the-internet-of-things-everyone-should-read/#7d6ca4f7e1db; Lior Landesman, 20 Quotes on the Value, Importance and Impact of the Internet of Things, February 13, 2018, https://www.advancedenergyblog.com/solutions/iot/20-quotes-value-importance-impact-internet-things/.

[2] Bernard Marr, 19 Astonishing Quotes About the Internet of Things Everyone Should Read, Forbes, https://www.forbes.com/sites/bernardmarr/2018/09/12/19-astonishing-quotes-about-the-internet-of-things-everyone-should-read/#7d6ca4f7e1db; Lior Landesman, 20 Quotes on the Value, Importance and Impact of the Internet of Things, February 13, 2018, https://www.advancedenergyblog.com/solutions/iot/20-quotes-value-importance-impact-internet-things/.

准备彻底改变你的生活。"① Scott Weiss 指出:"因为物联网,我们已经迈入了一个物不会造成灾难性后果的世界,或者至少迈入了一个物不会让我们陷入困境的世界。我们已经进入了这样的一个世界:当我们的大门感应到我们在附近时,我们的大门就会给我们开锁。"②

三、物联网对安全和隐私所构成的威胁

除了讨论物联网的好处、价值之外,人们也讨论物联网的坏处。Elon Musk 认为,作为物联网的重要组成部分,AI(人工智能)对人类构成潜在的最大威胁。他指出:"我认为,我们应当对人工智能小心谨慎。如果我不得不说我们的生存所面临的最大威胁是什么的化,我可能会说是人工智能。所以,我们需要对人工智能小心谨慎。"③不过,迄今为止,人们认为物联网所存在的坏处主要有两种,这就是它存在网络安全(cybersecurity)问题和隐私(privacy)泄露问题。虽然这两个风险在互联网时代就存在,但是,物联网会引发互联网时代所不存在的问题。

Pricewaterhouse Coopers 对物联网引起的安全和隐私担忧做出了说明,认为,如果商人要将物联网所具有的让他们实现巨大利润的可能性变为现实,则他们应当谨慎处理好物联网所面临的两大危险即对网络安全和隐私的维护,他指出:"正确的网络安全和隐私保护措施可

---

① Bernard Marr, 19 Astonishing Quotes About the Internet of Things Everyone Should Read, Forbes, https://www.forbes.com/sites/bernardmarr/2018/09/12/19-astonishing-quotes-about-the-internet-of-things-everyone-should-read/#7d6ca4f7e1db; Lior Landesman, 20 Quotes on the Value, Importance and Impact of the Internet of Things, February 13, 2018, https://www.advancedenergyblog.com/solutions/iot/20-quotes-value-importance-impact-internet-things/.

② Lior Landesman, 20 Quotes on the Value, Importance and Impact of the Internet of Things, February 13, 2018, https://www.advancedenergyblog.com/solutions/iot/20-quotes-value-importance-impact-internet-things/.

③ Bernard Marr, 19 Astonishing Quotes About the Internet of Things Everyone Should Read, Forbes, https://www.forbes.com/sites/bernardmarr/2018/09/12/19-astonishing-quotes-about-the-internet-of-things-everyone-should-read/#7d6ca4f7e1db; Lior Landesman, 20 Quotes on the Value, Importance and Impact of the Internet of Things, February 13, 2018, https://www.advancedenergyblog.com/solutions/iot/20-quotes-value-importance-impact-internet-things/.

以帮助企业实现物联网的潜力。"① 美国网络安全和隐私专家 Sean Joyce 也对物联网面临的安全和隐私问题做出了说明,他指出:"随着物联网的快速发展,它将我们还没有完全理解的并且将会产生重要影响的新风险带到我们的生活当中,这就是网络安全和隐私的风险。我们不应当在开发和使用智能设备之后再考虑网络安全和隐私的管理问题,我们应当在开发和使用智能设备之前就早早考虑对这些风险的管理。"②

所谓物联网隐私权,是指他人尤其是智能设备的使用者(users of smart devices)、智能设备的消费者(consumers of smart devices)在物联网时代所享有的隐私权。就像互联网会引起隐私风险一样,物联网当然也会引起隐私风险。Pricewaterhouse Coopers 对物联网引起的隐私风险做出了说明,他指出:"除了危及安全之外,物联网涉及隐私问题,尤其是涉及使用物联网的设备所收集、存储和使用的信息流的数据问题。当物联网收集和使用的数据包括个人信息时,或者当所收集的信息能够被用来描述个人活动的详细画面时,商人必须考虑与处理此种数据有关的隐私风险。"③

Carsten Maple 也对物联网引起的隐私风险问题作出了说明,他指出:"物联网所面临的一个主要挑战就是隐私保护。物联网提供了大量的可用数据,这些数据不仅涉及像万维网等互联网消费者,而且还涉及一般的公民、团体和组织。这些数据可以用来确定我们对什么感兴趣、我们要去哪里,以及我们有什么意图。虽然这有助于提供更好的服务,但它也不能忽视我们的隐私期待。"④

虽然物联网隐私权和互联网隐私权一样均涉及对他人私人信息的收集、加工、存储、整合、利用或者传播问题,但是,它们之间仍然

---

① Uncovering the potential of the Internet of Things, https://www.pwc.com/gx/en/issues/information-security-survey/internet-of-things.html
② Uncovering the potential of the Internet of Things, https://www.pwc.com/gx/en/issues/information-security-survey/internet-of-things.html
③ Uncovering the potential of the Internet of Things, https://www.pwc.com/gx/en/issues/information-security-survey/internet-of-things.html
④ Carsten Maple, Security and privacy in the internet of things, (2017) Journal of Cyber Policy, 2: 2, 155 – 184, p. 172.

存在足以让物联网隐私权独立于互联网隐私权的差异。在今时今日，传统隐私权、互联网隐私权和物联网隐私权均存在于我们的社会，它们分别从不同方面保护我们的隐私权，任何一种隐私权均有自己独立的存在价值和适用范围，任何一种隐私权均无法取代其他类型的隐私权；当报社在自己的纸质媒体上公开他人的疾病或者健康信息时，它们侵犯了他人所享有的传统隐私权；当互联网的服务提供商通过互联网收集他人的疾病或者健康信息时，它们侵犯了他人所享有的互联网隐私权；当智能设备的发明者通过物联网收集智能设备消费者的疾病或者健康信息时，则他们侵犯了他人所享有的物联网隐私权。

四、《民商法学家》第16卷对物联网隐私权的集中关注

如果民法当中存在所谓的物联网隐私权，尤其是，如果隐私权大家庭当中存在能够与互联网隐私权平起平坐的一种新的隐私权即物联网隐私权，则我们应当讨论的问题是：物联网隐私权如何界定，物联网隐私权与传统隐私权尤其是互联网隐私权之间的关系是什么；它们之间存在哪些差异，它们之间存在哪些共同点；传统隐私权尤其是互联网隐私权的规则是否能够在物联网隐私权当中适用，如果能够适用，哪些规则能够在物联网隐私权当中适用，哪些规则无法在物联网隐私权当中适用？

在传统隐私权尤其是互联网隐私权的规则不能够适用到物联网隐私权的情况下，我们应当采取什么样的措施保护智能设备消费者、使用者的隐私权免受侵犯？是由法官采取类推适用的方法，将传统隐私权尤其是互联网隐私权当中的知情同意规则（informed consent）适用到物联网隐私权当中，在智能设备的开发者收集、加工、存储、整合、利用或者传播消费者、使用者的个人信息时，我们也像在互联网隐私权当中所要求的那样，让他们预先告知消费者、使用者有关信息的收集、加工、存储、整合、利用或者传播方式、范围、程度并且取得他们的同意？如果由法官在物联网隐私权当中采取类推适用互联网隐私权的规则，那么，他们的此种做法是否恰当？为什么恰当，为什么不恰当？例如，在智能设备的开发商要收集、加工、存储、整合、利用或者传播消费者、使用者的亲密信息时，互联网隐私权当中的知情同意规则是否能够类推适用？

如果不适宜由法官通过类推适用已有的隐私权规则去解决物联网隐私权面临的风险,那么,我们应当采取由立法者制定法律的方式保护智能设备消费者、使用者的隐私权吗?如果立法者要制定有关物联网隐私权方面的法律,那么,他们制定的法律应当规定哪些内容?有关物联网方面的制定法如何与有关互联网方面的制定法协调一致?是对已有的关于互联网方面的制定法做出修改,将有关物联网隐私权方面的内容加入其中,还是另起炉灶,在有关互联网方面的制定法之外单独制定法律,专门规范和调整物联网隐私权?

鉴于物联网仅仅是一个最新的科技现象,而物联网隐私权也仅仅是一个最新的法律现象,因此,迄今为止,大多数民法学者、隐私权学者均没有对这些问题做出回答,即便某些人对它们做出了回答,他们做出的回答也是不深入的、不全面的,换言之,他们也仅仅做出了浅尝辄止式的、走马观花式的回答,同他们对传统隐私权尤其是互联网隐私权所面临的问题做出的回答形成最鲜明的对比,因为,无论是对传统隐私权还是互联网隐私权,他们均做出了全面的、深入的、系统的研究,除了出版了一部又一部有关隐私权方面的学术著作之外,他们也发表了一篇又一篇有关隐私权方面的学术文章。

虽然隐私权发端于作为大陆法系国家的法国,但是,作为英美法系国家的美国,因为在隐私权的几乎所有领域,美国几乎均后来居上,并因此取得了令人瞩目的成就。[①] 这一点尤其是在互联网隐私权和物联网隐私权领域表现明显。在互联网和物联网领域,美国的成就之所以能够超越法国,其原因当然众多,其中的一个原因是,无论是互联网隐私权当中的互联网还是物联网隐私权当中的物联网均源自美国,它们是美国人在科技领域所做出的发明创造。换言之,无论是第三次工业革命还是第四次工业革命均是由美国人发起的。在发明创造了互联网和物联网之后,除了法律专家、法学教授会讨论这两个科技发明对隐私权的影响之外,甚至技术专家在讨论这两项重大的科技发明时也会讨论他们对隐私权的影响。

为了让我国民法学者对美国物联网隐私权理论的最新发展有所了解,尤其是为了促进我国民法学者对物联网隐私权一般理论的研究,

---

① 张民安主编:《隐私权的界定》,中山大学出版社2017年版,序言,第1-6页。

笔者在《民商法学家》（第16卷）当中对物联网隐私权的一般理论做出介绍。

具体来说，《民商法学家》（第16卷）的内容共分四编：

第一编和第二编为"物联网隐私权所面临的威胁"。无论是作为一种科技现象还是作为一种法律现象，物联网均是最新的，在新的问题上，没有任何其他现象能够与物联网和物联网隐私权相提并论，因为到了2006年，人们才开始对此种现象予以广泛关注，并且此种关注在未来只增加不会减少。作为一种最新的科技现象，物联网是否会危及智能设备消费者、使用者的隐私权？如果会危及智能设备消费者或者使用者的隐私权，物联网在什么范围内会危及智能设备消费者或者使用者的隐私权？关于这些问题的回答，请读者阅读本著作的第一编和第二编，因为这两编专门讨论这些问题。

第三编为"物联网隐私权研究报告"。自物联网产生以来，为了引导、推动物联网的快速发展，为了警告物联网的开发商、智能设备消费者或者使用者关注物联网所引发的包括危及消费者隐私权在内的各种潜在问题，从2006年开始一直到今时今日，英美法系国家的不同组织，包括国内组织和国际组织，均会不定期地发布有关物联网方面的研究报告，除了对物联网所面临的其他问题做出阐述之外，它们也会对物联网引发的隐私权问题做出阐述，诸如物联网隐私权面临哪些威胁，物联网隐私权与互联网隐私权之间的差异，有关互联网隐私权方面的法律规范是否能够适用于物联网隐私权，人们应当如何采取措施尊重智能设备消费者或者使用者的隐私权，等等。在第三编当中，我们将其中具有重要影响力的一些研究报告翻译了出来，关于这些研究报告所涉及的具体内容，请读者阅读本著作的第三编。

第四编为"物联网隐私权的法律保护"。在大陆法系国家和我国，隐私权的法律保护是完全统一的，人们并不明确区分不同隐私权的法律保护方法，包括不区分互联网隐私权和物联网隐私权的法律保护方法。在法国，《法国民法典》第9条对隐私权的法律保护做出了明确规定，在我国，《民法总则》第一百七十九条对包括隐私权在内的所有主观权利的法律保护做出了统一性的规定。而在英美法系国家，除了明确区分不同类型的隐私权之外，人们也明确区分不同类型隐私权的法律保护方法。

相比于大陆法系国家和我国的做法，英美法系国家的做法更加科学、更加合理，因为，虽然均为隐私权，除了不同隐私权的内容存在差异之外，行为人针对不同隐私权所实施的侵犯行为也是存在重大差异的，有时甚至是风马牛不相及的。用同一、统一的法律保护措施保护所有类型的隐私权，就像用同一、统一的药物治疗所有的疾病一样，是不正常的，也是没有必要的，我们应当针对不同的隐私权规定不同的法律保护措施。

作为最新的一种隐私权，人们应当如何采取措施保护物联网消费者或者使用者的隐私权？传统隐私权尤其是互联网隐私权的法律保护方法足以对此种隐私权提供保护吗？如果传统隐私权尤其是互联网隐私权的法律保护方法不足以保护此种隐私权，那么，人们应当通过什么方式保护隐私权？对于这些问题的回答，请读者阅读本著作的第四编，因为这一编专门讨论这些新问题。

《民商法学家》（第16卷）之所以能够顺利出版，除了主编和各著译者的努力之外，还得益于中山大学出版社和蔡浩然编审的鼎力支持，在《民商法学家》（第16卷）即将出版之际，本书主编真诚地对他们表示由衷感谢！

张民安教授
2020年5月23日于
广州中山大学法学院

目　　录

第一编　物联网隐私权所面临的威胁（一）

物联网隐私权研究 …………………………………… 张民安
　一、科技与民法之间的关系 ………………………………（1）
　二、物联网一词的发明和流行 ……………………………（7）
　三、物联网的界定 …………………………………………（16）
　四、物联网的构成要素 ……………………………………（25）
　五、物联网的产生、发展和现状 …………………………（32）
　六、物联网对民法形成的两大挑战 ………………………（39）
　七、物联网隐私权的独立性 ………………………………（44）

完美风暴：隐私悖论与物联网 ……………… 梅里迪德·威廉姆斯
　　　　　杰森·R.C.纳斯　莎蒂·克里斯　著　邓晶晶　译
　一、导论 ……………………………………………………（56）
　二、隐私悖论 ………………………………………………（59）
　三、促成隐私悖论的因素 …………………………………（61）
　四、物联网 …………………………………………………（67）
　五、讨论与未来研究 ………………………………………（71）
　六、结论 ……………………………………………………（80）

物联网：基础技术、互操作性和对隐私与安全的挑战
　　　　…………………… 斯沃罗普·波德尔　著　邓梦桦　译
　一、架构和使能技术：定义物联网 ………………………（85）
　二、互操作性 ………………………………………………（98）
　三、对隐私和安全的威胁 …………………………………（103）
　四、结论和政策建议 ………………………………………（113）

物联网的规范：人工智能时代的歧视、隐私和网络安全
　　　　…………………… 夏洛特·A.施切德　著　邓晶晶　译

一、导论 ……………………………………………………（115）
二、物联网市场和技术 ……………………………………（117）
三、消费者风险和监管 ……………………………………（126）
四、物联网监管框架 ………………………………………（150）
五、为物联网设备制定法律框架 …………………………（163）
六、结论 ……………………………………………………（172）

第二编　物联网隐私权所面临的威胁（二）

隐私权与物联网：重新定义现有隐私标准刻不容缓
　　………………… 格雷厄姆·约翰逊 著　缪子仪 译
　　一、导论 …………………………………………………（173）
　　二、物联网概述 …………………………………………（177）
　　三、物联网数据收集行为存在的问题 …………………（181）
　　四、关于物联网数据可采性的现行法律标准 …………（194）
　　五、隐私利益保护的崭新框架 …………………………（201）

物联网时代的安全和隐私 …… 卡斯滕·梅普尔 著　袁姝婷 译
　　一、导论 …………………………………………………（209）
　　二、物联网的应用 ………………………………………（217）
　　三、物联网所面临的安全挑战 …………………………（230）
　　四、物联网所面临的隐私挑战 …………………………（242）
　　五、结语 …………………………………………………（248）

物联网无屏时代隐私所面临的挑战
　　………………… 梅格莱塔·琼斯 著　林泰松　袁姝婷 译
　　一、导论 …………………………………………………（252）
　　二、智能社会 ……………………………………………（255）
　　三、公共隐私 ……………………………………………（260）
　　四、智能隐私 ……………………………………………（271）

物联网时代的隐私：威胁和挑战 …… 简·亨里克·齐格尔多夫
　　　　　　　　　　奥斯卡·加西亚·莫琼　克劳斯·韦勒 著
　　………………………………………………… 邓梦桦 译
　　一、导论 …………………………………………………（281）

二、隐私的定义和物联网的参考模型 …………………… (283)
三、物联网的发展演变 …………………………………… (291)
四、物联网对隐私的威胁和挑战 ………………………… (299)
五、结语 …………………………………………………… (313)

物联网当中的安全、隐私和信任：路在何方
………… 萨布丽娜·西卡里　亚历山德拉·里扎尔迪
　　　　　　　　路易吉·阿弗里多·格雷科
阿尔贝托·科恩·帕瑞思尼　著　徐若楠　译
一、导论 …………………………………………………… (316)
二、物联网安全要求：身份验证、保密性和访问控制 … (319)
三、物联网隐私 …………………………………………… (331)
四、物联网信任 …………………………………………… (334)
五、物联网策略执行 ……………………………………… (340)
六、物联网安全中间件 …………………………………… (345)
七、物联网移动安全 ……………………………………… (349)
八、正在进行的项目 ……………………………………… (353)
九、结语 …………………………………………………… (357)

物联网时代的安全和隐私
………… V.切拉潘　K.M.西瓦宁格　著　邓晶晶　译
一、导论 …………………………………………………… (358)
二、物联网安全概述 ……………………………………… (365)
三、物联网安全框架 ……………………………………… (374)
四、物联网的隐私 ………………………………………… (379)
五、结语 …………………………………………………… (383)

第三编　物联网隐私权研究报告

国际互联网协会2019年报告：物联网隐私保护政策制定的建议
………………………………………………… 袁姝婷　译
一、导论 …………………………………………………… (385)
二、物联网的重要特征 …………………………………… (389)
三、物联网对个人隐私保护所提出的挑战 ……………… (391)

四、个人隐私保护的指导原则和相关建议 …………………… (394)
　　五、附录：进一步阅读 …………………………………………… (401)
物联网研究报告
　　——美国民主与技术中心就2013年物联网研讨会
　　　发表的意见 ……………………………………… 徐若楠　译
　　一、物联网对隐私和安全构成现实威胁 ……………………… (404)
　　二、公平信息实践原则和物联网 ……………………………… (406)
　　三、物联网的重要案例研究——健康领域应用 ……………… (415)
　　四、结语 ………………………………………………………… (418)
美国联邦贸易委员会2015年就物联网发表的研究报告
　　　　……………………………………………………… 徐若楠　译
　　一、摘要 ………………………………………………………… (419)
　　二、背景 ………………………………………………………… (425)
　　三、什么是"物联网" …………………………………………… (428)
　　四、益处与风险 ………………………………………………… (429)
　　五、传统隐私原则的适用 ……………………………………… (438)
　　六、立法 ………………………………………………………… (458)
　　七、结语 ………………………………………………………… (464)
互联网协会2015年研究报告：物联网的产生、发展和
所面临的挑战 ………………… 凯伦·罗斯　斯科特·埃德里奇
　　　　　　　　　　　　　　　　　　莱曼·夏潘　著　徐若楠　译
　　一、引言 ………………………………………………………… (465)
　　二、物联网的定义 ……………………………………………… (468)
　　三、物联网引发的问题 ………………………………………… (481)
　　四、结语 ………………………………………………………… (509)

第四编　物联网隐私权的法律保护

《一般数据保护条例》与物联网：透明性的三步模型
　　　　……………………………… 桑德拉·瓦赫特　著　袁姝婷　译
　　一、导论 ………………………………………………………… (511)
　　二、相关背景 …………………………………………………… (514)

三、提高物联网透明性和用户信任的法律原则与非法律

  指导原则 ……………………………………………… (519)

四、物联网透明性的三步模型 ………………………… (526)

五、两个案例 …………………………………………… (539)

六、结语 ………………………………………………… (547)

物联网与隐私侵权的潜在法律救济

………… 亚历山大·H. 特兰 著   邓梦桦 译

一、导论 ………………………………………………… (549)

二、物联网所造成的潜在隐私问题和危险 …………… (551)

三、对目前物联网隐私法规的调查 …………………… (558)

四、隐私侵权和物联网 ………………………………… (563)

五、结语 ………………………………………………… (579)

物联网时代隐私的保护：第三方规则的放弃

………… 达尔马西奥·V. 波萨达斯 著   邓晶晶 译

一、导论 ………………………………………………… (581)

二、物联网的背景 ……………………………………… (584)

三、第三方规则与物联网不兼容 ……………………… (589)

四、加密的数据 ………………………………………… (599)

五、结论 ………………………………………………… (603)

物联网的法律规范和调整：解决歧视、个人隐私保护、
数据安全和消费者同意问题的第一步

………… 斯科特·R. 佩皮特 著   袁姝婷 译

一、导论 ………………………………………………… (606)

二、五大类型的物联网设备 …………………………… (619)

三、物联网引发的四大问题 …………………………… (643)

四、解决物联网问题的初步措施 ……………………… (679)

五、结语 ………………………………………………… (697)

第一编 物联网隐私权所面临的威胁（一）

物联网隐私权研究

张民安

目　次

一、科技与民法之间的关系
二、物联网一词的发明和流行
三、物联网的界定
四、物联网的构成要素
五、物联网的产生、发展和现状
六、物联网对民法形成的两大挑战
七、物联网隐私权的独立性

一、科技与民法之间的关系

在民法领域甚至整个法律领域，民法学家甚至法理学家均明确区分法律（droit）和非法律（non-droit），他们认为，虽然法律和非法律均为社会现象，但是，法律与非法律并不相同，这就是民法学家所主张的法律和非法律的区分理论。

所谓法律，是指具有约束力并且在大多数情况下具有强制力的法律规范（les règles de droit），除了具有行为规范的功能之外，法律也具有裁判规范的功能,因为,除了社会公众在社会当中生活时应当遵守法律之外,法官在处理当事人之间的民事纠纷或者其他法律纠纷时也应当遵守法律,换言之,法官应当适用具有约束力、强制力的法律规范解决当事人之间的民事纠纷或者其他法律纠纷,他们不能够在法律之外解决当事人之间的争议。

在民法上具有约束力、强制力并且能够被法官作为裁判民事纠纷或者法律纠纷的法律并不限于立法者颁布的制定法,尤其是民法典,除了制定法之外,法律还包括制定法之外的其他法律,包括习惯、司法判例、民法学说,以及法律的一般原则(principes généraux du droit),等等,包括制定法在内,能够作为法官裁判案件根据的这些法律被民法学者统称为法律渊源(les sources du droit)。[1]

所谓非法律,是指法律之外的所有社会现象、社会事件、社会事实(les faits sociaux),诸如法律之外的道德现象、宗教现象、礼仪现象、政治现象、经济现象、文化现象等,因为,民法学者普遍承认,虽然法律也是一种社会现象,但是,作为一种法律现象,法律规范不同于同样作为社会现象的道德规范、宗教规范、礼仪规范,虽然它们

---

[1] Jean Carbonnier, Flexible Droit, pour une sociologie du droit sans rigueur, 10e, édition, LGDJ, 2001, pp. 11 – 24; Henri Roland Laurent Boyer, Introuduction au droit, Litec, 2002, pp. 7 – 31; Philippe Malaurie Patrick Morvan, Introuduction au droit, 4e édition, DEFRÉNOIS, 2012, pp. 13 – 31; Christian Larroumet Augustin Aynés, Introduction à l'étude du droit, 6e édition, Economica, 2013, pp. 9 – 29; Philippe Malinvaud, Introuduction à l'étude du droit, 15e edition, LexisNexis, 2015, pp. 23 – 40; Jean-Luc AUBERT Eric SAVAUX, Introuduction au droit et thèmes fondamentaux du droit civil, 17e édition, Dalloz, 2018, pp. 5 – 29.

在性质上均属于社会规范。①

在《弹性法律》当中，Jean Carbonnier 对法律和非法律之间的区分理论做出了说明，他指出："在今时今日，基于最成熟的理解，法律的社会学不再主张法律无所不在的泛法律理论，它承认，在人与人之间的关系方面，并非所有的关系均由法律予以规范和调整，除了由法律规范和调整之外，人与人之间的某些社会关系也逃脱了法律的规范和调整，因为这些社会关系与法律关系并不同。它甚至认为，法律并没有深入到人的所有生活当中，因为在社会生活当中，人们的某些生活是没有法律的。换言之，至少在理论上，社会当中除了法律之外还存在非法律。"②

在《民法总论》当中，Philippe Malaurie 和 Patrick Morvan 也对法律与非法律之间的区分理论做出了说明，他们指出："法律应当区别于其他社会规范，虽然个人也应当遵守其他的社会规范，但是，其他社会规范没有法律规范的特征。如果法律规范总是社会规范，则相互性不是真实的：并非所有的社会规范均是法律规范。这就是 Jean Carbonnier 所谓的'非法律理论'。根据该种理论，在某些场所、某些时期或者某些方面，法律被人们排斥了。——'非法律理论'表明了'多种规范'存在的现实：数不胜数的非法律性质的社会规范在对社会进行规范和调整（朋友关系、道德规范、礼节规范、礼仪规范、

---

① Jean Carbonnier, Flexible Droit, pour une sociologie du droit sans rigueur, 10 e, édition, LGDJ, 2001, pp. 25 – 47; Jean Carbonnier, Sociología jurídica, 2e édition, PUF, 2004, pp. 315 – 317. Henri Roland Laurent Boyer, Introduction au droit, Litec, 2002, pp. 173 – 362; Jean-Louis Bergel, Théorie Générale Du Droit, 5e édition, Dalloz, 2012, pp. 183 – 193; Philippe Malaurie Patrick Morvan, Introduction au droit, 4e édition, DEFRÉNOIS, 2012, pp. 199 – 382; Christian Larroumet Augustin Aynès, Introduction à l'étude du droit, 6e édition, Economica, 2013, pp. 111 – 224; Philippe Jestaz, Les sources du droit, 2e edition, Dalloz, 2015, pp. 1 – 183; Philippe Malinvaud, Introduction à l'étude du droit, 15e edition, LexisNexis, 2015, pp. 51 – 203; Jean-Luc AUBERT Eric SAVAUX, Introuduction au droit et thèmes fondamentaux du droit civil, 17e édition, Dalloz, 2018, pp. 65 – 214; 张民安：《法国民法》，清华大学出版社 2015 年版，第 37 – 58 页；张民安：《法国民法总论（上）》，清华大学出版社 2017 年版，第 542 – 543 页；张民安、丘志乔主编：《民法总论》（第五版），中山大学出版社 2017 年版，第 23 – 47 页。

② Jean Carbonnier, Flexible Droit, pour une sociologie du droit sans rigueur, 10e, édition, LGDJ, 2001, p. 25.

友好协商,以及宗教规范,等等)。"①

在民法领域甚至在法理学领域,虽然民法学者甚至法理学者对法律与道德、宗教、礼仪甚至经济和政治等之间的关系做出了说明,除了认为法律与这些社会现象之间既存在联系也存在差异之外,他们还认为,因为法律与法律之外的其他社会现象之间所存在的差异,因此,法律独立于其他社会现象,法律无法也没有包含其他的社会现象,其他社会现象没有也不可能包含法律。问题在于,科技是否对法律产生了影响?如果科技对法律产生了影响,那么,科技对法律产生的影响有哪些?

从19世纪末期开始一直到今时今日,大多数民法学者认为,鉴于科技发明引起的工业事故频繁发生,人们应当将物引起的侵权责任从过错侵权责任嬗变为无过错侵权责任,即便企业主没有过错,他们仍然应当就自己的机器引起的工业事故对工人、劳动者承担侵权责任。② 除了就科技对侵权责任产生的此种影响做出说明之外,大多数民法学者、法理学者普遍没有对这些问题做出说明,尤其是,他们普遍没有就科技对民法产生的一般性影响做出说明,虽然在讨论法律与非法律的区分理论时,他们大都就道德、宗教等其他因素对法律产生的影响做出了说明,已如前述。

当然,并非所有的民法学家或者法理学家均不对这些问题做出说明,包括 Georges Ripert 和 Jean-Louis Bergel 在内,少数学者在讨论法律与非法律之间的关系时对这些问题做出了说明,虽然他们做出的说明是非常简略的,甚至仅仅是只言片语的。在1955年的《法律的产生力量》当中,Georges Ripert 就科学发展(l'évolution scientifique)对民法的影响做出了说明。Georges Ripert 指出,物质文明并不是静止不动的,基于科学的不断发展和科学的持续发现,物质文明也会发

---

① Philippe Malaurie Patrick Morvan, Introuduction au droit, 4e édition, DEFRÉNOIS, 2012, pp. 18 – 19.

② Raymond Saleilles, Les accidents de travail et la responsabilité civile: essai d'une théorie objective de la responsabilité délictuelle, Paris, Rousseau, 1897, pp. 1 – 90; Louis Josserand, De la responsabilité du fait des choses inanimées, Paris, Rousseau, 1897, pp. 5 – 129; Henri Roland Laurent Boyer, Responsabilité délictuelle 3e édition, 1988, Litec, pp. 18 – 29;张民安:《现代法国侵权责任制度研究》,法律出版社2007年版,第227 – 231页。

生变革，因为，我们每隔 20 年左右就进入一个不同的时代：蒸汽机的时代，电力的时代，内燃机的时代，原子力的时代。这些时代最终创造出一个不同于旧世界的新世界，在这个新世界，人们借助于无所不在的机器生活：借助于铁路、汽车和飞机等交通工具，人们能够走得比过去任何时候更远的地方，借助于电话、电报、收音机、电影等媒介，人们之间不再存在距离感，无论咫尺天涯，他们均能够进行交流、沟通，等等。因为这个新世纪不同于 1804 年的《法国民法典》制定时的旧世界，因此，《法国民法典》无法适应新世纪的需要。① Georges Ripert 有时也将新世界称为现代世界。②

在 2012 年出版的《法律的一般理论》当中，Jean-Louis Bergel 也对科技与法律之间的关系做出了说明，并且在对科技与法律之间的关系做出说明时，他基本上重复了 Georges Ripert 的上述论调，因为他也认为，作为法律之外的一种社会现象，科学发现和技术进步会对法律产生影响。他指出，人们原本以为法律是稳定的，因为他们认为，物质文明是不会发生变化的，但是，他们不曾想到，他们曾经认为不会发生变化的物质文明因为不同的科学发现而会发生变化，因为这样的原因，物质文明经历了不同的时代：蒸汽机的时代，电力的时代，内燃机的时代，原子力的时代，太空时代，电子时代，以及互联网时代等。因为这些科学发现引起的物质文明的变化，为了适应物质文明的变化，立法者也制定了新的法律，诸如航空法、社会保障法，以及消费者法等。③

同 Georges Ripert 相比，Jean-Louis Bergel 列举了人类历史上更多具有时代性的发明，因为前者仅仅列举了四种具有时代性的科技，这就是蒸汽机、电力、内燃机和原子力，而除了列举了这四种具有时代性的科技之外，Jean-Louis Bergel 还列举了三种具有时代性的新科技：太空科技、电子科技以及互联网科技，已如前述。在列举能够影响法律尤其是民法的科技时，两位学者之间之所以存在差异，是因为在出版《法律的产生力量》的 1955 年，太空科技、电子科技以及互联网

---

① Georges Ripert, Les Forces Créatrices du Droit, 2e édition, L. G. D. J, 1955, pp. 34–35.
② Georges Ripert, Les Forces Créatrices du Droit, 2e édition, L. G. D. J, 1955, p. 35.
③ Jean-Louis Bergel, Théorie Générale Du Droit, 5e édition, Dalloz, 2012, p. 185.

科技还没有出现，而到了出版《法律的一般理论》的2012年，这些新科技不仅出现了而且还被人们大量应用。

从18世纪末期和19世纪初期开始，由于自由资本主义的产生和发展，人类进入了以科技发明和科技创新作为标志和核心的工业革命（la révolution industrielle）时代。所谓工业革命，是指发生在19世纪中后期和20世纪前半期的并且让19世纪前半期的传统农业社会（société agricole）、手工业社会（société artisanale）嬗变为工业社会（société industrielle）、商业社会（société commerciale）的历史进程（le processus historique）。①

1837年，法国经济学家Adolphe Blanqui（1798—1854）在自己的著作《政治经济学史》当中首次使用"工业革命"一词。1840年，德国哲学家、社会主义理论家Friedrich Engels（1820—1895）第二次使用"工业革命"一词。20世纪，英国历史学家Arnold Toynbee（1889—1975）将"工业革命"一词通俗化，自此之后，"工业革命"一词就构成普通词语的组成部分。② 通说认为，工业革命分为四个阶段即第一次工业革命（La première révolution industrielle）、第二次工业革命（Deuxième révolution industrielle）、第三次工业革命（Troisième révolution industrielle）以及第四次工业革命（Quatrième révolution industrielle）。③

第一次工业革命也被称为工业1.0（Industry 1.0），它发生在18世纪末期至19世纪前半期，以英国和法国作为主要的发源地，以蒸汽机的发明和使用作为标志，除了成就了纺织工业之外，第一次工业革命也成就了船舶工业和冶金工业。④ 第二次工业革命也被称为工业2.0（Industry 2.0），它发生在19世纪中后期至20世纪前半期，一般人认为是指1870年至1960年期间，以发电机、电话和内燃机的发明和使用作为标志，除了成就了电力工业、通信工业之外，第二次工业革命也成就了汽车工业、航空工业、钢铁工业、化学工业以及铁路运

---

① Révolution industrielle, https://fr.wikipedia.org/wiki/Révolution_industrielle.
② Révolution industrielle, https://fr.wikipedia.org/wiki/Révolution_industrielle.
③ Révolution industrielle, https://fr.wikipedia.org/wiki/Révolution_industrielle.
④ Révolution industrielle, https://fr.wikipedia.org/wiki/Révolution_industrielle; Un siècle de découvertes, https://www.maxicours.com/se/cours/un-siecle-d-evolution-technologique/.

输业。① 第三次工业革命也被称为工业 3.0（Industry 3.0），它从 20 世纪 60 年代开始一直到 20 世纪末期，以计算机、互联网为标志开启了信息时代。② 第四次工业革命也被称为工业 4.0（Industry 4.0），它是指发生在 21 世纪的今时今日的工业革命，它以 3D 打印技术、激光切割、数控机床、机器人、云计算和物联网等最新科技和发明作为全新标志。③

无论是哪一次工业革命均对法律尤其是其中的民法产生了影响，所不同的是，它们对法律尤其是其中的民法所产生的影响存在差异，总的说来，第一次工业革命产生的影响最小，几乎可以忽略不计，而第二次工业革命的影响最大，因为由农业社会、手工业社会的民法演变成工业社会、商业社会的民法的任务是它促成的；第三次工业革命和第四次工业革命对民法的最大影响是让传统的工业社会、商业社会嬗变为一种电子社会、数字社会、信息社会，让他人尤其是网络用户、智能设备的消费者、使用者在网络空间、智能设备当中所留下的个人信息面临被行为人尤其是其中的网络服务商、智能设备的开发者所收集、加工、存储、整合、利用或者传播的风险。

在第四次工业革命时期，也就是在工业 4.0 的时期，人们一个最主要的、最重要的科技发明是物联网，除了借此推动物联网市场的快速发展之外，物联网的发明和使用也对法律尤其是其中的隐私权法产生了重要影响。

二、物联网一词的发明和流行

人们普遍认为，无论是作为一种技术词语还是作为其他含义的术语，"物联网"（Internet of Things，IoT）一词不仅是人为创造的，而且还是到了很晚才被人为创造的。不过，作为一种形式，"物联网"一词究竟是谁在什么时候最先使用的，人们之间存在不同看法。

---

① Révolution industrielle，https：//fr. wikipedia. org/wiki/Révolution_industrielle.

② Révolution industrielle，https：//fr. wikipedia. org/wiki/Révolution_industrielle；Troisième révolution industrielle，https：//fr. wikipedia. org/wiki/Troisième_révolution_industrielle.

③ Révolution industrielle，https：//fr. wikipedia. org/wiki/Révolution_industrielle；Industrie 4. 0，https：//fr. wikipedia. org/wiki/Industrie_4. 0.

(一) 关于 Kevin Ashton 在 1999 年第一个使用"物联网"一词的意见

某些人认为,物联网一词是由英国技术专家 Kevin Ashton 在 1999 年首次使用的,即便在首次创造这一术语时,他使用的准确概念并不是今天人们使用的"Internet of Things"一词,而是另外一个术语即"Internet for Things"。①

1999 年,Kevin Ashton 既是一家美国跨国消费品公司即宝洁公司(The Procter & Gamble Company,简称为 P&G)的技术专家,也是美国麻省理工学院(the Massachusetts Institute of Technology,MIT)自动识别中心(the Auto-ID Center)的技术研究员。美国麻省理工学院之所以创办自动识别中心,其唯一的一个目的是要为射频识别(Radio Frequency Identification,RFID)和其他传感器(sensors)创设全球标准体系(global standard system)。②

所谓射频识别(RFID)是指一种无线通信技术,它可以通过无线电信号识别特定目标并读写相关数据,而无须识别系统与特定目标之间建立机械或者光学接触。无线电的信号是通过调成无线电频率的电磁场,把数据从附着在物品上的标签上传送出去,以自动辨识与追踪该物品。射频标签可以附着于物品上并用于对库存、资产、人员等的追踪与管理。譬如,射频标签可以附着于轿车上、电脑设备上、书籍上、移动电话上等。③ 实际上,射频识别不仅是一种传感器,而且还应当属于最早的一种传感器。④

在 2009 年 6 月 22 日的《射频识别杂志》(*RFID Journal*)当中,Ashton 声称自己是全世界第一个使用"物联网"一词的人,他指出:"虽然我可能是错的,但是,我仍然非常确信,'物联网'一词是我

---

① Internet of things,https://en.wikipedia.org/wiki/Internet_of_Things.
② Internet of things,https://en.wikipedia.org/wiki/Internet_of_things;Kevin Ashton,https://en.wikipedia.org/wiki/Kevin_Ashton.
③ Radio-frequency identification,https://en.wikipedia.org/wiki/Radio-frequency_identification;射频识别,https://zh.wikipedia.org/wiki/射频识别.
④ Senso,rhttps://en.wikipedia.org/wiki/Sensor;传感器,https://zh.wikipedia.org/wiki/传感器.

在1999年首先使用的：1999年，在宝洁公司做报告时，我使用了'物联网'一词作为我报告的标题。在将宝洁公司供应链当中的新观念即射频识别与当时炙手可热的主题即互联网连接在一起时，我将此种做法称为'物联网'，'物联网'一词并不仅仅是一种吸引企业管理人员眼球的好方法，它实际上是对一种意义非凡的洞察力的总结。仅仅经过了10年，物联网一词就成为万事万物的标题：在美国的科学文章当中，物联网一词成为标题；在欧盟的会议当中，物联网一词成为标题。虽然如此，在10年之后的今时今日，物联网仍然经常被人们误解。"①

基于Ashton的此种声称，不少人在讨论物联网所涉及的隐私等问题时均认定Ashton是世界上第一个使用"物联网"一词的人。在《物联网的规范：人工智能时代的歧视、隐私和网络安全》当中，Charlotte A. Tschider就采取此种看法，他指出："为了对联网的消费品予以特别的区分，Kevin Ashton首创了'物联网'一词。"②

在《物联网和可穿戴技术：在不破坏创新的情况下对隐私和安全的保障》当中，Adam D. Thierer也采取此种看法，他指出："Kevin Ashton首次使用'物联网'一词，他曾在1999年的一次演讲中使用这一词。10年后，他反思了这个词及其意义：'如果我们拥有一种计算机，它可以知道关于物的所有信息，并可以在没有我们任何帮助的情况下使用其所收集到的信息，那么，除了将能够跟踪和计算所有物之外，我们也将可以大大减少浪费、降低损失和缩减成本。我们会知道什么时候需要更换、修理或召回这些物，清楚了解它们是崭新的还是残旧的。我们需要让计算机拥有自己收集信息的方式，这样它们就能够在其最繁荣昌盛的时期，亲自观赏、倾听和嗅闻这个世界。射频识别技术和传感器技术就使得计算机能够观察、识别和理解

---

① K Ashton, That "Internet of Things" thing, RFID Journal, 2009, itrco. jp, http://www. itrco. jp/libraries/RFIDjournal-That%20Internet%20of%20Things%20Thing. pdf.

② Charlotte A. Tschider, Regulating the Internet of Things: Discrimination, Privacy, and Cybersecurity in the Artificial Intelligence Age, (2018) 96 Denv. L. Rev. 87, p. 90; 夏洛特·A. 施切德：《物联网的规范：人工智能时代的歧视、隐私和网络安全》，邓晶晶译，载张民安主编《物联网隐私权总论》，中山大学出版社2020年版，第115页。

世界，而不受人类所输入的数据限制。'"①

在《互联网协会 2015 年研究报告：物联网的产生、发展和所面临的挑战》当中，Karen Rose、Scott Eldridge 和 Lyman Chapin 也采取此种看法，他们指出："'物联网'（IoT）一词最早出现在 1999 年，英国技术先驱 Kevin Ashton 使用其来描述一个系统，在这个系统中，物理世界中的物体可以通过传感器连接到互联网。Kevin Ashton 发明这个词是为了说明将公司供应链上使用的射频识别（RFID）标签② 连接到互联网的能力，从而在不需要人工干预的情况下清点和跟踪货物。如今，物联网已经成为一个流行的术语，用来描述互联网连接和计算能力扩展到各种产品、设备、传感器和日常用品的场景。"③

（二）关于 Peter T. Lewis 在 1985 年第一个使用"物联网"一词的意见

不过，某些人不同意上述看法，他们认为，在物联网的历史上，人们犯下了错误，因为物联网一词并不是由 Ashton 在 1999 年最先使用的，而是由另外一个技术专家 Peter T. Lewis 在 1985 年最先使用的。这些学者认为，1985 年 9 月，美国国会黑人议员基金会（Congressional Black Caucus Foundation）在华盛顿特区举行第十五届年度周末立法会议（15th Annual Legislative Weekend）。在该会议上，Peter T. Lewis 就互联网与人和智能物体之间的关系做了演讲，在演讲当中，他首次使用了"物联网"一词。

Lewis 在自己的演讲当中指出："通过将诸如交通信号控制箱、地下加油站储罐和家用冰箱等设备连接到监控系统、调制解调器、自动拨号器和蜂窝电话，我们可以将这些设备的状态传输到蜂窝站点，

---

① Adam D. Thierer, The Internet of Things and Wearable Technology: Addressing Privacy and Security Concerns without Derailing Innovation, (2014) 21 Rich. J.L. & Tech. 1, pp.7 - 8.

② "Radio-Frequency Identification." Wikipedia, the Free Encyclopedia, September 6, 2015. https://en.wikipedia.org/wiki/Radio-frequency_identification.

③ Karen Rose Scott Eldridge Lyman Chapin, The Internet of Things: An Overview, Understanding the Issues and Challenges of a More Connected World, ⓒ 2015 The Internet Society（ISOC），p.12；凯伦·罗斯、斯科特·埃德里奇、莱曼·夏潘：《互联网协会 2015 年研究报告：物联网的产生、发展和所面临的挑战》，徐若楠译，载张民安主编《物联网隐私权总论》，中山大学出版社 2020 年版，第 469 页。

然后通过互联网将这些数据传输到那些需要这些信息的人,无论这些人是近在咫尺还是远在天涯。我预测,不仅人类会通过互联网进行信息沟通和交流,而且机器和其他事物也将通过互联网进行信息沟通和交流,这就是物联网。所谓物联网(the Internet of Things),或者IoT,是指人员、流程和技术透过可连接设备(connectable devices)和传感器所形成的一个有机整体、结合体(the integration),它能够让人们对这些设备实施远程监控,包括对这些设备趋向的状况、使用和评估进行远程监控。当所有这些技术和海量的物(voluminous amounts of things)连接在一起时,也就是,当设备/机器、监控器、蜂窝电话和互联网连接在一起时,我们就能够无所不连了,我们就能够让所有东西之间进行沟通了。因此,我所称的物联网将会产生深远的影响。"①

采取此种看法的人尤其以在移动、媒体和技术工业领域具有相当影响力的一家管理咨询和战略咨询公司的首席执行官 Chetan Sharma 作为代表。② 在《矫正物联网的历史》当中,除了对大多数人的看法即 Ashton 是第一个使用物联网一词的人提出了质疑之外,Chetan Sharma 还明确指出,Lewis 才是第一个使用该术语的人。

Chetan Sharma 指出,虽然工业家和媒体普遍认定,Ashton 是最早在 1999 年使用物联网一词的人,但是,他们的看法不符合历史事实,是错误的:"在我们去年进行的研究当中,我们发现了我们的工业家和媒体在'物联网'一词的起源问题方面所犯下的错误,这就是,他们普遍认为,'物联网'一词大约是在美国麻省理工学院设立自动识别中心的 1999 年才第一次出现。"③

Chetan Sharma 指出,真正第一个使用"物联网"一词的人是 Lewis,因为早在 1985 年 9 月,他在美国国会黑人议员基金会(Congressional Black Caucus Foundation)举行的第 15 届年度会议上发表演说时就使用了这一术语。不过,由于互联网在当时并不普及,因此,

---

① Chetan Sharma, Correcting the IoT History, http://www.chetansharma.com/correcting-the-iot-history/.
② Chetan Sharma, http://www.chetansharma.com/about-us/chetan-sharma/.
③ Chetan Sharma, Correcting the IoT History, http://www.chetansharma.com/correcting-the-iot-history/.

他的演说和在该演说当中使用的"物联网"一词并没有及时得到传播，导致大多数人对当时的情况不知情。

Chetan Sharma 指出："因此，恢复历史的本来面目极端重要。在我们所发现的范围内，我们认为，'物联网'一词是由 Peter T. Lewis 在 1985 年首次概念化、创造出来并且予以公开的。1985 年 9 月，美国国会黑人议员基金会在华盛顿特区举行第十五届年度周末立法会议，在该会议上发表演说时，Lewis 使用了这一术语。在当时，互联网没有普及，因此，互联网无法将 Lewis 的演讲留存在某些地方，而在发表此次演说之后，Lewis 也忙于自己新的事业，没有将自己的演讲公开。因为这些原因，我们无法了解 Lewis 当时针对物联网所发表的具有非常重要意义的一次演讲。也因为这些原因，在 Lewis 发表此次演讲之后，仅他的几个好友和同事知道他的此次演讲。"①

自此之后，不少人采纳 Chetan Sharma 的看法，将 Lewis 视为世界上第一个发明和创造"物联网"的人，认为 Lewis 早在 1985 年就已经发明了该词语。例如，在 2017 年 4 月 21 日的一篇博文当中，一位作者就采纳此看法，他指出："1985 年，Peter T. Lewis 发明了'物联网'一词，因为他明确阐述道：'所谓物联网，是指人员、流程和技术透过可连接设备（connectable devices）和传感器所形成的一个有机整体、结合体（the integration），它能够让人们对这些设备实施远程监控，包括对这些设备趋向的状况、使用和评估进行远程监控。'"② 再例如，在 2018 年的著作《物联网》当中，Abhik Chaudhuri 也采纳了此种看法，他指出："在 1985 年 9 月举行的美国国会黑人议员基金会第十五届年度周末立法会议上，Lewis 针对蜂窝式网络系统发表了演说，在演说当中他使用了'物联网'一词。"③

---

① Chetan Sharma, Correcting the IoT History, http://www.chetansharma.com/correcting-the-iot-history/.

② Classic Vox, Introduction to "Internet of Things—IoT", Blog, 21 April 2017, https://www.organworks.com/index.php/articles/306-introduction-to-internet-of-things-iot.

③ Abhik Chaudhuri, Internet of Things, for Things, and by Things, 1 edition, CRC Press, Taylor & Francis Group, 2018, p. 4.

（三）Lewis 是世界上第一个使用"物联网"一词的技术专家

笔者采取上述第二种看法，认为是 Lewis 而不是 Ashton 首次在技术层面使用了"物联网"一词。因为早在 1985 年的那一次会议上，除了对物联网一词所表示的现象做出了描述之外，Lewis 也的确明白无误地使用了"物联网"一词，包括没有简写的"Internet of Things"一词和简写的"IoT"一词，已如前述。不过，我们也不能够因此说 Ashton 存在欺世盗名之嫌或者沽名钓誉之疑，因为，一方面，虽然 Lewis 早在 1985 年就已经使用了"物联网"一词，但是，鉴于当时互联网不发达，Lewis 的演讲既没有被自己也没有被别人发到互联网上，除了其他人不知情之外，Ashton 也可能毫不知情。另一方面，作为技术专家，尤其是作为为美国宝洁公司发明射频识别和其他传感器的技术专家，Ashton 在 1999 年完全有独立产生将包括射频识别和其他传感器通过互联网连接在一起的想法。

在 Lewis 就物联网问题发表了上述演讲之后，美国著名企业家、投资者、软件工程师 Bill Gates 也在其 1999 年的著作《商业@思想的速度》(*Business @ the Speed of Thought*) 当中预测物联网的到来，虽然他在做出预测时没有像 Lewis 一样使用"物联网"一词，他指出："个人陪伴物将会被人们开发出来。它们将以智能方式将你的所有设备联系起来并且同步运作，无论它们是在你的家中还是在你的办公室，它们均能够交换数据。设备不仅将会查阅你的邮件、给你发送通知，而且还会提供你所需要的信息。当你准备去商店购物时，你可以告诉设备你想要什么食谱，设备会根据你的要求生成一份你需要购买的食物清单。设备还可以将你要购买的所有食物通知所有设备，以便他们能够自动做出满足你要求的调整。"①

基于这些科技先驱的努力，Ashton 除了描述了物联网的愿景之外也像 Lewis 一样明确使用了"物联网"一词，已如前述。不过，作

---

① Matt Weinberger, Bill Gates made these 15 predictions back in 1999 — and it's fascinating how accurate he was, https://www.businessinsider.com/bill-gates-15-predictions-in-1999-come-true-2017–6.

一种新的术语,"物联网"一词并没有因为 Lewis 和 Ashton 分别在 1985 年和 1999 年的使用而即刻流行起来,在 Lewis 首次使用这一术语之后的将近 20 年和 Ashton 第二次使用同一术语之后的将近 10 年内,这一术语仍然不被人重视,即便 Ashton 认为,在他首次使用这一术语之后的 2009 年,这一术语已经在美国和欧洲泛滥起来。"物联网"一词真正流行起来的年份应当是 2005 年,在这一年的 11 月,International Telecommunication Union (ITU) 即国际电信联盟发表了著名的报告,这就是有关物联网方面的报告:*ITU Internet Reports: The Internet of Things*。①

(四)国际电信联盟 2005 年关于物联网的报告最终让"物联网"一词广泛流行

2005 年的 *ITU Internet Reports: The Internet of Things* 共六章,分别对物联网涉及的问题做出了阐述:第一章为"物联网总论"(Introducing the Internet of Things),分别对四个方面的内容做出了说明,包括:迈向无所不在的物联网时代、人们对物联网的不同看法、物联网重要的原因以及本报告的结构。② 第二章为"可以使用的技术"(Enabling Technologies),对人们能够在物联网当中使用的几种技术做出了阐述,包括:识别物(tagging things),也就是射频识别技术(RFID);感知物(feeling things),也就是传感器技术(sensor technologies);思考物(thinking things),也就是智能技术(smart technologies);收缩物(shrinking things),也就是纳米技术(nanotechnology)。③ 第三章为"市场的塑造"(Shaping the Market),对物联网市场化的问题做出了阐述,包括:从观念到市场,物联网市场的可能性,不断增长的市场,

---

① ITU Internet Reports: The Internet of Things, November 2005, ITU, 2005, International Telecommunication Union (ITU), Geneva.

② ITU Internet Reports: The Internet of Things, November 2005, ITU, 2005, International Telecommunication Union (ITU), Geneva, pp.1-7.

③ ITU Internet Reports: The Internet of Things, November 2005, ITU, 2005, International Telecommunication Union (ITU), Geneva, pp.9-40.

以及新的商业模式等。① 第四章为"新挑战"（Emerging Challenges），对物联网引起的新挑战做出了阐述，包括：物联网引起的标准化和统一化问题，物联网引起的隐私问题，以及物联网引起的社会、伦理问题等。② 第五章为"发展中的世界所面临的机遇"（Opportunities for the Developing World），对物联网引起的发展机遇做出了阐述，包括：物联网能够给使用者和创新者带来的经济发展，物联网能够为国家带来的发展空间，物联网能够对人类的共同发展目标和信息社会当中世界高峰首脑会议产生的影响。③ 第六章为"巨大的画卷"（The Big Picture），对物联网引起的光明未来做出了描述，包括建立互动生态系统（an interactive ecosystem）和创造一个更加美好的世界（a better world）。④

在2005年的报告当中，国际电信联盟明确宣告，一个新的时代即物联网的时代将会来临并且会取代旧的时代即互联网的时代，它指出："机器与机器之间的沟通和人与计算机之间的沟通将会拓展到物与物之间的沟通，从日常家用物品之间的沟通到监视金门大桥活动的传感器之间的沟通，以及检测地震活动的传感器之间的沟通，从轮胎到牙刷，一切物体均进入沟通的范围，它预示着一个新时代即将降临，这就是，我们今天所生活的互联网时代将会让位于明天的物联网时代。"⑤

自此之后一直到今时今日，"物联网"一词被人们广泛使用，除了作为一个技术词语被技术专家使用之外，也作为一个法律术语被法学专家使用。例如，在2012年的《物联网概述》（Overview of the Internet of Things）当中，国际电信联盟不仅澄清了物联网的概念和范

---

① ITU Internet Reports: The Internet of Things, November 2005, ITU, 2005, International Telecommunication Union (ITU), Geneva, pp. 45 – 71.

② ITU Internet Reports: The Internet of Things, November 2005, ITU, 2005, International Telecommunication Union (ITU), Geneva, pp. 75 – 98.

③ ITU Internet Reports: The Internet of Things, November 2005, ITU, 2005, International Telecommunication Union (ITU), Geneva, pp. 103 – 119.

④ ITU Internet Reports: The Internet of Things, November 2005, ITU, 2005, International Telecommunication Union (ITU), Geneva, pp. 123 – 126.

⑤ ITU Internet Reports: The Internet of Things, FOREWORD, November 2005, ITU, 2005, International Telecommunication Union (ITU), Geneva, p. i.

围，而且还确定了物联网的基本特征和高层要件（high-level requirements）。① 再例如，在2015年的报告即《物联网——互联世界中的隐私与安全》当中，美国联邦贸易委员会（Federal Trade Commission，FTC）对物联网的概念、物联网所带来的好处和风险、传统隐私原则在物联网当中的适用以及关于立法者是否应当制定对物联网进行规范和调整的法律等问题做出了阐述。②

虽然如此，作为一种新的技术现象和新的法律现象，物联网仍然处于成长期，处于快速的发展和变化当中，因此，除了技术方面还具有不确定性之外，法律方面也仍然面临众多不确定性。因为这样的原因，人们在物联网的众多问题上存在争议，诸如物联网的定义问题，物联网引起的法律问题，等等。

三、物联网的界定

（一）物联网是一个新的法律词语

物联网的英文表达为Internet of Things，其被简称为IoT；而物联网的法文表达则为Internet des Objets，其被简称为IdO，无论是英文表达还是法文表达，物联网均是由三个单词组成的。

第一个单词为名词"Internet"，无论是其英文表述还是法文表述均是一致的、相同的，其含义均是指互联网。"互联网"的法文表述之所以与"互联网"的英文表述完全一致，是因为法国人认为，"互联网"是一个外来词，它原本是一个美式英文词语（mot anglais américains），法国人将该词语原封不动地引入法国。③ 第二个单词为名词"things"或者"objets"，其中的"things"为英文表述，而

---

① International Telecommunication Union, Overview of the Internet of Things, Series Y: Global Information Infrastructure, Internet Protocol Aspects and Next-Generation Networks, Next Generation Networks — Frameworks and functional architecture models, Recommendation ITU-T Y. 2060, pp. 1–13.

② Internet of Things, Privacy & Security in a Connected World, FTC Staff Report, JANUARY 2015, pp. 1–55;《美国联邦贸易委员会2015年就物联网发表的研究报告》，徐若楠译，载张民安主编《物联网隐私权总论》，中山大学出版社2020年版，第429页。

③ Le Petit Robert de la Langue Française, 2019 édition, Le Robert, 2018, p. 1357; Le Petit Larousse, Illustré 2018, Editions Larousse, 2017, p. 628.

"objets"则为法文表述，它们的含义均是相同的，因为它们均指"物"。第三个术语则为介词"of"或者"des"，其中的"of"为英文表达，而"des"则为法文表达，它们的含义均是相同的，因为它们均是指"关于（某物）"。当这三个单词结合在一起时，它们就组成了"物联网"。

问题在于，当这三个不同的单词结合在一起并因此组成"物联网"时，"物联网"是不是一个独立的术语？对此问题，英美法系国家和法国做出的回答存在重大差异。在英美法系国家，人们做出了非常明确的、肯定的回答即物联网是一个独立的名词短语（phrases）。2020版的《牛津英语词典》（*Oxford English Dictionary*）不仅明确承认"Internet of Things"（物联网）是一个短语，而且还对该短语做出了界定，关于它的界定，笔者将在下面的内容当中做出详细的说明，此处从略。①

而在法国，情况则完全相反，人们实际上暗含地做出了否定性的回答。在法国，虽然 Pierre-Jean Benghozi、Sylvain Bureau 和 Françoise Massit-Folléa 早在 2009 年就已经出版了自己的著作《物联网》并且对物联网涉及的方方面面做出了详尽的阐述，诸如物联网的界定、物联网的重要性、物联网面临的挑战、物联网对经济发展产生的影响以及政府对物联网的管控等。② 但是，无论是 2018 年版的 *Le Petit Larousse* 还是 2019 年版的 *Le Petit Robert* 均没有收录"物联网"一词，无论是在对"internet"一词③还是在对"objets"④一词做出解释时，它们没有明确列举"Internet des Objets"并且对其含义做出解释。此外，它们也均没有收录"IdO"一词。

如果物联网是一个独立的词语，那么，它究竟是一种技术性的词

---

① Internet of Things, Oxford English Dictionary, Copyright © 2020 Oxford University Press, https://www.oed.com/viewdictionaryentry/Entry/248411.

② Pierre-Jean Benghozi Sylvain Bureau Françoise Massit-Folléa, L'Internet des objets, Paris, Éditions de la Maison des sciences de l'homme, 2009, https://books.openedition.org/editionsmsh/78.

③ Le Petit Larousse, Illustré 2018, Editions Larousse, 2017, p. 628; Le Petit Robert de la Langue Française, 2019 édition, Le Robert, 2018, p. 1357.

④ Le Petit Larousse, Illustré 2018, Editions Larousse, 2017, p. 797; Le Petit Robert de la Langue Française, 2019 édition, Le Robert, 2018, p. 1719.

语、日常用语还是一种法律术语？对此问题，除了技术专家做出了回答之外，几乎没有任何人做出回答。迄今为止，对物联网做出讨论的人大都是物联网领域的专家，在界定物联网时，他们几乎均将物联网视为一种技术词语，已如前述。在今时今日，随着物联网的日渐普及，物联网一词逐渐从单纯的技术性词语嬗变为一种日常用语，《牛津英语词典》对物联网一词的收录就是明显的佐证。问题在于，除了是一种技术词语和日常用语之外，物联网是不是也是一种法律术语？答案是否定的，迄今为止，作为一种新的术语，物联网一词仍然停留在技术领域和日常生活领域，它还没有进入法律领域并因此成为一个法律术语。

例如，在 2014 年出版的第十版的著名法律词典 *Vocabulaire juridique* 当中，法国民法学者 Gérard Cornu 等人就没有将物联网视为一种法律词语，因为，他们没有将该词语编入自己主编的这一部法律词典当中。① 再例如，在 2016 年出版的第 24 版的著名法律词典《*Lexique des termes juridiques*》当中，Serge Guinchard 和 Thierry Debard 等人也没有将物联网视为一种法律术语，因为他们同样没有将该词语编入自己主编的这一部法律词典当中。②

迄今为止，物联网一词之所以还没有从技术领域、日常生活领域进入法律领域并因此成为一个法律术语，其最主要的原因在于，作为一种新的科技发明，虽然技术专家已经意识到物联网的发明和使用会对法律尤其是其中的隐私权法形成挑战甚至构成威胁，但是，物联网的发明和应用究竟在什么范围以何种方式影响法律，包括技术专家在内，人们无从得知或者知之甚少。因为这样的原因，除了立法者无法制定法律对物联网引起的问题进行规范和调整之外，除了民法学者无法通过自己的民法学说对物联网引起的问题做出阐述之外，法官也少有机会通过自己的司法判例对物联网引起的法律问题做出说明。

不过，笔者认为，即便物联网是一个技术词语甚至是一个日常用

---

① Vocabulaire juridique, 10 e édition, Sous la direction de Gérard Cornu, Quadrige, puf, 2014, pp. 1 – 1087.

② Lexique des termes juridiques 2016 – 2017, 24e édition, Sous la direction de Serge Guinchard et Thierry Debard, Dalloz, 2016, pp. 1 – 1134.

语，人们也不能够说"物联网"一词就不是一个法律术语，因为作为一种新的科技现象，即便迄今为止立法者、民法学者或者法官还没有通过制定法、民法学说或者司法判例对物联网引起的法律问题做出规定、阐述或者说明，人们也不能够说他们未来不会针对物联网引起的法律问题采取措施。事实上，随着物联网在世界范围内的迅速发展和广泛应用，物联网一定会引发各种各样的法律问题，尤其是会引发各种各样的民法问题，为了解决这些问题，除了立法者必然会制定有关物联网方面的法律之外，民法学者和法官也一定会通过自己的学术著作和司法判例提出问题解决的途径。因为这样的原因，我们应当对这一新的法律术语做出界定。

（二）人们对物联网做出的不同界定

在今时今日，虽然物联网已经获得了人们的广泛认同，但是，在什么是物联网的问题上，人们之间仍然存在重大的争议，不同的人基于不同的考虑对物联网做出自己的定义，几乎没有任何人的定义能够获得所有人的一致同意。[1]

在2005年的报告当中，国际电信联盟虽然对物联网做出了详细的阐述，但是，它没有对物联网做出界定，而在2012年的《物联网概述》当中，它则对物联网一词做出了界定，它认为，物联网是指信息社会（the information society）当中的一种利用现有的和不断发展的信息和通信技术（information and communication technologies）将所有物连接在一起（interconnecting things）以便对人们提供各种各样服务的全球性的基础设施（a global infrastructure）。

国际电信联盟指出："物联网（IoT）可以被视为具有技术和社会意义的深远愿景。从技术标准化的视野来看，所谓物联网，是指信息社会的全球性基础设施，基于现有的和不断发展的可相互操作的信息和通信技术，通过将不同的物物理性地和虚拟地连接起来（物理性地和虚拟地）的方式，该种全球性基础设施能够对人们提供高级

---

[1] Internet of Things, Privacy & Security in a Connected World, FTC Staff Report, January 2015, p.5；《美国联邦贸易委员会2015年就物联网发表的研究报告》，徐若楠译，载张民安主编《物联网隐私权总论》，中山大学出版社2020年版，第432-433页。

服务。通过识别、数据捕获、处理和通信能力，在确保安全和隐私的要求得以满足的同时，物联网也能够充分利用"物"为各种类型的应用提供服务。"①

在 2015 年的报告《物联网——互联世界中的隐私与安全》当中，美国联邦贸易委员会也对物联网做出了自己的界定，它认为，物联网是指能够通过互联网彼此连接、沟通和传输信息的物，诸如设备和传感器等，它指出："就本报告的目的而言，我们认为，所谓物联网，是指计算机、智能手机或者平板电脑之外的能够通过互联网连接、沟通或者传输信息的诸如设备和传感器一样的'物'。"②

在 2009 年的《物联网》（L'Internet des Objets）当中，法国学者 Pierre-Jean Benghozi、Sylvain Bureau 和 Françoise Massit-Folléa 对物联网一词做出了界定，他们指出，认为所谓物联网，是指通过标准化、统一的电子识别系统和无线移动设备结合在一起所形成的既能够直接、明确地识别数字实体、物理对象也能够在不中断物质世界和虚拟世界联系的情况下恢复、存储、传输和处理因此产生的数据的一种网络系统。③

除了上述三种不同的界定之外，还有大量的人对物联网做出了不同的界定。例如，某些人从计算机生态系统（an ecosystem of ubiquitous computing）的角度对物联网做出界定，他们指出，所谓物联网，是指通过小型嵌入式传感器、有线或者无线技术，人们将物理对象与

---

① International Telecommunication Union, Overview of the Internet of things, Series Y: Global Information Infrastructure, Internet Protocol Aspects and Next-Generation Networks, Next Generation Networks – Frameworks and functional architecture models, Recommendation ITU-T Y. 2060, p. 2.

② Internet of Things, Privacy & Security in a Connected World, FTC Staff Report, JANUARY 2015, p. 6;《美国联邦贸易委员会 2015 年就物联网发表的研究报告》, 徐若楠译, 载张民安主编《物联网隐私权总论》, 中山大学出版社 2020 年版, 第 433 页。

③ Pierre-Jean Benghozi Sylvain Bureau Françoise Massit-Folléa, L'INTERNET DES OBJETS, https://books.openedition.org/editionsmsh/84; Internet des objets, https://fr.wikipedia.org/wiki/Internet_des_objets.

Internet 连接在一起所形成的一种无处不在的计算机生态系统。① 再例如，某些人从物的角度对物联网做出了界定，他们指出：所谓物联网，是指具有虚拟身份和虚拟人格、能够在智能空间运行并且基于各种各样的用途而使用智能接口进行连接和沟通的物。② 同样，《牛津英语词典》也对物联网做出了界定："所谓物联网（名词），是指互联网所希望的一种发展，在该种发展当中，许多日常的物被嵌入微型芯片当中，除了让它们能够进行网络连接之外，还能够让它们发送和接收数据。"③

（三）笔者对物联网做出的界定

在物联网的界定方面，人们之间之所以存在重大的分歧，最主要的原因有二：其一，物联网不仅是一种最新的现象，而且还处于快速的成长当中，人们一时一刻难以把握其内涵和外延；其二，迄今为止，人们仍然将物联网视为一种技术现象、商业现象、工业现象，很少会将其视为一种法律现象，即便他们在讨论物联网时也普遍论及物联网对法律尤其是其中的隐私构成挑战，但是，他们也没有将物联网视为一种法律制度并因此对其做出法律上的分析，已如前述。

虽然人们对物联网做出了自己的界定，但是，他们的界定均存在这样或者那样的问题。例如，《牛津英语词典》的界定所存在的问题是，它将物联网视为互联网的组成部分，没有将物联网视为互联网之外的一个独立现象，与物联网在今时今日的地位不符。虽然物联网建立在互联网的基础上，但是，物联网并不是互联网的组成部分：物联网是第四次工业革命时代的产物和代表，属于工业 4.0 的范畴，而互

---

① Comment of Consumer Elec. Ass'n, #484 cmt. #00027 at 1; Internet of Things, Privacy & Security in a Connected World, FTC Staff Report, January 2015, p. 5; Comment of Consumer Elec. Ass'n, #484 cmt. #00027 at 1;《美国联邦贸易委员会 2015 年就物联网发表的研究报告》，徐若楠译，载张民安主编《物联网隐私权总论》，中山大学出版社 2020 年版，第 433 页。

② Anonyme. 2008. Internet of Things in 2020. Roadmap for the Future, 1.1 ed.：27：Infso D.4 Networked Enterprise & RFID; Infso G.2 Micro & Nanosystems in co-operation with the working group RFID of the EPOSS. p. 4; Internet des objets, https://fr.wikipedia.org/wiki/Internet_des_objets.

③ Internet of Things, Oxford English Dictionary, Copyright © 2020 Oxford University Press, https://www.oed.com/viewdictionaryentry/Entry/248411.

联网则是第三次工业革命时代的产物和代表,属于工业3.0的范畴。再例如,国际电信联盟的界定说存在的问题是,它的界定过于专业化、技术化,包括法学教授在内,非技术人员难以理解:它的界定将物联网视为信息社会的全球性基础设施,如果人们要理解什么是"物联网",他们应当首先理解什么是"全球性基础设施"和"信息社会",而如果说"全球性基础设施"和"信息社会"是两个不比"物联网"一词更难理解的术语的话,则它们至少是两个像"物联网"一样难以理解的术语。

笔者认为,物联网的界定既应当强调物联网的独立性,防止将物联网视为互联网的组成部分,因为物联网是互联网之外的一种相对独立的科技和法律现象,也应当突出物联网的非技术性,防止将物联网的技术性视为物联网的本质特征,因为物联网并不仅仅是一种新的科技现象,而且还是一种新的法律现象。

基于此种考虑,笔者对物联网做出自己的界定:所谓物联网,是指被镶嵌了传感器的一个、几个或者千千万万个的有体物、有形物借助于互联网与另外同样被镶嵌了传感器的一个、几个或者千千万万的有体物、有形物之间所进行的信息连接、信息存储、信息传输、信息处理并因此能够产生各种各样数据的全球性网络系统。其中,被镶嵌了传感器的有形物、有体物被称为可连接物、智能物、智能设备等。

物联网与互联网之间当然存在众多的共同点:①无论是物联网还是互联网均是一种全球性的网络系统,因为互联网构成物联网的组成部分,没有互联网就没有物联网,通过全球性的互联网,可连接物、智能物能够实现全球性地连接;②无论是物联网还是互联网均能够让信息产生、存储、传输、公开和使用;③无论是物联网还是互联网均会面临法律的规范和调整问题,因为它们均会对私人生活、隐私或者信息构成威胁。

不过,物联网毕竟不同于互联网,它们是两个不同工业时代的产物和标志,它们之间的差异众多,这些差异决定了物联网与互联网之间的独立性,也决定了物联网所面临的法律问题的复杂性。具体来说,它们之间的主要差异表现在:

其一,信息内容的产生方式不同。虽然物联网和互联网均能够产生人们所需要的信息,但是,互联网的信息是由人产生的,而物联网的信息则是由机器产生的。①

其二，人们获得信息的方式不同。如果人们希望通过互联网获得信息，则他们应当提出请求并且通过搜索方式才能够获得，而如果他们希望通过物联网获得信息，则他们无须提出请求并且通过搜索方式获得，因为，在物联网当中，如果智能物侦测到有关信息，则通过传感器，物联网会将人们所需要的信息自动通知他们。②

其三，对消费者的价值不同。对于消费者而言，互联网的价值在于，它们能够回答消费者提出的问题，因为在消费者面临问题时，他们可以通过互联网搜索有关信息，而对于消费者而言，物联网的价值在于，在侦测到某种状况时，物联网能够及时替消费者采取措施，或者至少能够及时对他们发出警告、通知。③

其四，互联网的技术成熟、稳定，它们在各个领域都有自己的标准，人们在使用搜索引擎时能够使用自然语言与其交流、沟通，最终的结果是，每个人都可以使用互联网，而无须任何技术技能。而物联网则不同，虽然人们也在讲物联网的各个方面标准化，但是，标准化的努力仅仅在起步阶段，数据的集成工作刚刚开始，因此，物联网的应用并不是人人都可以操作的，仅熟练的技术人员才能够将物联网投入应用当中。④

(四) 物联网的主要特征

作为一种新的技术现象和法律现象，物联网的主要特征有五个：

---

① Dr. Opher Etzion, Differences between the IoT and Traditional Internet, May 27, 2015, https://www.rtinsights.com/differences-between-the-iot-and-traditional-internet/.

② Dr. Opher Etzion, Differences between the IoT and Traditional Internet, May 27, 2015, https://www.rtinsights.com/differences-between-the-iot-and-traditional-internet/.

③ Dr. Opher Etzion, Differences between the IoT and Traditional Internet, May 27, 2015, https://www.rtinsights.com/differences-between-the-iot-and-traditional-internet/.

④ Dr. Opher Etzion, Differences between the IoT and Traditional Internet, May 27, 2015, https://www.rtinsights.com/differences-between-the-iot-and-traditional-internet/.

其一，物联网的互联互通性（interconnectivity）。① 物联网的第一个主要特征是，任何物均可以借助于互联网与其他物连接在一起，只要这些物在性质上属于人们所发明创造的并且能够将传感器镶嵌在其中的有体物、有形物，这就是所谓的可连接物，该种可连接物被称为可连接设备（connectable devices）。关于这一点，笔者将在下面的内容当中做出详细的说明，此处从略。

其二，物联网能够为人们提供与物有关系的服务（things-related services）。② 物联网的第二个主要特征是，在可连接物本身所限定的范围内，物联网能够为人们提供与物有关的服务，至于说与物有关系的服务究竟有哪些，取决于人们发明可连接物的目的：当人们基于监视人的身体健康的目的而发明有关人体健康发明的可连接物时，他们所发明的可连接物能够对使用者提供有关人体健康方面的服务；当人们基于监视汽车运行的目的而发明有关汽车运行方面的可连接物时，他们所发明的有关汽车运行发明的物能够为汽车驾驶者提供有关汽车运输方面的服务；等等。所谓在可连接物本身所限定的范围内，是指物联网所提供的服务受到可连接物本身的安全和隐私的影响，在不危及安全和隐私的情况下，它们能够对人们提供服务。

其三，物联网的差异性（heterogeneity）。③ 物联网的第三个主要特征是，物联网并不是完全一致的、相同的，而是存在差异的，这就是物联网的差异性。物联网的差异性表现在两个方面：一方面，物联网当中所使用的可连接物可能是存在差异的；另一方面，连接可连接

---

① International Telecommunication Union, Overview of the Internet of things, Serites Y：Global Information Infrastructure, Internet Protocol Aspects and Next-Generation Networks, Next Generation Networks – Frameworks and functional architecture models, Recommendation ITU-T Y.2060, p.2.

② International Telecommunication Union, Overview of the Internet of things, Series Y：Global Information Infrastructre, Internet Protocol Aspects and Next-Generation Networks, Next Generation Networks – Frameworks and functional architecture models, Recommendation ITU-T Y.2060, p.2.

③ International Telecommunication Union, Overview of the Internet of things, Series Y：Global Information Infrastructure, Internet Protocol Aspects and Next-Generation Networks, Next Generation Networks – Frameworks and functional architecture models, Recommendation ITU-T Y.2060, p.2.

物的硬件平台（hardware platforms）和网络（networks）也可能是存在差异的，不同的硬件平台和网络将相同或者不同的可连接物连接在一起。

其四，物联网的动态变化性（dynamic changes）。物联网的第四个主要特征是，物联网并不是一成不变的，而是变动不居的，这就是物联网的动态变动性，例如，物联网当中的可连接物或者处于睡眠状态或者处于唤醒状态；再例如，物联网或者处于连接当中或者处于断开当中；等等。[①]

其五，物联网的庞大规模性（enormous scale）。物联网的第五个主要特征是，物联网的规模要远远大于互联网的规模，这就是物联网的庞大规模性，主要表现在物联网当中镶嵌的传感器数不胜数、多如牛毛，并且随着社会的不断发展，人们在物联网当中镶嵌的传感器会越来越多；专家估计，在 2011 年有 250 亿台联网设备，到 2020 年这个数字将达到 500 亿台；[②] 人们之所以发明传感器并且将其镶嵌在可连接物当中，其目的在于让可连接物能够对各种各样的物、环境进行监控。迄今为止，虽然物联网问世的时间非常短，但是，物联网的传感器所监控的设备已经数不胜数，随着物联网向广度和深度的急剧扩张，物联网的传感器所监控的设备、环境只会有增无减；物联网所收集、存储、传递和公开的信息已经数不胜数、多如牛毛，并且随着物联网的不断发展，物联网所收集、存储、传递和公开的信息将会不断地增加。

四、物联网的构成要素

根据笔者对物联网做出的上述界定，作为一种网络系统，物联网

[①] International Telecommunication Union, Overview of the Internet of Things, Series Y: Global Information Infrastructure, Internet Protocol Aspects and Next-Generation Networks, Next Generation Networks – Frameworks and functional architecture models, Recommendation ITU-T Y. 2060, p. 2.

[②] "Dave Evans, Cisco Internet Bus. Solutions grp., The Internet of Things: How The Next Evolution of the Internet Is Changing Everything 3 (2011), available at http://www.cisco.com/web/about/ac 79/docs/innov/IoT IBSG 041 1FINAL. pdf. These estimates include all types of connected devices, not just those aimed at the consumer market.

应当具备三个构成要素，这就是互联网、物和传感器，笔者将它们称为物联网的三个必要的构成要素，因为，只有同时具备了这三个构成要素，物联网才能够产生、运作并且发挥人们发明创造物联网的功效，缺少其中的任何一个构成要素，物联网既无法产生、运作，也无法发挥其原本的功效。

（一）物联网的第一个构成要素：互联网

物联网的第一个必要构成要素是互联网（Internet）。虽然物联网独立于互联网，但是，互联网是物联网的一个基本构成要素，如果没有互联网，物联网既不可能存在，也无法发挥自己的功效，因为，镶嵌了传感器的物必须借助于互联网与其他同样镶嵌了传感器的物连接在一起效果。

所谓"互联网"，是指通过电子、无线和光纤网络技术等一系列广泛的技术将不同地方、不同地域、不同国家的不同个人、不同大学、不同企业或者不同政府所使用的电脑网络连接在一起并因此形成超越地域范围、国界的互联互通的庞大网络系统。① 换言之，所谓互联网，是指一个人、一个单位、一个国家的网络与另外一个人、另外一个单位、另外一个国家的网络之间的联系，也就是网络与网络之间的互联互通，这就是人们将互联网称为"互联网络"（interconnected network réseau interconnecté）的原因。②

人们之所以将自己的电脑网络与别人的电脑网络连接在一起，其原因多种多样，其中的一个主要原因是，通过网络互联互通，除了可以加强个人与个人之间、大学与大学之间、企业与企业之间、政府与政府之间以及所有这些人之间的联系之外，还能够在彼此之间传递、分享信息。③

---

① Internet, https://en.wikipedia.org/wiki/Internet; Internet, https://fr.wikipedia.org/wiki/Internet；互联网, https://zh.wikipedia.org/wiki/互联网。

② Internet, https://en.wikipedia.org/wiki/Internet; Internet, https://fr.wikipedia.org/wiki/Internet；互联网, https://zh.wikipedia.org/wiki/互联网。

③ Internet, https://en.wikipedia.org/wiki/Internet; Internet, https://fr.wikipedia.org/wiki/Internet；互联网, https://zh.wikipedia.org/wiki/互联网。

(二) 物联网的第二个构成要素：物

物联网的第二个必要构成要素是物（things objets）。无论是作为一种技术现象还是一种法律现象，物联网当然应当具备物这一个核心构成要素，如果没有物，则无所谓物联网。因为，顾名思义，物联网是建立在物与物之间的连接和沟通的基础上，如果没有物，互联网如何将它们连接在一起并且让它们相互沟通？

问题在于，物联网当中的物如何理解？物联网当中的物是不是一个法律术语？人们应当如何界定物联网当中的物？物联网当中的物与物权法当中的物之间的关系如何？在民法上，作为"物联网"组成部分的"物"似乎是一个法律术语，因为，法国著名法律词典 Vocabulaire Juridique 不仅对包含了"物"的含义在内的"objets"一词做出了界定，而且还对该词所具有的包含"物"在内的几种不同法律含义做出了说明。①

法国法律词典 Vocabulaire Juridique 明确指出，在民法当中，"objets"一词不仅是一个法律词语，而且还是一个多义的法律词语，因为它的含义至少包括：债的客体（objet d'obligation），是指债务人应当做出的给付行为；契约的对象（objet du contrat），如作为买卖对象的出卖物，作为租赁对象的租赁物；权利客体（objet du droit），物权人直接对其行使权利的有体物等；公司的目标（objet de la société）。②除了这些含义之外，该词还用来指"物"。所谓物，是指物理性的东西（chose matérielle）、有体的东西（chose tangible）、有形的物品（objet corporelle）。换言之，所谓物，是指有体物、有形物，而不是指无体物、无形物。③

在将"物"作为一种法律术语加以界定时，Vocabulaire Juridique 关于"物"的界定是否是针对物联网当中的物做出的界定？对此问题，Vocabulaire Juridique 并没有做出明确的回答。笔者认为，Vocabulaire Juridique 对"物"做出的上述界定并不是针对"物联网"当中

---

① Gérard Cornu, Vocabulaire juridique, 10e édition, puf, 2014, pp. 698 – 699.
② Gérard Cornu, Vocabulaire juridique, 10e édition, puf, 2014, pp. 698 – 699.
③ Gérard Cornu, Vocabulaire juridique, 10e édition, puf, 2014, p. 698.

的"物"做出的界定,而是针对物权法当中的"物"做出的界定。一方面,既然该法律词典根本不将"物联网"一词看作一种法律概念,则它对"物"做出的界定当然不是针对作为"物联网"组成部分的"物"的;另一方面,在物权法领域,人们在对物做出界定时往往采纳了该词典的界定方法,将物权法当中的"物"限定在有体物、有形物的范围内。①

因此,虽然 Vocabulaire Juridique 将"物"视为一种法律概念,它并不是在物联网的意义上将其视为一种法律概念,而是在物权法的意义上将其视为一种法律概念。换言之,迄今为止,物联网当中的物仍然不是一个法律术语,法律词典没有将其收录在自己的法律词语当中并且对其做出明确的界定。不过,笔者认为,Vocabulaire Juridique 针对物权法当中的"物"做出的界定当然能够适用于"物联网"当中的"物。"

首先,无论是物权法当中的物还是物联网当中的物均是指某种有体物、有形物,也就是指具有一定的形状、占有一定的物理空间、人们单凭肉眼就能够看得见、摸得着的东西。其次,无论是物权法当中的物还是物联网当中的物均排除了自然人、自然人身体的组成部分或者自然人的产物。最后,无论是物权法当中的物还是物联网当中的物均同时包括动产和不动产。

不过,物联网当中的物也具有不同于物权法当中的物的地方。一方面,物联网当中的物一定是人造物,也就是人们通过一定的技术手段所发明创造的物,人们将这些人造物称为智能产品,不是人造物、人造产品,则不属于物联网当中的物。② 而物权法当中的物除了人造物之外还包括自然物。另一方面,物联网当中的所有物均像自然人一样具有自己的智慧,能够感知其他物的存在,因为,在发明这些物时,人们在它们身上装配了电子传感器,除了能够凭借身上的传感器做出反应之外,它们还能够凭借自己身上的感应器与其他同样安装了传感器的、同样具有智慧的物发生联系。例如,自动驾驶汽车内部装有大量的传感器,它们可以用于操作发动机、监控系统、控制排放和

---

① 张民安:《法国民法》,清华大学出版社 2015 年版,第 451 - 452 页。
② Smart object, https://en.wikipedia.org/wiki/Smart_object.

刹车。这些传感器包括蓝牙轮胎压力监测系统传感器、曲柄位置传感器、凸轮位置传感器、歧管绝对压力传感器以及油门位置传感器等。① 而物权法当中的物则没有这样的要求。

应当注意的是，即便是安装了智能传感器的物，它们也能够成为物权法当中的物，换言之，物联网当中的物当然属于物权法当中的物，因为，即便是被人们安装了智能传感器，这些被装配了传感器的物仍然能够为某些人所有或者仍然能够为某些人所支配，他们能够像对待自己没有装配感应器的物一样对这些智能物体行使占有权、使用权、收益权甚至处分权。实际上，物联网当中的物仅仅是物权法当中物的性能的拓展，通过对传统物权法当中的物进行技术改造，在它们身上装配具有智慧的感应器，并且让它们通过身上的感应器与其他同样装配了感应器的物产生联系，传统物权法当中的物就嬗变为物联网当中的物。

总之，在人造物的范围内，物联网当中的物等同于物权法当中的物，因为物联网当中的物只能够是一种有体物、有形物，不能够是任何形式的无体物、无形物。此外，即便是人造的具有智慧的某些有体物、有形物，它们也不能够构成物联网当中的物，包括计算机、智能手机或平板电脑，因为，它们是物与物之间实现连接和沟通的媒介，换言之，它们属于物联网的第一个构成要素的组成部分，应当包含在第一个要素即互联网当中。②

（三）物联网的第三个构成要素：传感器

物联网的第三个必要构成要素是传感器（sensors capteurs）。即便具备了互联网和某种有体物、有形物，如果没有传感器，则物联网仍然无法产生、运作并且发挥其原本应当具有的功效，因为，只有被镶嵌了传感器的某种有体物、有形物才能够与同样被镶嵌了传感器的另外一种有体物、有形物连接在一起并且发挥自己的功效。事实上，

---

① Carsten Maple, Security and privacy in the internet of things, (2017) Journal of Cyber Policy, Vol. 2, No. 2, p.162.

② Internet of Things, Privacy & Security in a Connected World, FTC Staff Report, January 2015, pp. 5 – 6.

虽然物联网的构成要件有三个，但是，物联网的最重要的构成要素既不是互联网也不是有体物、有形物，而是传感器。

所谓传感器，是指人们所发明的用于侦测环境中所生事件、变化并且将所侦测的消息发送至其他电子设备（如中央处理器）的设备。换言之，所谓传感器，是一种物理设备或生物器官，它们不仅能够探测、感受外界的信号、物理条件（如光、热、湿度）或化学组成（如烟雾），而且还能够将探测、感受探知的信息传递给其他设备。传感器的类型形形色色，根据不同的标准，人们对其做出不同的分类。①

按工作原理分类，人们将传感器分为电阻式传感器、电容式传感器、电感式传感器、压电式传感器、热电式传感器、阻抗式传感器、磁电式传感器、压电式传感器、光电式传感器、谐振式传感器、霍尔式传感器、超声式传感器、同位素式传感器、电化学式传感器、微波式传感器等。按照技术分类，人们将传感器分为超声波传感器、温度传感器、湿度传感器、气体传感器、气体报警器、压力传感器、加速度传感器、紫外线传感器、磁敏传感器、磁阻传感器、图像传感器、电量传感器、位移传感器。②

事实上，作为物联网的组成部分，传感器可谓形形色色、多如牛毛，并且随着物联网的高速发展，传感器的类型和数量会海量增加。

（四）被镶嵌了传感器的物：智能设备或者智能物体

虽然物联网的构成要素可以分为互联网、有体物和传感器，但是，我们也可以将第二个构成要素和第三个构成要素合并在一起并因此形成一个构成要素，这就是物联网当中的智能设备（smart devices）、智能物体（smart objects smart things）、智能产品（smart products）、可连接物（connected things）、可连接产品（connected products）、可连接的智能物体（smart connected things）、可连接的智

---

① Capteur, https://fr.wikipedia.org/wiki/Capteur; Sensor, https://en.wikipedia.org/wiki/Sensor; 传感器, https://zh.wikipedia.org/wiki/传感器.

② Capteur, https://fr.wikipedia.org/wiki/Capteur; Sensor, https://en.wikipedia.org/wiki/Sensor; 传感器, https://zh.wikipedia.org/wiki/传感器.

能产品（smart connected products）等。①

虽然它们的称谓五花八门，但是，它们所表达的含义均是一致的，这就是，通过将传感器镶嵌在某种有形物、有形物当中，人们就将该种有体物、有形物嬗变为一种智能设备、智能物体，这些智能设备、智能物体就能够通过互联网与其他智能设备、智能物体连接起来并因此发挥其原本的作用。换言之，我们也可以说，物联网的构成要件仅有两个：互联网和智能设备。其中的智能设备是有体物和传感器结合在一起所形成的一种设备、有体物、有形物或者产品。

例如，为了实现家居和办公室监控和管理的目的，通过将传感器镶嵌在传统的摄像头、门铃、门锁、花盆、灯泡、窗帘和运动器材当中，人们可以让这些传统的物嬗变为智能摄像头、智能门铃、智能门锁、智能花盆、智能灯泡、智能窗帘和智能运动器材；② 再例如，通过将传感器镶嵌到传统的人行道垃圾桶和汽车当中，人们可以将这些传统的物嬗变为智能的物即智能人行道垃圾桶③和智能无人驾驶汽车。④ 同样，通过内置织物压力传感器，并且配备专门的电子产品，人们能够将普通的袜子嬗变为智能袜子，智能袜子不仅能够精确地追踪穿戴者的步数、速度、热量、高度增益、环境温度和距离，而且还能够追踪穿戴者的脚步节奏、脚着陆技术、重心和重量的分布中心，有助于防止跑步者发生足部损伤。⑤

---

① Smart object, https://en.wikipedia.org/wiki/Smart_object.
② Timothy B. Lee, Self-Driving Cars Are a Privacy Nightmare. And It's Totally Worth It, WASH POST. (May 21, 2013), http://www.washingtonpost.com/blogs/wonkblog/wp/2013/05/21/selfdriving-cars-are-a-privacy-nightmare-and-its-totally-worth-it/.
③ Eileen Brown, The Internet of Things. Talking Socks and RFID Trash, ZDNET (Oct. 4, 2012), http://www.zdnet.com/article/the-intemet-of-things-talking-socks-and-rfid-trash/.
④ Timothy B. Lee, Self-Driving Cars Are a Privacy Nightmare. And It's Totally Worth It, Wash Post. (May 21, 2013), http://www.washingtonpost.com/blogs/wonkblog/wp/2013/05/21/selfdriving-cars-are-a-privacy-nightmare-and-its-totally-worth-it/.
⑤ Gregory Ferenstein, Sensoria is a New Smart Sock that Coaches Runners in Real Time, Techcrunch (Jan. 7, 2014), http://techcrunch.com/2014/01/07/sensoria-is-a-new-smart-sock-thatcoaches-runners-in-real-time.

五、物联网的产生、发展和现状

（一）处于萌芽状态当中的物联网

虽然"物联网"一词到了1985年或者1999年才开始被人们在狭小的范围使用，但是，通过网络将物与物连接在一起的想法甚至做法早在20世纪70年代就已经开始出现。1968年，Theodore Paraskevakos首次提出了通过计算机将一台机器与另外一台机器连接起来的想法并因此试图开发出这样的设备，这样的设备被称为"机器对机器的设备"（machine to machine devices）。经过5年的努力，到了1973年，Theodore Paraskevakos成功地将自己的想法付诸实施，他不仅开发出能够让机器与机器通过计算机连接起来的设备，而且还成功地获得了此种设备的专利权。①

Theodore Paraskevakos的此种理论被称为M2M即machine to machine，也就是机器对机器的理论、设备对设备的理论。所谓机器对机器，是指设备与设备之间使用包括有线和无线在内的任何方式所进行的直接连接和沟通。例如，一个设备上的电子温度计或库存传感器将所侦测到的数据直接发送到后台电脑上的软件，该软件可根据该数据将所需采取的行动以指令的方式回传到该设备上。②

虽然20世纪70年代的M2M并不是现今意义上的物联网，但是，它属于物联网的雏形，因为从20世纪70年代一直到20世纪90年代，机器与机器之间的连接并不是通过互联网进行的，而是根据封闭的专用网络或行业的特定标准进行连接和沟通的。③ 在今时今日，M2M仍然被人们广泛使用，并且机器与机器之间的连接和沟通也是通过互联网进行的，因此，它属于物联网的组成部分，是物联网在工业领域的一种应用而已。④

---

① Machine to machine, https://en.wikipedia.org/wiki/Machine_to_machine.
② Machine to machine, https://en.wikipedia.org/wiki/Machine_to_machine.
③ Polsonetti, Chantal. "Know the Difference Between IoT and M2M." Automation World, July 15, 2014. http://www.automationworld.com/cloud-computing/know-difference-between-iot-and-m2m.
④ Machine to machine, https://en.wikipedia.org/wiki/Machine_to_machine.

在 Theodore Paraskevakos 提出机器对机器理论的 1970 年，为了能够方便学生购买汽水，美国卡内基梅隆大学（Carnegie Mellon University）不仅发明了智能芯片，而且还将所发明的智能芯片镶嵌在一台汽水售卖机当中，并因此发明了世界上第一部能够自动出卖可口可乐的智能设备；① 随着机器对机器的日渐推广和使用，1982 年，人们开始提出将互联网与智能设备连接在一起的智能设备网络理论（The concept of a network of smart devices）。② 1985 年，Lewis 不仅明确预测了物与物之间通过互联网连接在一起的愿景，而且还将此种愿景明确称为物联网，已如前述。

在 1991 年和 1992 年之间，英国和美国的两间大学首次采取措施，将人们在 1982 年和 1985 年所提出的此种想法、愿景付诸实施并因此开启了物联网的初步阶段。1991 年，为了监控实验室的咖啡壶加工咖啡的情况下，英国剑桥大学（University of Cambridge）的 Quentin Stafford-Fraser 和 Paul Jardetzky 等人对其实验室的咖啡壶进行了技术改造并因此让其成为智能咖啡壶。之后，他们将所发明的智能咖啡壶与互联网连接在一起，除了能够让咖啡壶根据情况自动添加咖啡之外，智能咖啡壶还能够将有关信息通过自己的屏幕显示出来。③ 1992 年，卡内基梅隆大学不仅对自己在 1970 年发明的智能设备进行了改进，而且还将其与互联网连接在一起，并因此发明了世界上第一部连接互联网的智能设备，也就是第一部通过互联网自动出卖汽水的售卖机。与 1970 年的自动售卖机不同，1992 年的自动售卖机除了通过互联网连接之外还能够报告其库存状况、新放进去的汽水是否是冰冻汽水。④

1993 年，美国计算机科学家、技术专家、被誉为计算机之父（the father of ubiquitous computing）的 Mark Weiser 除了主张无所不在

---

① The "Only" Coke Machine on the Internet，https://www.cs.cmu.edu/~coke/history_long.txt.

② Internet of things，https://en.wikipedia.org/wiki/Internet_of_things.

③ Quentin Stafford-Fraser, The Trojan Room Coffee Pot, A (non-technical) biography，https://www.cl.cam.ac.uk/coffee/qsf/coffee.html.

④ The "Only" Coke Machine on the Internet，https://www.cs.cmu.edu/~coke/history_long.txt; Internet of things，https://en.wikipedia.org/wiki/Internet_of_things.

的计算机之外①还主张普适性系统设备（ubiquitous system devices），认为普适性系统设备分为三种基本形态，这就是标签（tabs）、垫（pads）和板（boards），其中的标签是指可穿戴毫米大小的设备，垫是指手持式的分米大小的设备，而板则是指米大小的交互式显示设备。② 1999年，美国宝洁公司开始尝试将物联网商业化，因为，在将射频识别镶嵌在自己生产和销售的产品标签当中时，已将其镶嵌了射频识别的职能产品与互联网连接在一起（如前述）。在同一年，在为宝洁公司和美国麻省理工学院的自动识别中心从事技术发明工作时，Ashton第二次明确使用了物联网一词，已如前述。

虽然宝洁公司已经在1999年将物联网商业化，但是，该公司对物联网的利用仅仅是最初层次的，除了能够为宝洁公司节约成本和为消费者带来方便之外，物联网并没有给宝洁公司带来直接的、巨大的经济利益。在物联网的历史发展当中，真正吹响物联网商业化、工业化号角的时间应当是2005年，因为在这一年，国际电信联盟在自己发表的有关物联网的报告当中对物联网的工业化价值做出了首次展望。③

（二）物联网在2005年因为国际电信联盟的报告而异军突起

在2005年的报告当中，国际电信联盟专门讨论了一个问题即"物联网为何非常重要"，在提出这一问题时，国际电信联盟从两个方面对其做出了回答，这就是，物联网的产生和发展不仅"对电信行业具有重要意义"④，而且"未来还有可能对整个工业具有重要意义"⑤。而无论是对电信行业还是对整个工业所具有的重要意义均体

---

① Mark Weiser, https://en.wikipedia.org/wiki/Mark_Weiser.
② Smart device, https://en.wikipedia.org/wiki/Smart_device.
③ ITU Internet Reports: The Internet of Things, November 2005, ITU, 2005, International Telecommunication Union (ITU), Geneva, pp. 9 - 40.
④ ITU Internet Reports: The Internet of Things, November 2005, ITU, 2005, International Telecommunication Union (ITU), Geneva, p. 5.
⑤ ITU Internet Reports: The Internet of Things, November 2005, ITU, 2005, International Telecommunication Union (ITU), Geneva, p. 5.

现在一个方面，这就是，物联网的产生和发展能够推动电信行业和整个工业的增长（growth of the industry）。①

一方面，物联网的产生和发展会推动电信行业利润的大发展。国际电信联盟指出，在当今互联网主导的时代，全球电信市场一直呈现健康增长的态势，因为在互联网的带动下，整个电信市场的价值几乎增加了两倍，从 1990 年的 3740 亿美元增加到 2003 年的 11240 亿美元，增长率为 8.8%。从现在开始，互联网的时代开始逐渐为物联网的时代所取代，在物联网的时代，整个电信市场的价值会得到更大程度的增加，增长率将会更高。②

另一方面，物联网的产生和发展也会推动整个工业的大发展。国际电信联盟指出，除了能够推动电信市场的快速发展之外，物联网的产生和发展也会带动整个工业的快速发展。因为，物联网的产生和发展除了从深度拓展既存的电信市场之外还会开拓一些非常重要的新市场的发展，诸如未来的家居市场和未来的汽车市场，因为无论是在家居市场还是汽车市场，人们会将大量的计算机设备和沟通设备镶嵌在家居或者汽车当中。③

国际电信联盟指出，物联网的重要性在于，它处于技术推动（technological push）和商业推动（commercial push）两个融合过程的中间，换言之，物联网的重要性在于，它能够从两个方面推动工业的发展：其一，从技术层面来说（on the technology side），物联网能够推动工业的发展，因为物联网一系列的新技术，诸如射频技术、手持的微型设备等。其二，从商业层面来看（on the commercial side），物联网也能够推动工业的发展，因为，物联网是由众多的新技术、新设备组成的，为了建造和运行物联网，人们就必须出卖、购买、咨询新

---

① ITU Internet Reports: The Internet of Things, November 2005, ITU, 2005, International Telecommunication Union (ITU), Geneva, p. 5.

② ITU Internet Reports: The Internet of Things, November 2005, ITU, 2005, International Telecommunication Union (ITU), Geneva, pp. 5 – 6.

③ ITU Internet Reports: The Internet of Things, November 2005, ITU, 2005, International Telecommunication Union (ITU), Geneva, pp. 6 – 7.

技术、新设备。①

（三）物联网在今时今日处于勃勃生机当中的两个主要原因

虽然国际电信联盟在 2005 年的报告当中已经明确承认，物联网的时代将会非常精彩，但是，它对物联网的精彩程度所做出的说明显然没有反应物联网真实的精彩程度，因为从 2005 年开始一直到今时今日，物联网的发展完全超越了国际电信联盟的预期范围，即便在今时今日，物联网的发展仅仅处于起步阶段。

在今时今日，物联网并不仅开启了两个新的工业领域，即国际电信联盟所预期的家居市场和汽车市场，而是长驱直入进入到各行各业。在 2011 年的《物联网：技术和标准方面的应用和挑战》当中，Bandyopadhyay、Debasis 和 Jaydip Sen 认为，物联网能够适用的领域包括：航天航空，汽车，电信，医疗与保健，独立生活，制药，零售、物流及供应链管理，制造，加工，环境监测，交通运输，农业和养殖，媒体、娱乐产业，保险，回收利用，等等。②

在 2011 年的《物联网战略研究》当中，Vermesan、Ovidiu 和 Peter Friess 等人认为，物联网能够应用的领域包括：航天航空（系统状态监测、绿色生产），汽车（系统状态监控、V2V 通信即车车通信、V2I 通信即车路通信），电信，智能建筑（能源自动计量/家庭自动化/无线监控），医疗技术、医疗保健（个人局域网、参数监测、位置测定、实时定位系统），独立生活（健康、流动性、人口老龄化监测），制药，零售、物流、供应链管理，制造、产品生命周期管理，石油和天然气加工工业，安全与隐私保护，环境监测，人员和货物运输，食品溯源，农业和养殖，媒体、娱乐和票务，保险，回收利用，

----

① ITU Internet Reports: The Internet of Things, November 2005, ITU, 2005, International Telecommunication Union (ITU), Geneva, p. 7.

② Bandyopadhyay, Debasis, and Jaydip Sen. 2011. "Internet of Things: Applications and Challenges in Technology and Standardization." Wireless Personal Communications 58 (1): 49 – 69. doi: 10.1007/s11277 – 011 – 0288 – 5; Carsten Maple, Security and privacy in the internet of things, (2017) Journal of Cyber Policy, 2: 2, 155 – 184, p. 160.

等等。①

因此，在今时今日，传统的服装制造工业物联网化了，因为，通过在传统的服装当中镶嵌传感器，人们就将传统的服装嬗变成智能服装，除了能够满足人们传统的御寒保暖的需要之外，智能服装还能够满足人们传统需要之外的新要求。传统的手表制造工业物联网化了，因为，通过在传统的手表当中镶嵌传感器，人们将传统的手表嬗变为智能手表。除了能够满足人们传统的看时间的需要之外，智能手表还能够满足人们传统需要之外的新要求。传统的电视机制造工业物联网化了，因为通过在传统的电视机当中镶入传感器，人们将传统的电视机嬗变为智能电视机，除了能够满足人们传统的观看电视机的要求之外，智能电视机还能够满足人们的新要求，等等。

当今，除了物联网当中的传感器的数量远远超越了国际电信联盟所能够预见的数量并且已经达到了浩如繁星的程度之外，物联网所创造的商业价值也完全超越了国际电信联盟的预期数量并且已经到达了无可估量的地步。在 2015 年的报告当中，美国联邦贸易委员会物联网引起的庞大规模和经济价值做出了说明，它指出："6 年前，连接到互联网上的'物'的数量首次超过了人口总量。然而，我们仍处于这种物联网技术趋势的开端。专家估计，到 2015 年为止，世界上将有 250 亿台物联网设备，到 2020 年，这个数字将达到 500 亿台物联网设备。"②

在《物联网：基础技术、互操作性和对隐私与安全的挑战》当中，Swaroop Poudel 对物联网引起的庞大规模和经济价值做出了说明，他指出："随着互联网进入千家万户，智能手机及其应用迎来了爆炸性增长的时代，信息技术的下一个前沿很可能是物联网。物联网包含一系列不断发展的技术，这些技术可以将即时连接的概念从计算机、

---

① Vermesan, Ovidiu, Peter Friess, Patrick Guillemin, Sergio Gusmeroli, Harald Sundmaeker, Alessandro Bassi, IgnacioSolerJubert, et al. 2011. "Internet of Things Strategic Research Roadmap." Internet of Things-Global Technological and Societal Trends 1：9 – 52. Accessed July 4, 2017. http://internet-ofthings-research. eu/pdf/IoT_Cluster_Strategic_Research_Agenda_2011. pdf.

② Internet of Things, Privacy & Security in a Connected World, FTC Staff Report, JANUARY 2015, Executive Summary, p. 1.

智能手机和平板电脑中拓展到家用电器、汽车和医疗设备等日常用品中。这些应用已经出现在我们的生活中，但就目前的情况来看，物联网还远远未发挥出它的巨大潜力。物联网描绘了许多服务的未来前景。思科公司（Cisco）计划到2020年将500亿台设备连接到互联网，而Strategy Analytics预测，到2020年，物联网的市场价值将达到2420亿美元。"①

作为四大国际会计师事务所之一，Pricewaterhouse Coopers②在自己的物联网报告当中对物联网所具有的巨大市场做出了描述，它指出："物联网正在将我们周围的日常物体转变为一个信息生态系统，它将丰富我们的生活。从冰箱到停车位再到房屋，物联网每天都在将越来越多的物带入数字化时代，这很有可能使物联网在不久的将来成为数万亿美元的产业。"③

除了商业上的需要是推动物联网快速发展的力量之外，让世界上包括人在内的万事万物均连接在一起也是物联网高速发展的动力。作为社会的产物，人与人之间当然希望通过各种各样的方式联系起来。在互联网之前，人与人之间通过面对面交流、往来书信、有线电话甚至电报等方式连接在一起并且进行沟通，而在世纪之交，随着普适互联网的出现，人们除了通过互联网进行交流之外还尤其通过形形色色的社交媒体进行交流。

不过，除了希望借助于各种各样的方式与其他人连接在一起之外，人们也希望人与物之间、物与物之间连接在一起。基于人类所具有的让万事万物均连接在一起的愿望，人们在20世纪70年代开始让机器与机器连接在一起并且进行沟通。从20世纪90年代开始，人们也尝试让物与物之间连接在一起并且进行沟通。在今时今日，除了人与人之间通过互联网进行沟通之外，大量的物也开始借助于互联网与其他物进行沟通，这就是物联网，已如前述。因此，让物与物之间像

---

① Swaroop Poudel, Internet of Things: Underlying Technologies, Interoperability, and Threats to Privacy and Security,（2016）31 Berkeley Tech. L. J. 997, p. 997.

② Pricewaterhouse Coopers, https://en.wikipedia.org/wiki/PricewaterhouseCoopers.

③ Pricewaterhouse Coopers report, Bernard Marr, 19 Astonishing Quotes About the Internet of Things Everyone Should Read, Forbes, https://www.forbes.com/sites/bernardmarr/2018/09/12/19-astonishing-quotes-about-the-internet-of-things-everyone-should-read/#7d6ca4f7e1db.

人与人之间一样进行交流和沟通也是物联网产生和发展的动力。

畅销书作家、信息专家 Peter Morville[①] 对物联网产生的此种原因做出了说明,他指出:"我们既有与别人连接在一起的强烈需要,也有与别人连接在一起的深深渴望。通信技术历史上的一切都表明,我们将会利用一切机会与别人之间建立更加丰富的、更加深入的联系。我看不出有任何扭转此种趋势的证据。"[②]宾夕法尼亚大学专注于新媒体和隐私之间关系的传播学教授 Joseph Turow[③] 也对此种原因做出了说明,他指出:"虽然物联网面临黑客入侵和隐私泄露的问题,但是,人们仍然感到有保持连接的需要,部分原因在于,公司会奖励他们这样做(如果他们不这样做,则他们的生活会出现困难)。"[④]

六、物联网对民法形成的两大挑战

(一)物联网能够带来哪些好处和坏处

在 21 世纪的今天,即便物联网的发展才刚刚起步,人们已经意识到物联网的时代已经来临,因为,除了我们的周围已经开始被物联网所包围之外,人们也开始讨论物联网带来的好处、坏处。

国际最畅销书作家、政府和公司的战略业务与技术顾问 Bernard Marr 对物联网在今时今日的地位做出了说明,他指出:"在今时今日,似乎人人都在谈论物联网,我们在谈论物联网的好处、物联网的坏处和物联网让人担忧的地方,这就是,物联网的存在意味着'机器开始接管世界。'在今时今日,物联网似乎已经无处不在了,我们的日常产品不仅都已经与互联网连接在一起,而且它们彼此也相互连接在一起,例如我们的电冰箱、手表、扬声器,等等。实际上,物联

[①] Peter Morville,https://en.wikipedia.org/wiki/Peter_Morville.

[②] Bernard Marr, 19 Astonishing Quotes About The Internet Of Things Everyone Should Read, Forbes, https://www.forbes.com/sites/bernardmarr/2018/09/12/19-astonishing-quotes-about-the-internet-of-things-everyone-should-read/#7d6ca4f7e1db.

[③] Joseph Turow, https://en.wikipedia.org/wiki/Joseph_Turow.

[④] Bernard Marr, 19 Astonishing Quotes About the Internet of Things Everyone Should Read, Forbes, https://www.forbes.com/sites/bernardmarr/2018/09/12/19-astonishing-quotes-about-the-internet-of-things-everyone-should-read/#7d6ca4f7e1db.

网已经开始并且仍然正在改变我们的居家和工作场所。"①

工程经理、企业家、高级能源控制和信息总监 Lior Landesman 也对物联网在今时今日的重要地位做出了说明,他指出:"在今时今日,人们正在讨论物联网的话题,他们正在讨论人们怎样区分真正的物理世界和数字世界,他们正在讨论物联网会如何以多种方式改变我们的生活,他们正在讨论物联网为何成为机器统治的世界的开端。"②

"工业物联网(The Industrial Internet of Things, IIoT)将物联网应用于各种工业活动当中的机器和设备,诸如产品制造、医疗保健、石油和天然气生产、自动驾驶汽车和其他领域当中的机器和设备。在可能改变人的行为、人与机器之间的互动行为时,通过改变机器行为、思考、学习和帮助操作者在知情的情况下做出决定的方式,物联网也能够实现提高产品和增加效率的目标。"③

"经由物联网和工业物联网驱动的工业 4.0 即将来临。然而,几乎没有什么公司对于即将到来的数字转型做好了准备。然而,就像互联网已经改变了人们从事商事活动的方式一样,工业 4.0 也将会改变人们分析和完善商事活动的方式,就像智能手机变得普遍一样,物联网的到来或许仅仅是一个时间问题。"④

(二)物联网引起的两种主要担忧:安全与隐私

在今时今日,人们似乎都在谈论物联网的好处,认为人们应当高度重视物联网所带来的价值。Bill Gates 指出:"如果你在人工智能方

---

① Bernard Marr, 19 Astonishing Quotes About the Internet of Things Everyone Should Read, Forbes, https://www.forbes.com/sites/bernardmarr/2018/09/12/19-astonishing-quotes-about-the-internet-of-things-everyone-should-read/#7d6ca4f7e1db.

② Lior Landesman, 20 Quotes on the Value, Importance and Impact of the Internet of Things, February 13, 2018, https://www.advancedenergyblog.com/solutions/iot/20-quotes-value-importance-impact-internet-things/.

③ Lior Landesman, 20 Quotes on the Value, Importance and Impact of the Internet of Things, February 13, 2018, https://www.advancedenergyblog.com/solutions/iot/20-quotes-value-importance-impact-internet-things/.

④ Lior Landesman, 20 Quotes on the Value, Importance and Impact of the Internet of Things, February 13, 2018, https://www.advancedenergyblog.com/solutions/iot/20-quotes-value-importance-impact-internet-things/.

面有突破性的发明，以便让机器能够学习，则你的发明的价值将会是微软的 10 倍。"① Jared Newman 指出："智能家居和其他可连接产品将不仅仅是为了人们的家庭生活，它们也将会对商人的商业活动产生重大影响。就像世纪之交忽视互联网的那些公司被重视互联网的那些公司甩在后面一样，在今时今日，那些拒绝物联网的公司将会被重视互联网的公司甩在后面的危险。"②

Brendan O'Brien 指出："如果你认为互联网已经改变了你的生活，那么请你三思。因为，物联网不仅再一次准备改变你的生活，而且还准备彻底改变你的生活。"③ Scott Weiss 指出："因为物联网，我们已经迈入了一个物不会造成灾难性后果的世界，或者至少迈入了一个物不会让我们陷入困境的世界。我们已经进入了这样的一个世界：当我们的大门感应到我们在附近时，我们的大门就会给我们开锁。"④

Mark Zuckerberg 指出："每当我听到人们说 AI（Artificial Intelligence，人工智能）未来会伤害人们时，我就想说，是的，技术既可以被用来做好事，也可以被用来做坏事，在面临怎样建造人工智能的问题时，你必须小心谨慎。……如果你反对 AI，你是在反对将不会发生事故的更安全的汽车；同样，如果你反对 AI，你是在反对在人

---

① Bernard Marr, 19 Astonishing Quotes About the Internet of Things Everyone Should Read, Forbes, https://www.forbes.com/sites/bernardmarr/2018/09/12/19-astonishing-quotes-about-the-internet-of-things-everyone-should-read/#7d6ca4f7e1db; Lior Landesman, 20 Quotes on the Value, Importance and Impact of the Internet of Things, February 13, 2018, https://www.advancedenergyblog.com/solutions/iot/20-quotes-value-importance-impact-internet-things/.

② Bernard Marr, 19 Astonishing Quotes About the Internet of Things Everyone Should Read, Forbes, https://www.forbes.com/sites/bernardmarr/2018/09/12/19-astonishing-quotes-about-the-internet-of-things-everyone-should-read/#7d6ca4f7e1db; Lior Landesman, 20 Quotes on the Value, Importance and Impact of the Internet of Things, February 13, 2018, https://www.advancedenergyblog.com/solutions/iot/20-quotes-value-importance-impact-internet-things/.

③ Bernard Marr, 19 Astonishing Quotes About the Internet of Things Everyone Should Read, Forbes, https://www.forbes.com/sites/bernardmarr/2018/09/12/19-astonishing-quotes-about-the-internet-of-things-everyone-should-read/#7d6ca4f7e1db; Lior Landesman, 20 Quotes on the Value, Importance and Impact of the Internet of Things, February 13, 2018, https://www.advancedenergyblog.com/solutions/iot/20-quotes-value-importance-impact-internet-things/.

④ Lior Landesman, 20 Quotes on the Value, Importance and Impact of the Internet of Things, February 13, 2018, https://www.advancedenergyblog.com/solutions/iot/20-quotes-value-importance-impact-internet-things/.

们生病时人们能够对病人进行更好的诊断。"①

除了讨论物联网的好处、价值之外，人们也讨论物联网的坏处。Elon Musk 认为，作为物联网的重要组成部分，AI 对人类构成潜在的最大威胁，他指出："我认为，我们应当对人工智能谨小慎微。如果我不得不说我们的生存所面临的最大威胁是什么的话，则我可能会说是人工智能。所以，我们需要对人工智能小心谨慎。"②不过，迄今为止，人们认为物联网所存在的坏处主要有两种，这就是它存在网络安全（cybersecurity）问题和隐私（privacy）泄露问题。虽然这两个风险在互联网时代就存在，但是，物联网会引发互联网时代所不存在的问题。

Pricewaterhouse Coopers 对物联网引起的安全和隐私担忧做出了说明，它认为，如果商人要将物联网所具有的让他们实现巨大利润的可能性变为现实，则他们应当谨慎处理好物联网所面临的两大危险即网络安全和隐私的维护，它指出："正确的网络安全和隐私保护措施可以帮助企业实现物联网的潜力。"③美国网络安全和隐私发明的重要人物 Sean Joyce 也对物联网面临的安全和隐私问题做出了说明，他指出："随着物联网的快速发展，它将我们还没有完全理解的并且将会产生重要影响的新风险引起我们的生活当中，这就是网络安全和隐私的风险。我们不应当在开发和使用智能设备之后再考虑网络安全和隐私的管理问题，我们应当在开发和使用智能设备之前就早早考虑这些

---

① Bernard Marr, 19 Astonishing Quotes About The Internet of Things Everyone Should Read, Forbes, https://www.forbes.com/sites/bernardmarr/2018/09/12/19-astonishing-quotes-about-the-internet-of-things-everyone-should-read/#7d6ca4f7e1db; Lior Landesman, 20 Quotes on the Value, Importance and Impact of the Internet of Things, February 13, 2018, https://www.advancedenergyblog.com/solutions/iot/20-quotes-value-importance-impact-internet-things/.

② Bernard Marr, 19 Astonishing Quotes About the Internet of Things Everyone Should Read, Forbes, https://www.forbes.com/sites/bernardmarr/2018/09/12/19-astonishing-quotes-about-the-internet-of-things-everyone-should-read/#7d6ca4f7e1db; Lior Landesman, 20 Quotes on the Value, Importance and Impact of the Internet of Things, February 13, 2018, https://www.advancedenergyblog.com/solutions/iot/20-quotes-value-importance-impact-internet-things/.

③ Uncovering the potential of the Internet of Things, https://www.pwc.com/gx/en/issues/information-security-survey/internet-of-things.html.

风险的管理。"①

在《物联网：基础技术、互操作性和对隐私与安全的挑战》当中，Swaroop Poudel 也认为"对隐私和安全的威胁"是物联网所引起的两个风险，他指出："物联网的广泛应用所引起的两个最大威胁是隐私和安全的威胁。当涉及消费者的隐私保护时，他们均会用脚投票。因为物联网的设备可能无处不在，因为物联网的传感器所收集、传输和存储的数据多、粒度高，因此，物联网将增加传统互联网中已经存在的隐私风险和安全风险的类型。但是，有些隐私和安全问题则是物联网所特有的。"②

(三) 物联网对智能设备消费者、使用者的人身安全构成的威胁

物联网引发的第一个主要问题是网络安全甚至网络用户的人身安全问题。Pricewaterhouse Coopers 对物联网引起的一些主要安全问题做出了说明，它指出："随着物联网迈向数字业务的核心地带，安全领域技术的整合可能会带来游戏规则改变后的危险，所谓安全领域技术的整合，是指 IT 即信息技术、OT 即运营技术和消费者技术在物联网当中的整合。这些潜在的风险包括连接的设备之间的信息流中断，对设备的物理干扰，对业务运营的影响，敏感信息的盗用，个人数据的泄露，对关键基础设施的破坏，甚至是人员生命的损失。"③

在所提交的报告《物联网：充分利用第二次数字革命》当中，英国政府首席科学顾问也对物联网引起的安全问题作出了说明，他认为，物联网的看法和利用会引起一些新的安全问题，这些新的安全问题在互联网时代是不存在的，"例如，虽然无人驾驶汽车的引入会大大减少交通事故的发生，但是，它的引入也不可能完全将交通事故完全消除。因此，有关公民和商人的责任和保护的新问题不可避免地会

---

① Uncovering the potential of the Internet of Things, https：//www.pwc.com/gx/en/issues/information-security-survey/internet-of-things.html.

② Swaroop Poudel, Internet of Things: Underlying Technologies, Interoperability, and Threats to Privacy and Security, (2016) 31 Berkeley Tech. L. J. 997, p. 1013.

③ Uncovering the potential of the Internet of Things, https：//www.pwc.com/gx/en/issues/information-security-survey/internet-of-things.html.

产生"①。

七、物联网隐私权的独立性

(一) 隐私权的产生和发展简史

所谓隐私,或者是指他人不愿意公开的、同社会利益没有关系的私人信息、私人事务、私人场所、私人生活,诸如:他人的身体,疾病,身体残疾,外科手术,健康状态,怀孕,分娩,妊娠,节育,避孕,夫妻争吵,夫妻离婚计划,夫妻分居,性活动和性取向,同性恋,精神痛苦,烦恼,甚至私人休闲或者娱乐活动,家庭生活,基因组成,等等。他人对自己的私人生活需要是否公开、在什么范围内公开、对什么人公开的权利,行为人应当尊重他人对自己的私人生活所享有的权利,不得刺探、监视、收集、存储、连接、加工、传递或者公开,除非具有某种正当的抗辩事由,否则,行为人应当就其侵犯他人私人生活的行为对他人承担侵权责任,这就是他人对自己的私人生活所享有的权利即隐私权、私人生活受尊重权。②

在历史上,隐私权的历史非常短暂,在法国大革命时期,基于新闻自由原则的贯彻,为了防止报纸和杂志公开他人的私人生活,人们将私人生活受尊重权视为名誉权的组成部分,当报纸和杂志公开他人的私人生活时,基于他人的起诉,法官会责令行为人就其公开他人私人生活的行为对他人承担名誉侵权责任。此时,隐私权没有自己的独立地位,它被自古罗马时代起就一直获得承认的一种权利即名誉权所包含。法国 1791 年 9 月 3 日的宪法第 17 条就采取了此种做法,该条规定:当行为人诽谤或者侵犯他人的私人生活时,基于他人的起诉,

---

① The Internet of Things: making the most of the Second Digital Revolution, A report by the UK Government Chief Scientific Adviser, https://assets.publishing.service.gov.uk/government/uploads/system/uploads/attachment _ data/file/409774/14-1230-internet-of-things-review.pdf, p. 9.

② 张民安:《无形人格侵权责任制度研究》,北京大学出版社 2012 年版,第 425 - 474 页;张民安:《公开他人私人事务隐私侵权责任的构成要件》,载张民安主编《公开他人私人事务的隐私侵权》,中山大学出版社 2012 年版,第 7 - 16 页;张民安:《法国民法》,清华大学出版社 2015 年版,第 87 - 89 页;张民安、丘志乔主编:《民法总论》(第五版),中山大学出版社 2017 年版,第 322 - 326 页。

法官应当对行为人施加制裁。①

从1819年开始，隐私权逐渐与名誉权分离。1819年，法国的自由主义者、杰出的政治家、巴黎大学哲学教授Pierre-Paul Royer-Collard（1763—1845）在主张公共生活应当公开的同时主张"私人生活应当用围墙隔离"，认为报纸和杂志虽然能够公开他人的公共生活，但是，它们不能够公开他人的私人生活，否则，应当就其公开他人私人生活的行为对他人承担侵权责任。②

基于Royer-Collard和其他人的强烈主张，在1858年6月16日的著名案件即l'affaireRachel一案当中，法国Seine地区一审法院（tribunal civil de la Seine）的法官首次适用1804年的《法国民法典》第1382条责令行为人就其侵犯他人私人生活的行为对他人承担隐私侵权责任，该案正式将隐私权从名誉权当中解放出来，并因此让隐私权成为像名誉权一样的独立主观权利。法官在该案的判决当中指出："无论临终者是不是名人，只要没有经过临终者家人的明示同意，任何人均不得再现并且对社会公众公开临终者躺在床上的肖像。"③

法官还认为，当行为人再现或者公开他人临终仪容时，他们必须取得其家人的同意，在没有获得他人家人同意的情况下就擅自公开他人在私人场所的肖像或者仪容，其行为构成法国《法国民法典》第

---

① 张民安：《法国的隐私权研究》，载张民安主编《隐私权的比较研究》，中山大学出版社2013年版，第121-123页。

② M. Gustave Rousset, Code général des lois sur la presse et autres moyens de publication, Imprimerie et Librairie Géné rale de Jurisprudence, 1869, pp. 70-71；张民安：《法国的隐私权研究》，载张民安主编《隐私权的比较研究》，中山大学出版社2013年版，第4页、第124页；张民安主编：《美国当代隐私权研究》，中山大学出版社2013年版，序言、第4页；张民安：《法国民法》，清华大学出版社2015年版，第87-88页；张民安：《法国人格权法（上）》，清华大学出版社2016年版，第454页；张民安主编：《场所隐私权研究》，中山大学出版社2016年版，第1-2页；张民安、丘志乔主编：《民法总论》（第五版），中山大学出版社2017年版，第322-326页。

③ Trib. civ. Seine (1ère ch.), 16 juin 1858, Félix c. O'Connell, Dalloz, 1858. Ⅲ. 62 et Ann. prop. ind. 1858, p.250; Jean-Christophe Saint-Pau et, Droits de la Personnalité, LexisNexis, p.677；张民安：《法国的隐私权研究》，载张民安主编《隐私权的比较研究》，中山大学出版社2013年版，第127-28页；张民安：《法国人格权法（上）》，清华大学出版社2016年版，第455页；张民安、丘志乔主编：《民法总论》（第五版），中山大学出版社2017年版，第323页。

1382条所规定的过错行为,该种过错行为不仅侵犯了他人的家人所享有的要求其他人尊重其家庭生活的权利,而且还暴露了他人家庭生活当中的最亲密内容。①

同样,基于Royer-Collard和其他人的强烈主张,1868年,法国立法者在1868年5月11日的法律当中对私人生活受尊重权做出了规定,这就是该法第11条。该条规定:一旦新闻媒体在它们的报纸杂志上公开有关他人私人生活方面的某种事实,则它们的公开行为将构成犯罪行为,应当遭受500法郎刑事罚金的惩罚;对新闻媒体的公开行为主张刑事追究的人只能是利害关系人。如果行为人违反该条的规定,基于他人的起诉,法官会同时结合该条和《法国民法典》第1382条的规定责令行为人就其侵犯他人私人生活受尊重权的行为对他人承担侵权责任。②

在1890年之前,虽然英美法系国家也像法国一样对他人的私人生活提供保护,但是,英美法系国家的法律并没有将隐私权作为一种独立的权利由一种法律制度加以保护,而是将其予以肢解之后通过多种法律制度加以保护,诸如通过名誉侵权责任、契约责任、滋扰侵权责任、不动产侵权责任、知识产权侵权责任以及信任责任法等对其提供保护。换言之,他人的隐私权被视为名誉权、契约性债权、生活安

---

① 张民安:《隐私权的起源》,载张民安主编《隐私权的比较研究》,中山大学出版社2013年版,第28-32页;张民安:《法国的隐私权研究》,载张民安主编《隐私权的比较研究》,中山大学出版社2013年版,第127-129页;张民安:《法国人格权法(上)》,清华大学出版社2016年版,第455页;张民安、丘志乔主编:《民法总论》(第五版),中山大学出版社2017年版,第323页。

② M. Gustave Rousset, Code général des lois sur la presse et autres moyens de publication, Imprimerie et Librairie Générale de Jurisprudence, 1869, pp. 70-71;张民安:《法国的隐私权研究》,载张民安主编《隐私权的比较研究》,中山大学出版社2013年版,第130页;张民安:《法国人格权法(上)》,清华大学出版社2016年版,第454页;张民安主编:《场所隐私权研究》,中山大学出版社2016年版,第1-2页;张民安、丘志乔主编:《民法总论》(第五版),中山大学出版社2017年版,第323页。

宁权、不动产物权、知识产权等其他权利的组成部分。①

1890年，受到法国19世纪的学者、立法者和法官就隐私权所做出的阐述、立法规定和司法判例的影响，为了应对第二次工业革命时期相机的发明和新闻媒体泛滥所引发的隐私侵犯的担忧，在1890年第4期的《哈佛法律评论》上，美国学者Samuel Warren和Louis Brandeis发表了自己最著名的学术论文《论隐私权》，主张美国要认可隐私权和隐私侵权责任的独立性，反对再像英美法系国家普通法那样通过类推适用其他的既存侵权责任制度来保护他人的隐私利益。②③美国学者对Warren和Brandeis在1890年所发表的《论隐私权》一文做出了高度评价，认为Warren和Brandeis的文章是"当之无愧的经典文章"，是"美国所有法律评论所发表的文章当中最有影响力的文章"，是"法律期刊对美国法律产生重大影响的杰出范例"，是"对美国的侵权法著作增加了一章的文章"，是"一颗普通法论证方面的明珠"。④

在今时今日，两大法系国家和我国的法律均承认隐私权的独立性，均认定行为人在没有正当理由的情况下应当就其侵犯他人私人生活的行为对他人承担侵权责任。在美国，《美国侵权法复述（第二版）》第652A条至第652E条对四种隐私侵权行为做出了规定，这就

---

① 尼尔·M. 理查兹、丹尼尔·J. 索洛韦伊：《隐私权的另一种路径：信任责任法律的复兴》，孙言译，载张民安主编《隐私权的比较研究》，中山大学出版社2013年版，第37–97页；戴维·W. 里布朗：《隐私权在美国侵权法历史当中的地位》，胡明星译，载张民安主编《隐私权的比较研究》，中山大学出版社2013年版，第253–264页；本杰明 E. 布拉特曼：《隐私权的诞生——读 Brandeis 和 Warren 的〈隐私权〉》，胡明星译，载张民安主编《隐私权的比较研究》，中山大学出版社2013年版，287–297页；张民安、丘志乔主编：《民法总论》（第五版），中山大学出版社2017年版，第323页。

② Louis D. Brandeis, Samuel D. Warren, Right to Privacy, (1890) 4 Harv. L. Rev. 193；张民安：《无形人格侵权责任研究》，北京大学出版社2012年版，第440–441页；张民安：《法国人格权法》（上），清华大学出版社2016年版，第205–208页；塞缪尔·D. 沃伦、路易斯·D. 布兰迪斯：《论隐私权》，陈圆欣译，载张民安主编《隐私权的界定》，中山大学出版社出版2017年版，第1–27页。

③ 张民安：《法国人格权法》（上），清华大学出版社2016年版，第205–208页；

④ 张民安：《隐私权的起源》，载张民安主编《隐私权的比较研究》，中山大学出版社2013年版，第4页；张民安主编：《美国当代隐私权研究》，中山大学出版社2013年版，序言、第4–5页。

是：①不合理侵扰他人的安宁隐私侵权，由第652B条规定；②擅自使用他人姓名或者肖像的隐私侵权，由第652C条规定；③不合理公开他人私人生活的隐私侵权，由第652D条规定样；④公开丑化他人形象的隐私侵权，由第652E条规定。[①]

在法国，《法国民法典》第9条对私人生活受尊重权即隐私权做出了规定，该条规定：任何人均享有私人生活受尊重权；除了能够责令行为人赔偿他人所遭受的损害之外，法官还能够采取一切措施，让行为人即将实施或者正在实施的侵犯他人亲密生活的行为予以防止或者阻止，例如，查封、扣押或者其他措施；在情况紧急的情况下，法官可以通过简易程序采取这些措施。[②]

在我国，《中华人民共和国民法总则》第110条和第111条明确承认自然人所享有的隐私权和信息性隐私权，第110条规定：自然人享有生命权、身体权、健康权、姓名权、肖像权、名誉权、荣誉权、隐私权、婚姻自主权等权利；第111条规定：自然人的个人信息受法律保护。任何组织和个人需要获取他人个人信息的，应当依法取得并确保信息安全，不得非法收集、使用、加工、传输他人个人信息，不得非法买卖、提供或者公开他人个人信息。

（二）隐私权的三分法理论

虽然两大法系国家和我国的法律均对隐私权做出了规定，但是，在隐私权如何分类的问题上，两大法系国家和我国的法律所做出的回答存在差异。在英美法系国家，人们将隐私权分为传统隐私权和新隐私权，其中的传统隐私权为《美国侵权法复述（第二版）》第652A条至第652E条所规定，而新隐私权则为立法者和法官通过制定法和司法判例所规定和确认，包括三种：自治性隐私权，场所隐私权以及

---

① 张民安：《无形人格侵权责任制度研究》，北京大学出版社2012年版，第448－449页；张民安：《公开他人私人事务隐私侵权责任的构成要件》，载张民安主编《公开他人私人事务的隐私侵权》，中山大学出版社2012年版，序，第1－2页

② Article 9, Code civil, Dernière modification : 14 février 2020, Version en vigueur au 4 mars 2020, https://www.legifrance.gouv.fr/affichCode.do;jsessionid=5EEC93EE1362E9F96B2189B56747B162.tplgfr29s_2?idSectionTA=LEGISCTA000006117610&cidTexte=LEGITEXT000006070721&dateTexte=20200304.

信息性隐私权。① 在法国，无论是立法者还是民法学者均不区分隐私权的类型。在我国，《民法总则》第 110 条和第 111 条是否区分隐私权和信息性隐私权，民法学者之间存在不同意见，笔者认为，这两个法律条款实际上区分传统隐私权和信息性隐私权。②

笔者认为，在物联网出现之前，我们可以将隐私权分为两类，即传统隐私权和互联网隐私权，而在物联网出现之后，除了这两类隐私权之外，我们还应当增加一种即物联网隐私权，这就是笔者采取的隐私权的三分法理论，笔者之所以将隐私权分为这三类，一个最主要的原因是，行为人实施侵犯他人隐私权的方式存在重大差异。换言之，笔者根据行为人实施侵犯他人隐私权的不同方式将隐私权分为三类。

其一，传统隐私权（traditional privacy），是指互联网出现之前的隐私权，也就是指 20 世纪 70 年代之前的隐私权。传统隐私权的一个最主要特征是，虽然行为人会侵犯他人的隐私权，但是，他们要么通过口耳相传的方式实施侵犯行为，要么通过诸如报纸、杂志、电视、电影或者小说等传统的媒体、媒介实施侵犯行为。无论是通过哪一种形式实施侵犯行为，行为人在侵犯他人隐私权时的成本都相对较高、传播速度相对较慢、影响范围相对狭窄。③

其二，互联网隐私权（internet privacy）。所谓互联网隐私权，是指他人尤其是指网络用户（internet users）在互联网时代所享有的隐私权。互联网隐私权的一个最主要的特征是，虽然行为人会侵犯他人的隐私权，但是，他们主要通过互联网侵犯他人的隐私权，因为在没

---

① 张民安主编：《信息性隐私权研究——信息性隐私权的产生、发展、适用范围和争议》，中山大学出版社 2014 年版，序言、第 1–17 页；张民安主编：《自治性隐私权研究：自治性隐私权的产生、发展、适用范围和争议》，中山大学出版社 2014 年版，序言、第 1–11 页；张民安主编：《私合理期待总论》，中山大学出版社 2015 年版；张民安主编：《隐私合理期待分论》，中山大学出版社 2015 年版；张民安主编：《场所隐私权研究》，中山大学出版社 2016 年版；张民安主编：《公共场所隐私权研究》，中山大学出版社 2016 年版。

② 张民安、丘志乔主编：《民法总论》（第五版），中山大学出版社 2017 年版，第 325–326 页。

③ 弗雷德·凯特：《网络隐私权的原则》，廖嘉娴译，载张民安主编《公开他人私人事务的隐私侵权》，中山大学出版社 2012 年版，第 513–514 页；丹尼尔·J. 索洛韦伊：《隐私权与权力：计算机数据库与信息性隐私隐喻》，孙言译，载张民安主编《信息性隐私权》，中山大学出版社 2014 年版，第 121–123 页；张民安主编：《信息性隐私权研究》，中山大学出版社 2014 年版，序言、第 10–11 页。

有获得他人同意或者没有获得立法者的制定法授权的情况下，行为人会实施他人信息的收集行为、加工行为、存储行为、整合行为、利用行为或者传播行为。①

在侵犯他人隐私权的情况下，行为人使用的互联网为何能够将互联网隐私权与传统隐私权区分开来？答案在于，互联网的使用完全改变了行为人侵犯他人隐私权的方式，让行为人实施隐私侵权行为时成本低廉、速度飞快、影响范围无边无际。因为，互联网不仅能够让行为人免受空间、地域、时间的限制而收集、加工、存储、整合、利用或者传播他人的私人信息，而且还能够将形形色色的信息整合成无所不包的信息库。对于行为人借助于互联网所实施的这些隐私侵权行为，传统隐私权理论很难对其予以适用。为了满足互联网时代隐私权的需要，经过几十年的发展，人们最终打造出独立于传统隐私权的一种隐私权即互联网隐私权。②

其三，物联网隐私权（IoT privacy in the internet of things）。所谓物联网隐私权，是指他人尤其是智能设备的使用者（users of smart devices）、智能设备的消费者（consumers of smart devices）在物联网时代所享有的隐私权。就像互联网会引起隐私风险一样，物联网当然也会引起隐私风险。Pricewaterhouse Coopers 对物联网引起的隐私风险作出了说明，它指出："除了危及安全之外，物联网涉及隐私问题，尤其是涉及使用物联网的设备所收集、存储和使用的信息流的数据问题。当物联网收集和使用的数据包括个人信息时，或者当所收集的信息能够被用来描述个人活动的详细画面时，商人必须考虑与处理此种

---

① Internet privacy, https://en.wikipedia.org/wiki/Internet_privacy；丹尼尔·J. 索洛韦伊《隐私的类型化研究》，骆俊菲译，载张民安主编《美国当代隐私权研究》，中山大学出版社2013年版，第204-291页；张民安主编：《信息性隐私权研究》，中山大学出版社2014年版，序言，第1-17页。

② 丹尼尔·J. 索洛韦伊：《隐私权与权力：计算机数据库与信息性隐私权隐喻》，孙言译，载张民安主编《信息性隐私权研究》，中山大学出版社2014年版，第116-178页；杰瑞·康：《网络交易中的信息隐私权》，韩林平译，载张民安主编《信息性隐私权研究》，中山大学出版社2014年版，第57-115页；张民安主编：《信息性隐私权研究》，中山大学出版社2014年版，序言，第12-13页。

数据有关的隐私风险。"①

Carsten Maple 也对物联网引起的隐私风险问题做出了说明，他指出："物联网所面临的一个主要挑战就是隐私保护。物联网提供了大量的可用数据，这些数据不仅涉及像万维网等互联网消费者，而且还涉及一般的公民、团体和组织。这些数据可以用来确定我们对什么感兴趣、我们要去哪里，以及我们有什么意图。虽然这有助于提供更好的服务，但它也不能忽视我们的隐私期待。"②

（三）物联网隐私权为何应当独立于互联网隐私权

在民法领域，物联网与隐私权之间的关系同互联网与隐私权之间的关系如何处理，人们并没有非常明确、肯定的回答，即便人们偶尔会做出回答，他们所做出的回答也是浅尝辄止的，甚至是相互矛盾的。有两种不同的意见，某些人认为，物联网隐私权属于互联网隐私权的组成部分，人们无须制定物联网隐私权方面的法律，因为他们认为，互联网隐私权法足以应对物联网时代隐私所面临的威胁，而某些人则持相反的态度，认为物联网隐私权独立于互联网隐私权，人们应当制定物联网隐私权方面的法律，因为他们认为，互联网隐私权法无法有效解决物联网隐私权所面临的威胁。

在 2014 年 12 月 18 日的报告《物联网：充分利用第二次数字革命》当中，英国政府首席科学顾问持上述第一种意见，认为已有的互联网隐私权法足以解决物联网隐私权所面临的威胁，它指出："在个人身份和隐私的敏感领域，物联网已经提出了挑战。通过现有技术所收集的个人信息尤其是有关位置方面和财务方面的信息是巨大的。不过，随着我们使用的物联网技术越来越多，我们所收集的信息也会逐渐增加。这是制定法和行政规章已经涵盖的领域。信息委员会应当有能力应对物联网领域个人数据所面临的挑战，以平衡个人数据领域

---

① Uncovering the potential of the Internet of Things, https://www.pwc.com/gx/en/issues/information-security-survey/internet-of-things.html.

② Carsten Maple, Security and privacy in the Internet of Things, (2017) Journal of Cyber Policy, 2: 2, 155 – 184, p. 172.

的利弊。"①

在 2019 年 9 月的报告《互联网协会政策简述：政策制定者的物联网隐私》当中，互联网协会（Internet Society）则持上述第二种意见，认为互联网时代的隐私权法未必能够完全解决物联网隐私权所面临的危险，因为"在放大既存的隐私挑战的同时，物联网也在创造新的隐私挑战"②。"虽然消费者使用的物联网设备能够改善自己的生活，但是，物联网设备的使用不仅将会引入一系列新的隐私问题，而且还会放大已有的隐私问题。物联网设备将会侵蚀像居家这样的传统私人空间，会让行为人收集信息的行为从线上世界拓展到线下世界。人们使用的传感器的数量和性质会让行为人实施的数据收集行为越来越接近我们的身份和亲密空间。物联网的亲密性和无所不在性将会引起控制问题、同意问题和透明性的问题，并且将会日益蚕食私人范围与公共范围之间的界限。"③

在上述两种不同的理论当中，笔者同意第二种理论，认为物联网隐私权并不是互联网隐私权，物联网隐私权独立于互联网隐私权。虽然物联网隐私权和互联网隐私权一样均涉及他人私人信息的收集、加工、存储、整合、利用或者传播问题，但是，它们之间仍然存在足以让物联网隐私权独立于互联网隐私权的差异，这些差异主要表现在以下一些方面：

首先，虽然物联网借助于互联网运行，但是，物联网的核心并不是互联网，而是通过互联网连接在一起的能够收集消费者、使用者的个人信息的智能设备。因此，如果互联网隐私权是建立在网络用户对其在网络上的信息所享有的受尊重权的基础上的话，则物联网的隐私权是建立在智能设备的消费者、使用者对其消费、使用的智能设备上

---

① The Internet of Things: Making the most of the Second Digital Revolution, A report by the UK Government Chief Scientific Adviser, https://www.gov.uk/government/publications/internet-of-things-blackett-review, https://assets.publishing.service.gov.uk/government/uploads/system/uploads/attachment_data/file/409774/14-1230-internet-of-things-review.pdf, p. 9.

② Internet Society, Internet Society Policy Brief: IoT Privacy for Policymakers, CC BY-NC-SA 4.0, internetsociety. org@ internetsociety, September 2019, p. 4.

③ Internet Society, Internet Society Policy Brief: IoT Privacy for Policymakers, CC BY-NC-SA 4.0, internetsociety. org@ internetsociety, September 2019, p. 2.

的私人信息所享有的受尊重权的基础上。换言之，互联网隐私权属于线上隐私权（online privacy），而物联网隐私权则属于线下隐私权（offline privacy）。

其次，物联网隐私权所保护的是智能设备的消费者、使用者对其智能设备上所披露的个人信息所享有的权利，防止智能设备的生产者、发明者或者投入者在没有获得消费者、使用者同意的情况下收集、加工、存储、整合、利用或者传播消费者、使用者的个人信息，而互联网隐私权所保护的则是网络用户在使用网络时的个人信息，防止网络服务商在没有获得网络用户同意的情况下收集、加工、存储、整合、利用或者传播网络用户的个人信息。

再次，物联网隐私权有时直接关乎智能设备消费者、使用者亲密的私人生活、私人场所，而互联网隐私权则往往不会涉及网络用户亲密的私人生活、私人场所。基于智能设备性质和功能的不同，智能设备所记录和显示的信息可能存在很大的差异。某些智能设备所记录和显示的信息可能不涉及他人的亲密私人信息、亲密私人场所，而另外一些智能设备则记录和显示他人亲密的私人信息、亲密的私人场所。例如，智能冰箱可以确定用户的饮食习惯和健康状况。再例如，儿童智能玩具能够识别儿童的声音，同样，医疗和健康智能设备能够收集消费者的体温、血压、脉搏和呼吸频率，等等。而智能家居则能够记录和显示主人在家中的一举一动。因此，即便物联网和互联网均会收集、加工、存储、整合、利用或者传播他人的私人信息，它们收集、加工、存储、整合、利用或者传播的私人信息存在本质的差异。物联网的引入除了让亲密私人生活与非亲密私人生活之间的区分理论模糊不清之外，也让亲密私人场所和非亲密私人场所之间的界限荡然无存，而互联网仍然在坚守这些区分理论和边界。

最后，物联网隐私权面临的风险要远远大于互联网隐私权所面临的风险。如果说互联网时代人们面临的隐私风险要远远大于非互联网时代他们所面临的隐私风险的话，则物联网的降临将会让人们面临的隐私风险远远大于他们在互联网时代所面临的风险，因为在物联网时代，能够收集、加工、存储、整合、利用或者传播消费者、使用者个人信息的智能设备数量呈爆炸性地、几何级数地增加，其数量远远多于能够同样收集、加工、存储、整合、利用或者传播网络用户的互联网。

迄今为止，人们究竟投入了多少智能设备到互联网当中，不同的专家所做出的说明存在差异。不过，无论是哪一个专家的估计数量，均是庞大的、完全超越想象的。思科公司的专家估计，到2020年将有500亿台设备连接到互联网。Stringify公司的专家预计，到2021年将有300亿台设备连接到互联网；而爱立信公司则预计，到2021年将有280亿台设备连接到互联网。①

随着物联网从初步阶段进入发展阶段，与互联网连接的智能设备的数量会更多。当这么多的智能设备均在收集、加工、存储、整合、利用或者传播消费者、使用者的个人信息时，物联网能够收集、加工、存储、整合、利用或者传播的个人信息将真正构成海量信息。信息的大量增加当然意味着信息收集、加工、存储、整合、利用或者传播行为的增加，也就意味着智能设备消费者、使用者隐私风险的增加。

笔者认为，虽然隐私权可以根据行为人实施侵犯方式的不同而分为传统隐私权、互联网隐私权和物联网隐私权，但是，这三种隐私权的区分并不是绝对的，它们之间的主要区别在于行为人实施隐私侵犯方式的不同，在其他方面则区别不大，尤其是，它们侵犯的隐私权的内容并没有本质上的差异。例如，无论是传统隐私权、互联网隐私权还是物联网隐私权均保护他人的疾病和健康信息，因此，对自己疾病和健康信息所享有的受尊重权既构成传统隐私权的内容，也构成互联网隐私权和物联网隐私权的内容。

迄今为目，传统隐私权、互联网隐私权和物联网隐私权均存在于我们的社会，它们分别从不同方面保护我们的隐私权，任何一种隐私权均有自己独立的存在价值和适用范围，任何一种隐私权均无法取代其他类型的隐私权：当报社在自己的纸质媒体上公开他人的疾病或者健康信息时，报社侵犯了他人所享有的传统隐私权；当互联网的服务提供商通过互联网收集他人的疾病或者健康信息时，已侵犯了他人所

---

① Carsten Maple, Security and privacy in the Internet of Things, (2017) Journal of Cyber Policy, 2: 2, 155–184, p. 156；卡斯滕·梅普尔：《物联网时代的安全和隐私》，袁姝婷译，载张民安主编《物联网隐私权总论》，中山大学出版社2020年版，第230页。

享有的互联网隐私权；当智能设备的发明者通过物联网收集智能设备消费者的疾病或者健康信息时，则侵犯了他人所享有的物联网隐私权。

完美风暴：隐私悖论与物联网

梅里迪德·威廉姆斯　杰森·R.C. 纳斯　莎蒂·克里斯[①] 著
邓晶晶[②] 译

目　次

一、导论
二、隐私悖论
三、促成隐私悖论的因素
四、物联网
五、讨论与未来研究
六、结论

一、导论

在人类历史上，隐私一直是一个重要的概念，许多伟大的文明和哲学家都在讨论这个问题。《汉谟拉比法典》保护古巴比伦人的家园免受行为人的入侵[③]，而苏格拉底则区分了"外在自我"和"内在自

[①] 梅里迪德·威廉姆斯（Meredydd Williams）为英国牛津大学计算机科学系网络安全博士。杰森·R.C. 纳斯（Jason R. C. Nurse）为英国牛津大学计算机科学系网络安全研究员。莎蒂·克里斯（Sadie Creese）为英国牛津大学计算机科学系网络安全教授。
[②] 邓晶晶，中山大学法学院助教。
[③] S. Dash, The intruders: Unreasonable searches and seizures from King John to John Ashcroft. Rutgers University Press, 2004.

我"。① Warren 和 Brandeis 将隐私置于现代民主意识之中,他们通过定义一种"独处权"来回应人们所感受到的新闻摄影的过分行为。② 在世界上许多国家,隐私权如今已被奉为一项法定权利和人权,尤其是根据《公民权利和政治权利国际公约》第 17 条。由于隐私对民主③和人类自然发展④而言都至关重要,因此,许多人都声称要重视这种自由的现象也就不足为奇了。

  大量的民意测验和问卷调查显示,人们都对隐私十分重视。2015年,宾夕法尼亚大学发现,84%的受访者希望能控制对营销人员的信息披露,91%的受访者不同意行为人以换取折扣为名义获取客户数据。⑤ 2013 年皮尤研究中心的一项调查也发现,86%的受访者表示,他们通过采取了一些措施保护自己的网络隐私,无论是通过清理 cookie 还是加密电子邮件。⑥ 虽然这些研究都表明人们十分重视他们的隐私,但也存在很多相反的证据。Carrascal 等发现,受访者愿意以仅仅 7 欧元的价格出售自己的网络浏览记录;⑦ 而 Beresford 及其同事发现,人们在购物时往往忽视了隐私问题。⑧ 研究人员发现,74% 的美国受访者为了方便而启用了基于位置的服务,并以交换敏感信息为

---

  ① M. Konvitz, "Privacy and the law: A philosophical prelude," Law and Contemporary Problems, vol. 31, no. 2, pp. 272 – 280, 1966.
  ② S. Warren and L. Brandeis, "The right to privacy," Harvard Law vol. 4, no. 5, pp. 193 – 220, 1890.
  ③ C. Lefort, Democracy and political theory. Cambridge: Polity Press, 1988, vol. 225.
  ④ E. Berscheid, "Privacy: A hidden variable in experimental social psychology," Journal of Social Issues, vol. 33, no. 3, pp. 85 – 101, 1977.
  ⑤ J. Turow, M. Hennessy, and N. Draper, "The tradeoff fallacy," 2015.
  ⑥ L. Rainie, S. Kiesler, R. Kang, M. Madden, M. Duggan, S. Brown, and L. Dabbish, "Anonymity, privacy, and security online," Pew Internet & American Life Project, 2013.
  ⑦ J. Carrascal, C. Riederer, V. Erramilli, M. Cherubini, and R. de Oli-veira, "Your browsing behavior for a big mac: Economics of personal information online," in 22nd International Conference on World Wide Web, 2013, pp. 189 – 200.
  ⑧ A. Beresford, D. Kübler, and S. Preibusch, "Unwillingness to pay for privacy: A field experiment," Economics Letters, vol. 117, no. 1, pp. 25 – 27, 2012.

代价。① 这就出现了"隐私悖论"②，即他人声称重视自己的隐私，但却似乎没有采取相应的保护行动。之前的研究表明，包括用户的界面设计③风险显著性④和隐私设置⑤在内等许多因素都可能加剧这种主张与行动之间的差距。

物联网（Internet of Things，IoT）有望构成 21 世纪的数字革命。⑥ 它能够将大量无处不在的组件连接在一起，从而使自己融入我们的日常生活。它将为生产力和便利性的提高提供大量的机会，人们预计它将为全球经济创造数万亿美元。⑦ 虽然物联网革命性的吸引力是显而易见的，但它的发展也可能会与隐私保护相冲突。可穿戴健康设备已经可以推测其主人怀孕的信息⑧，而联网电视也可以窃听电视背后的对话。⑨ 体积小型、无处不在的产品使无所不在的数据收集成为可能，其规模远远大于以前可能达到的规模。受限产品与其他异构设备可以进行远程通信，然而用户对其新颖的产品知之甚少。

笔者认为物联网的进一步发展将加剧隐私悖论，从而给消费者带来一系列的隐私风险。这些新设备所激化的因素，如风险的显著性、心理模型和默认设置等，正是目前造成这种现象的因素。在本文中，

---

① K. Zickuhr, "Three-quarters of smartphone owners use location-based services," Pew Internet & American Life Project, 2012.

② A. Brown, R. Mortier, and T. Rodden, "MultiNet: Reducing interaction overhead in domestic wireless networks," in Proceedings of CHI 2013, 2013, pp. 1569–1578.

③ B. Masiello, "Deconstructing the privacy experience," IEEE Security & Privacy, vol. 7, no. 4, pp. 68–70, 2009.

④ T. Hughes-Roberts, "The effect of privacy salience on end-user behaviour: An experimental approach based on the theory of planned behaviour," PhD Thesis, University of Salford, 2014.

⑤ B. Debatin, J. P. Lovejoy, A. K. Horn, and B. N. Hughes, "Facebook and online privacy: Attitudes, behaviors, and unintended consequences," Journal of Computer-Mediated Communication, vol. 15, no. 1, pp. 83–108, 2009.

⑥ J. Vasseur and A. Dunkels, Interconnecting smart objects with IP: The next internet. Morgan Kaufmann, 2010.

⑦ J. Manyika, M. Chui, P. Bisson, J. Woetzel, R. Dobbs, J. Bughin, and D. Aharon, "The Internet of Things: Mapping the value beyond the hype," Tech. Rep., 2015.

⑧ M. B. Marcus, "Fitbit fitness tracker detects woman's pregnancy," 2016. [Online]. Available: http://www.cbsnews.com/news/fitbit-fitness-tracker-tells-woman-shes-pregnant/

⑨ BBC News, "Not in front of the telly: Warning over 'listening' TV," 2015.

笔者将探讨物联网将如何从根本上区别于传统计算技术,以及这将如何影响隐私悖论。对于这一点,笔者建议同时采取技术和社会技术的研究途径,因为笔者相信这将促进隐私保护和功能实现之间的合理平衡。据笔者所知,本文是首个在这种全新的背景下考虑这种悖论并希望阐明这些新技术所带来的隐私风险的研究文章。

论文的其余部分的结构如下。在第二部分,笔者详细调查了隐私悖论,探究民意调查所显示的人们对隐私的重视、相反的证据以及现有的文献。在第三部分,笔者讨论了导致这一悖论的因素,包括用户意识的缺乏、界面设计的限制和隐私策略的复杂性。在第四部分,在研究这些产品与传统的计算设备相比的显著新颖性之前,笔者先对物联网进行了探究。在第五部分,笔者讨论了这些主题与我们认为未来必要的技术研究和社会技术研究之间的密切关系。最后,笔者在第六部分总结了这篇论文,并反思了物联网对隐私的影响。

二、隐私悖论

如前所述,大量的民意测验和问卷调查显示,人们声称其十分重视隐私。2013 年,皮尤研究中心发现,86% 接受调查的美国公民表示,他们通过采取"从清理 cookie 到加密其电子邮件"等措施来保护其在线隐私。[①] 宾夕法尼亚大学的一项民意测验得出结论,84% 的美国受访者"希望能控制商家所能了解到的有关他们的信息",91% 的受访者不同意数据收集是消费者换取折扣的公平交易这一观点。[②]

在监控事件曝光后所进行的研究显示,大西洋两岸都存在对隐私的担忧。研究人员发现,87% 的美国受访者听说过这一丑闻,34% 的受访者改变了自己的行为。[③] 同时,一项客户关注问题调查发现,92% 的受访者表示担心自己的互联网隐私。[④] 虽然公众明确声称他们关心自身的隐私,但我们往往发现他们的行为与他们的言论背道

[①] L. Rainie, S. Kiesler, R. Kang, M. Madden, M. Duggan, S. Brown, and L. Dabbish, "Anonymity, privacy, and security online," Pew Internet & American Life Project, 2013.

[②] J. Turow, M. Hennessy, and N. Draper, "The tradeoff fallacy," 2015.

[③] L. Rainie and M. Madden, "Americans privacy strategies post-Snowden," Tech. Rep., 2015.

[④] TRUSTe, "2015 TRUSTe UK consumer confidence index," Tech. Rep., 2015.

而驰。

　　Carrascal 及其同事利用反向二次拍卖来分析个人身份信息（personally identifiable information，PII）的价值。① 他们发现，受访者愿意以仅仅 7 欧元的价格出售自己的网页浏览记录，而这与人们常常声称的隐私重要性形成了鲜明对比。PII 正迅速成为一个过时的概念，目前公开数据的聚合往往比个人细节信息更为敏感。Beresford 等人进行了一项类似的研究，他们让受试者从两家相互竞争的在线商店中选择一家购买，其中第一家比第二家要求更多的信息披露。② 尽管如此，当第一家便宜了一欧元时，几乎所有的受试者都选择了第一家商店；而当价格相同时，选择两家商店的比例是相等的。除了估值较低之外，人们在处理自己的个人数据时往往也会胡作非为。

　　Facebook 和 Twitter 等社交网站的流行，导致许多人在网上分享了过多的信息。③ 虽然定位服务便于人们导航，但一项民意调查发现，近 1/5 的受访者在实际地点"签到"，这使得社交媒体观察员能够追踪他们的确切行踪。④ 在 2016 年的一项调查中，尽管 2/3 的受访者表示希望得到更大程度的隐私保护，但只有 16% 的受访者使用了保护插件，不到 1/10 的受访者对其电子邮件进行了加密。⑤ 尽管普通公众可能会声称自己重视隐私，但他们的行为却是自相矛盾的。

　　他人对隐私的主张与他们实际行为之间的这种差异被称为"隐私悖论"。⑥ 虽然这种情况乍一看似乎不合逻辑，但若干研究已证明这种现象确实存在。Barnes 分析了美国青少年的社交网络习惯，他得

---

　　① J. Carrascal, C. Riederer, V. Erramilli, M. Cherubini, and R. de Oliveira, "Your browsing behavior for a big mac: Economics of personal information online," in 22nd International Conference on World Wide Web, 2013, pp. 189–200.

　　② A. Beresford, D. Kubler, and S. Preibusch, "Unwillingness to pay for privacy: A field experiment," Economics Letters, vol. 117, No. 1, pp. 25–27, 2012.

　　③ Symantec, "The risks of social networking," Tech. Rep., 2010.

　　④ K. Zickuhr, "Three-quarters of smartphone owners use location-based services," Pew Internet & American Life Project, 2012.

　　⑤ Hide My Ass, "The dangers of our digital lives," Tech. Rep., 2016. [Online]. Available: http://www.hidemyass.com/documents/hma-survey-summary-2-5-16.pdf

　　⑥ A. Brown, R. Mortier, and T. Rodden, "MultiNet: Reducing interaction overhead in domestic wireless networks," in Proceedings of CHI 2013, 2013, pp. 1569–1578.

出以下结论:"成年人担心其隐私被侵犯,而青少年则会慷慨地放弃个人信息",这种差异归因于青少年意识的缺乏。① Acquisti 和 Gross 对 Facebook 用户进行了调查,分析隐私担忧对所观察到的行为的影响。② 调查结果验证了这一悖论,他们发现,即使是那些有重大担忧的受访者也加入了网络,并且分享了大量数据。

Norberg 等人询问参受访者,在市场研究人员 12 周后询问同样的信息之前,他们是否愿意披露数据。③ 他们发现,无论是何种信息,包括 PII 和财务数据等信息,受访者所披露的信息数量都远高于他们最初声称的数量。Acquisti 发现,人们的所作所为与传统上一直被认为是理性的行为有所不同,他们的结论是:用户关注的是服务的短期满足感,而没有考虑长远的风险。④ 第二年,Acquisti 和 grossklag 对一些学生的隐私态度进行了调查,发现尽管近 90% 的学生声称对此感到担忧,但他们对保护技术的使用"一直很少"。⑤ 这些研究一再表明,人们所声称的隐私价值与其为保护隐私所采取的行动之间存在差距。由此,人们提出了许多促成这一悖论的因素。

三、促成隐私悖论的因素

人们经常会进行隐私悖论普遍性的调查,但更有用的是了解哪些因素导致了这一现象的发生。通过调查导致这种隐私主张和行动之间差异的因素,我们可以更好地保护个人隐私。通过对现有文献的调查,我们确定了构成这一悖论的五类因素:教育和经验、可用性和设

---

① S. Barnes, "A privacy paradox: Social networking in the United States," First Monday, vol. 11, No. 9, 2006.

② A. Acquisti and R. Gross, "Imagined communities: Awareness, in-formation sharing, and privacy on the Facebook," Privacy Enhancing Technologies in LNCS, vol. 4258, pp. 36 - 58, 2006.

③ P. Norberg, D. Horne, and D. Horne, "The privacy paradox: Personal in-formation disclosure intentions versus behaviors," Journal of Consumer Affairs, vol. 41, No. 1, pp. 100 - 126, 2007.

④ A. Acquisti, "Privacy in electronic commerce and the economics of immediate gratification," in Proceedings of the 5th ACM Conference on Electronic Commerce, 2004, pp. 21 - 29.

⑤ A. Acquisti and J. Grossklags, "Uncertainty, Ambiguity and Privacy," in The Fourth Workshop on the Economics of Information Security, 2005.

计、隐私风险的显著性、社会规范、隐私政策和配置。这些因素的类别既不是穷尽的,也不是相互排斥的:一些因素可以放在多个类别中,而另一些因素由于它们的不可变性而被省略。例如,人口统计数据也是影响隐私之一,女性比男性更注重隐私。① 然而,某些对隐私感知不同的群体在很大程度上是不可改变的生理和社会学因素的产物,它们是无法轻易改变的。笔者将继续讨论这类促成因素,并在物联网的背景下审视这些问题。

(一) 教育和经验

人们已经证明教育会影响他人对隐私的看法。O'Neil 分析了一项在线调查,他发现拥有博士学位的人对隐私的关注程度最高,其次是职业学位、专业学位、大学和高中。② Williams 和 Nurse 发现,受教育程度最高的人所披露的可选数据因素最少。③ 在对人口统计学数据披露的研究中,他们进一步发现,那些受过网络安全教育的人更不愿意披露自己的信息。Lewis 及其同事发现,那些有更多在线经验的人可能拥有更强的隐私配置④,这表明数字素养有一定影响。这可能有很多原因,包括自我效能感的重要性,以及那些最熟悉计算机设备的人可能不会被科技吓倒。虽然台式电脑和笔记本电脑可能为社会的大部分人所熟悉,但随着异质产品涌入市场,新型物联网设备的流行会给人们带来更大的挑战。

---

① K. B. Sheehan, "Toward a typology of Internet users and online privacy concerns," The Information Society, vol. 18, No. 1, pp. 21 – 32, 2002.

② D. O'Neil, "Analysis of Internet users' level of online privacy concerns," Social Science Computer Review, vol. 19, No. 1, pp. 17 – 31, 2001.

③ M. Williams and J. R. C. Nurse, "Optional data disclosure and the online privacy paradox: A UK perspective," in International Conference on Human Aspects of Information Security, Privacy and Trust at the 18th International Conference on Human-Computer Interaction, 2016, To appear.

④ K. Lewis, J. Kaufman, and N. Christakis, "The taste for privacy: An analysis of college student privacy settings in an online social network," Journal of Computer-Mediated Communication, vol. 14, No. 1, pp. 79 – 100, 2008.

(二) 可用性和设计

Adams 和 Sasse 解释了他人不会尝试不安全行为的模式，然而，糟糕的可用性是人们纠正自身不安全行为的障碍。① 当用户错误判断系统功能时，他们常常将自己的隐私和安全置于危险之中，无论是通过错误配置应用程序设置还是意外泄露信息。② 人们可能拥有成熟的心理模型，明确他们期待计算设备如何工作；然而当这些假设错位时，问题就会层出不穷。③ 因此，那些在传统电脑的操作方面受过良好训练的人可能会错误判断新型物联网技术的功能，如智能家电或可穿戴设备等技术。

虽然人们可能创设出与用户界面正好匹配的心理模型，但理解系统层面上的相互作用将更具挑战性。传统上，数据由一台设备收集并存储在本地，或者仅在用户明确同意的情况下才可共享数据。然而，随着海量信息的整理和聚合，我们的世界正变得越来越互通互联。他人可能会在不考虑进一步传播和扩散的后果的情况下公开数据。例如，虽然学生们得意扬扬地在社交媒体上分享自己的照片，但是当他们的照片被潜在雇主看到时，他们可能会悔不当初。由于物联网节点会偷偷地记录和共享来自其周围环境的输入，普通用户可能对其数据的传播范围知之甚少。

不幸的是，许多网络平台都是专门为最大化的信息披露而设计的。Ulbricht 通过制度经济学的视角来评价 Facebook 的设计，他观察到，由于门户网站希望收集尽可能多的数据，因此用户和网站之间存在利益冲突。④ 物联网技术似乎与互联网如出一辙，因为用户信息为

---

① A. Adams and M. Sasse, "Users are not the enemy," Communications of the ACM, vol. 42, No. 12, pp. 40-46, 1999.

② K. Strater and H. Lipford, "Strategies and struggles with privacy in an online social networking community," in Proceedings of the 22nd British HCI Group Annual Conference on People and Computers: Culture, Creativity, Interaction, 2008, pp. 111-119.

③ S. S. Prettyman, S. Furman, M. Theofanos, and B. Stanton, "Privacy and security in the brave new world: The use of multiple mental models," Human Aspects of Information Security, Privacy, and Trust in Lecture Notes in Computer Science, vol. 9190, pp. 260-270, 2015.

④ M. Ulbricht, "Privacy settings in online social networks as a conflict of interests: Regulating user behavior on Facebook," in Computational Social Networks, 2012, pp. 115-132.

行为人牟利提供了丰富的资源。Jensen 等人发现，显示信任标志的界面将减少他人对隐私的担忧①，而社交网站得以接收大量个人信息部分归因于它们引人入胜的设计。同样，新兴物联网设备的新颖性和功能性可能也会分散消费者对数据正在被大量披露的注意力。

（三）隐私风险的显著性

隐私风险的显著性也是影响用户行为的一个重要因素。Spiekermann 等人指出，人们在线上和线下世界的关注点可能有所不同，某些人甚至也忘记了他们在数字环境中的保留意见。② 尽管人们可能会本能地认为关着的门是在保护自己的隐私，但在网络世界里，他们很难理解类似的行为。③ 即使他人确实了解密码和网络安全的重要性，但隐私风险可能会被新兴设备的新颖性和功能性所掩盖。许多研究都表明了风险显著性的重要性，Tsai 等人发现搜索引擎上的隐私指示可以鼓励他人改变他们的行为。④ Adjerid 等人发现，即使仅仅要求他人在收到隐私通知后 15 秒做出决策，这一措施也可能会导致他人采取更安全的行动。⑤ 如果隐私风险的显著性可以被人们所熟知的计算设备掩盖，那么，无处不在的物联网技术只会加剧这一问题。

（四）社会规范

在定义人们认为什么是正常的和可接受的这一问题方面，社会规范发挥着重要作用。虽然 20 世纪 80 年代的消费者将个人数据存储在

---

① C. Jensen, C. Potts, and C. Jensen, "Privacy practices of Internet users: Self-reports versus observed behavior," International Journal of Human-Computer Studies, vol. 63, No. 1, pp. 203 – 227, 2005.

② S. Spiekermann, J. Grosslags, and B. Berendt, "E-privacy in 2nd generation E-commerce: Privacy preferences versus actual behavior," in The 3rd ACM Conference on Electronic Commerce, 2001, pp. 38 – 47.

③ S. Creese and K. Lamberts, "Can cognitive science help us make information risk more tangible online?" in Proceedings of the WebSci' 09, 2009.

④ J. Tsai, S. Egelman, L. Cranor, and A. Acquisti, "The impact of privacy indicators on search engine browsing patterns," in Proceedings of the Fifth Symposium on Usable Privacy and Security, 2009.

⑤ I. Adjerid, A. Acquisti, and G. Loewenstein, "Framing and the mal-leability of privacy choices," in Proceedings of the 13th Workshop on Economics of Information Security, 2014.

自己家中，但今时今日许多人都不假思索地通过社交媒体和云计算分享自己的生活。这种态度的广泛变化可能导致羊群效应，在这种效应下，个体感到有必要与同时代人的行为保持一致。① 这在一定程度上解释了，为什么像 Signal 这样的隐私保护信息服务无法获得市场份额，这是因为用户不愿意对他们的朋友都不会使用的利基产品进行投资。梅特卡夫定律②指出，网络的价值与其连接用户的数量成正比，因此隐私应用程序在获得初始支持方面面临着挑战。互联网用户"像一群杀人蜂"一样行动，他们通过调整自己的行为以适应周围人的行为。③ 在这样的背景下，即使个体希望私下行事，他们的行为也会倾向于与他们所认为的"正常"行为保持一致。不同文化之间的社会规范往往不同，世界各地对隐私的看法也不尽相同。④ Daehnhardt 等人对 Twitter 的设置进行了研究，他们发现日本公民比巴西或西班牙公民更注重隐私。⑤ 这是因为来自"多元主动型"社会的人被认为比来自"被动型"文化的人更有可能表达自己的观点。

不同年龄段的人对隐私的看法也不尽相同，研究表明，青少年会忽视自己的隐私。⑥ 然而，在其他情境下，例如在家庭中，儿童仍然重视这一原则。⑦ 老年人往往会遭遇隐私悖论，尽管面临着巨大的技

---

① A. Devenow and I. Welch, "Rational herding in financial economics," European Economic Review, vol. 40, No. 3, pp. 603–615, 1996.

② B. Metcalfe, "Metcalfe's law: A network becomes more valuable as it reaches more users," Infoworld, vol. 17, no. 40, pp. 53–54, 1995.

③ D. Solove, The future of reputation: Gossip, rumor, and privacy on the Internet. Yale University Press, 2007.

④ T. Alashoor, M. Keil, L. Liu, and J. Smith, "How values shape concerns about privacy for self and others," in International Conference on Information Systems, 2015.

⑤ E. Daehnhardt, N. K. Taylor, and Y. Jing, "Usage and consequences of privacy settings in microblogs," in The 15th International Conference on Computer and Information Technology, 2015, pp. 667–673.

⑥ S. Barnes, "A privacy paradox: Social networking in the United States," First Monday, vol. 11, No. 9, 2006.

⑦ L. Cranor, A. Durity, A. Marsh, and B. Ur, "Parents' and teens' perspectives on privacy in a technology-filled world," in Proceedings of the Tenth Symposium on Usable Privacy and Security, 2014.

术障碍，但他们仍对隐私有强烈的顾虑。① 无论是由于文化因素或是年龄因素所导致的隐私态度的不同，随着物联网设备悄然融入社会，人们对普遍数据收集行为的可接受度可能会增加。Utz 发现，当用户进行印象管理时，他们往往会对社交网络的设置进行调整，因此为了更有效地塑造自己的形象，他们通常会减少保护措施。② Rose 恰如其分地指出："社会在变化，规范在变化，保密正被公开所取代。"③ 而物联网似乎将继续保持这一趋势。

（五）隐私政策和配置

虽然隐私政策应该增加透明度以及减少隐私期待与现实之间的差距，但事实往往恰恰相反。在 Jensen 等的研究中发现，仅仅是隐私政策的存在就能减少人们的隐私担忧，即使人们并没有阅读这些政策。④ 行为人往往以一种混淆不清的方式撰写隐私政策，以至于即使是关心隐私的用户也可能对他们所披露的数据知之甚少。⑤ 隐私政策的接受方式也正逐渐变得更加隐晦，从以往通过勾选复选框的点击许可，发展到现在通过阅读网页的浏览许可。⑥ 渴望使用某项服务的他人很可能会忽视隐私声明，因此在他了解其损失之前可能已经牺牲了其敏感信息。同样，那些热衷于使用新型物联网设备的他人可能会忽视技术文件，从而受限于他们几乎没有意识到的情况。

---

① C. Paine, U. Reips, and S. Stieger, "Internet users' perceptions of privacy concerns' and ' privacy actions'," in International Journal of Human-Computer Studies, 2007, pp. 526 - 536; A. Smith, "Older adults and technology use," Tech. Rep., 2014. [Online]. Available: http://www.pewinternet.org/2014/04/03/olderadults-and-technology-use/

② S. Utz and N. Kramer, "The privacy paradox on social network sites revisited: The role of individual characteristics and group norms," Cyberpsychology, vol. 3, No. 2, p. 2, 2009.

③ C. Rose, "The security implications of ubiquitous social media," International Journal of Management & Information Systems, vol. 15, No. 1, pp. 35 - 40, 2011.

④ C. Jensen, C. Potts, and C. Jensen, "Privacy practices of Internet users: Self-reports versus observed behavior," International Journal of Human Computer Studies, vol. 63, No. 1, pp. 203 - 227, 2005.

⑤ M. Bashir, C. Hayes, A. Lambert, and J. Kesan, "Online privacy and informed consent: The dilemma of information asymmetry," in Proceedings of the 78th ASIS&T Annual Meeting, 2015.

⑥ M. Lesk, "License creep," IEEE Security & Privacy, vol. 13, no. 6, pp. 85 - 88, 2015.

默认配置也可能不尊重他人隐私,并且依赖用户的惰性来支持行为人的数据收集。虽然社交网络可能会为用户定制提供广泛的隐私设置,但 Mackay 发现,人们往往不会偏离默认配置。① 即使用户进行了更改的尝试,但是控件也常常过于复杂以至于普通用户无法取得有意义的进展。② 因此,这造就了许多用户隐私保护措施不足的生态系统,尽管用户采取保护措施的机会显而易见。③ 如果当前的用户界面和配置对普通大众来说很麻烦,那么物联网设备的普及只会加剧这一问题。

四、物联网

物联网(Internet of Things, IoT)有潜力成为一项真正革命性的技术④,它将大量设备连接在一起,从而模糊了虚拟和现实之间的界限。Miorandi 及其同事将物联网描述为一个"连接智能物体的全球网络","一套必要的支持技术",以及从这些发展中所产生的市场机遇。⑤ 物联网本质上是收集和处理大量数据的星罗棋布的设备之间的互联。虽然我们现在的互联网是巨大的,但与这些令人兴奋的新网络相比,它的规模将是不值一提的。⑥

物联网在许多相关领域有着悠久的发展历史,例如,计算机网络、远程通信和无线传感器网络等。⑦ 然而,物联网看起来与许多传

---

① W. Mackay, "Triggers and barriers to customizing software," in Proceedings of the SIG-CHI Conference on Human Factors in Computing Systems, 1991, pp. 153 – 160.

② M. Johnson, S. Egelman, and S. Bellovin, "Facebook and privacy: It's complicated," in Proceedings of the Eighth Symposium on Usable Privacy and Security, 2012.

③ T. Govani and H. Pashley, "Student awareness of the privacy implications when using Facebook," 2005. [Online]. Available: http://lorrie.cranor.org/courses/fa05/tubzhlp.pdf

④ J. Vasseur and A. Dunkels, Interconnecting smart objects with IP: The next internet. Morgan Kaufmann, 2010.

⑤ D. Miorandi, S. Sicari, F. D. Pellegrini, and I. Chlamtac, "Internet of things: Vision, applications and research challenges," Ad Hoc Networks, vol. 10, No. 7, pp. 1497 – 1516, 2012.

⑥ Gartner, "Gartner says 4.9 billion connected 'things' will be in use in 2015," Tech. Rep., 2014

⑦ J. Vasseur and A. Dunkels, Interconnecting smart objects with IP: The next internet. Morgan Kaufmann, 2010.

统设备不同,尤其是与服务器、台式电脑和笔记本电脑等有着很大的不同。通过对现有文献的反思,我们确定了新兴技术可能与现有技术不同的五个类别:可用性和配置、普遍性和现实性、资源约束、陌生性和异构性、市场力量和激励措施。与上一部分一样,这些类别既不是穷尽无遗的,也不是相互排斥的;例如,产品的陌生性和糟糕的可用性都可能导致失准心理模型的形成。然而,作为一个有用的框架,这些类别可以用来探索物联网可能如何改变技术前景以及它们对隐私可能产生何种影响。

(一) 可用性和配置

由于物联网设备体积小型、单价低廉,物联网用户界面可能不像现代台式电脑那样多姿多彩或富有表现力。① 2013 年,英国政府委托研究团队进行了一项关于一系列物联网加热设备的可用性研究,这一研究发现,该领域五大市场领导者都没有提供足够的用户界面。② 这些加热设备的问题包括"时间表设置复杂"和"系统状态识别困难",这两个问题都可能导致敏感数据的意外泄露。虽然大部分人都熟悉现有的技术,但使用物联网设备的人可能并不具备安全与隐私所需的准确的心理模型。③

即使是那些能够浏览新界面的人也可能不理解整体的物联网交互。20 年前,数据存储在本地硬盘上,而现在人们更愿意远程保存信息。然而,由于物联网节点是自主通信的,并且它们会将聚合的数据转发到远程网络,因此普通用户可能并不知道他们的数据将流向何处。云服务已经引起了企业的关注④,而这些企业可能也不知道自己

---

① C. Rowland, E. Goodman, M. Charlier, A. Light, and A. Lui, Designing connected products: UX for the consumer Internet of Things. O'Reilly, 2015.

② Department of Energy and Climate Change, "Usability testing of smarter heating controls," Tech. Rep., 2013.

③ M. Kranz, L. Roalter, and F. Michahelles, "Things that twitter: Social networks and the Internet of Things," in What can the Internet of Things do for the Citizen (CIoT) Workshop at The Eighth International Conference on Pervasive Computing, 2010.

④ M. Zhou, R. Zhang, W. Xie, W. Qian, and A. Zhou, "Security and privacy in cloud computing: A survey," in 2010 Sixth International Conference on Semantics, Knowledge and Grids, 2010, pp. 105 – 112.

的信息存储在哪里,而且这种趋势只会继续发展下去。虽然某个单独的设备可能与现有的心理模型相匹配,但组合起来的物联网产品却提出了一个新的概念挑战。

正如免费社交网络需要收集用户信息一样,物联网技术的主要目的是促进交互化和自动化。人们很少会改变默认设置①,而这种惰性在物联网环境中可能会增加。尽管人们冷漠的态度已经降低了修改的可能性,但物联网的重新配置也可能受到有限界面或先进技术知识要求的限制。②

(二) 普遍性和现实性

尽管当前互联网的规模是巨大的,但与物联网基础设施相比,它将显得微不足道。③ 虽然一些设备可能已经具备了联网功能,比如闭路电视摄像头,但在未来几十年,此类技术的数量将呈指数增长。数十亿台机器连接到相同的基础设施,这种发展将为我们带来了一些挑战,包括唯一性问题和寻址能力问题。幸运的是,互联网协议第六版(IPv6)的发展为我们提供了一个足够大的地址空间,它使得网络地址转换(network address translation, NAT)在很大程度上变得冗余。

数据收集的规模也将是史无前例的。④ 尽管现代手机可以通过加速度计和陀螺仪收集数据,但普遍的物联网技术能够以前所未有的方式记录我们的生活。⑤ 尽管线上和线下的世界日益相互交织,但我们通常可以通过替代的方式来完成我们的任务,从而将自己与互联网隔离开来。然而,随着传感器记录他们的环境以及执行器改变他们的环

---

① W. Mackay, "Triggers and barriers to customizing software," in Proceedings of the SIGCHI Conference on Human Factors in Computing Systems, 1991, pp. 153 – 160.

② University of Southampton, "Making the 'Internet of Things' configuration more secure and easy-to-use," 2015.

③ Gartner, "Gartner says 4.9 billion connected 'things' will be in use in 2015," Tech. Rep., 2014.

④ R. Herold, "Data collection must be limited for Internet of Things privacy," Dell, 2015.

⑤ J. Gemmell, "Life-logging, thing-logging and the Internet of Things," in Proceedings of the 2014 Workshop on Physical Analytics, 2014, p. 17.

境，现实和虚拟之间的区别变得越来越模糊。①

（三）资源限制

尽管现代机器的计算能力似乎不受限制，但许多物联网产品是在资源非常有限的情况下运行的。这一问题源于有两方面：一方面，物联网设备需要一个便携式电源用于远程环境；另一方面，物联网设备小巧的体积并不允许使用大电池。② 为了使它们的寿命最大化，这些设备限制了它们的处理能力，因而也限制了可能计算的复杂性。③ 这些限制宣判了资源密集型的通信协议是不可行的，因而这也对依赖加密措施的安全传输提出了挑战。④ 如果物联网设备使用不牢靠或不成熟的协议进行通信，那么数据的保密性就会受到威胁。

（四）陌生性与异构性

虽然人们已经习惯了台式电脑和笔记本电脑，但到目前为止，只有一小部分人熟悉物联网产品。⑤ 由于这些新技术为便捷性和生产力带来了显著的好处，消费者可能会忽视平台的潜在风险。虽然我们使用了许多操作系统和来自许多供应商的硬件，但物联网设备的范围是前所未有的，它们将"异构网络"转变为"超级异构网络"。⑥ 物联网是一个非常模糊的术语，包括但不限于智能家居（如 Nest、Hive）、可穿戴设备（如 Fitbit、Apple Watch）和工业控制。事实证明，这种

---

① J. Bruner, "Physical and virtual are blurring together," 2014. [Online]. Available: http://radar.oreilly.com/2014/12/physical-virtualhardware-software-manufacturing-iot.html.

② D. Blaauw, D. Sylvester, P. Dutta, Y. Lee, I. Lee, S. Bang, Y. Kim, G. Kim, P. Pannuto, Y. Kuo, and D. Yoon, "IoT design space challenges: Circuits and systems," in 2014 Symposium on VLSI Technology: Digest of Technical Papers, 2014.

③ H. Ma, "Internet of Things: Objectives and scientific challenges," Journal of Comp. Science and Tech., vol. 26, No. 6, pp. 919–924, 2011.

④ R. Roman, P. Najera, and J. Lopez, "Securing the Internet of Things," Computer, vol. 44, No. 9, pp. 51–58, 2011.

⑤ Accenture, "Digital consumer survey for communications, media and technology," Tech. Rep., 2015.

⑥ G. Grindrod, "Organizational challenges in the Internet of Things," 2015. [Online]. Available: http://blog.trendmicro.com/trendlabs-securityintelligence/organizational-challenges-in-the-internet-of-things/

极端的异质性对标准化而言是有问题的,因为它导致了一些零碎的连接方法,而这些方法之间并不是无缝交互的。① 尽管 IPSO 联盟希望统一来自不同技术和通信领域的供应商,但若想要实现广泛的互操作性他们还需要进一步的工作。

(五) 市场力量和激励措施

由于早期推出的产品建立了强大的商业地位,人们对外观和功能的考虑往往优先于其他考虑。物联网的蕴意是,市场将充斥着引人入胜、功能丰富的设备,而隐私和安全只是事后才考虑的问题。② 物联网产品往往以较低的单价销售,随着竞争的扩大,这些价格只会进一步下降。当开发商为降低制造成本而努力时,设备的非必要功能可能会受到影响。例如,小型智能手表可能没有设置密码或 PIN 码的机制。廉价的产品不太可能具有强大的防篡改能力,尤其是当节点位于偏远位置时,这些产品更容易为用户带来风险。目前我们中很少有人拥有物联网设备③,因此它们的普遍性和必要性似乎并非不可避免。然而,羊群效应表明④,一旦物联网站稳脚跟,人们将开始认为这些技术是"正常的",而放弃这些技术可能就会被视为过时。

五、讨论与未来研究

物联网将打破我们对技术的固有观念,这既为我们提供了大量的机会,也为我们带来了一系列的风险。未来 10 年的发展将改变当前社会数字交互所依赖的许多因素。隐私悖论目前导致了人们隐私主张和行动之间的巨大差异,此时我们假设上述促成因素将被物联网加

---

① D. Bandyopadhyay and J. Sen, "Internet of Things: Applications and challenges in technology and standardization," Wireless Personal Communications, vol. 58, No. 1, pp. 49 – 69, 2011.

② M. Coates, "The Internet of Things will be vulnerable for years, and no one is incentivized to fix it," VentureBeat, 2014. [Online]. Available: http://venturebeat.com/2014/08/23/the-internet-of-things-will-bevulnerable-for-years-and-no-one-is-incentivized-to-fix-it/

③ Accenture, "Digital consumer survey for communications, media and technology," Tech. Rep., 2015.

④ A. Devenow and I. Welch, "Rational herding in financial economics," European Economic Review, vol. 40, No. 3, pp. 603 – 615, 1996.

剧。出现这种加剧的关键原因有三个：界面、数据和市场，笔者将在下文进行详细阐释。

（一）界面

新颖的、异构的和经常受限制的用户界面可能会导致进一步的隐私风险。可用性对设备的正确操作而言至关重要，而失误和误解会导致代价高昂的错误。在一个很少有人会费心精读用户指南的时代，为了提供直观的交互，技术必须谨慎地与心理模型保持一致。然而，虽然目前普通民众中还没有多少人购买这些有前景的设备，但是物联网市场仍然在迅速扩张。[①] 因此，这些技术在一段时间内对人们来说仍将是陌生的，在这段时间内，现有的心理模型可能会错位，Karl Smith 称之为"认知冲突"。[②] 在这种情况下，即使人们关心他们的隐私，他们可能也不知道如何保护他们的数据。

模糊物联网的设备异构性也会导致这个问题，因为用户很难熟悉各种不同的界面。目前，消费者可能会从几个供应商那里选择操作系统，或者从十几家制造商那里选择硬件，但他们很快就会熟悉这些技术。然而，由于许多物联网产品只配备很小的屏幕或根本不存在屏幕，因此人们可能很难熟悉它们。如果人们对如何正确使用设备一无所知，那么重视隐私的人即便尽其最大的努力也可能是白费心机的。

界面的功能可用性及其限制条件不仅可以微妙地指引用户执行某些操作，还可以避免用户执行其他操作。[③] 由于物联网产品的核心功能和潜在商业模式都依赖于数据收集，因此物联网设备可能会设计为鼓励用户进行信息披露。几乎不被调整的默认设置[④]将可能有利于信息的捕获，从而使供应商和第三方获利。虽然用户的漠不关心导致了其重新配置的惰性，但物联网隐私设置也可能过于模糊，以至于它无

[①] Accenture, "Digital consumer survey for communications, media and technology," Tech. Rep., 2015.

[②] K. Smith, "Cognition clash in the Internet of Things," 2016. [Online]. Available: http://karl-smith.com/cognition-clash-in-the-internet-of-things/

[③] D. Norman, The psychology of everyday things. Basic Books, 1988.

[④] W. Mackay, "Triggers and barriers to customizing software," in Proceedings of the SIGCHI Conference on Human Factors in Computing Systems, 1991, pp. 153–160.

法提供一个切实可行的替代方案。即使他人希望保护他们的数据，如果可能的话，他们也可能需要专业的技术知识来重新配置他们的产品。

在现实世界中，风险控制是一种突出的观念，因此社会可制定规范和习俗将它们面临的危险降至最低。对比之下，虚拟的威胁就不那么明显，因为在电脑屏幕后面人们会感到与世隔绝[1]；而这是导致网络犯罪增长的一个因素。人们发现，风险显著性对于鼓励人们在网上采取注重隐私的行动而言至关重要[2]，而这对新的物联网环境很可能同样适用。人们很清楚锁门可以保护他们的隐私，并且他们也逐渐接受了强密码选择在虚拟空间中也能达到类似的目的。然而，在物联网这样一个影影绰绰、独树一帜、异构不一的环境中，无论他们的隐私担忧如何，普通个体几乎都没有机会理解他们所面临的风险。

（二）数据

无处不在的设备和前所未有的数据收集水平将扩大技术监控的范围。这在一定程度上是源于物联网的巨大规模，数十亿的设备已经嵌入我们社会的方方面面。[3] 美国政府已经证实，物联网设备可能成为监控的目标，这意味着这些无处不在的节点具有战略重要性。[4] 尽管我们目前的网络基础设施规模庞大且分布广泛，但它并没有像新生的物联网那样渗透到我们的生活中。

这种监控的另一个促成因素是设备的普遍存在，它们继续从服务器机房逐渐移向人们的卧室和口袋。尽管智能手机和平板电脑通过其不断扩展的移动性大获成功，但实际上是可穿戴设备才开始模糊现实

---

[1] J. Jackson, N. Allum, and G. Gaskell, "Perceptions of risk in cyberspace," in Trust and Crime in Info. Societies. Edward Elgar, 2005.

[2] J. Tsai, S. Egelman, L. Cranor, and A. Acquisti, "The impact of privacy indicators on search engine browsing patterns," in Proceedings of the Fifth Symposium on Usable Privacy and Security, 2009.

[3] Gartner, "Gartner says 4.9 billion connected 'things' will be in use in 2015," Tech. Rep., 2014.

[4] S. Ackerman and S. Thielman, "US intelligence chief: We might use the Internet of Things to spy on you," 2016. [Online]. Available: http://www.theguardian.com/technology/2016/feb/09/internet-of-things-smart-home-devices-government-surveillance-james-clapper.

和虚拟世界。当节点监控身体功能和传感器跟踪它们的主人时，不管隐私是否需要保护，它就会变成一种过时的概念。

虽然行为人可以秘密地实施数据收集行为，但我们对此通常都有一定程度的意识。无论是通过不引人注目的闭路电视运行标志，还是通过大量的隐私政策，我们通常都有一些探知监控的手段。然而，当无处不在的设备充斥我们的现实世界时，我们将无法确定我们的行为何时被监控。许多人开始强烈抗议谷歌眼镜的功能，而某些餐厅也拒绝招待可能正在互相偷拍的顾客。① 即使不依靠状态监控，设备供应商也能迅速推断出某个人的日常模式、饮食习惯和社交活动。② 由于不准确的心理模型和受限的用户界面阻碍了设备配置，消费者可能会无视产品实际处于活跃状态的时间。如果对无处不在的监控不以为意的话，即使是那些宣称重视隐私的人也无能为力。

令人相当担忧的是，无所不在的设备缺乏必要的同意。尽管点击许可证和浏览许可证被大多数在线访问者忽略，但它们仍然为用户提供了检查约束他们的隐私条款的机会。这一方法假设访问网站的一方是被收集数据的一方，但这在物联网环境中可能并非如此。那些购买设备的人可以检查其隐私政策，而那些并未拥有物联网产品的人也可能在未经他们同意的情况下被监控。因此，那些最强烈反对监控的人可能仍然会被设备所有者的行为侵犯隐私。

（三）市场

市场力量和不相匹配的激励措施将导致那些隐私保护程度最低的廉价设备自由泛滥。随着这些产品变得更有利可图，产品的市场竞争将会扩大，价格也将会随之下降。虽然智能家电的价位可能会更高，但可穿戴设备和传感器节点的利润率将会更低。随着市场由新奇、外观和功能所驱动，制造商将没有多少动力为消费者提供强大的安全性

---

① C. Page, "Google Glass wearer told to leave Seattle restaurant," The Inquirer, 2013. [Online]. Available: http://www.theinquirer.net/inquirer/news/2310007/google-glass-wearer-told-to-leave-seattle-restaurant.

② J. R. C. Nurse, J. Pumphrey, T. Gibson-Robinson, M. Goldsmith, and S. Creese, "Inferring social relationships from technology-level device connections," in Twelfth Annual International Conference on Privacy, Security and Trust, 2014, pp. 40–47.

或隐私保护。① 相反，用户数据可能被货币化并出售给第三方，这表明隐私与许多物联网供应商的商业模式存在矛盾。由于设备的安全特性需要通过宝贵的时间和金钱来实现，制造商可能会合理地把这些资源投入到功能增强上，尤其是当消费者不顾隐私问题而使用服务时。② 这些激励因素表明，不安全的数据收集设备正在大量涌现，而有隐私意识的个体几乎别无他选。

虽然国际隐私标准可以提供针对物联网的保护，但它们的指导方针往往不切实际。ISO/IEC 29100 要求企业"试着理解用户的期望和偏好"③，然而这一建议与隐私悖论存在直接矛盾。用户的期望、意图与行动之间往往大相径庭，在陌生的物联网环境中很可能就是如此。该框架还认为个人身份信息（personally identifiable information，PII）不包括匿名数据，尽管许多去匿名化技术已经被证明是有效的。④ 与许多国际标准一样，公司不必遵守这些指引。因此，物联网供应商可能会追求自己的经济利益并收集海量的数据。

软件更新对供应商来说是一项昂贵的固定成本，因此它只有在有利可图的初始销售支持下才能实现。如果要企业对开发人员进行的维护工作提供资金支持，那么这将要求该设备的利润率保持在健康的水平，而这对小型设备可能是不可行的。在这一点上，制造商几乎没有动力去修补软件漏洞或改进其已出货产品的功能。同样，这会导致大量不安全的设备，它们将消费者数据的机密置于风险之中。研究表明，人们愿意用隐私交换 1 欧元的折扣⑤，而安全的替代品却可能难

---

① M. Coates, "The Internet of Things will be vulnerable for years, and no one is incentivized to fix it," VentureBeat, 2014. [Online]. Available: http://venturebeat.com/2014/08/23/the_internet-of-things-will-bevulnerable-for-years-and-no-one-is-incentivized-to-fix-it/

② A. Acquisti and R. Gross, "Imagined communities: Awareness, information sharing, and privacy on the Facebook," Privacy Enhancing Technologies in LNCS, vol. 4258, pp. 36 – 58, 2006.

③ International Organization for Standardization and International Electrotechnical Commission, "ISO/IEC29100," Tech. Rep., 2015.

④ A. Narayanan and V. Shmatikov, "Robust de-anonymization of large sparse datasets," IEEE Security & Privacy, pp. 111 – 115, 2008.

⑤ J. Carrascal, C. Riederer, V. Erramilli, M. Cherubini, and R. de Oliveira, "Your browsing behavior for a big mac: Economics of personal information online," in 22nd International Conference on World Wide Web, 2013, pp. 189 – 200.

以获得用户支持，因而只能退出市场。

在系统层面，市场正在促进不断提升的物联网设备组合性的发展。随着情报从中心转移到各个节点，行为人将以前所未有的规模进行信息的收集和处理。虽然普通的单个数据点可能不会造成什么风险，但是这些数据的聚合却可以揭示他人高度敏感的细节。一旦信息通过物联网网络被披露和传播，信息可能就不可能被修改或删除。我们不应该把物联网产品放在隔绝的环境中考虑，也正是物联网功能的倍增把他人的隐私置于危险之中。

如前所述，物联网市场似乎是由外观和功能驱动的，而不是由隐私或安全驱动的。[1] 尽管目前还处于试验阶段，但一旦产品的数量达到临界值，羊群效应和市场营销就将促进产品的进一步扩散。在20年前，将个人信息存储在外部数据中心的前景可能看起来有些激进，然而在今时今日，这就是许多人的日常生活。人们如今在社交网站上与外界分享其敏感的细节，尽管在20世纪80年代类似行为会让同时代的人感到困惑。社会规范的发展可能比技术的发展要慢，但市场压力可能会鼓励他人增加个人信息的披露。虽然我们现在可能会把智能手表、智能服装或嵌入式医疗设备贴上不必要或侵入性的标签，但在未来10年，这些技术可能会遍及整个社会。人们对隐私的主张和行动之间的差距是巨大的，既有社会实践的技术变革对此起了推波助澜的作用。当人们生活在一个相互连接紧密的世界里锲而不舍地坚持传统的隐私观念时，隐私悖论只会加剧。

图1总结了物联网的新颖性和那些促成隐私悖论因素之间的关系。

（四）未来的研究

我们已经明确了物联网发展可能加剧隐私悖论的几种方式。如果我们希望在未来几十年里保护隐私，那么我们必须同时进行技术研究和社会技术性质的研究。由于技术调查常常与物联网供应商的利益相

---

[1] M. Coates, "The Internet of Things will be vulnerable for years, and no one is incentivized to fix it," VentureBeat, 2014. [Online]. Available: http://venturebeat.com/2014/08/23/the-internet-of-things-will-bevulnerable-for-years-and-no-one-is-incentivized-to-fix-it/.

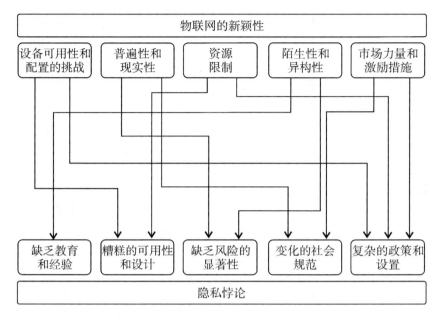

图 1　物联网的新颖性与隐私悖论的关系

冲突,因此它们的软件限制和使用条款可能会扼杀几种研究方法。以下几个研究可能会受到专有架构或隐私策略的限制,因此我们应该从实际出发考虑研究。然而,随着许多设备提供越来越丰富的应用程序编程接口(API)以及产品的交互性可能会增加,我们未来的研究机会将会扩大。当然,某些人可能愿意为了方便而牺牲他们的隐私,因为这个原则是高度主观和具有语境性的。笔者所建议的研究旨在促使人们能够做出明智的选择,而不是以家长主义的方式约束他们的行为。

从技术上讲,有几种措施可以帮助我们更好地协调隐私主张、意图和行动之间的关系。首先,研究社群可以探索将增强用户界面的开发作为增加风险显著性的一种方法。之前的研究表明,强调风险的概念可以鼓励人们实施注重隐私的行为[1],因此我们可以使用类似的方

---

[1] J. Tsai, S. Egelman, L. Cranor, and A. Acquisti, "The impact of privacy indicators on search engine browsing patterns," in Proceedings of the Fifth Symposium on Usable Privacy and Security, 2009.

法，在物联网用户面临重要决策时提醒他们。这些技术既不应该限制设备的功能，也不应该限制用户执行操作，而只是提醒他们所面临的隐私风险。如果我们发现在使用了这些增强界面后他人被披露的敏感数据更少了，那么这就意味着我们可以为了更好地保护隐私而对市场中的物联网设备进行改进。

根据另一种提高风险显著性的方法，我们可以基于公开的信息来计算和显示风险敞口（risk exposure）。通过使用类似于数据可达性模型的方法，我们可以将数据点关联并聚合起来，从而推断出未知的活动。[1] 通过强调人们经过物联网交互所面临的风险，用户可以明智地选择启用哪些设备功能。产品所有者可以明确他们希望公开哪些信息片段，应用程序可以通过推理树法（inference tree）来凸显它们实际揭示的细节。这样做的目的是缩小人们对隐私风险的认知和他们行为后果之间的差距。

如前所述，当前的默认设置加剧了隐私悖论。我们可以将配置作为将隐私提升为标准的一种方法，通过编程的方式对其进行调整，从而减少不必要的数据公开。虽然这可能会损害一些设备的功能，但某些功能是可以被允许，只是我们要考虑选择增加配置而不是选择退出市场。由于用户很少偏离默认配置[2]，因此我们可以研究普通个人的风险敞口是否可以通过这些修改来降低。

我们可以通过与底层 API 的交互来研究单个设备读数的模拟。当虚假数值代替真实的数据时，设备的功能可以在很大程度上得到保留，从而保护相关个人的隐私。MockDroid 工具也采用了类似的技术，它与 Android 应用程序相连接，从而减少敏感数据的泄漏。[3] 虽然错误的参数可能会降低设备部件的有用性，但在个别读数中噪点的

---

[1] S. Creese, M. Goldsmith, J. R. C. Nurse, and E. Phillips, "A data-reachability model for elucidating privacy and security risks related to the use of online social networks," in 2012 IEEE 11th International Conference on Trust, Security and Privacy in Computing and Communications, 2012, pp. 1124 – 1131.

[2] W. Mackay, "Triggers and barriers to customizing software," in Proceedings of the SIGCHI Conference on Human Factors in Computing Systems, 1991, pp. 153 – 160.

[3] A. Beresford, A. Rice, N. Skehin, and R. Sohan, "MockDroid: Trading privacy for application functionality on smartphones," in 12th Workshop on Mobile Computing Systems and Applications, 2011, pp. 49 – 54.

添加可以使设备在隐藏真实数据的同时保持准确的平均值。如果用户能够在其个人信息被屏蔽的同时享受到产品的功能，那么这将对物联网隐私增强技术（privacy-enhancing technologies，PETs）的发展产生影响。

其中一个最重要的隐私忧患是，物联网设备可以在设备所有人不知情的情况下记录数据。为了减轻这种风险，我们可以尝试将监控限制在特定时间段或特定地理位置的范围内。我们可以通过修改API、以编程方式切换配置或干扰通信信号来实现这一点。为了探明人们是否能从持续不断的数据收集中得到一些喘息的机会，我们可以将用户测试作为这种方法的补充。由于很少有用户希望受到秘密监控，因此这些修进可以更好地使现实与人们的隐私期待相匹配。

虽然技术方法可以支持隐私的保护，但隐私保护也需要社会技术研究来提供全面的解决方案。不透明的隐私政策加剧了个人隐私期待与现实之间的差距。其一，我们可以针对物联网产品开发简洁易读的文档，并研究这是否减缓了隐私悖论。如果用户了解其个人数据的实际用途，那么，他们在披露信息时可能会更加谨慎。其二，我们可以对个人隐私偏好进行编码并与物联网产品的隐私政策进行比较，从而突出两者之间的冲突，其方式类似于P3P网站隐私安全工具。[①] 此前，网络公司已经被迫简化他们的隐私政策[②]，监管机构也应该考虑对智能设备进行这样的规范。

作为一种减轻数据收集市场压力的手段，我们可以开发一种物联网隐私指标。这一隐私指标将综合考虑信息获取的数量、监控的隐蔽性、获取这些数据的必要性以及供应商如何存储这些数据。那些纯粹为了功能目的而收集数据的制造商可能会得到较高的评分，而那些将聚合数据出售给第三方的制造商则会得到较低的分数。这些指标将认可那些提供方便功能同时又不需要过多个人数据的产品，从而确立这些产品在隐私方面的竞争优势，这一方法在原则上与食品健康评级类似，食品健康评级会让未达指标的餐厅感到羞愧，并鼓励供应商改善

---

① L. F. Cranor, "P3P: Making privacy policies more useful," IEEE Security & Privacy, vol. 6, pp. 50–55, 2003.

② BBC News, "Google agrees privacy policy changes with data watchdog," 2015.

做法。

最后,通过比较新手和老练的物联网用户的行为,我们可以进一步探讨设备熟悉度的重要性。一项纵向研究可以追踪人们一段时间内的信息披露水平,调查人们是否会随着更习惯某种产品而改变自己的行为。当用户发现设备的附加功能或风险显著性降低时,他们实际上可能会提供更多的个人信息。这样的研究将使我们对熟悉度的理解更加明晰,这一点尤其重要,因为市场上涌现了各种各样的新奇产品。

六、结论

在这篇文章中,我们探讨了隐私悖论:人们对隐私的主张和他们的行为之间存在差异。我们评估了导致这一现象的因素,包括用户界面设计、风险显著性和社会规范。我们描述了物联网的新兴领域,并研究了这些新技术可能与更传统的计算设备有何不同。我们认为,物联网的发展将加剧那些导致隐私悖论的因素,从而进一步加剧这一严峻的局面。我们认为以下三个关键的原因导致了隐私悖论的加剧:新颖性、异构性和受限的用户界面,无处不在的设备和海量的数据收集,市场力量和错位的激励措施。最后,为了进一步调查这个问题,我们建议进行技术研究和社会技术研究,包括增强用户界面、改变默认配置和简化物联网隐私政策。

我们希望这样的研究能够促进功能和数据保护之间的合理平衡,而不是为了方便而接受监控。就像如今人们分享信息的自由度比20年前更大一样,未来的社会可能会把无处不在的数据收集视为完全正常的事情。由于市场激励机制鼓励数据收集而忽视隐私和安全,我们可能需要某些规则来限制供应商的侵权行为。随着现实世界与虚拟世界越来越紧密地交织在一起,隐私风险可能就更加藏形匿影了。尽管隐私悖论导致人们不顾自己的担忧公开数据,但当数十亿不安全的设备支持数据收集时,人们可能就别无选择了。

物联网:基础技术、互操作性和对隐私与安全的挑战

斯沃罗普·波德尔[①] 著 邓梦桦[②] 译

目　次

一、架构和使能技术:定义物联网
二、互操作性
三、对隐私和安全的威胁
四、结论和政策建议

随着互联网进入千家万户,智能手机及其应用迎来了爆炸性增长的时代,信息技术的下一个前沿很可能是物联网(IoT)。[③] 物联网包含一系列不断发展的技术,这些技术可以将即时连接的概念从计算机、智能手机和平板电脑拓展到家用电器、汽车和医疗设备等日常用品中。这些应用已经出现在我们的生活中,但就目前的情况来看,物联网还远远未发挥出它的巨大潜力。物联网描绘了许多服务的未来前

[①] 斯沃罗普·波德尔(Swaroop Poudel),美国加州大学伯克利分校法学院在读法学博士。
[②] 邓梦桦,中山大学法学院助教。
[③] See Press Release, Gartner's 2014 Hype Cycle for Emerging Technologies Maps the Journey to Digital Business, Gartner, INC. (Aug. 11, 2014), http://www.gartner.com/newsroom/id/2819918 [https://perma.cc/48W3-4XFH].

景。思科公司（Cisco）计划到2020年将500亿台设备连接到互联网①，而Strategy Analytics②预测，到2020年，物联网的市场价值将达到2420亿美元。③

目前一个智能家居的物联网应用程序——窝式恒温器（Nest's Thermostat）囊括了一些支持物联网概念的技术与保证。④ 首先，窝式恒温器通过一个应用程序（APP）与消费者的智能手机相连接，消费者可以通过这个应用程序来远程调节房间温度。⑤ 其次，窝式恒温器装置了增强型传感器，这种传感器不仅可以检测房间当前的温度，还可以在消费者走进房间时向她报告这些信息。随着消费者在房间内移动，一个电子面板被执行器点亮，显示出房间温度和时间等信息。⑥ 最后，窝式恒温器的一个特点是它能够学习并记忆消费者的习惯，这个特点使得窝式恒温器能够自动设定房间温度。例如，通过记住消费者在睡前和早上起床后设定的房间温度，窝式恒温器可以创建一个设定温度的时刻表。⑦ 同样地，当消费者离开家时，窝式恒温器也会学着去关闭房间的暖气。⑧

目前，窝式恒温器是一个关于"特定于供应商的闭环体系"的例子，也即是说，每个供应商能够连接到自己的窝式产品而不能连接到其他供应商的窝式产品，但不同供应商的窝式产品之间却可以相互

---

① Dave Evans, The Internet of Things: How the Next Evolution of the Internet is Changing Everything, Cisco, 3（Apr. 2011），https：//www. cisco. com/web/about/ac79/ docs/innov/IoT _IBSG_0411FINAL. pdf［https：//perma. cc/DUF9-A9YYI.

② Strategy Analytics 是全球著名的信息技术、通信行业和消费科技市场研究机构。

③ Press Release, M2M Market Will Generate ＄242 Billion Revenue by 2022, STRATEGY ANALYTICS（Jan. 8，2014），http：//strategyanalytics. com/default. aspx? mod = pressreleasevie wer&a0 = 5468［https：//perma. cc/BME4-V3API.

④ Meet the Nest Thermostat, NEST, https：//nest. com/thermostat/meet-nest-thermostat［https：//perma. cc/SW6W-6A8Y］.

⑤ Meet the Nest Thermostat, NEST, https：//nest. com/thermostat/meet-nest-thermostat［https：//perma. cc/SW6W-6A8Y］.

⑥ Meet the Nest Thermostat, NEST, https：//nest. com/thermostat/meet-nest-thermostat［https：//perma. cc/SW6W-6A8Y］.

⑦ Meet the Nest Thermostat, NEST, https：//nest. com/thermostat/meet-nest-thermostat［https：//perma. cc/SW6W-6A8Y］.

⑧ Meet the Nest Thermostat, NEST, https：//nest. com/thermostat/meet-nest-thermostat［https：//perma. cc/SW6W-6A8Y］.

连接。当更多的设备能够与其他设备相连接而被共同操作,或者被互相操作时,物联网就有潜力释放出一种巨大的价值。① 例如,如果第三方应用程序开发人员可以在现有系统的基础上增加诸如房间照明和湿度调节等服务,那么,窝式恒温器等产品对消费者的价值将显著提升。同样地,如果智能家居系统能够与智能汽车系统相连接,那么,智能家居系统就可以在智能汽车即将到家时打开房间暖气。

再举一例来说明物联网的其他潜在用途和挑战:一款在智能手机和智能手表上应用的互联健康(或智能健康)应用程序——Fido,由一家名为 Fjord 的公司所设计。② 虽然目前传统的非物联网仪器也可以在所需要的时间点上检测出消费者的血糖水平,并推荐合适的胰岛素剂量,但 Fido 承诺它有几种特别的功能可以更好地控制慢性糖尿病病人的病情。③ 第一,Fido 并不是一种设备,这也就是说,它能够适用于智能手机和智能手表等多种设备。④ 第二,Fido 不仅检测和记录消费者的血糖水平,还会检测和记录消费者的营养摄入、压力水平、睡眠状况和日常活动,这些数据可以由 Fido 自动录入,也可以由消费者手动输入。⑤ Fido 还会对这些数据进行长期检测。这种通过各种传感器以粒度级收集各种数据的方式,说明了计算机目前所能收集的物联网数据的巨大规模。第三,通过收集若干人的数据,Fido 还可以识别出不同消费者的消费习惯和各自的血糖水平,从而分析出

---

① See GS1 US, Comment Letter on FTC Seeking Input on Privacy and Security Implications of the Internet of Things, 3 (July 25, 2013), https://www.ftc.gov/policy/public-comments/comment-00030-2 [https://perma.cc/2NDB-NZE5].

② Eric Wicklund, Analytics and mHealth Find Common Ground, Mhealthnews (Oct. 1, 2015), http://www.mhealthnews.com/news/analytics-and-mhealth-find-common-ground [https://perma.cc/FB48-KUAR].

③ Jeb Brack, Platform Eyes Easier Diabetes Management for 400 Million Sufferers, PSFK (Oct. 9, 2015), http://www.psfk.com/2015/10/diabetes-management-type-1-diabetes-platform-fjord-fido.html [https://perma.cc/GM4R-7DA2].

④ Eric Wicklund, Analytics and mHealth Find Common Ground, Mhealthnews (Oct. 1, 2015), http://www.mhealthnews.com/news/analytics-and-mhealth-find-common-ground [https://perma.cc/FB48-KUAR].

⑤ Eric Wicklund, Analytics and mHealth Find Common Ground, Mhealthnews (Oct. 1, 2015), http://www.mhealthnews.com/news/analytics-and-mhealth-find-common-ground [https://perma.cc/FB48-KUAR].

不同的消费习惯与血糖水平高低之间的联系模式，进而给出行为建议来帮助消费者更好地管理自己的血糖水平。① 如果 Fido 没有增强版的数据分析功能，那么，它是不可能做到这一点的。第四，当消费者的血糖水平超过了安全阈值时，Fido 可以向医疗服务提供者发出警报，提醒他们及时采取挽救生命的干预措施。② Fido 显示了物联网潜在的巨大优势，但同时也提醒着我们物联网中的隐私和安全问题。他人的健康数据是敏感的，尤其在这种粒度化的收集之下。因此，这种收集方式对他人信息的匿名化提出了重大挑战，从而使消费者面临着隐私和数据安全风险。

两个传统的产品——家庭安全系统和电子收费系统显示了物联网是如何不同于目前类似的产品。家庭安全系统利用各种运动传感器和声音传感器来检测行为人对家庭的入侵行为，其执行器会发出自动警报，如铃声、警报声和闪光灯。③ 此外，它的组件通过有线或无线方式相互连接。④ 类似地，电子收费系统，如 E-ZPass，使用射频识别（RFID）技术来认证车辆，并处理自动支付行为。⑤ 然而，这两个系统都没有"创建新服务所需的后端信息基础设施"。⑥ 换句话说，正如本文稍后将解释的，一旦这些系统就位，公共服务层就不能在这些系统上面添加或修改功能，即无法将这些系统用于其他服务。此外，

---

① Jeb Brack, Platform Eyes Easier Diabetes Management for 400 Million Sufferers, PSFK (Oct. 9, 2015), http://www.psfk.com/2015/10/diabetes-management-type-1-diabetes-platform-fjord-fido.html [https://perma.cc/GM4R-7DA2].

② Eric Wicklund, Analytics and mHealth Find Common Ground, MHEALTHNEWS (Oct. 1, 2015), http://www.mhealthnews.com/news/analytics-and-mhealth-find-common-ground [https://perma.cc/FB48-KUAR].

③ Security Alarm, Wikipedia, https://en.wikipedia.org/wiki/Security-alarm [https://perma.cc/36AN-5X7D].

④ Security Alarm, Wikipedia, https://en.wikipedia.org/wiki/Security-alarm [https://perma.cc/36AN-5X7D].

⑤ Kantara Initiative, Comment Letter on FTC Seeking Input on Privacy and Security Implications of the Internet of Things (May 2013), https://www.ftc.gov/policy/public-comments/comment-00016-2 [https://perma.cc/G4MM-KCL4].

⑥ Ovidiu Vermesan et al., Internet of Things Strategic Research Roadmap, IOT European Research Cluster, 17 (2011), http://www.internet-of-things-research.eu/pdf/IoTClusterStrategicResearchAgenda_2011.pdf [https://perma.cc/GWC9-L2FX].

这些系统存储和处理的数据都是有限的、相当基础的，不能承担物联网大数据分析的角色。与此同时，这些例子说明了许多支持物联网的技术已经存在，并且已经存在了一段时间，但只有这些不同技术的汇合以及它们的快速发展才能帮助创建物联网的发展前景。

一般地说，物联网的应用范围很广。[①] 它已经应用于家庭恒温器（如 Nest）、健康监测（通过 FitBit 等可穿戴设备）、汽车和停车场等产品中。更加值得注意的是，物联网可能会给电网、漏水检测、自动驾驶汽车、交通管理、森林火灾检测、农业、制造业、库存管理和供应链控制等多个领域带来革命性的变化。[②]

本文的第一部分通过对基础技术的描述来定义物联网。尽管物联网做出了关于自身良好发展前景的重要承诺，但两个主要的问题会阻碍着这一领域的发展，那就是，物联网缺乏互操作性[③]，以及它对他人的隐私和安全存在威胁。本文的第二部分和第三部分解释了这两个主要的问题以及迄今为止对这些问题的监管回应。对本文第一部分所描述的基础技术的理解将会使读者能更加具体地了解这些问题。最后，本文第四部分认为，尽管监管机构应该推行广泛监督的原则，并且对物联网领域中发展的风险保持警惕，但监管机构不应施加过多的限制，因为这些限制可能会阻碍物联网所承诺的创新、增长和进步。

一、架构和使能技术：定义物联网

目前，我们还没有对物联网的普遍定义，因为它是一个新兴的产

[①] Patrick Thibodeau, Explained: The ABCs of the Internet of Things, Computerworld (May 6, 2014), http://www.computerworld.com/article/2488872/emerging-technology-explained-the-abcs-of-the-internet-of-things.html [https://perma.cc/63Q8-JYMLI.

[②] See Ian G. Smith et al., The Internet of Things 2012: New Horizons, IoT European Research Cluster, 35-39 (2012), http://www.internet-of-things-research.eu/pdf/IERCClusterBook_2012_WEB.pdf [https://perma.cc/C8BP-QZ8M]

[③] 互操作性（Interoperability）又称互用性，是指不同的计算机系统、网络、操作系统和应用程序一起工作并共享信息的能力。

业，其技术①和参与者都处于激变之中。② 但物联网的一些架构模型和使能技术指向了一个可行的定义。对这个定义的讨论将有助于展示物联网的隐私和安全风险是如何产生的，并为实现其互操作性提供帮助。

（一）物联网架构

图1是关于不同的物联网组件如何适应整体架构模型的可视化表示。它说明了不同的物联网产品是如何组合在一起的，并解释了创造物联网产品的许多不同类型公司之间的关系。③ 它还提供了新技术如何融入系统的指导。

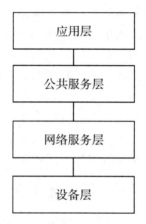

图1　oneM2M 分层模型，以及 ITU 的设备层

---

① An enabling technology is an invention or innovation that can be applied to drive radical change in the capabilities of a user or culture. Enabling technologies are characterized by rapid development of subsequent derivative technologies, often in diverse fields. See General purpose technology. Equipment and/or methodology that, alone or in combination with associated technologies, provides the means to increase performance and capabilities of the user, product or process. — Wikipedia.

② Patrick Thibodeau, Explained: The ABCs of the Internet of Things, Computerworld (May 6, 2014), http://www.computerworld.com/article/2488872/emerging-technology-explained-the-abcs-of-the-internet-of-things.html [https://perma.cc/63Q8-JYMLI].

③ Kantara Initiative, Comment Letter on FTC Seeking Input on Privacy and Security Implications of the Internet of Things (May 2013), at 1 https://www.ftc.gov/policy/public-comments/comment-00016-2 [https://perma.cc/G4MM-KCL4].

两个组织创建了本文此处描述的模型：oneM2M———一个由其他几个标准机构以及供应商和服务提供商组成的伞形标准组织，以及国际电信联盟（ITU）———一个联合国信息和通信技术机构（ICTs）。① oneM2M 的模型由三层组成：应用程序层、公共服务层和网络服务层。② 应用程序层包含高级编程和应用程序，以及业务和操作逻辑。③ 公共服务层执行数据存储和处理以及其他特定于应用程序的功能。网络服务层提供传输、连接和服务功能。④ 除了上述三层，ITU 的模型还包括设备层，即网络服务层之下的第四层。⑤ 设备层包括通过网络层直接下载信息和接收命令的设备，也包括通过网络层的网关再下载

---

① Roberto Minerva, Abyi Biru & Domenico Rotondi, Towards a Definition of the Internet of Things (IoT), IEEE Internet Initiative, 14 – 16 (May 27, 2015), http://iot.ieee.org/images/files/pdf/IEEEIoTTowardsDefinitionInternet-ofThings Revisionl_27MAY15.pdf [https://perma.cc/85K7-GZRL] (describing the standard-setting organizations for IoT); Overview of the Internet of Things, ITU, 6 – 9 (June 15, 2012), https://www.itu.int/ITU-T/recommendations/rec.aspx? rec = y.2060-ARKV [hereinafter Overview of IoT].

② Roberto Minerva, Abyi Biru & Domenico Rotondi, Towards a Definition of the Internet of Things (IoT), IEEE Internet Initiative, 14 – 16 (May 27, 2015), http://iot.ieee.org/images/files/pdf/IEEEIoTTowardsDefinitionInternet-ofThings Revisionl_27MAY15.pdf [https://perma.cc/85K7-GZRL] (describing the standard-setting organizations for IoT); Overview of the Internet of Things, ITU, 6 – 9 (June 15, 2012), https://www.itu.int/ITU-T/recommendations/rec.aspx? rec = y.2060-ARKV [hereinafter Overview of IoT].

③ Roberto Minerva, Abyi Biru & Domenico Rotondi, Towards a Definition of the Internet of Things (IoT), IEEE Internet Initiative, 14 – 16 (May 27, 2015), http://iot.ieee.org/images/files/pdf/IEEEIoTTowardsDefinitionInternet-ofThings Revisionl_27MAY15.pdf [https://perma.cc/85K7-GZRL] (describing the standard-setting organizations for IoT); Overview of the Internet of Things, ITU, 6 – 9 (June 15, 2012), https://www.itu.int/ITU-T/recommendations/rec.aspx? rec = y.2060-ARKV [hereinafter Overview of IoT].

④ Roberto Minerva, Abyi Biru & Domenico Rotondi, Towards a Definition of the Internet of Things (IoT), IEEE Internet Initiative, 14 – 16 (May 27, 2015), http://iot.ieee.org/images/files/pdf/IEEEIoTTowardsDefinitionInternet-ofThings Revisionl_27MAY15.pdf [https://perma.cc/85K7-GZRL] (describing the standard-setting organizations for IoT).

⑤ Roberto Minerva, Abyi Biru & Domenico Rotondi, Towards a Definition of the Internet of Things (IoT), IEEE Internet Initiative, 14 – 16 (May 27, 2015), http://iot.ieee.org/images/files/pdf/IEEEIoTTowardsDefinitionInternet-ofThings Revisionl_27MAY15.pdf [https://perma.cc/85K7-GZRL] (describing the standard-setting organizations for IoT).

信息和接收命令的设备。① 在这里,网关提供了多个接口,并且支持通过不同方式连接的设备之间,或设备与网络层之间的协议转换。②

要了解这四个层次是如何工作的,我们可以参考一个联网的健康系统。③ 在设备层,数据通过蓝牙或近场通信等未经许可的无线线路,从各种与患者相连接的医疗传感器中移动到家中的监控中心或网关。④ 然后,这些信息通过网络层(通常是宽带网络)从网关传输到云服务器⑤,云服务器中有数据收集和处理的工具,这些工具构成了服务层。⑥ 最后,在应用层中,应用程序对所有数据运行预测分析,并在数据异常时自动通知患者的医疗服务提供者。⑦ 在这个例子中,隐私和数据安全漏洞可能出现在设备或监控中心中,其中监控中心是数据传输到云之前的储存地。漏洞也可能出现在数据传输到云服务器的过程中,即网络中。此外,漏洞还可能出现在数据存储和处理的云服务器中。本文第三部分将更详细地讨论隐私和安全这两个大问题。

架构模型还解释了在互相连接的物联网系统中不同业务的角色,以及这些业务如何实现互操作性。网络运营商(如宽带供应商或其他电信供应商)为服务商(如谷歌云服务)提供了连接和相关服务,

---

① Overview of the Internet of Things, ITU, 6 – 9 (June 15, 2012), https://www.itu.int/ITU-T/recommendations/rec.aspx? rec = y.2060-ARKV〔hereinafter Overview of IoT〕.

② Overview of the Internet of Things, ITU, 6 – 9 (June 15, 2012), https://www.itu.int/ITU-T/recommendations/rec.aspx? rec = y.2060-ARKV〔hereinafter Overview of IoT〕.

③ See AT&T, Comment Letter on FTC Seeking Input on Privacy and Security Implications of the Internet of Things, 5 – 7 (May 31, 2013), https://www.ftc.gov/policy/public-comments/comment-00004-2〔https://perma.cc/AG66-MZYM〕.

④ See AT&T, Comment Letter on FTC Seeking Input on Privacy and Security Implications of the Internet of Things, 5, 9 (May 31, 2013), https://www.ftc.gov/policy/public-comments/comment-00004-2〔https://perma.cc/AG66-MZYM〕.

⑤ See AT&T, Comment Letter on FTC Seeking Input on Privacy and Security Implications of the Internet of Things, 5 (May 31, 2013), https://www.ftc.gov/policy/public-comments/comment-00004-2〔https://perma.cc/AG66-MZYM〕.

⑥ See AT&T, Comment Letter on FTC Seeking Input on Privacy and Security Implications of the Internet of Things, 5 (May 31, 2013), https://www.ftc.gov/policy/public-comments/comment-00004-2〔https://perma.cc/AG66-MZYM〕.

⑦ See AT&T, Comment Letter on FTC Seeking Input on Privacy and Security Implications of the Internet of Things, 5 (May 31, 2013), https://www.ftc.gov/policy/public-comments/comment-00004-2〔https://perma.cc/AG66-MZYM〕.

这些服务商又为应用服务商（如向消费者提供医疗服务的公司）提供公共服务，这些应用服务商反过来又为最终消费者提供应用程序服务。① oneM2M 的倡议方案旨在跨行业实现整个物联网系统的互操作性。② oneM2M 已经认识到公共服务层是互操作性的瓶颈。③ 欧洲电信标准化协会（ETSI）是一个区域标准组织，也是 oneM2M 的发起人，这个组织正在努力创建一个"水平管道方案"。在这种方案中，跨行业的应用程序建立在一个公共服务层和网络元素之上。④

（二）物联网的使能技术

多种技术的融合使物联网的发展成为可能。⑤ 更加具体地说，微型处理器、传感器和通信硬件（通常装置在物联网设备中）的进步，以及大数据分析、云服务器和自动处理各种普通程序的算法，都使物联网成为一个切实可行的现实。⑥ 影响物联网发展的其他因素包括连接不同设备以及将设备连接到远程处理器的网络技术、新网络通信协议（IPv6）的引入和更精确的 GPS 卫星技术。

---

① See AT&T, Comment Letter on FTC Seeking Input on Privacy and Security Implications of the Internet of Things, 10 – 11（May 31, 2013），https://www.ftc.gov/policy/public-comments/comment-00004 – 2 ［https://perma.cc/AG66-MZYM］.

② See AT&T, Comment Letter on FTC Seeking Input on Privacy and Security Implications of the Internet of Things, 11（May 31, 2013），https://www.ftc.gov/policy/public-comments/comment-00004-2 ［https://perma.cc/AG66-MZYM］. The Interoperability Enabler for the Entire M2M and IoT Ecosystem, ONEM2M, 13（Jan. 2015），http://www.onem2m.org/images/files/oneM2M-whitepaper-January-2015.pdf ［https://perma.cc/AT7R-QU8T］.

③ The Interoperability Enabler for the Entire M2M and IoT Ecosystem, ONEM2M, 9（Jan. 2015），http://www.onem2m.org/images/files/oneM2M-whitepaper-January-2015.pdf ［https://perma.cc/AT7R-QU8T］.

④ Roberto Minerva, Abyi Biru & Domenico Rotondi, Towards a Definition of the Internet of Things（IoT），IEEE Internet Initiative, 16（May 27, 2015），http://iot.ieee.org/images/files/pdf/IEEEIoTTowardsDefinitionInternet-ofThings Revisionl_27MAY15.pdf ［https://perma.cc/85K7-GZRL］.

⑤ See, e.g., Eric A. Fischer, Cong. Research Serv., R44227, The Internet of Things: Frequently Asked Questions, 11 – 14（Oct. 13, 2015），https://www.fas.org/sgp/crs/misc/R44227.pdf ［https://perma.cc/M8EH-DJMB］.

⑥ See, e.g., Eric A. Fischer, Cong. Research Serv., R44227, The Internet of Things: Frequently Asked Questions, 2（Oct. 13, 2015），https://www.fas.org/sgp/crs/misc/R44227.pdf ［https://perma.cc/M8EH-DJMB］.

照相机、温度计和计步器等传感器位于物联网系统的核心①，它们收集环境中的各种信息，例如机械数据（机械的位置、施力情况、受力情况）、热数据（温度、热流）、静电或磁场、辐射强度（电磁、核）、化学数据（湿度、离子、气体浓度）和生物数据（毒性、生物有机体）。② 传感器可以和执行器、执行命令的输出设备一起工作。③ 例如，电子夹克衫可以用其传感器来检测外部环境温度，其执行器可以调节夹克衫本身的温度。④ 不同传感器还可以结合起来形成有用的应用程序。当湿度传感器检测到地下室地板上有水，主水管中的温度传感器检测到水流时（水管中有水时水管温度会降低），它们能意识到房间里正在漏水。⑤ 当传感器检测到这两种情况时，其系统就会被设置为触发关闭自动阀门。如果湿度传感器只检测到地下室地板上的水，而没有检测到水管温度的改变，那么，它就不会触发任何响应，因为除了漏水之外，暴雨的常规泄露也可能导致地板上有水。⑥ 手机

---

① See The Internet of Things, ITU, 21 (Nov. 2005), https://www.itu.int/net/wsis/tunis/newsroom/stats/The-Internet-of-Things-2005.pdf [https://perma.cc/7SC6-V6YL] [hereinafter ITU-IoT].

② See The Internet of Things, ITU, 21 (Nov. 2005), https://www.itu.int/net/wsis/tunis/newsroom/stats/The-Internet-of-Things-2005.pdf [https://perma.cc/7SC6-V6YL] [hereinafter ITU-oT].

③ See The Internet of Things, ITU, 21 (Nov. 2005), https://www.itu.int/net/wsis/tunis/newsroom/stats/The-Internet-of-Things-2005.pdf [https://perma.cc/7SC6-V6YL] [hereinafter ITU-oT].

④ See The Internet of Things, ITU, 21 (Nov. 2005), https://www.itu.int/net/wsis/tunis/newsroom/stats/The-Internet-of-Things-2005.pdf [https://perma.cc/7SC6-V6YL] [hereinafter ITU-oT].

⑤ Thibodeau, Explained: The ABCs of the Internet of Things, Computerworld (May 6, 2014), http://www.computerworld.com/article/2488872/emerging-technology-explained-the-abcs-of-the-internet-of-things.html [https://perma.cc/63Q8-JYMLI.

⑥ Thibodeau, Explained: The ABCs of the Internet of Things, Computerworld (May 6, 2014), http://www.computerworld.com/article/2488872/emerging-technology-explained-the-abcs-of-the-internet-of-things.html [https://perma.cc/63Q8-JYMLI. Combining sensor data from various sources to produce information that is greater than the sum of information from individual sources is called "sensor fusion." Opinion 8/2014 on the on [sic] Recent Developments on the Internet of Things, Article 29 Data Protection Working Party, 7 n. 6 (Sept. 16, 2014), http://ec.europa.eu/justice/data-protection/article-29/documentation/opinion-recommendation/files/2014/wp223 en.pdf [https://perma.cc/NBK5-HMA8].

和平板电脑市场对微芯片的需求日益增长,催生了价格更低、耗电量更低的传感器。① 尽管这些传感器对物联网的发展前景具有重要意义,但是其收集各种数据的能力也引起了隐私和数据安全问题。②

除了更便宜、更好的传感器,更便宜、更快和更广泛可用的宽带互联网连接也推动了物联网的发展。③ 过去几年,互联网用户不断增长的需求,推动了固定电话、蜂窝 3G/4G、LTE、电力线和光纤网络部署的大幅增长,这些部署增加了网络的可用带宽。④ 例如,一个物联网系统可以使用这些网络将智能家居系统连接到云端,云端可以处理传感器数据,这些网络设备连接设备层和公共服务层。

同样地,许多本地通信方式可以将设备与网关,或者与设备层中的其他设备连接起来。通常,一个物联网设备会有一个无线电设备来发送和接收无线通信。⑤ 在现实中,一些特别的标准被设计成能够在广泛的地理范围内提供设备之间的 Wi-Fi 通信,而其他标准则涵盖了

---

① See Sir Mark Walport, The Internet of Things: Making the Most of the Second Digital Revolution, UK Gov't off. for Science, 15 n. 3 (Dec. 2014), https://www.gov.uk/government/uploads/system/uploads/attachmentdata/file/409774/14-1230-internet-of-things-review. pdf [https://perma.cc/LW7G-AM5X].

② See Sir Mark Walport, The Internet of Things: Making the Most of the Second Digital Revolution, UK Gov't off. for Science, 16 (Dec. 2014), https://www.gov.uk/government/uploads/system/uploads/attachmentdata/file/409774/14-1230-internet-of-things-review. pdf [https://perma.cc/LW7G-AM5X].

③ See Sir Mark Walport, The Internet of Things: Making the Most of the Second Digital Revolution, UK Gov't off. for Science, 15 n. 8 (Dec. 2014), https://www.gov.uk/government/uploads/system/uploads/attachmentdata/file/409774/14-1230-internet-of-things-review. pdf [https://perma.cc/LW7G-AM5X].

④ See Sir Mark Walport, The Internet of Things: Making the Most of the Second Digital Revolution, UK Gov't off. for Science, 15 n. 8 (Dec. 2014), https://www.gov.uk/government/uploads/system/uploads/attachmentdata/file/409774/14-1230-internet-of-things-review. pdf [https://perma.cc/LW7G-AM5X]. Bernadette Johnson, How the Internet of Things Works, http://computer.howstuffworks.com/internet-of-things.htm/printable [https://perma.cc/LY6T-96XW].

⑤ The ABCs of the Internet of Things, Computerworld (May 6, 2014), http://www.computerworld.com/article/2488872/emerging-technology-explained-the-abcs-of-the-internet-of-things.html[https://perma.cc/63Q8-JYMLI. Bernadette Johnson, How the Internet of Things Works, HOWSTUFFWORKS, http://computer.howstuffworks.com/internet-of-things.htm/printable [https://perma.cc/LY6T-96XW].

短至中范围,即在较小范围内提供 Wi-Fi 通信。① 物联网无线协议旨在使设备可以在低功耗、低带宽和网状网络上工作。② 在网状网络中,设备与设备之间直接连接,即使单个设备可能只能在 300 英尺(91.44 米)的距离内传递信息,设备与设备之间的信息传递也可以使网络可以拓展成一个广阔的区域。③ 在这个区域中,就算单个设备发生故障,网状网络也不会受到影响。④

用于分配互联网协议(IP)地址的协议(特别是 IPv6)的进步,以及建立在卫星基础上的全球定位系统(GPS)保证了物联网设备在识别和跟踪方面的巨大进步,但同时,这也引发了隐私和安全问题。旧版本的 IP 协议——IPv4 在 2011 年已经耗尽了 2 的 32 次方个地址,而 IPv6 提供了 2 的 128 次方个唯一的地址。⑤ 这使得每一个物联网设备都能获得其独有的、持久的标识符,从而增强了设备跨多个网络的

---

① Electronic Privacy Information Center (EPIC), Comment Letter on FTC Seeking Input on Privacy and Security Implications of the Internet of Things, 3 – 6 (June 1, 2013), https://www.ftc.gov/policy/public-comments/comment-00011-2 [https://perma.cc/7H62-UCLQ].

② Patrick Thibodeau, Explained: The ABCs of the Internet of Things, Computerworld (May 6, 2014), http://www.computerworld.com/article/2488872/emerging-technology-explained-the-abcs-of-the-internet-of-things.html [https://perma.cc/63Q8-JYMLI. Electronic Privacy Information Center (EPIC), Comment Letter on FTC Seeking Input on Privacy and Security Implications of the Internet of Things, 3 – 6 (June 1, 2013), https://www.ftc.gov/policy/public-comments/comment-00011-2 [https://perma.cc/7H62-UCLQ].

③ Patrick Thibodeau, Explained: The ABCs of the Internet of Things, Computerworld (May 6, 2014), http://www.computerworld.com/article/2488872/emerging-technology-explained-the-abcs-of-the-internet-of-things.html [https://perma.cc/63Q8-JYMLI. Electronic Privacy Information Center (EPIC), Comment Letter on FTC Seeking Input on Privacy and Security Implications of the Internet of Things, 3 – 6 (June 1, 2013), https://www.ftc.gov/policy/public-comments/comment-00011-2 [https://perma.cc/7H62-UCLQ].

④ Patrick Thibodeau, Explained: The ABCs of the Internet of Things, Computerworld (May 6, 2014), http://www.computerworld.com/article/2488872/emerging-technology-explained-the-abcs-of-the-internet-of-things.html [https://perma.cc/63Q8-JYMLI. Electronic Privacy Information Center (EPIC), Comment Letter on FTC Seeking Input on Privacy and Security Implications of the Internet of Things, 3 – 6 (June 1, 2013), https://www.ftc.gov/policy/public-comments/comment-00011-2 [https://perma.cc/7H62-UCLQ].

⑤ Electronic Privacy Information Center (EPIC), Comment Letter on FTC Seeking Input on Privacy and Security Implications of the Internet of Things, 7 – 9 (June 1, 2013), https://www.ftc.gov/policy/public-comments/comment-00011-2 [https://perma.cc/7H62-UCLQ].

识别和跟踪能力,同时也导致了他人的隐私和安全面临着巨大的挑战。① 同样地,GPS可以提供详细的三维定位数据(纬度、经度和高度),这些数据在距离上可以精确到100英尺(30.48米)以内,在时间上可以精确到一百万分之一秒以内,在速度上每小时的误差不超过一英里(1.6千米)。② 这些系统和设备提供了强大的跟踪功能,汽车上的行车记录仪(EDR)就是一个很好的例子,但同时,这些系统和设备也使他人的隐私面临着极大挑战。③

物联网与大数据的概念紧密相连:物联网可以实时收集和存储各种大量的粒度数据,并且通过数据分析来从这些数据中得到信息。④ 若我们将所有来自设备层的数据放在一个大数据"池"中,物联网就能够在其他信息的背景下进行分析,得到以前的设备所无法获取的、信息与信息之间的联系,还有不同信息之间的联系模式。甚至,物联网可以根据这些信息推断出一些结论。⑤ 各种物联网系统的互操

---

① Electronic Privacy Information Center (EPIC), Comment Letter on FTC Seeking Input on Privacy and Security Implications of the Internet of Things, 7 – 9, 11 (June 1, 2013), https://www.ftc.gov/policy/public-comments/comment-00011-2 [https://perma.cc/7H62-UCLQ]. Patrick Thibodeau, Explained: The ABCs of the Internet of Things, Computerworld (May 6, 2014), http://www.computerworld.com/article/2488872/emerging-technology-explained-the-abcs-of-the-internet-of-things.html [https://perma.cc/63Q8-JYMLI. Electronic Privacy Information Center (EPIC), Comment Letter on FTC Seeking Input on Privacy and Security Implications of the Internet of Things, 3 – 6 (June 1, 2013), https://www.ftc.gov/policy/public-comments/comment-00011-2 [https://perma.cc/7H62-UCLQ].

② Global Positioning System Fact Sheet, Los Angeles Air Force Base (Jan. 19, 2009), http://www.losangeles.af.mil/library/factsheets/factsheet.asp?id=5325 [https://perma.cc/29KT-TUFW].

③ Electronic Privacy Information Center (EPIC), Comment Letter on FTC Seeking Input on Privacy and Security Implications of the Internet of Things, 10 – 12 (June 1, 2013), https://www.ftc.gov/policy/public-comments/comment-00011-2 [https://perma.cc/7H62-UCLQ].

④ See Charles McLellan, The Internet of Things and Big Data: Unlocking the Power, ZDNET (Mar. 2, 2015), http://www.zdnet.com/article/the-internet-of-things-and-big-data-unlocking-the-power [https://perma.cc/74DW-6SKWI.

⑤ See Drew Robb, How IoT Will Change Big Data Analytics, Enterprise Apps Today (Nov. 17, 2014), http://www.enterpriseappstoday.com/business-intelligence/how-iot-will-change-big-data-analytics.html [https://perma.cc/L63S-N43C].

作性允许这种"数据池"的出现。① 如果传感器获取的数据在信息孤岛上萎靡不振,只有少数的专家能够访问,那么社会就无法实现物联网的全部价值主张。② 同时,存储限制和网络限制将使得存储和传输所有数据的效率低下。因此,数据管理——"什么类型的数据是重要的、什么数据应当被立即传输、什么数据应当存储、存储多长时间,以及什么信息应当被及时删除"——是至关重要的。③ 数据管理最大限度地减少了数据的存储数量和存储时间,这是联邦贸易委员会(FTC)为减轻物联网中的隐私和数据安全风险而倡导的原则之一。④

云计算的发展对大数据至关重要,它将在物联网的基础设施中发挥重要作用。为了增强其数据处理的弹性和灵活性,许多企业没有拓展其本地基础设施,而是将大数据的存储和处理转移到云服务端。⑤ 云服务端还为第三方应用程序开发人员提供了构建解决方案的平台,类似于手机上的"应用程序商店",这反映了 oneM2M 对公共服务层的前景设想。⑥ 然而,位置或者网络延迟的问题可能会对云服务端造

---

① See Andy Vitus, The California Drought and Standards of IoT, Techcrunch (Oct. 17, 2015), http://techcrunch.com/2015/10/17/the-california-drought-and-standards-of-iot [https://perma.cc/YE6L-9BF6].

② See Drew Robb, How IoT Will Change Big Data Analytics, Enterprise Apps Today (Nov. 17, 2014), http://www.enterpriseappstoday.com/business-intelligence/how-iot-will-change-big-data-analytics.html [https://perma.cc/L63S-N43C].

③ See Drew Robb, How IoT Will Change Big Data Analytics, ENTERPRISE APPS TODAY (Nov. 17, 2014), http://www.enterpriseappstoday.com/business-intelligence/how-iot-will-change-big-data-analytics.html [https://perma.cc/L63S-N43C].

④ FTC, STAFF REPORT, Internet of Things: Privacy& Security in a Connected World,? 3 - 36 (Jan. 2015), https://www.ftc.gov/system/files/documents/reports/federal-trade-commission-staff-report-november-2013-workshop-entitled-internet-things-privacy/ 150127iotrpt.pdf [https://perma.cc/5D7F-F9EE].

⑤ See Kaushik Pal, The Impact of Internet of Things on Big Data, Datainformed (Sept. 10, 2015), http://data-informed.com/the-impact-of-internet-of-things-on-big-data [https://perma.cc/2Z2B-2HN7].

⑥ See Sean Gallagher, Machine Consciousness: Big Data Analytics and the Internet of Things, Ars Technica (Mar. 24, 2015), http://arstechnica.com/information-technology/2015/03/machine-consciousness-big-data-analytics-and-the-internet-of-things [https://perma.cc/6293-UPPR]. See Kaushik Pal, The Impact of Internet of Things on Big Data, DATAINFORMED (Sept. 10, 2015), http://data-informed.com/the-impact-of-internet-of-things-on-big-data [https://perma.cc/2Z2B-2HN7].

成影响。① 因此，一些物联网系统在边缘网络运行时会需要更多的计算能力，这种边缘网络被思科公司（Cisco）称为"雾"网络。② 例如，雾网络能够使自动驾驶的车辆实时接收来自红绿灯、导航和其他车辆的信号。③ 此外，它还可以将数据压缩到一种更易于管理的形式，提高系统的可靠性，并且降低网络传输粒度数据带来的隐私和数据安全风险。④

最后，自动化是物联网弹性和价值主张的主要组成部分。随着连接设备数量的增加，如果客户必须手动更新和维护所有其所有设备，那么这些设备的附加值将大打折扣。正如前文所述，设备可以将处理和自动化的功能转移到云服务端上的软件中。⑤ 或者，设备也可以把目光转向传感器网络。传感器网络结合了"分布式网络"和"嵌入式智能"，其中"分布式网络"是指所有传感器共享其在整个网络中收集到的数据，而"嵌入式智能"则是指系统在不与终端用户或外部控制系统联系的情况下自动分析问题并做出决策。⑥

无论智能产品的轨迹如何，物联网的算法都可以超越过去嵌入式

---

① See Charles McLellan, The Internet of Things and Big Data: Unlocking the Power, ZD-NET (Mar. 2, 2015), http://www.zdnet.com/article/the-internet-of-things-and-big-data-unlocking-the-power [https://perma.cc/74DW-6SKWI].

② Fog Computing and The Internet of Things: Extend the Cloud to Where the Things Are, CISCO (2015), http://www.cisco.com/c/dam/enus/solutions/trends/iot/docs/ computing-overview.pdf [https://perma.cc/Q7YA-5N74]

③ See Drew Robb, How IoT Will Change Big Data Analytics, Enterprise Apps Today (Nov. 17, 2014), http://www.enterpriseappstoday.com/business-intelligence/how-iot-will-change-big-data-analytics.html [https://perma.cc/L63S-N43C]. Sean Gallagher, The Future Is the Internet of Things-Deal with It, ARS Technica (Oct. 29, 2015), http://arstechnica.com/unite/2015/10/the-future-is-the-internet-of-things-deal-with-it [https://perma.cc/Z4C3-UAQZ].

④ Sean Gallagher, The Future Is the Internet of Things—Deal with It, ARS TECHNICA (Oct. 29, 2015), http://arstechnica.com/unite/2015/10/the-future-is-the-internet-of-things-deal-with-it [https://perma.cc/Z4C3-UAQZ]. See Press Release, Gartner Says the Internet of Things Will Transform the Data Center, GARTNER, INC. (Mar. 19, 2014), http://www.gartner.com/newsroom/id/2684616 [https://perma.cc/PYE9-FNVY].

⑤ Bernadette Johnson, How the Internet of Things Works, Howstuffworks, http://computer.howstuffworks.com/internet-of-things.htm/printable [https://perma.cc/ LY6T-96XW].

⑥ See The Internet of Things, ITU, 23 – 24 (Nov. 2005), https://www.itu.int/net/wsis/ tunis/newsroom/stats/The-Internet-of-Things-2005.pdf [https://perma.cc/7SC6-V6YL] [hereinafter ITU-IoT].

计算中简单的 if-then 例程，扩展到机器学习，这是人工智能的一种形式。① 机器学习可以从数据中识别模式，进行预测，并不断改进算法以产生最有效的响应。② 当我们无法预见物联网应用程序中每个可能的未来场景时，它尤其有用。例如，由于无法预测道路上的每一种情况，自动驾驶车辆的算法预计将依赖于机器学习和其他形式的人工智能。③

（三）定义物联网

物联网没有一个死板和快速的定义。据思科公司称，物联网仅仅是一个时间点，在这个时间点上，连接到互联网上的设备比连接到互联网上的人更多。④ 这种情况曾发生在 2010 年，那时，连接到互联网的人有 68 亿，而连接到互联网的设备却有 125 亿台，这很大程度上归功于智能手机和平板电脑数量的爆炸式增长。⑤ 虽然"时间点"这一定义捕捉到了在物联网下互联网连接设备指数级增长的特点，但它未能概括出许多新兴技术的特征，这些新兴技术证实了将手机、平板电脑和计算机以外的对象连接到互联网的概念。

其他定义强调了支持物联网的各种技术。世界上最大的标准制定组织（SSO）和电气电子工程师协会（IEEE）强调了传感器和互联网连接的作用，将物联网定义为"一个项目网络"，其中每一个项目

---

① Bernadette Johnson, How the Internet of Things Works, Howstuffworks, http://computer.howstuffworks.com/internet-of-things.htm/printable［https://perma.cc/LY6T-96XW］.

② The Economist Explains: How Machine Learning Works, Economist（May 13, 2015）, http://www.economist.com/node/21651052/print［https://perma.cc/8WNA-VCGU］.

③ See Jessica Brodsky, Note, Autonomous Vehicle Regulation: How an Uncertain Legal Landscape May Hit the Brakes on Self-Driving Cars, 31 Berkeley Tech. L. J. 851（2016）.

④ Dave Evans, The Internet of Things: How the Next Evolution of the Internet is Changing Everything, Cisco, 2（Apr. 2011）, https://www.cisco.com/web/about/ac79/docs/innov/IoTIBSG_0411FINAL.pdf［https://perma.cc/DUF9-A9YYI.

⑤ Dave Evans, The Internet of Things: How the Next Evolution of the Internet is Changing Everything, Cisco, 3（Apr. 2011）, https://www.cisco.com/web/about/ac79/docs/innov/IoTIBSG_0411FINAL.pdf［https://perma.cc/DUF9-A9YYI.

都嵌入了传感器,每一个传感器都与互联网相连接。① 同样地,根据致力于为信息社会推进开放标准的一个联盟——结构化信息标准推进组织(OASIS)的说法,物联网是一个"通过无处不在的传感器将互联网连接到现实世界的系统"。② 通过采用不同的方法,ETSI 强调了定义类似于物联网的概念——"机器到机器(M2M)通信"时自动化的重要性。实体之间的沟通……不需要任何直接的人类干预。M2M 的服务旨在自动化决策和自动化通信流程。③

根据 ITU 的说法,物联网体现了人们对"无处不在的网络"的愿景,"任何人和任何事物在任何时候、任何地点"都能连接在网络。④ 换句话说,物联网允许"任何人和事物都能随时随地与其他人和事物相连接,在连接时,人和事物都能按照自己的意愿或设定使用任何路径/网络和任何服务"⑤。这种对物联网的观察方式提到了它的组成元素、范围和前景,并且将物联网放在计算机领域早期成就的背景之中;也就是说,在移动互联网将连接从"随时"拓展到"随地"之后,物联网承诺,再将连接从"随时随地"拓展到能够与"任何

---

① Roberto Minerva, Abyi Biru & Domenico Rotondi, Towards a Definition of the Internet of Things (IoT), IEEE Internet Initiative, 10 (May 27, 2015), http://iot.ieee.org/images/files/pdf/IEEEIoTTowardsDefinitionInternet-ofThings Revisionl_27MAY15.pdf [https://perma.cc/85K7-GZRL].

② Roberto Minerva, Abyi Biru & Domenico Rotondi, Towards a Definition of the Internet of Things (IoT), IEEE Internet Initiative, 21 (May 27, 2015), http://iot.ieee.org/images/files/pdf/IEEEIoTTowardsDefinitionInternet-ofThings Revisionl_27MAY15.pdf [https://perma.cc/85K7-GZRL].

③ Roberto Minerva, Abyi Biru & Domenico Rotondi, Towards a Definition of the Internet of Things (IoT), IEEE Internet Initiative, 12 (May 27, 2015), http://iot.ieee.org/images/files/pdf/IEEEIoTTowardsDefinitionInternet-ofThings Revisionl_27MAY15.pdf [https://perma.cc/85K7-GZRL].

④ See The Internet of Things, ITU, 3 (Nov. 2005), https://www.itu.int/net/wsis/tunis/newsroom/stats/The-Internet-of-Things-2005.pdf [https://perma.cc/7SC6-V6YL] [hereinafter ITU-IoT].

⑤ Ovidiu Vermesan et al., Internet of Things Strategic Research Roadmap, IOT European Research Cluster, 12 (2011), http://www.internet-of-things-research.eu/pdf/IoTClusterStrategicResearchAgenda_2011.pdf [https://perma.cc/GWC9-L2FX].

人"和"任何事物"相连接。① 同时,物联网还希望在网络和服务中实现互操作性。

二、互操作性

在未来,物联网产业的估值预计将达到数千亿美元。② 虽然供应商会提供不同程度的垂直集成的物联网产品,但是没有一家公司可以提供物联网所有的组成部分和技术。同样,公共服务层的缺失将对横向互操作性造成阻碍,也就是说,公共服务层的缺失会阻碍应用程序开发人员利用现有的物联网基础设施向最终客户提供应用程序。因此,除非物联网的许多组成设备能够相互操作或相互通信,否则它可能无法达到其预期目标。事实上,oneM2M 认为,如果没有一个全球标准化的平台,我们对物联网增长的市场预测是不现实的。③

索尼公司的 Beta 制大尺寸磁带录像系统(Betamax)和日本胜利公司(JVC)的家用录像系统(VHS)等录像机(VCR)的双重标准展示了标准价值的经典例证④,也就是说,两家公司是竞争关系,其研发的产品各有一套自己的标准,故消费者在使用此二者产品时需要不同的操作,例如,此二者能够播放的视频格式不同。随着两家公司争夺市场份额,供应商、音像店租赁和客户之间的混乱接踵而至。⑤ 生产商以一种或两种形式生产录像机,而影像出租店则对其每部电影

---

① See The Internet of Things, ITU, 3 (Nov. 2005), https://www.itu.int/net/wsis/tunis/newsroom/stats/The-Internet-of-Things-2005.pdf [https://perma.cc/7SC6-V6YL] [hereinafter ITU-IoT].

② Press Release, M2M Market Will Generate $242 Billion Revenue by 2022, Strategy ANALYTICS (Jan. 8, 2014), http://strategyanalytics.com/default.aspx?mod=pressreleaseviewer&a0=5468 [https://perma.cc/BME4-V3API.

③ The Interoperability Enabler for the Entire M2M and IoT Ecosystem, ONEM2M, 13 (Jan. 2015), http://www.onem2m.org/images/files/oneM2M-whitepaper-January-2015.pdf [https://perma.cc/AT7R-QU8T].

④ See Andrew Updegrove, The Essential Guide to Standards: What (and Why) Is an SSO?, Consortiuminfo (2007), http://www.consortiuminfo.org/essentialguide/whatisansso.php [https://perma.cc/3WJD-5BLX].

⑤ See Andrew Updegrove, The Essential Guide to Standards: What (and Why) Is an SSO?, Onsortiuminfo (2007), http://www.consortiuminfo.org/essentialguide/whatisansso.php [https://perma.cc/3WJD-5BLX].

录像片都配备着两种格式以适用不同的产品（Betamax 或 VHS）。在这种情况下，索尼公司和日本胜利公司需要进行双重研发和营销，这是一种设备资源的浪费。① 这种不确定性也阻碍了整个录像机行业系统的发展。② 最终，家用录像系统战胜了 Beta 制大尺寸磁带录像系统，尽管很多人都认为后者才是一种技术优越的产品。③ 如果录像机技术从一开始就有一个标准，那么，这将很好地避免录像机行业生产和营销等环节的低效率，并推动相关行业的发展。④ 此外，如果这个标准是由标准组织中的竞争对手之间的协作产生的，那么，这些公司就可以汇集他们的技术来生产一些在技术上更优越的产品。

物联网平台高度分散。⑤ 目前，统一标准的缺乏仍然是物联网实现其巨大经济价值的重要阻碍。⑥ 就像在 VCR 标准之争中一样，尽管供应商和最终用户看到了物联网的使用价值，但他们可能会推迟投资。因为如果最终统一的标准制定失败，行业陷入混乱，则投资无法逆转，亏损无法避免。在智能电表等系统中，这个问题尤其严重。在

---

① See Andrew Updegrove, The Essential Guide to Standards: What (and Why) Is an SSO?, Onsortiuminfo (2007), http://www.consortiuminfo.org/essentialguide/whatisansso.php [https://perma.cc/3WJD-5BLX].

② Sangin Park, Quantitative Analysis of Network Externalities in Competing Technologies: The VCR Case, 86 REV. Econ. & Statistics 937, 939 (2004).

③ See Andrew Updegrove, The Essential Guide to Standards: What (and Why) Is an SSO?, Onsortiuminfo (2007), http://www.consortiuminfo.org/essentialguide/whatisansso.php [https://perma.cc/3WJD-5BLX].

④ Sangin Park, Quantitative Analysis of Network Externalities in Competing Technologies: The VCR Case, 86 Rev. Econ. & Statistics 939 (2004).

⑤ The Interoperability Enabler for the Entire M2M and IoT Ecosystem, ◈ NEM2M, 13 (Jan. 2015), http://www.onem2m.org/images/files/oneM2M-whitepaper-January-2015.pdf [https://perma.cc/AT7R-QU8T].

⑥ The Interoperability Enabler for the Entire M2M and IoT Ecosystem, ◈ NEM2M, 2 (Jan. 2015), http://www.onem2m.org/images/files/oneM2M-whitepaper-January-2015.pdf [https://perma.cc/AT7R-QU8T]. See Sir Mark Walport, The Internet of Things: Making the Most of the Second Digital Revolution, UK Gov't off. fo Science, 8, 16 (Dec. 2014), https://www.gov.uk/government/uploads/system/uploads/attachmentdata/file/409774/14-1230-internet-of-things-review.pdf [https://perma.cc/LW7G-AM5X].

智能电表系统中，收回初始投资需要 20 至 30 年的时间。① 因此，公用事业服务提供商需要确保网络接口是稳定的，设备软件是可管理和可升级的。更广泛地来说，提供公共服务层功能和开放接口的标准将帮助"减少投资、上市时间、开发和投入成本，并增强设备和应用程序的管理"。② 为了让物联网变得无处不在，应用程序应该"从基础访问网络和技术中抽象出来"，这需要"设备、平台、数据格式、协议和应用程序"之间的互操作性。③ 因此，标准将增强物联网应用程序的灵活性。④

间接网络效应正在物联网市场中发挥作用，也就是说，终端用户越广泛地采用公司的平台，越多的供应商和开发人员就会被吸引到平台上，反之亦然。在这样的市场上，最终拥有主导平台的公司将获得巨大的垄断优势。鉴于物联网市场将来可能呈现的指数式增长，其潜在的回报是天文数字。但是，由于目前没有共同的主导标准，物联网市场可能会以不同的方式发展。经济学家 Stanley M. Besen 和 Joseph Farrell 在研究标准市场的竞争时，概述了三种适用于物联网生态系统的不同情景：①特威丹和特威帝⑤（Tweedledum and Tweedledee），在

---

① The Interoperability Enabler for the Entire M2M and IoT Ecosystem, ❖ NEM2M, 6 (Jan. 2015), http://www. onem2m. org/images/files/oneM2M-whitepaper-January-2015. pdf [https://perma. cc/AT7R-QU8T].

② The Interoperability Enabler for the Entire M2M and IoT Ecosystem, ONEM2M, 6 (Jan. 2015), http://www. onem2m. org/images/files/oneM2M-whitepaper-January-2015. pdf [https://perma. cc/AT7R-QU8T].

③ The Interoperability Enabler for the Entire M2M and IoT Ecosystem, ❖ NEM2M, 6 (Jan. 2015), http://www. onem2m. org/images/files/oneM2M-whitepaper-January-2015. pdf [https://perma. cc/AT7R-QU8T].

④ The Interoperability Enabler for the Entire M2M and IoT Ecosystem, ❖ NEM2M, 6 (Jan. 2015), http://www. onem2m. org/images/files/oneM2M-whitepaper-January-2015. pdf [https://perma. cc/AT7R-QU8T].

⑤ Tweedledum and Tweedledee are fictional characters in an English nursery rhyme and in Lewis Carroll's *Through the Looking-Glass*, and *What Alice Found There*. Their names may have originally come from an epigram written by poet John Byrom. The nursery rhyme has a Roud Folk Song Index number of 19800. The names have since become synonymous in western popular culture slang for any two people who look and act in identical ways, generally in a derogatory context. From Wikipeidia. 这两个名字在西方流行文化俚语中的意思为同义词，用来指外表和行为举止完全相同的两个人，通常是在贬义的语境中。

这种情景下，公司选择不与其他主体兼容，并选择竞争来实现自己平台的主导地位；②性别之争（Battle of the Sexes），在这种情景下，公司乐意去拥有一个共同的标准，但这个标准应该是有利于它们的标准，或者就直接是它们自己制定的标准；③讨厌的小弟弟（Pesky Little Brother），在这种情景下，处于主导地位的公司会试图将小公司排除在其平台之外，但小公司会试图让其产品与主导公司的平台兼容。①

目前，上述三种情景的迹象在分散的物联网市场中都有所显示。市场中各种各样的策略体现了特威丹和特威帝（Tweedledum and Tweedledee）的情景。公司可以尝试建立一个早期的领先地位来吸引市场，例如 NEST、IBM 和 AT&T 公司，它们就在不断地推出更新、改进的产品来吸引市场。② 在以间接网络效应为特征的物联网市场中，公司也可以尝试通过向应用程序开发人员开放平台来取得发展，正如英特尔公司在 2014 年 12 月时所做的那样。③ 另一种参与平台竞争的方式是发布产品预告，从而可以让客户远离竞争对手的平台。④ 例如，为了表明其想成为法国物联网的主导网络运营商的意图，Orange 公司宣布它将建立一个覆盖整个法国大都市的低功率广域

---

① Stanley M. Besen & Joseph Farrell, Choosing How to Compete: Strategies and Tactics in Standardization, 8 J. ECON. Perspectives 2, 121 – 29（1994）.

② Stanley M. Besen & Joseph Farrell, Choosing How to Compete: Strategies and Tactics in Standardization, 8 J. Econ. Perspectives 2, 122（1994）. Meet the Nest Thermostat, NEST, https://nest.com/thermostat/meet-nest-thermostat ［https://perma.cc/SW6W-6A8Y］. Jennifer Boot on, IBM Launches Internet of Things Division, Market Watch（Sept. 14, 2015）, http://www.marketwatch.com/story/ibm-launches-internet-of-things-division-2015-09-14 ［https://perma.cc/5ZWG-XXCV］; Stacey Higginbotham, AT&T's Plan for the Internet of Things Goes Way Beyond the Network, FORTUNE（Sept. 15, 2015）, http://fortune.com/2015/09/15/att-internet-of-things ［https://perma.cc/5W97-HFA8］.

③ See Besen & Farrell, Choosing How to Compete: Strategies and Tactics in Standardization, 8 J. Econ. Perspectives 2, at 122 – 123; Aaron Tilley, Intel Releases New Platform to Kick Start Development in the Internet of Things, Forbes（Dec. 9, 2014）, http://www.forbes.com/sites/aarontilley/2014/12/09/intel-releases-new-platform-to-kickstart-development-in-the-internet-of-things/#614684fc1028 ［https://perma.cc/2VN3-EE8S］.

④ See Besen & Farrell, Choosing How to Compete: Strategies and Tactics in Standardization, 8 J. Econ. Perspectives 2, at 123 – 124.

（LPWA）网络。① Nest 近期也宣布了一项针对其线程平台的认证计划。②

各种联盟中与物联网相关的标准化工作都体现了性别之争（Battle of the Sexes）和特威丹和特威帝（Tweedledum and Tweedledee）的情景。在一个联盟内，公司可以相互竞争，在共同的标准下使用他们的技术。与此同时，各个联盟可以各自开发不同的标准，这些标准都是为了达到相同的目标，在这种情况下，联盟之间会相互竞争来使自己的标准占据主导地位。众所周知，由 Allseen 联盟开发的两个服务层平台（包括高通公司、思科、微软、LG 和 HTC）和开放互联网联盟（包括英特尔、阿特梅尔、博通、戴尔、三星和 Wind River）之间存在着竞争。③ 总的来说，物联网平台标准的市场是分散的，有几个相互竞争的联盟都在试图建立自己的标准。④ 举一个体现了讨厌的小弟弟（Pesky Little Brother）情景的例子：虽然苹果公司（Apple）允许应用程序开发人员和硬件制造商在其专有的 HomeKit 平台上建构应用程序，但它在 Wi-Fi 和蓝牙设备使用的尖端加密密钥和芯片方面却坚持着自己的标准，这实际上有效地把应用程序开发人员排除在了自己的平台之外。⑤

展望未来，物联网市场很可能会持续处于平台碎片化的状态。这种平台碎片化的状态可能对物联网价值的充分实现，以及物联网的广

---

① Orange Deploys a Network for the Internet of Things, ORANGE（Sept. 18, 2015）, http://www. orange. com/en/Press-and-medias/press-releases-2016/press-releases-2015/Orange-deploys-a-network-for-the-Internet-of-Things［https://perma.cc/9KLP-EF4V］.

② Colin Neagle, A Guide to the Confusing Internet of Things Standards World, Network WORLD（July 21, 2014）, http://www. networkworld. com/article/2456421/ internet-of-things/a-guide-to-the-confusing-internet-of-things-standards-world. html［https://perma.cc/TKQ5-RW6H］.

③ Colin Neagle, A Guide to the Confusing Internet of Things Standards World, NETWORK WORLD（July 21, 2014）, http://www. networkworld. com/article/2456421/ internet-of-things/a-guide-to-the-confusing-internet-of-things-standards-world. html［https://perma.cc/TKQ5-RW6H］.

④ Colin Neagle, A Guide to the Confusing Internet of Things Standards World, Network World（July 21, 2014）, http://www. networkworld. com/article/2456421/ internet-of-things/a-guide-to-the-confusing-internet-of-things-standards-world. html［https://perma.cc/TKQ5-RW6H］.

⑤ Christopher Null, The State of IoT Standards：Stand By for the Big Shakeout, Techbeacon（Sept. 2, 2015）, http://techbeacon. com/state-iot-standards-stand-big-shakeout［https://perma.cc/QA42-DK6R］.

泛使用都会造成一定的阻碍。此外,各方标准之间的竞争最终可能导致不同物联网领域中事实上占主导地位的标准的崛起。① 然而,就像在 VCR 标准之争中一样,最好的技术可能反而不会胜出。因此,最好的办法就是促进竞争对手在制定各种标准时进行合作。随着时间的推移,当各种物联网供应商的商业模式变得明确,竞争的规模变得清晰时,这个行业可能会见证一种如此广泛的、为统一标准化所做出的努力。就像 20 世纪 90 年代时,互联网的建立导致了万维网的产生及运用一样。②

三、对隐私和安全的威胁

物联网的广泛应用所引起的两个最大威胁是隐私和安全的威胁。③ 当涉及消费者的隐私保护时,消费者均会用脚投票。④ 因为物联网的设备可能无处不在,因为物联网的传感器所收集、传输和存储的数据多、粒度高,因此,物联网将增加传统互联网中已经存在的隐私风险和安全风险的类型。但是,有些隐私和安全问题则是物联网所特有的。

(一) 隐私风险

随着时间的推移,传感器可以通过对数据的推算,直接或间接地收集有关人的敏感信息。⑤ 例如,大多数智能手机里的加速度计和陀螺仪能够获取消费者的移动数据,这些简单的移动数据可以帮助破译

---

① See Robert S. Sutor, Open Source vs. Open Standards, http://www.sutor.com/c/essays/osvsos [https://perma.cc/7W45-7E22].

② See Direct Marketing Association, Comment Letter on FTC Seeking Input on Privacy and Security Implications of the Internet of Things, 2 (June 1, 2013), https://www.ftc.gov/policy/public-comments/comment-00010-2 [https://perma.cc/KN2F-GJE2].

③ See Walport, The Internet of Things: Making the Most of the Second Digital Revolution, UK Gov't off. for Science, 15 n. 3 (Dec. 2014), at 6.

④ FTC, Staff Report, Internet of Things: Privacy& Security in a Connected World, 33 - 36 (Jan. 2015), at 51 - 52.

⑤ Scott R. Peppet, Regulating the Internet of Things: First Steps Toward Managing Discrimination, Privacy, Security, and Consent, 93 Texas L. Rev. 85, 113 (2014).

一个人的驾驶习惯。① 这些设备还可以帮助推断出一个人的放松程度，如果加上心脏传感器的数据作为补充，它们还可以描绘出一个人的情绪和压力水平。② 一般来说，物联网设备可以推断出"用户的情绪、压力水平、人格类型、双相障碍（bipolar disorder）③、人口特征（例如性格、婚姻状况、工作状态和年龄）、吸烟习惯、总体健康状况、帕金森病情、睡眠状态、幸福感和运动水平，以及一个人的身体活动或移动的类型。"④ 如果不加以监督，物联网设备就会允许对个人生活的私人领域进行侵入式的监视。正如闭路电视（CCTV）的广泛使用影响了人们在公共场所的行为一样，物联网可能会迫使人们"保持正经"，即使在自己舒适的家中也不敢做出某些行为，因为这些行为可能会被视为反常的、不恰当的举动。⑤

未经授权的人也可能以未经授权的方式使用物联网数据。虽然物联网生态系统可以创造大量有价值的数据，这些数据可以带来更好的信贷、保险和就业决策，但是在消费者未知情和未同意的情况下就使用它们可能是有害的。⑥ 例如，保险公司可以使用 Fitbit 数据向健康风险更高的人收取较高的保费。消费者根据《公平消费者报告法》（FCRA）对消费者报告的准确性提出质疑的权利在这里是不充分的，因为传感器的数据几乎不会是不准确的，而 FCRA 不适用于从这些准确数据中得出的似是而非的推论。⑦ FCRA 还不遗余力地收集数据并

---

① Article 29 Data Protection Working Party, at 7.
② Peppet, Regulating the Internet of Things: First Steps Toward Managing Discrimination, Privacy, Security, and Consent, 93 Texas L. Rev. 85, 113 (2014), at 121.
③ bipolar disorder, 中文为双相障碍，也被称为躁郁症，即抑郁狂躁型忧郁症。
④ Peppet, Regulating the Internet of Things: First Steps Toward Managing Discrimination, Privacy, Security, and Consent, 93 Texas L. Rev. 85, 113 (2014), at 115 – 116.
⑤ Article 29 Data Protection Working Party, at 8; see also Zygmunt Bauman & David Lyon, Liquid Surveillance (2013); Neil M. Richards, The Dangers of Surveillance, 126 HARV. L. Rev. 1934 (2013).
⑥ Peppet, Regulating the Internet of Things: First Steps Toward Managing Discrimination, Privacy, Security, and Consent, 93 Ttxas L. Rev. 85, 113 (2014), at 125 – 126.
⑦ Peppet, Regulating the Internet of Things: First Steps Toward Managing Discrimination, Privacy, Security, and Consent, 93 Texas L. Rev. 85, 113 (2014), at 128.

在其内部进行分析。① 同样地,尽管《民权法案》第七章禁止任何形式的歧视,但债权人、保险公司和雇主可以从传感器数据中做出推断②,为某些种族、性别、残疾人或其他受保护的阶层提供代理服务器。③

此外,物联网数据在很大程度上打破了个人信息和非个人信息之间的界限。④ 传感器数据包含许多变量的粒度数据,当某些人对另外一群人的某些属性有所了解时,这些粒度数据就可以帮助识别出这群人,即使没有他们的个人身份信息(PII)——PII 的例子里包括姓名、社会保险号、电话号码和地址。⑤ 例如,Fitbit 的运动数据可以显示出一个人的步态。⑥ 因此,知道一个人步态的人就可以识别这个人并获得他/她在 Fitbit 中的其他数据。⑦ 物联网数据的匿名化具有去识别性和数据聚合的特点,但因从前未被视为是个人可识别信息的数据现在可以在物联网的背景下重新识别出个人,所以这种数据的匿名化现在已经无效。⑧ 此外,现行和拟议的各州法律规定,只有在他人的个人数据被侵犯时才需要通知他人,而且对个人数据的安全要求比

---

① Peppet, Regulating the Internet of Things: First Steps Toward Managing Discrimination, Privacy, Security, and Consent, 93 Texas L. Rev. 85, 113 (2014), at 127.

② Peppet, Regulating the Internet of Things: First Steps Toward Managing Discrimination, Privacy, Security, and Consent, 93 Texas L. Rev. 85, 113 (2014), at 124 – 125.

③ Proxy,指的是代理软件或代理服务器,也可以认为是一种网络访问方式。代理类,用来进行事物不想或不能进行的其他操作,比如当你对数据库进行操作时,代理可以在你对数据库操作完后,记录下你所进行的操作。代理是防火墙的一类,工作在应用层,特点是两次连接(browser 与 proxy 之间,proxy 与 web server 之间)。

④ Peppet, Regulating the Internet of Things: First Steps Toward Managing Discrimination, Privacy, Security, and Consent, 93 Texas L. Rev. 85, 113 (2014), at 129 – 131.

⑤ Peppet, Regulating the Internet of Things: First Steps Toward Managing Discrimination, Privacy, Security, and Consent, 93 Texas L. Rev. 85, 113 (2014), at 132.

⑥ Peppet, Regulating the Internet of Things: First Steps Toward Managing Discrimination, Privacy, Security, and Consent, 93 Texas L. Rev. 85, 113 (2014), at 129.

⑦ Peppet, Regulating the Internet of Things: First Steps Toward Managing Discrimination, Privacy, Security, and Consent, 93 Texas L. Rev. 85, 113 (2014).

⑧ Peppet, Regulating the Internet of Things: First Steps Toward Managing Discrimination, Privacy, Security, and Consent, 93 Texas L. Rev. 85, 113 (2014).

对非个人数据的要求更加严格。① 如今个人数据和非个人数据之间的界限模糊，实际上会削弱这些法律。②

（二）安全风险

如今，人们对物联网的依赖增加了数据泄露的风险，同时，还对物联网系统或设备的用户造成了实际上的伤害。③ 每一个额外的物联网设备都代表着一个漏洞，这个漏洞使得入侵者可以肆无忌惮地侵入网络访问信息。④ 一个连接的设备可以是攻击整个网络或者是其他连接系统的入口点。⑤ 作为非物联网系统的一个实时案例（case-in-point），在2013年，在盗用4000万个信用卡卡号和侵入目标计算机系统的过程中，攻击者就是利用了与目标计算机系统相连的承包商计算机系统中的安全漏洞，当时目标计算机系统是为了"电子账单、合同提交和项目管理"的目的才与承包商的计算机系统相连接。⑥ 此外，物联网还可以通过操纵设备功能和跟踪用户的定位而直接威胁到人身安全。⑦ 例如，一名黑客曾经利用一个婴儿监控设备的漏洞对一个熟睡的幼儿发出喊叫声，而一组研究人员曾经通过远程黑客手段控

---

① Peppet, Regulating the Internet of Things: First Steps Toward Managing Discrimination, Privacy, Security, and Consent, 93 Texas L. Rev. 85, 113 (2014), at 132 – 133. See Yasmine Agelidis, Note, Protecting the Good, the Bad, and the Ugly: "Exposure" Data Breaches and Suggestions for Coping with Them, 31 Berkeley Tech. L. 1057 (2016).

② Peppet, Regulating the Internet of Things: First Steps Toward Managing Discrimination, Privacy, Security, and Consent, 93 TEXAs L. REV. 85, 113 (2014).

③ See Jim Snell & Christian Lee, The Internet of Things Changes Everything, or Does It?, 32 Computer & Internet Lawyer 2 (2015).

④ FTC, Staff Report, Internet of Things: Privacy & Security in a Connected World, 33 – 36 (Jan. 2015), at 11.

⑤ FTC, STAFF REPORT, Internet of Things: Privacy& Security in a Connected World, 33 – 36 (Jan. 2015), at 11 – 12.

⑥ Paul Ziobro, Target Breach Began with Contractor's Electronic Billing Link, WALL ST. J. (Feb. 6, 2014), http://www.wsj.com/articles/SB10001424052702304450904579367391844060778 [https://perma.cc/ZJ8H-SCRR].

⑦ FTC, Staff Report, Internet of Things: Privacy& Security in a Connected World, 33 – 36 (Jan. 2015), at 12 – 13.

制了一辆联网汽车的转向和刹车功能。①

除了通信链路和存储基础设施带来的安全风险外，物联网设备本身就会由于许多原因而很容易受到攻击。第一，与软件或硬件公司相比，这些设备的制造商（主要是消费品公司）在数据安全问题上缺乏经验。② 第二，这些设备紧凑的外形和较短的电池寿命使得它们并不具备"加密等强大安全措施所需的"高级处理能力。③ 第三，人们很难用安全补丁来更新或修补这些设备，因此它们无法对抗那些在它们被制造时不存在的或没有被考虑到的威胁。④

此外，物联网生态系统中不同利益相关者之间缺乏协调，这不仅阻碍了互操作性，也阻碍了安全性。物联网生态系统中存在着利益分歧：例如，电信运营商想要的是确保网络安全可用，客户企业优先考虑的是数据保护，而物联网提供者要的是确保计算机正常的运行时间。⑤ 未能协调技术设计与技术实现这两个部分时，物联网的生态系统也会出现问题，导致某一环节薄弱，有一句话说得好："一只木桶能装多少水取决于它最短的那块木板。"一个系统的安全等级要看其最薄弱的组件提供的安全级别。⑥ 按照 oneM2M 的说法，"物联网设备类型多种多样，它们的不同功能和不同部署方案的范围使得安全成了……物联网行业的一个独特挑战"⑦。例如，目前大多数使用中的

---

① Andy Greenberg, How Hackable is Your Car? Consult This Handy Chart, Wired（Aug. 6, 2014）, http://www.wired.com/2014/08/car-hacking-chart［https://perma.cc/G5P3-E2A2］; Home, Hacked Home: The Perils of Connected Devices, Economist（July 12, 2014）, http://www.economist.com/news/special-report/21606420-perils-connected-devices-home-hacked-home［https://perma.cc/E9DZ-E38F］.

② Peppet, Regulating the Internet of Things: First Steps Toward Managing Discrimination, Privacy, Security, and Consent, 93 Texas L. Rev. 85, 113（2014）, at 135.

③ Peppet, Regulating the Internet of Things: First Steps Toward Managing Discrimination, Privacy, Security, and Consent, 93 Texas L. Rev. 85, 113（2014）.

④ Peppet, Regulating the Internet of Things: First Steps Toward Managing Discrimination, Privacy, Security, and Consent, 93 Texas L. Rev. 85, 113（2014）, at 135–136.

⑤ oneM2M, The Interoperability Enabler for the EntireM2M and IoT Ecosystem, ONEM2M, 13（Jan. 2015）, at 12.

⑥ Article 29 Data Protection Working Party, at 9.

⑦ oneM2M, The Interoperability Enabler for the EntireM2M and IoT Ecosystem, at 12.

传感器不支持加密,因为其设备的电池电量有限,运作资源不足。①

(三)迄今为止的监管回应

FTC 在 2015 年 1 月发布的物联网报告中提到了将隐私和安全风险最小化的最佳做法。② 由于认识到物联网行业仍处于早期阶段,具有很大的创新潜力,它反对制定针对物联网的特定立法。③ FTC 的建议包括:①数据安全;②数据最小化;③通知和选择。④

数据安全的标准应该是一个合理的标准,这取决于"被收集数据的数量和敏感度,设备功能的敏感性以及修复安全漏洞的成本"。⑤ FTC 的报告对开发物联网产品的公司提出了若干个具体的建议。它提倡"通过设计实现安全性",也就是说,我们从一开始就在设备中建构安全性⑥,完善人事政策以确保安全需要的优先次序⑦,同时确保公司外包工作的第三方服务提供商能保持合理的安全。⑧ 对于风险较大的系统,报告建议采用"深入防御"的方法,考虑所有级别的安全措施,例如,在传输和存储过程中使用数据加密,而不是依赖于用户的密码。⑨ 它还建议使用强身份验证,以允许物联网设备和其他物联网设备和系统交互,同时又不会过度地阻碍设备的使用;在整个生

---

① See Article 29 Data Protection Working Party, at 9.
② See FTC, Staff Report, Internet of Things: Privacy & Security in a Connected World, 33-36 (Jan. 2015), at i
③ See FTC, Staff Report, Internet of Things: Privacy & Security in a Connected World, 33-36 (Jan. 2015), at 48-49.
④ See FTC, Staff Report, Internet of Things: Privacy & Security in a Connected World, 33-36 (Jan. 2015), at 27-46.
⑤ See FTC, Staff Report, Internet of Things: Privacy & Security in a Connected World, 33-36 (Jan. 2015), at 27-28.
⑥ See FTC, Staff Report, Internet of Things: Privacy & Security in a Connected World, 33-36 (Jan. 2015), at 28.
⑦ See FTC, Staff Report, Internet of Things: Privacy & Security in a Connected World, 33-36 (Jan. 2015), at 29.
⑧ See FTC, Staff Report, Internet of Things: Privacy & Security in a Connected World, 33-36 (Jan. 2015), at 30.
⑨ See FTC, Staff Report, Internet of Things: Privacy & Security in a Connected World, 33-36 (Jan. 2015).

命周期中监控产品，提供安全更新，并且在设备售后中修补已知漏洞。①

数据最小化包括对数据收集和数据保留的合理限制。② FTC还倡导采用一种隐私设计方法，通过这种方法，公司可以评估自己的数据需求——我在收集什么类型的数据、为了什么目的、这些数据应该存储多长时间。③ FTC还建议人们考虑，公司是否可以用较少粒度的数据来提供相同的服务？举个例子，我们可以使用邮政编码而不是精确的地理位置信息来确定我们的位置。④ 当公司可以对数据进行去识别化，并且这种去识别化的数据已经可以满足业务需求时，FTC建议公司就以去识别化的形式来维护数据，并且公开承诺不再重新识别数据。⑤ 与此同时，它也认识到了在数据最小化的框架中保持运转灵活的重要性，这样就不会让公司现在没有使用到的数据去阻碍未来的创新。⑥

FTC倡导的第三条建议——通知和选择，允许公司在获得消费者明确同意的情况下收集他们敏感的个人信息。⑦ 然而，如果被收集的数据可以立刻有效地去识别，或者数据的收集和使用符合交易的背景，抑或这种收集和使用符合公司与客户之间的特定关系，则公司可以不需要获得这种同意。⑧ 举例来说，智能烤箱供应商也提供可以远

---

① See FTC, Staff Report, Internet of Things: Privacy & Security in a Connected World, 33-36 (Jan. 2015), at 31-32.

② See FTC, Staff Report, Internet of Things: Privacy & Security in a Connected World, 33-36 (Jan. 2015), at 33-34.

③ See FTC, Staff Report, Internet of Things: Privacy & Security in a Connected World, 33-36 (Jan. 2015), at 36.

④ See FTC, Staff Report, Internet of Things: Privacy & Security in a Connected World, 33-36 (Jan. 2015).

⑤ See FTC, Staff Report, Internet of Things: Privacy & Security in a Connected World, 33-36 (Jan. 2015), at 36-37.

⑥ See FTC, Staff Report, Internet of Things: Privacy & Security in a Connected World, 33-36 (Jan. 2015), at 38-39.

⑦ See FTC, Staff Report, Internet of Things: Privacy & Security in a Connected World, 33-36 (Jan. 2015), at 39-40.

⑧ See FTC, Staff Report, Internet of Things: Privacy & Security in a Connected World, 33-36 (Jan. 2015), at 40, 43.

程打开烤箱并指定其温度的应用程序,它无须征得消费者的同意就可以使用这部烤箱的使用信息来提高烤箱的灵敏度,或者使用这些信息来向消费者推荐相关的产品。① 与此相反的是,供应商必须征得消费者的同意才可以将这些数据出售给数据中介商或广告网络商。② FTC 没有采用一个完全基于数据用途来决定管理措施的框架,其中原因之一是,无论是基于立法还是基于一个多方利益相关者的行为准则,权威机构都不清楚什么才是构成了数据的有利或有害使用。③

为了通知和选择的建议框架能够起作用,用户的同意选择应该是有意义的,并且用户应该是在掌握了足够多的信息之上才做出的同意选择。④ 然而,在物联网设备中,公司要获得用户的同意是很困难的,因为这些设备"通常体型很小,没有屏幕,也没有触摸屏或者键盘之类的输入机制"。⑤ 此外,与隐私和数据安全相关的信息通常只在制造商的网站上提供,消费者没有办法去找到这些信息。⑥ 就算能够找到,这些信息也可能是不完整的,或者是模糊的。⑦ 例如,许多这些在线隐私和安全政策中都没有明确说明是谁拥有着这些通过物联网设备收集的数据?这些数据是存储在设备上还是远程服务器上?拥有者采取了哪些措施来防止安全漏洞?这些设备收集了哪些数据?哪些数据涉及了个人信息和非个人信息?这些不同的数据如何处理?消费者是否可以访问、修改和删除这些原始数据?⑧

---

① See FTC, Staff Report, Internet of Things: Privacy & Security in a Connected World, 33 – 36 (Jan. 2015), at 40 – 41.

② See FTC, Staff Report, Internet of Things: Privacy & Security in a Connected World, 33 – 36 (Jan. 2015).

③ See FTC, Staff Report, Internet of Things: Privacy & Security in a Connected World, 33 – 36 (Jan. 2015), at 44 – 46.

④ See Article 29 Data Protection Working Party, at 7.

⑤ Peppet, Regulating the Internet of Things: First Steps Toward Managing Discrimination, Privacy, Security, and Consent, 93 Ttxas L. Rev. 85, 113 (2014), at 140.

⑥ Peppet, Regulating the Internet of Things: First Steps Toward Managing Discrimination, Privacy, Security, and Consent, 93 Texas L. Rev. 85, 113 (2014), at 141.

⑦ Peppet, Regulating the Internet of Things: First Steps Toward Managing Discrimination, Privacy, Security, and Consent, 93 Texas L. Rev. 85, 113 (2014), at 142 – 145.

⑧ Peppet, Regulating the Internet of Things: First Steps Toward Managing Discrimination, Privacy, Security, and Consent, 93 Texas L. Rev. 85, 113 (2014), at 144 – 145.

为了让公司能获得有意义的同意，FTC建议公司为消费者提供一些选择，例如在销售点或设置时提供选择，或者在网络页面上提供选择，消费者可以通过设备上的代码来访问网页，又或者在设备的仪表盘上设置选择，并提供相关的教程。① 公司还可以提供普遍的隐私菜单以及对每个隐私设置的解释，或者根据消费者过去明确的偏好来提供个性化默认的隐私选择。② 尽管FTC认识到不可能有一种一刀切的方法来获得消费者的同意，但它警告说，隐私选择"应该是清晰和突出的，而不是隐藏在冗长的文件中"③。

　　除了这些最佳实践建议外，FTC第五条还授权联邦贸易委员会对一家公司提起诉讼，因为该公司有"不公平或欺骗的行为或做法"。④ 这就给了FTC有限的权力。⑤ 其中，"欺骗"指的是公司违反其对消费者的声明，"不公平"指的是公司违反公共政策对消费者造成伤害。⑥ 对TRENDnet的投诉及其最终的解决方案，是迄今为止FTC援引其第五条的授权中唯一一起与物联网相关的案例。⑦ TRENDnet出售其可用于各种用途的联网摄像头，包括家庭安全和婴儿监控等方

---

① FTC, Staff Report, Internet of Things: Privacy & Security in a Connected World, 33 - 36 (Jan. 2015), at 41 - 42.

② FTC, Staff Report, Internet of Things: Privacy & Security in a Connected World, 33 - 36 (Jan. 2015), at 42.

③ FTC, Staff Report, Internet of Things: Privacy & Security in a Connected World, 33 - 36 (Jan. 2015), at 41, 43.

④ 15 U.S.C. § 45 (a).

⑤ See Peppet, Regulating the Internet of Things: First Steps Toward Managing Discrimination, Privacy, Security, and Consent, 93 Texas L. Rev. 85, 113 (2014), at 136 - 137.

⑥ See Peppet, Regulating the Internet of Things: First Steps Toward Managing Discrimination, Privacy, Security, and Consent, 93 Texas L. Rev. 85, 113 (2014).

⑦ See In the Matter of TRENDnet, Inc., 122 F.T.C. 3090 (Feb. 7, 2014) (FTC complaint), https://www.ftc.gov/system/files/documents/cases/140207trendnetcmpt.pdf [https://perma.cc/LVV6-VPYD]; Press Release, Marketer of Internet-Connected Home Security Video Cameras Settles FTC Charges It Failed to Protect Consumers' Privacy, FED. Trade Commission (Sept. 4, 2013), https://www.ftc.gov/news-events/press-releases/2013/09/marketer-internet-connected-home-security-video-cameras-settles [https://perma.cc/B5HH-BK47].

面①,然而,该通过互联网存储和传输的未加密的登录凭证,未对消费者的隐私设置进行测试。② 因此,黑客能够从这些摄像头获取实时视频。③

同样地,尽管美国 46 个州都颁布了法律要求企业披露其数据泄露的情况,但这些法律只涵盖了历史上被视为个人信息的各种信息,而忽略了大量可用于识别特定个体的物联网传感器数据。④ 为了解决这些监管漏洞,FTC 呼吁制定一般性的、技术中立的数据安全和隐私立法。这些立法将适用于物联网,但并不仅仅针对物联网。⑤ 这项法律将同时涵盖个人数据和设备功能,明确公司应在何时向消费者发出隐私通知,并提供有关数据收集和使用的消费者选择,同时也要求公司披露其数据泄露的情况。⑥ 这项法律还阐明了什么是有利的数据使用,什么是有害的数据使用,从而有助于实施物联网数据的使用限制。⑦

第 29 条中的工作组(Working Party),即"第 29 条"是一个独立的欧洲数据保护和隐私咨询机构,其在 2014 年 9 月的物联网报告中也发表了最佳做法建议。⑧ 这份报告承认了物联网的巨大好处,但

---

① FED. Trade Commission, Press Release, Marketer of Internet-Connected Home Security Video Cameras Settles FTC Charges It Failed to Protect Consumers' Privacy, FED. Trade Commission (Sept. 4, 2013).

② FED. Trade Commission, Press Release, Marketer of Internet-Connected Home Security Video Cameras Setties FTC Charges It Failed to Protect Consumers' Privacy, FED. Trade Commission (Sept. 4, 2013).

③ FED. Trade Commission, Press Release, Marketer of Internet-Connected Home Security Video Cameras Settles FTC Charges It Failed to Protect Consumers'Privacy, FED. Trade Commission (Sept. 4, 2013).

④ See Peppet, Regulating the Internet of Things: First Steps Toward Managing Discrimination, Privacy, Security, and Consent, 93 Texas L. Rev. 85, 113 (2014), at 137 – 39.

⑤ See FTC, Staff Report, Internet of Things: Privacy& Security in a Connected World, 33 – 36 (Jan. 2015), at 48 – 52.

⑥ See FTC, Staff Report, Internet of Things: Privacy& Security in a Connected World, 33 – 36 (Jan. 2015), at 48 – 52.

⑦ See FTC, Staff Report, Internet of Things: Privacy& Security in a Connected World, 33 – 36 (Jan. 2015), at 48 – 52.

⑧ See Article 29 Data Protection Working Party.

也强调我们需要重视其随之而来的隐私和安全挑战。① 与 FTC 的建议相比,第 29 条的建议数量更多、内容更具体,并且更适用于许多利益相关方。② 例如,它建议操作系统(Operating System,OS)和设备制造商为用户提供易懂易操作的界面,方便他们查阅其个人资料③;应用程序开发人员可以高频地向用户发出警示,告诉他们传感器正在收集他们的数据④;社交平台默认必须请用户来决定其是否在社交平台上发布他/她的相关信息⑤;物联网设备的用户应告知非用户数据主体关于其设备的存在情况及其所收集的数据类型⑥;标准化机构应该促进发展清晰的、可以让各个主体相互或共同操作的数据格式。⑦

四、结论和政策建议

物联网行业具有巨大的潜力,可以在世界上产生积极的影响,但同时,它也会对隐私和安全构成威胁,所以关键的问题就是政府在其中应该充当一个怎么样的适当角色。物联网是一个不断发展的行业,因此,当一项新兴技术的相对优势尚不明确时,任何技术授权都可能偏向于另一项新兴技术。特别是,因为现在许多技术的融合使得物联网的实现成为可能,所以我们很难预测物联网将来可能有的很多用途。此外,消费者的隐私偏好是各不相同的,而且也在不断地变化之中。如果消费者们消息灵通,那么他们可以权衡风险和利益,以此做出适当的选择。这有利于通过各种利益相关者的代表来进行行业自律,而不是通过政府的参与。然而,依靠消费者教育或隐私权倡导者的积极参与往往是不现实的。面对这些不确定性,未来最好的监管方式将是持续地观察市场动态和行业为行业自律所做出的努力,推广广泛监督的原则,并采取观望的态度。监管机构仍应持续监控已知威胁的发展以及未知威胁的出现。

---

① See Article 29 Data Protection Working Party, at 3.
② See Article 29 Data Protection Working Party, at 21-24.
③ See Article 29 Data Protection Working Party, at 22.
④ See Article 29 Data Protection Working Party, at 23.
⑤ See Article 29 Data Protection Working Party, at 23.
⑥ See Article 29 Data Protection Working Party, at 24.
⑦ See Article 29 Data Protection Working Party, at 24.

同样地,缺乏互操作性可能会阻碍物联网的价值增长。意识到这一点之后,英国政府科学办公室建议使用政府的技术采购政策来鼓励开放的物联网系统。[①] 这种推动整个行业向更大的互操作性方向发展的做法,可能会对开放物联网系统有所帮助。然而,如果我们在物联网市场的每个部分都强制要求具备互操作性,这种做法注定会适得其反。首先,这种强制要求不太可能是技术中立的,它可能会过早地偏向于一种新兴技术。其次,由 oneM2M 牵头的行业联合行动,可以使工业部门和国家更多地采用一种共同的解决方案(包括隐私和安全标准)。这将比多个司法管辖区强制实施各种物联网法规带来更大的互操作性。最后,正如一些经济学家所指出的,尽管拥有一套共同系统的网络效应会提高整个行业的效率,但若存在两个或两个以上相互竞争的系统,它们就可以促进产品的多样性及产品创新,因此,这种做法似乎更加可取。[②] 我们只需要想想 iOS 系统和安卓系统之间的竞争,就能够体会到智能手机操作系统市场的创新速度了。因此,政府可以激励整个行业转向开放的体系,但最好不要过早地强制推行一种广泛的标准。

[①] Walport, The Internet of Things: Making the Most of the Second Digital Revolution, UK Gov't off. For Science, 15 n. 3 (Dec. 2014), at 7.

[②] Michael Katz & Carl Shapiro, Systems Competition and Network Effects, 8 J. Econ. Perspectives 2, 95 (1994).

物联网的规范：人工智能时代的歧视、隐私和网络安全

夏洛特·A. 施切德[①] 著　邓晶晶[②] 译

目　次

一、导论
二、物联网市场和技术
三、消费者风险和监管
四、物联网监管框架
五、为物联网设备制定法律框架
六、结论

"技术只为我们提供工具。人类的欲望和制度决定了我们如何利用它们。"[③]

——Freeman J. Dyson

一、导论

自1999年，随着商事主体和研究人员不仅试图开发联网产品，而且还试图界定物联网设备运作的共同结构，物联网（Internet of

---

[①]　夏洛特·A. 施切德（CHARLOTTE A. TSCHIDER），德保罗大学法学院研究员，获得富布赖特奖学金的网络安全和隐私法专家。
[②]　邓晶晶，中山大学法学院助教。
[③]　Freeman J. Dyson, The Sun, The Genome, and The Internet: Tools of Scientific Revolutions, at xii (1999).

Things，IoT）的消费领域与日俱增。他们正探究着网络安全标准、灵活而有针对性的体系结构，以及合理的法律框架。① 从物联网设备的多维特性来看，要对消费物联网进行监管是步履维艰、困难重重的。物联网将常见的消费品与前沿的基础设施相结合，包括：大数据解决方案、分布式数据存储或"云计算"，以及人工智能（AI）实用程序。② 消费者、企业和政府已经开始在各个领域安装这些设备：例如家庭、城市、环境、能源、零售、物流、农业、工业应用、健康和生活方式等领域。③

消费品的基础已经从模拟技术转向连接技术，这给消费者带来了与个人隐私、安全问题以及潜在歧视数据相关的新风险。广泛且无处不在的数据收集、互联网连接、预测算法和整体设备用途的不透明，这些都为消费者带来潜在的损害，从而威胁着物联网市场的利益。这些潜在损害包括广泛的不公平和各种影响、数据泄露、物理安全问题和财产损害等。④ 现有的监管制度并没有预见到这些损害并有效地避免损害，因此，目前我们尚不清楚现有的产品责任、合同法或侵权法下的普通法民事救济以及正当程序将如何适用于这些产品及其所处理的数据。

在第一部分，笔者将探讨当今新兴的物联网市场和技术，从而阐明消费物联网隐私和网络安全监管方法的复杂性及其考虑因素。在第

---

① See, e. g., Existing Standards, Tools and Initiatives Working Grp., Nat'l Telecomms. & Info. Admin., Catalog of Existing IoT Security Standards Version 0.01 (Sept. 12, 2017) (draft), https://www. ntia. doc. gov/files/ntia/publications/iotsecuritystandardscatalog _ draft _ 09. 12. 17. pdf; see also M. A. Burhanuddin et al., Internet of Things Architecture: Current Challenges and Future Direction of Research, 12 Int'L J. Applied Engineering Res. 11, 055, 11, 055 – 59 (2017), https://pdfs. semanticscholar. org/b41e/c7a3a 1 d26c84893684d4ba110a7af4887a14. pdf; Laura DeNardis & Mark Raymond, The Internet of Things as a Global Policy Frontier, 51 U. C. Davis L. Rev. p.475, p. 479 (2017).

② See Mika Tanskanen, Applying Machine Learning to IoT Data, SAS (Aug. 18, 2018), https://www. sas. com/en _ us/insights/articles/big-data/machine-learning-brings-concrete-aspect-to-iot. html.

③ Arshdeep Bahga & Vijay Madisetti, Internet of Things: A Hands-on Approach 21 (2014).

④ See generally Roger Allan Ford & W. Nicholson Price II, Privacy and Accountability in Black-Box Medicine, 23 Mich. Telecomm. & Tech. L. Rev. 1, pp. 12 – 21 (2016).

二部分，笔者描述了歧视风险、隐私风险和网络安全风险，同时探究了物联网设备的多维特性及其对消费者和企业的影响。在第三部分，为了确定潜在的监管机会和监管模式，笔者研究了美国和欧盟（EU）现有的事前网络安全和隐私保护制定法。在第四部分，为了有效地维护消费者的安全以及为市场竞争创造稳定的预期，笔者提出了未来适用的物联网监管方案。

二、物联网市场和技术

Kevin Ashton 首创了"物联网"一词，从此对联网的消费品予以特殊的区分。[①] 现代物联网已经发展到包括面向消费者、工业和医疗产品等领域的阶段，这是一种有别于传统的、模拟的或不受限的产品。[②] 物联网产品的价值主张包括加强连接性及利用率，提高便利性和定期功能更新的潜力。[③]

面向消费者的设备，比如那些在家里使用的设备，它们可以用于进行远程计划和监控，从而提高人们在旅行、完成差事或工作时管理家庭事务的能力。[④] 制造商将物联网设备宣传为提高便捷性和效率的

[①] W. Kuan Hon et al., Twenty Legal Considerations for Clouds of Things 4 (Queen Mary Univ. of London, Sch. Of Law, Research Paper No. 216, 2016), https://papers.ssm.com/sol3/papers.cfm? abstract_id = 2716966. Hon et al. have established key classes and associated terms for discussing and defining concepts associated with IoT. Id. at pp. 6 – 8.

[②] See Marco Iansiti & Karim R. Lakhani, Digital Ubiquity: How Connections, Sensors, and Data Are Revolutionizing Business, Harv. Bus. Rev., Nov. 2014, p. 90, 92, 98; Michael E. Porter & James E. Heppelmann, How Smart, Connected Products Are Transforming Competition, Harv. Bus. Rev., Nov. 2014, p. 64, 66; Jacob Morgan, A Simple Explanation of 'The Internet of Things,' Forbes (May 13, 2014, 12: 05 AM), http://www.forbes.com/sites/jacobmorgan/2014/05/13/simple-explanation-intemet-things-that-anyone-can-understand.

[③] Michael E. Porter & James E. Heppelmann, How Smart, Connected Products Are Transforming Competition, Harv. Bus. Rev., Nov. 2014, p. 64, 66; Jacob Morgan, A Simple Explanation of 'The Internet of Things,' Forbes (May 13, 2014, 12: 05 AM), http://www.forbes.com/sites/jacobmorgan/2014/05/13/simple explanation-intemet-things-that-anyone-can-understand.

[④] Darla Scott, ISTR Insights: The Internet of Things (IoT) and the Concerns of Convenience, Symantec Connect: Thought Leadership (Sept. 14, 2016), https://www.symantec.com/connect/blogs/istr-insights-the-intemet-of-things-iot-and-the-concerns-of-convenience. Convenience drives much of IoT adoption; risks accompany such convenience.

工具：物联网设备可以运行你忘记启动的洗衣机、提供购物清单并为你订购商品送至家门，或者让你对在孩子放学后谁来你家做客一目了然。① 与美国政府一样，企业也很早就发现了这类设备的潜在好处，而且两者都已经开始使用并大举投资物联网。②

通过远程操作或信息收集，互联网连接驱动了一个重要的便利因素，这意味着物联网市场的大幅增长。国际数据公司 Gartner 及其 HIS 公司估计，活跃的物联网设备的总数量在 64 亿到 176 亿之间。③ 这些组织预计，到 2020 年，物联网设备将增至 300 亿部；还有其他组织预计，到 2020 年，物联网的收入将达 4700 亿美元。④ 思科公司分析师预计，到 2022 年，物联网的全球市值将达到 14.4 万亿美元。⑤ 物联网为美国提供了巨大的市场潜力，激励了制造商进入早期由科技巨头和互联网公司占据主力的物联网市场。

为了优化其服务，物联网设备还需要接入电缆或其他高性能的互

---

① See Ramsay Henderson, How the IoT Offers Efficiency and Convenience in Your Home and Workplace, LrNKEDlN（Mar. 14, 2017），https://www.linkedin.com/pulse/how-iot-offer-sefficiency-convenience-your-home-ramsay-henderson. Convenience and efficiency, however, may come at a cost in the form of poor cybersecurity. Andy Thomas, Beware the Trade-Off Between IoT Convenience and Security, Internet Bus.（Jan. 28, 2016），https://intemetofbusiness.com/beware-trade-off-iot-convenience-security.

② Business Is Embracing Internet of Things as Most Important Technology, Says New Study, FORBES（Jan. 16, 2018），https://www.forbes.com/sites/forbespr/2018/01/16/business-is-embracing-intemet-of-things-as-most-important-technology-says-new-study；Andrew Meola, The US Government Is Pouring Money into the Internet of Things, Bus. Insider（May 31, 2016, 3: 38 PM），http://www.businessinsider.com/the-us-govemment-is-pouring-money-into-the-intemet-of-things-2016-5.

③ Amy Nordrum, Popular Internet of Things Forecast of 50 Billion Devices by 2020 Is Outdated, Ieee Spectrum（Aug. 18, 2016, 1: 00 PM），http://spectrum.ieee.org/techtalk/telecom/intemet/popular-intemet-of-things-forecast-of-50-billion-devices-by-2020-is-outdated.

④ Louis Columbus, Roundup of Internet of Things Forecasts and Market Estimates, 2016, FORBES（Nov. 27, 2016, 1: 06 PM），https://www.forbes.com/sites/louiscolumbus/2016/!1/27/roundup-of-intemet-of-things-forecasts-and-market-estimates-2016.

⑤ Adam D. Thierer, The Internet of Things and Wearable Technology: Addressing Privacy and Security Concerns Without Derailing Innovation, 21 Rich. J. L. & Tech. p.6, 15（2015）.

联网资源。① 为了使物联网设备的潜在效益最大化,消费者必须将这些设备广泛地连接到互联网,从而促进实时软件更新或维持其交互功能,正如虚拟多人游戏或学习系统的原理那样。当一个产品能够实现实时更新时,新的内容和改进的服务就会成为消费者购买物联网设备的迫切理由;② 当产品可以更新自己的软件从而获取新功能时,消费者便不需要频繁地购买该产品的最新版本。③ 物联网技术的基础设施通常包括分布式、高性能的大数据解决方案,它们由云服务器和包括人工智能在内的动态学习系统提供支持。④ 有了这个基础设施,物联网设备的性能将会更有效,但这些性能的实现还需要更多设备数据和个人信息的收集和保留。⑤

(一) 消费物联网:新服务,新硬件

物联网设备可以分为三个功能组:物理组件(如机械、电气和外壳等部件),智能组件(如增强型传感器、微处理器、软件、操作系统和应用程序),以及连接组件(端口、天线和支持有线或无线接

---

① See Gael Hernandez et al. , Org. for Econ. Co-operation & Dev. [OECD], The Internet of Things: Seizing the Benefits and Addressing the Challenges, at 5, DSTI/ICCP/CISP (2015) 3/FINAL (May 24, 2016), http://www.oecd.org/officialdocuments/publicdisplaydocumentpdf/? cote = DSTI/ICCP/CISP(2015)3/FTNAL&docLanguage: En.

② See Gatis Paeglis, Over-the-Air Updates, Part I: Introduction, QT BLOG (May 31, 2016), https://blog.qt.io/blog/2016/05/31/over-the-air-updates-part-1-introduction.

③ See Gael Hernandez et al. , Org. for Econ. Co-operation & Dev. [OECD], The Internet of Things: Seizing the Benefits and Addressing the Challenges, at 5, DSTI/ICCP/CISP (2015) 3/FINAL (May 24, 2016), http://www.oecd.org/officialdocuments/publicdisplaydocumentpdf/? cote = DSTI/ICCP/CISP(2015)3/FTNAL&docLanguage: En.

④ See Hannah Williams, IoT Trends 2018: Artificial Intelligence, Security, and Edge Solutions, Computer World UK (Dec. 27, 2017), https://www.computerworlduk.com/iot/iot-trends-2018-artificial-intelligence-cybersecurity-edge-solutions-3669388.

⑤ See Tim Allen, How to Solve IoT's Big Data Challenge with Machine Learning, Forbes (Feb. 2, 2017, 8:35 AM), http://www.forbes.com/sites/sap/2017/02/02/how-to-solve-iots-big-data-challenge-with-machine-learning; Daniel Gutierrez, Unlock the Potential of IoT with Real-Time Data, Inside Big Data (Sept. 26, 2016), http://insidebigdata.com/2016/09/26/unlock-the-potential-of-iot-with-real-time-data.

收或传输信息的协议）。①

　　物联网产品需要借助智能组件和连接组件来进行技术升级。因此，物联网设备需要一个新的技术基础设施或"堆栈"（stack），我们大概只有在新的基础设施制造商对这些设施进行采购之后才能制造物联网产品。② 这个堆栈不仅包括设备、设备操作系统、智能组件和软件应用程序，还包括在制造商（或制造商的第三方）服务器上运行的产品云或软件。产品云是物联网实现的关键部分，因为它不仅控制着向物联网设备所发送的信息或命令，而且控制着数据收集的内容以及数据分析的方式。③

　　在产品云中，产品数据的数据库、应用程序平台、规则引擎和分析平台协同工作，同时实现从设备中接收和处理数据，以及将应用程序内容和其他信息发送至物联网设备中。④ 根据物联网设备的不同，外部数据源可以与制造商的数据集成，或者应用程序可以与其他同步的后端商业系统相连接。⑤ 物联网设备可以被集成到更大的系统中，在这些系统中，设备依赖于彼此来触发彼此的行动。例如，相互连接和集成的农业设备可以使用某一活动已经完成的信息来标志另一活动的开始。类似地，联网家居可以通过编定未加锁的数字程序来促使家

---

　　① W. Kuan Hon et al., Twenty Legal Considerations for Clouds of Things 4（Queen Mary Univ. of London, Sch. Of Law, Research Paper No. 216, 2016）, https://papers.ssm.com/sol3/papers.cfm? abstract_id = 2716966. Hon et al. have established key classes and associated terms for discussing and defining concepts associated with IoT. Id. at pp. 5 – 6.

　　② Michael E. Porter & James E. Heppelmann, How Smart, Connected Products Are Transforming Competition, Harv. Bus. Rev., Nov. 2014, p. 64, 66.

　　③ W. Kuan Hon et al., Twenty Legal Considerations for Clouds of Things 4（Queen Mary Univ. of London, Sch. Of Law, Research Paper No. 216, 2016）, https://papers.ssm.com/sol3/papers.cfm? abstract_id = 2716966. Hon et al. have established key classes and associated terms for discussing and defining concepts associated with IoT. Id. pp. 4 – 6, p. 8, 14, pp. 9 – 12.

　　④ Michael E. Porter & James E. Heppelmann, How Smart, Connected Products Are Transforming Competition, Harv. Bus. Rev., Nov. 2014, pp. 67 – 68.

　　⑤ JR Fuller, The 4 Stages of an IoT Architecture, Techbeacon（May 26, 2016）, https://techbeacon.com/4-stages-iot-architecture.

里的温度升高、打开电灯，以及使家庭安全系统瘫痪。①

除了后端技术组件之外，物联网设备在可用性和持续支持方面也面临着独特的挑战。现在的物联网设计必须支持定制化、个性化、软件升级和远程服务，以及新硬件标准化等功能。② 连接服务的引入带来了额外的服务和维护需求。随着时间的推移，行为人应该利用所收集的产品数据来改善用户体验和产品性能，并帮助其避免未来的各种问题。

物联网需要进行跨设备、跨地域的数据聚合，才能有效地实现物联网的价值主张。③ 不幸的是，制造商所收集、传输、存储和使用的数据不仅可能会增加歧视性做法的可能性，而且对隐私和网络安全也会构成重大挑战。在许多情况下，制造商处理和存储的数据包括地理位置信息、产品识别数据和使用者或所有者身份相关的个人信息，如生物特征数据、健康信息或智能家居参数。④ 物联网设备还可以通过

---

① Jennifer Schlesinger & Andrea Day, Suddenly Hot Smart Home Devices Are Ripe for Hacking, Experts Warn, CNBC (Dec. 25, 2016, 5: 06 PM), http://www.cnbc.com/2016/12/25/suddenIy-hot-smart-home-devices-are-ripe-for-hacking-experts-wam.html; see Porter & Heppelmann, supra note 7, p. 73.

② Nancy Spurling Johnson, Internet of Things: What It Means for Designers and Their Companies, Cadalyst (Jan. 22, 2015), http://www.cadaIyst.com/cad/product-design/intemetthings-what-it-means-designers-and-their-companies-22132.

③ The Importance of Defining a Value Proposition for the Internet of Things, Ironpaper: Insights (June 1, 2016), https://www.ironpaper.com/webintel/articles/the-importance-of-defining-avalue-proposition-for-the-intemet-of-things; See Nancy Spurling Johnson, Internet of Things: What It Means for Designers and Their Companies, Cadalyst (Jan. 22, 2015), http://www.cadaIyst.com/cad/product-design/intemetthings-what-it-means-designers-and-their-companies-22132.

④ Greg Lindsay Et Al., Atlantic Council, Smart Homes and the Internet of Things 2 – 8 (2016), https://otailiance.org/system/files/files/initiative/documents/smart_homes_0317_web.pdf (describing cybersecurity and privacy protections for smart home technologies); David C. Vladeck, Consumer Protection in an Era of Big Data Analytics, 42 OHIO N. U. L. REV. p. 493, 498 (2016); Janice Phaik Lin Goh, Privacy, Security, and Wearable Technology, LANDSLIDE, Nov./Dec. 2015, p. 30, pp. 30 – 32; Stacey Higginbotham, Companies Need to Share How They Use Our Data. Here Are Some Ideas., FORETUNE (July 6, 2015), http://fortune.com/2015/07/06/consumer-data-privacy; see Vassiliki Andronikou et al., Biometric Implementations and the Implications for Security and Privacy, FIDIS (Jan. 2007), http://www.fidis.net/fileadmin/joumal/issues/l2007/BiometricJmpiementations_and_the_rmplications_for_Security_and_Privacy.pdf.

音频、视频或诸如儿童设备所使用的通信功能来捕捉个人信息。存储在物联网系统中的数据通常被保留在产品云或其他后端系统中,同时设备也可以将这些数据存储在设备内存中。① 无论是储存在后端系统中还是在物联网设备本身中的物联网数据,它们都面临着数据保护和设备免受网络攻击的挑战。②

除了可能导致个人信息隐私问题的数据之外,物联网设备还创建了用于系统操作的数据,而这些数据通常不被视为个人信息。网络攻击者可能会滥用这些数据,包括损害数据可用性或改变数据、导致产生数据完整性问题,以及利用大数据洞察来强化或创造歧视性后果。③ 首先,当数据不可用并导致系统故障时,这些损坏可能会导致诸如智能家居的暖气炉过热或他人的医疗设备无法工作。④ 其次,数据完整性可能会导致某些更具实质性的问题。再次,当攻击者更改数据时,例如,当攻击者实施打乱数据、更改数值或用自己的数据替换数据等行为时,提供给用户的信息可能会对其产生误导,或者以前建立的限制或指导设备功能的算法可能会发生更改。⑤ 例如,智能烤箱可能超出制造商的推荐,或者孩子可能在联网玩具上收到不合适的信息。最后,除了之前确定的隐私问题之外,这些类型的数据滥用会造

---

① Trend Micro, Internet of Things Buyer S Guide for Smart Parents and Guardians p. 5 – 9 (2016), https://documents.trendmicro.com/assets/guides/eguide-iot-for-kids.pdf.

② Ashwin Pal, The Internet of Things (IoT) —Threats and Countermeasures, CSO, http://www.cso.com.au/article/575407/intemet-things-iot-threats-countermeasures (last visited Oct. 4, 2018).

③ Richard Lee, Discrimination Drives the Need for Ethics in Big Data, IBM Big Data & Analytics Hub (Oct. 13, 2014), http://www.ibmbigdatahub.com/blog/discrimination-drives-needethics-big-data; see infra Section II. A and accompanying notes.

④ Jeff Kitson, Turning Up the Heat on IoT: Trane Comfortlink XL850, Trust Wave: Spider Labs Blog (Aug. 8, 2016), https://www.tmstwave.com/Resources/SpiderLabs-Blog/Tuming-Up-The-Heat-on-IoT-Trane-Comfortlink-XL850 (analyzing the potential for cyberkinetic attacks for home IoT devices); Fred Pennic, FBI Issues IoT Security Warning for Medical Devices, Wearables, Hit Consultant (Sept. 17, 2015), https://hitconsultant.net/2015/09/17/fbiissues-iot-security-waming-medical-devices-wearables.

⑤ See Gael Hernandez et al., Org. for Econ. Co-operation & Dev. [OECD], The Internet of Things: Seizing the Benefits and Addressing the Challenges, p. 5, DSTI/ICCP/CISP (2015) 3/FINAL (May 24, 2016) http://www.oecd.org/officialdocuments/pubIicdisplaydocumentpdf/?cote = DSTI/ICCP/CISP(2015)3/ FTNAL & doc Language: En, p. 19.

成他人的财产损失和个人安全问题。①

除了驱动行为之外,物联网设备还具有相互通信的独特能力。② 机器对机器通信(Machine-to-machine communication,M2M)可以改善物联网的交叉通信,并最终改善物联网的功能,尤其是在受益于数据收集和相关数据洞察的物联网领域。然而,如果物联网设备通过标准化的 M2M 通信或"互操作性"来交换数据和连接彼此的能力,那么这可能会促使基础设施做出不利决策,从而导致歧视性影响、增加固有的网络安全问题以及跨越多个产品和功能损害消费者隐私。③

(二) 大数据、人工智能和云服务

"普适计算"已经成为物联网和相关基础设施的同义词。④

第一个基础技术是大数据。首先,物联网需要大数据,同时它也创建大数据:因为物联网设备总是与互联网相连的,并且实时数据的创建也需要存储和分析。⑤ 其次,对大数据存储所进行的数据分析不仅可以改善物联网设备的功能,而且也能识别出更高效或更有效的设备所需的设备升级或更改。⑥ 最后,所收集的数据,特别是人口统计

---

① David C. Vladeck, Consumer Protection in an Era of Big Data Analytics, 42 OHIO N. U. L. Rev. p.493, 498 (2016).

② W. Kuan Hon et al., Twenty Legal Considerations for Clouds of Things 4 (Queen Mary Univ. of London, Sch. Of Law, Research Paper No. 216, 2016), https://papers.ssm.com/sol3/papers.cfm?abstract_id = 2716966. Hon et al. have established key classes and associated terms for discussing and defining concepts associated with IoT. Id. p.9.

③ Ellyne Phneah, M2M Challenges Go Beyond Technicalities, ZDNET (June 19, 2012, 10:34AM), http://www.zdnet.com/article/m2m-challenges-go-beyond-technicalities.

④ Ethem Alpaydin, Machine Learning: The New AI p.9 (2016).

⑤ W. Kuan Hon et al., Twenty Legal Considerations for Clouds of Things 4 (Queen Mary Univ. of London, Sch. Of Law, Research Paper No. 216, 2016), https://papers.ssm.com/sol3/papers.cfm?abstract_id = 2716966. Hon et al. have established key classes and associated terms for discussing and defining concepts associated with IoT. Id. pp.4 – 5.

⑥ Daniel Graham, How the Internet of Things Changes Big Data Analytics, LINKEDIN (Oct. 6, 2016), https://www.linkedin.com/pulse/how-intemet-things-changes-big-dataanalytics-daniel-graham. World Econ. Forum & the Bos. Consulting GRP., Unlocking the Value of Personal Data: From Collection to Usage 7 – 8 (2013), http://www3.weforum.org/docsAVEF_IT_UnlockingValuePersonalData_CollectionUsage_Report_2013.pdf.

数据和使用统计数据，它们还可以改进制造商的营销、销售和产品供应。① 数据收集增强了市场供应和设备性能，从而增加消费者的机会。②

　　大数据量还支持用于销售、传输和交换的数据收集。③ 一方面，制造商可以将物联网所创建的数据与有关物联网设备用户的其他信息结合起来，比如：购买习惯、网站浏览历史、人口统计数据或其他经编码的行为。另一方面，制造商还可以将这些数据出售或转让给第三方。无论对于销售数据的制造商还是购买或使用数据来进行定向营销活动的组织而言，这类数据都可能是非常有利可图的。④ 虽然这类大数据可以增加市场份额和提高产品个性化，但数据的跨平台流动或行业聚合也可能增加个人隐私风险。即便这些组织寻求实行健全的数据匿名化或去身份化程序，但是他们收集的数据越多，他人被重新识别及其隐私、个人信息被暴露的可能性就越大。⑤ 事实上，不包含附加物联网数据的数据规模已经给他人带来了隐私问题：仅 Acxiom 公司就对每个人收集了 3000 个数据点。⑥

　　第二个基础技术是人工智能。人工智能挑战了以往数据收集和使用的概念，因为它不仅要求比以往任何时候都要更大的数据量，而且以新的、意想不到的或者"非线性推理"的方式使用数据。⑦ 人工智

---

① Should Companies Profit by Selling Customers' Data?, Wall ST. J. (Oct. 24, 2013, 1: 22 PM), https://www.wsj.com/articles/SB10001424052702304410204579143981978505724.

② See generally Johannes Deichmann et al., Creating a Successful Internet of Things Data Marketplace, Mckinsey & Company (Oct. 2016), http://www.mckinsey.com/business-functions/digital-mckinsey/our-insights/creating-a-successful-intemet-of-things-data-marketplace.

③ See id. Shelly Blake-Plock, Where's the Value in Big Data?, Forbes (Apr. 14, 2017, 8:00 AM), https://www.forbes.com/sites/forbestechcouncil/2017/04/l4/wheres-the-value-in-big-data.

④ Joseph Jerome, Big Data: Catalyst for a Privacy Conversation, 48 IND. L. REV. p. 213, pp.213-217 (2014).

⑤ Scott R. Peppet, Regulating the Internet of Things: First Steps Toward Managing Discrimination, Privacy, Security, and Consent, 93 Tex. L. Rev. 85, pp.129-30 (2014).

⑥ David C. Vladeck, Consumer Protection in an Era of Big Data Analytics, 42 OHIO N. U. L. REV. pp.498-499 (2016).

⑦ See Info. Comm R S Office, Big Data, Artificial Intelligence, Machine Learning and Data Protection pp. 6-7 (2017), https://ico.org.uk/media/for-organisations/documents/2013559/big-data-ai-ml-and-data-protection.pdf.

能包括各种各样的功能,从不太先进的标准技术自动化,到功能齐全的机器人和自动驾驶汽车。机器学习(Machine Learning,ML)是人工智能的一个核心,它将使制造商能够全面分析大数据,从而识别数据科学家此前都没有预料到的趋势和数据点之间的关系。这些趋势将告知制造商某些复杂算法,这些算法用于推进其任何目标的实现,例如增加使用、最优设置值、提高效率以及功能的删减与增加。① 这些洞察不仅可以彻底改变物联网设备的功能,而且还可以为我们提供一个观察人类整体行为的视角。但这也可能带来黑暗的一面:如果人工智能进行无人监督的学习,或者不经人类干预和组织的学习,那么它们可以从恶意编码或损害社会结构(编码歧视)的数据中学习,或者创建自己的歧视性推论(推断歧视)。② 当人工智能工具从现有数据中创建算法并执行该算法时,人工智能可能会进一步使受保护的阶层或人口边缘化。③

  第三个基础技术是云服务。云服务通常由第三方维护的共享技术资源,使非互联网公司生产物联网产品变得既方便又合算。④ 云服务通过减少基建投资来提高物联网设备的销售利润率:制造商无须运营物理数据中心,他们只需要租用云提供商的空间,因为云提供商支持跨组织的资源共享,并以低成本提供具有可靠性和可伸缩性的功

---

① Ethem Alpaydin, Machine Learning: The New AI 9 pp. 14 - 17 (2016); See Tim Allen, How to Solve IoT's Big Data Challenge with Machine Learning, Forbes (Feb. 2, 2017, 8: 35 AM), http://www.forbes.com/sites/sap/2017/02/02/how-to-solve-iots-big-datachaHenge-with-machine-leaming.

② See Alyx Baldwin, The Hidden Dangers of AI for Queer and Trans People, Model View Culture (Apr. 25, 2016), https://modelviewculture.com/pieces/the-hidden-dangers-of-ai-for-queer-and-trans-people.

③ See Stephen Gardner, Artificial Intelligence Poses Data Privacy Challenges, Bloomberg BNA (Oct. 26, 2016), https://www.bna.com/artificial-intelligence-posesn57982079158.

④ Goran Candrlic, Cloud Computing—Types of Cloud, Globaldots (Mar. 19, 2013), http://www.globaldots.com/cloud-computing-types-of-cloud.

能。① 虽然这在经济上是可取的，但云计算也可能带来网络安全问题。②

物联网技术建立在不断发展的大数据、人工智能和云计算等技术之上。这些技术的存在增加了防止歧视、确保隐私、保护个人安全以及保护从技术引入中获益但同时也使风险增加的财产等方面的潜在挑战。

三、消费者风险和监管

基于物联网服务在数据可替代性、数据合并、数据传输灵活性、互操作性和数据交换等方面的改善，物联网设备的消费者很可能可以从物联网服务中充分受益。③ 虽然物联网设备的消费者期待安全、合适的产品，但他们也更喜欢低成本、简单易用的产品。④ 这种态度的两极分化为我们制定一个对市场友好型的物联网法律框架带来了独特的挑战。

物联网设备基础设施的设计将与传统的隐私概念和新兴的网络安全概念发生冲突。无处不在的数据收集、网络安全控制的不足以及自动化决策等都可能会侵害消费者的隐私、人身安全和财产价值。综上所述，现有法律无法充分保护购买普通家庭物联网产品的消费者免受潜在风险。

物联网的实现为消费者带来了与物联网功能和架构相关的内在风险，因为它们涉及前端消费者制造的设备与大数据收集基础设施、分

---

① Kaihwang et al. , Distributed and Cloud Computing p. 192（2012）.

② Jaydip Sen, Security and Privacy Issues in Cloud Computing 7 – 8, 12 – 15（2016）（confer paper）, https://pdfs. semanticscholar. org/4dc3/70cl253020947a8e66b701e12dd0233161229. pdf; see Cloud-10 Multi Tenancy and Physical Security, OWASP Found. , https://www. owasp. org/index. php/Cloud-l 0 Multi_Tenancy_and_Physical_Security（last modified Aug. 30, 2010）.

③ See World Econ. Forum & Insead, The Global Information Technology Report 2014, pp. 35 – 38（Benat Bilbao-Osorio et al. eds. , 2014）, http://www3. wefomm. org/docs/WEF_GlobalInformationTechnology_Report_2014. pdf.

④ Nicole Kobie, The Internet of Things：Convenience at a Price, Guardian（Mar. 30, 2015, 11：32 AM）, https://www. theguardian. com/technology/2015/mar/30/internet-of-things-convenience-price-privacy-security.

散的数据存储和传输以及人工智能实用程序的结合。正如 Scott R. Peppet 最初所提出的那样,他认为物联网至少存在四个风险:歧视风险、隐私风险、同意风险和安全风险。① 尽管 Peppet 在 2014 年已经有先见之明,但随着技术范式的转变,这些风险的规模和性质已经今非昔比,同时它们也瞬息万变,因此我们更需要一个及时、有效的法律框架。②

(一) 通过编码歧视和推理歧视,大量的数据存储可能会导致歧视风险

歧视可能源于大数据的收集和分析,它们对历史上发生的和有意的歧视待遇进行编码,或对经分析确定的群体或个人输出其他不同的影响结果。对于歧视,我们通常是在以大型历史数据存储为基础的网页或基于应用程序的自动化决策的情境中讨论的,但歧视对于物联网数据使用而言也是一个真正需要关注的问题。Solon Barocas 和 Andrew D. Selbst 探索了数据挖掘将如何导致歧视性差别对待和差别影响。③

通过将算法结果整合到设备功能中,物联网设备可以将差别待遇和差别影响整合到一起。驱动设备功能的算法可能包含跨越多个来源的数据聚合,这增加了组织做出强化歧视行为决策的可能性。④ 在某些情况下,自动化决策可能直接影响个人的经济前景:就业、住房或信用价值等。尽管大多数消费物联网设备不太可能直接推动影响个人经济前景的决策,但制造商可以将物联网设备数据传送给那些做出这

---

① Scott R. Peppet, Regulating the Internet of Things: First Steps Toward Managing Discrimination, Privacy, Security, and Consent, 93 Tex. L. Rev. pp. 117 – 145 (2014).

② See Richard Tynan, Why the Internet of Things Begs for a Paradigm Shift in Internet Security, Medium (Nov. 2, 2016), https://medium.com/privacy-international/why-the-internet-ofthings-begs-for-a-paradigm-shift-in-internet-security-2287c3ecf802.

③ See Solon Barocas & Andrew D. Selbst, Big Data's Disparate Impact, 104 CALIF. L. REV. p. 671, pp. 694 – 715 (2016).

④ Scott R. Peppet, Regulating the Internet of Things: First Steps Toward Managing Discrimination, Privacy, Security, and Consent, 93 Tex. L. Rev. p. 118 – 122 (2014); see also Max N. Helveston, Consumer Protection in the Age of Big Data, 93 Wash. U. L. Rev. p. 859, p. 897 (2016); See Solon Barocas & Andrew D. Selbst, Big Data's Disparate Impact, 104 Calif. L. Rev. p. 671, pp. 694 – 695 (2016).

些决策的组织。这些数据虽然看似无害的，但它们仍然可以代表受保护阶级。①

消费者的物联网设备可能会为个人或群体带来意想不到的歧视性影响。例如，根据看似无害的诸如家庭住址、社交媒体关系、音乐偏好等数据，使用物联网游戏设备的他人可能会收到不同于其他人群的选项。同样，一种"犯罪侦查"设备可以怂恿人们避开特定的地区，从而影响当地的商业。这些算法可能并不带有明显的歧视意图和差别对待的意味，但其结果至少在伦理上是存在问题的，或可能是差别影响的证据。②

不难预测，为了确定人们的兴趣或引导他人避开种族多样化的地区，根据算法所使用的数据和规则的不同，设备可能会间接地暗示人们的种族或国籍。这些情况可能具有冒犯性和歧视性，但目前我们尚不清楚这些情况在多大程度上能够受到美国现有的反歧视法律的保护。相比之下，欧盟的《通用数据保护条例》（General Data Protection Regulation，GDPR）至少预计到了潜在的直接歧视、经济歧视和道德歧视。③

人工智能和大数据交叉领域的研究提高了人们对公平、责任、透明和道德（合称"FATE"）等具体问题的认知。④ FATE 研究侧重于探究公平对待个人或群体的技术解决方案、各责任方所承担的责任，

---

① See also Dino Pedreschi et al., Discrimination-Aware Data Mining (2008), https://www.researchgate.net/publication/221654695_Discrimination-aware_data_mining.

② See Solon Barocas & Andrew D. Selbst, Big Data's Disparate Impact, 104 CALIF. L. REV. p. 671, pp. 694 – 712（2016）; See also Dino Pedreschi et al., Discrimination-Aware Data Mining (2008), https://www.researchgate.net/publication/221654695_Discrimination-aware_data_mining.

③ See Regulation 2016/679, of the European Parliament and of the Council of Apr. 27, 2016, On the Protection of Natural Persons with Regard to the Processing of Personal Data and on the Free Movement of Such Data, and Repealing Directive 95/46/EC, 2016 O. J. (L 119) p. 1, pp. 40 – 42, pp. 45 – 46.

④ See FATE: Fairness, Accountability, Transparency, and Ethics in AI, MICROSOFT, https://www.microsoft.com/en-us/research/group/fate (last visited Aug. 26, 2018).

以及在人工智能应用或交互之前、期间或之后的个人信息透明化。①
Ryan Calo 将人工智能中潜在的歧视定义为"应用上的不平等",在这种情境中,人工智能可以在没有人类参与的情况下对某些群体构成歧视影响或歧视待遇。② 这种应用上的不平等可能适用于以下情形:虽然不涉及法定权利,但却导致行为人对特定群体提供不公平和比例失调的产品或服务。

作为一个技术问题,公平对实现决策算法和构成物联网基础设施的人工智能实用程序提出了一定的挑战。实际上,消除潜在歧视性数据的过程,或者说"调节算法"的过程似乎是一个"并不琐碎的任务"(non trivial task)。③ 从数据管理的角度来看,歧视分为两类:直接歧视和间接歧视。通过可能产生某种结果的直接或显露的规则和特定的歧视属性,直接歧视往往明确地对他人施加不相称的歧视性负担(例如,如直接列明种族或种族背景并将这些信息输入到一个算法决定中)。间接歧视包含非特定的属性,多种非特定属性共同导致对他人的客观歧视结果或不相称负担。

直接歧视的一种形式通常来自敏感个人信息(sensitive personal information,SPI)的收集和普遍存储,这可能导致基于健康状况或性别偏好的歧视。直接歧视可能包括具体数据类别的收集。④ 因此,正如许多国家已经建立的规范那样,对直接算法歧视的规范可以是简单地建立数据收集、使用和保留的限制,或者禁止在算法中包含以具体

---

① See Bruno Lepri et al., Fair, Transparent and Accountable Algorithmic Decision-Making Processes (forthcoming) (manuscript p. 2, 5 8), http://www.nuriaoliver.com/papers/Philosophy_and_Technology_final.pdf.

② Ryan Calo, Artificial Intelligence Policy: A Primer and Roadmap, 51 U.C. DAVIS L. REV. p.399, pp.411-412 (2017).

③ See also Dino Pedreschi et al., Discrimination-Aware Data Mining (2008), https://www.researchgate.net/publication/22 1 654695_Discrimination-aware_data_mining.

④ See Regulation 2016/679, of the European Parliament and of the Council of Apr. 27, 2016, On the Protection of Natural Persons with Regard to the Processing of Personal Data and on the Free Movement of Such Data, and Repealing Directive 95/46/EC, 2016 O. J. (L 119) pp. 38-39; See generally GDPR Local Implementation, Morrison Foerster, https://www.mofo.com/special-content/gdpr-readiness-center/gdpr-local-implementation.html (last updated Sept. 20, 2018).

确定"敏感"或"潜在歧视"为基础的数据类别。① 在数据科学中，这个概念被称为"待遇平等"（treatment parity），或者在不包含特定数据类型的情况下做出决策。②

直接歧视的另一种形式涉及对易受歧视使用的敏感信息的代理使用，或可以将数据汇聚起来以高度准确识别他人敏感信息的数据收集。③ 购买糖尿病测试条、低血糖饼干、运动垫和移动常量营养素饮食计划设备的他人可能患有Ⅱ型糖尿病；然而，这种数据的代理使用是推论性的，而不是决定性的。④ 虽然防止代理的创设有些困难，但是，数据建模可能能够在算法中识别代理数据集。⑤

通常为了公平的目标，防止真正的间接歧视具有更大的挑战性，尤其是随着人们越来越多地在数据科学中使用机器学习技术。原因在于，间接歧视侧重于歧视性的输出，而不是歧视性的输入。在道德中的公平概念比反歧视法和宪法所保障的公平更广泛，它超越了法律保护的范围。⑥ 防止间接歧视的目标包括"群体公平"和"个体公平"。⑦

---

① See Regulation 2016/679, of the European Parliament and of the Council of Apr. 27, 2016, On the Protection of Natural Persons with Regard to the Processing of Personal Data and on the Free Movement of Such Data, and Repealing Directive 95/46/EC, 2016 O. J. (L 119) p. 1, 3, 5, 12, 14, 15, 19; see generally Charlotte A. Tschider, International Cybersecurity and Privacy Law in Practice (2018).

② See Pratik Gajane, On Formalizing Fairness in Prediction with Machine Learning tbl. 1 (Research Paper) (2017), https://www.researchgate.net/publication/320297065._On_formalizing_faimessjnjprediction_with_machine_leaming.

③ See, e. g., Michael McFarland, Ethical Implications of Data Aggregation, Santa Clara U. Markjcula CTR. for Applied Ethics (June 1, 2012), https://www.scu.edu/ethics/focusareas/intemet-ethics/resources/ethical-implications-of-data-aggregation.

④ Cathy O'NErL, Weapons of Math Destruction pp. 106 – 108 (2017). O'Neil describes Griggs v. Duke Power Company, 401 U. S. p. 424 (1971),

⑤ See Consumer Fin. Prot. Bureau, Using Publicly Available Information to Proxy for Unidentified Race and Ethnicity 1, 12 (2014), http://files.consumerfmance.gOv/f/201409 cfpb_report_proxy-methodology.pdf.

⑥ Terry T. Ray, Differentiating the Related Concepts of Ethics, Morality, Law, and Justice, New Directions For Teaching & Learning, Summer 1996, p. 47, p. 51.

⑦ See Pratik Gajane, On Formalizing Fairness in Prediction with Machine Learning tbl. 1 (Research Paper) (2017), https://www.researchgate.net/publication/320297065._On_formalizing_faimessjnjprediction_with_machine_leaming.

群体公平是指不同群体中的个体获得几乎相同的待遇的一种统计学/人口统计学上的平等,个体公平则意味着相似的个体获得相似的结果。在这两种情况下,机器创建的算法都需要经过严格的测试,而测试通常是在人类的监督下进行的。① 基于上述理由以及由于机器学习处于相对初级的阶段,我们要在间接歧视的基础上制定技术标准和监管组织是极为困难的。② 关于对算法决策的法律回应,我们应当考虑,美国能够并且应该合理监管公平的哪个方面。

为了解决歧视问题,法学学者提出了针对责任和透明问题的建议,并提出了通知和正当程序方面的想法。通知注重于前期教育,这可以促进消费者的选择,正当程序则关注过程干预或与《美国联邦宪法第十四条修正案》相一致的针对性法律措施。③ 如果消费者对预期的自动化决策会受到合理的警告,并且有机会拒绝或避免这些活动——假设这些警告是有效的、易获取的、有用的,并且他人还拥有替代选择的——那么这些危害将会更小。

Kate Crawford 和 Jason Schultz 提出了一个与大数据决策相关的针对性问题或介入处理的正当程序推论。④ 这一推论涉及私营实体的技术正当程序,该程序仿照 Danielle Keats Citron 为政府数据处理这些问

---

① See Solon Barocas & Andrew D. Selbst, Big Data's Disparate Impact, 104 CALIF. L. REV. p.674 (2016); See 29 C.F.R. § 1607.4 (D) (2018).

② See Michael Veale & Reuben Binns, Fairer Machine Learning in the Real World: Mitigating Discrimination Without Collecting Sensitive Data, Big Data & Soc'y, July-Dee. 2017, p.1, 2; See Solon Barocas & Andrew D. Selbst, Big Data's Disparate Impact, 104 Calif. L. REV. p. 686 (2016); Jeremy Kun, Big Data Algorithms Can Discriminate, and It's Not Clear What to Do About It, Conversation (Aug. 13, 2015, 1:56 AM), http://theconversation.com/big-data-algorithms-can-discriminate-and-its-not-clear-what-to-do-about-it-45849.

③ See Kate Crawford & Jason Schultz, Big Data and Due Process: Toward a Framework to Redress Predictive Privacy Harms, 55 B.C.L. REV. p. 93, pp. 110 – 111 (2014); See Danielle Keats Citron & Frank Pasquale, The Scored Society: Due Process for Automated Predictions, 89 Wash. L. Rev. 1, 27 – 28 (2014); see also FTC, Privacy Online: A Report to Congress 7 – 8 (1998), https://www.ftc.gov/sites/default/flles/documents/reports/privacy-online-report-congress/priv-23a.pdf.

④ see generally Danielle Keats Citron, Technological Due Process, 85 WASH. U. L. REV. p.1249, pp.1249 – 1250, pp.1304 – 1305 (2008).

题而建立的模型。① 因为正当程序要求消费者有获得通知和陈词的机会，但这对组织而言是难以推动或者推动无效的，因此包含正当程序活动的模型通常关注基于过程的活动。②

Citron 提出了另一种模式来满足关于大数据使用的正当程序要求，包括对行为人进行与大数据算法决策中的偏见和错误相关的教育，以及对自动化决策依赖的详细描述。Crawford 和 Schultz 倡导各种形式的通知和干预的机会。举个例子，当行为人使用替代的大数据源来对他人做出决策时（如有关就业或住房的决定），行为人应当及时通知他人。这种模式在一定程度上已经在《通用数据保护条例》中得到了规定。

（二）物联网设备的结构降低去身份化的可能性

数据可识别性是决定隐私法能否适用的主要触发因素，因为隐私法限制行为人在特定市场的数据收集、使用、处理、传输和销售等行为。③ 物联网设备可以产生包括非个人信息在内的多种数据类型，但是隐私法一般只规定了与个人信息相关的数据主体权利，并可能要求行为人对此采取保护措施。隐私法保护特定定义的个人数据类型，因为行为人对这些个人数据类型所实施的滥用或未经授权的披露行为可能会对他人（数据当事人）造成内在损害。美国隐私法直接保护电子健康保护信息（electronic Protected Health Information，ePHI）、在线环境中的儿童信息、非公共财务数据、基因数据、医疗数据和政府所使用的美国居民数据等。④ 一些法律还要求行为人通过数据泄露通

---

① See Kate Crawford & Jason Schultz, Big Data and Due Process: Toward a Framework to Redress Predictive Privacy Harms, 55 B. C. L. REV. p. 93, pp. 110 - 111 (2014); see generally Danielle Keats Citron, Technological Due Process, 85 Wash. U. L. REV. pp. 1251 - 1258 (2008).

② See Kate Crawford & Jason Schultz, Big Data and Due Process: Toward a Framework to Redress Predictive Privacy Harms, 55 B. C. L. Rev. p. 123 (2014).

③ See Kate Crawford & Jason Schultz, Big Data and Due Process: Toward a Framework to Redress Predictive Privacy Harms, 55 B. C. L. REV. pp. 106 - 107 (2014).

④ See generally Charlotte A. Tschider, Experimenting with Privacy: Driving Efficiency Through a State-Informed Federal Data Breach Notification and Data Protection Law, 18 TUL. J. Tech. & Intell. PROP. P. 45, pp. 52 - 53, p. 63 (2015).

知来使损害最小化。①

降低识别或重新识别风险的实践改善了行为人向第三方传输数据的灵活性和动态数据的使用。这些技术包括删除数据元素、分离数据以及利用网络安全技术使数据不可读。有限的数据集将数据元素的数量减少到仅用于特定目的、绝对必要的数据元素,而去身份化程序则会删除特定的数据元素,从而将数据主体的风险降低到极不可能导致数据主体损害的水平。②

首先,匿名化过程使主标识符(单独可识别)和辅标识符(当与其他标识符结合使用时,可能识别一个数据主体)分离,从而使重新标识成为不可能,同时也降低了数据使用的实用性。为了模糊数据元素和数据主体之间的关系,差异化的隐私程序为大型数据集增加了统计白噪声。数据科学家创建差异化隐私是为了最大限度地保留数据,同时,这也使得行为人从数据集中识别单个数据主体变得非常困难。所有这些做法都将降低潜在的隐私风险,同时也可能降低某些网络安全风险。

其次,数据保护程序也降低了可识别性风险。通过使用公用密钥,即连接密钥,数据隔离将主标识符与辅助标识符分离。③ 这个公用密钥可以是一个假名,也可以是一个并非来自个人信息的唯一标识符。④ 模糊处理技术和加密技术降低了数据的可获取性。⑤ 模糊处理技术包括诸如屏蔽等技术,它将所有或部分数据元素隐藏起来,从而降低数据可视性(例如,用"X"覆盖社交网络安全号码除了最后四

---

① See Hilary G. Buttrick et al., The Skeleton of a Data Breach: The Ethical and Legal Concerns, 23 RICH. J. L. & Tech. p.2, pp.11-14 (2016).

② See generally Charlotte A. Tschider, International Cybersecurity and Privacy Law in Practice (2018), p.228.

③ Daniel C. Barth-Jones, Understanding De-Identification, Limited Data Sets, Data Masking Under HIPAA/HITECH 8 (2011), Encryptionhttp://www.ehcca.com/presentations/HIPAl 9/barth—2. pdf.

④ Dale McDiarmid et al., Protecting GDPR Personal Data with Pseudonymization, ELASTIC (Mar. 27, 2018), https://www.elastic.co/blog/gdpr-personal-data-pseudonymization-part-l.

⑤ Omer Ramie, Encryption vs Encoding vs Hashing vs Obfuscation, RAMlCOMER (Nov. 19, 2016), https://www.ramicomer.com/en/blog/differences-encryption-vs-encoding-vs-hashing-vs-obfuscation.

个数字以外的所有数字）。① 行为人根据数据使用情况应用屏蔽技术，这意味着行为人中的一部分人可能看到完整的数字，而其他人可能只看到屏蔽版本。相比之下，编辑技术则会删除数据或完全覆盖数据，从而使数据永久或部分不可读。

再次，加密技术是一种使数据不可访问的常用技术方法。② 加密技术并不是直接永远降低数据的可识别性，而是在未经授权的用户访问数据时使数据不可读。各种加密协议之间的存在千差万别，这取决于应用程序（用于传输中的数据或存储中的数据）和致使不可读数据的方法。一些协议已经被开发利用并且很容易被破解，而另一些协议则需要人们花费数百年的时间才能破解其加密密钥。

最后，通常特定数据集的可识别性或可访问性越低，则导致隐私损害的可能性就越小。③ 像《健康保险携带和责任法案》（Health Insurance Portability and Accountability Act，HIPAA）这样的法律为数据集处理建立了加密的"避风港"。该法规定，当行为人降低数据主体风险时，行为人的义务也就减少了。数据主体风险的降低放宽了数据的使用限制，从而为日后带来市场效益。④ 例如，HIPAA 的去身份化避风港允许行为人删除特定标识符，从而事先使健康保护信息去身份化；该法还允许制造商获得对数据主体风险极低的专家确认书，从而使其免责。

物联网设备基础设施对去身份化提出了挑战，特别是基于大数据的收集模式和人工智能的实用程序。⑤ 请思考以下的例子："一个物

---

① See generally Charlotte A. Tschider, International Cybersecurity and Privacy Law in Practice (2018), p. 227.

② Carey Wodehouse, Encryption Basics: How It Works & Why You Need It, Upwork (Aug. 10, 2016), https：//www.upwork.com/hiring/development/introduction-to-encryption-data-security.

③ Dale McDiarmid et al., Protecting GDPR Personal Data with Pseudonymization, ELASTIC (Mar. 27, 2018), https：//www.elastic.co/blog/gdpr-personal-data-pseudonymization-part-l.

④ See, e. g., U.S. Dep't of Health & Human Servs., Guidance Regarding Methods for DeIdentification of Protected Health Information in Accordance with the Health Insurance Portability and Accountability Act (HIPAA) Privacy Rule, HHS. GOV, https：//www.hhs.gov/hipaa/for-professionals/privacy/special-topics/de-identification/index.html

⑤ See Manon Oostveen, Identifiability and the Applicability of Data Protection to Big Data, 6 INT L Data Privacy L. p.299, 302 (2016).

联网可穿戴日程规划器会根据预先录制的日常活动对用户提出建议。物联网设备会与用户的移动设备数据同步,包括健身和饮食数据、日程表信息等数据,并与社交媒体应用程序和电子邮件连接。当日程规划器从各种数据源中收集尽可能多的数据点,并结合这些数据生成复杂的算法来识别特定时间内的最佳活动时,日程规划器可以实现最有效的工作。可穿戴式日程规划器可以提醒用户在最佳时间点进食、规划锻炼进程或确定最有效的冥想时间。"

在该例子中,在用户与设备交互时,设备生成数据并将其传输到后端系统。为了优化每个用户的日常活动,后端系统从其他应用程序和潜在的公共数据源中获取数据,然后将数据与其他用户数据集进行比较。数据集越大,数据主体被识别出来的可能性就越大。而为了提高性能和效率,现代物联网已经最大限度地收集数据。

物联网设备创造了独特类型的个人信息,如通过物联网设备的使用而产生的传感器数据。[①] 由于这些数据元素明确与个人设备的使用有关,因此数据在某种程度上是可识别的,然而在之前未收集和保留的其他数据元素中,这些数据对个人的隐私风险要小于典型的位置跟踪或家庭活动等个人信息的收集。[②] 人们可能认为传感器数据是难以去身份化的,因为传感器数据涉及个人的日常活动或位置信息。[③] 客观地说,这些数据不太可能构成与高度可识别信息或敏感个人信息相同的隐私风险,因为高度可识别信息或敏感个人信息更有可能增加未经授权的访问和身份盗用的可能性,从而对他人造成不利影响。

从历史上看,可识别性的概念一直是隐私保护的必要条件:如果

[①] Scott R. Peppet, Regulating the Internet of Things: First Steps Toward Managing Discrimination, Privacy, Security, and Consent, 93 TEX. L. REV. p.90, 94, 143 (2014).

[②] See Office of Privacy Comm'r OFCAN. , The Internet of Things: An Introduction to Privacy Issues With a Focus on the Retail and Home Environments p. 2, pp. 8 – 11, pp. 16 – 18 (2016), https://www. priv. gc. ca/media/1808/iot_201602_e. pdf.

[③] Scott R. Peppet, Regulating the Internet of Things: First Steps Toward Managing Discrimination, Privacy, Security, and Consent, 93 Tex. L. REV. p.90, 94, 143 (2014); See, e. g., Andy Greenberg, Apple's 'Differential Privacy' Is About Collecting Your Data—But Not Your Data' Wired (June 13, 2016, 7: 02 PM), https://www. wired. com/2016/06/apples-differential-privacy-collecting-data; see Michael Hilton, Differential Privacy: A Historical Survey, U. KY. C. Engineering, http://www. cs. uky. edu/~jzhang/CS689/PPDM-differential. pdf.

数据集呈现为不可识别的，或者与个人信息的定义不匹配的，那么隐私法将对其不适用。① 为了平衡个人信息的市场准入与个人风险的降低，类似的降低风险的方法陆续出现。例如，HIPAA 下的有限数据集，它鼓励受规制实体（Covered Entities，CEs）② 及其商业伙伴（Business Associates，Bas）③ 减少其收集和保留的可识别元素的数量。为了平衡合法的数据需求与消费者保护，Daniel Solove 等学者提出了中级数据分类方法，即存在介于个人可识别信息（值得全面保护）和非可识别信息（不提供保护）之间的数据类型。④

物联网设备很可能会创建比以前所设想的更广泛、更多维的数据类型，这引发了一个问题：任何物联网数据是否真的可以被识别，或者物联网数据是否应该采用可识别性的中间分类方式？⑤ 物联网数据可能包括辅标识符或"准标识符"，它们是间接标识数据主体的数据，但总体上它们可以被证明是可识别的。⑥ 隐私风险降低模型或隐私增强技术（privacy enhancing technologies，PET）包括去身份化、有限数据集和假名化等技术，该技术专注于减少或模糊主标识符或主标识符与辅助标识符之间的连接，减少行为人在传统隐私情境下实施

---

① See Kate Crawford & Jason Schultz, Big Data and Due Process: Toward a Framework to Redress Predictive Privacy Harms, 55 B. C. L. REV. 93, pp.110 – 111（2014）.

② 译者注：HIPAA 将必须遵守 HIPAA 法规定的实体称为"受规制实体"（CEs），它们包括健康保险规划机构、大多数医疗保健提供商和医疗保健资料交换中心。美国卫生与公共服务部，网址：https://www. hhs. gov/hipaa/for-individuals/guidance-materials-for-consumers/index. html, 最后访问日期：2019 年 4 月 30 日。

③ 译者注：受规制实体的商业伙伴也必须遵守 HIPAA 法，简称为 Bas, 包括 CEs 的承包商、分包商、为 CEs 提供服务而接触到他人健康信息的外部个人或企业。美国卫生与公共服务部，网址：https://www. hhs. gov/hipaa/for-individuals/guidance-materials-for-consumers/index. html, 最后访问日期：2019 年 4 月 30 日。

④ Scott R. Peppet, Regulating the Internet of Things: First Steps Toward Managing Discrimination, Privacy, Security, and Consent, 93 Tex. L. Rev. p.132（2014）; Paul M. Schwartz & Daniel J. Solove, The PII Problem: Privacy and a New Concept of Personally Identifiable Information^ 86 N. Y. U. L. REV. p.1814, 1877（2011）.

⑤ Scott R. Peppet, Regulating the Internet of Things: First Steps Toward Managing Discrimination, Privacy, Security, and Consent, 93 TEX. L. REV. pp.131 – 132（2014）.

⑥ Daniel C. Barth-Jones, Understanding De-Identification, Limited Data Sets, Encryption Data Masking Under HIPAA/HITECH 8（2011）, http://www. ehcca. com/presentations/HIPAAl 9/barth_2. pdf.

滥用行为或未经授权的访问行为的可能性。① 然而，这些降低风险的方法未必能解决大数据集的可识别性问题，尽管集成了一些隐私增强技术，但它们仍然可以用于重新识别他人身份，从而使得匿名化几乎不可能。② 物联网大数据基础设施的使用可能会产生新的数据洞察（data insights），数据洞察能够识别出他人身份或生成相当准确的敏感个人信息，然后还可用于自动化决策。

当行为人从所收集的数据、公共数据源、数据交换或简单地存储大量数据集中创建出一个大数据集时，对比直接的信息收集，行为人所能够识别的洞察可能会组成更敏感的数据。③ 通过传统的数据分析，行为人已经收集了大量的数据集，这些数据集已经开始以相当高的精确度来识别他人的敏感特征。④ 在一个著名的例子中，Target 公司仅凭购买习惯就能预测一位女性是否怀孕，而无须直接收集有关她怀孕的数据。⑤

行为人不仅可能收集数据，还可能购买数据。为了增强大数据方案的数据集或进行机器学习培训，许多组织，包括缺乏历史数据或无法自行收集大数据源的制造商，他们将会向 IBM 公司、思科公司或其他知名分析公司购买数据集。⑥ 即使行为人所购买的数据是公开的，这些数据源也可以通过增加可访问数据点的数量来增加数据识别的可能性。此外，对公众而言，网络驱动技术的识别、匹配和重新组合数据集的能力也减少了数据模糊性，同时这也使他们难以找到信

---

① See generally Johannes Heurix et al., A Taxonomy for Privacy Enhancing Technologies, Computers & Security, Sept. 2015, pp. 2 – 3 (2015).

② Frank Buytendijk & Jay Heiser, Confronting the Privacy and Ethical Risks of Big Data, FIN. Times (Sept. 24, 2013), https://www.ft.com/content/105e30a4-2549-l 1 e3-b349-00144feab7de.

③ See Kate Crawford & Jason Schultz, Big Data and Due Process: Toward a Framework to Redress Predictive Privacy Harms, 55 B. C. L. REV. pp. 98 – 99 (2014).

④ Arvind Narayanan et al., A Precautionary Approach to Big Data Privacy, in Data Protection of the Move, p. 357, p. 365, pp. 368 – 369.

⑤ See Kate Crawford & Jason Schultz, Big Data and Due Process: Toward a Framework to Redress Predictive Privacy Harms, 55 B. C. L. Rev. p. 98 (2014).

⑥ Max N. Helveston, Consumer Protection in the Age of Big Data, 93 Wash. U. L. Rev. p. 870 (2016).

息，从而增加了新的洞察和他人损害发生的可能性。① 通过数据分类来降低可识别性这一围绕数据元素的概念不太可能解决物联网基础设施所带来的隐私风险。

除了隐私问题之外，数据集的内容还可能存在重大的物联网安全问题。对比传统的个人信息概念，物联网数据元素不仅具有更广泛的用途，而且还会带来更高的伴随风险：物联网系统在大型数据库和设备之间来回传输数据，同时发出指令和促进物联网设备的服务。如果攻击者破坏物联网数据，那么数据主体不仅会遭受潜在的隐私损害，而且还会因未经授权的数据更改（数据完整性问题）或服务中断（数据可访问性问题）而遭受物理损害、财产损失或其他服务失效。降低可识别性不一定能解决使用物联网设备的数据主体的实质安全风险。

（三）物联网设备使传统的知情同意原则失效

作为隐私的基石，知情同意原则将个人选择程序化。② 在涉及选择和同意的问题上，Peppet 指出了管理这一传统隐私结构的难度，因为在这一结构中，制造商只能通过间接和低效的手段促成同意。③ 当制造商依赖于屏幕和同意（如单击复选框）时，我们通常会在网站或网站应用程序中发现，设备本身空间和功能的限制往往使得隐私声明的显示成为无稽之谈。提供了隐私声明的制造商往往都只是在网站上发布过时的、不准确的、误导性的或难以找到的隐私声明，而不是在设备本身的包装上或上下文说明中加上隐私条款。为了让用户同意隐私声明条款，制造商还可能要求用户将物联网设备连接到移动设备上，尤其在此种情况下物联网设备的设置可以由移动设备控制。

尽管在发布隐私声明和界定个人信息方面存在挑战，但通知还存在另一个挑战，这就是个人代理和实际选择的问题，而不是客观构造

---

① See Woodrow Hartzog & Evan Selinger, Big Data in Small Hands, 66 Stan. L. Rev. Online, p.81, p.83 (2013).

② Daniel J. Solove, Introduction: Privacy Self-Management and the Consent Dilemma, 126 Harv. L. Rev. p.1879, 1880 (2013).

③ Scott R. Peppet, Regulating the Internet of Things: First Steps Toward Managing Discrimination, Privacy, Security, and Consent, 93 Tex. L. Rev. p.139 (2014).

的选择问题。物联网设备打破了传统的知情同意模型。传统的知情同意模型主要包括短暂通知后的同意,这是一个固定模型因而可能不适合他人的动态参与。动态参与模型通常涉及数据的收集、使用和基于所收集的数据集(可以为算法提供信息)所进行的算法决策变更,以及随后的新产品功能部署。传统的先通知后同意的模式与实时改进的特征不兼容,后者是由普遍连接设备的"永久在线"的特性促成的,这种特性通常会导致用户疲劳。[1] 制造商和消费者可能会陷入一个不断重复的循环:制造商发布通知后消费者表达同意,然后经过重大系统更改后,制造商发布新通知然后消费者表达新的同意,如此无穷无尽。原因在于,频繁的更改可能会导致制造者要不断发布通知,然后征求产品用户的同意。

有些设备可能被设计成"即插即用"的独立设备,它们可以自动打开、连接到可用的无线网络并开始接收和传输数据。[2] 一旦连接上网络,这些设备可能会进行周期性特征或功能的改变,包括额外的数据请求(与其他设备连接)或自动收集新数据。物联网数据的处理、维护或分析的方式可能每天都有很大的不同,这是因为联网设备受益于持续不断的活动以及无处不在的互联网连接。据推测,为了推动以持续变化为基础的服务,物联网设备将提供相关的、有用的服务和新的洞察。[3] 假设制造商为他人的同意提供准确的、可获取的以及完整的隐私声明,那么这仍然存在一个问题:每次更改数据的使用和功能时,制造商必须重复相同的通知和同意过程吗?

在重大变更之后,传统的隐私模型通常要求行为人再次完成任何

---

[1] See Article 29 Data Protection Working Party, Guidelines on Consent Under Regulation 2016/679, p. 17, WP259 (Nov. 17, 2017), https://www.huntonprivacyblog.com/wpcontent/uploads/sites/18/2017/12/guidelines-on-ADM-and-Profiling.pdf.

[2] See, e. g., Smart Devices, Waviot, https://waviot.com/products/smart-devices (last visited Oct. 7, 2018); See VIPRE Security, FBI Issues Security Warning About Internet of Things Toys, Vipre (July 23, 2017), https://www.vipre.com/blog/fbi-issues-security-warning-internet-things-toys.

[3] See Guido Noto La Diega & Ian Walden, Contracting for the 'Internet of Things': Looking into the Nest, 7 Eur. J. L. & Tech., No. 2, 2016, p. 1, 3.

适用的隐私声明和征求同意的流程。① 然而如果这一模式应用于物联网,当用户必须回顾通知以保护自己的隐私利益时,则这可能会产生效率和合理性方面的问题。由于物联网设备依赖广泛的数据元素的收集和替代的数据源来为算法提供信息和提高机器学习的精度,制造商可能很难以明确估计对他人预期数据处理活动的方式通知数据主体。② 当我们必须最大化使用数据来改进所提供的服务时,我们可能也很难坚持数据最小化原则。③

如果我们在物联网领域遵循这个呆板的、僵化的隐私知情同意模型,那么,以下三个方面估计在物联网中将会站不住脚,或者说这些方面只会成为"同意的神话":①对于隐私声明,他人可以做出有意义的选择;②他人应当并且可以在任何时候审阅作为合同一部分的隐私声明;③他人可以理解隐私声明对其现实生活有何影响。④

传统的隐私模型可能在历史上是合理的,例如基于书面的承诺模型和合理的静态网站页面。然而,物联网设备的数据管理模型和功能挑战了传统的知情同意模型。首先,对于相对便宜的设备来说,我们不可能指望他人仅仅为了保护其产生的信息而主动找到并阅读隐私声明,尤其是在他人在使用产品时该隐私声明并没有在产品本身之上有

---

① See, e. g. , Press Release, FTC, Facebook Settles FTC Charges That It Deceived Consumers by Failing to Keep Privacy Promises(Nov. 29, 2011), https://www.ftc.gov/news-events/press-releases/2011/1 1/facebook-settles-ftc-charges-it-deceived-consumers-failing-keep.

② See Jedidiah Bracy, On Building Consumer-Friendly Privacy Notices for the IoT, IAPP (Nov. 6, 2015), https://iapp.Org/news/a/on-building-consumer-friendly-privacy-notices-for-the-iot.

③ See Christopher Mims, Size Matters: Why the Only Thing Better than Big Data Is Bigger Data, Quartz (Feb. 3, 2014), https://qz.com/169206/why-the-only-thing-better-than-big-data-is-bigger-data.

④ See Chunlin Leonhard, The Unbearable Lightness of Consent in Contract Law, 63 CASE W. Res. L. Rev. p. 57, 67 (2012); See, e. g. , Allyson W. Haynes, Online Privacy Policies: Contracting Away Control over Personal Information? 111 Penn ST. L. Rev. p. 587, pp. 617 – 619 (2007); See Shankar Vedantam, Do You Read Terms of Service Contracts? Not Many Do, Research Shows, NPR (Aug. 23, 2016), https://www.npr.org/2016/08/23/491024846/do-you-read-teims-of-service-contracts-not-many-do-research-shows; see Robert H. Sloan & Richard Warner, Beyond Notice and Choice: Privacy Norms, and Consent, 14 J. High TECH. L. p. 370, pp. 379 – 381 (2014).

所显示的情况下。① 事实上，2011年的一项调查显示，只有7%的英国人在网上购买产品或服务时会阅读完整的条款。② 2015年的一项调查发现，30%的人从不阅读社交网络条款，另有50%的人只是"偶尔"阅读。③

Jonathan Obar 所进行的一个实验表明，人们一周每天需要额外花费40分钟来阅读所有的他们所遇到的隐私和服务条款；在实际测试人们对条款的反应时，98%的受试者会同意与美国国家安全局分享个人信息，并放弃他们第一手生产的信息。④ 另一项研究发现，在2周内，超过2.2万名用户在不知情的情况下，同意为了免费无线上网而清理厕所，然而，其中只有0.0045%的用户发现了这一条款。⑤ 这些研究表明，在大多数情况下，传统的事先通知和知情同意的概念实际上并不会真正达到通知或知情同意的效果。⑥ 据推测，使用条款和隐私声明在某些情况下可能更有效。考虑到物联网设计的额外约束和数据使用方面的挑战，对无效的知情同意模型的再次适用将是不明智的。

当他人阅读隐私声明时，仍然有以下的问题存在：他人是否不仅

---

① See Controlling the Assault of Non-Solicited Pornography and Marketing Act of 2003, 15 U.S.C. § 7704 (a) (5) (A) (ii) (2018).

② Rebecca Smithers, Terms and Conditions: Not Reading the Small Print Can Mean Big Problems, Guardian (May 11, 2011, 2: 00AM), https://www.theguardian.com/money/2011/may/11/terms-conditions-small-print-big-problems.

③ Kimberlee Morrison, Survey: Many Users Never Read Social Networking Terms of Service Agreements, Adweek (May 27, 2015), http://www.adweek.com/digital/survey-many-users-never-read-social-networking-terms-of-service-agreements.

④ See Shankar Vedantam, Do You Read Terms of Service Contracts? Not Many Do, Research Shows, NPR (Aug. 23, 2016), https://www.npr.org/2016/08/23/491024846/do-you-read-teims-of-service-contracts-not-many-do-research-shows.

⑤ Rebecca Wilkin, Thousands Obliviously Agree to Clean Port-a-Potties for Free Wi-Fi, N.Y. Post (July 17, 2017, 3: 32 PM), https://nypost.com/2017/07/17/thousands-obliviously-agree-toclean-port-a-potties-for-free-wi-fi.

⑥ See Mary Madden & Lee Rainie, Americans' Attitudes About Privacy, Security and Surveillance, Pew Res. CTR. (May 20, 2015) http://www.pewintemet.org/2015/05/20/americans-attitudes-about-privacy-security-and-surveillance.

能够阅读该声明，而且还相当明确与数据使用相关的实际后续影响。[1] 加利福尼亚州2003年的《在线隐私保护法》（*California's Online Privacy Protection Act of* 2003，CalOPPA）规定了隐私声明的要求，而如今大多数美国组织都将其作为最严格、最规范的标准来遵循。[2] CalOPPA法要求行为人在隐私声明中要涵盖所收集到的个人信息的描述（根据加州法律的广义定义），并在其网站清晰醒目的位置上显示该声明。然而，CalOPPA法并不要求行为人披露以下内容：对他人的潜在风险、收集的数据量、数据是否可能会与其他可识别的数据源混合、所使用的算法或人工智能工具，或者这些数据是否可以被传输给合作伙伴或子公司使用，即物联网中典型的数据管理实践。如果隐私声明是适当通知他人的首选通信机制，那么现有的隐私声明要求中显然缺乏实际通知（或在进行信息收集/同意之前实际显示了通知的证据）。

如果他人确实阅读了隐私声明或使用条款，并且能够准确地理解其影响，那么，他们是否真正拥有有意义的选择仍然是一个问题。隐私声明通常被定义为一种"准合同"，在这种情况下，尽管适用了合同的实际履行原则，即合同双方履行合同就代表合同开始生效，但真正的要约和承诺通常不会真实发生。[3] 隐私声明通常接受这种分类，因为在许多情况下，一方会表示不同意。[4] 相反，消费者可以通过不购买产品的方式拒绝接受条款，这是典型的附和性合同。问题仍然是，只有一个选择项的典型附和性合同，即"不接受它就意味着放弃它"的合同，是否可以充分确保他人对物联网数据和潜在风险的选择。[5]

在适用美国隐私法的地方，它们通常将数据的使用限制在其在隐

---

[1] See Robert H. Sloan & Richard Warner, Beyond Notice and Choice: Privacy Norms, and Consent, 14 J. High Tech. L. p.370, pp.380 – 381, p.405 (2014).

[2] See Cal. Bus. & Prof. CODE § § 22575 – 22579 (West 2018).

[3] Timothy J. Sullivan, The Concept of Benefit in the Law of Quasi-Contract. 64 GEO. L. J. p.1, pp.2 – 5 (1975).

[4] See Robert H. Sloan & Richard Warner, Beyond Notice and Choice: Privacy Norms, and Consent, 14 J. High Tech. L. p.370, pp.619 – 620 (2014).

[5] See Woodrow Hartzog & Evan Selinger, The Internet of Heirlooms and Disposable Things y 17 N. C. J. L. & Tech. p. 581, 584 (2016).

私声明中所公开的范围内,或对有限的组织和数据类型进行额外授权。根据 HIPAA,在信息处理时,基于隐私实践声明中所载明的处理目的或者其他无关目的,受规制实体(CEs)及其商业伙伴(Bas)收集或处理电子健康保护信息的行为必须获得他人明确的授权。① 这种限制的净效果是,下游数据的使用受到回传并获得其额外同意的要求的限制。

《格雷姆-里奇-比利雷法》(The Gramm-Leach-Bliley Act,即金融现代化法,GLBA)适用于金融机构,它规定行为人在通知消费者后,消费者有权反对行为人超越 GLBA 所规定的范围共享其非公共信息(Non-Public Information,NPI)数据,根据该规定,行为人只能在有限的情况下向第三方分享数据。② 由美国联邦贸易委员会(Federal Trade Commission,FTC)强制执行的《儿童在线隐私保护法》(The Children's Online Privacy Protection Act,COPPA)还规定,行为人在征求家长同意前,行为人要向家长披露 13 岁以下儿童数据的计划用途。③ 对于其他数据的收集,FTC 建立了公平信息实践原则(Fair Information Practice Principles,FIPPs),该原则将通知和同意作为两个相互不同但紧密联系的原则。④ 根据该原则,为了使同意有效,消费者应当在同意之前应当获得通知(事先通知),无论这种同意是暗示的(选择不同意)还是明示的。

预测潜在识别数据元素能力的缺乏也使得知情同意原则的概念复杂化。大数据算法可能会通过数据挖掘活动对新的个人身份标识符进行分类和贴附,这将破坏知情同意原则的目的:在发出通知时,行为人无法预测到下游的数据洞察。通过识别无论是消费者或是制造商都无法预测相关性或合理预见的数据之间的新连接,在大数据集上运行的机器学习实用程序增加了数据创建的可能性。在传统的隐私知情同意模型中,这物联网功能在这两个方面的自然结果违反了透明原则和

---

① See 45 C.F.R. § 164.520 (2018).

② See 15 U.S.C. § 6802 (2018).

③ The Children's Online Privacy Protection Act of 1998, 15 U.S.C. §§ 6501 – 6506 (2018).

④ See Kate Crawford & Jason Schultz, Big Data and Due Process: Toward a Framework to Redress Predictive Privacy Harms, 55 B.C.L.Rev. p.108 (2014).

选择原则：如果行为人在发出通知时不能合理预见潜在的使用，那么他们可能会冒着为消费者提供不准确或误导性信息的风险，因而很可能会因实施了 FTC 第 5 条所规定的不公平或欺诈行为而引发行政诉讼。①

Adam Thierer 描述了一种替代传统知情同意模式的方式，即"为使用负责"（responsible use）的模式②，这种透明的方式在 2014 年得到了 Barack Obama 总统的大数据委员会（Big Data Commission）的青睐。③ 为使用负责的概念侧重于在可能发生潜在伤害的时点控制数据：在使用数据时。④ 这种方法在很大程度上是由 Fred H. Cate、Peter Cullen 和 Viktor Mayer-Schonberger 提出的，该方法主要关注由数据收集者和数据用户永久保存数据、由环境塑造的活动。

为使用负责的模型可能是一个优良之选，但是限制行为人对数据的使用而不是促进消费者的选择也限制了数据使用的灵活性，消费使用的灵活性无论对消费者还是制造商而言都是大有裨益的。与之前的使用"不兼容"的限制往往只能在有限的情况下适用，即当行为人收集高风险数据元素时，然而，Cate 等提出了要放宽该限制所适用的情形。⑤ 物联网的功能，特别是在它使用人工智能的地方，很可能会受益于不同用户组数据的处理利用的最大化。⑥ 为此，一种替代的

---

① See 15 U.S.C. § 45 (2018).

② Adam D. Thierer, The Internet of Things and Wearable Technology: Addressing Privacy and Security Concerns Without Derailing Innovation, 21 Righ. J. L. & Tech. pp. 83 – 88 (2015).

③ See FTC, Internet of Things: Privacy & Security in a Connected World pp. 21 – 22 (2015), https://www.ftc.gov/system/files/documents/reports/federal-trade-commission-staff-report-november-2013-workshop-entitled-internet-things-privacy/150127iotrpt.pdf.

④ Adam D. Thierer, The Internet of Things and Wearable Technology: Addressing Privacy and Security Concerns Without Derailing Innovation, 21 RICH. J. L. & TECH. pp. 64 – 65 (2015).

⑤ Fred H. Cate et Aly Data Protection Principles for the 21ST Century 10 (2013), https://www.repository.law.indiana.edu/cgi/viewcontent.cgi?article = 1022&context = facbooks.

⑥ See Aman Brar, What Does the GDPR Mean for IoT?, IoT Agenda (May 21, 2018), https://internetofthingsagenda.techtarget.com/blog/IoT-AgendaAVhat-does-the-GDPR-mean-for-IoT; The "Unknown Unknowns" of Machine Learning, Nyu Ctr. for Data Sci. (June 2, 2016), https://cds.nyu.edu/unknown-unknowns-machine-leaming.

隐私模型可能会比传统的知情同意模型更能有效地平衡市场和消费者的利益。

（四）网络攻击为物联网消费者带来了巨大的风险

一旦有人在系统中输入数据，行为人就必须为其处理、传输和存储提供便利，所有这些都可能损害他人的个人信息、设备数据、设备指令或其他命令的保密性、完整性、可用性。网络安全指的是物联网物体（设备）和功能（服务）的交叉所带来的安全和隐私风险，有时会导致一种物理表现，即网络攻击。[1]

Peppet 认为，物联网设备在过去几年中一直受到攻击，这很大程度上是因为工程师们在设计物联网设备没有考虑网络安全。[2] 当然，在物联网市场中，近期有许多物联网网络安全状况不佳的例子存在。[3] 缺乏网络安全方面的考虑，比如修补或更新系统的能力，表明了这些设备是由传统制造商设计的，而不是由技术公司设计的。[4] 法律也没有充分为潜在的中断或损失提供保护：FTC 广泛的执法机构才刚刚开始把重点放在糟糕的数据网络安全实践上，将其视为不公平或欺骗性的贸易实践，同时，数据泄露通知法不一定适用于物联网数据。

在某些情况下，为了优化物联网设备的功能，行为人所实施的广泛的信息收集行为可能会造成他人潜在的隐私损害。这些隐私损害包括：无处不在的数据收集、数据泄露和身份盗用，无限制收集敏感个

---

[1] See Marin Ivezic, Our Smart Future and the Threat of Cyber-Kinetic Attacks, Help Net Security (Dec. 15, 2017), https://www.helpnetsecurity.com/2017/12/15/cyber-kinetic-attacks.

[2] Scott R. Peppet, Regulating the Internet of Things: First Steps Toward Managing Discrimination, Privacy, Security, and Consent, 93 Tex. L. Rev. pp. 133 – 136 (2014).

[3] Nicolas P. Terry, Will the Internet of Things Transform Healthcare?, 19 VAND. J. Ent. & Tech. L. p. 327, 338 (2016).

[4] Scott R. Peppet, Regulating the Internet of Things: First Steps Toward Managing Discrimination, Privacy, Security, and Consent, 93 Tex. L. Rev. p. 134 (2014).

人信息，以及使用算法决策来做出相应的决策。① 当无处不在的数据收集被有组织地实施时，它会增加数据泄露和随后的身份盗用的可能性。②

由于敏感个人信息通常是他人希望保密或仅与少数人共享的数据，例如健康状况、性偏好或详细的财务记录，因此不受限制地收集敏感个人信息会给他人带来未经授权的信息披露风险。③ 过度收集高度敏感的数据会增加未经授权披露此类数据的概率，即使这些数据的收集是偶然的、非恶意的。

算法决策的使用带来了两个独立的问题：其一，对算法的任何更改，特别是通过无人监督的机器学习所创建的更改，它们在进行自动处理时都不能被人工"捕获"。④ 其二，除了产生歧视效应之外，算法的更改还可能导致其对他人做出破坏性的决策，例如，使他人被拒绝接受财务援助或无法获得信贷批准。在制造商或消费者不知情的情况下，当创建算法的数据和算法都可能被攻击者更改时，严重的网络安全问题便应运而生。⑤

物联网设备是用来传输和接收近乎实时的数据的，这些数据通常包括为了提高物联网产品商业化而从其他来源处所获得的信息。基于这样的原因，网络攻击者可以将目标对准物联网设备，从而获取大数据集以及实施持续大规模的数据泄露或身份盗用行为。网络攻击者的

---

① David C. Vladeck, Consumer Protection in an Era of Big Data Analytics, 42 Ohio N. U. L. Rev. pp. 501 – 512 (2016); Janice Phaik Lin Goh, Privacy, Security, and Wearable Technology, Landslide, Nov. /Dec. 2015, p. 1.

② See AJ! T Gaddam, Securing Your Big Data Environment 4 (2015), https://www.blackhat. com/docs/us-15/materials/us-15-Gaddam-Securing-Your-Big-Data-Environment-wp. pdf; See Cyber Threat Source Descriptions, U. S. Dep T Homeland Security, https://ics-cert. us-cert. gov/content/cyber-threat-source-descriptions (last visited Oct. 7, 2018).

③ See M. Ryan Calo, The Boundaries of Privacy Harm, 86 IND. L. J. p. 1131, pp. 1142 – 1143 (2011).

④ See R. Sathya & Annamma Abraham, Comparison of Supervised and Unsupervised Learning Algorithms for Pattern Classification, 2 INT L. J. Advanced Res. Artificial Intelligence, No. 2, 2013, p. 34, 35.

⑤ Cf. David Schatsky et al. , Intelligent IoT: Bringing the Power of AI to the Internet of Things, Deloitte Insights (Dec. 12, 2017), https://www2. deloitte. com/insights/us/en/focus/signals-for-strategists/intelligent-iot-intemet-of-things-artificial-intelligence. html.

目标很可能是更敏感的数据和经济商业数据：财务数据、生物特征数据、保险数据、税务标识符、就业数据、健康数据或其他识别号码。[1] 尽管使用敏感数据和经济商业数据的物联网设备会面临更高的风险，但攻击者可能还会寻求那些令人为难的或私人的（而非客观上）敏感数据，对于这些数据，用户往往希望它们是已经完全安全或完全匿名的。[2]

物联网设备可以配置为向后端系统发送各种各样的信息，这可能使制造商能够收集更多的信息，这些信息可以远远超过其为提供物联网服务和随着时间的推移改进此类服务所需的信息量。[3] 因为制造商可能将物联网设备配置为连接到其他物联网设备或移动设备及其相关应用，因此，他们是极有可能进行过度的数据收集的，而不仅仅是有点可能。

除了数据收集风险之外，物联网设备还对健康、安全和财产构成其他风险。虽然数据收集可能会通过数据丢失、数据泄露或数据盗用等方式对他人造成伤害，但物联网漏洞也可能危及物联网设备用户、用户家庭或用户的个人财产。[4] 国家资助的黑客或流氓黑客组织希望造成破坏、中断服务，或者简单地肆虐，他们可能会把重点放在基础设施资源或应用程序代码上，从而改变或停止在产品云和联网设备之间传输的数据。[5]

由于这些风险，我们预计物联网设备不仅会影响隐私法，而且会

---

[1] See Chen Han & Rituja Dongre, Q&A. What Motivates Cyber-AHackers?, Tech. Innovation Mgmt. Rev., Oct. 2014, p. 40, pp. 40 – 41 (2014).

[2] Mark van Rijmenam, The Re-Identification of Anonymous People with Big Data, Datafloq (Feb. 10, 2016), https://datafloq.com/read/re-identifying-anonymous-people-with-big-data/228.

[3] Cf. Rolf H. Weber, Internet of Things—New Security and Privacy Challenges, 26 Computer L. & Security Rev. p. 23, 24 (2010).

[4] Lucy L. Thomson, Insecurity of the Internet of Things, ABA Scitech Law., Summer 2016, p. 32, 34 (2016).

[5] See, e. g. y Stephen Cobb, 10 Things to Know About the October 21 IoT DDoS Attacks, Welives Ecurjty (Oct. 24, 2016, 7∶16 PM) http://www.welivesecurity.com/2016/10/24/10-things-know-october-21-iot-ddos-attacks.

影响产品责任和保险覆盖范围的问题。① 此类影响的例子包括：造成物理损害或财产损失的简单物联网故障、造成物理损害或财产损失的外部攻击、导致个人信息丢失的对设备或其他系统的黑客攻击。②

物联网设备呈现出了针对物联网技术的新攻击载体和潜在漏洞，从而也增加了其被攻击的可能性。③ Mohammad Abomhara 和 Geir M. Koien 已经确定了提高物联网对攻击者价值的三个因素：①大多数设备的无人指导或参与的自动化特性；②无处不在的无线连接；③运行传统网络安全技术的资源限制。④ 这些因素的简写可能是：自动化（automation）、连接性（connectivity）和资源约束（resource constraints）。为了更详细地了解这些因素，我们有必要考虑这些设备可能如何运行："家庭恒温器根据用户操作规范来控制加热和冷却以及连接到家庭无线网络，在网络中，它对产品云发送和接收来自产品云和房主的实时数据，因为房主可以利用手机应用程序来控制温度。制造商还实现了通过一个机器学习实用程序来分析来自不同设备的数据点并提出新的时间表，这可能会节省房主的能源成本。" 在本例中，家用恒温器在后台运行，向产品云发送近乎实时的数据，并接收来自产品云和用户的指令。设备发送数据的能力是由其与家庭网络的普遍网络连接支撑的。该房主购买的是一款不包含网络安全功能的低成本的家庭恒温器。这个例子并不罕见：制造商目前制造的都是成本低、

---

① Ellen MacDonald Farrell & Rachel P. Raphael, Insurance Coverage Issues Created by the Internet, Lexis Prac. Advisor J. (Feb. 28, 2018), https://www.lexisnexis.com/lexis-practice-advisor/the-journal/b/lpa/archive/2018/02/28/insurance-coverage-issues-created-by-the-internet.aspx; H. Michael O'Brien, 3 Ways Internet of Things Will Impact Product Liability, Law360 (Apr. 30, 2015, 9:26 AM), https://www.law360.com/articles/646492/3-ways-internet-of-things-will-impact-product-liability.

② See Nat'l Cybersecurity Ctr. of Excellence, Mitigating IoT-Based DDoS, NAT L INST. Standards & Tech., https://nccoe.nist.gov/projects/building-blocks/mitigating-iot-based-ddos (last visited Oct. 7, 2018).

③ Lucy L. Thomson, Insecurity of the Internet of Things, ABA SciTECH LAW., Summer 2016, p. 32, 34 (2016).

④ Mohamed Abomhara & Geir M. Koien, Cyber Security and the Internet of Things: Vulnerabilities, Threats, Intruders and Attacks, 4 J. Cyber Security & Mobility p. 65, 68 (2015).

速度快的物联网设备,这往往导致很少的设备可以具备网络安全功能。① 在拥有网络安全功能的设备中,大多数的设备并不包含定期的网络安全更新,然而这对应对不断变化的网络安全漏洞来说是至关重要的。②

网络安全研究人员或道德黑客最近完成了对智能家居产品的漏洞分析,这些分析将个人安全和财产损害风险置于物联网研究的前沿,而并非将隐私风险置于前沿。③ 攻击者可以解锁物联网门和挂锁、远程控制联网轮椅,以及改变智能恒温器温度至超过工厂的最大温度标准,这都可能带来严重财产损失和人身损害的风险。在某些情况下,物联网可能需要法律来对隐私提供保护措施,但针对不良网络安全所造成的潜在安全问题,大多数物联网将不会进行相同的考虑。④

联网玩具也引起了人们对潜在伤害或暴露儿童信息的密切关注。自 2007 年以来,制造商一直致力于投资联网玩具,其中许多玩具包含了通信、消息传递或多人游戏的功能。⑤ 这些特征可以被网络攻击者操纵,攻击者可能实施以下行为:冒充另一个孩子,与儿童进行沟通,采集儿童的视频、图像、声音,或者确定孩子的实际位置。⑥ 由于未经授权的实体有可能通过玩具与儿童进行替代性通信,一个被称为"物联网小鸡"的谷歌玩具专利,它可以被认为是一系列恐怖电

---

① See generally Tanuj Mohan, IoT Security: Let's Not Forget the 'Thing,' Forbes Tech. Council (May 2, 2017), https://www.forbes.com/sites/forbestechcouncil/2017/05/02/iot-security-lets-not-forget-the-thing.

② Mohamed Abomhara & Geir M. KOien, Cyber Security and the Internet of Things: Vulnerabilities, Threats, Intruders and Attacks, 4 J. Cyber Security & Mobility p. 71 (2015).

③ See Lucian Constantin, Hackers Found 47 New Vulnerabilities in 23 IoT Devices at DEF CON, CSO (Sept. 13, 2016, 9:32 AM), http://www.csoonline.eom/article/3119765/cybersecurity/hackers-found-47-new-vulnerabilities-in-23-iot-devices-at-def-con.html.

④ See Woodrow Hartzog & Evan Selinger, The Internet of Heirlooms and Disposable Things y 17 N. C. J. L. & Tech. p. 581, 584 (2016).

⑤ Marie-Helen Maras, 4 Ways 'Internet of Things' Toys Endanger Children, Conversation (May 10, 2018, 6:47 AM), https://theconversation.com/4-ways-intemet-of-thingstoys-endanger-children-94092.

⑥ Dandle L. Dobbins, Analysis of Security Concerns and Privacy Risks of Children's Smart Toys 1–4 (Sept. 28, 2015) (unpublished Ph. D. thesis, Washington University in St. Louis), https://sever.wustl.edu/degreeprograms/cybersecurity-management/SiteAssets/Dobbins%20-%20SmartToy security_Final%20Revised%209-28-l 5.pdf.

影中出现的无处不在的疯玩偶。

许多联网玩具的网络安全和隐私担忧尚未成为现实,但一些用于儿童的物联网设备已经受到威胁。如今,为了在移动设备上对婴儿进行远程监控,婴儿监视器往往被制造成具备联网功能的设备,而黑客则利用这些设备网络安全的不佳状况来与儿童进行直接沟通。[①] 目前已经有几个恶意账号被公布了,在其中一个账号中,一名黑客通过监视器向一名儿童发送了令人不安的信息。[②] 当然,即使美国不想对物联网产品的网络安全进行全面监管,但由于网络安全措施不力可能会对儿童或其他弱势群体造成伤害,因此它应该会引发人们思考对物联网进行适当的监管的问题。

本部分所述的例子并不全面;相反,它们只是说明了在歧视性数据使用实践、不断演变的隐私义务和新兴的网络安全问题方面,消费者面临着巨大的风险。由于潜在的物联网设备威胁不仅包括未经授权的披露,还包括潜在的人身安全和财产损害风险,因此,为了防止歧视、隐私和网络安全等方面的物联网风险,我们必须建立或修订足够全面的法律框架。

四、物联网监管框架

今时今日,美国还没有为物联网、大数据或人工智能制定一个全面的监管框架。尽管在特定的高风险领域,现有的隐私和网络安全法律可能为物联网提供最低限度的隐私或网络安全保护,但这些法律聚焦于过时的隐私模式之上,因而未能考虑到大数据使用和人工智能所

---

① Anthony Cuthbertson, How to Protect Baby Monitors from Hackers, Newsweek (Jan. 29, 2016, 12:07 PM), http://www.newsweek.com/how-protect-baby-monitors-hackers-421104.

② Chante Owens, Stranger Hacks Family's Baby Monitor and Talks to Child at Night, S. F. GLOBE (Dec. 17, 2017), http://sfglobe.com/2016/01/06/stranger-hacks-familys-baby-monitor-andtalks-to-child-at-night.

带来的日益增加的风险。① 在过去，国会一直在探寻提高特定行业合规性的模型。如 HIPAA 等法律，它们勉强适用于消费者在某个特定领域的最敏感数据的创建或提供：在某些特定领域，数据最容易受到暴露，因而很容易导致欺诈或其他伤害，这是一种与数据分类直接相关的监管风险管理模型。尽管这些法律大多只关注隐私义务，但 HIPAA 和 GLBA 等少数法律也规定了网络安全要求。②

欧盟的《通用数据保护条例》和《网络与信息安全指令》（简称 NIS 指令）更全面地解决了这些问题，它们为物联网提供了潜在的监管模式。如果美国能够恰当地吸取《通用数据保护条例》和《网络与信息安全指令》的关键部分，那么美国将受益于一个具体明确的监管框架，该框架的重点是减少歧视、隐私和对消费者的网络安全风险，同时保护与数据传输和产品功效相关的市场利益。

（一）医疗物联网（简称 IoHT）

针对医疗服务和医疗设备，主要有两部法律保护消费者的隐私、网络安全、服务和设备安全：HIPAA 法和《食品、药品和化妆品法》（简称 FDCA 法）。③ 卫生与公众服务部和美国食品和药物管理局（简称 FDA）等部门负责监管医疗器械的生产，而民权办公室（简称 OCR）负责对受规制的实体（CEs）及其商业伙伴（Bas）进行医疗

---

① See generally Roger Allan Ford & W. Nicholson Price II, Privacy and Accountability in Black-Box Medicine, 23 Mich. Telecomm. & Tech. L. Rev. p. 5, pp. 12 – 31 (2016); W. Kuan Hon et al., Twenty Legal Considerations for Clouds of Things 4 (Queen Mary Univ. of London, Sch. of Law, Research Paper No. 216, 2016), https://papers.ssm.com/sol3/papers.cfm? abstract_id = 2716966. Hon et al. have established key classes and associated terms for discussing and defining concepts associated with IoT.

② See *The Gramm-Leach-Bliley Act* (GLBA), 15 U. S. C. § 6802 (2018); Health Insurance Portability and Accountability Act (HIPAA), 45 C. F. R. §§ 160.103, 164.514 (2018).

③ See Federal Food, Drug, and Cosmetic Act (FDCA), 21 U. S. C. §§ 351 – 360 (2018); 45 C. F. R. §§ 160.103, 164.514.

合规管理。① CEs 通常是与消费者形成基础关系的主体，例如医疗服务提供商、团体健康保险规划商或健康保险提供商等；而 Bas 则代表 CEs 及在其领导下工作，例如提供技术服务、结算服务或在 CEs 设施内所使用的医疗仪器的机构，或提供部分保险结算服务的机构。②

在关注联网设备之后，FDA 为医疗设备制造商机构制定了现成的、上市前和上市后的网络安全指南。③ 该指南说明，机构对联网设备上潜在医疗设备漏洞的认知有所提高，但如果我们仅仅依靠指南，而不是法律规定，那么，它可能无法体现保护公共卫生所需的严格程度。④ 虽然指南可能具有指导意义，但它并不像行政法规或法律所规定的那样具有约束力，特别是对医疗器械行业的新制造商或不需要 FDA 审批的设备而言更是如此。

自 2015 年以来，通过继续颁布《21 世纪医疗法》（21*st Century Cures Act*），FDA 已经自我规定了自身对某些医疗物联网设备的审查限制，它们可能是那些与身体没有普遍连接的设备（如Ⅲ类植入设备）。在审查指南中，FDA 明确了其将重点放在有限的Ⅱ类和Ⅲ类设备上的意图，但这些设备往往直接连接到身体上，而不是连接到决策支持系统或基于传感器的系统上，尽管这些系统可能也会影响隐私和网络安全。⑤ 不幸的是，这可能意味着许多存储和传输高度敏感数据

---

① 21 U.S.C. §§ 351 – 360; 45 C.F.R. §§ 160.103, 164.514; U.S. Dep't of Health & Human Servs., Summary of the HIPAA Privacy Rule, HHS. Gov, https://www.hhs.gov/hipaa/for-professionals/privacy/laws-regulations/index.html? language = en (content last reviewed July 26, 2013).

② U.S. Dep't of Health & Human Servs., Business Associates, HHS. GOV, https://www.hhs.gov/hipaa/for-professionals/privacy/guidance/business-associates/index.html (July 26, 2013); U.S. Dep't of Health & Human Servs., Covered Entities and Business Associates, HHS. Gov, https://www.hhs.gov/hipaa/for-professionals/covered-entities/index.html (content last reviewed June 16, 2017).

③ Cybersecurity, U.S. Food & Drug Admin., https://www.fda.gov/medicaldevices/digitalhealth/ucm3732! 3.htm (last updated Oct. 1, 2018).

④ See Charlotte A. Tschider, Enhancing Cybersecurity for the Digital Health Marketplace, Annals Health L., Winter 2017, p.1, 10, 16, 29.

⑤ See U.S. Food & Drug Admin., Mobile Medical Applicatons: Guidance for Industy and Food and Drug Administration Staff 13 – 15 (2015), https://www.fda.gov/downloads/MedicalDevices/DeviceRegulationandGuidance/GuidanceDocuments/UCM263366.pdf.

的设备可能不会受到 FDA 的审查,比如源于传感器技术的设备或其他健康跟踪设备。

不受 FDA 监管的物联网设备可能也不受 HIPAA 的规制。因为 HIPAA 适用于由 CEs 和 Bas 处理他人电子健康保护信息的情形,典型的 HIPAA 法隐私规则和网络安全规则的适用条件如下:当保险公司奉 CEs 的命令为物联网设备使用(物联网医疗设备使用)偿付或结算时,或当物联网设备作为团体健康保险规划或医疗保险赔偿的一部分提供时。① 不幸的是,HIPAA 法仅仅要求物联网设备在狭隘的情境下采取网络安全保护措施,这使得许多处理健康信息的物联网设备不受该法规制。②

(二) 儿童数据

根据《儿童在线隐私保护法》(*The Children's Online Privacy Protection Act*, COPPA),影响儿童隐私的物联网设备将受到 FTA 的监管,如联网玩具等。③ COPPA 适用于 13 岁以下儿童,它规定隐私(而不是网络安全)的法定要求,如该法规定了行为人要向父母征得明确的、可证实的同意、父母享有停止行为人处理其孩子个人信息的权利。④ COPPA 规范行为人所从事的在线收集儿童特定数据元素的活动,包括所有可能从物联网设备中捕获的以下数据元素:儿童的照片、账户名/头像、位置信息、常用的在线标识符(如 IP 地址)和其他联系信息。然而,COPPA 仅为 13 岁以下的儿童提供隐私保护,

---

① Nicolas P. Terry, Will the Internet of Things Transform Healthcare?, 19 VAND. J. Ent. & Tech. L. p.339 (2016).

② See Charlotte A. Tschider, Enhancing Cybersecurity for the Digital Health Marketplace, Annals Health L., Winter 2017; See, eg., W. Nicholson Price IT, Regulating Black-Box Medicine, 116 Mich. L. Rev. p.421, 471; Charlotte A. Tschider, Deus Ex Machina: Regulating Cybersecurity and Artificial Intelligence for Patients of the Future, 5 SAVANNAH L. REV. p.177, pp. 201 – 202 (2018).

③ Press Release, FTC, Electronic Toy Maker VTech Settles FTC Allegations That It Violated Children's Privacy Law and the FTC Act (Jan. 8, 2018), https://www.ftc.gov/news-events/press-releases/2018/01/electronic-toy-maker-vtech-settles-ftc-allegations-it-violated; see COPPA, 15 U.S.C. §§ 6501 – 06 (2018).

④ 15 U.S.C. § 6502.

该法所规定的义务似乎是为在线网站环境量身定制的,而不是以设备为中心的环境定制的,因为物联网只能为隐私通知的显示和同意提供有限物理空间。① 此外,目前我们还无法得知美国国会是否会更新COPPA,从而将物联网设备明确纳入其适用范围中:毕竟设备是在线环境的一部分,而 FTC 也已对玩具制造商采取了行动。② 然而,目前我们也仍然尚不清楚美国国会是否打算将 COPPA 法适用于儿童物联网设备,因为在 COPPA 法的文本和立法历史中,国会都没有明确指出这一点。③

COPPA 法、HIPAA 法和 GLBA 法在物联网领域的适用相对有限,并且它们对网络安全的控制要么不存在,要么十分不足。除了上述缺陷之外,它们还需要遵循传统的隐私模型。首先,所有这些法律都需要传统的通知模型,即行为人要在数据处理实践发生任何更改之前向他人提供通知。④ 这个模型为他人提供了建设性的通知或者阅读通知的机会,但是这个通知并不一定能够导致他人有意义的选择。对于物联网而言,特定产品类型可能会限制行为人的通知,在某些物联网模型中进行数据传输和设备通信之前,行为人可能尚未能在物联网设备上显示这些通知细节。由于 COPPA 法、GLBA 法和 HIPAA 法也引用了适用于这些法律的特定数据元素,因此这些法律也不太可能对未明确的、个人可识别的物联网数据或推论进行监管。⑤

---

① Richard Chapo, COPPA and the Internet of Things, Coppa and Ferpa (June 10, 2016), http://web.archive.org/web/20161107194435/http://www.coppalawattomey.com/coppa-and-the-intemet-of-things-2; Cal. Bus. & Prof. Code § 22580 (West 2018).

② See Children's Online Privacy Protection Rule: A Six-Step Compliance Plan for Yoiir Business, FTC (June 2017), https://www.ftc.gov/tips-advice/business-center/guidance/childrens-online-privacy-protection-rulesix-step-compliance.

③ Gina Stevens, Cong. Research Serv., LSB10051, Smart Toys and the Children'S Online Privacy Protection Act of 1998, pp. 2 - 3 (2018).

④ See Charlotte A. Tschider, Enhancing Cybersecurity for the Digital Health Marketplace, Annals Health L., Winter 2017, pp. 12 - 13; 15 U.S.C. § 6502 (b) (1) (A).

⑤ See 15 U.S.C. § 6501 (8); See Children's Online Privacy Protection Rule: A Six-Step Compliance Plan for Yoiir Business, FTC (June 2017), https://www.ftc.gov/tips-advice/business-center/guidance/childrens-online-privacy-protection-rule-six-step-compliance; See 45 C.F.R. § 160.103.

（三）信贷金融物联网

尽管消费物联网不太可能包括信用报告，也不太可能由金融机构或投资公司制造，但《公平信用报告法》（Fair Credit Reporting Act，FCRA）和 GLBA 法可以解决物联网设备所引发的一些担忧。GLBA 法特别适用于金融机构和非公共信息数据，该法要求行为人进行隐私通知以及限制第三方数据传输。[1] 为了评估组织的隐私和网络安全保护，美国货币监管局对受 GLBA 监管的组织进行每年一次或两次的审查。[2] S-P 规则采纳了 GLBA 对投资机构的要求，即投资机构由美国证券交易委员会监管，并承担金融行业监管机构（FINRA）所规定的义务和接受其评估。[3] 尽管法律构立了隐私和网络安全预期，但目前只有很少物联网制造商有资格成为金融机构或投资机构。

那些适用于行为人所实施的可能影响他人法律利益或类似重大利益的决策行为的法律，如反歧视法或某些领域的隐私法，它们并不直接处理自动化技术的潜在歧视影响，但是 FCRA 除外。FCRA 要求行为人根据其依法报告的信用数据做出决定，从而告知受影响的他人其不良行为情况和提供数据的机构、实施不良行为的原因以及如果信息不正确时他们可能采取的相应措施。[4] 保险公司也可能出于歧视的原因使用敏感数据，因为保险行业有能力整合先进的分析和依赖数据的决策。这些活动，连同那些被定义为在正当程序利益保护下产生结果的活动，更有可能会导致他人的损害。FCRA 分析的一个首要问题应

---

[1] 15 U.S.C. § 6802.

[2] See OCC, OCC 2001-35, Examination Procedures to Evaluate Compliance With the Guidelines to Safeguard Customer Information, at 1 (2001), https://www.occ.gov/news-issuances/bulletins/2001/bulletin-2001-35a.pdf; OCC Bulletin 2001-8, Guidelines Establishing Standards for Safeguarding Customer Information, OCC.GOV, (Feb. 15, 2001), https://occ.gov/news-issuances/bulletins/2001/bulletin-2001-8.html.

[3] 17 C.F.R. § 248.3 (a) (1) - (2) (2018); See FIN. INDUS. REGULATION AUTH., 2017 Annual Regulatory and Examination Priorities Letter (2017), http://www.finra.org/sites/default/files/2017-regulatory-and-examination-priorities-letter.pdf.

[4] 15 U.S.C. § 1681s-2 (a) (1) (A) - (B); See Kate Crawford & Jason Schultz, Big Data and Due Process: Toward a Framework to Redress Predictive Privacy Harms, 55 B.C.L. REV. pp.99-101 (2014).

当包括界定或确认（如正当程序事项）需要加强法律保护的重大影响效果。①

（四）美国联邦贸易委员会的执法行动和州法律

除了COPPA法的行政权外，根据FTC法第5条，FTC还对不公平和欺骗性贸易行为的监管拥有广泛的规则制定权。② FTC认识到，它们需要对网络安全和隐私领域从事监管活动，因此近年来，它们针对网络数据泄露后安全控制不足和对其隐私实践进行虚假陈述的组织开展了一系列活动。③ 尽管最近取得了成功，物联网设备也仍然没有受到广泛的关注；由于没有国会的参与，FTC计划对物联网设备所进行的监管实际上类似于过去FTC法第5条所规定的监管。④ 尽管第5条的范围很广，但它在制造商项目和行为方面也缺乏针对性，因为它主要侧重于事后恢复，而不是有指导意义的事前要求。⑤ 根据第5条，只有在产品已经开发出来并且可能影响消费者的隐私和安全之后，物联网制造商可能才需要对不公平或欺骗性贸易行为负责。⑥

FTC已经制定了一些针对广泛的隐私应用程序的指南，其建议行为人应当尽可能进行事先通知和明确的披露。例如，在允许应用程序访问敏感设备内容之前，移动设备应该"及时"披露上下文信息和

---

① See Fate: Fairness, Accountability, Transparency, and Ethics in AI, Microsoft, https://www.microsoft.com/en-us/research/group/fate (last visited Aug. 26, 2018).

② Nicolas P. Terry, Will the Internet of Things Transform Healthcare?, 19 Vand. J. Ent. & Tech. L. p. 341 (2016).

③ FTC v. Wyndham Worldwide Corp., 10 F. Supp. 3d 602 (D. N. J. 2014), and In re LabMD, Inc., No. 9357, 2016 WL 4128215 (F. T. C. 2016); See generally Daniel J. Solove & Woodrow Hartzog, The FTC and the New Common Law of Privacy, 114 Colum. L. REV. p. 583, 589, 630 (2014).

④ Nicolas P. Terry, Will the Internet of Things Transform Healthcare?, 19 Vand. J. Ent. & Tech. L. pp. 340–342 (2016).

⑤ See Press Release, Richard Blumenthal, Blumenthal to FTC: Internet of Things Manufacturers Must Implement Reasonable Security Standards to Prevent Cyber Attacks (Nov. 3, 2016), https://www.blumenthal.senate.gov/newsroom/press/release/blumenthal-to-ftc-internet-of-things-manufacturers-must-implement-reasonable-security-standards-to-prevent-cyber-attacks.

⑥ Nicolas P. Terry, Will the Internet of Things Transform Healthcare?, 19 Vand. J. Ent. & Tech. L. p. 341–342 (2016).

获得用户"明确肯定的同意"。① 2015 年,FTC 发布了一个员工报告,该报告从物联网行业参与者的角度探讨物联网隐私和网络安全,包括探讨在促进知情同意原则在物联网设备上适用方面的功能性和现实性挑战,例如控制设备尺寸的困难以及将查看通知的责任转移给设备用户的程度。尽管如此,FTC 还没有为其所预计的物联网漏洞提出合理的解决方案,如网络安全问题和潜在的歧视问题。②

随着 2017 年《纽约网络安全法》(New York Cybersecurity Act,NYCA)成为迄今为止最全面的网络安全法律,各州法律也已开始预见到普遍的隐私和网络安全问题。③ NYCA 适用于在纽约州范围内注册的金融机构、投资机构和保险公司,它为强大的网络安全实践提供了一个全面的蓝图。在 NYCA 通过之前,各州已开始在数据泄露的州立法中通过了具体的网络安全要求,而加利福尼亚州等则扩大对儿童的联邦保护。④ 华盛顿州、内华达州和明尼苏达州都颁布了试图规范零售商支付流程的制定法。⑤ 尽管国家监管机构越来越意识到隐私和网络安全方面的挑战,但监管机构尚未直接解决物联网、大数据或人工智能的问题。⑥

---

① See FTC, Mobile Privacy Disclosures: Building Trust Through Transparency, p. 15, pp. 19 – 20, p. 23 (2013), https://www. ftc. gov/sites/default/files/documents/reports/mobile-privacydisclosures-building-trust-through-transparency-federal-trade-commission-staff-report/130201mobileprivacyreport. pdf

② See Woodrow Hartzog & Evan Selinger, The Internet of Heirlooms and Disposable Things y 17 N. C. J. L. & Tech. p. 581, 584 (2016).

③ 23 N. Y. Fin. Serv. Law § 500 (McKinney 2018).

④ See Cal. Bus. & Prof. Code § 22504 (West 2018).

⑤ FAQ on Washington State's PCI Law, Infolawgroup LLP (Mar. 24, 2010), https://www. infolawgroup. com/blog/2010/03/articles/payment-card-breach-laws/faq-on-washington-states-pci-law.

⑥ See Jacqueline Kiosek, Regulation of Big Data in the United States, Global Data Hub: Taylor WessrNG (July 2014), https://unitedkingdom. taylorwessing. com/globaldatahub/article_big_data_us_regs. html; See, e. g., Matthew U. Scherer, Regulating Artificial Intelligence Systems: Risks, Challenges, Competencies, and Strategies, 29 HARV. J. L. & TECH. p. 353, 393 (2016).

（五）对物联网仅仅停留于兴趣，而不是行动

随着人们对物联网隐私、安全和财务问题的日益关注，传统上不太关注隐私和网络安全的机构也已经开始考虑在未来参与物联网的监管。2015年，美国参议院开始审议有关物联网危险的问题。[1] 最初的听证会聚焦于对联网汽车的担忧，并且强调了两党对监管一个不断增长的行业的忧虑。2017年，参议员们重新提出了《2016年发展创新和促进物联网发展法》（Developing Innovation and Growing the Internet of Things Act, DIGIT），这是一项两党合作的法案，该法案通过设立一个委员会来评估物联网的发展潜力，从而指导物联网战略，包括评估用户的隐私和网络安全。[2]

2016年，美国消费产品安全委员会（Consumer Product Safety Commission，CPSC）主席Elliot Kaye曾表示，他希望CPSC在2016年开始为物联网安全问题做准备，包括希望其发挥联邦召回程序的作用和效力。[3] 随着代理主席Ann Marie Buerkle的任命，我们尚不明确CPSC的工作重点可能会发生怎样的变化。[4]

美国联邦通信委员会（Federal Communication Commission，FCC）曾短暂考虑过改进物联网规则，旨在降低风险，但在Donald Trump

---

[1] Jedidiah Bracy, Senate Committee Explores Internet-of-Things Regulation, LAPP (Feb. 12, 2015), https://iapp.org/news/aysenate-committee-explores-interaet-of-things-regulation.

[2] Digit Act, S. 88, 115th Cong. § 1–2 (as passed by Senate, Aug. 3, 2017); Press Release, Deb Fischer, Senators Introduce Bipartisan Internet of Things Bill (Mar. 1, 2016), htpts://www.fischer.senate.gov/public/index.cfin/2016/3/senators-introduce-bipartisan-internet-ofthings-bill. The Digit Act was passed by the Senate. S. 88: Digit Act, Govtrack.US (Aug. 3, 2017), https://www.govtrack.us/congress/bills/115/s88.

[3] Emily Field, CPSC Chair Kaye Eyes Safety Risks in New Technologies, Law360 (Aug. 8, 2016, 6: 22 PM), https://www.law360.com/articles/824104/cpsc-chair-kaye-eyes-safety-risks-in-new-technologies.

[4] Press Release, U.S. Consumer Prod. Safety Comm'n, Ann Marie Buerkle Elevated to Serve as Acting Chairman of U.S. Consumer Product Safety Commission (Feb. 10, 2017), htpts://www.cpsc.gov/content/ann-marie-buerkle-elevated-to-serve-as-acting-chairman-of-usconsumer-product-safety.

赢得总统大选后，这些考虑被无限期搁置。① 该计划将原本包括建立 FCC 咨询委员会、令网络服务提供商广泛采用网络安全标准、设定设备认证流程，以及为应对风险缓解策略促进政府/制造商合作。② 尽管 FCC 有兴趣对物联网进行广泛监管，但美国国会似乎更愿意利用现有框架来解决物联网问题，而不是为各种物联网设备起草新的规定。③

2016 年，美国商务部的国家电信和信息管理局（National Telecommunications and Information Administration，NTIA）就监管物联网的预期法律策略征求公众意见。④ 2017 年 1 月 12 日，NTIA 发布了《促进物联网发展》绿皮书。⑤ 在这份绿皮书中，NTIA 报告了制造业的具体需求，包括不受过多规定约束的灵活标准。一些评议者强调了从设计着手维护网络安全和从设计着手保护隐私的重要性，或强调将网络安全和隐私要求纳入制造和开发的过程。此外，当发现新的网络安全漏洞时，制造商需要不断更新和修补程序，这对消费物联网设备来说是一项复杂的活动。评议者还指出需要加强潜在领域的审查，比如儿童使用的设备和联网的自动驾驶汽车。

从隐私的角度来看，NTIA 的绿皮书强调了一些相互矛盾的意见。

---

① Shaun Waterman, FCC Abandons Plans for Rules on IoT Cybersecurity, Cyberscoop (Dec. 5, 2016), https://www.cyberscoop.com/iot-cybersecurity-fcc-donald-trump-mark-wamer; See Stored Communications Act, 18 U.S.C. §§ 2701 – 2712 (2018).

② Letter from Tom Wheeler, Chairman, FCC, to Senator Mark Warner (Dec. 2, 2016), https://www.scribd.com/ciocument/333290070/FCC-Response-12-05-2016; See Amy Nordrum, Which Path to IoT Security? Government Regulation, Third-Party Verification, or Market Forces, IEEE Spectrum (Oct. 25, 2016, 1:00 PM), https://spectrum.ieee.org/techtalk/telecom/intemet/experts-discuss-3-paths-to-stronger-iot-device-security-govemment-regulation-thirdparty-verification-and-market-forces.

③ Mohana Ravindranath, Who's in Charge of Regulating the Internet of Things, Nextgov (Sept. 1, 2016), http://www.nextgov.com/emerging-tech/2016/09/intemet-things-regulating-charge/131208; See NIST Cybersecurity for IoT Program, NIST (Sept. 25, 2018), https://www.nist.gov/programs-projects/nistcybersecurity-iot-program.

④ The Benefits, Challenges, and Potential Roles for the Government in Fostering the Advancement of the Internet of Things, 81 Fed. Reg. 19, pp.956 – 960 (Apr. 6, 2016).

⑤ Internet Policy Task Force & Dig. Ecom. Leadership Team, U.S. Dep T of Commerce, Fostering the Advancement of the Internet of Things (2017), https://www.ntia.doc.gov/files/ntia/publications/iot_green_paper_01122017.pdf.

评议者承认，人们对物联网隐私的担忧在不断改变，包括个人信息普遍性的担忧、收集敏感信息的担忧以及数据传输的担忧。相反，评议者却也认为物联网不存在新的隐私问题，现在规定隐私监管方法可能还为时过早，因此更值得我们做的是确定现有的规则如何监管物联网。尽管有很多关于物联网的评论存在，但评议者也表示，美国商务部在监管物联网方面处于不利地位，因为美国商务部目前并不承担隐私和网络安全合规方面的责任。

众多积极的行政机构正确定监管物联网的正确方法，这既证明了物联网技术的巨大好处，也证明了它所伴随的风险。2017 年 8 月，民主党参议员 Mark Warner 提出了《2017 年物联网网络安全改进法》（*Internet of Things Cybersecurity Improvement Act of* 2017，IoT-CIA），这显示出美国国会对重启物联网讨论的一些兴趣；但目前仍不清楚物联网是否会得到国会的认真考虑。[①]

（六）欧盟模式

美国还没有制定出一个管理自动化决策的全面方案，但欧盟已经试图对处理欧洲居民个人数据的机构所从事的这些活动进行监管，其中包括针对美国的跨国制造商的活动。《通用数据保护条例》（简称 GDPR）创造了最全面的方法来防止不公平的自动化决策：行为人在进行自动化决策之前通知他人；当自动化决策会影响他人法定或类似的重大利益时，行为人应当获得他人明确的同意；行为人要为他人提供反对这一处理的机会；行为人要为他人提供通过投诉来被听取意见的机会。[②]

GDPR 监管欧盟区域内的组织以及通过其长臂条款处理欧盟居民

---

① Internet of Things (IoT) Cybersecurity Improvement Act of 2017, S. 1691, 115th Cong. (2017).

② See Regulation 2016/679, of the European Parliament and of the Council of Apr. 27, 2016, On the Protection of Natural Persons with Regard to the Processing of Personal Data and on the Free Movement of Such Data, and Repealing Directive 95/46/EC, 2016 O. J. (L 119) p. 1, 45, 80.

数据的任何组织，包括美国的组织。① GDPR 通过三步来解决这些问题：①行为人对于每次资料收集都要给予他人表达同意（或不同意）的机会；②行为人应通知他人自动化决策行动及其潜在后果；③行为人要为他人提供反对此类自动化决策的机会。② 这些活动确保人们有机会知道他们的数据将被如何自动处理、选择这种决策模式是否可取，拥有能够停止行为人进一步活动的能力，或者反对这些活动和可能获得一个替代（人工）决策的能力。GDPR 并没有将这一要求狭隘地适用于涉及特殊类别的个人信息（更敏感的数据）的活动，而是进一步适用于那些产生"法律效应"或"类似重大影响"的活动。③ 当自动化决策可能包括涉及自然人权利和自由时，反对自动处理的自然情形可能发生：包括就业、政府福利、住房和其他金融机会。

欧盟第 29 条工作小组（简称 WP 或称为数据保护工作小组）已就进一步详细说明 GDPR 的含义和适用制定了书面指南。在其《关于自动化个人决策目的和识别分析目的的准则》中，WP 提供了四个法律效果的例子来说明 GDPR 何时适用于与披露和正当程序相关的活动：①法律规定的对社会福利的权利或放弃（孩子或住房福利）；②拒绝入境；③服从于增强的网络安全措施和监测活动；④自动切断关键服务（如电话服务）。

GDPR 的第 71 条陈述也特别规定了类似的影响，如通过自动电子招聘或自动拒绝信贷申请的歧视，以及获得购买产品的信贷或获得抵押贷款。具体来说，行为人所进行的市场分析不太可能引发其额外

---

① See Regulation 2016/679, of the European Parliament and of the Council of Apr. 27, 2016, On the Protection of Natural Persons with Regard to the Processing of Personal Data and on the Free Movement of Such Data, and Repealing Directive 95/46/EC, 2016 O. J.（L 119）pp. 32 – 33.

② See Regulation 2016/679, of the European Parliament and of the Council of Apr. 27, 2016, On the Protection of Natural Persons with Regard to the Processing of Personal Data and on the Free Movement of Such Data, and Repealing Directive 95/46/EC, 2016 O. J.（L 119）p. 6, 45, 80; Rita Heimes, Top 10 Operational Impacts of the GDPR：
Part 5-Profiling, IAPP（Jan. 20, 2016），https://iapp. org/news/aZtop-10-operational-impacts-of-the-gdpr-part-5-profiling.

③ See Article 29 Data Protection Working Party, Guidelines on Consent Under Regulation 2016/679, p. 9, WP259（Nov. 17, 2017），https://www. huntonprivacyblog. com/wpcontent/uploads/sites/18/2017/12/guidelines-on-ADM-and-Profiling. pdf.

的义务，尽管这取决于"案件的特征"，包括侵入性、他人的期待、广告投放方式，以及他人是否特别脆弱。总之，WP的指南提供了切实可行的思路，在对自动化处理活动是否应该增强程序审查的问题上，监管机关可以进行适当的调整。

尽管GDPR在自动化决策和数据主体分析方面的发展愈加先进，但是它仍然没有将知情同意的传统概念发展到适应现代数据处理和传输主题的程度。相反，GDPR强化了处理前通知的有时限的传统概念，以及在无法满足处理的其他法律基础时明确同意的概念，然而其中许多概念从根本上是与消费物联网不相容的。① 除了在通知和同意概念方面缺乏灵活性外，WP还为匿名化提出了一个"不可能"的标准，这使得在没有他人明确同意的情况下，行为人几乎不可能使用部分可识别的数据。② 甚至对于将可识别的个人数据进行匿名化的行为，行为人也可能需要在匿名化之前征得数据主体的同意。③

《网络与信息安全指令》（简称NIS指令）还为关键基础设施行业建立了一个强大的网络安全框架。关键基础设施领域包括各种"基本服务"，如：医疗、银行、金融市场基础设施、能源、交通、供水和数字基础设施。④ NIS指令要求行为人采取更有力的网络安全措施以及为应急准备和永续业务提供信息网络安全保护，从而确保持

---

① Michael Moran & Tim Panagos, Microshare, Iot and Gdpr: A Data Convergence That Pits the Bold Against the Cautious (2018), https://microshare.io/wpcontent/uploads/2018/02/GDPRWhitepaperFeb2018.pdf.

② See Regulation 2016/679, of the European Parliament and of the Council of Apr. 27, 2016, On the Protection of Natural Persons with Regard to the Processing of Personal Data and on the Free Movement of Such Data, and Repealing Directive 95/46/EC, 2016 O. J. (L 119) p. 37; See Article 29 Data Protection Working Party, Guidelines on Consent Under Regulation 2016/679, p. 9, WP259 (Nov. 17, 2017), https://www.huntonprivacyblog.com/wpcontent/uploads/sites/18/2017/12/guidelines-on-ADM-and-Profiling.pdf.

③ See Regulation 2016/679, of the European Parliament and of the Council of Apr. 27, 2016, On the Protection of Natural Persons with Regard to the Processing of Personal Data and on the Free Movement of Such Data, and Repealing Directive 95/46/EC, 2016 O. J. (L 119) p. 36.

④ See generally Charlotte A. Tschider, International Cybersecurity and Privacy Law in Practice (2018), p. 270.

续运营。① 尽管这些法律在隐私保护和网络安全方面取得了积极进展，但目前我们尚不清楚它们将在多大程度上有效地适用于物联网设备制造。

规范算法决策、隐私和网络安全的欧盟法律框架为处理欧盟居民数据的组织确立了重要的预期。美国可以调整其中的一些规定，同时创建一个平衡的物联网监管模式。该模式采用非传统的隐私模式，并且可能更多地依赖正当程序和额外的诉讼程序。

五、为物联网设备制定法律框架

一个全面的物联网法律框架可以降低消费者潜在的风险、确保市场的一致性以及提高消费者的信任度。然而，有关监管改革的提议必须考虑以下因素：消费者和技术的演变将可能如何影响市场的发展，行业可能选择采取何种自律方式，制定一个在预防措施与裁决救济之间取得平衡的法律框架。② 正如各种全球研究所承认的那样，法律计划必须在促进数据驱动的、有效的经济目标的实现与适当的消费者保护之间取得平衡。③

（一）实施政策和监管的时点

Adam D. Thierer 描述了与物联网相关的政策模型，包括"无许可创新原则"和"预防原则"。④ Thierer 将这些原则描述为满足两种不同积极政策利益的原则：无许可创新原则鼓励技术增长，尤其是要

---

① Directive 2016/1148, of the European Parliament and of the Council of 6 July 2016 Concerning Measures for a High Common Level of Security of Network and Information Systems Across the Union, 2016 O. J. (L 194) p.1, 6, 17, 19, pp. 21 –22.

② See, e. g., Glen Hepburn, Org. for Econ. Co-Operation & Dev. [OECD], Alternatives to Traditional Regulation, at 5 – 6, 33, https://www.oecd.org/gov/regulatory-policy/42245468.pdf.

③ See generally Gloria Gonzalez Fuster & Amandine Scherrer, Directorate-General for Internal Policies, Big Data and Smart Devices and Their Impact on Privacy, PE 536. 455, p. 5 (Sept., 21, 2015) http://www.europarl.europa.eu/RegData/etudes/STUD/2015/536455/1POL_STU(2015)536455_EN.pdf.

④ Adam D. Thierer, The Internet of Things and Wearable Technology: Addressing Privacy and Security Concerns Without Derailing Innovation, 21 Rich. J. L. & Tech. p.6, 15 (2015).

在施加技术使用限制之前让市场进行充分试验;相反,预防原则要求放慢创新速度,从而适当地管理和限制公众的风险。近年来物联网的飞速发展已经将社会推向默认的无许可创新原则;然而,学术界对这种模式提出了警告。① 一方面,预防原则是可以让人充分掌握风险的;另一方面,无许可创新原则可以促进最令人向往的创新。因此,早期物联网的理想模式应该在无许可原则和预防原则之间采取一种立场。

除了监管的时点之外,规则可能也会影响物联网市场的发展。由于许多制造商已经开始着手物联网设备的新开发工作,而且仍然必须确定所需的基础设施和实现细节,因此它们进入市场的障碍尚不可知。如果预防性监管框架并不鼓励人们进入一个可能带来巨大增长潜力的市场,那么更高的进入壁垒可能会削弱市场竞争,尤其是来自小微企业或初创企业的竞争,然而这些企业最终会以高价值或低成本的商品使消费者受益。②

消费者也应该对物联网设备有一定的选择,这取决于设备所带来的风险。虽然自由市场条件可能适合于那些消费者能够区分产品差异和理解服务细节的情形,但在其他情形下我们可能需要企业额外的透明化。的确,当消费者可以有效地与商家讨价还价并做出非强制的决定时,隐私法应该避免家长式的倾向。③ 然而,确实带来了重大风险的隐藏数据实践、令人困惑的特性和潜在的问题等都可能需要法律干预,它们要么需要通过制定法规定,要么需要通过诉讼程序裁判。

(二)制定法考虑

无论是联邦还是州的法律规定,它们都应适用于行业自律和市场

---

① Thierer describes Professor Scott R. Peppet's article, Regulating the Internet of Things: First Steps Toward Managing Discrimination, Privacy, Security, and Consent; Ryan Calo, Digital Market Manipulation, 82 GEO. WASH. L. REV. p.995, 999 (2014).

② See Leora Klapper et. al., Entry Regulation as a Barrier to Entrepreneurship, 82 J. Fin. Econ. P.591, pp.593-594 (2006).

③ Daniel J. Solove, Introduction: Privacy Self-Management and the Consent Dilemma, 126 Harv. L. Rev. pp.1881-1882 (2013).

力量不能有效应对风险的监管前提。① 当消费者没有充分认识风险或缺乏专业知识来确定产品是否提供了足够的保护时，市场力量可能并不会推动变革。对于物联网技术而言，隐私问题可能符合这一描述，因为制造商目前没有对美国各行业技术实现的隐私要求进行标准化。物联网设备可能对消费者及其财产构成重大风险，在构成重大危害之前，这些风险往往难以预测或难以理解。为了有效平衡有利的市场条件和消费者保护，对于歧视、隐私和网络安全风险，我们可能需要施加不同的程序。

1. 歧视

反歧视作为受法律保护的利益，我们应该对歧视进行狭义地界定，而不是遵从一般的公平原则对其进行界定。受保护群体的这些利益可能包括免受歧视行为的法定保护，以及对违法行为进行民事追偿的能力。对于物联网而言，在行为人征求、收集他人敏感个人信息并将敏感个人信息数据元素纳入基础设施中，从而产生包括人工智能实用程序在内的物联网功能的结果时，监管机关对其监管的方法应该是进行严格的审查。限制敏感个人信息使用的适用应当扩展到具有高度误用风险的敏感个人信息代理行为，例如算法决策将直接影响公共服务的可用性或对经济前景产生负面影响。这些利益还必须为受法律保护的权利提供适当的正当程序透明化和救济，例如，对公共或政府福利等财产利益的剥夺、对住房或不动产利益的获取。

通过限制敏感数据的收集和额外的数据管理活动，我们可以解决歧视性决策和对正当程序权的潜在剥夺所造成的风险，例如，限制数据转让、数据集重组或销售。这种类型的数据收集可能受到使用限制，例如行为人只有在这些数据对提供服务而言是绝对必要时才可以收集。如果高度敏感的数据使用受到限制，但行为人所收集的数据对所提供的服务而言显然是必要的，那么通知消费者对隐私利益而言可能没有那么重要。从各州数据泄露通知法和反歧视法规中所列出的最

---

① See, e. g., Jessica Davis, Colorado Passes Data Protection Law Requiring Breach Notification Within 30 Days, Healthcare It News (June. 7, 2018, 1: 08 PM), https://www.healthcareitnews. com/news/colorado-passes-data-protection-law-requiring-breachnotification-within-30-days.

流行的数据元素开始，我们可以具体列举敏感个人信息数据元素（及其代理）。

学者们提出了通过隐私通知模型或咨询来传达信息的算法透明化设想，以此作为提高算法公平性的一种选择。① 然而，透明化可以包括自动处理的透明化或算法的透明化。适用于消费物联网设备的法律框架应当平衡各种市场利益，包括商业机密或其他机密披露所造成的损害、披露的难度（如机器学习算法的解释），以及消费者的公平利益。②

当物联网设备基础设施利用算法进行决策时，算法可能无法进行人工解释，因为人工智能是在没有人工训练或干预的情况下从大数据存储中创造它们的。③ 这些无人监督的学习模型，即一种完全不涉及人类算法创造的学习类型，很可能采用人类无法读懂或理解的机器速记语言。如果行为人不能有效地传达算法，那么，描述算法计算方式的隐私通知将不太可能实现提高透明度的目标。

在通过物联网设备收集数据之前，对于可能产生歧视性或不公平结果而对消费者构成"高风险"的自动处理活动，制造商应当主动披露并征求物联网用户对处理活动的明确同意。例如，在使用自动处理时，如果行为人收集他人诸如消费者的种族和性取向等敏感个人信息，那么，该行为可能会给消费者带来高度风险。然而，我们不需要为了提醒消费者此类活动的存在而详细地公开自动化处理活动，包括算法本身。

作为某些不透明性的交易，消费者享有控制制造商在算法决策方面的权利，比如接收有关自动化决策信息的能力、反对自动处理的能力，以及纠正可能导致不公平结果信息的能力。如果行为人对信息的披露清晰并且在隐私声明中不使用容易令人忽略的语言，同时消费者

---

① See Kate Crawford & Jason Schultz, Big Data and Due Process: Toward a Framework to Redress Predictive Privacy Harms, 55 B. C. L. Rev. pp. 125 – 126 (2014).

② See W. Nicholson Price II, Regulating Black-Box Medcine, 116 Mich. L. Rev. p. 421, pp. 471 – 472.

③ See Adrienne LaFrance, What an AJ's Non-Human Language Actually Looks Like, Atlantic (June 20, 2017), http://www.theatlantic.com/technology/archive/2017/06/what-an-ais-non-human-language-actually-looks-like/530934.

有机会为了防止损害而及时行使自己的权利,那么法院对下游的救济可能就没那么必要了。自助机制可以通过减少法院的时间、精力和费用来提高系统的效率,如审查自动化决策的信息或他人对自动处理的反对。

这些方法确实增加了信息透明度和消费者的控制,无论是对历史上处于边缘地位的群体而言,还是对可能因算法决策不准确而遭受有害后果的消费者而言。作为一种程序自助的形式,消费者可以从对行为人自动化决策的反对和纠正中获益,但反对和纠正也改进了基于算法的物联网系统。反对和纠正是消费者对自动化决策"吞吐量"的批评,这有利于我们随着时间的推移提高决策的准确性,从而纠正和调整数据集和算法的能力。[1] 当用户为了提高算法的准确度而进行交互时,算法的准确度应当获得提高。

当自动处理确实涉及公认的合法权利时,对技术剥夺的有效正当程序的考虑变得极为重要,例如,涉及财产利益的剥夺或刑事制裁。Crawford、Schultz 和 Citron 提出了加强正当程序权利的互补技术。[2] 这些模型总体上为适用于算法决策技术之上的正当程序提供了一个明确的方向。然而,许多提供物联网功能的算法决策很可能只会服务于一般消费者的利益,而不会考虑导致财产利益剥夺或刑事制裁的情形。例如,行为人在儿童玩具中所使用的算法可能受益于透明化的过程,但它也不太可能导致财产权益的剥夺。

制造商还将受益于自律活动,这将为他们在法律诉讼中提供充足的最佳实践证据。制造商应该考虑开发模型和使用正在进行的计算验证,用于测试针对受保护数据元素及其代理的程序。[3] 为了预测可能产生的歧视性影响,计算验证可以基于这些数据运行潜在的物联网设

---

[1] See generally Cherif Mballo & Vladimir Makarenkov, Assessing the Performance of Machine Learning Methods in High-Throughput Screening (2010) (conference paper), https://www.researchgate.net/profile/Cherif_Mballo/publication/268149301_Assessing_the_performance_of_machine_leaming_methods_in_high-throughput_screening/links/54b561ac0cf28ebe92e56d92/Assessing-the-performance-of-machine-leaming-methods-in-high-throughput-screening.pdf.

[2] See Kate Crawford & Jason Schultz, Big Data and Due Process: Toward a Framework to Redress Predictive Privacy Harms, 55 B. C. L. Rev. pp. 121 – 128 (2014).

[3] See generally Roger Allan Ford & W. Nicholson Price II, Privacy and Accountability in Black-Box Medicine, 23 Mich. Telecomm. & Tech. L. Rev. p. 18 (2016).

备行为。当制造商基于这些目的收集敏感个人信息或为这些数据使用代理时,他们也应记录合法的理由。

2. 隐私

与自动化处理一样,限制数据使用的法规应该平衡消费者利益与市场成熟性和市场利益之间的关系。物联网设备可能会产生和消耗大量数据,但大部分数据不应该是高度敏感的或可识别的。敏感个人信息可以被限制在必要使用的范围内,但制定法规定应容许行为人灵活、自由地使用他人不敏感的个人数据,从而促使法律逐步演变以及促进市场的发展。广泛的数据使用可以通过网络安全要求进行检查,从而保护数据免受损害的风险。与防止歧视活动一样,制造商应当将数据集作为一个整体进行评估,他们不仅要评估其所收集的特定敏感个人信息,而且要评估可作为敏感个人信息代理的数据集。

法规可以鼓励行为人使用隐私增强技术,如隐私差别化方法、假名化、去身份化或加密,而这也将减少行为人高成本义务的承担,如数据泄露通知义务。[①] 与 HIPAA 法所规定的加密避风港类似,加密避风港免除了 CE 在发生数据泄露时必须通知他人的义务,而隐私增强技术也可以降低风险至行为人无须承担额外的隐私义务的程度。[②] 虽然隐私增强技术可能不会在所有情况下都显著降低消费者的风险,但当我们适当地将其适用于整体数据集而不是特定的数据元素时,隐私增强技术可能会降低隐私和网络安全的风险。然而,加密技术和其他隐私增强技术可能存在各种不同的保护级别,这取决于它们是如何实现的。[③] 例如,某个加密协议可能很容易就被破坏了,而某些其他的加密协议则可能需要数百年才能被破坏。物联网制造商如果想要实现任何其他隐私义务的减少,那么他们所使用的合格隐私增强技术应当

---

① See generally Marit Hansen et al., European Union Agency for Network and Info, Sec. (Enisa), Readiness Analysis for the Adoption and Evolution of Privacy Enhancing Technologies 7, 10 (2015), https://www.enisa.europa.eu/publications/pets.

② See U.S. Dep't of Health & Human Servs., Guidance to Render Unsecured Protected Health Information Unusable, Unreadable, or Indecipherable to Unauthorized Individuals, HHS. gov, https://www.hhs.gov/hipaa/for-professionals/breach-notification/guidance/index.html (content last reviewed July 26, 2013).

③ Guide to Cryptography, OWASP Found., http://www.owasp.org/index.php/Guide_to_Cryptography (last modified June 13, 2018).

满足美国国家标准与技术研究院（以下简称为 NIST）所制定的阈值要求。①

FTC 也有机会考虑并验证其他可替代的模型，这些模型可以跨物联网制造商操作动态用户选择。例如，对于在移动设备上的用户控件，如用于共享特定信息（访问照片或联系人）或特定操作（连接到移动网络）的开/关设置，我们可以通过公共门户网站或屏幕空间有限的设备轻松实现其功能。② 由用户管理选择的好处包括用户可以拥有随时更改选择的能力。为了应对诸如第三方所实施的数据共享、数据传输限制和数据销售等二次数据使用的行为，用户可以通过使用共享界面的同时更改各产品之间的细致选择。如果制造商想要收集额外的数据，那么这种选择管理的类型可能会成为增强功能或其他价值主张的工具。

另一个基于市场的物联网解决方案初露锋芒，即对个人数据存储的使用。个人数据存储为他人存储来自各种设备和来源的数据。其优势包括将数据存储标准化、确定数据原点、记录数据请求和捕获总体数据。一个中央的、公共的存储库不仅可以改进访问需求和简化数据请求，而且可以允许用户或数据主体就其数据做出决策，例如限制特定第三方（如数据中间人）共享数据。用户选择的限制可能包含规则的集合，包括要求行为人在共享数据时遵循匿名化或去身份化程序，而这些程序可以由认证机构进行认证。当请求超过预定设置时，规则还可以强制行为人征求额外同意。在扩大数据使用之前，倾向于对数据使用进行更严格控制的用户或数据主体可以要求行为人进行通知和征求明确的同意。

3. 网络安全

网络安全的不良状态已导致各行业和产品的数据泄露更加频繁。然而，对更成熟的组织而言，过多的技术专用性可能会导致网络安全实现更成熟。一方面，为了描述保护信息所需的行政和技术措施，

---

① See, e, g., Privacy-Enhancing Cryptography, NAT'L INST. Standards & Tech. (Feb. 7, 2017), https://csrc.nist.gov/Projects/Privacy-Enhancing-Cryptography (defining one technology currently under discussion by NIST).

② See Laura Brandimarte et al., Misplaced Confidences: Privacy and the Control Paradox, 4 Soc. Psychol. & Personality Sci. p.340, 341, 345 (2012).

FTC 可以制定明确吸收或参考 NIST 严格技术要求的指南。① 另一方面，FTC 还可以通过提供民事诉讼豁免权来鼓励行为人遵守这些指导方针，在被指控造成消费者损害或数据泄露时，如果制造商能够证明自己符合 NIST 的要求，那么他们就可以获得豁免。

任何法规还应规定专门要求的网络安全措施，这些措施可能有利于加强网络安全的适用。在制造商进行高风险数据处理或使用高风险设备时，一项法规应当要求制造商增强网络安全，包括：在收集敏感个人数据或使用敏感个人数据代理时，在为儿童或其他弱势群体设计设备时，在销售产品本身存在重大安全隐患的设备（恒温器、联网锁或烤箱）时，在运行无人监督的学习系统时。

应对高风险数据和设备的模型减少了一些制造商的法律义务，同时防止其造成更大的损害，因此它也是一个风险管理监管模型。总体而言，收集敏感个人信息的物联网设备更有可能遭遇网络攻击，并且儿童或其他弱势群体更加不可能实施自助行为。基于这些原因，制造商可以采用一种浮动计算的模式，对高风险环境提出广泛的网络安全要求，同时也允许市场监管物联网设备，从而大大降低对消费者的风险。

4. 努力实现一种拟议的监管模式

联网技术在各种各样的设备中无处不在，包括在家居应用程序、个人可穿戴设备、儿童玩具和任何其他技术中；因此，它需要一种能够适用于所有制造物联网设备的商业实体的全面监管方法。如果这些制造商在美国没有大量的业务，那么，我们可以制定一项规定要求分销商在美国销售产品。监管模式同样也要规定，制造商应确保作为分包商的第三方供应商遵守与其一样的要求。② 对于更一般的物联网设

---

① See Publications, NAT5L INST. STANDARDS & TECH. , https://www.nist.gov/publications (last visited Oct. 8, 2018).

② See Commission Decision 2010/87, of 5 Feb. 2010 on Standard Contractual Clauses for the Transfer of Personal Data to Processors Established in Third Countries Under Directive 95/46/EC of the European Parliament and of the Council, 2010 O. J. (L 39) p.6, 8, 10; U.S. Dep't of Health & Human Servs. , Business Associate Contracts, HHS. GOV (Jan. 25, 2013), https://www. hhs. gov/hipaa/forprofessionals/covered-entities/sample-business-associate-agreement-provisions/index. html.

备，物联网法规应该确立一个基本的、最低的要求，同时明确对需要更高安全性和更具敏感性的设备实施行政监管，如医疗设备或联网汽车。

在监管大型制造业基地时，在维护现有的、有用的监管框架的同时，监管机构应当处理和制定新的要求。尽管一些政府机构已经对监管物联网表现出了兴趣，但 FTC 应该负责监管物联网，因为它在各行业中监管隐私和网络安全方面拥有最多的经验。① 不过，消费品的开发可能会受益于美国消费产品安全委员会（简称 CPSC）的参与，特别是在为制造商制定指导方针方面。② 制造商可能会从调查和执行模式的结合中受益：FTC 可以制定指导方针和规则，而 CPSC 负责处理投诉并进行调查。两家大型行政机构的合作可以预见潜在的隐私和网络安全问题，同时它们也可以利用长期存在的产品责任监管框架。

尽管在大多数隐私法下，原告通过隐私侵权之诉进行民事追偿是不可能的，但是基于物联网具有物质性以及存在潜在的安全问题，因此这为原告在不太可能导致追偿的情况下进行民事追偿和行政罚款提供了强有力的论据。可采取的民事诉讼可能包括：与数据处理相关和在被告未披露敏感个人信息收集或使用情况下的违约之诉、不良网络安全行为的过失侵权之诉，以及导致人身损害或财产损害的产品责任之诉。③ 的确，这些普通法机构将需要进一步的探索，并可能需要对普通法和法典进行演变。在有限的情况下，制造商的诉讼也可能引发其他正当程序问题、歧视诉讼或违宪诉讼。国会可能授权 FTC 或 CPSC 等行政机构调查存在潜在损害的投诉，这些投诉不仅对法院构成了挑战，也对消费者构成了风险。例如，涉及不当数据处理或敏感个人信息披露的诉讼可能难以符合当前人们对普通法的理解，但这些

---

① See generally Daniel J. Solove & Woodrow Hartzog, The FTC and the New Common Law of Privacy, 114 Colum. L. Rev. p. 586 (2014).

② See Consumer Product Safety Administration Seeks Collaboration in Managing Internet of Things, ABA, (May 12, 2017, 2: 34PM) https://www.americanbar.org/news/abanews/aba-news-archives/2017/05/consumer_productsaf.html.

③ See, e. g., Alan Butler, Products Liability and the Internet of (Insecure) Things: Should Manufacturers Be Liable for Damage Caused by Hacked Devices? 50 Mich. J. L. Reform p. 913, pp. 917–918 (2018); Stacy-Ann Elvy, Contracting in the Age of the Internet of Things: Article 2 of the UCC and Beyond, 44 Hofstra L. Rev. p. 839, pp. 844–845 (2016).

诉讼仍然可能会受到机构的调查。例如，人们可能难以理解，为何对于已知的侵权行为原告仍然受到保护。

尽管上述案件拥有相当广泛的裁决机会，但一项规定还可能包括激励诉讼被告争取对特定主张的完全民事责任抗辩。例如，如果一个制造商符合 NIST 的要求，那么该制造商就可以对不合理技术和管理控制的主张进行完全抗辩。同样，使用公共选择管理系统的制造商可以避免一般的隐私责任，只要他们遵守选择管理系统中的选择设置。

六、结论

对消费者而言，现代物联网已不仅仅是未来的关注点：物联网目前在全球联网设备中占据主导地位，并且其规模只会继续增长。物联网设备现在结合了先进的算法和机器学习实用程序，同时还依赖于大数据基础设施。物联网设备的普遍性与数据的普遍性相结合，它们为我们带来了比以往所探讨过的更深入的问题。对歧视、隐私和网络安全问题的关注表明，可靠和有用的服务的提供具有多面性：它需要保障个人权利、保护消费者安全以及确保消费者自助的适当机制的存在。

目前，美国还未存在有效的法律途径来解决物联网问题。然而，监管物联网需要的远远不止是通过一项联邦法律。合适的物联网风险管理解决方案的构建同时需要基本的法律规定、行业自律和市场利益调节。为了确保物联网市场的繁荣，关键是要开发一个切实可行的解决方案，使其既能解决隐藏的物联网风险，又具备足够的灵活性来促进物联网增长。

第二编 物联网隐私权所面临的威胁(二)

隐私权与物联网:重新定义现有隐私标准刻不容缓

格雷厄姆·约翰逊[①] 著 缪子仪[②] 译

目　　次

一、导论
二、物联网概述
三、物联网数据收集行为存在的问题
四、关于物联网数据可采性的现行法律标准
五、隐私利益保护的崭新框架

一、导论

2015年11月22日,这一天对大多数人来说不过是稀松平常的一天。可就在这一天早上,人们却在James Bates家后院的热水浴缸中发现了Victor Collins的尸体,因为漂浮在浴缸中的他早已没了生命

[①] 格雷厄姆·约翰逊(Graham Johnson),美国华盛顿大学法学院2019级法学博士候选人。
[②] 缪子仪,中山大学法学院助教。

体征。① James Bates 的家位于阿肯色州的本顿维尔，按照 Bates 的说法，头天晚上他们俩在一起玩得很嗨并喝得烂醉如泥。此外，Bates 不仅坚称 Collins 是一不留神才淹死在热水浴缸里的，而且他还表示这个事情应该发生在凌晨一点左右，当时自己早已进入梦乡并睡得正酣，全然不知是怎么一回事。然而，这套说辞并未就此拨开这件离奇案件的重重迷雾，政府执法人员很快便怀疑这是一场谋杀。一方面，政府执法人员注意到院子里有可疑的水迹，这表明 Bates 可能企图通过喷洒水来清理血迹或销毁其他证据；另一方面，他们还注意到客厅里有激烈打斗过的迹象。② 尽管种种可疑迹象将矛头直指 Bates，但是政府执法人员手中却并没有充足的证据。

虽然该案与往常的谋杀案调查并无二致，但是此次调查却迅速占据全国各大新闻媒体的头版头条，一时间引起轩然大波。事实上，之所以该起离奇杀人案轰动一时，全都仰仗于该案中的一个神秘角色"Echo"——在留有打斗痕迹的客厅，政府执法人员注意到 Bates 曾装有一台 Amazon Echo（一种流行的声控智能音箱）。鉴于 Echo 可能在不经意间获取并记录到一些相关证据，政府执法人员随即向亚马逊公司递交行政传票，并要求亚马逊公司提供 Echo 在那天晚上的相关数据记录。③ 未曾料到，亚马逊公司一口回绝这一要求，并声称："考虑到《美国联邦宪法第一修正案》自不待言的重要性和人们岌岌可危的隐私权，除非本顿维尔法院认为国家已经肩负起对于此类智能设备的强制生产义务，否则本顿维尔法院理所应当撤销搜查令。"④ 亚马逊公司这一挑衅的回应可谓一石激起千层浪，同时它也重新点燃导火索，掀起一场有关公民隐私权和政府执法之间利益冲突的激烈讨论；一时之间，全国上下，热议纷纷。说它是重新点燃其实并不为

---

① Zuzanna Sitek & Dillon Thomas, Bentonville PD Says Man Strangled, Drowned Former Georgia Officer, 5 News Online（Feb. 23, 2016）.

② Zuzanna Sitek & Dillon Thomas, Bentonville PD Says Man Strangled, Drowned Former Georgia Officer, 5 News Online（Feb. 23, 2016）.

③ Kim Lacapria, Amazon Fights Subpoena for Alexa Data in Murder Investigation, SNOPES（Feb. 23, 2017）.

④ Kim Lacapria, Amazon Fights Subpoena for Alexa Data in Murder Investigation, SNOPES（Feb. 23, 2017）.

过，因为就在一年之前的圣贝纳迪诺枪击一案中，苹果公司高调拒绝解锁凶犯 iPhone 的行为就曾引发一场激烈的争论。①

然而，与以往截然不同的是，这次的辩论很快就平息下来。由于另一种与众不同的"智能"联网设备为政府执法人员提供了关键证据，所以，无论 Echo 无意间获得过什么数据都变得无关紧要，政府执法人员坚信自己凭借该证据就可以一举推翻 Bates 的那套说辞。事情的来龙去脉其实是这样的：在本顿维尔，每个新家都预先安装有一个联网的公用事业测量仪；该测量仪不仅能够"测量并记录每小时确切的水电消耗量"②，而且还会将该数据传送给当地公用事业公司进行处理和储存。③ 为了进一步查清后院水迹显示出的蛛丝马迹，政府执法人员同样递交给公用事业公司一张行政传票。与亚马逊公司态度迥然相反的是，公用事业公司并没有质疑这一请求，而是二话不说就交出该数据。根据数据显示，在 Collins 死亡当晚的凌晨一点到三点之间，Bates 家中总共使用掉 140 加仑的水。这可就耐人寻味了，因为就在那天晚上早些时候，几个人一起醒来时也不过才总共使用掉 10 加仑的水。根据过量用水这一可疑行径，政府执法人员大胆推断这宗离奇的案件是一起谋杀案，并认为该用水量"与喷洒到后院的水量惊人一致"。④ Bates 随后被指控犯有一级谋杀罪和篡改证据罪，他之所以能被成功指控，测量仪数据提供的证据可谓立下汗马功劳。⑤

在亚马逊公司义正词严地拒绝本顿维尔政府执法人员的要求之后，普通 Echo 用户和隐私倡导者都长舒一口气，悬着的心也终于放了下来。然而，他们忽略了一个事实，在政府执法人员看来，他们不仅认为自己仅仅通过分析联网的公用事业测量仪数据就轻而易举地将该案一举解决，而且还觉得这种测量仪没什么危害且不可避免地要安装，这件事本身就催生出新的问题——在日常生活中，联网的设备究

---

① Amy B. Wang, Police Land Amazon Echo Data in Quest to Solve Murder, CHL TRIB.
② Amy B. Wang, Police Land Amazon Echo Data in Quest to Solve Murder, CHL TRIB.
③ Amy B. Wang, Police Land Amazon Echo Data in Quest to Solve Murder, CHL TRIB.
④ Amy B. Wang, Police Land Amazon Echo Data in Quest to Solve Murder, CHL TRIB.
⑤ Tracy Neal, Suit Accuses Police in Arkansas of Plot to Frame Man for Murder, Nw. Ark. Democrat Gazette.

竟收集过多少他人的数据？这些数据都包含什么内容？它们又揭示出什么关于他人的信息？他人的个人数据究竟是如何被收集、存储和保护从而免受恶意黑客和政府利益侵害的？或许重中之重的问题是，对于这些个人数据是否被收集，他人享有任何优先发言权吗？

以上这些问题不仅是内部连接和与互联网连接的设备［广义上称为"物联网"（IoT）］在社会上实现的核心，而且它们对于日新月异、飞速发展的科学技术而言也至关重要。事实上，物联网并没有一个统一而全面的定义。比如联邦贸易委员会认为，所谓物联网是指一个"互联互通的环境，在这个环境中，不仅各种各样的物品都以数字化的形式存在，而且它们还能够与其他物品和人进行交互"[1]。再比如，作为赫赫有名的分析公司，麦肯锡全球研究所（McKinsey Global Institute）也对物联网做出过定义："所谓物联网，是指通过网络连接到计算系统的传感器和执行器。"[2] 其实，物联网这个术语不仅可以用作名词（例如，作为设备互连环境的物联网），而且它也能够用作形容词（例如，一个物联网设备）。在本文中，作为消费品（俗称智能设备）的描述性术语，物联网主要以后一种形式出现。而所谓智能设备，主要是指通过内置传感器收集用户数据，并通过互联网将这些数据相互之间传输和/或传输到集中地点的产品。

本文主要由四个部分的内容组成：

本文第一部分将分析面向消费者的物联网设备在当今社会中的流行情况，并讨论物联网设备收集到的不同类别数据、物联网数据收集行为的广泛范围和促进数据收集的五花八门的系统。

本文第二部分将总结关于物联网争论前沿的四个迫在眉睫的现实问题：①不仅物联网数据收集行为不可避免，而且它们无所不包、无处不在；②物联网数据收集行为欠缺对消费者的告知机制，并且消费者对物联网数据收集行为的程度一无所知；③数据安全性的不足不仅助长着有针对性的黑客攻击，而且还危及物联网数据的证据有效性；

---

[1] Jamie Lee Williams, Privacy in the Age of the Internet of Things, 41 HUM. RTS. 14, 16（2015）.

[2] James Manyika et al., The Internet of Things: Mapping the Value Beyond the Hype, McKinsey Global Inst. 1, n. 1（2015）.

④由于承认物联网数据可以作为证据,因此证据推断存在不公平、不道德的现象。

本文第三部分不仅将概述物联网当前的法律环境,而且还将讨论有关物联网数据可采性的当前趋势和可用标准。除此之外,第三部分还将涉及联邦贸易委员会在物联网领域的监管权力、物联网产品行业的自我监管趋势和州、联邦立法机构有限的监管作用。

本文第四部分将讨论隐私权的依据,即现行《美国联邦宪法第四修正案》(以下简称《第四修正案》)中的隐私合理期待标准——如果要判断政府执法人员所实施的搜查行为或扣押行为是否违反《第四修正案》的规定,那么,法院应当首先判断他们的行为是否侵犯公民所享有的合理隐私期待;[1] 对于该标准,第四部分将探讨面对物联网数据收集行为所带来的一系列隐私利益保护问题,为什么隐私合理期待标准存在致命的根本性错误。此外,本文还将指出,由于社会规范日新月异,不仅隐私合理期待标准在理论上早已成为时代的弃儿,而且鉴于物联网设备收集数据的性质和程度,该标准实际上已经心有余而力不足。与继续遵循该过时标准的主张截然相反,在评估和判断物联网领域的隐私利益方面,本文主张法院改变自己的评估方式——比起将目光聚焦在他人的主观隐私期待上面,法院更应把隐私权视为一种他人有权控制何时、如何以及在何种程度上将自己的个人信息分享给别人的功能。[2]

二、物联网概述

首先,虽然"物联网"这个词语对一些人来说可能是个生面孔,但是在如今这个联系日益紧密的社会中,它绝不是什么初来乍到的陌生概念。简而言之,所谓物联网设备(IoT device)是指任何不仅具有唯一的互联网协议(IP)地址,而且能够连接到互联网的设备,该设备能够将任意复杂程度的数据进行传输。[3] 此外,物联网设备既

---

[1] Katz v. United States, 389 U.S. 347, 361 (1967) (Harlan, J., concurring).

[2] See generally Alan F. Westin, Privacy and Freedom, 25 WASH. & Lee L. Rev. 166 (1968).

[3] Eric A. Fischer, Cong. Research Serv. R44227, The Internet of Things: Frequently Asked Questions (2015).

可以是有线的也可以是无线的，它们能够利用传感器收集各种形式的数据、通过互联网发送数据和使用这些数据来执行特定功能。① 其实大家只要环顾四周就会发现，有意使用也好、无心使用也罢，物联网设备在我们的日常生活中无处不在——无论是手机和智能穿戴设备（例如 FitBits™ 和苹果手表），还是娱乐系统控制台（例如亚马逊 Echo 智能音箱和智能电视）和家用商品（例如智能厨房电器和 Nest 公用事业测量仪），抑或安全摄像头，种种设备不胜枚举，同时也随处可见。这些设备面向广大的消费者群体，对于使用它们的消费者来说，物联网设备的价值应该不言而喻——方便好用、安全可靠、任务自动化、成本效益高和娱乐性十足，这些优点都使得物联网设备脱颖而出、热度不断飙升，说它们是"当红炸子鸡"也不为过。

让我们将视线放得更长远一些，不仅物联网技术对于建立更为一体化且功能更强大的社会基础设施而言大有裨益②，而且它们还有望在促进交通运输、提高工业生产率、改善能源节约情况、提高农业生产率、增加粮食供应量和改善社区安全方面取得突破性且令人瞩目的进展。③ 虽然当前对物联网设备总数的估计可谓五花八门，但毋庸置疑的是，这个数字在不久的将来必定会极速飙升——一家分析公司预计，到2020年全世界将会有超过260亿台物联网设备④，还有一些分析公司则预计，到2020年物联网设备总数将在409亿至2120亿台之间。⑤ 想要精准估计物联网设备的总数已经是困难重重，想要量化物联网技术的经济价值更绝非易事。据麦肯锡全球研究所（the McKinsey Global Institute）估计，考虑到物联网技术在九种主要环境中的潜在价值，在2025年之前，物联网技术每年创造的经济价值将高达

---

① Melissa W. Bailey, Seduction by Technology: Why Consumers Opt out of Privacy by Buying into the Internet of Things, 94 TEX. L. Rev. 1023 (2016).

② Eric A. Fischer, Cong. Research Serv., R44227, The Internet of Things: Frequently Asked Questions (2015).

③ Christian S. McMeley, Protecting Consumer Privacy and Information in the Age of the Internet ofThings, 29 Antitrust 71, 72 (2014).

④ Jacob Morgan, A Simple Explanation of "The Internet of Things," Forbes (May 13, 2014).

⑤ Christian S. McMeley, Protecting Consumer Privacy and Information in the Age of the Internet of Things, 29 Antitrust, 72 (2014).

3.9万亿～11.1万亿美元。① 虽然这一预测某种程度上包含对交通运输等行业的猜测,即假设应用物联网技术的自动驾驶汽车在2025年之前会得到广泛应用;但是这种预测并非毫无道理,也并非无根无据,因为应用物联网技术的家用商品和服务已经以每年创收2000亿至3500亿美元的经济价值成为红透半边天的热门领域。② 不过,虽然该预测还包含对物联网促进的家务自动化、能源管理和家庭安全三方面的评估③,但是本文还是主要把目光聚焦在智能设备方面。

虽然物联网技术在社会各个方面都取得了令世人瞩目的发展,但也正是因为物联网设备的快速普及和迅猛发展,"隐私问题和安全问题的数量正在以前所未有的速度野蛮增长"④。一方面,物联网设备不仅牵连的隐私问题数不胜数,而且这些问题紧密相连,通常很难分隔开来去解决;另一方面,许多物联网设备直接收集较为敏感的个人信息,其中包括位置数据、财务信息和个人健康信息。⑤ 在某些情况下,这些自动、全面的数据收集行为会披上名为"功能"的羊皮——例如,虽然FitBits™会收集数量庞大的用户隐私信息,但是它会把包括位置数据和个人信息在内的隐私信息冠以五花八门的名称,比如"行走步数、消耗的卡路里、运动强度、睡眠习惯和其他健康及健身指标"⑥。然而,与其他物联网设备大同小异的是,FitBits™收集到的个人数据也极有可能基于一些不怀好意的目的而被利用,比如,他人可能会因为这些信息而被雇主歧视,也有可能因此被保险公司和贷款人看低。⑦

---

① James Manyika et al., The Internet of Things: Mapping the Value Beyond the Hype, McKinsey Global Inst. 1, n. l.
② James Manyika et al., The Internet of Things: Mapping the Value Beyond the Hype, McKinsey Global Inst. 1, n. l (2015).
③ James Manyika et al., The Internet of Things: Mapping the Value Beyond the Hype, McKinsey Global Inst. 1, n. l (2015).
④ Jamie Lee Williams, Privacy in the Age of the Internet of Things, 41 Hum. RTS. at 14.
⑤ Jamie Lee Williams, Privacy in the Age of the Internet of Things, 41 Hum. RTS. at 14.
⑥ Nicole Chauriye, Wearable Devices as Admissible Evidence: Technology is Killing Our Opportunity to Lie, 24 Cath. U. J. L. & Tech. 495, 497 (2016).
⑦ See Ifeoma Ajunwa, Kate Crawford, & Jason Schultz, Limitless Worker Surveillance, 105 Cal. L. Rev. 735 (2017).

其次，物联网设备的推理能力和数据聚合技术对隐私问题的影响同样不容小觑："随着时间的流逝，对他人个人信息、习惯、位置和身体状况信息的收集……可能会允许物联网设备在尚未直接收集到他人的敏感信息之前就自行推理出他们的隐私信息。"① 换言之，通过整合收集到的离散数据点和其他输入源，物联网设备能够轻而易举地"呈现出每个人极度私人化且令人瞠目结舌的完整图片……"② 而本文第二部分第四节内容就将着重探讨这种数据聚合技术。

再次，从安全的角度来看，物联网设备通过下面三种方式带来的风险可谓显而易见："第一，物联网设备允许未经授权的访问和滥用个人信息的行为；第二，物联网设备促进对其他系统进行攻击的行为；第三，物联网设备创设安全风险的行为。"③ 无论这些物联网设备看起来多么单纯无害，它们都无法逃脱这些安全风险的魔爪；而本文第二部分第三节的内容就将进一步探讨这些安全风险。

最后，物联网产品的消费者通常"意识不到他们正在向谁出售自己的隐私，也觉察不到自己交易出去的隐私范围究竟有多少"④。虽然不能说双方要各负一半责任，但是物联网产品的消费者和物联网设备制造商对此都难辞其咎。在消费者告知设备制造商如何收集和利用他们的个人数据方面，设备制造商总是倾向于故意让消费者有口难言，他们经常隐藏自己的隐私政策或把隐私政策写得晦涩难懂就是对此最好的例证。⑤

此外，为了从最大程度上攫取利益，物联网设备制造商总是尽可能不露痕迹且全方位无死角地进行数据收集行为。一方面，虽然消费者可能并不愿意自己的个人数据在自己不知情的情况下被买卖，但

---

① Fed. Trade Comm'n, FTC Staff Report: Internet of Things: Privacy & Security in a Connected World, 14 (Jan. 2015).

② Edith Ramirez, Chairwoman, Fed. Trade Comm'n, Opening Remarks at the Federal Trade Commission Internet of Things Workshop (Nov. 19, 2013).

③ Fed. Trade Comm'n, FTC Staff Report: Internet of Things: Privacy & Security in a Connected World, 10 (Jan. 2015).

④ Melissa W. Bailey, Seduction by Technology: Why Consumers Opt out of Privacy by Buying into the Internet of Things, 94 TEX. L. Rev. 1034 (2016).

⑤ Scott R. Peppet, Regulating the Internet of Things: First Steps Toward Managing Discrimination, Privacy, Security, and Consent, 93 TEX. L. Rev. 139, 143 (2014).

是，在监管严重匮乏的数据经纪行业，这些个性化的消费者数据（为定向广告提供便利的数据）可谓是一块新鲜出炉的美味大蛋糕，互联网营销人员谁又能忍住不去揩一块儿"新油"呢？① 另一方面，与物联网数据收集相关的风险至少有一部分可以说是消费者自作自受酿成的苦果，这是因为虽然消费者总是对物联网产品的便利性进行五花八门的隐性或显性评估，但是他们却总是忽略这些产品所带来的一系列问题。② 打个简单的比方，如果消费者在自己的围栏后院中安装有运动监控摄像头，那么他们对于摄像头记录自己修剪草坪这件事便早就习以为常，心中对此根本就波澜不惊。一言以蔽之，这里的主要问题并不是消费者对物联网设备正在收集信息这一事实熟视无睹，而是消费者对数据收集行为的全部范围和该数据收集行为对自己隐私利益造成的影响一无所知。

三、物联网数据收集行为存在的问题

涉及物联网的文献数量正在以肉眼可见的速度迅速增长，而以下四部分内容则是其中几项不同学术研究和文章的共同主题。鉴于该部分内容与本文第四部分的理论探讨息息相关，因此笔者在此仅仅对每个存在的问题略做介绍，目的是更好地突出日常物联网设备对隐私权所造成的五花八门且意想不到的影响。

（一）物联网数据收集行为是全方位、无死角且无可避免的

由于物联网数据收集流程具有无可替代的全面性，因此物联网设备已经成为政府执法人员日益不可或缺的信息来源。正如一位评论家所说，"无处不在的物联网设备完全可以充当见证人，捕捉我们每个人的一举一动……"③ 就拿 Enlightened 公司（一家生产配备有传感

---

① See Paul Boutin, The Secretive World of Selling Data About You, Newsweek (May 30, 2016).

② Melissa W. Bailey, Seduction by Technology: Why Consumers Opt out of Privacy by Buying into the Internet of Things, 94 TEX. L. Rev. 1023 (2016).

③ Justin Jouvenal, Commit a Crime? Your Fitbit, Key Fob or Pacemaker Could Snitch on You, Chicago Trib.

器的 LED 灯系统的公司）来说，公司的首席执行官就曾表示："我们可以拍着胸脯告诉您每一天、每一秒钟的每平方英尺空间都是如何被 LED 灯占据的。"① 此外，前文中提到的 Bates 一案也强调了物联网数据收集行为在刑事诉讼语境下不可避免的潜在影响。其实，类似的案例不胜枚举——就拿 2016 年 9 月的一起案件来说，一名俄亥俄州男子声称自己睡觉时家里发生大火；而政府执法人员可没那么好糊弄，他们怀疑是该男子蓄意纵火并针对他的心脏起搏器签发搜查令。"政府执法人员表示，该名男子的心率和心律均表明他在声称自己入睡的时间其实是清醒的，最终该男子的行为被指控为纵火和保险欺诈。"②

在前不久发生的一起案件中，康涅狄格州男子 Richard Dabate 因谋杀自己的妻子而被判有罪，原因则是"政府执法人员用家庭报警系统、计算机、手机、社交媒体帖子和 Dabate 妻子的 FitBit™ 数据创建出一份时间表，而 Dabate 对政府执法人员的陈述与该时间表有多处矛盾"③。虽然 Dabate 口口声声地说在妻子结束健身课回家之时，入侵者将妻子追赶到地下室后立即开枪射击；但是在收集 FitBit™ 上的数据后，政府执法人员认为，"Debate 妻子从健身班回家后走的 1217 英尺（371 米）距离早就远远超过她从车库椅子到地下室所需要的 125 英尺（38.1 米）距离，这就使得 Debate 的说辞变得疑点重重"④。不仅如此，"按照 Debate 的说辞，他的妻子早在上午 9：10 之前就被杀身亡，可是 FitBit™ 却记录到他的妻子在'死亡'大约 1 小时之后仍在移动"⑤。

在以上 3 起案件中，有两起案件的凶手和纵火犯最终落入法网。让我们再次将视线拉回 Bates 一案，在该案中，政府执法人员制胜的

---

① Immanuel Kim, The Internet of Things: A Reality Check for Legal Professionals, Law Practice Today（Jan. 14, 2016）.
② Immanuel Kim, The Internet of Things: A Reality Check for Legal Professionals, Law Practice Today（Jan. 14, 2016）.
③ Mary Ann Georgantopoulos, A Fitbit Helped Police Arrest a Man for His Wife's Murder, BuzzFeed News.
④ Mary Ann Georgantopoulos, A Fitbit Helped Police Arrest a Man for His Wife's Murder, BuzzFeed News.
⑤ Mary Ann Georgantopoulos, A Fitbit Helped Police Arrest a Man for His Wife's Murder, BuzzFeed News.

法宝就是预先安装的智能公用事业测量仪中的用水量数据。① 虽然智能测量仪的数据看似无关紧要，但是它们却"能够揭示家庭的日常活动和行为方式……这些数据中所包含的详细信息足以让政府执法人员对公民的房屋了如指掌"②。就拿 Bates 来说，虽然他既没有选择安装智能公用事业测量仪，也没有自愿披露测量仪中的信息；但是这些包含在测量仪中的数据却紧紧扼住他命运的咽喉，让他几乎再无翻身的机会（至少直到起诉被驳回为止）。③ 与该案如出一辙的心脏起搏器一案则表明，患有严重心脏问题的公民面临的前景同样堪忧——作为这些心脏病患者赖以生存的唯一设备，心脏起搏器记录着将近7/24 的证据。

在未来几年，随着物联网设备日趋多样化且热度不断飙升，上述的问题和担忧必将如同滚雪球一般成倍增加。就拿亚马逊公司来说，它的产品 Echo Dot™（迷你 Echo 扬声器）是 2017 销售旺季最火爆畅销的产品，而它的 Alexa 电话应用程序（Echo 的主要用户界面）则荣膺苹果应用商店下载次数最多的应用程序。④ 我们从中不难看出，这些物联网设备已经天衣无缝地融入社交基础架构中，因此，无论他人是否拥有特定的物联网设备，他人在公共场所和私人场所都不可避免地要接触到物联网数据收集行为。

（二）物联网数据收集行为缺乏对消费者的告知机制

首先，就无处不在且无可避免的物联网数据收集行为而言，它们的致命问题是数据收集者的行为缺乏透明度；不仅物联网设备制造商在向消费者透露自己收集的数据量方面缄默不言，而且大多数情况下也没有任何联邦法律明确要求设备制造商这样去做。⑤ 在 2015 年，

---

① Amy B. Wang, Police Land Amazon Echo Data in Quest to Solve Murder, CHL TRIB.

② Natasha H. Duarte, The Home Out of Context: The Post-Riley Fourth Amendment and Law Enforcement Collection of Smart Meter Data, 93 N. C. L. REV. 1140, 1140–41 (2015).

③ Tracy Neal, Suit Accuses Police in Arkansas of Plot to Frame Man for Murder, Nw. Ark. Democrat Gazette (Jan. 28, 2019).

④ Raymond Wong, Amazon's Echo Dot and Alexa Voice Assistant Ruled this Holiday Season, Mashable (Dec. 27, 2017).

⑤ Melissa W. Bailey, Seduction by Technology: Why Consumers Opt Out of Privacy by Buying into the Internet of Things, 94 TEX. L. Rev. 1032 (2016).

联邦贸易委员会声称"如果物联网设备制造商收集和使用消费者数据的行为符合交易情境或它们与消费者之间的关系"①,那么,物联网设备制造商便无须提前告知消费者。虽然联邦贸易委员会的报告并没有否认消费者告知和隐私设置选项的重要性②,但它同时也不想将物联网技术的增长和发展扼杀在摇篮之中,因此联邦贸易委员会同时指出:"在通常情况下,物联网数据收集、使用行为均符合消费者的合理隐私期待。"③

这一结论与 Julie Brill 几个月前的声明相比堪称天壤之别,前联邦贸易委员会委员 Julie Brill 曾指出:"虽然消费者逐渐开始入手一部物联网设备,这些设备既能联网也能向大量不同的实体发送信息;但是,不仅消费者可能根本没有意识自己的设备能够联网,而且对于自己使用的设备正在收集信息这件事,消费者也很可能一无所知。"④

从上述两种表述我们不难看出,联邦贸易委员会的表述简直是自相矛盾——它一边声称消费者可能根本意识不到自己正在使用物联网设备(更不用说那些正在收集数据并将数据发送给第三人的设备);另一边却表明当消费者使用物联网设备时,如果物联网设备制造商收集和使用消费者数据的行为"符合交易情境"⑤,并且消费者对相关行为享有合理隐私期待,那么,物联网设备制造商就没有义务告知消费者自己的数据收集行为。总之,联邦贸易委员会对消费者告知条款选择采取一种自由放任的态度,这直接导致物联网设备制造商通常可以随心所欲地选择自己要披露哪些有关数据收集行为的信息。此外,物联网设备制造商还常常在附合合同上大做文章,这意味着如果消费者一旦开始使用物联网设备,那么,他们就会被推定为同意设备制造

---

① Fed. Trade Comm'n, FTC Staff Report: Internet of Things: Privacy & Security in a Connected World, 40 (Jan. 2015).

② Immanuel Kim, The Internet of Things: A Reality Check for Legal Professionals, Law Practice Today (Jan. 14, 2016).

③ Melissa W. Bailey, Seduction by Technology: Why Consumers Opt out of Privacy by Buying into the Internet of Things, 94 TEX. L. Rev. 1032 (2016).

④ Julie Brill, Comm'r, Fed. Trade Comm, n, Address at the Silicon Flatirons Conference: The New Frontiers of Privacy Harm (Jan. 17, 2014).

⑤ Fed. Trade Comm'n, FTC Staff Report: Internet of Things: Privacy & Security in a Connected World, 40 (Jan. 2015).

商的使用条款①；换言之，虽然消费者有选择的机会，但是这个"要么接受，要么放弃"的选择却更像是一个华而不实的摆设，如果消费者不接受这些使用条款，那么，他们就无法使用产品。

其次，退一步来说，如果消费者想要找出物联网设备制造商正在收集的数据类型，那么，他们也需要越过"千难万险"并跨过重重阻碍：第一，鉴于大多数面向消费者群体的物联网设备尺寸较小，所以设备制造商通常无法在设备或包装上标明隐私政策。②在这种情况下，如果消费者想要获取任何相关信息，那么他们就必须从一些外部来源（通常是设备制造商的官网）寻找设备制造商的隐私政策。在Noah Peppet看来，这个过程说起来容易做起来难，他指出："就许多物联网设备来说，消费者要想找到与它们相关的隐私政策可谓难于上青天。"③第二，这些隐私政策条款往往语意不明且含糊不清，通过在不同设备之间使用不同的"个人信息"定义，物联网设备制造商总是巧妙地使消费者在相关数据如何被共享并销售给第三人的问题上产生误解④。第三，就设备制造商分享数据的第三人或"合作伙伴"而言，不仅设备制造商享有单方面且范围广泛的自由裁量权，而且消费者通常无计可施；通常情况下，消费者根本无从找出这些第三人究竟是谁，更不用说去评估第三人的数据安全行为或是去了解第三人是如何处理和利用个人数据了的。

再次，物联网设备制造商的上述做法对消费者隐私利益产生的影响是灾难性的。就拿几年前的例子来说，在2015年，一位匿名网友的寥寥几语使得三星集团深陷舆论漩涡。这位匿名网友指出，深受追捧的三星智能电视（一款内置语音识别功能的电视）的隐私政策含有一项令人起鸡皮疙瘩的免责声明："请注意，如果您说出的内容包

---

① Melissa W. Bailey, Seduction by Technology: Why Consumers Opt out of Privacy by Buying into the Internet of Things, 94 TEX. L. Rev. 1033 (2016).

② Scott R. Peppet, Regulating the Internet of Things: First Steps Toward Managing Discrimination, Privacy, Security, and Consent, 93 TEX. L. Rev, at 140 (2014).

③ Scott R. Peppet, Regulating the Internet of Things: First Steps Toward Managing Discrimination, Privacy, Security, and Consent, 93 TEX. L. Rev, at 141 (2014).

④ Scott R. Peppet, Regulating the Internet of Things: First Steps Toward Managing Discrimination, Privacy, Security, and Consent, 93 TEX. L. Rev, at 142 (2014).

含个人信息或其他敏感信息,那么这些信息也将被语音识别功能捕获并传输给第三方公司。"① 为了更好地理解这个免责声明,我们可以闭上眼睛想象一下,"在未来的某一天,你悠闲惬意地坐在家中用语音功能打开《权力的游戏》,然而与此同时,电视却会把这句话和你所说的一切其他话语翻译成文本,紧接着再把相关数据发送给第三方公司"②。此外,为了避免对第三方公司使用消费者潜在个人信息的行为负责,三星智能电视的隐私政策还声明:"三星公司对第三方服务提供商的隐私行为或安全行为不承担任何责任。"

复次,万幸的是,联邦贸易委员会已经注意到智能电视产业的数据收集行为有猫腻。在2017年有一个轰动一时的新闻——VIZIO公司遭到联邦贸易委员会的指控,原因是在没有提前告知消费者的情况下,VIZIO公司擅自在自己旗下电视中装入用以收集消费者连续化、个性化观看数据的软件③,随后VIZIO公司与联邦贸易委员会达成和解。④ 根据联邦贸易委员会同意令的条款,VIZIO公司不仅同意此后实施"告知和同意"程序,而且它还需要实施数据删除政策和全面的数据隐私计划。⑤

最后,虽然针对VIZIO公司的执法行动可能是一个积极信号,这表明联邦贸易委员会对数据收集告知要求的立场正在慢慢动摇,但是该同意令是否会对更广泛的物联网产业造成冲击性影响还是个未知数。事实上,VIZIO公司愿意和解并改正自己的行为着实令人"大跌眼镜"——由于数据处理关系过于纷繁复杂,所以准确确定"告知消费者"这项责任应当落向何处一直是一块烫手的山芋。就拿亚马逊公司来说,亚马逊公司不仅对自己数据收集行为的全部参数守口如瓶,而且它目前还在与大量第三方公司(包括家庭安全系统销售商、

---

① Darren Orf, Samsung's SmartTV Privacy Policy Raises Accusations of Digital Spying, Gizmodo.
② Darren Orf, Samsung's SmartTV Privacy Policy Raises Accusations of Digital Spying, Gizmodo.
③ Stipulated Order for Permanent Injunction & Monetary Judgment, FTC v. Vizio, Inc., No. 2: 17-cv-00758 (D. N. J. Feb. 6, 2017).
④ FTC v. Vizio, Inc., No. 2: 17-cv-00758, 4–5 (D. N. J. Feb. 6, 2017).
⑤ Stipulated Order for Permanent Injunction & Monetary Judgment, FTC v. Vizio, Inc., No. 2: 17-cv-00758, at 4 (D. N. J. Feb. 6, 2017).

玩具制造商和健康跟踪器）合作，企图将 Alexa 程序融入这些公司旗下的物联网设备之中。① 虽然亚马逊公司坚持认为在消费者没有主动触发设备进行监听的情况下，亚马逊公司的设备根本不具备记录和存储任何情境对话的技术能力；但是无论如何，消费者所有有意对物联网设备说的话都会被记录并存储在自己的亚马逊账户上，比如购买、提问、给别人发消息、备忘录和闹铃等，这一点亚马逊公司无可辩驳。② 伴随着每一个全新第三方数据处理器的闪亮登场，不仅问题的复杂性将大幅增加，而且充分实现消费者告知机制的实际难度也会更上一层楼。针对使用 Alexa 程序的第三方物联网设备，亚马逊公司有义务在这些设备收集消费者数据时告知消费者吗？还是说这些责任和义务应该落在第三方物联网设备制造商的肩上？随着新兴物联网技术的蓬勃发展和相互联系，这些问题只会变得愈发难以回答。③

（三）消费者个人数据的安全性堪忧

联邦贸易委员会曾明确过物联网设备带来的三种安全风险。④

首先，第一种安全风险是未经授权访问物联网设备和盗用消费者个人信息的行为。⑤ 由于物联网设备和数据交易的安全性难以被保障，所以无论是在客户端还是服务器端，黑客都有可能以破坏用户凭证或入侵物联网设备的方式获取那些被存储或被传输的信息。⑥ 如果物联网设备存储或传输的是财务信息或个人身份信息，那么安全风险将会如"乘云霄飞车"一般直线上升，因为这两种信息都可能被别

---

① Electronic Privacy Information Center, EPIC Letter to the Attorney General and the FTC Chairwoman (July 10, 2015).

② Janko Roettgers, Relax: Your Amazon Echo Isn't Recording Everything You Say, Variety.

③ Fed. Trade Comm'n, FTC Staff Report: Internet of Things: Privacy & Security in a Connected World, at 22. (Jan. 2015).

④ Fed. Trade Comm'n, FTC Staff Report: Internet of Things: Privacy & Security in a Connected World, at 10. (Jan. 2015).

⑤ Fed. Trade Comm'n, FTC Staff Report: Internet of Things: Privacy & Security in a Connected World, at 10–11. (Jan. 2015).

⑥ Christian S. McMeley, Protecting Consumer Privacy and Information in the Age of the Internet ofThings, 29 Antitrust, at 7 (2014).

有用心者用于进一步的身份盗窃或欺诈。①

虽然有些设备制造商试图通过"取消识别"数据来保护消费者，还有些设备制造商试图在不暴露消费者个人来源身份的情况下处理和存储数据②；但是，"取消识别"在物联网领域是否能够行得通还需要打一个问号——因为"'取消识别'并不是一个完美无缺的解决方案，在大多数'取消识别'的数据集中，消费者的信息数据仍然可以被重新识别"③。正如 Peppet 所说，"初步研究表明，想要让物联网数据实现大规模匿名化几乎是天方夜谭，换言之，'重新识别'要比想象中来得容易得多"④。虽然对于重新识别技术的实际风险和成效依然众说纷纭⑤，但是鉴于物联网设备通常会收集涉及消费者行为的"高维数据"⑥，因此重新识别技术对于任何有针对性的重新识别尝试行为来说还是大有裨益，特别是当它与公开可用信息相结合的时候。⑦

其次，物联网设备带来的第二种和第三种安全风险是恶意入侵和非法盗用物联网设备的行为。第一，如果物联网设备失去关键的安全功能、失去连接或数据完整性下降，那么它们就极有可能造成不可预估的危害。⑧ 第二，就面向消费者的物联网设备而言，多种众所周知的途径（例如无法更改默认密码、防火墙保护不足、网络钓鱼攻击

---

① Mario Ballano Barcena et al., Security Response, How Safe Is Your Quantified Self?, Symantec.

② Ann Cavoukian & Daniel Castro, Big Data and Innovation, Setting the Record Straight: De-identification Does Work 1 (June 2014).

③ Melissa W. Bailey, Seduction by Technology: Why Consumers Opt Out of Privacy by Buying into the Internet of Things, 94 TEX. L. Rev. 1030. (2016).

④ Scott R. Peppet, Regulating the Internet of Things: First Steps Toward Managing Discrimination, Privacy, Security, and Consent, 93 TEX. L. Rev, at 130 (2014).

⑤ Ann Cavoukian & Daniel Castro, Big Data and Innovation, Setting the Record Straight: De-identification Does Work 1 (June 2014).

⑥ Arvind Narayana & Edward Felten, No Silver Bullet: De-identification Still Doesn't Work, at 4 (July 9, 2014).

⑦ Ann Cavoukian & Daniel Castro, Big Data and Innovation, Setting the Record Straight: De-identification Does Work 1, at 3 (June 2014).

⑧ Christian S. McMeley, Protecting Consumer Privacy and Information in the Age of the Internet ofThings, 29 Antitrust, at 2 (2014).

等）或更复杂的手段（例如协同分布式拒绝服务攻击、暴力破解攻击等）都能轻而易举地突破它们的防线。① 第三，即使网络能够得到很好的保护，特定的物联网设备也可能难逃一劫——由于许多物联网设备都与 Wi-Fi 路由器有着相似的特性，特别是在默认用户名和默认密码方面，因此行为人轻轻松松就能以惊人的精准度迅速定位单个物联网设备，这怎能不令人忧心忡忡？比如说，"在 2013 年 8 月，正当一个平凡而又普通的休斯敦家庭美美地睡觉之时，他们家中联网的婴儿监视器却遭到黑客入侵，这位令人毛骨悚然的变态黑客甚至还称仅仅 2 岁的小婴儿为'小荡妇'。据悉，这个家庭使用的是中国福斯康姆公司生产的'高质量视频音频摄像机'"②。虽然入侵婴儿监视器已经足以让人头皮发麻，但是第二种安全风险造成的影响甚至还可能危及生命，例如，前副总统 Dick Cheney 的医生严禁他的心脏植入装置使用无线功能，原因就在于担心该装置被图谋暗杀之徒入侵。③ 第四，这两种安全风险如今越来越得到重视，美国食品药品协会现在已经开始将网络安全保护作为批准医疗设备的几个评估标准之一。④

再次，虽然几部联邦法律和州法律都将合理保护某些信息的要求列入其中，例如，《美国公平信用报告法》（FCRA）、《美国儿童在线隐私保护法》（COPPA）、《美国健康保险便携性和责任法》（HIPAA）、《全球暨全美商业电子签名法》和《美国公平和准确信用交易法》（FACTA）⑤；但是不仅这些法律都没有具体涵盖物联网数据，而且恰恰相反，现有的法律保护通常仅限于特定内容⑥（例如《美国公平信用报告法》仅保护他人可识别的信用报告信息）或者特

---

① Christian S. McMeley, Protecting Consumer Privacy and Information in the Age of the Internet of Things, 29 Antitrust, at 3 (2014).

② Kashmir Hill, Baby Monitor Hack Could Happen to 40000 Other Foscam Users, Forbes (Aug. 27, 2013).

③ Herbert B. Jr. Dixon, The Wonderful and Scary Internet of Things, 56 Judges J. 36, 37 (2017).

④ Herbert B. Jr. Dixon, The Wonderful and Scary Internet of Things, 56 Judges J. 36, 37 (2017).

⑤ Christian S. McMeley, Protecting Consumer Privacy and Information in the Age of the Internet of Things, 29 Antitrust, at 76 (2014).

⑥ 16 C.F.R. § 682.3 (a) (2004).

定类型的数据处理器①（例如《美国健康保险便携性和责任法》仅适用于电子化处理健康保险信息的实体）。此外，即使物联网数据能够被合理地纳入法律保护范围，僵硬死板的法律体系也无法体现和阐明物联网数据收集独一无二的特性。例如，虽然 FitBits™ 可以收集消费者的日常跑步路线、饮食习惯、睡眠模式、症状搜索记录和走路或跑步节奏等一切相关信息，并且这些信息毫无疑问属于个人健康信息；但是 FitBits™ 数据却不在《美国健康保险便携性和责任法》的保护范围之内，因为它们不属于"被保护的实体"——"大多数由应用程序或物联网设备生成的消费者健康信息既不受《美国健康保险便携性和责任法》保护，也不在《美国医疗信息技术促进经济和临床健康法》（HITECH）的保护范围之内。"②

最后，虽然现有法律体系在保护物联网数据方面基本上无济于事，但是一些联邦机构正试图通过对物联网设备制造商追究责任来保护物联网数据免受恶意破坏。如前所述，联邦贸易委员会"不仅有权阻止某些主体……在商业活动中使用不公平的竞争手段或影响商业活动，而且也有权阻止商业活动中的或影响商业活动的不公平和欺骗性行为"③。这种追究"不公平或欺骗性行为"的权力似乎就是美国联邦政府追究物联网设备制造商相关责任的秘密武器之一——"随着物联网设备不断产生不计其数的数据，加之无休止的数据泄露事件接二连三地发生，为了确保物联网设备制造商实施'合理的'安全保护措施，联邦贸易委员会开始增加自己对《美国联邦贸易委员会法》第五部分所含权力的使用"④。目前，联邦贸易委员会不仅已经在一起物联网数据泄露事件中灵活运用该项权力，而且它也在用行动向其他物联网设备制造商敲醒警钟，提醒它们也有可能因安全保护措施不到位而身受牵连。⑤一言以蔽之，随着越来越多的物联网设备

---

① 45 C.F.R. §160.102（2003）.

② Christian S. McMeley, Protecting Consumer Privacy and Information in the Age of the Internet of Things, 29 Antiturst, at 74（2014）.

③ 15 U.S.C. §45（a）（2）（2006）.

④ Christian S. McMeley, Protecting Consumer Privacy and Information in the Age of the Internet of Things, 29 Antitrust, at 74（2014）.

⑤ In re Trendnet, Inc., No. 122-3090, 2013 WL 4858250（F.T.C. Sept. 3, 2013）.

(和设备制造商)如潮水般涌入市场,违法可能性也会不可避免地增加;如果说维持足够的数据安全性是一个长久且持续的过程,那么,物联网方面的安全性当然也不例外。

(四)潜在的歧视行为和不当的证据推断行为

首先,不知大家是否还记得前文提到的 Dabate 一案——虽然该案表明物联网数据在促进刑事诉讼方面的确有一些积极且切实有效的作用,但是万事都有两面性,与物联网数据相伴相随的可能还有不当且不公平的证据推断行为。例如在 Nichole Chauriye 看来,2015 年的 Commonwealth v. Risley 一案中就有许多物联网数据被错误地采纳。① 在该案中,一位名叫 Jeannine Risley 的妇女声称自己在老板家过夜时遭到一名蒙面入侵者的性侵犯。② 在随后的调查中,政府执法人员发现 Risley 的 FitBit™ 设备正静悄悄地躺在走廊上。迫于政府执法人员的请求,Risley 无奈之下只好提供出自己的 FitBit™ 密码,并且同意政府执法人员检索和收集设备中的电子存储数据。③ 经过对数据的一番审查,政府执法人员得出结论:"从该设备中检索到的数据来看,在 Risley 声称的侵害行为发生之时,她很可能正在四处走动。"④ 由于该结论与 Risley 的说法相互矛盾,因此 Risley 后来以做出虚假陈述之名被起诉,而 FitBit™ 数据则被认为是她在上述案件中撒谎的铁证。⑤ 根据 Chauriye 的观点,在该案中引入 FitBit™ 数据不仅对 Risley 百害而无一利,而且该行为还很有可能违宪。她指出:"虽然 FitBit™ 数据与 Risley 的说法存在很大出入,但是这也并不能证明她说的就是谎话;因为即使数据是真实的,那天晚上的事件也很有可能会像她声称的那

---

① Nicole Chauriye, Wearable Devices as Admissible Evidence: Technology Is Killing Our Opportunity to Lie, 24 Cath. U. J. L. & Tech. at 496 (2016).

② Sophie Kleeman, Woman Charged with False Reporting After Her FitBit Contradicted Her Rape Claim, MIC NEWS (June 25, 2015).

③ Nicole Chauriye, Wearable Devices as Admissible Evidence: Technology Is Killing Our Opportunity to Lie, 24 Cath. U. J. L. & Tech. at 510 (2016).

④ Nicole Chauriye, Wearable Devices as Admissible Evidence: Technology Is Killing Our Opportunity to Lie, 24 Cath. U. J. L. & Tech. at 509–510 (2016).

⑤ Nicole Chauriye, Wearable Devices as Admissible Evidence: Technology Is Killing Our Opportunity to Lie, 24 Cath. U. J. L. & Tech. at 510 (2016).

样发生。事实上，虽然 FitBits™ 和其他智能穿戴设备都是根据特定的时间增量记录数据，但是它们却无法获取特定时间点发生的确切细节。正是因为这个原因，允许智能穿戴设备中的数据作为证据被采纳不仅存在严重缺陷，而且还可能为相关技术所有者招来极为不公的偏见。"① 简而言之，Risley 一案形成一种进退两难的困境。一方面，如果真相真的是证据所表明的那样，即 Risley 编造强奸指控这件事千真万确，那么，FitBits™ 数据在一定程度上堪称该案的大功臣，因为这些数据在支持对 Risley 的刑事指控方面功不可没。另一方面，如果侵害行为确实发生而 Risley 只是忘记或错记其中一些微小细节，又或者 FitBits™ 数据是错误的或具有误导性的②；那么该案采纳 FitBits™ 数据的行为不仅会变成一种指责受害者的恶劣行径，而且该刑事指控还会对 Risley 造成一辈子难以磨灭的创伤，更何况这个刑事指控还是源于 Risley 微不足道的不准确记忆。③

其次，通过物联网数据伤害消费者的方式可不止一个，除了刑事诉讼方面之外，另一个热度不断攀升的领域就是保险关系和借贷关系背景下的歧视行为。对于该领域，Peppet 曾指出："如果物联网创造出许多新的数据源，并且从这些数据源中可以得出许多意想不到的推论，接着这些推论再被经济活动参与者用于自己的决策，那么我们立刻就会看到那些看似无害的数据很可能摇身一变为种族歧视或其他非法歧视行为的替代品。"④

一方面，在借贷关系中，虽然贷款人可能实际上并不知道借款人的种族，但是根据"借款人的驾驶路线、驾驶习惯、生活地点、生活方式或者无数物联网设备数据揭示出的各种其他习惯、行为和特

---

① Nicole Chauriye, Wearable Devices as Admissible Evidence: Technology Is Killing Our Opportunity to Lie, 24 Cath. U. J. L. & Tech. at 510 (2016).

② Katherine E. Vinez, The Admissibility of Data Collected from Wearable Devices, 4 Stetson J. Advoc. & L. 24 (2017).

③ Nicole Chauriye, Wearable Devices as Admissible Evidence: Technology Is Killing Our Opportunity to Lie, 24 Cath. U. J. L. & Tech. at 511 (2016).

④ Scott R. Peppet, Regulating the Internet of Things: First Steps Toward Managing Discrimination, Privacy, Security, and Consent, 93 TEX. L. Rev, at 123 – 124 (2014).

征",贷款人不费吹灰之力就能轻易猜测出借款人的种族。[1] 因此,虽然贷款人实际上从未参考或要求借款人提供他们的种族或是阶级,但是万变不离其宗,经过数据聚合技术分析后的物联网数据其实就是贷款人种族歧视或阶级歧视行为的替代品。另一方面,物联网数据在保险关系中也有自己的一席之地,因为保险公司已经开始在确定价格的过程中使用物联网数据。比如,汽车保险公司就会允许司机在旅行时携带具有跟踪车辆速度和位置数据的物联网设备,虽然保险公司信誓旦旦地说这项服务有助于降低保险费,但是事实上,如果该物联网设备记录到车辆存在任何激进驾驶的情况,那么保险费率提高也只是分分钟的事情而已。[2]

最后,物联网数据还有可能被用于雇佣关系背景下的歧视行为,FitBits™为雇主提供的"健康计划"服务就是其中极具代表性的例子。通过五花八门的健康计划,雇主可以为自己的雇员们建立公司范围内的健康里程碑或健康目标。[3] 接着,雇主便向雇员提供FitBits™设备(或允许雇员选择性使用),从而为达到健康目标或健康里程碑的雇员提供奖励。[4] 虽然这些数据在使用得当的情况下可以成为造福全公司的福音,但是"不仅这些数据具有潜在风险,它们能够'暴露出雇员的身体残疾、疾病或怀孕等情况',而且有些雇主已经着手解雇一批'从事那些可能使雇主增加健康保险费用行为的雇员'"[5]。简而言之,雇员面临着一种进退维谷的局面——如果他们选择不加入这些健康计划,那么除了可能受到别人排挤之外,他们还相当于自动放弃公司奖金丰厚的激励措施;如果他们选择加入这些健康计划,那么他们不仅需要暴露自己的个人信息和潜在健康问题,而且还得冒着

---

[1] Scott R. Peppet, Regulating the Internet of Things: First Steps Toward Managing Discrimination, Privacy, Security, and Consent, 93 TEX. L. Rev, at 124 (2014).

[2] Melissa W. Bailey, Seduction by Technology: Why Consumers Opt Out of Privacy by Buying into the Internet of Things, 94 TEX. L. Rev. 1031. (2016).

[3] Melissa W. Bailey, Seduction by Technology: Why Consumers Opt Out of Privacy by Buying into the Internet of Things, 94 TEX. L. Rev. at 1030 – 1031 (2016).

[4] Melissa W. Bailey, Seduction by Technology: Why Consumers Opt Out of Privacy by Buying into the Internet of Things, 94 TEX. L. Rev. at 1030 – 1031 (2016).

[5] Melissa W. Bailey, Seduction by Technology: Why Consumers Opt Out of Privacy by Buying into the Internet of Things, 94 TEX. L. Rev. at 1030 – 1031 (2016).

自己事业发展前途因此受到不利影响的风险。如果我们将该问题放到社会大环境下来看,那么,情况其实大同小异:虽然智能穿戴设备无疑对数百万活跃消费者来说好处多多,但是设备制造商要想收集数据就必须获得一定程度的信任权限——"消费者隐私领域的专家已经公开表明自己的担忧,因为诸如FitBits™一类的物联网设备制造商收集的消费者信息可谓细致入微,这很可能'使这些设备制造商变得无所不能,无论是准确猜测消费者的信用评级还是对保险费进行定价,诸如此类的事情对设备制造商而言通通都不在话下'"①。

总之,如果消费者针对行为人基于物联网数据聚合技术的歧视行为进行起诉,那么他们想要成功简直比登天还难;因为不仅如今越来越难以确定行为人收集个人数据的内容、地点和方式,而且无论是传统的反歧视法还是相关的数据处理法(本文将在第三部分进行讨论),它们都不禁止雇主、贷款人、保险公司、债权人和其他实体在谋划决策时使用物联网数据。②

四、关于物联网数据可采性的现行法律标准

在前两部分内容中,本文已经对与物联网设备的个人使用、集体使用相关的一些重要隐私问题做出简要解释。虽然上述问题是切实存在的问题,但是物联网设备将一如往常地继续存在也是意料之中的事情;因为无论以何种客观标准去进行衡量,物联网设备具有的经济价值、技术价值和社会价值(包括当前价值和预期价值)都是无可限量的,这也就导致我们无法通过过度的政府监管对它们加以阻碍。③此外,虽然有人认为,数据或设备安全性不足等技术问题可以通过采取具体、切实的预防措施来解决④;但在笔者看来,鉴于多元化隐私

---

① Nicole Chauriye, Wearable Devices as Admissible Evidence: Technology Is Killing Our Opportunity to Lie, 24 Cath. U. J. L. & Tech. at 496 (2016).

② Scott R. Peppet, Regulating the Internet of Things: First Steps Toward Managing Discrimination, Privacy, Security, and Consent, 93 TEX. L. Rev, at 128 (2014).

③ Natasha H. Duarte, The Home Out of Context: The Post-Riley Fourth Amendment and Law Enforcement Collection of Smart Meter Data, 93 N. C. L. REV. 1140, 1140 – 1141 (2015).

④ See, e. g., Fed. Trade Comm'n, Careful Connections: Building Security in the Internet of Things (2015).

权理论体系中有一些根深蒂固的规范，因此物联网技术的出现正在为我们带来一种难以调和的哲学难题。在接下来的两部分内容中，第三部分内容将概述现行围绕物联网技术的法律框架，并对物联网数据作为证据的可采性进行探讨；而第四部分内容则将阐释现行相关法律标准以及该标准究竟为何与隐私权理论的哲学基础不一致。

（一）作为证据的物联网数据

首先，在前文内容中，无论是 Bates 一案、Dabate 一案还是 Risley 一案，它们无一不生动展现出物联网数据潜在的证据价值。在这三个案件中，政府执法人员都是先在犯罪现场附近发现物联网设备，接着向负责数据处理的第三人递交传票，而这些传票通常是请求获取相关设备中的电子存储数据；一旦政府执法人员的请求获得批准，他们就会在随后的起诉中使用这些物联网数据。根据现行的联邦法律，政府执法人员访问物联网存储数据的标准远远没有获取搜查令的标准严格——作为1986年《美国联邦电子通信隐私法》（ECPA）的第二章[1]，《联邦存储通信法》在颁布之时便提供了几种方式，政府执法人员可以通过这些方式强制公民披露某些电子存储信息（ESI）。如果被请求披露的电子存储信息存在时间少于180天，那么政府执法人员就需要持有正式的搜查令或扣押令，并且他们在申请搜查令或扣押令之前必须具有某种合理根据[2]；如果被请求披露的电子存储信息存在时间超过180天，那么政府执法人员则需要通过递交正式的搜查令或扣押令、递交行政传票或通过法院命令的形式来获取相关数据。[3] 不过相比之下，后两种形式的证明责任要比前一种小得多，因为政府执法人员只有证明自己在申请之前具有某种合理根据才能申请签发搜查令或扣押令；而行政传票和法院命令的签发则简单得多，它们只需要政府执法人员证明自己有合理的理由相信所请求的电子存储信息"与正在进行的刑事调查相关并且具有实质性意义"而已。[4] 根据

---

[1] 18 U.S.C. §§2701–2710 (2018).
[2] 18 U.S.C. §2703 (a) (2018).
[3] 18 U.S.C. §2703 (b) (2018).
[4] 18 U.S.C. §2703 (d) (2018).

《联邦证据规则》的规定，如果政府执法人员要收集或采纳电子存储信息作为证据，那么他们通常需要先克服一些逻辑方面的障碍，即确定电子存储信息的相关性、评估这些信息的准确性和验证数据。[1]

其次，目前最具争议的证据考量因素就是证明电子存储信息的可靠性，尤其是物联网设备中的电子存储信息。针对这一问题，目前主要有两派观点——一方面，有一些学者断言物联网设备收集的数据向来靠得住，因为这些设备的传感器只是按照设定好的程序记录、输入和传输信息而已。[2] 在这一派学者看来，问题的核心其实根本不在于收集到的数据本身，而在于从这些数据中得出的推论；尤其是如果这些推论是出于歧视或偏见而产生，那么问题就会更加棘手。[3] 拿 Bates 一案来说，在该案当中，公用事业测量仪和汽车中的 GPS 位置追踪器等设备当然是真实可靠的；比如 Bates 在凌晨 1 点到凌晨 3 点之间使用 140 加仑水这件事，这不仅是一个客观且能够核实的事实，而且公用事业测量仪也准确无误地记录下这一事实。然而该案中最令人惴惴不安的问题是，为了用证据支持自己对案件的推测（据称是伪造的），政府执法人员竟企图将用水量数据作为证据来掩盖事实真相。另一方面，另一派学者则认为物联网设备从本质上就是不可靠的，因此物联网设备收集的数据只应在有限情况下用于补充、辩论和极少数情况下（如果有的话）代替证人证言。[4] 在这一派学者看来，任何偶然事件的出现都会使物联网数据变得极为不可靠。比如，不仅传感器本身可能会出现技术性错误，而且物联网设备收集的数据也可能会随着时间的推移而损坏或降低准确性。[5] 再比如，FitBits™ 等物联网设备很可能会错误地评估数据并记录一些与真实情况相去甚远的事情，例如"智能穿戴设备记录消费者已经走出去 3 英里之远，而消费者

---

[1] See generally Michael Arnold & Dennis R. Kiker, The Big Data Collection Problem of Little Mobile Devices, 21 Rich. J.L. & Tech. 10 (2015).

[2] Scott R. Peppet, Regulating the Internet of Things: First Steps Toward Managing Discrimination, Privacy, Security, and Consent, 93 TEX. L. Rev, at 128 (2014).

[3] Scott R. Peppet, Regulating the Internet of Things: First Steps Toward Managing Discrimination, Privacy, Security, and Consent, 93 TEX. L. Rev, at 128 (2014).

[4] Neda Shakoori, Wearables: Your Next Trial Witness? S. F. Daily J. (Dec. 10, 2014).

[5] Christian S. McMeley, Protecting Consumer Privacy and Information in the Age of the Internet ofThings, 29 Antitrust, at 2 (2014).

实际上只是在他们的工作地点来回走动罢了"①。虽然诸如此类的不准确记录看似微不足道,但是它们很可能在未来会对保险索赔和其他涉及 FitBits™ 数据的诉讼程序产生重大影响;至少前文提到的 Risley 一案就足以说明这个问题——该案不仅涉及潜在不可靠数据,而且如今各方对于 FitBits™ 数据的准确性和可靠性仍在争论不休。②

(二) 物联网数据采集的合宪性

首先,与上述问题相比,围绕物联网数据收集和使用的宪法性问题所面临的处境也不过是大同小异而已。在这些宪法性问题中,最为突出的问题就是政府执法人员获取物联网数据的行为是否构成《美国联邦宪法第四修正案》(以下简称《第四修正案》)中的搜查行为和扣押行为。③ 在 1967 年大名鼎鼎的 Katz v. United States④ 一案中,美国联邦最高法院认为如果要判断政府执法人员所实施的搜查行为或扣押行为是否违反《第四修正案》的规定,那么法院应当首先判断他们的行为是否有侵犯公民所享有的合理隐私期待。与此同时,Harlan 大法官在 Katz 一案中的赞同意见不仅一举确立后来举世闻名的"隐私合理期待标准",而且该标准也被用来评估政府执法人员的行为到底是否构成《第四修正案》中的搜查行为。Harlan 大法官指出:"从以往的判决中,我们可以得出一个对《第四修正案》保护对象的双重要求,这就是:其一,公民对其隐私表现出了真实的、主观的期待;其二,公民所表现出的此种真实的、主观的隐私期待被社会认为是合理的隐私期待。"⑤ 从隐私合理期待标准中我们可以看出,虽然任何一个公民都可以声称他们主观上认为自己的通信是私人的,并且他们也可以坚称对自己的隐私享有真实的、主观的期待,但是该种期待到底属不属于合理的隐私期待,法官还需要结合社会因素进行判

---

① Christian S. McMeley, Protecting Consumer Privacy and Information in the Age of the Internet of Things, 29 Antitrust, at 2 (2014).
② Nicole Chauriye, Wearable Devices as Admissible Evidence: Technology Is Killing Our Opportunity to Lie, 24 Cath. U. J. L. & TECH. (2016).
③ U.S. Const, amend. IV.
④ Katz v. United States, 389 U.S., at 347 (1967).
⑤ Katz v. United States, 389 U.S., at 361 (1967).

断。一言以蔽之，由于隐私合理期待标准实际上取决于社会的期待而不是公民个人的期待，所以这一标准不仅在理论上可以延伸，而且该标准还能够由法院根据不断发展、千变万化的社会规范和社会期待加以调整。①

其次，Katz 一案之所以能成为具有里程碑意义的案件，不仅因为该案确立了隐私合理期待标准，而且还因为该案使得美国联邦最高法院长久以来所确立的财产所有权规则寿终正寝。所谓财产所有权规则是指在 1928 年的 Olmstead v. United States② 一案中所确立的原则，根据财产所有权规则，如果政府执法人员的行为要构成《第四修正案》所规定的搜查行为或者扣押行为，那么，他们必须实际地、以物理性的方式侵犯公民的财产所有权。这意味着，如果政府执法人员没有使用特定的监视设备或实际地、以物理性的方式侵犯公民的财产所有权，那么，他们的行为就不会构成《第四修正案》中的搜查行为。虽然财产所有权规则早已退出历史舞台，但是美国联邦最高法院最近却在 United States v. Jones 一案中再次援引该原则——美国联邦最高法院认为，由于政府执法人员在被告的汽车上实际地、以物理性的方式安装 GPS 装置，并且他们在长达几周的时间内都使用该装置来监视被告的位置，所以政府执法人员的行为构成《第四修正案》中的搜查行为。③ 在该案中，大多数法官都没有依据 Katz 一案所确立的隐私合理期待标准来判定案件，恰恰相反，他们选择采取非常狭隘的方法来判断问题，即仅仅根据财产所有权规则中的"以物理性的方式侵犯"标准来判定案件。④

不过，并不是所有法官都持这样的观点。在 Jones 一案当中，Sotomayor 大法官便发表了一份颇具影响力的赞同意见。在这份赞同意见中，针对通过 GPS 跟踪器进行的监视本身是否构成《第四修正案》中的不合理搜查行为，她不仅严词批评大多数法官对于这一问题置之不理，而且她还表达出自己深深的担忧，因为数据聚合技术很可能通

---

① Orin S. Kerr, An Equilibrium-Adjustment Theory of the Fourth Amendment, HARV. L. REV. 482 (2011).
② Olmstead v. United States, 277 U.S., at 438 (1928).
③ United States v. Jones, 565 U.S., at 400 (2012).
④ United States v. Jones, 565 U.S., at 404–405 (2012).

过各种间接联系来暴露公民的个人信息,而不是仅仅是监控设备最初显示的信息那么简单。Sotomayor 大法官指出:"我想问一问,公民难道真的会合理地期待自己的行动被记录和聚合整理,从而使政府执法人员能够或多或少、轻而易举地确定自己的政治信仰、宗教信仰和性习惯吗?"① 此外,她还颇具先见之明地断言:"GPS 监控系统不仅能够精确无误、全面具体地记录公民的公共活动,而且还能通过这些数据反映出公民的家庭、政治、职业、宗教和性关系中的大量细节。"② 虽然 Sotomayor 大法官的观点专门针对 GPS 监控系统,但该观点同样可以适用于本文讨论的五花八门的物联网设备,因为无论是 FitBits^{TM}、亚马逊 Echos^{TM}还是公用事业测量仪,它们都有能力 360 度无死角地全面记录公民的日常生活。然而,由于美国联邦最高法院最终拒绝按照隐私合理期待标准认定政府执法人员的行为构成《第四修正案》中的搜查行为,因此 Sotomayor 大法官并没能扭转局面,而只能通过自己的赞同意见巧妙地为我们展现出一个会因物联网技术发展而日趋严重的问题。

最后,围绕物联网数据收集和使用的最后一个宪法性问题涉及第三方当事人理论(the Third Party Doctrine)。在 1976 年的 United States v. Miller 一案中,该理论开始崭露头角。③ 所谓第三方当事人理论是指如果公民向第三人披露信息,而第三人又将该信息传递给政府执法人员,那么,政府执法人员获取此类信息的行为无论如何都不会违反《第四修正案》的规定。根据第三方当事人理论,公民对自己自愿向第三人披露的信息不享有合理的隐私期待;换言之,如果政府执法人员想要获取第三人持有的信息,那么,他们通常情况下根本不需要持有具备合理根据的搜查令或扣押令。④ 在物联网的语境下,适用第三方当事人理论就意味着如果公民自愿与物联网设备交互,并且该交互数据被传输到第三方公司进行处理,那么,从理论上来说,公民就相当于自愿放弃自己对所披露信息享有的合理隐私期待。综上

---

① United States v. Jones, 565 U.S., at 416 (2012).
② United States v. Jones, 565 U.S., at 415 (2012).
③ United States v. Miller, 425 U.S., at 435 (1976).
④ Orin S. Kerr, The Case for the Third-Party Doctrine, 107 MICH. L. Rev. 561, 563 – 564 (2009).

所述，如果政府执法人员通过物联网设备对公民进行直接、实时的监控，那么，他们的行为便可能会侵犯到公民享有的合理隐私期待；但是如果政府执法人员在相关事实发生后直接从第三方公司收集物联网设备中的数据，那么，即使两种情形中的数据一模一样，政府执法人员的行为也不会违反《第四修正案》的规定。① 此外，截至目前，由于现行宪法并没有为物联网设备数据提供明确的保护措施，因此传统的第三方当事人理论在这种情形下依然适用。②

不过，虽然第三方当事人理论如今仍在适用，但是这种情况在未来很有可能发生翻天覆地的变化。例如，最近的 Carpenter v. United States 一案，针对手机信号发射塔收集的历史位置数据，美国联邦最高法院拒绝对此扩展适用第三方当事人理论。③ 在该案当中，美国联邦最高法院认为"与 Jones 一案中的 GPS 监控数据相比，手机信号发射塔记录的历史位置数据所带来的隐私问题更加严峻"，④ 因此，如果政府执法人员想要从手机提供商处获取公民的位置数据，那么他们必须持有搜查令。在首席大法官 Roberts 看来，鉴于手机信号发射塔收集的位置数据范围广泛，并且这种数据收集行为对所有手机用户来说可谓无处不在，因此 Carpenter 一案根本无法与适用第三方当事人理论的典型案例相提并论。Roberts 指出："相比于 Smith 一案和 Miller 一案中类型有限的个人信息，如今无线运营商收集的位置信息数据不仅细致入微，而且这些数据与前者堪称天壤之别。"⑤ 虽然美国联邦最高法院拒绝在 Carpenter 一案中适用第三方当事人理论，但是同时它也强调自己的判决适用范围有限，它指出："我们既无心干扰第三方当事人理论的适用，也无意质疑传统监控技术和诸如安全摄像头一类的监控工具，更不处理其他可能偶然透露位置信息的业务记

---

① Andrew Guthrie Ferguson, The Internet of Things and the Fourth Amendment of Effects, 104 Cal. L. Rev. 805, 840 (2016).
② Andrew Guthrie Ferguson, The Internet of Things and the Fourth Amendment of Effects, 104 Cal. L. Rev. 805, 840 (2016).
③ Carpenter v. United States, 138 S. Ct., at 2206 (2018).
④ Carpenter v. United States, 138 S. Ct., at 2218 (2018).
⑤ Carpenter v. United States, 138 S. Ct., at 2219 (2018).

录。"① 简而言之，就 Carpenter 一案的判决来说，该判决是否会扩大到其他向第三人披露个人信息的案件还仍然是一个未知数；所以在此之前，如果政府执法人员在事后调查中向第三人收集通过物联网设备获取或共享的信息，那么他们的行为在很大概率上还是不会违反《第四修正案》的规定。

五、隐私利益保护的崭新框架

鉴于美国在隐私权发展下长期存在并根深蒂固的法律规范，目前的法律和宪法标准并不能充分保护物联网数据收集行为所涉及的隐私利益。虽然本文已经从多个角度详细讨论隐私权，但是本文到目前为止还没有真正对隐私权进行定义；这并不是因为笔者打算在文末把它一次性论述个痛快，而是因为不仅简简单单的一个定义根本无法充分体现隐私权的概念，而且纵观全文，笔者在多个不同语境中都使用过隐私权的概念。就像 Neil Richards 曾写道："近年来，许多学者都将隐私权理解为一个无所不包、涵盖各种相关含义的概括性术语。"② 一方面，从狭义上来说，所谓隐私权是指他人享有的一种保护自己家庭和财产免受不必要侵扰的财产性权益。另一方面，从广义上来说，所谓隐私权是指他人对自己的身体、亲属关系、政治关系、性取向、自信心、思想、秘密和信仰等价值所享有的自主权；他人不仅直觉地和本能地认为这些价值神圣不可侵犯，而且他们也不会主动向社会公众披露这些价值。除了上述两种隐私权定义之外还有知识隐私权，在 Richards 看来，他人重视知识隐私权是一件与生俱来的事情。他指出，所谓知识隐私权是指"当他人在头脑风暴、灵感迸发之时或形成信念的过程中，他们所享有的保护自己免受别人监视或不必要侵扰的权利"③。

第一，虽然笔者实在很难对隐私权下一个定义，但是不管怎样，笔者至少能够确定隐私权的一个基本方面是"他人对隐私权有一种

---

① Carpenter v. United States, 138 S. Ct., at 2220 (2018).
② Neil M. Richards, Intellectual Privacy: Rethinking Civil Liberties in the Digital Age, at 9 (2015).
③ Neil M. Richards, Intellectual Privacy: Rethinking Civil Liberties in the Digital Age, at 95 (2015).

基本的、直观的感觉"①。就拿前文提到过的三个例子来说，一是针对变态黑客入侵婴儿监视器并对婴儿破口大骂的行为，他人会自然地倾向于将该行为视为是对隐私权的严重侵犯②；二是对于具有语音识别功能的智能电视，当它们动机不明地将周边每一次对话内容传输给某个身份不明的第三方数据处理器时，他人也会自然地认为它们在侵犯隐私权③；三是在雇员不知情的情况下，如果雇主利用雇员的 FitBits™ 数据发现她们怀孕之后再以某种借口解雇她们，那么，他人自然而然地也会生出厌恶之感。以上3个例子分别反映的是私密空间、谈话内容和个人健康信息方面的隐私权，虽然这3个例子之间的隐私权概念各不相同，但无一例外的是，他人都在直觉上重视它们并相信它们理所当然地应当受到保护。

　　第二，基于以下四个方面的考虑，笔者认为针对政府执法人员在刑事调查期间访问物联网存储数据的行为，我们应当一视同仁地将这些行为也视为是对公民隐私利益的严重侵犯。一是根据《联邦存储通信法》的规定，不仅政府执法人员可以通过递交行政传票的方式强制公民披露某些电子存储信息，而且政府执法人员仅需要证明相关数据"与正在进行的调查具有一定的相关性"就能轻而易举地获得行政传票。二是正如 Bates 一案所表明的，即使相关数据是在公民不知情或未经公民同意的情况下收集的（例如预先安装的公用事业测量仪），这些数据在审判中也仍然能够被使用和采纳。三是虽然某些数据可能在本质上就不靠谱（例如 Risley 一案中的 FitBit™ 数据），或者它们可能通过数据聚合技术被汇总后揭示出数量庞大且超乎想象的个人信息（例如 Sotomayor 大法官在 Jones 一案中指出的 GPS 监测系统数据），但是无论是《联邦证据规则》还是《第四修正案》，相关法律都没有为这些数据提供足够的保护。四是由于第三方当事人理论仍然适用，所以美国联邦最高法院在这个问题上的官方立场是，公民对物联网设备制造商共享和处理的信息不享有合理隐私期待。甚至可以说，对于自己的信息已经被披露这件事，或许公民自始至终都一无

---

① Alexandra Rengel, Privacy in the 21st Century 9 (2013).
② Alexandra Rengel, Privacy in the 21st Century at 13 (2013).
③ Alexandra Rengel, Privacy in the 21st Century at 12 (2013).

所知。①

第三，就第三方当事人理论和它在现代科技中应用的各种问题而言，鉴于已经有浩如烟海的文献对此展开讨论②，加之在 Carpenter 一案过后，这些问题确实可能面临一场重大甚至天翻地覆的变革③；因此，本文在此便不再赘述五花八门的学说和哲学上的疑虑。不过毋庸置疑的是，即使立法者在未来几年对政府执法人员获取物联网设备数据的法律或法规进行修改，通过物联网设备进行监控的问题也仍然会是物联网领域中一个悬而未决的问题。

具体而言，由于政府执法人员既可以在事后向第三人请求获取电子存储信息，也可以通过同步截取物联网设备传输的数据来主动监控公民的行为④；因此，即使前者的相关标准能够得到提高，当前的物联网数据截取标准也仍然不足以保护公民的隐私权。在笔者看来，一方面，Katz 一案所确立的隐私合理期待标准已经渐渐被时代的潮流抛在身后，因为物联网设备在未来几年将不可避免地被用于刑事调查，而该标准根本无法充分响应这些全新且复杂多变的情形；另一方面，财产所有权规则也基本上沦为时代的弃儿，因为在纷繁复杂且普遍存在的无线数据传输时代，它几乎没有什么用武之地。⑤

第四，虽然隐私合理期待标准必须依赖于社会期待，但是社会期待却在悄然变化之中与他人所珍视的隐私利益渐行渐远，这在很大程度上都是因为物联网设备在日常生活中的大面积普及和渗透。比如如果他人得知有人在不停地偷听自己谈话，那么，他们肯定会吓得魂飞魄散，即使偷听的人只听到了某个特定的字词或短语；但是现如今，在 2017 年的销售旺季，具有语音识别功能的迷你 Echo 扬声器却一举

---

① Andrew Guthrie Ferguson, The Internet of Things and the Fourth Amendment of Effects, 104 Cal. L. Rev. at 840 (2016).

② Andrew Guthrie Ferguson, The Internet of Things and the Fourth Amendment of Effects, 104 Cal. L. Rev. at 831–832 (2016).

③ Carpenter v. United States, 138 S. Ct. 2206 (2018).

④ Spencer Ackerman & Sam Thielman, US Intelligence Chief: We Might Use the Internet of Things to Spy on You, Guardian (Feb. 9, 2016).

⑤ Andrew Guthrie Ferguson, The Internet of Things and the Fourth Amendment of Effects, 104 Cal. L. Rev. at 838 (2016).

成为世界最大网购平台上最火爆畅销的产品。① 此外，面对三星智能电视引燃的争议，一位评论员敏锐地指出："这真的令人失望至极，所有这一切都只是在徒增证据以向我们证明'没错，如果你的智能设备已经连接互联网，那么它大概正在收集你的个人数据'。所以，从表示大吃一惊到决定维持现状，三星公司在自己的隐私声明中突然态度360度大转弯也就不足为奇了。"② 再比如，如今智能手机不离身已经成为他人的一种生活常态，然而与此同时，这些智能手机却在源源不断地向服务提供商传输他人的位置数据信息。

除了他人自身有意（或无意）向物联网设备制造商披露的信息之外，面对美国国家安全局（NSA）对他人实施监控行为这一现实，如今我们也不能再坐视不理。③ 网络留言板和社交媒体平台上曾有一个广为流传的段子，段子中说如果他人发表可疑或煽动性言论，那么，他们的名字就会立即出现在政府黑名单上；曾经这只是一个随口调侃、轻松幽默的笑话，可是现如今，这个段子却已经变成每个人身边稀松平常的现实。根据皮尤研究中心2015年做的一项民意调查显示，"有65%的受访者认为'政府执法人员有权收集的电话和互联网数据'并没有受到足够的限制……绝大多数受访者都认为，政府执法人员的数据收集行为没有受到足够约束这件事早已经是大家心照不宣的事实"④。

总而言之，虽然他人将家庭内部和人际关系中的隐私和亲密视若珍宝，但是他们却不仅心安理得地接受物联网设备"侵蚀"自己的日常生活，而且他们也越来越意识到并欣然接受这样一个事实，即政府执法人员能够（并且确实）有近乎无限的权力拦截物联网设备传输的数据。如果他人的隐私期待在下坡路上不断疾驰，那么，大家如何能继续适用隐私合理期待标准并依靠它来寻求平衡？如果他人将物

---

① Raymond Wong, Amazon's Echo Dot and Alexa Voice Assistant Ruled This Holiday Season, Mashable（Dec. 27, 2017）.
② Darren Orf, Samsung's Smart TV Privacy Policy Raises Accusations of Digital Spying, Gizmodo.
③ See generally NSA Spying, Electronic Frontier Foundation.
④ Mary Madden & Lee Rainie, Americans' Attitudes About Privacy, Security and Surveillance, Pew Research Center（May 20, 2015）.

联网设备带入自己的私人空间，并且他们清楚地知道这些设备很有可能沦为政府执法人员和第三人监控自己的工具，那么，他们对于这些设备附近进行的对话所享有的隐私期待又怎能称得上是合理的隐私期待呢？

第五，虽然问题丛生，但是美国联邦最高法院目前已经开始将《第四修正案》的保护范围扩大到其他复杂的监控技术；从一定程度上来说，这对于问题的推进和矛盾的缓和都大有裨益。例如与物联网技术息息相关的 Kyllo v. United States 一案①，在该案当中，为了确定原告的住所中到底有没有高强度灯（用于室内大麻生长），政府执法人员选择使用高科技热成像设备来扫描原告的住所；最终，美国联邦最高法院判定政府执法人员的行为构成《第四修正案》中的搜查行为。作为多数派的一员，Scalia 法官指出："在本案中，为了探寻原告住所内部的小细节，政府执法人员使用的是一种普罗大众不可能使用的设备。在过去没有这种设备的情况下，除非政府执法人员以物理性的方式侵入原告住所，否则他们就不可能探寻到原告住所内这些微小的细节。因此，不仅政府执法人员的行为构成《第四修正案》中的搜查行为，而且他们在没有搜查令的情况下实施该行为是违反《第四修正案》相关规定的。"② 接着，Scalia 进一步指出："我们之前已经表明，《第四修正案》早已在公民的住所门口划出一条泾渭分明的界线。"③ 综上所述，Kyllo 一案的判决可以为公民带来一种契机和新思路——如果公民能够证明政府执法人员通过物联网设备进行监视，并且该监视行为与 Kyllo 一案中的行为程度相当，即该行为揭露的"住所内部细节"在没有以物理性方式侵入的情况下不得而知；那么法院就有可能判定，政府执法人员在没有搜查令的情况下实施该监视行为违反《第四修正案》的规定。

虽然 Scalia 大法官提出了保护公民住所内部的明线规则（Brightline rule），但是他在 Kyllo 一案中的观点（包括引用的判例）却是依赖于隐私合理期待标准得出的。他指出："就政府执法人员搜查公民

---

① Kyllo v. United States, 533 U.S., at 27 (2001).
② Kyllo v. United States, 533 U.S., at 40 (2001).
③ Kyllo v. United States, 533 U.S., at 40 (2001).

住所内部的案例而言，这些案例不仅颇具代表性，而且公民住所内部也是最常引起隐私权诉讼的领域。这是因为有一个现成的标准深深根植于普通法的土壤之中，该标准就是——被社会公认为合理的隐私期待就是最低限度的隐私期待。"① 但是笔者对此不禁提出疑问，如果这种"最低限度的隐私期待"被完全侵蚀会怎么样？如果社会公众集体决定隐私权已经消亡殆尽又会怎么样？② 事实上，如果《第四修正案》对公民隐私权的保护坚持以隐私合理期待标准为条件，那么Scalia 大法官关于明线规则的建议就实在是为时过早了。

第六，为了调和上述问题，笔者建议回到隐私权的根源去一探究竟。在 1890 年，Samuel Warren 和 Louis Brandeis 共同撰写了他们大名鼎鼎的传世著作——《论隐私权》③；这篇文章不仅是美国历史上最具影响力的隐私权文章之一，而且它也是 Prosser 提出的隐私权四分法理论背后不可或缺的指导力量和灵感源泉。④ 面对新闻媒体日益增长的攻击性和日益猖狂的侵扰，加之新闻媒体已经厚颜无耻地将八卦当作一种产业，Warren 和 Brandeis 认为普通法应该为他人的隐私权提供法律保护。⑤ 对此，他们不仅把他人享有的这种权利称为"独处权"，并认为该种独处权在性质上属于一种不得被侵犯的人格权⑥；而且他们还认为财产权囊括各种形式的财产——不仅包括有形财产，还包括无形财产。⑦ 除此之外，《论隐私权》一文还确立起隐私权理

---

① Kyllo v. United States, 533 U. S., at 34 (2001).

② Christopher Mims, Privacy is Dead. Here's What Comes Next, WALL St. J., (May 6, 2018).

③ Samuel D. Warren & Louis D. Brandeis, The Right to Privacy, 4 Harv. L. Rev. 193 (1890).

④ Neil M. Richards & Daniel J. Solove, Prosser's Privacy Law: A Mixed Legacy, 98 Cal. L. Rev. 1887, 1888 (2010).

⑤ Samuel D. Warren & Louis D. Brandeis, The Right to Privacy, 4 Harv. L. Rev. 193 (1890).

⑥ Samuel D. Warren & Louis D. Brandeis, The Right to Privacy, 4 Harv. L. Rev. 193 (1890).

⑦ Samuel D. Warren & Louis D. Brandeis, The Right to Privacy, 4 Harv. L. Rev. 193 (1890).

论框架，即后来众所周知的信息隐私权（information privacy）。[①] Warren 和 Brandeis 在文中指出："普通法保护他人享有决定是否将自己的思想、感情和情绪与别人分享的权利。"[②] 由此可见，相比于将隐私权视为一种情感上或理论上的崇高理想，两位大学者选择将隐私权视为他人享有的一种与生俱来并且看得见摸得着的实际权利；通过这项权利，他人能够自由选择时间、方式和对象去披露自己的个人信息。

虽然《论隐私权》一文在美国隐私权发展史上堪称里程碑式的存在，但是将隐私权概念化为他人披露自己信息的自主权却并不是什么开天辟地的做法——无论是隐私权是一种个人财产权的观点，还是财产权是一种安全的可控利益的观点，它们都可以追根溯源到亚里士多德的著作之中。[③] 根据亚里士多德的观点，如果他人要完全具备"富裕"的资格，那么他们必须同时满足三个条件：其一，富裕不仅针对财富，而且还指一般所有权；其二，他人的个人财产必须具有安全性；其三，他人的财产属于自己个人所有。[④] 正如 Miller 所翻译的那样，"所谓'个人财产具有安全性'，是指他人能够在特定地点按照自己的想法拥有并使用财产；而所谓'财产属于自己个人所有'，是指他人能够按照自己的想法决定转让财产的时间"[⑤]。综上所述，针对 Warren 和 Brandeis 有关隐私权具有明显的财产权属性这一论断，如果我们既认为所谓财产权是指有关他人财产安全和可转让性的基本权利，同时也认为，隐私权就如二人所言，是指他人对自己个人信息的一种所有权；那么，该论断才有更坚实的逻辑和哲学基础，也才能更加站得住脚。

行文至此，鉴于隐私权法在这个由物联网技术驱动且日益互联的

[①] Neil M. Richards, Intellectual Privacy: Rethinking Civil Liberties in the Digital Age 9 (2015).

[②] Samuel D. Warren & Louis D. Brandeis, The Right to Privacy, 4 Harv. L. Rev. 193 (1890).

[③] Fred D. Miller, Jr., Aristotle on Property Rights, in Essays in Ancient Greek Philosophy IV: Aristotle's Ethics 229 (John Peter Anton et al. eds., 1991).

[④] Fred D. Miller, Jr., Aristotle on Property Rights, in Essays in Ancient Greek Philosophy IV: Aristotle's Ethics 229 (John Peter Anton et al. eds., 1991).

[⑤] Fred D. Miller, Jr., Aristotle on Property Rights, in Essays in Ancient Greek Philosophy IV: Aristotle's Ethics 229 (John Peter Anton et al. eds., 1991).

世界中前路茫茫、变幻莫测，因此，笔者主张回到以下思路的轨道之中。一方面，历史的车轮滚滚向前，随着科学技术日新月异、社会规范不断更迭，我们不应该再一直追问到底什么样的隐私期待才是社会认为合理的隐私期待。恰恰相反，当我们分析政府执法人员的搜查行为是否违反《第四修正案》的规定时，我们不仅应该将目光放在他人身上，而且还应该重点关注他人在面对披露（或不披露）自己的个人信息时是如何做出选择的。换言之，如果他人有意地、自愿地使用物联网设备披露自己的个人信息，并且他们清楚地知道别人可以从这些数据中做出各种各样的推断，那么这些个人信息就无法受到《第四修正案》的保护。另一方面，就"向信息隐私权为导向的体系进行转变"而言，笔者既不是什么古往今来提出该主张的第一人[①]，也没有就实现这一体系提出多少细致入微的具体建议。坦诚地说，笔者只是在此大声疾呼——由于物联网设备如今铺天盖地、无处不在，所以重新定义现有隐私标准已经刻不容缓。如今，不仅诸如物联网一类的新技术颇有改变社会规范之势，而且这种改变与他人出于自然本能想要保护的隐私价值背道而驰；所以依笔者之见，如果我们将隐私权视为是一种他人对自己个人信息的控制权，而不是一种被社会认为合理的隐私期待，那么，消除社会规范被新技术改变的风险或许就指日可待了！

[①] See generally David Alan Sklansky, Too Much Information: How Not to Think About Privacy and the Fourth Amendment, 102 Cal. L. Rev. 5 (2014).

物联网时代的安全和隐私

卡斯滕·梅普尔[①] 著 袁姝婷[②] 译

目　次

一、导论
二、物联网的应用
三、物联网所面临的安全挑战
四、物联网所面临的隐私挑战
五、结语

一、导论

物联网的发展能够给我们的生活方式带来巨大的变化。它在许多领域都被认为是效率提升的推动者,包括运输和物流领域、健康医疗领域以及制造业领域。一方面,通过深入的数据分析,物联网将有助于优化流程;另一方面,利用其自身的网络物理特性,物联网成为新兴市场领域的催化剂,催生了交叉应用和服务。[③]

(一) 物联网的产生

将"物"与网络进行连接这一理念的出现比"物联网"这一术

[①] 卡斯滕·梅普尔(Carsten Maple),英国华威大学网络安全专家。
[②] 袁姝婷,中山大学法学院助教。
[③] Miorandi, Daniele, Sabrina Sicari, Francesco De Pellegrini, and Imrich Chlamtac. 2012. "Internet of Things: Vision, Applications and Research Challenges." Ad Hoc Networks 10 (7): 1497–1516. doi: 10.1016/j.adhoc.2012.02.16.

语的使用要早得多。早在20世纪80年代初,卡内基梅隆大学(Carnegie Melon University)的学生们在一台软饮料自动售货机上安装了联网光敏传感器,从而计算饮料的销售数量。通过这种方式,任何人只要能够上网就可以确定有多少饮料已经出售,以及还有多少饮料可以购买。①

早在第一个网页诞生之前,约翰·罗基(John Romkey)和西蒙·哈克特(Simon Hackett)就于1990年推出了一款可以与互联网连接的烤面包机。在1990年Interop的会议上,罗基展示了一款联网的Sunbeam的豪华自动辐射控制烤面包机,这款烤面包机的问世是1989年Interop负责人丹·林奇(Dan Lynch)向罗基提出挑战的结果。林奇曾承诺,只要罗基成功制造出该烤面包机,他就将获得会议的中心展台。罗基所制造的烤面包机通过网络通信协议(TCP/IP)相连接,并具有简单网络管理协议管理信息库(SNMP MIB)控制器,其功能之一是开关电源。相比之下,"物联网"一词的出现则要晚得多,通常认为Ashton②(阿什顿)是提出该概念的第一人,1999年,他在宝洁公司(Procter and Gamble)的一次演讲中使用了"物联网"。

(二)物联网的发展

连接到互联网的设备数量日益激增。一些分析家,尤其是思科(Cisco)互联网业务解决方案部首席未来学家戴夫·埃文斯(Dave Evans)和爱立信(Ericcson)总裁汉斯·维斯伯格(Hans Vestburg)预测,到2020年将有500亿台设备连接到互联网。当然,这些预测实在难以令人信服,因此他们都对这一数字进行了下调。目前就职于Stringify公司的埃文斯预计,到2021年将有300亿台设备连接到互联网;而爱立信预计,到2021年将有280亿台设备连接到互联网。物联网设备的增长数量之所以难以预测,其中一个原因是,直到今时今日,我们仍然无法确定究竟有多少台设备已经连接到互联网。不仅使用统一的物联网定义会导致这一数字存在显著差异,而且对物联网做

---

① Vetter, R. J. 1995. "Internet Kiosk-Computer-Controlled Devices Reach the Internet." Computer 28 (12): 66-67.

② Ashton, Kevin. 2009. "That 'Internet of Things' Thing." RFiD Journal, 97-114.

出的不同解释更会导致这一数字存在显著差异。一些统计数字清晰地说明机器对机器（M2M）与物联网设备之间存在区别，比如全球移动通信系统联盟（GSMA）发现，M2M"侧重于蜂窝 M2M 连接，既不包括智能手机、电子阅读器、平板电脑等消费类电子产品中的计算设备，也不包括其他类型支持更广阔的物联网世界的 M2M 连接技术"①。根据 Machine Research 公司于 2015 年发布的报告预测，M2M 连接总数将从 2014 年的 50 亿增长到 2024 年的 270 亿。② 诺德拉姆③（Nordrum）发现，在 2016 年，高德纳公司（Gartner）预测全球共有 64 亿物联网设备（不包括智能手机、平板电脑和计算机），国际数据公司（International Data Corporation）预测全球共有 90 亿物联网设备（不包括智能手机、平板电脑和计算机），IHS 公司预测全球共有 176 亿物联网设备（包括智能手机、平板电脑和计算机）。而 Juniper Research 公司也在一项研究中预测，全球共有 176 亿物联网设备。

虽然物联网设备的数量还没有一个准确、统一的数字，但我们可以看到，物联网设备的数量是庞大的，并且无论是就目前的情况来看，还是就未来的趋势而言，其增长都是十分迅速的。

（三）物联网的定义

在谈到对物联网一词的首次使用时，阿什顿认为它"仍然经常

---

① Kechiche, S. 2015. "Cellular M2M Forecasts: Unlocking Growth". Technical Report, GSMA Intelligence, February 2015. Accessed July 4, 2017. https://www.gsmaintelligence.com/research/? file = 9c1e1 fdff645386942d758185ceed941&download.

② Machina Research. 2015. "Global M2M Market to Grow to 27 Billion Devices, Generating USD1.6 Trillion Revenue in 2024." Accessed July 4, 2017. https://machinaresearch.com/news/globalm2m-market-to-grow-to-27-billion-devices-generating-usd16-trillion-revenue-in-2024/.

③ Nordrum, Amy. 2016. "Popular Internetof ThingsForecast of 50 BillionDevices by 2020 Is Outdated." IEEE Spectrum, August 18. Accessed July 4, 2017. http://spectrum.ieee.org/tech-talk/telecom/ internet/popular-internet-of-things-forecast-of-50-billion-devices-by-2020-is-outdated.

被误解"。的确,在今时今日,许多学者都对物联网做出了界定和解释。① 对于一般公众,或者对该领域兴趣不明的研究人员来说,物联网的多重定义可能是意料之中的,但令人意外的是,许多专业的研究人员也对物联网做出了不同的界定。例如,电气和电子工程师协会(IEEE)在其《物联网专题报告》② 中将物联网界定为"一个物的网络,每个物都嵌入了连接到互联网的传感器"。而在次年 8 月,专业组织互联网工程任务组(IETF)指出,"在物联网当中,'物'是各种各样的",包括计算机、传感器、人、驱动器、冰箱、电视、汽车、手机、衣服、食物、药品、书籍等。③ 在 2008 年的研讨会上,欧盟委员会信息社会和媒体总司(DG INFSO)和欧洲智能系统集成技术平台(European Technology Platform on Smart Systems Integration)表示,"物"是"无法精确识别的对象"。④ 考虑到涉及物联网的一系列项目,欧洲物联网研究项目集群(CERP)在其《战略研究议

---

① Atzori, Luigi, AntonioIera, and Giacomo Morabito. 2010. "The Internet of Things: A Survey." Computer Networks 54 (15): 2787 – 2805. doi: 10.1016/j. comnet. 2010.05.10; Bandyopadhyay, Debasis, and Jaydip Sen. 2011. "Internet of Things: Applications and Challenges in Technology and Standardization." Wireless Personal Communications 58 (1): 49 – 69. doi: 10.1007/ s11277-011-0288-5; Malina, Lukas, JanHajny, Radek Fujdiak, and Jiri Hosek. 2016. "On Perspective of Security and PrivacyPreserving Solutions in the Internet of Things." Computer Networks 102: 83 – 95. doi: 10.1016/j. comnet. 2016.03.11.

② IEEE. 2014. "SpecialReport: The Internet of Things." Accessed July 4, 2017. http://theinstitute.ieee.org/ static/special-report-the-internet-of-things.

③ Minerva, R., A. Biru, and D. Rotondi. 2015. "Towards a Definition of the Internet of Things (IoT)." IEEE Internet Initiative, Torino, Italy, 1.

④ INFSO DG 2008. "Internet of Things in 2020: A Roadmap for the Future." INFSO D. 4 Networked Enterprise & RFID, INFSO G. 2 Micro & Nanosystems in Co-operation with RFID Working Group of the European Technology Platform on Smart Systems Integration (EPOSS). European Commission, Brussels, Belgium, Tech. Rep. (ver. 3).

程》[1]当中对物联网做出了界定。学者们认为该定义存在不足[2],因为它使用了上述涉及其他领域的组成部分,比如普适计算,这使得物联网很难与其他概念相区分开来。物联网要么与许多不同的技术、领域和研究方向息息相关,要么源自许多不同的技术、领域和研究方向。斯坦科维奇[3](Stankovic)认为,在物联网、移动计算、普适计算、无线传感器网络和信息物理系统这五个不同的研究领域当中,原则和研究问题之间越来越多地重叠和融合。阿特佐里(Atzori)、埃拉(Iera)和莫拉比托[4](Morabito)认为物联网主要涉及以下三个领域:第一,"物"(如 RFID、NFC、无线传感器驱动器);第二,"互联网"(如智能物体的 IP);第三,"语义"(如数据推理)。

然而,考虑到物联网的产生和发展,物联网的确催生了各种各样的重要产业,并使得物联网的界定和区分更加复杂化。如果我们仔细想想物联网与其他相关领域和进展的紧密联系,以及人们对物联网的定义和范围所做出的不同说明,或者说人们并不清楚"物"到底是什么,那么物联网在安全、隐私保护和政策方面均面临挑战也就不足为奇了。在本文当中,笔者采用的是专业组织互联网工程任务组对"物"所做出的界定。

(四)M2M 与物联网之间的联系

M2M 通信目前已经是一个常用术语,尤其是在谈及第四次工业革命和工业物联网时,人们广泛使用这一术语,不过事实上,它的起

---

[1] Vermesan, Ovidiu, Peter Friess, Patrick Guillemin, Sergio Gusmeroli, Harald Sundmaeker, Alessandro Bassi, Ignacio Soler Jubert, et al. 2011. "Internet of Things Strategic Research Roadmap." Internet of Things-Global Technological and Societal Trends 1: 9 – 52. Accessed July 4, 2017. http://internet-ofthings-research.eu/pdf/IoT_Cluster_Strategic_Research_Agenda_2011.pdf.

[2] Uckelmann, Dieter, Mark Harrison, and Florian Michahelles. 2011. "An Architectural Approach Towards the Future Internet of Things." In Architecting the Internet of Things, edited by Dieter Uckelmann, Mark Harrison, and Florian Michahelles, 1 – 24. Berlin: Springer.

[3] Stankovic, John A. 2014. "Research Directions for the Internet of Things." IEEE Internet of Things Journal 1 (1): 3 – 9.

[4] Atzori, Luigi, AntonioIera, andGiacomoMorabito. 2010. "The Internet of Things: A Survey." Computer Networks 54 (15): 2787 – 2805. doi: 10.1016/j.comnet.2010.05.10.

源还要比这早得多。长期以来，基本车队管理方案和监控与数据采集（SCADA）方案都离不开 M2M 通信[①]，甚至早在这之前，M2M 通信就已经支持自动柜员机和销售点系统的使用。

M2M 涉及设备之间的直接通信，它无须人工干预。这种通信可以通过多种途径实现，包括有线还是无线，并且用于通信的技术、标准和协议不计其数，增长迅速。通信既可以通过蜂窝网络（GSM、3G、4G）等网络进行，也可以通过点对点的方式直接在具有不同攻击面的设备之间进行（不需要借助基站、媒介或接入点）。M2M 所涉及的关键通信技术有：Wi-Fi、无线射频识别（RFID）、专用短程通信（DSRC）、蓝牙、低功耗蓝牙（近来被称为智能蓝牙）、NFC 和 Zigbee。如表 1 所示，这些技术的频率、种类、覆盖范围以及标准各不相同。

表 1 物联网和 M2M 系统所使用的通信技术

通信技术	标准	频率	范围	比特率	评价
WiFi	IEEE 802.11	2.4 千兆赫/5 千兆赫	50 米	500 兆比特/秒	能耗高
ZigBee	IEEE 802.15.4	2.4 千兆赫	100 米	250 千位/秒	安全性高
Z-Wave	ZAD12837	900 兆赫 ISM	50 米	40 千位/秒	家庭自动化
Sigfox	Sigfox	900 兆赫 ISM	10 千米	1 千位/秒	能耗低
Neul	Neul	458 兆赫	10 千米	100 千位/秒	成本低
LoRaWA	LoRaWA	ISM bands	15 千米	50 千位/秒	无线电池供电
RFID	ISO/IEC 18000	LF, ISM bands	小于 2 米	40 千位/秒	—
NFC	ISO/IEC 18092	13.56 兆赫	小于 20 厘米	424 千位/秒	—

[①] Morrish, J. 2014. "Business Models for Machine-to-Machine (M2M) Communications." In Machine-to-Machine (M2M) Communications: Architecture, Performance and Applications, edited by Carles Anton-Haro and Mischa Dohler, 339–353. Oxford: Woodhead Publishing.

续上表

通信技术	标准	频率	范围	比特率	评价
GSM/3G/4G	GSM,UMTS/HSPA,LTE	900兆赫/1800兆赫/1900兆赫/2100兆赫	50千米	10兆比特/秒	能耗高
BluetoothLE	IEEE 802.1	2.4千兆赫	50米	1兆比特/秒	能耗低
6LoWPAN	RFC6282	ISM bands			
HomePlug	IEEE1901	小于100兆赫	小于100米	10–500兆比特/秒	智能电网
Thread	Based on IEEE802.15.4	2.4千兆赫	小于100米	250千位/秒	相当于250台设备
DSRC	IEEE802.11p	5千兆赫ISM	300米	27兆比特/秒	车对车通信
WiMax	IEEE802.16	2.3千兆赫,2.5千兆赫,3.5千兆赫	10千米	10兆比特/秒	—

除了上述各种各样的通信技术之外，M2M通信还有一些特定的应用标准，比如，适用于天然气或电表远程读数的仪表总线标准（EN 13757-x）。在智能家居环境方面，不仅 ISO/IEC 开发了 ISO/IEC 14543-3（家用电子系统），CENELEC（欧洲电工标准化委员会）也开发了 EN 50090-x（家用及建筑电子系统）。

需要指出的是，人们已经对物联网做出了各种各样的描述，比如英国咨询机构 ABI research[1] 认为，物联网与人类互联网和数字互联网并行发展。布克曼（Buxmann）等学者讨论了互联网服务的发展[2]，与此同时，ABB 公司也一直在开发各种物联网产品和服务。借

---

[1] ABI Research. 2017. "What Is the Internet of Things?" Accessed July 4, 2017. https://www.abiresearch.com/pages/what-is-internet-things/.

[2] Buxmann, Peter, Thomas Hess, and Rainer Ruggaber. 2011. "Internet of Services." Business & Information Systems Engineering 1 (5): 341–342.

助于工业物联网的力量,第四次工业革命目前正在如火如荼地进行当中[1],联网汽车正在向汽车互联网发展。[2] 另外,还有一些领域也在悄无声息地发展着,比如动物健康物联网[3]。

最近,思科(Cisco)和高通(Qualcomm)一直提倡要使用万物联网(IoE)这一术语。尽管有些人认为,该术语可能是思科想出来的一种营销策略,但对一个超越物联网典型用途的系统做出界定必然有一些益处,尤其是考虑到它并非开发于 M2M 环境。M2M 可以被视为物联网的子集,而万物联网则可以被视为物联网的超集。

万物联网的概念包括了四个关键要素:人、程序、物和数据。这里的物是指物理传感器、设备、驱动器和其他物体,它们能够从其他来源当中生成数据或接收信息。除了人本身之外,我们还可以考虑人为产生的以及与人相关的系统,比如社交网络、健康、幸福和健身应用。通过分析和处理数据,我们可以得到许多有用的信息从而做出明智决策、实现机制控制。万物联网这一概念不仅可以将物联网作为一个由机器和人所组成的系统进行审查,而且还能够带来服务、语境、环境和智能,即数据和程序。[4] 在互联网工程任务组对物联网做出界定的背景下,万物联网可能不会发生根本性的转变。

综上所述,通过使用许多关键领域的各种各样的核心技术,物联网已经得到了极大的发展。物联网的发展往往离不开不同群体的发展,而这些群体的总体目标也略有不同。此外,物联网的发展表现在各种各样的应用领域,它们通常使用特定的、专有的标准。这种发展

---

[1] Sadeghi, Ahmad-Reza, Christian Wachsmann, and Michael Waidner. 2015. "Security and Privacy Challenges in Industrial Internet of Things." 52nd ACM/EDAC/IEEE Design Automation Conference, San Francisco, CA, June 8 – 10. New York: ACM Press, 1 – 6.

[2] Gerla, Mario, Eun-Kyu Lee, Giovanni Pau, and Uichin Lee. 2014. "Internet of Vehicles: From Intelligent Grid to Autonomous Cars and Vehicular Clouds." 2014 IEEE World Forum on Internet of Things (WF-IoT), Seoul, Korea, March 6 – 8, 12 (9): 241 – 246.

[3] Smith, Daniel, Scott Lyle, Al Berry, Nicola Manning, Mohamed Zaki, and Andy Neely. 2015. Internet of Animal Health Things (IoAHT) Opportunities and Challenges. University of Cambridge. Accessed July 4, 2017. http://cambridgeservicealliance.eng.cam.ac.uk/resources/Downloads/MonthlyPapers/2015JulyCaseStudyIoAHT_HQP.pdf.

[4] Bojanova, Irena, George Hurlburt, and Jeffrey Voas. 2014. "Imagineering an Internet of Anything." Computer 47 (6): 72 – 77. doi: 10.1109/MC.2014.150.

的分散性不可避免地导致了协调性和共同愿景的缺乏，从而阻碍了标准化和有效监管的实现。正是由于标准化和监管的缺乏，物联网当中出现了大量的安全和隐私问题，并且技术人员和用户既无法获得必要信息，也无法控制、检测、更新和处理设备和服务所产生的问题。相比于有针对性和协调性而言，没有一致性、监督、理解和协议意味着安全风险分析、风险评估和应对措施实施要更加困难。增长的迅速性和显著性意味着这些问题影响重大而深远，我们需要及时予以解决。

在本文当中，笔者将讨论物联网所面临的安全和隐私挑战，并列举一些关键应用程序予以说明。首先，本文将概述现有文献当中物联网的广泛应用以及这些应用的分类。其次，在指出某些特殊的应用领域之后，本文将讨论物联网当中一般的安全和隐私问题，说明物联网对安全和隐私问题的影响。最后，本文将针对一些关键问题做出结论并提出建议。

二、物联网的应用

物联网在许多领域均产生了重大影响，许多研究人员对物联网的应用表达了自己的见解、做出了自己的分析。在说明物联网的应用时，研究人员对这些领域和应用做出了不同的分类。每一种分类都各有千秋，因为它们不仅取决于所要实现的目标，而且还取决于并未统一的物联网定义和环境。

具体可以参考表 2 所列出的参考文献（更多物联网应用方面的信息）。

表2 现有文献中提到的物联网领域和主要应用

论文	物联网领域	主要应用
Atzori, Iera, Morabito:《物联网调查报告》①（2010年）	交通与物流	物流，辅助驾驶，移动电子票务，环境监测，增强现实地图
	医疗保健	追踪，识别和验证，数据收集，传感
	智能环境（家庭、办公室、工厂）	舒适的家庭和办公室，工厂，智能博物馆和健身房
	个人与社会	社交网络，历史查询，损失，机器人出租车盗窃，城市信息模型，增强版游戏室
Perera 等:《物联网环境感知计算调查报告》②（2014年）	工业	供应链管理，交通与物流，航空航天，飞机，汽车
	社会	电信，医疗技术，医疗保健，智能建筑，家庭和办公室，媒体，娱乐，票务
	环境	农业和养殖，回收利用，灾害预警，环境监测

---

① Atzori, Luigi, AntonioIera, and Giacomo Morabito. 2010. "The Internet of Things: A Survey." Computer Networks 54 (15): 2787 – 2805. doi: 10.1016/j. comnet. 2010.05.10.

② Perera, Charith, Arkady Zaslavsky, Peter Christen, and Dimitrios Georgakopoulos. 2014. "Context Aware Computing for the Internet of Things: A Survey." IEEE Communications Surveys & Tutorials 16 (1): 414 – 454.

续上表

论文	物联网领域	主要应用
Whitmore，Agarwal，Xu：《物联网现状及趋势研究》①（2015年）	智能基础设施	智能电网，智能家居与智能建筑，智能空气质量，智能交通系统，智能停车，废物管理
	医疗供应链与物流	健康监测，辅助生活，医疗实践，产品跟踪（RFID 传感器），减少造假，产品溯源
	社会应用	与 Facebook、Twitter 结合，感兴趣的位置，联系人同步
Da Xu，He，Li：《工业物联网调查报告》②（2014年）	——	医疗保健服务，食品供应链，安全采矿，交通与物流，消防
Farooq 等：《物联网综述》③（2015年）	智能交通系统，智能环境，智能家居，智能医院，智能农业，智能零售与供应链管理	——
Li，Da Xu，Zhao：《物联网调查报告》④（2015年）	工业，社会物联网，医疗保健，基础设施，安全与监测	——

---

① Whitmore, Andrew, Anurag Agarwal, and Li Da Xu. 2015. "The Internet of Things — A Survey of Topics and Trends." Information Systems Frontiers 17 (2)：261 – 274.

② Da Xu, L., W. He, and S. Li. 2014. "Internet of Things in Industries：A Survey." IEEE Transactions on Industrial Informatics 10 (4)：2233 – 2243.

③ Farooq, M. U., Muhammad Waseem, Sadia Mazhar, Anjum Khairi, and Talha Kamal. 2015. "A Review on Internet of Things (IoT)." International Journal of Computer Applications 113 (1)：1 – 7.

④ Li, Shancang, Li Da Xu, and Shanshan Zhao. 2015. "The Internet of Things：A Survey." Information Systems Frontiers 17 (2)：243 – 259.

续上表

论文	物联网领域	主要应用
Bandyopadhyay, Sen:《物联网：技术和标准方面的应用和挑战》①（2011年）	—	航天航空，汽车，电信，医疗与保健，独立生活，制药，零售、物流及供应链管理，制造，加工，环境监测，交通运输，农业和养殖，媒体、娱乐产业，保险，回收利用
Vermesan 等：《物联网战略研究》②（2011年）	—	航天航空（系统状态监测、绿色生产），汽车（系统状态监控、V2V通信即车车通信、V2I通信即车路通信），电信，智能建筑（能源自动计量/家庭自动化/无线监控），医疗技术和医疗保健（个人局域网、参数监测和位置测定、实时定位系统），独立生活（健康、流动性、人口老龄化监测），制药，零售、物流、供应链管理，制造、产品生命周期管理，石油和天然气加工工业，安全与隐私保护，环境监测，人员和货物运输，食品溯源，农业和养殖，媒体、娱乐和票务，保险，回收利用

---

① Bandyopadhyay, Debasis, and Jaydip Sen. 2011. "Internet of Things: Applications and Challenges in Technology and Standardization." Wireless Personal Communications 58 (1): 49 – 69. doi: 10.1007/ s11277 – 011 – 0288 – 5.

② Vermesan, Ovidiu, Peter Friess, Patrick Guillemin, Sergio Gusmeroli, Harald Sundmaeker, Alessandro Bassi, Ignacio Soler Jubert, et al. 2011. "Internet of Things Strategic Research Roadmap." Internet of Things-Global Technological and Societal Trends 1: 9 – 52. Accessed July 4, 2017. http://internet-ofthings-research. eu/pdf/IoT_Cluster_Strategic_Research_Agenda_2011. pdf.

续上表

论文	物联网领域	主要应用
Al-Fuqaha 等:《物联网技术、协议和应用调查报告》[①]（2015年）	—	智能家居，智能建筑，智能交通系统，工业自动化，智能医疗，智能电网
Zanella 等:《智能城市物联网》[②]（2014年）	智能城市	建筑结构健康，废物管理，空气质量改善，噪声监测，交通拥堵，城市能源消耗，智能照明，公共建筑自动化与健康
Libelium:《50个物联网传感器应用》[③]（2015年）	智能城市	智能停车，结构健康，城市噪声图，智能手机检测，电磁场水平，交通拥堵，智能照明，废物管理，智能道路
	智能环境	森林火灾监测，空气污染，降雪等级监测，滑坡、雪崩防治，早期地震监测
	智能水	便携式水质监测，河流化学品泄漏监测，游泳池水质远程测量，海洋污染程度监测，漏水，河水泛滥
	智能电表	智能电网，光伏装置，水流
	安全与突发事件	周边通道控制，液体存在，辐射水平，爆炸物与危险气体

---

① Al-Fuqaha, Ala, Mohsen Guizani, Mehdi Mohammadi, Mohammed Aledhari, and Moussa Ayyash. 2015. "Internet of Things: A Survey on Enabling Technologies, Protocols, and Applications." IEEE Communications Surveys & Tutorials 17 (4): 2347-2376.

② Zanella, Andrea, Nicola Bui, Angelo Castellani, Lorenzo Vangelista, and Michele Zorzi. 2014. "Internet of Things for Smart Cities." IEEE Internet of Things Journal 1 (1): 22-32. doi: 10.1109/JIOT.2014.2306328.

③ Libelium. 2015. "50 Sensor Applications for a Smarter World." Accessed July 4, 2017. http://www.libelium.com/resources/top_50_iot_sensor_applications_ranking/.

续上表

论文	物联网领域	主要应用
Libelium：《50个物联网传感器应用》（2015年）	零售	供应链控制，NFC支付，智能购物应用程序，智能产品管理
	物流	装运条件，物品位置，存储兼容性测试，车辆追踪
	工业控制	M2M应用，室内空气质量，温度监测，臭氧存在，室内位置，车辆自动诊断
	智能农业	葡萄酒品质提升，温室，高尔夫球场，气象站网，堆肥，水培
	智能养殖 家庭与家居自动化	育苗，动物跟踪，有毒气体含量能源利用和用水，远程控制家电，入侵检测系统，艺术品与物品保存
	健康	故障检测，医用冰箱，运动员保健，患者，监测，紫外线辐射
Miorandi等：《物联网：视觉、应用和研究挑战》[①]（2012年）	智能家居/智能建筑，智能城市，环境监测，医疗保健，智能企业/库存和产品管理，安全与监测	—

无论是工业界还是学术界，他们都列出了一些应用领域。例如，

[①] Miorandi, Daniele, Sabrina Sicari, Francesco De Pellegrini, and Imrich Chlamtac. 2012. "Internet of Things: Vision, Applications and Research Challenges." Ad Hoc Networks 10 (7): 1497–1516. doi: 10.1016/j.adhoc.2012.02.16.

在《50个物联网传感器应用》当中，Libelium列出了61个来自各领域的物联网应用，它们使用不同的传感器板。在《物联网调查报告》当中，Atzori、Iera和Morabito等学者对物联网应用做出了五种分类，其中四种是中短期的（交通与物流；医疗；智能环境，包括家庭、办公室和工厂；个人和社会），一种是长期的。在《物联网：视觉、应用和研究挑战》当中，Miorandi等学者则对物联网应用做出了六种分类，在保留了医疗领域的同时也做出了一些修改。然而，最为重要的是，他们忽略了个人和社会领域，而引入了安全和监控领域。在《物联网现状及趋势研究》当中，在现有最新文献的基础上，尤其是在借鉴了Atzori、Iera和Morabito的《物联网调查报告》之后，Whitmore、Agarwal和Xu对物联网应用做出了新的分类。该分类摒弃了未来时间的观点，重新构建了交通与物流以及智能环境领域，它不仅认识到了物联网在供应链当中所扮演的重要角色，而且还认识到了物联网与物流领域的联系，并因此产生了一种专门的供应链和物流的分类。在此基础上，Whitmore、Agarwal和Xu指出了一种新的分类，即智能基础设施，扩展了Atzori所提出的智能环境领域，并介绍了交通基础设施。在《智能城市物联网》当中，Zanella等人主要关注智能城市，而在《工业物联网调查报告》当中，Da Xu、He和Li则主要关注物联网的行业应用，他们分析了物联网应用于消防领域的典型案例。在《物联网调查报告》当中，Li、Da Xu和Zhao一方面将物联网应用进行了更加广泛的拓展，另一方面也借鉴了Atzori和Miorandi所提出的相关概念。在《物联网环境感知计算调查报告》和《物联网：技术和标准方面的应用和挑战》当中，Perera和Bandyopadhyay、Sen都大量借鉴了欧洲物联网研究项目集群的《物联网战略研究》。本文认为，物联网有三个基本的应用领域：工业、环境和社会。但是，笔者发现很难将这些领域完全区分开来，更不用说将适用于单一领域或交叉领域的应用（支持上述一种或几种领域）和服务区分开来。事实上，我们应当考虑满足单一领域或交叉领域的特定功能或需求的应用和服务。因此，如果组织要考虑它们的网络安全风险，那么这种从单一领域层面考虑的行为可能会产生误导，尽管这明显只是一种直觉。对领域和应用做出思考的方法多种多样，这一事实提醒我们，这种考虑风险的方法是毫无用处的。虽然跨领域的威胁模型和风险评估可能具有相似的主题，但它们可能带来截然不同的风险。因此，我们不应当从单一领域层面考虑网络安全风险，而是应当研究一些交叉领域的物联网应用。下文仅仅讨论那些具有重大网络安全风险、表现出重要影响和（或）高攻击可能性的应用。

（一）联网汽车和自动驾驶汽车

汽车传感器的应用一直是增长迅速的领域之一。[①] 汽车内部装有大量的传感器，它们可以用于操作发动机、监控系统、控制排放和刹车。这些传感器包括：蓝牙轮胎压力监测系统传感器、曲柄位置传感器、凸轮位置传感器、歧管绝对压力传感器以及油门位置传感器等等。除了汽车之外，传感器也被嵌入交通基础设施当中，成为其不可或缺的一部分。例如，英国大力投资高速公路，并实施了智能高速公路计划。[②] 同时，它还采取了各种各样的其他措施，包括发展城市基础设施和通信。UKCITE（www.ukcite.co.uk）是英国所开发的一个项目，该项目的资金源于联网和自动驾驶汽车中心及创新英国（1亿美元研发投资计划当中的组成部分），主要是通过通信技术铺设超过40英里（64.44米）的城市道路、双行道和高速公路。车与基础设施之间（V2I）的通信技术的运用能够优化交通流量，特别是城市和郊区的交通流量。[③] 车与车之间的通信，即所谓的V2V通信，通过专用短程通信、车辆长期发展和可见光通信等技术使车辆排列有序，能够减少能源消耗并提供事故预先通知。通过边缘技术和云技术部署智能交通系统有助于加强事故管理、提供交通定位和天气通知，从而为

[①] Meola, Andrew. 2016. "Automotive Industry Trends: IoT Connected Smart Cars & Vehicles - Business Insider." Accessed July 4, 2017. http://uk.businessinsider.com/internet-of-things-connected-smartcars-2016-10? r = US&IR = T.

[②] Phull, Suku. 2012. "Intelligent Transport Systems in the UK." World Scientific, September. Accessed July 4, 2017. https://ec.europa.eu/transport/sites/transport/files/themes/its/road/action_plan/doc/2012-united-kingdom-its-5-year-plan-2012_en.pdf.

[③] Faezipour, Miad, Mehrdad Nourani, Adnan Saeed, and Sateesh Addepalli. 2012. "Progress and Challenges in Intelligent Vehicle Area Networks." Communications of the ACM 55 (2): 90 – 100. doi: 10.1145/2076450.2076470.

辅助驾驶提供支持。①

(二) 健康、幸福和娱乐

传感器的运用是新兴医疗保健技术的一部分。物联网可以被融合到众多医疗服务和应用中。② 包括环境辅助生活（一个重要的应用领域，涉及使用智能家居对病人进行独立监测和护理）、移动健康互联网（将医疗传感器运用到移动技术当中）、语义医疗访问（通过利用语义，物联网医疗应用可以使用医疗规则引擎分析大量的传感器数据）、药物不良反应（通过给药物贴标签和检查医学数据库，所有潜在的不良反应，如过敏或与其他药物的反应都可以被避免）在内的医疗保健服务能够为人们带来各种各样的巨大益处。已经开发或尚待开发的医疗应用多种多样，包括血压和糖尿病监测、体温和康复监测、氧饱和度监测以及轮椅管理。③

(三) 工业 4.0

物联网在全球范围内产生了重大影响，其最大的影响之一就是可能催生第四次工业革命，在第四次工业革命当中，制造流程的每个环节都将会采用物联网技术。这涉及自动化制造流程向智能制造流程的

---

① Atzori, Luigi, AntonioIera, and Giacomo Morabito. 2010. "The Internet of Things: A Survey." Computer Networks 54 (15): 2787 – 2805. doi: 10.1016/j. comnet. 2010.05.10.

② Dohr, Angelika, Robert Modre-Opsrian, Mario Drobics, Dieter Hayn, and Günter Schreier. 2010. "The Internet of Things for Ambient Assisted Living." Seventh International Conference on Information Technology: New Generations (ITNG), Las Vegas, USA, April 12 – 14, 804 – 809, IEEE.

③ Stachel, Joshua R., Ervin Sejdic, Ajay Ogirala, and MarlinH. Mickle. 2013. "The-ImpactoftheInternetof Things on Implanted Medical Devices Including Pacemakers, and ICDs." IEEE International Instrumentation and Measurement Technology Conference, Minneapolis, MN, May 6 – 9, 839 – 844.

转变①,包括网络物理系统、自动化机器人、大数据分析和云计算②。通过引入具有主动维护功能的智能联网机器,物联网可以应用于整个开发生命周期,从而通过智能物流加强制造流程的智能化,事先快速的、灵活的和精益的制造。通过与智能电网技术相结合,最优决策和创新规划方法可以实现工厂能源效率的最大化。

(四) 物流

随着货物运输和库存的大量增加,物联网技术可以促使服务提供商提高运营效率,并加强自动化、减少人工流程,从而动态地为物流提供支持。③ 在物流领域当中,物联网的应用能够对智能库存管理、损害检测、实时可见性、精准库存控制、最优资产利用、预先维护和货运管理产生显著影响。④ 将 RFID 技术运用于物流领域⑤,有助于行业预测信息、确定未来趋势、估计事故发生概率,并及早采取补救措施。这可以提高企业对市场的反应能力,在有风险意识的情况下稳定供应。

(五) 智能电网

近年来,由于英国在智能电网的研究和开发方面的投资大幅增加,因此在欧洲所实施的一系列可行的智能电网解决方案当中,其占

---

① Thoben, Klaus-Dieter, Stefan Wiesner, and Thorsten Wuest. 2017. "'Industrie 4.0' and Smart Manufacturing – A Review of Research Issues and Application Examples." International Journal of Automation Technology 11 (1): 4 – 16. doi: 10.20965/ijat. 2017. p. 4.

② Fedorov, Aleksandr, Egor Goloschchapov, Oleg Ipatov, Vyacheslav Potekhin, Viacheslav Shkodyrev, and Sergey Zobnin. 2015. "Aspects of Smart Manufacturing Via Agent-Based Approach." Procedia Engineering 100: 1572 – 1581. doi: 10.1016/j. proeng. 2015.01.30.

③ Macaulay, James, Lauren Buckalew, and Gina Chung. 2015. "Internet of Things in Logistics." DHL Trend Research 1 (1): 1 – 27.

④ Uckelmann, Dieter, Mark Harrison, and Florian Michahelles. 2011. "An Architectural Approach Towards the Future Internet of Things." In Architecting the Internet of Things, edited by Dieter Uckelmann, Mark Harrison, and Florian Michahelles, 1 – 24. Berlin: Springer.

⑤ Sun, Chunling. 2012. "Application of RFID Technology for Logistics on Internet of Things." AASRI Procedia 1: 106 – 111.

据了领先地位。① 智能电网是一种将信息和通信与现有输配电系统相结合的智能电力系统。② 通过利用传感器、数字仪表和带有分析工具的控制器，它可以可以监控和优化电网性能、防止断电以及恢复供电③。智能电网的发展将会有助于满足智能城市对各种各样的智能系统的需求，建立起建筑能源管理系统和社区能源管理系统（CEMS）。④ 物联网传感器能够帮助人们确定设备与电网相连接，并向消费者发送实时电力信息。

（六）家庭、建筑和办公室

目前，智能家居设备的需求呈显著增长趋势，根据英国简氏集团⑤（IHS Markit）的调查数据，在 2010 年至 2016 年间，智能家居的出货量超过了 1.61 亿，其中的半数以上均交付于 2016 年，同比增长 64%。而这一增长主要得益于人们大量购买 Nest 恒温器等智能能源管理系统，August 智能锁等安全解决方案，以及谷歌 Home、博世 Mykie 和亚马逊 Alexa 等个人家庭助理。

除了广泛接受智能技术之外，消费者对办公环境的需求也出现了激增。最近，英国土地与工作技术研究院⑥针对 1000 多名工作者

---

① DECC (Department of Energy & Climate Change). 2014. "Smart Grid Vision and Routemap Smart Grid Forum." Smart Grid Forum, February. doi: URN 14D/056.

② Li, L., H. Xiaoguang, C. Ke, and H. Ketai. 2011. "The Applications of WiFi-Based Wireless Sensor Network in Internet of Things and Smart Grid." Paper presented at the proceedings of the 6th IEEE conference on industrial electronics and applications, Beijing, China, June 21 – 23, 789 – 793.

③ Li, L., H. Xiaoguang, C. Ke, and H. Ketai. 2011. "The Applications of WiFi-Based Wireless Sensor Network in Internet of Things and Smart Grid." Paper presented at the proceedings of the 6th IEEE conference on industrial electronics and applications, Beijing, China, June 21 – 23, 789 – 793.

④ Karnouskos, Stamatis. 2010. "The Cooperative Internet of Things Enabled SmartGrid." Proceedingsof the 14th IEEE International Symposium on Consumer Electronics, Braunschweig, Germany, June 7 – 10.

⑤ IHS Markit. 2016. "Rapid Expansion Projected for Smart Home Devices." Accessed July 4, 2017. http://news.ihsmarkit.com/press-release/technology/rapid-expansion-projected-smart-home-devicesihs-markit-says.

⑥ British Land. 2017. "Smart Offices | British Land - The Office Agenda." Accessed July 4, 2017. http://officeagenda.britishland.com/smart-offices.

(其中包括约 1/3 的决策者) 展开了一项调查,其报告指出,88% 的调查对象表示希望能够更好地控制自己的工作环境。该研究发现,智能办公室会对公司业绩和环境产生重大影响,大约能够提高 37% 的生产力、增加 38% 的忠诚度,以及提升 40% 以上的幸福感。在物联网领域,人们对家庭、建筑和办公室环境需求的增长将有利于促进智能城市的发展①。

(七) 零售

随着传感器技术带来越来越多的益处,物联网能够增强零售商店和企业的用户体验。例如,通过监控和控制运营数据和设备性能,企业可以实时追踪进度以提高性能。② 经过一定的时间,传感器能够产生大量的数据,而这些数据可以用来确定潜在缺陷,并通过大数据和商业分析帮助企业适应和发展。通过深入的市场分析,零售商能够了解市场趋势和客户需求,被动或主动地供应,这将限制资源浪费和资源开发,并最终满足需求。通过对物联网的不断应用,零售商不仅可以确保适当的采购和供应,还可以为客户提供各种各样的、更适合其自身需求的产品。例如,用户可能购买某些消费类电子产品,但事实上他们可以用其他以一些互操作性强、电池寿命长的产品作为替代。在选择更新手机套餐或网络套餐时,我们往往会听从供应商的建议,最大限度地符合我们自身的需求,与此相类似,用户也可以利用传感器所收集的信息做出购买最佳产品的决策。当然,客户满意度还可以通过联网零售、客户认可和情境感知得以实现。③

(八) 农业

在农业领域,智能技术同样在迅速发展。传统上,农田信息主要

---

① Zanella, Andrea, Nicola Bui, Angelo Castellani, Lorenzo Vangelista, and Michele Zorzi. 2014. "Internet of Things for Smart Cities." IEEE Internet of Things Journal 1 (1): 22 – 32. doi: 10.1109/JIOT.2014.2306328.

② Li, Shancang, Li Da Xu, and Shanshan Zhao. 2015. "The Internet of Things: A Survey." Information Systems Frontiers 17 (2): 243 – 259.

③ Macaulay, James, Lauren Buckalew, and Gina Chung. 2015. "Internet of Things in Logistics." DHL Trend Research 1 (1): 1 – 27.

通过手动报告机制获得,这可能导致数据的不准确。通过系统地提高效率和减少人工劳动,实现农产品生产的最大化和现代化,物联网传感器和技术有助于高质量的科学栽培。[1] 这一切可以通过无线传感器监测气压、湿度和风向等环境参数来实现,从而使耕作能够适应农业需求。此外,从生产流程到市场消费,食品供应链都离不开适当的保存技术,而这些技术往往可以通过传感器技术和普适计算得到改进。[2] 在《国家粮食犯罪预防框架报告》当中,艾略特强调了食品可追溯性的重要性。[3] 通过追踪以及追踪系统,物联网能够在提高保障、改善物流和完善供应链管理方面发挥重要作用。

(九) 娱乐和媒体

除了上述种种领域,娱乐和媒体也从物联网的发展当中获得了巨大的益处[4],目前基于家庭物联网的媒体内容共享服务正处于研究和开发阶段。[5] 这不仅提供了无缝的个性化内容,而且支持了简单的媒体共享。根据各个群体和家庭的不同,广告商能够为其提供个性化的广告服务。基于年龄的潜在内容过滤也可能对娱乐行业产生影响。[6] 其他的物联网应用,比如基于用户位置的特定新闻收集也将呈现出增

---

[1] Chen, Xian-Yi, and Jin Zhi-Gang. 2012. "Research on Key Technology and Applications for Internet of Things." Physics Procedia 33: 561–566.

[2] Atzori, Luigi, AntonioIera, and Giacomo Morabito. 2010. "The Internet of Things: ASurvey." Computer Networks 54 (15): 2787–2805. doi: 10.1016/j.comnet. 2010.05.10.

[3] Elliott, Chris. 2014. "Elliott Review Into the Integrity and Assurance of Food Supply Networks-Final Report: A National Food Crime Prevention Framework." Department for Environment, Food & Rural Affairs Food Standards Agency.

[4] Martin, Chase. 2016. "Media and Entertainment Meet the Internet of Things." Accessed July 4, 2017. https://www.mediapost.com/publications/article/278682/media-and-entertainment-meet-theinternet-of-thing.html.

[5] Hu, Chih-Lin, Hung-Tsung Huang, Cheng-Lung Lin, Nguyen Huu Minh Anh, Yi-Yu Su, and Pin-Chuan Liu. 2013. "Design and Implementation of Media Content Sharing Services in Home-based IoT Networks." IEEE International Conference on Parallel and Distributed Systems (ICPADS), Seoul, Korea, December 15–18, 605–610.

[6] eMarketer. 2016. "Internet of Things Is Changing How Mediaand Entertainment Companies Operate." Accessed July 4, 2017. https://www.emarketer.com/Article/Internet-of-Things-Changing-HowMedia-Entertainment-Companies-Operate/1013545.

长趋势。① 游戏产业是娱乐行业当中的一个重要领域，物联网可能对其产生相当大的影响。精灵宝可梦（Pokemon Go）的广受欢迎已经有目共睹，而在全新游戏体验的开发当中，物联网和增强现实系统的结合可能会扮演越来越重要的角色。

三、物联网所面临的安全挑战

随着物联网迅速发展且逐渐融入我们的日常生活，并日益成为国家关键基础设施不可或缺的一个组成部分，确保其系统安全变得至关重要。物联网系统安全的维护可以遵循一些原则，包括中央情报局所确立的信息安全原则（机密性、完整性和可用性），信息保障的五大支柱性原则（机密性、完整性、可用性、真实性和可控性）和信息安全六要素（机密性、完整性、可用性、真实性、占有性和实用性）。② 在讨论与信息物理（而非信息）和物联网系统相关的安全问题时，学者们所采用的原则各不相同。大多数研究人员仅仅局限于中央情报局所确立的信息安全原则。而信息安全六要素虽然对此做出了一些改进，克服了中央情报局所确立原则的局限性，但学者们往往拒绝予以采用，事实上，安全专家们至今仍然就信息安全六要素的作用争论不休。③ 除了这些传统原则之外，其他新原则也逐渐问世，包括健壮性、可靠性、安全性、弹性、可运行性和可生存性。④ 毫无疑问的是，我们需要考虑上述所有的安全要素，尤其是在像物联网这样的复杂信息物理系统当中。然而，由于物联网受到的损害既可能是物理

---

① Bandyopadhyay, Debasis, and Jaydip Sen. 2011. "Internet of Things: Applications and Challenges in Technology and Standardization." Wireless Personal Communications 58（1）: 49–69. doi: 10.1007/s11277-011-0288-5.

② Parker, Donn B. 1998. Fighting Computer Crime: A New Framework for Protecting Information. New York: Wiley.

③ Feruza, Y. Sattarova, and Tao-hoon Kim. 2007. "IT Security Review: Privacy, Protection, Access Control, Assurance and System Security." International Journal of Multimedia and Ubiquitous Engineering 2（2）: 17–32.

④ Sterbenz, James P. G., David Hutchison, Egemen K. Çetinkaya, Abdul Jabbar, Justin P. Rohrer, Marcus Schöller, and Paul Smith. 2010. "Resilience and Survivability in Communication Networks: Strategies, Principles, and Survey of Disciplines." Computer Networks 54（8）: 1245–1265.

的损害也可能是信息资产的损害,因此在本文当中,笔者所采用的是上述三种原则当中运用最为广泛的中央情报局所确立的信息安全原则。在下文当中,笔者将讨论物联网所面临的一些重要挑战,并指出哪些原则面临着受损的威胁。不过,必须承认的是,笔者并未详尽地列举出所有的安全挑战。

(一) 设备和通信的物理限制

无论是在何种应用领域,物联网设备通常都装有功耗低、体积小的处理器,人们也已经认识到"网络协议能够并且应当适用于最小的设备"[1]。物联网设备所受到的限制降低了其处理信息的速度,即有限的 CPU、内存和能量预算。这意味着我们需要具有挑战性的安全形式,来满足高性能和最小资源消耗的竞争目标。在各种各样的限制当中,规模和功率方面的限制对物联网系统机密性和完整性的维护影响最大。例如,IEEE 802.15.4 当中最大的物理层数据包(Zigbee 和 6LoWPAN 均基于此标准)是 127 字节。[2] 假设帧开销可以是 25 字节,那么媒体访问控制层中的最大帧是 102 字节。为了保护机密性,我们可以对信息进行加密,但是需要注意的是,链路层安全性进一步降低了最大帧的规模。一方面,如果使用 AES-CCM-128(使用 128 位元的高级加密标准,以所谓的 CCM 模式,即一种旨在确保真实性和机密性的操作模式运行),它将会消耗 21 个字节,仅剩下 81 个可用字节。另一方面,如果使用 AES-CCM-32,它将会消耗 9 个字节,而剩下 93 个可用字节。设计合理的安全、健壮系统是一件极具挑战性的工作,因为节点之间的通信往往依赖于"不稳定和低带宽信道"[3]。

为了通过数字签名实现安全,公钥基础设施必不可少,这对物联

---

[1] Mulligan, Geoff. 2007. "The 6LoWPAN Architecture." EmNets '07 Proceedings of the 4th Workshop on Embedded Networked Sensors, Cork, Ireland, June 25 – 26, 78 – 82.

[2] Montenegro, G., N. Kushalnagar, J. Hui, and D. Culler. 2007. "Transmission of IPv6 Packets over IEEE 802.15.4 Networks" (No. RFC 4944).

[3] Heer, T., O. Garcia-Morchon, R. Hummen, S. L. Keoh, S. S. Kumar, and K. Wehrle. 2011. "Security Challenges in the IP-based Internet of Things." Wireless Personal Communications 61 (3): 527 – 542.

网系统来说是一项巨大的挑战。公钥基础设施能够维护信息的机密性和完整性。然而,即使有公钥,信息加密除了离不开大量无线传感器系统之外,也离不开计算资源和内存资源,尤其是在需要频繁地传输数据的情况下。①

(二) 异构性、规模和特殊性质

人们已经认识到,较高程度的异构性②以及物联网系统较大的规模性会增加互联网当前所面临的安全威胁。在《确保物联网的安全》当中,Roman、Najera 和 andLopez③指出,异构性对"必须在物联网中实现的协议和网络安全服务具有很大的影响"。安全解决方案必须针对具有不同硬件规范的实体做出调整,并应当提供物联网节点的认证和授权④,以及密钥协议。⑤ 所谓物联网的异构性,是指我们不能假设所有设备都能呈现出完整的协议。此外,潜在服务和服务执行选项的数量,以及处理异构资源的需要,都离不开服务管理,这些挑战将对物联网系统的安全性产生不利影响。⑥ 由于安全解决方案必须与"黑匣子"相融合,因此开放标准的缺乏和专有解决方案的使用带来了一个严重的问题。如果允许开发人员基于其自身的专有标准实现安

---

① Doukas, Charalampos, Ilias Maglogiannis, Vassiliki Koufi, Flora Malamateniou, and George Vassilacopoulos. 2012. "Enabling Data Protection Through PKI Encryption in IoT m-Health Devices." IEEE 12th International Conference on Bioinformatics & Bioengineering (BIBE), Larnaca, Cyprus, November 11-13, 25-29. IEEE.

② Sicari, Sabrina, Alessandra Rizzardi, Luigi Alfredo Grieco, and Alberto Coen-Porisini. 2015. "Security, Privacy and Trust in Internet of Things: The Road Ahead." Computer Networks 76: 146-164.

③ Roman, Rodrigo, Pablo Najera, and Javier Lopez. 2011. "'Securing the Internet of Things (IoT)'." IEEE Computer 44: 51-58. doi: 10.1109/MC.2011.291.

④ Malina, Lukas, JanHajny, RadekFujdiak, andJiriHosek. 2016. "On Perspective of Security and Privacy Preserving Solutions in the Internet of Things." Computer Networks 102: 83-95. doi: 10.1016/j.comnet.2016.03.11.

⑤ Suo, Hui, Jiafu Wan, Caifeng Zou, and Jianqi Liu. 2012. "Security in the Internet of Things: A Review." IEEE International Conference Computer Science and Electronics Engineering (ICCSEE) 3: 648-651.

⑥ Miorandi, Daniele, Sabrina Sicari, Francesco De Pellegrini, and Imrich Chlamtac. 2012. "Internet of Things: Vision, Applications and Research Challenges." Ad Hoc Networks 10 (7): 1497-1516. doi: 10.1016/j.adhoc.2012.02.16.

全性，那么可能会导致"不公开即安全"①，而这一概念被认为是一种在安全范围内的、存在缺陷的技术。由于"短暂的和永久的随机错误十分常见，攻击者可以轻易地利用这些错误"②，并且物联网具有要求现有技术适时而变的特殊性质③，因此安全问题更加严重。显而易见的是，随着连接到互联网的设备数量不断增加，安全和隐私问题也与日俱增。④

物联网的许多组件都是可移动的，尤其在卫生、交通与物流领域。这对保证安全解决方案与移动环境相适应、与各种各样的提供不同设置、协议和标准的组件和系统相交互提出了巨大的挑战。

（三）认证和身份管理

身份管理关注对象独有的标识，紧接着认证确认双方之间的身份关系⑤。在《战略研究议程》当中，欧洲物联网研究项目集群⑥指出，对于"可以在全球范围内适用的识别和认证技术，其开发、融合和互操作性"还需要我们做出进一步的研究。

在物联网当中，认证至关重要，因为没有经过适当的认证，系统

---

① Phillips, Ted, Tom Karygiannis, and Rick Huhn. 2005. "Security Standards for the RFID Market." IEEE Security and Privacy Magazine 3 (6): 85 – 89.

② Stankovic, John A. 2014. "Research Directions for the Internet of Things." IEEE Internet of Things Journal 1 (1): 3 – 9.

③ Sicari, Sabrina, Alessandra Rizzardi, Luigi Alfredo Grieco, and Alberto Coen-Porisini. 2015. "Security, Privacy and Trust in Internet of Things: The Road Ahead." Computer Networks 76: 146 – 164.

④ Cha, Inhyok, Yogendra Shah, Andreas U. Schmidt, Andreas Leicher, and Michael Victor Meyerstein. 2009. "Trust in M2M Communication." IEEE Vehicular Technology Magazine 4 (3): 69 – 75.

⑤ Mahalle, Parikshit, Sachin Babar, Neeli R. Prasad, and Ramjee Prasad. 2010. "Identity Management Framework Towards Internet of Things (IoT): Roadmap and Key Challenges." In Recent Trends in Network Security and Applications, edited by N. Meghanathan, S. Boumerdassi, N. Chaki, and D. Nagamalai, 430 – 439. Berlin: Springer.

⑥ Vermesan, Ovidiu, Peter Friess, Patrick Guillemin, Sergio Gusmeroli, Harald Sundmaeker, Alessandro Bassi, IgnacioSolerJubert, et al. 2011. "Internet of Things Strategic Research Roadmap." Internet of Things-Global Technological and Societal Trends 1: 9 – 52. Accessed July 4, 2017. http://internet-ofthings-research. eu/pdf/IoT _ Cluster _ Strategic _ Research _ Agenda _ 2011. pdf.

的机密性、完整性和可用性都可能受到损害。原因在于，如果其他人可以被认证为合法用户，那么他们就可以访问用户所有的一切数据，并且可以像用户一样查看（损害系统的机密性）、修改（损害系统的完整性）、删除或限制可用性（损害系统的可用性）。

物联网用户的身份认证和识别始终是一项巨大挑战。目前，在电子系统当中，最为常见的用户身份认证和识别方法是用户名或密码组，但其他方法同样可以得到适用，比如，共享密钥、数字证书或生物特征证书。[①] 然而，物联网的无处不在将会导致许多用于传递用户名和密码的物理交互界面不复存在。

在传统的电子环境当中，具备使用单点登录（SSO）机制的能力对于用户来说可能大有裨益，他们只需要经过一次身份认证就可以与各种各样的服务进行交互。像 Shibboleth OpenID 和 OAuth2 这样的系统并不是为实现物联网系统而设计的，虽然研究人员已经就适应 OAuth2 开展工作，但是这还不足以在物联网环境下全面实现单点登录。在物联网环境当中，公民可能希望可以自己选择身份提供者，而现有协议的使用对此提出了挑战。

另外，我们还需要进一步分析和研究移动性、隐私保护和匿名性。[②] 那些以移动服务为特点的物联网系统将会使用户能够通过由不同供应商所拥有的、形形色色的架构和基础设施。在如此流动的、异构的和多重所有权的环境中，对用户身份的管理可能极具挑战性。虽然笔者将在下文当中讨论物联网中的隐私保护问题，但是物联网中的匿名性问题同样是一个特别的挑战，尤其是移动环境下的匿名性问题。一方面，用户可能想要匿名；但另一方面，他们也希望获得高水平的服务，这就往往需要对提供服务的对象有所了解。而且，如果用

[①] Gessner, Dennis, Alexis Olivereau, Alexander Salinas Segura, and Alexandru Serbanati. 2012. "Trustworthy Infrastructure Services for a Secure and Privacy-Respecting Internet of Things." IEEE 11th International Conference on Trust, Security and Privacy in Computing and Communications (TrustCom), Liverpool, England, June 25 – 27, 998 – 1003.

[②] Riahi, Arbia, Yacine Challal, Enrico Natalizio, Zied Chtourou, and Abdelmadjid Bouabdallah. 2013. "A Systemic Approach for IoT Security." IEEE International Conference on Distributed Computing in Sensor Systems (DCOSS), Cambridge, MA, May 20 – 23, 351 – 355. doi: 10.1109/DCOSS.2013.78.

户需要获得弹性服务,那么,问责制就十分必要了。显而易见的是,在一个真正匿名的系统当中,问责是难以实现的。假名可以在匿名和问责之间形成一种平衡。在假名系统当中,用户行为通常与随机标识符而非身份标识相连接。假名可以提供持久标识符,从而从头到尾地保证服务的提供。如果想要在物联网系统当中发挥作用,假名仍然面临着巨大挑战,即如何在各个领域当中以标准化的方式运作。

除了要考虑用户的身份识别和认证之外,我们也有必要对物联网系统当中的服务和设备进行识别和认证。"由于物联网设备的性质或使用环境"[1],对其进行强认证可能是一项挑战。如果没有经过充分的认证,我们就不可能确保数据来源于目标设备,或者数据被目标设备接收。即使设备经过了充分的认证,我们仍然需要对服务进行认证,因为一些服务直接涉及某些用户数据。

(四)授权和访问控制

人们已经认识到,有必要"对设备网络边缘的(物联网)进行访问控制,或者至少对设备的本地接入控制器进行访问控制"[2]。一旦经过识别和验证,用户是否有权访问所请求的资源。[3] 访问控制离不开实体之间的通信(通常仅限于软件实体而非人,因为用户通过他们所控制的软件实体对系统产生影响)来请求和授予访问权。访问控制有各种各样的模型,比如自主访问控制(DAC,即管理员决定谁可以访问资源)、基于角色的访问控制(RBAC,即允许基于请求者的角色进行访问)以及基于属性的访问控制(ABAC,即通过评估用户属性、所请求的资源和请求的环境的政策来授权)。

在物联网环境当中,有效的访问控制是一项挑战。虽然我们希望使用一种访问控制模型来消除自主性,但是众所周知的是,对于低功

---

[1] Sarma, Amardeo C., and João Girão. 2009. "Identities in the Future Internet of Things." Wireless Personal Communications 49 (3): 353 – 363.

[2] Cerf, Vinton G. 2015. "Access Control and the Internet of Things." IEEE Internet Computing 19 (5): 96 – c3. doi: 10.1109/MIC.2015.108.

[3] Abomhara, Mohamed, and Geir M. Køien. 2014. "Security and Privacy in the Internet of Things: Current Status and Open Issues." International Conference on Privacy and Security in Mobile Systems (PRISMS), Aalborg, Denmark, May 11 – 14, 1 – 8.

耗的物联网设备来说，使用 RBAC 和 ABAC 具有挑战性。不仅如此，RBAC 也需要对角色做出界定。在许多物联网系统当中，角色的数量可能会迅速增长，因此，如果要进行精细的访问控制，那么处理所有这些角色就会变得非常困难，尤其是在系统更新期间。ABAC 也面临着类似的挑战，尤其是在分散架构当中。ABAC 和 RBAC 都没有"提供可扩展的、可控的、有效的和高效的机制……因此无法有效支持物联网的动态性和可扩展性需求"。① RBAC、ABAC 和 DAC 均属于访问控制列表（ACL）模型，除此之外还有一种是基于能力的方法。该方法要求请求者有允许访问服务的能力。这就需要一种可传播的、可撤销的、不可遗忘的，并且可以被认为是类似于保险箱钥匙的东西。基于能力的方法试图克服 ACL 模型的一些局限性，但是并不能"基于各种属性或限制来定制访问"②。基于能力的方法包括身份认证与基于能力的访问控制（IACAC）③，以及基于能力的访问控制（Cap-BAC）。④

（五）实施、更新、义务和问责制

安全保护措施的实施和更新必须是可控的和低成本的，尽管人们常常忘了讨论这一点，但它却至关重要。物联网系统可以是地理远程系统，包括极端的和富有挑战性环境当中的传感器和驱动器。为了保护系统网络安全，一旦发现任何漏洞就必须予以解决。正因如此，我们需要提供远程访问来支持这些系统更新。最新的软件补丁可以动态

---

① Gusmeroli, Sergio, Salvatore Piccione, and Domenico Rotondi. 2013. "A Capability-Based Security Approach to Manage Access Control in the Internet of Things." Mathematical and Computer Modelling 58 (5–6): 1189–1205.

② Ferraiolo, David, Janet Cugini, and D. Richard Kuhn. 1995. "Role-based Access Control (RBAC): Features and Motivations." Proceedings of 11th annual Computer Security Application Conference, New Orleans, LA, December 11–15, 241–248.

③ Mahalle, Parikshit N., Bayu Anggorojati, Neeli R. Prasad, and Ramjee Prasad. 2013. "Identity Authentication and Capability Based Access Control (IACAC) for the Internet of Things." Journal of Cyber Security 1 (4): 309–348.

④ Gusmeroli, Sergio, Salvatore Piccione, and Domenico Rotondi. 2013. "A Capability-Based Security Approach to Manage Access Control in the Internet of Things." Mathematical and Computer Modelling 58 (5–6): 1189–1205.

安装,并且流程可以通过云辅助框架进行管理,然而,设计可动态安装的安全机制是一项具有挑战性的任务。① 我们还必须认识到,更新可以改变设备的功能,而这些改变可能并不总是符合用户的期待。② 因此,在用户对应用补丁有义务或控制权的情况下,如果他们认为受损的风险大于对功能所产生的负面影响,那么他们可能会放弃更新。③ 2016 年发生的 Dyn 攻击事件说明,没有应用补丁的打印机、IP 摄像头、家用网关和婴儿监视器等僵尸网络可能对分布式拒绝服务攻击的实施产生重大影响。这就导致物联网在义务、责任和问责方面面临着另一项重大挑战。由于物联网包括各种各样的、不同控制和所有权的设备、通信、基础设施和服务,义务和责任的确定仍然是一项挑战。虽然法律责任可能由组织承担,但看似无害的攻击对一个组件所产生的影响可能会对另一个组件造成灾难性的、不可挽回的损害。例如,如果某个服务由于设备或一些第三方体系结构中的某个问题而受到损害,用户的强烈反应可能不会影响到设备制造商或体系结构所有者,而是会影响到服务运营商。这些情况可能会导致一些人对网络物理安全不太在意。鉴于攻击受面高度复杂,情况会更加糟糕。尽管某一设备或服务仅存在小漏洞,但它可能与系统中其他看似无害的、由不同主体控制、所有或提供的漏洞被共同利用。如果这造成了重大损害的发生,各个主体的级别或责任可能难以立即明确。这也就使得我们很难为安全投入找到理由。

(六) 联网和自动驾驶汽车当中的安全问题

联网和自动驾驶汽车(CAV)是一个十分复杂的领域,它涉及各种各样的传感器、制动器、基础设施、通信协议和服务。这些服务既包括仅在少数组件上运行的小型、简单服务,也包括涉及国家关键

---

① Maglaras, Leandros A., Ali H. Al-Bayatti, Ying He, Isabel Wagner, and Helge Janicke. 2016. "Social Internet of Vehicles for Smart Cities." Journal of Sensor and Actuator Networks 5 (1): 3.

② Rose, Karen, Scott Eldridge, and Lyman Chapin. 2015. "The Internet of Things: An Overview." The Internet Society (ISOC), October, 1-50.

③ Cavusoglu, Hasan, Huseyin Cavusoglu, andJunZhang. 2008. "Security PatchManagement: Share the Burden or Share the Damage?." Management Science 54 (4): 657-670.

基础设施重要部分的全球服务。这一工作无法包含所有类型的系统以及潜在的和已经实施的攻击。但是，它可能会引起人们对某些重大攻击的注意。

现代汽车通常有 70 到 100 个集成电子控制单元（ECUs），它们可以用于刹车、转向、传动、悬挂和发动机控制。为这些电子控制单元提供信息的传感器包括轮胎压力监测系统、信息娱乐系统、摄像头、激光雷达、雷达、刹车和发动机传感器。与电子控制单元进行通信需要通过各种各样的网络，包括 CAN（控制器局域网）、FlexRay、MOST（多媒体传输系统）和 LIN（本地互联网）。不同的制造商使用不同的网络，而现代汽车将同时具有多种类型的网络。不过，在设计这些网络协议之前，我们必须优先考虑效率和技术安全。Checkoway[①] 和 Koscher 等学者[②]对车载诊断单元（OBD）等各式各样的车载和远程车辆漏洞物理端点设备，以及 DSRC（专用短程通信）和蓝牙等外部通信进行了研究。更广为人知的是，在 2015 年，Miller 和 Vallesek 使用远程执行对吉普切诺基所存在的一个漏洞（结合了支持 Sprint 远程访问 UConnect 所具有的一个弱点）进行了研究。[③] 他们能够控制行驶中的汽车。虽然目前联网汽车受到网络攻击的可能性很小，但随着其重要性日益提高，以及勒索软件等技术逐渐兴起，联网和自动车辆系统的完整性和可用性面临着新的重大风险。除了经济动机之外，我们可能还会看到恐怖分子、民族国家和黑客都试图破坏这些系统。

联网和自动驾驶汽车中的许多应用程序不仅涉及外部发送的个人数据，而且还涉及外部发送的车辆数据（可以连接到个人）。通过使

---

① Checkoway, S., D. McCoy, B. Kantor, D. Anderson, H. Shacham, S. Savage, K. Koscher, A. Czeskis, F. Roesner, and T. Kohno. 2011. "Comprehensive Experimental Analyses of Automotive Attack Surfaces." 2011 USENIX Security Symposium, San Francisco, CA, August 8 – 11, 77 – 92.

② Koscher, Karl, Alexei Czeskis, Franziska Roesner, Shwetak Patel, Tadayoshi Kohno, Stephen Checkoway, Damon McCoy, et al. 2010. "Experimental Security Analysis of a Modern Automobile." Proceedings of the 2010 IEEE Symposium on Security and Privacy, May 16 – 19, 447 – 462. Washington, DC：IEEE Computer Society.

③ Mansfield-Devine, Steve. 2016. "Securing the Internet of Things." Computer Fraud & Security 44 (4)：51 – 58.

用"嗅探站"等方式,这些数据的保密性和隐私可能会受到破坏。通过对车辆内的无线通信采取中间人攻击,数据的完整性也有可能会受到损害。而所谓的中间人攻击建立在 Miller 和 Valasek 远程开发吉普车的基础之上。

当联网汽车与云端和边缘云端等基础设施交互,并开始对这些基础设施产生依赖时,系统可用性遭受攻击的风险将会增加,影响也将会加强。

(七)健康、幸福和娱乐当中的安全问题

由于攻击事件频发,许多受害者因此被送往医院救治。个人联网设备,包括药物传输系统、电子医疗植入物、胰岛素泵和心脏起搏器都面临着无数潜在的和实际的攻击。然而,就近年来已经发现的攻击来说,无论是其规模还是攻击面均是前所未有、空前绝后的。特别值得一提的是,趋势科技公司(Trend Micro)首次发现了 MEDJACK 攻击[1],对血气分析仪、计算机断层扫描仪、磁共振成像系统和 X 光机都产生了影响。目前已经有攻击开始针对通信协议和设备。有学者发现,10 台植入式心脏除颤器(ICDs)的专有通信协议当中都存在安全漏洞。[2] 这些医疗系统显然为 CIA 三部曲都带来了风险。除了明显地破坏可用性、损害完整性之外,它还引发了保密性问题。医疗数据不仅可以用于身份盗窃或身份欺诈,而且还可以用于查找药物处方,从而使得黑客能够网购药物。黑客还可能会敲诈勒索那些不愿意公开自己信息的患者。物联网所带来福利的保密性、完整性和可用性同样可能受到这些攻击,只不过可用性和潜在完整性所受到的影响会相对轻微,而信息的保密性所受到的影响则会更加严重。

---

[1] Storm, Darlene. 2015. "MEDJACK: Hackers Hijacking Medical Devices to Create Backdoors in Hospital Networks." Computerworld, June 8.

[2] Marin, Eduard, Dave Singelée, Flavio D. Garcia, Tom Chothia, Rik Willems, and Bart Preneel. 2016. "On the Security of the Latest Generation Implantable Cardiac Defibrillators and How to Secure Them." ACSAC '16 Proceedings of the 32nd Annual Conference on Computer Security Applications, Los Angeles, CA, December 5 – 8, 226 – 236. ACM.

(八) 工业 4.0 当中的安全问题

工业 4.0 被誉为一场变革之举,它将数据、连通性和自主有机地结合在一起,从而引发了第四次工业革命。然而,这些网络物理系统面临着各种各样的重大威胁。

在过去的多年当中,已经有多起重大网络物理攻击被报道,但是有大量其他的攻击可能没有被报道,甚至没有被发现。例如 2000 年澳大利亚所发生的 Maroochy Water Services 攻击事件,当时,污水系统发生了一系列故障,本来应该正常运行的水泵突然失效,警报也没有及时响起。中央计算机与各个泵站之间的通讯也都中断了,这导致情况进一步恶化。与此相类似的,震网 (Stuxnet) 病毒对伊朗的核工业产生了迅速而重大的影响。最近也发生了一些攻击事件,包括德国一家钢厂于 2014 年所受到的攻击,以及对乌克兰能源网络所受到的破坏。

信息的保密性还可能会受到其他各种各样的攻击,比如知识产权数据泄露,并导致企业丧失市场竞争优势。另外,它还可能会赋予竞争对手以破坏创新的能力,使创新理念无法转变为现实。

(九) 物流当中的安全问题

物联网似乎极大地提高了物流效率,并为物流提供了重要的商业机会。由于应用场景多种多样,因此其受攻击面必然较大。常见的一种攻击是通过恶意替换标签或修改标签信息来操纵嵌入式数据。[1] 虽然物流通常被视为公路网络的一个组成部分,但我们应当认识到,物流也包括了铁路、航空和海运。其存在一个特殊的漏洞,即攻击者可以修改船舶的细节信息,包括位置、航线、货物、所属国家、速度、名称和 MMSI (海上移动业务识别) 状态。[2] 为了进一步加强攻击,

---

[1] Misra, Sridipta, MuthucumaruMaheswaran, andSalmanHashmi. 2016. Security Challenges and Approaches in Internet of Things. Springer Briefs in Electrical and Computer Engineering. Cham: Springer.

[2] Balduzzi, Marco, Alessandro Pasta, and Kyle Wilhoit. 2014. "A Security Evaluation of AIS Automated Identification System." Proceedings of the 30th Annual Computer Security Applications Conference, New Orleans, LA, December 8 – 12, 436 – 445.

攻击者还可以利用在细节信息方面与现有船只极其相似的仿造船只，例如，在美国海岸附近就发现了一艘载有核货的伊朗船只。这导致了系统的机密性和完整性受到损害。

（十）智能电网当中的安全问题

无论是白皮书还是学术文章①，抑或大众媒体，它们都讨论了国家关键能源基础设施所受到的攻击，比如俄罗斯对美国的攻击②，以及乌克兰所受到的攻击。这些攻击的主要目的（虽然可能不是唯一目的）是破坏网络物理系统的可用性。然而，智能电网技术中还面临着其他各种各样的已知攻击。

除了国家基础设施可能受到攻击之外，结构的更底层也可能会受到攻击。相比较而言，建筑能源管理系统和社区能源管理系统更加本地化，它能够确定并平衡社区电力需求，包括决定发电机的规模和在短时间内为了满足用电需求而使用的输电线路的容量。不过，人们已经发现，建筑能源管理系统和社区能源管理系统十分容易受到拒绝服务攻击和虚假消息攻击，从而同时损害了系统的可用性和完整性。

在结构的更底层，智能电表的数量出现了显著增长。根据英国政府所提供的数据，截至 2016 年 9 月，英国已经安装了 50 多万个智能电表。但是，通过智能电表进行网络传输的数据是未经签名、未经加密的③，这就损害了系统的机密性。

（十一）家庭、建筑物和办公室当中的安全问题

智能家居包括了各种各样的设备，通过远程、即时的访问和控

---

① Liang, Gaoqi, Steven R. Weller, Junhua Zhao, Fengji Luo, and Zhao Yang Dong. 2017. "The 2015 Ukraine Blackout: Implications for False Data Injection Attacks." IEEE Transactions on Power Systems 32 (4): 3317–3318.

② Misra, Sridipta, MuthucumaruMaheswaran, andSalmanHashmi. 2016. Security Challenges and Approaches in Internet of Things. Springer Briefs in Electrical and Computer Engineering. Cham: Springer.

③ Greveler, Ulrich, Peter Glösekötterz, Benjamin Justusy, and Dennis Loehr. 2012. "Multimedia Content Identification Through Smart Meter Power Usage Profiles." Proceedings of the International Conference on Information and Knowledge Engineering (IKE), Las Vegas, USA, July 16–19.

制，其保证了较高的智能资源利用率。虽然这些设备和服务带来了一些经济方面和功能方面的益处，但它们也确实增加了安全风险。这些设备所具有的风险主要表现为保密性和隐私风险。在上文当中，笔者已经对一些问题做出了说明，包括能源消耗如何为用户画像提供推论、联网家庭设备的使用以及其对 Dyn 攻击产生的影响。目前，包括摄像头、打印机、门铃、体重秤在内的各种设备都已经受到损害，并且，近来在英国，家用路由器等设备也开始受到损害。如果这些设备丧失了可用性，那么，它将令人感到不便，而一旦所有设备的力量被集中到一个僵尸网络当中，全世界都将因此受到显著的影响。

除了智能家居设备和办公室设备之外，黑客还会攻击建筑自动化和控制系统。在通过访问联网建筑控制系统而进行的攻击当中，Target 攻击或许是最为严重的一次。此次攻击的起因是暖通空调（HVAC）公司所提供的 Target 目标受损。该公司能够通过 Target 网络进行远程监控和维护，这就为黑客提供了侵入系统的途径，从而损害了 4000 万份客户记录的机密性。当然，住宅或办公室等建筑遭到入侵不仅会破坏系统的机密性，而且对系统的完整性和可用性都会构成极大威胁。

四、物联网所面临的隐私挑战

物联网所面临的一个主要挑战就是隐私保护。[①] 物联网提供了大量的可用数据，这些数据不仅涉及像万维网等互联网消费者，而且还涉及一般的公民、团体和组织。这些数据可以用来确定我们对什么感兴趣、我们要去哪里，以及我们有什么意图。虽然这有助于提供更好的服务，但它也不能忽视我们的隐私期待。消费者相信他们所使用的

[①] Misra, Sridipta, Muthucumaru Maheswaran, and Salman Hashmi. 2016. Security Challenges and Approaches in Internet of Things. Springer Briefs in Electrical and Computer Engineering. Cham: Springer; Sicari, Sabrina, Alessandra Rizzardi, Luigi Alfredo Grieco, and Alberto Coen-Porisini. 2015. "Security, Privacy and Trust in Internet of Things: The Road Ahead." Computer Networks 76: 146 – 164; Ziegeldorf, Jan Henrik, Oscar Garcia Morchon, and Klaus Wehrle. 2014. "Privacy in the Internet of Things: Threats and Challenges." Security and Communication Networks 7 (12): 2728 – 2742; Roman, Rodrigo, Pablo Najera, and Javier Lopez. 2011. "'Securing the Internet of Things (IoT)'." IEEE Computer 44: 51 – 58. doi: 10.1109/MC.2011.291.

服务会充分地尊重其隐私,这一点是至关重要的。信任是建立一切关系的基本要素,也是采用新技术的重要因素。① 如果人们对隐私保护和安全没有足够的信任,他们就不会使用新技术②,这一点在物联网等复杂系统中表现得尤为明显。

各种各样的传感器,包括那些嵌入移动设备的传感器,都会收集有关公民生活的各种数据。物联网供应商将会对这些数据进行聚合、分析、处理、融合和挖掘,从中提取出有用的信息,从而为用户提供无处不在的智能服务。所谓信任是指,用户能够决定何时,以及向谁发布、披露信息。③

2010 年,Facebook 的创始人马克·扎克伯格自豪地宣布:"隐私不再仅仅是一种社会规范。"长期以来,学界对此进行了广泛辩论。2006 年,有学者提出了一个隐私悖论④,认为"成年人大多担心他人侵犯自己的隐私权,而青少年却随意地放任他人侵犯自己的个人信息"。这篇核心论文一直都是大量学术著作的主题(它的引用量超过了 900 次),许多学者也都证明了,在不同的语境当中均存在着这一悖论。不过,人们已经发现了一些变化,最近,牛津大学互联网研究所(Oxford Internet Institute)发布了一份报告,详细地说明了一个新的隐私悖论。在该报告当中,Blank、Bolsover 和 Dubois⑤一致认为,"相比于年纪较大的人而言,年轻人更有可能采取措施来保护其隐私",并且这一悖论成立的前提是"社交生活目前是提供网络实现

---

① Yan, Zheng, Peng Zhang, and Athanasios V. Vasilakos. 2014. "A Survey on Trust Management for Internet of Things." Journal of Network and Computer Applications 42: 120 – 134. doi: 10.1016/j. jnca. 2014.01.14.

② Taddeo, M., and L. Floridi. 2011. "The Case for E-Trust." Ethics and Information Technology 13 (1): 1 – 3.

③ Yan, Zheng, and Silke Holtmanns. 2008. "Trust Modeling and Management: From Social Trust to Digital Trust." In Computer Security, Privacy and Politics: Current Issues, Challenges and Solutions, edited by Ramesh Subramanian, 290 – 323. Hershey, PA: IGI Global.

④ Barnes, SusanB. 2006. "APrivacyParadox: SocialNetworkingintheUnitedStates." FirstMonday11 (9). doi: 10.5210/fm. v11i9.1394.

⑤ Blank, Grant, GillianBolsover, and Elizabeth Dubois. 2014. "A New Privacy Paradox: Young People and Privacy on Social Network Sites." American Sociological Association Annual Meeting, San Francisco, CA. Accessed July 4, 2017. http://papers.ssrn.com/sol3/papers.cfm? abstract_id = 2479938.

的,而社交网站并没有提供足够的工具,因此用户无法以适合自己的方式管理自己的隐私"。皮尤研究中心①(Pew Research Center)最新的一项研究发现,86%的互联网用户都已经在网上采取了措施,删除或隐藏自己的数字足迹。他们所采用的技术包括清除cookies、尽量避免使用真名、对电子邮件进行加密,以及使用虚拟网络隐藏其IP地址。

人们一直以来都认为,要想确保用户对分布式系统的信任,其中一个重要方式是赋予用户更多的对个人信息收集和使用的控制权。包括隐私优先平台项目(P3P)在内的先前项目都被设计为用户在使用网页浏览器时享有控制权。P3P协议是万维网联盟(W3C)于2002年所公布的一项隐私保护推荐标准,它允许网站通过网页浏览器声明其所收集数据的预期用途。P3P协议建立在这样一个理念的基础之上,即将网站隐私政策转化为标准化的机器可读信息,从而提高透明度,并帮助用户做出选择。令人遗憾的是,隐私优先平台项目早就已经宣告结束,并且基本没有得到实施。P3P之所以最终失败,其原因多种多样,主要是企业和用户都很少予以采用。② 具体来说,首先,网站很少予以采用,因为对于大多数企业而言,采用隐私增强技术的动因(合规、效率和品牌受损风险)并不明显③;其次,浏览器很少予以采用④;最后,用户很少予以采用,文化因素影响了P3P在国际

---

① Rainie, Lee, Sara Kiesler, Ruogu Kang, Mary Madden, Maeve Duggan, Stephanie Brown, and Laura Dabbish. 2013. "Anonymity, Privacy, and Security Online." Pew Research Center, September 5.

② Jøsang, Audun, Lothar Fritsch, and Tobias Mahler. 2010. "Privacy Policy Referencing." International Conference on Trust, Privacy and Security in Digital Business, Bilbao, Spain, August 30 – 31, 129 – 140.

③ Beatty, Patricia, Ian Reay, Scott Dick, and James Miller. 2007. "P3P Adoption on e-Commerce Web Sites: A Survey and Analysis." IEEE Internet Computing 11 (2): 65 – 71.

④ Cranor, Lorrie Faith, Serge Egelman, Steve Sheng, Aleecia M. McDonald, and Abdur Chowdhury. 2008. "P3P Deployment on Websites." Electronic Commerce Research and Applications 7 (3): 274 – 293.

范围内的应用。①

为了保护隐私，人们已经开发了各种各样的隐私增强技术，包括虚拟专用网络、传输层安全协议、域名系统安全扩展、洋葱路由和私人信息检索。② 除此之外，隐私政策语言也属于一种隐私增强技术，而上文提到的 P3P 项目同样可以被认为是隐私增强技术当中的 PPLs。③ PPLs 可以分为外部的（陈述性的，无须强制执行）和内部的（规范性的，支持强制执行）两种，P3P 就属于前者。其他的 PPLs 还有很多，包括 SAML（安全断言标记语言）和 XACML（可扩展访问控制标记语言），其中 XACML 又分为 PPL（多用途程序设计语言）、A-PPL 和 GeoXACML（地理空间可扩展访问控制标记语言），XACL、SecPAL 及 SecPAL4P，AIR（Accountability In RDF），XPref，P2U，EPAL，P-RBAC，FlexDDPL，Jeeves，PSLang，ConSpec，SLAng。④ 虽然 PPLs 有各种各样的标准，但它们都没有成为事实标准，其仍然难以被大规模地采用。

在上文当中，笔者已经指出，平衡优化的、个性化的服务与隐私期待是至关重要的。要想调和这些目标的冲突和矛盾，其中一种方法就是确保消费者享有对物联网供应商收集、存储和共享其数据的同意权。但是，这也带来了一些挑战。传统上，同意建立在透明化系统的基础之上：服务提供者应该清楚地说明其收集了哪些数据以及这些数据的用途是什么。当然，一直以来都存在着这样一个疑问，即向消费者提供 70 页的详细信息本身是否足够清晰，目前监管部门正在着手

---

① Reay, Ian K., Patricia Beatty, Scott Dick, and James Miller. 2007. "A Survey and Analysis of the P3P Protocol's Agents, Adoption, Maintenance, and Future." IEEE Transactions on Dependable and Secure Computing 4 (2): 151 – 164; Reay, Ian, Scott Dick, and James Miller. 2009. "A Large-Scale Empirical Study of P3P Privacy Policies: Stated Actions vs. Legal Obligations." ACM Transactions on the Web (TWEB) 3 (2): 6.

② Weber, R. H. 2010. "Internet of Things – New Security and Privacy Challenges." Computer Law & Security Review 26 (1): 23 – 30.

③ Wang, Y., and A. Kobsa. 2009. "Privacy-enhancing Technologies." In Handbook of Research on Social and Organizational Liabilities in Information Security, edited by M. Gupta and R. Sharman, 203 – 227. Hershey, PA: IGI Global.

④ Kasem-Madani, Saffija, and Michael Meier. 2015. "Security and Privacy Policy Languages: A Survey, Categorization and Gap Identification." arXiv preprint arXiv: 1512.00201.

解决这一问题。英国 ICO 针对《一般数据保护条例》（GDPR）发布了有关同意的指导性文件①，并指出，虽然《数据保护指令》表示"数据主体的'同意'是指，数据主体自由做出的、充分知悉的、表明同意对其相关个人数据进行处理的意愿"，《一般数据保护条例》第 4 条第 11 款规定："数据主体的'同意'是指，数据主体通过一个声明，或者通过某项清晰的确信行动而自由做出的、充分知悉的、不含混的、表明同意对其相关个人数据进行处理的意愿。"如果物联网真的做到了"无所不在"，那么我们不需要通过物理界面就能够与系统进行交互。在这种情况下②，"提供消费者数据和隐私信息，并赋予消费者同意权，这具有极大的挑战性"。《一般数据保护条例》还要求同意必须具体明晰且易于撤销。由于没有适当的界面来提供或撤销同意，这些都是重大挑战。随着物联网技术的嵌入，这些挑战不仅会出现在公共领域，而且还会出现在家庭领域。例如，压力传感器、红外传感器和 RFID 系统所产生的数据能够让别人监视和了解用户在家中的各种活动。例如，与智能冰箱有关的数据可以确定用户的饮食习惯和健康状况，从而可能会对其在保险公司所投保的人寿保险产生影响。在玩具生产领域，传感器和智能技术的运用也在不断增长。智能玩具能够识别孩子们的声音，对他们做出分析并与他们进行互动。这些玩具通常带有外部蓝牙和 Wi-Fi 连接功能，因此端点十分容易受到攻击。③ 一方面，智能玩具会暴露孩子们的个人身份信息，导致他们担心自己的位置受到追踪，并因而变得脆弱。另一方面，这些玩具可以被用作监视设备，或者由于被劫持而做出不当行为。④ 这些都对玩具制造商提出了挑战，他们必须在生产联网玩具时就充分考

---

① ICO. 2017. "GDPR Consent Guidance for Consultation." Accessed July 4, 2017. https://ico. org. uk/ media/about-the-ico/consultations/2013551/draft-gdpr-consent-guidance-for-consultation-201703. pdf.

② Peppet, Scott R. 2014. "Regulating the Internet of Things: First Steps Toward Managing Discrimination, Privacy, Security and Consent." Texas Law Revew 93: 85.

③ Dobbins, Danielle L. 2015. "Analysis of Security Concerns and Privacy Risks of Children's Smart Toys." PhD diss., Washington University St. Louis, St. Louis, MO.

④ Chaudron, S., R. DiGioia, M. Gemo, D. Holloway, J. Marsh, G. Mascheroni, J. Peter, andD. Yamada-Rice. 2017. "Kaleidoscope on the Internet of Toys-Safety, Security, Privacy and Societal Insights." EUR 28397 EN. doi: 10. 2788/05383.

虑到安全性问题。① 在给孩子们智能玩具时，父母应当有权对智能玩具收集、处理、存储和传输与孩子们有关的数据做出明示或默示的同意。然而，一位朋友认为，从总体上来看，父母无权对智能玩具处理孩子的朋友与玩具进行互动所产生的数据做出同意。如果没有明确的同意，玩具制造商就不应当处理这些个人数据。然而，我们很难将这两种数据区分开来，更何况智能玩具很可能在没有明确同意的情况下就对这些数据进行处理。

物联网当中的隐私问题不仅会对消费者产生影响，而且还可能对行业产生影响。工业物联网比传统的信息通信技术（ICT）系统更为复杂，因为其受攻击面较大、攻击载体众多。② 我们需要对隐私要需求做出合理的界定。③ 除了侵犯令人敏感的员工或客户信息的风险之外，智能数据丢失的潜在风险也可能导致竞争对手获取受害者的知识和能力，从而削弱企业的竞争优势。④ 据了解，通过内部或其他攻击，工业间谍活动可能会导致知识产权被窃取，而在某些情况下，间接的隐私损害可能会导致知识资本的泄露。例如，如果工业订单的有关数据受到损害，那么竞争对手不仅能够预测现有产品和材料的工业供应量，而且还能预测目前正在开发的未来产品和创新技术。与此相类似地，数据保护受损可能会反映出一个行业的财务绩效、业务流程和业务智能，从而限制其借贷能力，或者影响其保险费率。到目前为止，这一领域还没有受到人们的广泛关注。

---

① Nelson, B. 2016. "Children's Connected Toys: Data Security and Privacy Concerns." United States Congress Senate Committee on Commerce, Science, and Transportation, December 14. Accessed July 4, 2017. https://www.hsdl.org/? view&did=797394.

② Sadeghi, Ahmad-Reza, Christian Wachsmann, and Michael Waidner. 2015. "Security and Privacy Challenges in Industrial Internet of Things." 52nd ACM/EDAC/IEEE Design Automation Conference, San Francisco, CA, June 8-10. New York: ACM Press, 1-6.

③ Da Xu, L., W. He, and S. Li. 2014. "Internet of Things in Industries: A Survey." IEEE Transactions on Industrial Informatics 10 (4): 2233-2243.

④ Sadeghi, Ahmad-Reza, Christian Wachsmann, and Michael Waidner. 2015. "Security and Privacy Challenges in Industrial Internet of Things." 52nd ACM/EDAC/IEEE Design Automation Conference, San Francisco, CA, June 8-10. New York: ACM Press, 1-6.

五、结语

在本文当中，笔者已经讨论了物联网的起源，以及它们是如何对标准化和唯一的整体目标构成挑战的。这反过来又给物联网的安全和保护带来了挑战。

从某种意义上来说，促进物联网的标准化和协调性是最大的，也是最根本的挑战。它不仅在过程和技术方面十分困难，而且在政治方面也十分困难。我们需要考虑所有利益相关者及其对物联网所持的不同观点。P3P项目表明，在具有不同目标和利益的各方之间达成共识和信任是极其困难的。

虽然P3P项目有值得称道之处，但它同时也面临着相当大的难题。与其相类似的物联网系统的确有益处，但我们很难确保结果相关并为所有人所接受。如果要通过一个类似于P3P的协议来说明如何捕获、处理、存储和传输数据，并为用户提供一种选择和控制其数据的方法，那么，我们就应当从P3P项目中吸取教训。

首先，如果想要确立一个标准，那么，项目就应当考虑到相关的政治因素，这一点尤为重要。隐私倡导人士可能会将这一发展视为一种工业托词，并对P3P项目提出批评，认为该协议不应当允许服务在收集个人数据时制造隐私假象。我们应该认识到，任何标准都可能只是解决方案当中的一个组成部分，因此，仅仅实施该标准可能无法提供足够的隐私保护。因此，笔者建议，在实施该标准的同时也要使用一些其他的隐私增强工具。制定任何标准都应当符合法律法规的要求。如果没有合规的要求或者不执行协议不会产生经济影响，那么，该协议在实践中将会以失败告终。

为了最大限度地提高业界采用率和用户接受度，任何管理物联网领域同意的协议都应该符合以下要求：①根据一致同意的原则制定，从而确保不偏离任务、目标明确；②简单、经济效益好、可执行；③注意对现有商业模式和未来商业模式的一切影响；④由行业组织（服务和基础设施供应商）及用户代表共同制定；⑤根据法律法规的要求制定。如果没有合规的要求或者不执行协议不会产生经济影响，那么，该协议在实践中将会以失败告终。

其次，我们还应当注意到物联网的低功耗和小体积（小尺寸）。

无论是针对这些受到各种限制的设备制定防御攻击的解决方案，还是培养其检测、诊断和恢复的能力，我们都面临着巨大挑战。关键协议的发展能够解决强有力的、低成本的安全问题，它包括 IETF 6LoWPAN 组所做出的工作，即研发了封装和报头压缩机制，从而可以通过低速的无线个人区域网络发送和接收 IPv6 数据包。在这些基于 IEEE 802.15.4 的网络当中，节点可以以两种安全模式运行：一种是 ACL 模式（只提供对可信节点的访问），一种是安全模式（提供机密性、信息完整性、访问控制和持续新鲜感）。其他被设计用来解决此类问题的协议包括主机网络协议（HIP）和数据包传输层安全性（DTSL）。相比较而言，前者更加高效，但"主机网络协议的使用受限导致了其严重的局限性"[1]；后者更具互操作性，但其性能较差。密钥管理既包括存储也包括交换，对于资源受限的物联网系统来说，它始终是一项重大挑战，因为现有的安全解决方案大多依赖于消耗大量能源的固件。[2] 在物联网系统当中，身份认证和识别是安全和隐私的基础。显而易见的是，与现有系统相比，基于生物特征识别（可能与标记相结合）的系统可能更有优势，但前提条件是系统是安全的、不受阻的。

在确保物联网设备、数据流和服务真实性的斗争当中，我们已经取得了重大进展。尤其是物理层防克隆功能（PUFs）的开发[3]在设备认证中发挥了重要作用。物理层防克隆功能有一个复杂的、不可预测的但是可以重复的、从输入到输出的映射系统。为了进行有效的身份认证，该功能应当是易于评估和重复的，而出于安全目的，该功能又应当是难以预测的。一方面，其已经暴露出某些缺点，其中就包括了

---

[1] Garcia-Morchon, Oscar, Sye Loong Keoh, Sandeep Kumar, Pedro Moreno-Sanchez, Francisco VidalMeca, and Jan Henrik Ziegeldorf. 2013. "Securing the IP-based Internet of Things with HIP and DTLS." Proceedings of the sixth ACM conference on Security and Privacy in Wireless and Mobile Networks, Budapest, Hungary, April 17–19, 119–1240. ACM.

[2] Healy, Michael, Thomas Newe, and Elfed Lewis. 2009. "Security for Wireless Sensor Networks: A Review." IEEE Sensors Applications Symposium, New Orleans, LA, February 17–19, 80–85.

[3] Suh, G. Edward, and Srinivas Devadas. 2007. "Physical Unclonable Functions for Device Authentication and Secret Key Generation." ACM proceedings of the 44th Annual Design Automation Conference, Yokohama, Japan, January 23–26, 9–14.

老化，它会降低物理层防克隆功能响应的可靠性①；另一方面，使用增强请求——响应的改进方案正处于发展阶段。② 物理层防克隆功能能够与嵌入式客户身份识别卡（eSIMs）相结合起来，从而提供身份认证和访问控制。嵌入式客户身份识别卡可以用于解决可扩展性、互操作性和安全协议遵从性的问题。③

再次，我们应当注意到调整现有的单点登录机制或建立更适合物联网的新机制是必不可少、迫在眉睫的。尽管某些方法提出了一种通过精心设计的中间件将所有机制组合起来的混合体系结构，从而解决了这一需求，但是这个问题仍然值得我们研究。

最后，我们应当在考虑到智能运输系统均具有的安全问题的同时，建立一个标准化的通信平台和体系结构，优先考量体系结构内每一层的安全性。攻击是无处不在的，从物理层（通过蓝牙或专用短程通信等通信）到网络层（如控制器局域网、本地互联网等），再到设备层（通过改变集成电子控制单元），最终对挡风玻璃雨刷和门锁等应用程序产生影响。

各种各样的工业物联网攻击也显示出了监控与数据采集系统的漏洞，比如更新速度慢和存在认证漏洞，导致网络上出现更多的攻击载体。这就要求我们建立一个安全可靠的体系结构，从网络到终端设备全方位地保护工业物联网的安全，使整个行业能够有效运行。

物联网彻底改变了我们的生活和工作方式。然而，要想确保在不造成灾难性后果的情况下发挥其潜力，我们必须面对众多挑战。为了保护个人和组织在物联网领域的安全，目前各种各样的指导方针和最

---

① Maiti, Abhranil, and Patrick Schaumont. 2011. "Improved Ring Oscillator PUF: An FPGA-Friendly Secure Primitive." Journal of Cryptology 24（2）：375–397.

② Maiti, Abhranil, Inyoung Kim, and Patrick Schaumont. 2012. "A Robust Physical Unclonable Function with Enhanced Challenge-Response Set." IEEE Transactions on Information Forensics and Security 7（1）：333–345.

③ Cherkaoui, A., L. Bossuet, and L. Seitz. 2014. "New Paradigms for Access Control in Constrained Environments." 9th International Symposium on Reconfigurable and Communication-Centric Systems-on-Chip（ReCoSoC），Montpellier, France, May 26–28, 1–4.

佳实践都已经发布。国土安全部①不仅对物联网所具有的风险及其战略原则做出了详尽的阐述，而且还就设备和系统设计及运行的最佳实践提出了建议。宽带网技术咨询组②提供了一份报告，在该报告当中，它通过分析和强调数据泄露和隐私侵犯等问题，强调了那些具有物联网产品的一般消费者的相关问题，对联网汽车和医疗设备的具体安全要求提出了建议。在蜂窝领域当中，全球移动通信系统联盟撰写了一份全面的总结报告，它调查了物联网的可用性、身份以及隐私和安全挑战，就移动解决方案做出了指导，并提供了不同应用程序当中的案例。③ 该总结报告是服务生态系统④和端点生态系统报告⑤的基础和前提。其最终报告概述了网络安全原则、隐私问题和网络运营商所提供的服务。⑥ 即使有了这些指导，物联网的设计、实现和管理仍然面临着挑战。在本文当中，笔者已经说明了物联网所面临的某些挑战，包括对物联网做出界定、使物联网标准化，以及获取和管理同意等具体挑战。

毫无疑问，物联网目前已经取得重大进展且在不断进步，但要想保护物联网的安全，我们还有很长的路要走。

---

① DHS. 2016. "US Department of Homeland Security: Strategic Principles for Securing the Internet of Things (IoT)." November 2016. Accessed July 4, 2017. https://www.dhs.gov/sites/default/files/publications/Strategic_Principles_for_Securing_the_Internet_of_Things-2016-1115-FINAL_v2-dg11.pdf.

② BITAG. 2016. "Internet of Things (IoT) Security and Privacy Recommendations." BITAG Broadband Internet Technical Advisory Group, November 2016. http://www.bitag.org/documents/BITAG_Report_-_Internet_of_Things_(IoT)_Security_and_Privacy_Recommendations.pdf.

③ GSMA. 2016a. "IoT Security Guidelines Overview Document." GSMA Association. Accessed July 4, 2017. https://www.gsma.com/iot/wp-content/uploads/2017/04/CLP.11-v1.1-Overview.pdf.

④ GSMA. 2016b. "IoT Security Guidelines for IoT Service Ecosystem." GSMA Association. Accessed July 4, 2017. https://www.gsma.com/iot/wp-content/uploads/2017/04/CLP.12-v1.1-Service-Ecosystems.pdf.

⑤ GSMA. 2016c. "IoT Security Guidelines Endpoint Ecosystem." GSMA Association. Accessed July 4, 2017. https://www.gsma.com/iot/wp-content/uploads/2017/04/CLP.13-v1.1-Endpoint.pdf.

⑥ GSMA. 2016d. "IoT Security Guidelines for Network Operators." GSMA Association. Accessed July 4, 2017. https://www.gsma.com/iot/wp-content/uploads/2017/04/CLP.14-v1.1-Network-Operators.pdf.

物联网无屏时代隐私所面临的挑战

梅格莱塔·琼斯[①] 著　林泰松[②] 袁姝婷[③] 译

目　次

一、导论
二、智能社会
三、公共隐私
四、智能隐私

一、导论

　　本文是对未来社会的一种畅想,笔者在此大胆推测并对其充满希望。在未来,连接无处不在,各种各样的智能物体、智能人类和智能空间将丰富我们的生活。在2015年的消费电子展上,许多智能设备作为展品出现,包括消费级无人机[④]和自动调节床[⑤]等。目前,不计其数的创业公司纷纷开始建立新的连接方式:AdhereTech 公司开发了一款智能药瓶,它能够督促患者遵守治疗计划,并帮助医疗保健提供

[①]　梅格莱塔·琼斯(Megleta Jones),美国乔治敦大学助理教授。
[②]　林泰松,法学博士,国信信扬律师事务所主任、高级合伙人。
[③]　袁姝婷,中山大学法学院助教。
[④]　Jim Fisher, CES 2015: Drones, Drones, Drones, PC MAG(Jan. 9, 2015), http://www.pcmag.com/article2/0,2817,2474885,00.asp.
[⑤]　Devindra Hardawar, The Smartest "Smart Bed" Auto-Adjusts Throughout the Night, EN-GADGET(Jan. 6, 2015), http://www.engadget.com/2015/01/06/rest-smart-bed/.

商和制药公司了解相关情况。① 与此同时，Chul 公司推出了人脸识别技术，该技术可以取代钥匙、密码和代码，利用这项新技术，即使用户面貌发生改变，他们仍然可以通过自身独一无二的面部特征解除安全系统。② 就连三星（Samsung）这样的老牌企业也开始把目光转向智能照明系统，将其利用到葡萄酒的生产管理当中。③ 在未来的智能时代当中，信息技术公司无疑是重要的参与者，而诸如通用汽车（General Motors）和惠而浦（Whirlpool）这样的公司同样也是重要的参与者，这些公司正在努力提高汽车④和洗衣机等现有技术的智能性和自主性。在今日，我们想要尽快营造的环境并不是充斥了各色各样屏幕的环境，而是一个可感知的、环境计算的环境。对此，三星电子的总裁兼首席执行官尹富根（Boo-Keun Yoon）直截了当地表示，"这已经不再是科幻小说，而是科技事实"⑤。在现有技术的基础上，本文更进一步地设想了触手可及的未来，我们将生活在没有屏幕的世界里，并广泛使用各种互联技术。

当我们想要实现内容连接时，屏幕是基础和前提，信息交换协议遵循的就是这个规则。虽然屏幕增加了信息收集和隐私保护的复杂程度，但是如果没有屏幕，信息收集和隐私保护可能会更加复杂。在通知和选择模式当中，信息收集者应当向信息主体提供通知，包括其收集何种信息以及如何处理这些信息，想要在有屏幕的世界当中实现这种模式已经极具挑战性，更不用说在没有屏幕的智能世界当中。本文既不过分关注使用屏幕的个人，也不过分关注智能世界的设备运营商，即便这些运营商可能接受信息和使用设置，或者同意所交付产品

---

① Jeff Vance, /0 Hot Internet of Things Startups, CIO (Sept. 4, 2015), http://vww.cio.conm/article/2602467/consumer-technology/I0-hot-internet-of-things-startups.html.

② Jeff Vance, /0 Hot Internet of Things Startups, CIO (Sept. 4, 2015), http://vww.cio.conm/article/2602467/consumer-technology/I0-hot-internet-of-things-startups.html.

③ Jeff Vance, /0 Hot Internet of Things Startups, CIO (Sept. 4, 2015), http://vww.cio.conm/article/2602467/consumer-technology/I0-hot-internet-of-things-startups.html.

④ Doron Levin, GM Takes a Public Step into Driverless Car Tech, Fortune (Sept. 9, 2014), http://fortune.com/2014/09/09/gm-driverless-cars/.

⑤ Rachel King, Samsung at CES 2015: Internet-of-Things Is Not Science Fiction, but "Science Fact," ZDNET (Jan. 6, 2015), http://www.zdnet.com/article/ces-2015-samsung-intemet-of-things/.

包装上的服务条款,与此相反,本文关注的是能够在智能世界当中与大量智能设备进行紧密接触的所有人。换言之,本文将物联网当中的信息偏好作为重点。

为了解决物联网所带来的一系列问题,美国和欧盟均采取了积极措施。2015年1月,美国联邦贸易委员会(American Federal Trade Commission)发布了一份报告,该报告强调了安全的重要性,并且承认了物联网(IoT)在收集和处理信息时所采取的通知和选择模式存在严重问题。① 与美国不同的是,欧盟一直积极寻求走在智能世界的前列,它一方面表现出极具挑战性的物联网监管预期,另一方面则把资源投入到新技术开发和政策制定当中。② 为了避免未来隐私侵权的加剧,无论是美国联邦贸易委员会,还是欧盟它们都在积极做好应对之策,或许通过这些努力,隐私会前所未有地得到实现。尽管美国和欧盟采取的措施不尽相同,但值得注意的是,它们都认为物联网并不是什么新鲜事物,而是互联网和大数据的延伸。

我们所构建的智能未来是一个全新的世界,它建立在用户体验而非技术的基础之上,人们无法利用通知和选择作为信息政策的基础,因此,我们必须重新思考物联网时代所呈现出的隐私和信息偏好问题。

隐藏于屏幕背后的隐私究竟是什么状况?可以预见的是,它看起来或许并不那么尽善尽美。③ 通过各种各样的智能技术,信息收集者可以无所顾忌地在公共场所收集和处理信息。尽管随着信息实践的发

---

① Internet of Things: Privacy & Security in a Connected World,美国联邦贸易委员会 Staff Report(Jan. 27, 2015), available at https://www.美国联邦贸易委员会.gov/system/files/documents/reports/federal-trade-commissionstaff-report-november-2013-workshop-entitled-internet-things-privacy/1 50127iotrpt.pdf.

② Press Release, European Commission, When Your Yogurt Pots Start Talking to You: Europe Prepares for the Internet Revolution, IP/09/952(June 18, 2009), available at http://europa.eu/rapid/press-releaseIP-09-952_en.htm? locale = en; Article 29 Data Protection Working Party, Opinion 8/2014 on Recent Developments on the Internet of Things(Sept. 16, 2014), available at http://ec.europa.eu/justicetdata-protection/article-29/documentation/opinionrecommendation/files/2014/wp223_en.pdf [hereinafter Article 29 Data Protection].

③ Lee Rainie & Janna Anderson, Digital Life in 2025: The Future of Privacy, PEW Research Center 28(Dec. 18, 2014), http://www.pewintemet.org/files/2014/12/PIFutureofPrivacy_1218141.pdf.

展,信息的收集和处理显著增加,但值得乐观的是,当传统的通知和选择模式失去基础地位时,一种新的隐私形式可能就会出现。

当我们向没有屏幕的世界过渡时,我们有机会重塑通知和选择,在选择和通知的基础上构建一个智能世界,在这个世界当中,智能设备必定会感知到用户所做出的隐私选择。为了构建一个用户自由选择、信息收集者承担注意义务的基础结构,我们需要做出重大的努力。要想实现这一点,我们需要利用智能世界的基础结构来创造或解释预期的转变。为了保护无屏世界的隐私,行政监管手段需要做出创新,这并不是说要完全抛弃现有的隐私原则,而是要重新解释这些隐私原则。

二、智能社会

本文的这一部分描绘了一个互联互通的社会,它呈现的是一个智能社会的形象,由智能物体、智能人类和智能空间所共同构成。目前,许多联网设备都处于开发阶段,它们主要在家庭领域使用,比如智能牙刷和洗衣机。即使这些联网设备位于家中,它们也能够将所产生的数据发送到云端,而这就导致数据的隐私属性模棱两可,除此之外,还有许许多多的设备可以在家庭之外的领域使用,比如无人驾驶汽车、可穿戴设备和智能零售行业。皮尤(Pew)研究中心的互联网科学技术研究主任 Lee Rainie 对互联网的未来进行了调查,他发现专家们普遍认为:"目前,公共生活基本上已经成为了一种新常态。只有在避风港下,或者在特殊环境当中付诸大量努力,隐私才能最终实现。在后工业化时代,人类所身处的社会始终被默认为是公共社会。"[1] 物联网开启了未来时代,而"智能社会"所描述的是这样一种情况,即人们穿梭于网络环境中,他们构成了互联社会的一部分,这与今时今日我们所经历的情况相互区别,因为目前的连接主要是通过各种屏幕实现的。

---

[1] John P. Mello Jr., Experts Forecast the End of Privacy as We Know It, Tech News World (Dec. 18, 2014), http://www.technewsworld.com/story/81501.html.

（一）智能物体

通常来说，物联网旨在实现无处不在的连接。"随着真实、数字和虚拟不断融合，智能环境形成了，在这样的世界当中，能源、交通、城市和其他各个领域都会变得更加智能化。"① 在智能社会当中，无论时间、地点、路径、网络或服务如何，物与物之间均可以实现连接。为了实现这一目标，物体本身必须含有用于感知和通信的嵌入式技术。在无线协议变得更加高效的同时，传感器和处理器也变得更加小巧、便宜，因此一切物体都可以是智能的。早在 2011 年，联网设备的数量就已经超过了世界人口总数。② 根据专家预测，物联网将成为世界上最大的设备市场，并且到 2019 年，物联网设备的数量将达到 233 亿（这一数字是个人电脑、智能手机和平板电脑数量总和的两倍）。③ 这些物联网设备可能仅仅服务于单一用户，比如 Oral B 智能牙刷，它可以显示用户的刷牙习惯，包括时间、模式和质量等④；又比如 Hum，它是一种自动性玩具，号称是"震动棒当中的 iPhone"⑤。智能设备的适用范围十分广泛：一方面，智能的安全摄像头、门铃、门锁、花盆、灯泡、窗帘和运动传感器可能适用于办公室

---

① Internet of Things: From Research & Innovation to Market Deployment, European Research Cluster on the Internet of Things (IERC) (Ovidiu Vermasen & Peter Friess eds. 2014), available at http://www.intemet-of-thingsresearch.eu/pd/IERCClusterBook _ 2014 _ Ch. 3 _ SRI-AWEB. pdf.

② Internet of Things: From Research & Innovation to Market Deployment, European Research Cluster on the Internet of Things (IERC) (Ovidiu Vermasen & Peter Friess eds. 2014), available at http://www.intemet-of-thingsresearch.eu/pd/IERCClusterBook _ 2014 _ Ch. 3 _ SRI-AWEB. pdf.

③ John Greenough, The "Internet of Things" Will Be The World's Most Massive Device Market And Save Companies Billions Of Dollars, Business Insider (Apr. 14, 2015), http://www.businessinsider.com/how-the-intemet-of-things-market-will-grow-2014-0#ixzz3 UyZXjwpm.

④ Darrell Etherington, Oral-B's Bluetooth Toothbrush Offers App Features It Doesn't Necessarily Need, TechCrunch (Feb. 17, 2015), http://techcrunch.com/2015/02/17/oral-b-pro-7000-smartserieswith-bluetooth-review/#bJxWo1: 5Ud8.

⑤ EJ Dickson, Meet Hum, The World's First Artificially Intelligent Vibrator, Dailydot (Dec. 11, 2014), http://www.dailydot.comltechnology/hum-smart-sex-toy/.

或家庭等共享空间；另一方面，人行道垃圾桶①和无人驾驶汽车等智能物体也可以适用于传统的公共空间。②

（二）智能人类

在今时今日，联网设备已经不仅仅局限于静止的、适合的、日常的物体，它们能够以更个性化的方式满足人们各种各样的需求。由于这些设备可以随着人们一起移动，因而被称为可穿戴设备。③典型的例子有 Fitbit 腕带，它是一款身体运动追踪器，旨在帮助佩戴者更加活跃、吃得更好、睡得更香。④ Lifelogger 公司宣称其将成为下一个 GoPro，该公司销售各种各样的具备存储和记录功能的可穿戴设备。⑤

随着智能技术的发展，可穿戴设备可以运用到各个不同的领域。可穿戴设备的第一个重要运用领域是促进人体健康。Blake Uretsky 专为怀孕的女士设计了孕妇可穿戴时装系列，它使用了导电纤维技术，可以记录孕妇的心率、血压、体温和呼吸等生命体征。⑥ Mimo 专为婴儿推出了可穿戴连体衣，它可以监测和追踪婴儿的呼吸、体位、睡眠活动和皮肤温度。⑦

可穿戴设备的第二个重要运用领域是预防运动损伤。Heapsylon 公司推出了一种智能袜子，它内置织物压力传感器，并配有专门的电

---

① Eileen Brown, The Internet of Things. Talking Socks and RFID Trash, ZDNET (Oct. 4, 2012), http://www.zdnet.com/article/the-intemet-of-things-talking-socks-and-rfid-trash/.

② Timothy B. Lee, Self-Driving Cars Are a Privacy Nightmare. And It's Totally Worth It, Wash Post. (May 21, 2013), http://www.washingtonpost.com/blogs/wonkblog/wp/2013/05/21/selfdriving-cars-are-a-privacy-nightmare-and-its-totally-worth-it/.

③ Rosalind W. Picard & Jennifer Healey, Affective Wearables, 1: 4 Personal Technologies 231 (1997), available at http://affect.media.mit.eduprojectpages/archivedTR-432/TR432.html.

④ Activity Monitoring Sys. & Methods of Operating Same, U.S. Patent No. 8, 386, 008 (filed Nov. 15, 2011) (issued Feb. 26 2013).

⑤ Eric Steiner, Could This Tiny Stock be the Next Big Thing?, Venture Capital News, http://www. venturecapitalnews. us/home/post/is-this-tiny-stock-the-next-bigthing/582? utm _ source-taboola&utm_medium-futureplc-techradarus (last visited May 29, 2015).

⑥ Olivia Lutwak, Student Creates Smart Maternity Wear, Cornell Daily Sun (Jan. 25, 2015), http://comellsun. com/blog/2015/01/25/student-creates-smart-maternity-wear/.

⑦ MIMO, http://mimobaby.com (last visited May 15, 2015).

子产品，不仅能够精确地追踪步数、速度、热量、高度增益、环境温度和距离，而且还能够追踪脚步节奏、脚着陆技术、重心和重量的分布中心，有助于防止2500万美国跑步者发生足部损伤。① 在过去的一年当中，接触性运动所造成的头部损伤引起了人们极大的关注。② 智能橄榄球头盔内置测量碰撞力传感器，在球员的健康可能受到威胁时，它可以向球场边线发送警报。③ 在今年1月的一场比赛当中，英超球队萨拉森人（Saracens English Premiership team）的橄榄球运动员们都在耳后佩戴了小型的xPatch传感器，它可以通过旋转、头衔、移动和头部速度来测量运动员的击球效果。④

　　智能设备可以模糊现实的界限，创造一种"增强现实体验。"⑤ 包括Google Glass⑥和Lumus DK-40⑦在内的智能眼镜可以将数字信息叠加到佩戴者对现实世界的看法上，在佩戴者移动时，它能够提供附加信息，从而增强佩戴者对日常物理世界的体验。微软公司（Microsoft）的HoloLens通过全息图"将数字世界与现实世界融为一体"，它既提供了与现实世界交互的新方式，也提供了新的计算方式。⑧ 微软公司希望通过HoloLens实现网络空间与现实世界融合的愿景：

　　"您过去总是在屏幕上进行计算，在键盘上输入命令。而网络空

---

① Gregory Ferenstein, Sensoria Is a New Smart Sock that Coaches Runners in Real Time, Techcrunch（Jan. 7, 2014）, http://techcrunch.com/2014/01/07/sensoria-is-a-new-smart-sock-thatcoaches-runners-in-real-time.

② Patrick Hruby, The NFL Dodges on Brain Injuries, The Atlantic（Sept. 4, 2014）, http://www.theatlantic.com/entertainment/archive2014/09/the-nfls-concussion-settlement-notacceptable/379557/.

③ Brandon Griggs, "Smart" Football Helmet May Help Detect Concussions, CNN（June 9, 2014）, http://www.cnn.com/2014/06/09/tech/innovation/smart-football-helmet-concussions/.

④ Peter Evan, U.K. Rugby Team Tests Collision Sensor, Wall ST. J. Digits（Jan. 5, 2015）, http://blogs.wsj.com/digits/2015/01/05/u-k-rugby-team-tests-tackle-impact-sensor/.

⑤ Aurasma, http://www.aurasma.com/aura/（last visited Apr. 22, 2015）.

⑥ Taylor Hatmaker, Google Explains Why and How Glass Failed, Daily Dot（Mar. 17, 2015）, http://www.dailydot.com/technology/google-glass-failure-astro-teller/; Matt Mills, Image Recognition that Triggers Augmented Reality, Ted Talk（June 2012）, http://www.ted.com/talks/mattmills image recognition that triggers augmented reality? language = en.

⑦ Lumus Optical, http://www.lumus-optical.com/（last visited May 15, 2015）.

⑧ Jessie Hempel, Project Hololens：Our Exclusive Hands-On With Microsoft's Holographic Goggles, Wired（Jan. 21, 2015）, http://www.wired.com/2015/0 1/microsoft-hands-on/.

间是一个全新的领域,计算机可以对显式命令的程序做出回应。在不久的将来,您将使用语音和手势来调用数据,在现实世界当中进行计算,并将其层叠在物体之上。计算机程序将能够消化成千上万的数据,甚至能够处理更加复杂和微妙的情况。网络空间将始终围绕在您的身边。"①

除了将设备置于人体之上外,某些人还直接将设备植入人体。基本上这些设备都可以通过植入微芯片来增强自身的物理力,从而超越手持式或可穿戴技术。无线射频识别(RFID)微芯片用于访问地铁、公共汽车、电话和银行账户。② 电影 *Dangerous Things* 以 57 美元的价格出售了无线电射频标签和注射器械包。③ 电子人基金会(Cyborg Foundation)"旨在帮助人们成为电子人"④,为了让使用者听到颜色、感知运动的准确速度,并感受到身后别人的接近,它专门创立项目来研究植入物和假肢的使用。⑤

(三)智能空间

智能物体和智能人类并不存在于真空之中,他们将会与智能空间进行交互。信息基础结构将日益激化各个城市彼此之间的竞争。⑥ 为了应对人口波动,并解决能源消耗、浪费和交通堵塞三大主要问题,各个城市都将希望寄托于智能技术。⑦ 而智能建筑、照明、应急系统和交通等均有助于改善这些问题。例如,"除了能够呼叫消防车之外,火警警报器还能够确定消防车的最佳行驶路线,告诫来往车辆行

---

① Jessie Hempel, Project Hololens: Our Exclusive Hands-On With Microsoft's Holographic Goggles, WIRED(Jan. 21, 2015), http://www.wired.com/2015/0 1/microsoft-hands-on/.

② Frank Swain, Why I Want a Microchip Implant, BBC(Feb. 10, 2014), http://www.bbc.com/future/story/20140209-why-i-want-a-microchip-implant.

③ xEM Glass RFID Tag + Injection Kit, Dangerous Things, https://dangerousthings.com/shop/xemi-em4200-2xl2mm-injection-kit/(last visited May 15, 2015).

④ The Cyborg Foundation, http//cyborgism.wix.com/cyborg(last visited May 15, 2015).

⑤ Frank Swain, Cyborgs: The Truth About Human Augmentation, BBC(Sep. 24, 2014), http://www.bbc.com/future/story/20140924-the-greatest-myths-about-cyborgs.

⑥ The Multiplexed Metropolis, Economist(Sept. 7, 2013), http://www.economist.com/news/briefing/21585002-enthusiasts-think-data-services-can-change-citiescentury-much-electricity.

⑦ Peter High, The Top Five Smart Cities in the World, Forbes(Mar. 9, 2015), http://www.forbes.com/sites/peterhigh/2015/03/09/the-top-five-smart-cities-in-the-world/.

人避开火源,提示处于下风向的学校关紧窗户,以及确保附近自来水管没有因为维修而关闭"①。当周围没有行人时,智能路灯会自动变暗,节省电力;自来水管可以通知城市管理人员,何时需要对其进行更换或修理;而停车位则能够向附近的摄像头发出信号,表明它们处于空缺状态,可供司机使用。②

布里斯托尔大学(University of Bristol)教授迪米特拉·西蒙尼杜(Dimitra Simeonidou)专研高性能网络,他指出,"布里斯托尔开放"项目让布里斯托尔成了"世界上第一个可编程城市"③。巴塞罗那计划使用智能照明系统节省电力,除此之外,该市还打算利用数据识别停车位的开放情况、博物馆的队列情况、垃圾箱的爆满情况,以及"非正常的人员流动情况"④。在伦敦,交通拥堵系统将所有进入其内的车辆记录在案。在重庆和迪拜,所有街角都安装了闭路电视(CCTV)。⑤ 生活在智能社会当中,我们将前所未有地面临创建、收集和处理大量数据的机遇,同时也前所未有地面临控制和管理个人信息的新障碍。

三、公共隐私

法律学者、隐私专家乔尔·雷登伯格(Joel Reidenberg)根据公共事实进行了推断,他将现代社会技术变革分为三个阶段⑥:在第一阶段,个人信息主要通过不公开得到保护,并且想要获取别人的个人

---

① The Multiplexed Metropolis, Economist (Sept. 7, 2013), http://www.economist.com/news/briefing/21585002-enthusiasts-think-data-services-can-change-citiescentury-much-electricity.

② Shalene Gupta, Cites Dream of a "Smart" Sci-Fi Future, FORTUNE (Jan. 26, 2015), http://fortune.com/2015/01/26/kansas-city-smart-city/.

③ Doug Drinkwater, Bristol Launches "Smart" City Amid Privacy Doubts, SC MAGAZINE (Mar. 12, 2015), http://www.scmagazineuk.com/bristol-launches-smart-city-amid-privacydoubts/article/403099/.

④ The Multiplexed Metropolis, Economist (Sept. 7, 2013), http://www.economist.com/news/briefing/21585002-enthusiasts-think-data-services-can-change-citiescentury-much-electricity.

⑤ The Multiplexed Metropolis, Economist (Sept. 7, 2013), http://www.economist.com/news/briefing/21585002-enthusiasts-think-data-services-can-change-citiescentury-much-electricity.

⑥ Joel R. Reidenberg, Privacy in Public, 69 U. Miami L. REV. 141 (2014).

信息实际上并不容易①；在第二阶段，数字和监控技术出现，获取别人的信息变得更加便捷②；在第三阶段，信息透明化和公开化程度显著提高，通过搜索技术、个性化通知、集成社交媒体平台，获取别人的信息轻而易举。③ 由于现有的隐私理论和实践均以私人和公共之间的界限为基础，因此社会技术变革对其造成了巨大的冲击。

（一）通知和选择

随着我们逐渐步入信息时代，管理个人信息必须进行划界工作，而这项工作显得日益困难。目前，我们可以点击屏幕，确定网站或服务是否以我们所认为的合适方式收集和处理个人信息，并通过使用网站或服务表示接受这些条款。通知和选择模式涉及两个方面：一方面，网站或服务通过服务页面或弹出窗口向用户发出通知；另一方面，用户既可以选择使用该网站或服务，也选择使用其他的网站或服务。

图1为爱达荷大学网站的使用提示。

图1的截图展示了爱达荷大学网站所显示的大量标签和服务条款，其载明："在使用本网站之前请仔细阅读以下使用条件。"④ 页面链接到网站所使用的两种技术，即cookies（从客户端的硬盘读取数据的一种技术）和beacons（网络信标）。自互联网诞生之初以来，通知和选择模式就广受诟病，随着联网设备逐渐成为人们日常生活当中不可或缺的一部分，这种模式受到了越来越多的谴责。

在《隐私自我管理与同意困境》一文当中，丹尼尔·索洛夫（Daniel Solove）简要地说明了通知和选择所面临的压力。⑤ 他解释道："隐私自我管理以同意为核心。无论是以何种形式对个人信息进行收集、使用和公开，只要取得用户同意，这些行为基本上都具有合

---

① Joel R. Reidenberg, Privacy in Public, 69 U. Miami L. REV. 148 (2014).
② Joel R. Reidenberg, Privacy in Public, 69 U. Miami L. REV. 148–150 (2014).
③ Joel R. Reidenberg, Privacy in Public, 69 U. Miami L. REV. 150–152 (2014).
④ University of Idaho, Policies and Copyrights, http://www.uidaho.edu/policiesandcopyrights/usage (last visited May 15, 2015).
⑤ Daniel J. Solove, Introduction: Privacy Self-Management and the Consent Dilemma, 26 HARV. L. REv. 1880 (2013).

图 1

法性。隐私自我管理并不能充分地实现隐私权保护,用户无法真正控制其个人信息。"① 原因在于,用户很难理解网站向其提供的各种信息。② 由于用户不可能阅读所有的服务条款,因此难以享有真正的知情权。③ 洛里·费斯·克兰纳(Lorrie Faith Cranor)和阿莱西亚·麦克唐纳(Aleecia McDonald)通过研究发现,如果用户要阅读完所访问网页当中的每一个隐私政策,他们每年需要花上 76 个工作日。④

---

① Daniel J. Solove, Introduction: Privacy Self-Management and the Consent Dilemma, 26 HARV. L. REv. 1880 (2013).

② Daniel J. Solove, Introduction: Privacy Self-Management and the Consent Dilemma, 26 HARV. L. REv. 1882–1888 (2013).

③ Daniel J. Solove, Introduction: Privacy Self-Management and the Consent Dilemma, 26 HARV. L. REv. 1882–1888 (2013).

④ Aleecia McDonald & Lorrie Faith Cranor, The Cost of Reading Privacy Policies, 4: 3 I/S: J. L. & Pol'y for Info. Soc'y 540 (2008).

即使用户真的阅读了所有的隐私政策,他们也很难理解服务条款,虽然服务条款已经简化,但是用户仍然很难准确地理解数据处理、数据交易和数据的未来使用。① 即使用户阅读并理解了服务隐私条款,他们也很难评估将来可能发生的、抽象的、不确定的损害。②

传统的通知和选择模式可能存在缺陷,而这种模式并不适用于智能社会。如果杂货店当中装有摄像头,当顾客路过时,摄像头可以对其进行识别,并且追踪其在整个监控范围内的活动。在特定的时间同时打开大量屏幕和应用程序,这不利于用户阅读冗长的、令人困惑的服务条款,与此相似的是,当顾客离开杂货店时,自动收款也不利于向其提供通知和取得其同意,人们可能还没有意识到,在智能社会当中,进行数据收集的设备无处不在。

在智能社会当中,我们与各种各样的智能物体、智能人类和智能空间进行交互,但是我们要么没有办法控制它们,要么没有意识到它们的存在。例如,在乘坐别人的无人驾驶汽车时,在进入使用 Jibo(它是一款家庭机器人,可以与其他家庭设备建立连接,通过面部识别以及为每一位家庭成员创建账户,它能够有效协助用户操持家务)的别人家中时③,在走进使用 NeoFace④ 面部识别系统的地方时,用户都无法控制这些领域。

虽然人们可以选择不乘坐智能的无人驾驶汽车,或者不进入使用 Jibo 的别人家中,或者不去联网的商店或者建筑当中,但是,他们很难阻止别人在传统的公共空间当中使用智能设备。一旦在公园里散步,人们就可能会接触到各种各样的智能人类(比如 Google Glass 或 LifeLog 的佩戴者)、智能物体(包括装有摄像头的警车⑤和公共交通

---

① Daniel J. Solove, Introduction: Privacy Self-Management and the Consent Dilemma, 26 HARV. L. REv. 1882 – 1888 (2013).

② Daniel J. Solove, Introduction: Privacy Self-Management and the Consent Dilemma, 26 HARV. L. REv. 1882 – 1888 (2013).

③ See Jaso, http://www.jibo.com (last visited May 15, 2015).

④ See Neoface Facial Recognition, http://au.nec.com/enAU/solutions/security-andpublic-safety/biometrics/neoface-facial-recognition-overview.htm (last visited May 15, 2015).

⑤ Lindsay Hiebert, How Internet of Things is Transforming Public Safety, CISCO Blog (Apr. 21, 2015, 3: 54 PM), http://blogs.cisco.com/ioe/how-internet-of-things-is-transfonning-public-safety.

系统①）和智能空间（包括目前使用面部识别技术、车牌识别技术和音频分析技术的各个地方）。

在智能社会或者所有智能共享空间当中，通知和选择几乎无立足之地。在物联网时代，这种形式的隐私自我管理根本无法实现。对于这一巨大挑战，隐私保护机构一直以来都十分重视。

（二）美国所采取的隐私保护措施

根据美国联邦贸易委员会的预测，到2020年将有500亿个联网设备，面对这一发展趋势，美国联邦贸易委员会于2013年11月举办了一次研讨会，并于2015年1月发布了一份相关报告。② 该报告指出，尽管安全至关重要，但它并不是本文件所强调的唯一重点。除了安全原则之外，公平信息实践原则（Fair Information Practices Principles）当中的其他三个原则，即数据最小化原则、通知原则和选择原则由来已久，它们同样至关重要。③ 所谓数据最小化原则，是指信息收集者应当限制其收集和保存的用户数据数量，并且在不需要这些信息时及时删除。④ 该原则能够抵挡两个风险：第一，通过提供价值较低的数据源，它防止了黑客攻击的安全威胁；第二，它减少了信息收集者以用户所不希望的方式使用其信息的风险。⑤ 与会人员总结认为，数据收集者可以做出以下五种选择：其一，不收集任何的数据；

---

① Bringing the Internet of Things to the London Underground, Moneycontrol.COM, http://www.moneycontrol.com/video/it/bringinginternetthings-tolondon-underground-1242062.html（last visited May 15, 2015）.

② Internet of Things：Privacy & Security in a Connected World, FTC Staff Report（Jan. 27, 2015）, available at https://www.ftc.gov/system/files/documents/reports/federal-trade-commissionstaff-report-november-2013-workshop-entitled-internet-things-privacy/1 50127iotrpt.pdf.

③ Internet of Things：Privacy & Security in a Connected World, FTC Staff Report（Jan. 27, 2015）, available at https://www.ftc.gov/system/files/documents/reports/federal-trade-commissionstaff-report-november-2013-workshop-entitled-internet-things-privacy/1 50127iotrpt.pdf.

④ Internet of Things：Privacy & Securiyt in a Connected World, FTC Staff Report（Jan. 27, 2015）, available at https://www.ftc.gov/system/files/documents/reports/federal-trade-commissionstaff-report-november-2013-workshop-entitled-internet-things-privacy/1 50127iotrpt.pdf.

⑤ Internet of Things：Privacy & Securiyt in a Connected World, FTC Staff Report（Jan. 27, 2015）, available at https://www.ftc.gov/system/files/documents/reports/federal-trade-commissionstaff-report-november-2013-workshop-entitled-internet-things-privacy/1 50127iotrpt.pdf.

其二，仅仅收集产品或者服务所提供的必需数据；其三，收集那些相对不敏感的数据；其四，重新识别所收集的数据；其五，在取得用户的同意之后收集其他附加的、预期之外的数据。①

如上所述，在物联网领域中，通知和同意模式面临着令人难以置信的巨大挑战，这一黄金标准一直以来备受争议，而研究表明，数据收集者在做选择时也同样面临着挑战：第三种选择和第四种选择弊端凸显，原因在于，数据源的组合可以迅速地将普通信息转化为敏感信息，将去识别化的信息转化为可识别的信息；第一种选择，即不收集任何的数据似乎有悖于其目的；第二种选择类似于目的明确原则，在大数据实践当中，该原则已经开始衰落，但未来必将获得新生。

针对上述报告，美国联邦贸易委员会委员约书亚·赖特（Joshua Wright）持不同意见。他反对通过研讨会提出政策建议，他进一步解释道，这些建议通常仅仅是"在会议过程当中，经过综合而形成的纪要"②。更为重要的是，研讨会报告结合公平信息实践原则和"安全设计原则"等其他相关理论提出了拟议框架，并认为此框架适用于尚处萌芽阶段的物联网，而赖特委员对此深表怀疑。

如果不计一切代价认可安全设计原则或者数据最小化原则等理论，或者不予考虑决策的边际成本是否超过其边际效益，那么，一旦适用这些原则，不仅不会产生任何的效益，反而需要付出更多的成本。而无论是以更高售卖价格的方式，还是以更劣质产品的方式，这些成本最终都将转嫁给消费者，同时，物联网企业之间的竞争和创新可能因此受到阻碍。③

当前物联网技术蓬勃发展，在对其进行法律规范和调整方面，赖特委员持谨慎态度，当然他并不是唯一的一人。在 2013 年的一次演

---

① Internet of Things：Privacy & Securiyt in A Connected World, FTC Staff Report（Jan. 27, 2015）, available at https：//www. ftc. gov/system/files/documents/reports/federal-trade-commissionstaff-report-november-2013-workshop-entitled-internet-things-privacy/1 50127iotrpt. pdf.

② Joshua D. Wright, Dissenting Statement of Commissioner Joshua D. Wright：Issuance of the Internet of Things：Privacy and Security in A Connected World Staff Report 1（2015）available at https：//www. ftc. gov/system/files/documents/public-statements/620701/150127iotjdwstmt. pdf.

③ Joshua D. Wright, Dissenting Statement of Commissioner Joshua D. Wright：Issuanceof the Internet of Things：Privacy and Security in A Connected World Staff Report 4（2015）available at https：//www. ftc. gov/system/files/documents/public-statements/620701/150127iotjdwstmt. pdf.

讲当中,美国联邦贸易委员会委员莫林·K. 奥尔豪森(Maureen K. Ohlhausen)指出:"在很大程度上,互联网的成功受到了自由商业模式的推动,在形形色色的商业模式当中,其中佼佼者得以存活下来并蓬勃发展,即便人们在最初时并不熟悉这种模式,并且担心其会对消费者和竞争企业产生影响,但是,对于像我一样的政府官员来说,它是至关重要的,我们要以谦卑的态度对新兴技术进行法律规范和监管,不遗余力地让自己和他人都充分了解它,洞悉它对消费者和市场所产生的影响,分辨其益处和潜在危害,一旦发生损害,我们首先要考虑现有的法律法规是否足以解决问题,如果答案是否定的,我们就应该制定新的法律法规。"①

(三) 欧盟所采取的隐私保护措施

尽管在美国,支持创新的立场可能会阻碍某些预期管理,自 2009 年举办了题为"当酸奶罐开始和你对话:欧洲正在为互联网革命做准备"的新闻发布会以来,欧盟一直致力于发展物联网②,并且已经积极开展各种项目,比如,欧洲物联网研究集群(IERC)为物联网研究项目做出了大量的贡献③,早在 21 世纪中期,该组织就利用无线射频识别技术开展各项工作。④ 欧盟将智能世界视为重大创新和宝贵财富:物联网的第一次浪潮是条形码和无线射频识别(RFID)

---

① Maureen K. Ohihausen, Comm'r, FTC, The Internet of Things and the FTC: Does Innovation Require Intervention?, Remarks Before the U. S. Chamber of Commerce 3 – 4 (Oct. 18, 2013), available at https://www. ftc. gov/sites/default/files/documents/publicstatements/intemetthings-ftc-does-innovationrequire-intervention/131018chamber. pdf.

② Eur. Comm'n, Future Networks and the Internet — Early Challenges to the Internet of Things (Sept. 29, 2008) (unpublished working paper), available at http://ec. europa. eu/information society/policy/rfid/documents/earlychallengesIoT. pdf.

③ Press Release, Eur. Comm'n, When Your Yogurt Pots Start Talking to You: Europe Prepares for the Internet Revolution, (June 18, 2009), available at http://europa. eu/rapid/press-releaseIP-09952_en. htm? locale = en.

④ See Press Release, Eur. Comm'n, Commission Launches Public Consultation on Radio Frequency ID Tags, (Mar. 9, 2006), available at http://europa. eu/rapid/press-releaseIP-06289_en. htm? locale = en; see also Press Release, Eur. Comm'n, Commission Proposes a European Policy Strategy for Smart Radio Tags, (Mar. 15, 2007), available at https://ec. europa. eu/digitalagenda/en/news/commission-proposes-european-policy-strategy-smart-radio-tags.

的出现，它有助于自动化库存、追踪和基本识别，而物联网的第二次浪潮是联网传感器、物体、设备、数据和应用程序的发展。物联网的第三次浪潮可以称之为"认知物联网"，它既可以促进跨应用程序的物体和数据再利用，还可以利用超链接性、互操作性解决方案和语义丰富的信息发布，也可以容纳不同智能级别的物体、设备、网络、系统和应用程序，用于循证决策和优先级设置。从经济的角度来说，如果它能够取得欧洲公民和企业的信任并确保其安全，它足以创造价值数十亿欧元的经济增长和就业。①

与美国相同的是，欧盟的物联网行业相关人士认为没有必要制定新的规则，大多数公民和消费者均认为现有的框架存在缺陷。然而，与美国不同的是，欧盟仍然将通知和选择视为欧盟数据保护的核心。

欧盟第 29 条资料保护工作组（A29WP）是一个独立的机构，它各个欧盟成员国的数据保护机构组成，其主要职责是为成员国和委员会提供专家建议，并针对可穿戴和其他量化自我技术，以及包括智能照明用品和烤箱在内的家庭自动化设备等发表意见。② 欧盟第 29 条资料保护工作组（以下简称"第 29 条资料保护工作组"）强调了个人信息的六个方面，包括缺乏控制和信息不对称、同意的质量、由数据得出的推论、模式和仿形、匿名的限制和安全风险。③

第 29 条资料保护工作组能够向某些人员提供具体建议④，包括以下方面：

---

① The Internet of Things, Digital Agenda for Eur., http//ec.europa.eu/digitalagenda/en/intemet-things (last visited Feb. 17, 2015).

② Article 29 Data Protection Working Party, Opinion 8/2014 on Recent Developments on the Internet of Things (Sept. 16, 2014), available at http://ec.europa.eu/justicetdata-protection/article-29/documentation/opinionrecommendation/files/2014/wp223_en.pdf [hereinafter Article 29 Data Protection].

③ Article 29 Data Protection Working Party, Opinion 1 – 9/2014 on Recent Developments on the Internet of Things (Sept. 16, 2014), available at http://ec.europa.eu/justicetdata-protection/article-29/documentation/opinionrecommendation/files/2014/wp223_en.pdf [hereinafter Article 29 Data Protection].

④ Article 29 Data Protection Working Party, Opinion 21 – 24/2014 on Recent Developments on the Internet of Things (Sept. 16, 2014), available at http://ec.europa.eu/justicetdata-protection/article-29/documentation/opinionrecommendation/files/2014/wp223_en.pdf [hereinafter Article 29 Data Protection].

其一，所有利益相关者。他们均应当：做出隐私影响评估，在不再需要数据时对其进行删除，通过设置或者默认实现隐私，允许用户控制其数据，并向以友好的方式提供用户同意机制。

其二，操作系统和设备制造商。他们均应当：肩负起限制智能设备收集大量数据的责任，向用户提供"不收集"的选项，在用户撤回同意时，应当立即通知其他利益相关者，为用户提供访问和迁移数据的渠道，能够区分不同种类的用户，与标准机构建立共同协议，并利用代理服务器而非服务器云端将数据存储和处理限于设备本身。

其三，应用程序开发人员。他们均应当：在实践当中落实数据最小化原则，帮助用户访问和移植数据，并向用户提供通知。

其四，社交媒体平台。它们均应当：不能够原封不动地公开用户的数据或者向别人提供内容索引，向用户提供渠道，使他们更好地理解别人可以在何时、通过何种方式共享其信息。

其五，标准机构。它们均应当：制定安全和保密协议。

其六，经营者。他们均应当：根据合同关系享有所有权，保有对设备的控制权，但是所有的数据主体能够访问数据，并能够反对经营者收集和处理数据。

虽然有人可能会认为构建智能世界的政策更多地集中于地理和物理领域，但第29条资料保护工作组意见既强调了智能设备的虚拟性，也强调了成员国当中使用"设备"的所有数据管理者需要遵守的要求。① 该意见指出，根据《欧洲数据保护指令》第4.1（d）条，欧盟允许企业生产智能设备。② 当然，该意见不仅仅限于此，它还指出，即使设备制造商不在其所生产的设备之上收集和处理数据，他们也应当被视为数据管理者，原因在于，通过对设备的设计，制造商可

---

① Article 29 Data Protection Working Party, Opinion 10/2014 on Recent Developments on the Internet of Things (Sept. 16, 2014), available at http://ec.europa.eu/justicetdata-protection/article-29/documentation/opinionrecommendation/files/2014/wp223_en.pdf [hereinafter Article 29 Data Protection].

② Article 29 Data Protection Working Party, Opinion 10 – 12/2014 on Recent Developments on the Internet of Things (Sept. 16, 2014), available at http://ec.europa.eu/justicetdata-protection/article-11/documentation/opinionrecommendation/files/2014/wp223_en.pdf [hereinafter Article 29 Data Protection].

以自行决定收集和处理数据的手段和目的。① 一旦适用《欧洲数据保护指令》，智能设备制造商应当就数据的后续使用承担责任。

第29条资料保护工作组意见吸取了2014年5月"被遗忘权"一案的经验，在该案当中，法院认为谷歌西班牙公司是谷歌公司在西班牙的子公司，属于适格被告，并且由于谷歌经营搜索业务，因而是数据管理者，有鉴于此案，在物联网背景之下，第29条资料保护工作组往往会对《欧洲数据保护指令》做出相对宽泛的解释。② 如果美国企业想要提供智能服务，或者某些欧洲智能数据库想要与美国政府开展国际协作，他们都将需要设法满足或改变欧盟标准。

（四）科技的日新月异

虽然美国联邦贸易委员会和第29条资料保护工作组对待物联网的方式有所区别，但是它们都将智能未来视为网络和大数据社会技术政策问题的延伸。通过细化隐藏在物联网背后的细节，美国联邦贸易委员会和第29条资料保护工作组描绘了智能社会的蓝图，在智能社会当中，利用大数据实现智能化的联网设备无处不在。无论是对新兴技术进行思考，还是对新兴技术进行探讨，抑或是对新兴技术进行法律规范和调整，框架都至关重要。从事科学技术研究的学者希拉·贾萨诺夫（Sheila Jasanoff）指出，不同的法律文化反映了不同的"公民认识论"，而不同的"公民认识论"造就了制定政策框架的不同方式。③ 但是在上述例子当中，分处大西洋两岸的美国和欧盟都没有改变技术本身的框架，因而错失了良机。

毫无疑问，物联网是互联网、大数据、机器人、算法和一系列计

---

① Article 29 Data Protection Working Party, Opinion 21 – 24/2014 on Recent Developments on the Internet of Things (Sept. 16, 2014), available at http://ec. europa. eu/justicetdata-protection/article-29/documentation/opinionrecommendation/files/2014/wp223_en. pdf [hereinafter Article 29 Data Protection].

② Article 29 Data Protection Working Party, Opinion 15/2014 on Recent Developments on the Internet of Things (Sept. 16, 2014), available at http://ec. europa. eu/justicetdata-protection/article-29/documentation/opinionrecommendation/files/2014/wp223_en. pdf [hereinafter Article 29 Data Protection].

③ Sheila Jasanoff, the Designs of Nature: Science and Democracy in Europe and the United States 247 (2005).

算转换的延伸,这些技术日新月异,而在智能未来当中,信息共享的基础系统甚至无足轻重。在某种程度上,无论是对于法律还是政策而言,这一点都至关重要。这种推论不应当与例外论相混淆,例外论关注的是技术展现其新功能的方式,它表明进行全面的法律改革或者开发新的研究领域迫在眉睫。① 恰恰相反,笔者所说的"日新月异"是指托马斯·休斯(Thomas Hughes)所称技术动力的转折点。② 随着新兴技术的引入,它们逐渐具有社会决定性③,因此价值和伦理之争愈演愈烈,风险和收益也被重新审视,不计其数的竞争者纷纷参与到尚未明晰的市场当中,规则是否适用、如何适用均有待商榷。当技术获得动力时,标准、期待、商业模式和投资都有助于推动技术决定论的发展,④ 根据技术决定论,转变思路或者制定新法是非常艰巨的挑战,因为这样做通常会使新兴技术分崩瓦解。

在所有日新月异的科技当中,无屏技术是最为重要的。智能未来新框架的构建解放了政策制定者、设计师、用户和学者的双手,使他们能够重新规划信息安排,与技术决定论不同的是,它将物联网置于技术动力的新循环,以及社会话语当中。由于忽视了无屏技术,企业对目前信息所面临的挑战束手无策,虽然他们都试图在未来实现真正意义上的数字隐私,但是却纷纷错失了实现这一目标的机会。

---

① Ryan Calo, Robotics and the Lessons of Cyberlaw, 103 CAL. L. REV. (forthcoming 2015); Jack M. Balkin, The Path of Robotics Law, 103 CAL. L. REV. (forthcoming 2015).

② Thomas P. Hughes, Technological Momentum, in Does Technology Drive History? 101 (Merritt Roe Smith and Leo Marx, eds. 1994).

③ Thomas P. Hughes, Technological Momentum, in Does Technology Drive History? 101 (Merritt Roe Smith and Leo Marx, eds. 1994).

④ Thomas P. Hughes, Technological Momentum, in Does Technology Drive History? 101 (Merritt Roe Smith and Leo Marx, eds. 1994).

四、智能隐私

智能未来既可能是"法律噩梦①,"也可能是"隐私之死"②,但在智能社会,我们尚有机会促进隐私的新发展。既然我们花费大量的时间和精力去描绘未来的蓝图,那么也应当花费同等的时间和精力去建立新的隐私制度。为了解决用户缺乏对个人信息的控制权问题,智能产品和系统的使用应当受到限制,比如在谷歌眼镜发布之时,小规模的反对运动爆发,商店纷纷在橱窗上贴出告示。③ 对数据收集的类型或者数量施加限制,这可能会限制网络设备和智能世界发挥其益处和功能,并且随着大数据的目的明确原则之争持续不绝,这必将是一场艰苦斗争。目前的选择只有两种,要么选择隐私,要么选择创新,但二者不可兼得。

在对皮尤研究中心和依隆大学组织的一项调查进行评论时,谷歌首席经济学家哈尔·范里安(Hal Varian)说道:"到2025年,如果回过头来看今天的隐私之争,我们就会发现它是荒诞的、过时的。"④ 在很多方面,隐私二分的危机不仅让人想起20世纪90年代末的版权危机,当时音乐要么是非法的、免费的,要么是合法的、昂贵的。⑤ 后来,iTunes和其他平台打破了这种两极分化的窘境,允许中间状态

---

① T. C. Sottek, The Internet of Things Is Going to Be a Legal Nightmare, the Verge (Jan. 27, 2015, 10: 35 AM), http://www.theverge.com/2015/f27/7921025/will-self-regulation-be-a-huge-problemfor-privacy-in-the-intemet-of.

② Klint Finley, Hacked Fridges Aren't the Internet of Things' Biggest Worry, Wired (Mar. 12, 2015, 8: 00 AM), http://www.wired.com/2015/03lhacked-frdges-arent-internet-things-biggest-worry/.

③ Strategic Pause, Stop the Cyborgs (Jan. 20, 2015), http://stopthecyborgs.org/.

④ Lee Rainie & Janna Anderson, Digital Life in 2025: The Future of Privacy, Pew Research Center 28 (Dec. 18, 2014), http://www.pewintemet.org/files/2014/12/PIFutureofPrivacy_1218141.pdf.

⑤ See Matthew Green, Note, Napster Opens Pandora's Box: Examining How File-Sharing Services Threaten the Enforcement of Copyright on the Internet, 63 OHIO ST. LJ 799, 801 - 02 (2002); Rebecca J. Hill, Comment, Pirates of the 21st Century: The Threat and Promise of Digital Audio Technology on the Internet, 16 Santa Clara Computer & High Tech. L. J. 311, 324 (2000); Ariel Berschad-sky, RIA v. NAPSTER: A Window onto the Future of Copyright Law in the Internet Age, 18 J. Marshall J. Computer & Info. L. 755, 766 (1999).

的存在。① 音乐行业因此走向了新生还是灭亡,这一问题仍然悬而未决。② 但是,这些平台确实催生了合法地、轻而易举地使用用户隐私的竞争企业。"仅仅在不到 10 年的时间里,iTunes 就已经深入人们的日常生活当中,几乎完全融入电子商务并成为其组成部分。"③ 隐私之争之所以显得荒诞、过时,并不是因为事情会变得更加复杂,而是因为允许中间状态存在的平台,它们的出现将会缓和隐私二分的局面。

现阶段,我们所有的数据都不可避免地被生成、共享和分析,规范机制沦为空谈,但未来可能出现转机。如果不依靠数据收集者的通知和用户的选择,新的机会就会出现。相比于有屏幕的世界,在智能空间当中,隐私面临更加无限的可能。然而,在此过程当中,构建功能和隐私的基础还为时过早。改变隐私模式的一种方法是,通过惯用控制和预测分析,智能系统的运营商会注意到用户的选择。由于自适应参与基础结构的发展,该系统将允许用户向智能社会公开其隐私偏好。除此之外,在支持和贯彻用户的隐私偏好方面,数据保护机构将发挥重要作用。

(一) 选择和通知

让互联网摆脱屏幕,这为我们保护隐私创造了机遇,它既不是垂死挣扎,也不会阻碍创新。我们利用屏幕从隐私当中获益匪浅,尤其是当越来越多的屏幕进入我们的生活时。构建一个促进通知和选择新模式的基础结构,这可能会使隐私进入互联新时代。

---

① Nathan Ingraham, iTunes Store at 10: How Apple Built a Digital Media Juggernaut, The Verge (Apr. 26, 2013, 11: 56 AM), http://www.theverge.com/2013/4/26/4265172/itunes-store-at-10-howapple-built-a-digital-media-juggernaut.

② Ed Nash, Op-Ed., How Steve Jobs Saved the Music Industry, WALL ST. J., Oct. 21, 2011, at A15; Andrew Leonard, The Music Industry Is Still Screwed: Why Spotify, Amazon and iTunes Can't Save Musical Artists, Salon (Jun. 20, 2014), http://www.salon.com/2014/06/20/the-music-industry is-still screwedwhyspotify_amazon and-itunes cant-save musical artists/.

③ Alex Pham & Glenn Peoples, Seven Ways iTunes Changed the Music Industry, Billboard (Apr. 25, 2013, 4: 34 PM), http://www.billboard.com/biz/articles/news/1559622/seven-ways-ituneschanged-the-music-industry.

目前的通知和选择模式对用户施加了过重的负担,要求其理解并接受数据收集者所制定的隐私政策等。如上所述,它饱受诟病。虽然索洛夫对改进自我管理模式的不断尝试提出了批评[1],但是我们利用屏幕从隐私当中汲取的经验或许可以帮助我们在没有屏幕的世界当中进行隐私自我管理。我们有机会重塑通知和选择,使数据收集者承担起注意用户所做选择的责任。用户可以先选择其隐私偏好,然后通知系统。

与许多强化隐私保障技术(PETs)不同,该系统并非要更好地告知用户其信息将被如何使用,比如P3P[2]或简化隐私标签。[3] 它也不会像法律对策那样简化服务条款,明确地告知用户所有的异常情况,或以其他方式改善用户行为。[4] 所有的这些法律对策均旨在改进通知和选择,即数据收集者向用户发出收集和处理其数据的信号的方式。与此相反,选择和通知将通过联网设备向数据收集者发出用户隐私偏好的信号。图2为Greg Vincent在Quora论坛上就可穿戴设备发布低配版的信息协议。[5]

为了让选择和通知发挥作用,用户需要理解并经常使用用户控件,比如Facebook的隐私管理工具。[6] 在社交媒体的背景之下,这些

---

[1] Daniel J. Solove, Introduction: Privacy Self-Management and the Consent Dilemma, 26 HARV. L. REv. 1880 (2013).

[2] Lorrie Faith Cranor, P3P: Making Privacy Policies More Useful, 1 (6) Ieee Security & Privacy 50 (2003), available at http://users.ece.cmu.edu/-adrian/630-fD5/readingscranor-p2p.pdf.

[3] Patrick Gage Kelley et al., A "Nutrition Label" for Privacy, in Proceedings of the 5th Symposium on Usable Privacy and Security (2009), available at httpsJ/cups.cs.cmu.edu/soupsl2009/proceedings/a4-kelley.pdf.

[4] See Ryan Calo, Against Notice Skepticism in Privacy (and Elsewhere), 87 Notre Dame L. REV. 1027, 1033 (2012).

[5] What Are Some Potential Solutions to Issues Regarding Google Glass and Privacy? QUORA (Mar. 12, 2013), http://www.quora.com/What-are-some-potential-solutions-to-issues-regardingGoogle-Glass-and-privacy.

[6] Danah Boyd & Eszter Hargittai, Facebook Privacy Settings: Who Cares? First Monday (Aug. 2, 2010), http://firstmonday.org/ojs/index.php/fi/article/view/3086/2589; Zeynep Tufekci, Facebook, Youth and Privacy in Networked Publics, in Proceedings of the Sixth International Conference on Weblogs and Social Media (2012), available at https://www.aaai.org/ocs/index.php/ICWSMIICWSM12/paper/download/4668/5001.

工具允许用户积极地、熟练地管理其身份信息和其他相关信息。图 3 为 Facebook 手机隐私设置显示。[①]

图 2

图 3

---

① Matt Hicks, More Control on Mobile, Facebook (Dec. 8, 2010), https://www.facebook.com/notes/facebook/more-control-on-mobile/463829602130.

丹娜·博伊德（Danah Boyd）和伊斯特·哈吉坦（Eszter Hargittai）发现，在 Facebook 的所有用户当中，年轻用户经常管理其隐私设置。① Facebook 公司从 2014 年开始就推出了隐私检查工具，敦促用户管理隐私设置，并力使实际共享设置符合用户期待。② 图 4 为 Facebook 隐私检查工具。③

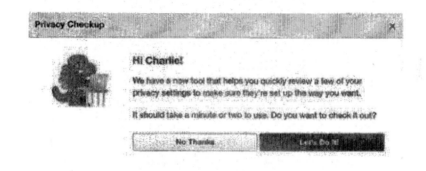

图 4

从社交媒体当中提取各色各样的用户偏好，将其置于没有屏幕的世界当中，这涉及从通知和选择到选择和通知的悄然转变。

当然，这听起来类似于"防追踪功能"（Do Not Track）④，但二者存在明显区别：一方面，用户偏好既不是全部，也不是一无是处，相比于选择加入或者选择退出的默认规则，细致入微的用户偏好不带

---

① Danah Boyd & Eszter Hargittai, Facebook Privacy Settings: Who Cares?, First Monday (Aug. 2, 2010), http://firstmonday.org/ojs/index.php/lin/article/view/3086/2589.

② Vindu Goel, Some Privacy, Please? Facebook, Under Pressure, Gets the Message, N.Y. Times (May 22, 2014), http://www.nytimes.com/2014/05/23/technology/facebook-offers-privacy-checkupto-all-1-28-billion-users.html? r-0.

③ Zach Miners, New Facebook Tool Walks Users through a Privacy Settings Checkup, PC World (Sept. 4, 2014), http://www.pcworld.com/article/2602843/new-facebook-tool-walks-users-througha-privacy-settings-checkup.html.

④ Do Not Track: Universal Web Tracking Opt Out, Do Not Track, http://donottrack.us/ (last visited May 28, 2015); Peter Swire, How to Prevent the 'Do Not Track' Arms Race, Wired (Apr. 24, 2013), http://www.wired.com/2013/04/do-not-track/.

有强烈的政治性色彩①；另一方面，防追踪功能严重受制于速度。②一旦利益相关者积极致力于互联网的运作方式，他们将会产生不尽相同的意见。③智能时代尚未到来，在美国，参与其中的各方都还没有建立起"一切照常"的机制，不过，支持并发展信息偏好遵循体系的时机已然成熟。

即使借助于这些控件，用户仍然无法就其信息的所有可能性使用进行设置。在现有的、为用户所知悉的用户设置的基础上，系统时常需要针对隐私偏好做出准确的预测。例如，我的隐私设置可能会明确显示出我对健康信息非常敏感。有鉴于此，除了知悉我的性别、年龄、兴趣和其他信息之外，系统还应当知道是否要以特定的方式收集或使用我的信息。我们都是独一无二的，但往往并不完全与众不同，因而预测性广告、招聘和贷款从一开始就大受欢迎。为了了解到用户可能想买什么，这些预测性的隐私设置被弃置一旁。通过了解客户购买了某些产品，企业就能够确定其于何时怀孕。④虽然如此，企业却并不知道这种行为可能让客户感到被侵犯。⑤在没有屏幕的世界当

---

① Peter Swire, How to Prevent the "Do Not Track" Arms Race, Wired (Apr. 24, 2013), http://www.wired.com/2013/04/do-not-track/; Katy Bachman, W3C Group Rejects Industry Do Not Track Proposal Consensus Elusive as Adoption Deadline Nears, ADWEEK (July 16, 2013), http://www.adweek.com/news/technology/w3c-group-rejects-industry-do-not-track-proposal-151185; Scott Gilbertson, Yahoo, Microsoft Tif Highlights the Epic Failure of 'Do Not Track', Wired (Nov. 29, 2012), http://www.wired.com/2012/10/yahoo-microsoft-tiff-highlights-the-epic-failure-of-do-not-track/.

② Gary E. Marchant, The Growing Gap Between Emerging Technologies and the Law, in the Growing Gap Between Emerging Technologies and Legal-Ethical Oversight 19 33 (Gary E. Marchant, Braden R. Allenby, and Joseph R. Herkert eds., 2011).

③ For details of the derailed effort see, e.g., David Goldman, Do Not Track Proposal Is DOA, CNN Money (July 16, 2013), http://money.cnn.com/2013/07/16/technology/do-not-track; Natasha Singer, Do Not Track? Advertisers Say 'Don't Tread on Us,' NY TiMES (Oct. 13, 2012), http://www.nytimes.com/2012/10/14/technology/do-not-track-movement-is-drawing-advertisersfire.html?r=0.

④ Kashmir Hill, How Target Figured Out a Teen Girl was Pregnant Before Her Father Dig Forbes (Feb. 16, 2012), http://www.forbes.com/sites/kashmirhill/2012/02/16/how-target-figured-out-ateen-girl-was-pregnant-before-her-father-did/.

⑤ Kashmir Hill, How Target Figured Out a Teen Girl Was Pregnant Before Her Father Dig Forbes (Feb. 16, 2012), http://www.forbes.com/sites/kashmirhill/2012/02/16/how-target-figured-out-ateen-girl-was-pregnant-before-her-father-did/.

中，为了保护隐私，我们应当解决这一难题。

总而言之，我们急需构建一种包括问责机制、追溯参与和匿名性在内的后端结构。为了确定是否根据用户偏好使用数据，并在数据传递给其他数据管理者时贯彻用户偏好，我们必须尽快想出方法。尽管用户几乎不会参与这种后端自我管理，但是对于问责制来说，它的适用仍然至关重要。

（二）选择和通知模式所存在的三个问题

选择和通知模式存在三个方面的严重问题。选择和通知模式存在的第一个问题是，它将智能手机作为身份管理的控制设备。如果用户没有控制设备，他们极易受到信息实践的侵犯。智能隐私系统功能的实现可能离不开类似于默认的防跟踪设置，即如果用户没有发出隐私偏好的信号，则为了避免造成对不携带或不佩戴此类设备的用户信息的滥用，信息收集者不应当进行信息收集。

选择和通知模式存在的第二个问题是，现有的监控系统存在不足。目前，已有的系统可以将诸如面部细节等监控结果转化为数据。[1] 在将监控结果转化为数据之前，为了寻找用户发出的隐私偏好信号，这些系统需要做出改进。

另外，手机很难向千兆像素相机发出信号，这款千兆像素相机由以色列创业公司所开发，使用了自适应成像技术（Adaptive Imaging Technologies），在 2009 年的全球安全挑战赛（Global Security Challenge）当中，该企业因此获得了"最有前途的创业公司"奖。[2] 目前人们使用的相机分辨率大都在 1500 万像素，而 10 亿像素的分辨率则相当于全面监控系统，即在一个区域当中装有多个摄像头。[3] 2013

---

[1] See Neoface Facial Recognition, http://au.nec.com/enAU/solutions/security-andpublic-safety/biometrics/neoface-facial-recognition-overview.htm（last visited May 15, 2015）.

[2] Ben Hartman, Israeli Start-Up Expects Success After Win at Int'l Competition, the Jerusalem Post（Nov. 30, 2009）, http://www.jpost.com/Health-and-Sci-Tech/Israeli-start-up-expectssuccess-after-win-at-intl-competition.

[3] Ben Hartman, Israeli Start-Up Expects Success After Win at Int'l Competition, the Jerusalem Post（Nov. 30, 2009）, http://www.jpost.com/Health-and-Sci-Tech/Israeli-start-up-expectssuccess-after-win-at-intl-competition.

年,美国国防部高级研究计划局(DARPA)推出了自动实时地面全部署侦察成像系统(ARGUS-IS),该系统使用了分辨率高达18亿像素的摄像头。① 为了防止这些远程监控系统进行个人识别,应当在法律上对其施加限制。

选择和通知模式存在的第三个问题是,它可能导致对信息的集中控制,并且对企业更加有利。如果用户已经对企业有所熟悉,那么,这些企业恰恰最有可能滥用其身份管理系统。另外,这些企业还将掌握大量的用户数据,对用户的隐私偏好做出预测,因此它们占据实现和操作这些基础结构的有利地位,这导致其享有更多的权力和控制权。

(三) 法律对隐私保护的重要性

在我们所畅销的关于隐私的未来当中,政府机构的作用仅限于支持基础结构的发展,以及推行该系统。在系统性地对待智能社会方面,美国似乎略落后于欧盟。在今时今日,美国仍然坚持公平信息实践原则,却忽视通知和选择要求,并通过实施使用限制作为补充。美国联邦贸易委员会的报告指出:"我们承认,在没有用户交互的情况下,提供选择具有现实困难性,同时我们也意识到,一劳永逸的解决方案并不存在。我们可以选择的方法包括:开发视频教程、在设备上粘贴二维码(QR codes)、在销售、安装向导或隐私声明当中为消费者提供选择。无论企业决定采取哪一种方法,它所提供的隐私选项都应当是无比清晰、显而易见的,而不应当隐藏在冗长的文件当中。"②

关于如何对待消费者信息、如何向消费者提供通知,虽然隐私声明当中有所提及,但美国联邦贸易委员会仍然要求企业对此做出选

---

① Nicole Lee, DARPA's 1.8-Gigapixel Cam Touts Surveillance from 20000 Feet, Engadget (Jan. 28, 2013, 9: 46 PM), http://www.engadget.com/2013/01/28/darpa-argus-is-surveillance/.

② Internet of Things: Privacy & Security in a Connected World, FTC Staff Report (Jan. 27, 2015), available at http://www.ftc.gov/system/files/documents/reports/federal-trade-commissionstaff-report-november-2013-workshop-entitled-internet-things-privacy/1 50127iotrpt.pdf.

择。① 尽管这些通知形式各异，但与基于屏幕的通知相同，它们无一例外地存在不足。根据美国联邦贸易委员会的上述报告，如果是消费者预期之中的使用，公司则不必要为其提供选择，报告还强调了使用限制的重要性，明确表示不会使用纯粹的基于使用的模型。② 基于使用的模型旨在解决信息收集者和用户之间的信息不对称，缓解用户要遵守不合理要求的巨大负担。③ 美国白宫大数据报告强调了使用的重要性："即使再怎么强调责任使用框架也不为过，它具有很多潜在的益处。由于目前市场上的通知已经结构化，个人缺乏理解或者反对的能力，因此该框架将责任从个人转嫁到收集、留存和使用数据的企业身上。强调责任使用并不要求在收集数据之前获得别人的同意，但是要求数据收集者和用户就其管理数据的方式及其造成的所有损害负责。"④

2014年9月，第29条资料保护工作组反对这种忽视用户同意的行为："在整个产品生命周期当中，用户必须完全控制自己的个人数据，如果企业将用户同意作为其处理用户数据的前提条件，那么用户

---

① Internet of Things: Privacy & Security in a Connected World, FTC Staff Report (Jan. 27, 2015), available at https://www.ftc.gov/system/files/documents/reports/federal-trade-commissionstaff-report-november-2013-workshop-entitled-internet-things-privacy/1 50127iotrpt.pdf.

② Internet of Things: Privacy & Security in a Connected World, FTC Staff Report (Jan. 27, 2015), available at https://www.ftc.gov/system/files/documents/reports/federal-trade-commissionstaff-report-november-2013-workshop-entitled-internet-things-privacy/1 50127iotrpt.pdf.

③ See, e. g., "Accountability in Action: The Microsoft Privacy Program," Microsoft White Paper (Feb. 2012); Mary J. Culnan, Accountability as the Basis for Regulating Privacy: Can Information Security Regulations Inform Privacy Policy?, Privacy Law Scholars Conference (2011), available at https://www.futureofprivacy.org/wpcontent/uploads/2011/07/Accountability/o20as% 20the% 20Basis% 20for%/o20Regulating/o20Privacyo20Can% 201nformation% 20Security/o20Regulations% 201nform% 2Pivacy/20Policy.pdf, "Demonstrating Privacy Accountability," LAPP Daily Dashboard (Apr. 28,2011), https://privacyassociation.org/news/a/demonstrating-privacy-accountability/.

④ ExEc. Office of the President, Big Data: Seizing Opportunities, Preserving Values 56 (2014), available at http://www.whitehouse.gov/sites/default/files/docs/big_datajorivacyreport 5.1.14_finalprint.pdf.

所做出的同意应当是完全知情的、免费的和明确的。"①

　　虽然从表面上来看,美国所采取的方法比欧洲所采取的方法更加具有创新性(美国接纳大数据时代并充分关注用户数据的使用),欧洲坚持通知和同意,只不过需要重塑其概念,但是实际上,欧洲所采取的这种方法可能更有利于智能社会的发展,从而促进创新。欧洲所采取的这种方法比美国所采取的方法更加系统化,为不计其数的利益相关者参与未来基础结构提供指导,同时它也将遵从性和责任纳入整个基础结构,而这可能会严重限制智能设备的创新。无论是美国所采取的方法,还是欧洲所采取的方法,它们都与以前的模式息息相关,但是,无屏时代的隐私需要重新构建监管模式和信息实践。本文仅对无屏时代的隐私做出未来设想,希望将会有越来越多的人参与相关政策的讨论当中来。

---

　　① Comm'n Opinion (EC), 08/2014, Art. 29: Data Protection Working Party, on Recent Developments on the Internet of Things 3, available at httpJ/ec. europa. eu/justicetdata-protection/article29/documentation/opinion-recommendation/files/2014/wp223 en. pdf.

物联网时代的隐私：威胁和挑战

简·亨里克·齐格尔多夫[①] 奥斯卡·加西亚·莫琼[②]
克劳斯·韦勒[③] 著 邓梦桦[④] 译

目　次

一、导论
二、隐私的定义和物联网的参考模型
三、物联网的发展演变
四、物联网对隐私的威胁和挑战
五、结语

一、导论

物联网（IoT）预测到我们周围数十亿到数万亿[⑤]智能物品的互相连接——独特的可识别、可定位的日常物品能够收集、储存、处理

[①] 简·亨里克·齐格尔多夫（Jan Henrik Ziegeldorf），德国亚琛工业大学通信与分布式系统专业教授。
[②] 奥斯卡·加西亚·莫琼（Oscar Garcia Morchon），荷兰艾恩德霍芬飞利浦研究公司高级工程师。
[③] 克劳斯·韦勒（Klaus Wehrle），德国亚琛工业大学通信与分布式系统专业教授。
[④] 邓梦桦，中山大学法学院助教。
[⑤] Evans D. The Internet of Things—how the next evolution of the internet is changing everything. CISCO White Paper 2011；David K，Jefferies N. Wireless visions：a look to the future by the fellows of the wwrf. IEEE Vehicular Technology Magazine 2012；7（4）：26–36, doi：10.1109/MVT.2012.2218433.

和交流有关自身及其现实环境的信息。① 物联网系统将提供一种全新的高级服务，这种服务植根于智能物品密集的环境下越来越精细的数据收集。这种物联网系统的例子包括普及的医疗保健、先进的建筑管理系统、智能城市服务、公共监视和数据采集，或者是参与式传感应用。②

在人们的私人生活中，越来越隐蔽、越来越密集、越来越普遍的数据收集、处理和传播引起了严重的隐私问题。忽视这些问题可能会产生我们不期望看到的后果，例如，不被接受的和失败的服务、对声誉的损害，或者昂贵的法律诉讼。2003 年意大利零售商贝纳通（Benetton）遭到公众抵制③、2009 年荷兰废除智能计量法案，④ 或者是最近对欧盟 FP7 的 INDECT 研究项目⑤的强烈抗议，只是物联网相关项目的三个例子，这些项目由于未能解决好其隐私问题而遇到了巨大的困难。隐私一直是一个热门的研究课题，在不同的技术和应用领域，它都是物联网美好前景的重要推动者，其中包括了射频识别（RFID）、无线传感器网络（WSNs）、个性化网络、移动应用和平台等方面。尽管研究发展这些射频识别（RFID）等方面技术的共同体为物联网的发展做出了相当大的贡献，但它们都对物联网中出现的隐私问题缺乏一个整体的看法，因为物联网是一个不断发展的概念，包含着越来越多的技术，并显示出一系列不断变化的特征。其中，我们

---

① Mattern F, Floerkemeier C. From the internet of computers to the internet of things. In From Active Data Management to Event-Based Systems and More, Sachs K, Petrov I, Guerrero P (eds). Springer-Verlag: Berlin, Heidelberg, 2010: 242 – 259.

② Presser M, Krco S. IOT-I: Internet of Things Initiative: public deliverables—D2.1: initial report on IoT applications of strategic interest, 2010; Atzori L, Iera A, Morabito G. The Internet of Things: a survey. Computer Networks 2010, 54 (15): 2787 – 2805, doi: 10.1016/j.comnet.2010.05.010.

③ Benetton to Tag 15 Million Items. RFID Journal, 2003. Available at: http://bit.ly/XXe4Wi (Accessed 2012 – 09 – 25); Albrecht K. Boycott Benetton—no RFID tracking chips in clothing! Press Release, 2003. Available at: http://bit.ly/49yTca (Accessed 2012 – 09 – 25).

④ Cuijpers C. No to mandatory smart metering does not equal privacy! Tilburg Institute for Law, Technology, and Society: Webblog, 2009.

⑤ The INDECT Consortium. INDECT project, 2009. Available at: http://www.indect-project.eu/ (Accessed 2012 – 10 – 12); Münch Volker. Stopp Indect, 2012. Available at: http://www.stopp-indect.info (Accessed 2012 – 10 – 12).

见证了智能物品数量的爆炸式增长,以及其与系统相互作用、向用户提供反馈的新方式。正如下文将提到的,物联网的这些新特性将加剧隐私问题,并带来无法预见的威胁,这些威胁会提出具有挑战性的技术问题。无论是已知的还是全新的隐私威胁,我们在分析时都需要同时考虑以下几点:①在一个物联网计算的参考模型中分析,这个模型描绘了物联网的特定实体和数据流;②从现有隐私立法的角度去分析;③意识到物联网独特的,并且不断发展的特征。如果我们对现在出现的问题及其适当的对策没有一个清楚的了解,那么,新的、开拓性的服务就不可能实现,用户的隐私也将处于危险之中。

本文将这些问题分为三步进行讨论:第一步,本文的第二部分将通过讨论物联网中的隐私定义、物联网的隐私感知参考模型和现有的隐私立法来构建物联网中的隐私概念。第二步,我们将从本文第三部分中涉及的技术和特性的角度出发,对物联网的发展进行详细的分析。第三步,本文的第四部分将详细分析在我们所提出的参考模型的背景下,隐私所面临的威胁和挑战。接着本文的第五部分是对全文的总结。

二、隐私的定义和物联网的参考模型

本节为我们分析隐私威胁和挑战提供了一个框架。其中,本部分的第一节在物联网的特定背景中对隐私做出了一个定义。我们发现大多数的参考模型是不适用于隐私讨论的,所以我们在第二节中给出了我们自己的物联网参考模型。最后,第三节讨论了当前物联网环境下隐私立法的范围及其局限性。

(一)隐私的定义

"隐私"一词在文学上的含义很多,为我们提供了许多不同的定义及其的视角,隐私是一个非常广泛和多样化的概念。[①] 从历史的角度看,隐私的概念在媒体、地域、沟通和身体隐私之间发生了转变。

[①] Renaud K, Gá andlvez Cruz D. Privacy: aspects, definitions and a multi-faceted privacy preservation approach, Information Security for South Africa (ISSA), 2010, 2010: 1-8, doi: 10.1109/ISSA.2010.5588297.

随着使用电子数据处理频率和效率的提高,信息隐私已经成为当今的主要问题。1968 年,Westin 将信息隐私定义为"选择哪些人能够知道我的哪些私人信息的权利"。① 尽管 Westin 的定义提出的时候我们还没有进入网络化社会,但它在数据环境中依然是有效的。不过这个定义太过笼统,无法针对讨论物联网中的隐私问题。因此,我们在这个定义的基础上做出了调整:意识到智能物品及其服务给数据主体所带来的隐私风险;他人对周围的智能物品收集和处理其个人信息的控制;意识到这些实体随后对其个人信息的使用,以及向主体个人控制范围之外的任何实体的传输行为,并且能够控制这些行为。我们对隐私的定义从本质上抓住了信息自主的概念,使主体能够:评估个人隐私风险;采取适当行动保护隐私,以及确保设备在其直接控制范围之外也能强制执行其隐私要求。

Radomirovic 所描述的操作系统类比是一个类似的概念②,用来描述我们所说的数据主体的个人领域。在智能家居的场景中,它可以被描绘成特定主体的家庭,或者如 Radomirovic 所观察到的那样,特定主体家庭附近紧邻的区域也属于其个人领域。然而,主体个人领域的确切范围可能因情况而异,并且我们尚不清楚他人的个人领域是由什么要素构成的,也不清楚在工作环境或公共空间等场景中,类似术语的操作系统边界又是由什么构成。

同样地,个人信息的概念必然是模糊的,因为隐私是一种深刻的社会概念,受到个人认知和个体需求的影响,而每个人的个人认知和个体需求又是不同的、时刻变化着的。③ 因此,物联网企业在设计新系统和服务时必须小心谨慎,要仔细地评估相关信息和相关用户要求的敏感度,正如现在企业开始实施的隐私影响分析一样。用户必须理解我们的定义,如此一来他们才可以定义他们所认为的个人信息。

---

① Westin A F. Privacy and freedom. Washington and Lee Law Review 1968; 25 (1): 166.
② Radomirovic S. Towards a model for security and privacy in the internet of things, 1st International Workshop on the Security of the Internet of Things, Tokyo, Japan, 2010: 1 – 487.
③ Moore B. Privacy: Studies in Social and Cultural History. M. E. Sharpe: Armonk, NY, USA, 1984; Solove D. A taxonomy of privacy. University of Pennsylvania Law Review 2006, 154 (3): 477 – 560.

(二) 参考模型

笔者提出的物联网参考模型基于国际电信联盟①（ITU）和物联网欧洲研究理事会②（IERC）对物联网的设想，大致可以概括为：任何人、任何事物都可以随时随地地通过参与任意服务的任意网络与其他人、其他事物相互连接。本文的参考模型描述了物联网应用的实体和信息流。

在本文的模型中，笔者考虑了四种主要类型的实体，如图1所示。

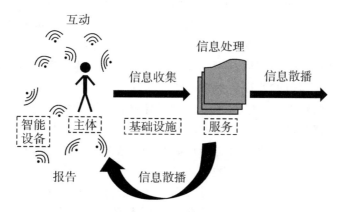

图1 在一个典型的物联网应用程序中具有相关实体和数据流的物联网参考模型

智能物品是通过信息和通信技术（ICT）增强后的日常物品。它们能够收集、处理和交流关于自身及其所处环境的数据，并且能够与其他物品、人类互动。后端主机的服务能够收集、组合和分析来自许多智能物品的数据，从而为最终用户提供增值服务。人类在本文的参考模型中有两个不同的角色。他们可能会被其周围的智能物品收集数据，也可能是这些数据收集或服务的接收者。注意，在个人医疗保健

---

① International Telecommunication Union (ITU). The Internet of Things. ITU Internet Reports, 2005.

② Vermesan O, Friess P, Guillemin P, et al. Internet of Things strategic research roadmap. Internet of Things: Global Technological and Societal Trends 2009.

应用程序中，个人可以同时是主体和接收者。最后，智能设备通过有着不同特征的基础设施连接到服务，这些特征五花八门，从低功耗的有损网络到功能强大的互联网骨干网①都有，其中，互联网骨干网可能会穿过不同的中间网关和服务器，例如防火墙和协议网桥。

此外，笔者还考虑了五种不同类型的信息流，也如图1所示，它们对应于主体在典型物联网应用程序中所处的阶段。在交互阶段（Interaction phase），数据主体主动或被动地与环境中的智能对象交互，从而触发服务。然后智能物品参与信息的收集，并通过可用的互联网络（可能在中间网关的帮助下）将信息转发到相应的后端。在处理阶段（Processing phase），后端分析信息以提供被触发的服务。向数据主体传播信息，并且可能向第三方传播信息的行为构成模型的第四阶段。最后，在演示阶段（Presentation phase），设备的服务会由周围的智能物体根据后端指令提供给数据主体。请注意，根据设备的位置和后端服务的实现，信息的流动是这样的：①垂直的，在有中央远程后端的情况下；②水平的，在本身智能物体就能实现这个服务的情况下，信息的输出和接受，以及服务的指令和实施都由这个智能物体来完成时；③混合的，当用户需要一台或多台智能物体来提供服务时，信息的流动就是混合的。

本文的模型是从特定的设备类、技术、互连方式和服务中抽象出来的，目的是提供一个适用于各种物联网系统及其应用的高级模型。这个模型对于智能物体无处不在的互联及其功能所进行的假设，都是普遍而强大的，足以解释物联网正在进行的发展状况。这些假设在今天可能还不成立，但它们代表了物联网的发展预期，如本文在第三部分第二节中的分析所示，同时，这些假设也被其他人所采用，例如

---

① An Internet backbone refers to one of the principal data routes between large, strategically interconnected networks and core routers on the Internet. An Internet backbone is a very high-speed data transmission line that provides networking facilities to relatively small but high-speed Internet service providers all around the world.

Internet backbones are the largest data connections on the Internet. They require high-speed bandwidth connections and high-performance servers/routers. Backbone networks are primarily owned by commercial, educational, government and military entities because they provide a consistent way for Internet service providers (ISPs) to keep and maintain online information in a secure manner. FROM techopedia dictionary.

Radomirovic 在其密集物联网模型①中也曾分享过这些假设。因此,笔者认为本文所提出的参考模型充分满足了笔者的考虑和需求。

请注意,随着新技术和新应用逐渐被添加到当今物联网这个大保护伞的范围之中,人们也提出了新的不同模型来解释这些新技术和新应用。其中,IoT-i 联盟②及 Atzori 等人③对现有的参考模型和物联网架构进行了调查。例如欧盟 FP 7 的 IoT-A④和 CASAGRAS⑤项目。然而,它们所提议的模型对于本文的目的来说往往显得过于复杂,或者是不能完全满足以下需求:隐私是人类独有的关注点,我们需要明确考虑用户在参考模型中的角色和参与度。此外,这个模型还应该允许物品和服务的一般功能在一个高水平的层次上去思考、推断隐私。最后,物联网是一个进化过程,因此,参考模型必须从底层事物和技术中抽象出来。特别是,它不应该局限于单一的技术空间,例如 RFID 技术。

(三) 隐私立法

隐私立法试图为许多互联网企业(如数据市场、广告网络和电子商务网站)日益渴求数据的商业模式划定界限,这些界限的目的是明确隐私保护的强制性做法和流程。本文将简要回顾隐私立法的发展及其实际影响,然后确定出物联网中与之相关的部分及问题。在 1948 年的《世界人权宣言》中,隐私权被公认为一项基本人权,并在今天大多数国家的宪法中得到确立。1974 年美国通过了《隐私法》,确立了公平信息惯例(FIPs),这是关于信息隐私的第一个重要立法。FIPs 中包括了通知、同意、个人访问和控制、数据最小化、

---

① Radomirovic S. Towards a model for security and privacy in the internet of things, 1st International Workshop on the Security of the Internet of Things, Tokyo, Japan, 2010; 1 - 487.

② Bauer M, Carrez F, Egan R, et al. IOT-I: Internet of Things Initiative: Public Deliverables - D1.2 First Reference Model White Paper, 2011.

③ Atzori L, Iera A, Morabito G. The Internet of Things: a survey. Computer Networks 2010; 54 (15): 2787 - 2805, doi: 10.1016/j.comnet.2010.05.10.

④ IOT-A Consortium. Internet of Things architecture, 2011. Available at: http://bit.ly/124jwOM (Accessed 2012 - 10 - 12).

⑤ Dunkels A, Vasseur J. IP for smart objects. Ipso alliance white paper, 2008.

有目的使用、足够的安全性和问责性等原则。经济合作与发展组织①（Organization for Economic Cooperation and Development，OECD）接手了这项工作。该组织预计，随着各国隐私立法日益多样化的发展，贸易壁垒将接踵而至。尽管美国的隐私立法继续实施了一系列具体的行业法律，但欧盟为实现其全面立法的目标，于1995年颁布了95/46/EC号指令，规定在个人资料处理和个人资料自由流通过程中对个人资料进行保护。②该指令融合了FIPs的内容，并添加了明确同意的原则，该原则基本上行为人禁止在用户没有明确许可的情况下收集任何类型的数据。

但这两者的实际影响是不同的：尽管1984年的《隐私法》在美国没有获得成功（其许多后续行动也同样没有成功），但欧盟的数据指令不仅有效地提高了欧洲的数据保护标准，还引发了国际上的行业自律努力，例如《安全港协议》③的达成。今天，我们主要强制执行的通知、同意、访问和安全的原则，就像在电子商务和在线广告中的做法一样。隐私立法也涉及一些成熟的技术，这些技术是物联网发展的一部分：例如，RFID和摄像头网络在过去曾受到广泛的关注。最近的立法工作集中在对云计算中的数据进行保护，以及对网络用户进行足够的保护以对抗网络中的追踪行为。

然而，今时今日，立法所提供的隐私保护水平显然已经不够了，日常数据的泄露和未受处罚的隐私泄露行为④已经清晰地表明了这一点。毫无疑问，物联网将创造出新的灰色地带，它有足够的空间来绕过立法所规定的边界，从而规避法律。

首先，大多数的立法都围绕着个人身份信息（PII）的模糊概念

---

① Organisation for Economic Co-operation and Development (OECD). Recommendation of the council concerning guidelines governing the protection of privacy and transborder flows of personal data, 1980.

② The European Parliament and the Council of the European Union. Directive 95/46/EC on the protection of individuals with regard to the processing of personal data and on the free movement of such data, 1995.

③ US Department of Commerce. The U.S.-EU & U.S.-Swiss Safe Harbor Frameworks, 2012. Available at: http://export.gov/safeharbor/ (Accessed 2012-10-12).

④ Privacy Rights Clearinghouse. Chronology of Data Breaches 2005—present, 2012. Available at: http://bit.ly/bHHODz (Accessed 2012-10-12).

所展开。然而，随着新物联网技术的解锁，及其对能够识别的新数据集的合并，我们对 PII 构成要素的简明定义所做出的努力很快就遭到了否决，使得区分 PII 和非 PII（非个人身份信息）的行为变得愈加困难。笔者在对物联网隐私的定义（本文第二部分第一节）中承认了这个问题，并要求数据主体能够参与到这个区分的行为中来。

其次，立法的及时性是一个永恒的问题：例如，在欧盟委员会（European Commission）于 2011 年年初通过的一项针对网络用户的法律之前，各种网页及软件对网络用户的追踪已经持续了很多年。随着物联网的快速发展，立法必将进一步落后。智能电表读数就是一个例子，这种电表读数已经可以推断出关于人们生活方式的全方位信息。

再次，目前，有很多侵犯隐私的行为并没有被发现。在物联网中，用户很难意识到自己的隐私正在被侵犯，因为数据收集行为已经进入了日常生活，而且收集行为发生得更加被动（如表 1 所示）。然而，立法往往只是对公众呼声及抗议的回应，而这些呼声和抗议首先需要我们对这个事件有所认识。

最后，从经济学的角度上看，隐私经济仍然对那些无视隐私立法的人有利。一方面，隐私增强技术（PET）的开发、隐私保护策略的执行和审计的成本高昂，还可能会限制企业的业务类型。另一方面，违反隐私法的行为要么就是能逃脱惩罚、逍遥法外，要么就只是受到幅度较小的罚款。公众对于隐私的意识仍然太低，所以这些企业的行为，即使侵犯了隐私也好，也终究无法对公众声誉造成无法容忍的损害，因为公众意识不到这一点。因此，无视隐私立法的行为，例如谷歌故意规避 Safari 用户跟踪保护条款的行为[1]，似乎是有利可图的。在这起事件中，谷歌与美国联邦贸易委员会（Federal Trade Commission）达成了和解，并支付了创纪录的 2250 万美元的罚款，但是我们可以想象，这种侵犯隐私的行为给谷歌所带来的收入肯定远远超出了被罚款的数额。

---

[1] Federal Trade Commission. Google will pay ＄22.5 million to settle ftc charges it misrepresented privacy assurances to users of Apple's Safari Internet Browser, 2005. Available at: http://1.usa.gov/MkXMqe（Accessed 2012-10-12）.

表 1 物联网在过去、现在及未来的演变特征

	技术	规模	相互连接	数据收集	设备互动	系统互动	生命周期	垂直性对比水平性	参考
2000 年	RFID	百万级	有线，固定化	标识符	无	无	所有权转移	无	[3,5,25,26]
2013 年	传感器、手机、云	十亿级	无线，移动化，H2M	感官性的，有限区域，主动的人	按钮，触屏，展示器	智能手机，手势，语音，网络接口	所有权转移	主要垂直性	[1,2,27–30]
2020 年	物体同部 ICT，新技术	十亿至万亿级	E2E，AII-IP，M2M，互操作性	覆盖面增大，被动的人	触觉，网络接口	触觉，使用环境	产品历史记录，可交换的人	垂直性与水平性皆有	[2,3,25,30,37,38]
不确定	透明性，普遍性	十亿至万亿级	普遍化，标准化，组织化	大范围，渗透	网络接口盛行	使用所有人类感知	动态性	中央解决方案盛行	[3,13,25,30]
参考				[3,13,25,30]	[2,3,26,31]	[2,3,31]	[3,32–34]	[25,34]	

我们要做的，是为物联网隐私保护设计一个统一的、持久的立法框架，而不是迅速通过一项针对单一技术的过时立法，当然，这将会是一个重大的挑战。毫无疑问，若是想要成功，我们必须对物联网的技术基础及其正在进行的发展演变有全面的了解。然而，关键是要深刻理解物联网中现有的，及之前残存的，对隐私的新威胁——这些威胁最终还是需要通过立法来加以保护。

三、物联网的发展演变

从无所不在的计算机运作[①]中开始，物联网依靠技术进步，在降低成本和能源消耗的同时，使 ICT 的小型化和可用性不断提高。因此，物联网并不是一项颠覆传统的新技术，而是一种全新的模式，其全面实现是一个渐进的过程。在本文的第三部分，第一节将回顾过去物联网发展的关键技术及其在隐私方面所进行的相关工作，第二节将分析物联网当前的特性以及它们是如何发展的。对不断发展的技术和特性的讨论使我们能够尽早认识和分析物联网对隐私的威胁和挑战。

（一）不断发展的技术

RFID 技术站在物联网愿景的起点上：它能以几美分的价格成本实现对物品被动的自动识别。而确实，实现物联网愿景的想法仍然经常出现在有 RFID 标签的广泛部署中。RFID 隐私问题已经被深入地研究了[②]，其主要的威胁就是通过隐藏的标签，如附着在衣服上的物品等，来自动识别和跟踪特定的人。对此，专家们已经提出了不同的解决方案，如读取器身份验证、标签加密、随机标签标识符、阻挡或消灭标签等。管理 RFID 标签的生命周期是一项重大的挑战，这项挑

---

① Weiser M. The computer for the 21st century. Scientific American 1991; 265 (3): 94 – 104.

② Juels A. RFID security and privacy: a research survey. IEEE Journal on Selected Areas in Communications 2006; 24 (2): 381 – 394, doi: 10.1109/JSAC.2005.861395; Langheinrich M. A survey of RFID privacy approaches. Personal and Ubiquitous Computing 2009; 13 (6): 413 – 421, doi: 10.1007/s00779 – 008 – 0213 – 4; van Deursen T. 50 ways to break RFID privacy. In Privacy and Identity Management for Life, vol. 352, IFIP Advances in Information and Communication Technology. Springer: Boston, 2011; 192 – 205, doi: 10.1007/978 – 3 – 642 – 20769 – 3 16.

战对物联网背景下的智能产品来说也是一件有趣的事情。

无线传感器网络（WSN）技术是物联网发展进化的下一个步骤：随着传感信息、处理数据和对外通信能力的增强，物品变得活跃起来，从而建立起第一个互相连接的事物网络。如今，传感器节点的范围从带有低功率无线电的微小毫米大小的传感器节点（例如智能尘埃）发展到了通过蜂窝网络通信的米级气象站。传感器网络既包括小型的家庭网络部署，也包括按照 ZigBEE①、Z-Wave②、ANT③ 或蓝牙④等标准启用的大型工业监控系统。在无线传感器网络中进行隐私研究的重点在于对收集到的传感器数据⑤、网络查询数据⑥，以及在

---

① ZigBee Alliance. ZigBee specification, 2006.

② Z-Wave Alliance. The Z-Wave Alliance, 2012. Available at http://www.z-wavealliance.org/ (Accessed 2012 – 10 – 12).

③ ANT wireless—Dynastream Innovations Inc. Available at http://www.thisisant.com/ (Accessed 2012 – 10 – 12).

④ Bluetooth SIG. Specification of the Bluetooth system, 2001. Available at http://www.bluetooth.com (Accessed 2012 – 10 – 12).

⑤ Zhang W, Wang C, Feng T. GP^2S: Generic privacypreservation solutions for approximate aggregation of sensor data (concise contribution), Sixth Annual IEEE International Conference on Pervasive Computing and Communications, 2008. PERCOM 2008, Hong Kong, China, 2008; 179 – 184; Chan ACF, Castelluccia C. A security framework for privacy-preserving data aggregation in wireless sensor networks. ACM Transactions on Sensor Networks (TOSN) 2011; 7 (4): 1 – 45, doi: 10.1145/1921621.1921623.

⑥ Carbunar B, Yu Y, Shi L, Pearce M, Vasude-van V. Query privacy in wireless sensor networks, 4th Annual IEEE Communications Society Conference on Sensor, Mesh and ad Hoc Communications and Networks, 2007. SECON ' 07, San Diego, CA, USA, 2007; 203 – 212, doi: 10.1109; Zhang R, Zhang Y, Ren K. Distributed privacypreserving access control in sensor networks. IEEE Transactions on Parallel and Distributed Systems 2012; 23 (8): 1427 – 1438, doi: 10.1109/TPDS.2011.299.

数据源和基站位置①等方面对隐私的威胁。人们普遍认识到特殊挑战是无法控制的环境和有限制的资源,这也是物联网的特点。

智能手机的出现进一步推动了物联网愿景的实现,成为第一个具有无处不在的互联网连接的移动大众设备。智能手机收集了大量关于其所有者的私人数据,例如,其所有者的特定身份信息、地理位置和日常活动,这些数据都存在着相当大的隐私风险。② 广泛的隐私研究主要集中在基于位置的服务(LBS)③、隐私泄露检测④和参与式传感

---

① Kamat P, Zhang Y, Trappe W, Ozturk C. Enhancing source-location privacy in sensor network routing, Proceedings of the 25th IEEE International Conference on Distributed Computing Systems, 2005. ICDCS 2005, Columbus, Ohio, USA, 2005; 599 – 608, doi: 10.1109/ICDCS.2005.31; Deng J, Han R, Mishra S. Decorrelating wireless sensor network traffic to inhibit traffic analysis attacks. In Elsevier Pervasive and Mobile Computing Journal, vol. 2, Special Issue on Security in Wireless Mobile Computing Systems. Elsevier Science Publishers B. V.: Amsterdam, The Netherlands, 2006; 159 – 186; Rios R, Cuellar J, Lopez J. Robust probabilistic fake packet injection for receiver-location privacy in WSN. In 17th European Symposium on Research in Computer Security (ESORICS 2012), vol. 7459, LNCS. Springer: Berlin, Heidelberg, 2012; 163 – 180, doi: 10.1007/978 – 3 – 642 – 33167 – 1 10.

② Privacy Rights Clearinghouse. Privacy in the age of the smartphone, 2005. Available at: http://bit.ly/NkNlyM (Accessed 2012 – 10 – 12).

③ Beresford A, Stajano F. Location privacy in pervasive computing. IEEE Pervasive Computing 2003; 2 (1): 46 – 55, doi: 10.1109/MPRV.2003.1186725; Minch R. Privacy issues in location-aware mobile devices, Proceedings of the 37th Annual Hawaii International Conference on System Sciences, 2004, Big Island, Hawaii, USA, 2004; 50127.2 (10 pages). doi: 10.1109/HICSS.2004.1265320; Krumm J. A survey of computational location privacy. Personal Ubiquitous Computing 2009; 13 (6): 391 – 399, doi: 10.1007/s00779 – 008 – 0212 – 5.

④ Enck W, Gilbert P, Chun Byung-Gon, Cox Landon P., Jung Jaeyeon, McDaniel Patrick, Sheth Anmol N. TaintDroid: an information-flow tracking system for real time privacy monitoring on smartphones. In Proceedings of the 9th USENIX Conference on Operating Systems Design and Implementation, OSDI'10. USENIX Association: Berkeley, CA, USA, 2010; 1 – 6; Hornyack P, Han S, Jung J, Schechter S, Wetherall D. These aren't the droids you're looking for: retrofitting android to protect data from imperious applications. In Proceedings of the 18th ACM Conference on Computer and Communications Security, CCS'11. ACM: New York, NY, USA, 2011; 639 – 652, doi: 10.1145/2046707.2046780.

的隐私感知体系结构。①

云计算范式在过去的10年间蓬勃发展，它还提供了处理预期中物联网信息爆炸的方法。云计算中的隐私研究侧重于充分的数据保护和防止信息泄露②、审计和出处③，以及私人信息处理。④ 云平台越来越多地被用于执行后端操作，即存储、处理和访问物联网应用程序的信息，比如 COSM⑤ 和 Arrayent⑥ 所处的平台。

（二）不断发展的特征

表1提供了我们认为在隐私方面最重要的特征的概括总结，即表1显示了在物联网隐私方面，我们认为的，或者我们所选择的、对物联网隐私发展最有利的几个特征。我们对所选特征未来的演化发展进行了定性预测：①从它们过去和当前的发展中推断；②与从相关领域

---

① Lane N D, Miluzzo E, Lu H, Peebles D, Choudhury T, Campbell A T. A survey of mobile phone sensing. IEEE Communications Magazine 2010; 48 (9): 140 – 150; Christin D, Reinhardt A, Kanhere S S, Hollick M. A survey on privacy in mobile participatory sensing applications. Journal of Systems and Software 2011; 84 (11): 1928 – 1946, doi: 10. 1016/j. jss. 2011. 06. 07.

② Ristenpart T, Tromer E, Shacham H, Savage S. Hey, you, get off of my cloud: exploring information leakage in third-party compute clouds, Proceedings of the 16th ACM Conference on Computer and Communications Security, CCS '09, Chicago, IL, USA, 2009: 199 – 212, doi: 10. 1145/1653662. 1653687; Squicciarini A, Sundareswaran S, Lin D. Preventing information leakage from indexing in the cloud, 2010 IEEE 3rd International Conference on Cloud Computing (CLOUD), Miami, Florida, USA, 2010; 188 – 195, doi: 10. 1109/CLOUD. 2010. 82.

③ Wang C, Wang Q, Ren K, Lou W. Privacy-preserving public auditing for data storage security in cloud computing, 2010 Proceedings IEEE INFOCOM, San Diego, CA, USA, 2010; 1 – 9, doi: 10. 1109/ INFCOM. 2010. 5462173.

④ Itani W, Kayssi A, Chehab A. Privacy as a service: privacy-aware data storage and processing in cloud computing architectures, Eighth IEEE international Conference on Dependable, Autonomic and Secure Computing, 2009. DASC '09, Changzhou, China, 2009: 711 – 716, doi: 10. 1109/DASC. 2009. 139; Van Dijk M, Juels A. On the impossibility of cryptography alone for privacy-preserving cloud computing. In Proceedings of the 5th USENIX Conference on Hot Topics in Security, HotSec' 10. USENIX Association: Berkeley, CA, USA, 2010: 1 – 8.

⑤ COSM—connect to your world, 2013. Available at https://cosm. com/ (Accessed 2013 – 01 – 30).

⑥ ARRAYENT—the platform for connected products, 2013. Available at http://www. arrayent. com/ (Accessed 2013 – 01 – 30).

中观察到的趋势进行比较；③对相关文献的意见及其预测进行了调查（表中列出了样本参考文献）。由于很难找到确切的数据来支持这种预测，因此这种预测必然会出现错误。表1定性地指出了预测的（估计）误差幅度。

1. 技术

如本文第三部分第一节所述，物联网始于 AutoID 实验室①，设想通过 RFID 技术自动识别事物。今天，我们看到越来越多的技术被纳入物联网的范畴，例如，传感器网络、智能手机和云服务。对未来主要是预测 ICT 将越来越多地进入到日常物品之中，从而使它们变得更加智能、更加有自我意识。② 同时，新技术也将被发明出来，并且变得更加适合于大众使用。然而，在现在的技术条件下，我们还不清楚我们对于物联网所设想的无处不在的和隐身的状态，以及能在何种程度上达到较好的状态。③

2. 型号

学术界和主要行业参与者（包括 IBM、惠普和思科）预计，到 2020 年，联网产品的数量将达到惊人的 500 亿件④至数万

---

① Auto-ID Labs. Architecting the Internet of things, 2013. Available at: http://www.autoidlabs.org/ (Accessed 2013 – 02 – 04).

② Mattern F, Floerkemeier C. From the internet of computers to the internet of things. In From Active Data Management to Event-Based Systems and More, Sachs K, Petrov I, Guerrero P (eds). Springer-Verlag: Berlin, Heidelberg, 2010; 242 – 259; Atzori L, Iera A, Morabito G. The Internet of Things: a survey. Computer Networks 2010; 54 (15): 2787 – 2805, doi: 10.1016/j.comnet.2010.05.010; Roman R, Najera P, Lopez J. Securing the Internet of Things. Computer 2011; 44 (9): 51 – 58, doi: 10.1109/MC.2011.291.

③ Internet of Things European Research Cluster (IERC). The Internet of Things 2012—New Horizons, 3rd edn.: Halifax, UK, 2012.

④ Evans D. The Internet of Things – how the next evolution of the internet is changing everything. CISCO White Paper 2011; Mattern F, Floerkemeier C. From the internet of computers to the internet of things. In From Active Data Management to Event-Based Systems and More, Sachs K, Petrov I, Guerrero P (eds). Springer-Verlag: Berlin, Heidelberg, 2010; 242 – 259; Internet of Things European Research Cluster (IERC). The Internet of Things 2012—New Horizons, 3rd edn.: Halifax, UK, 2012.

亿件。① 虽然各方预测的数量和时间范围相差很大,但即使是最保守的方案也表明物联网将使网络规模增加若干个数量级。如此庞大的设备数量将严重挑战现有和即将诞生的隐私技术的灵活性。

3. 互相连接

随着技术的进步和无线通信成本的降低,笔者预计物联网将向智能物品普遍互联的状态发展。②

如今,全IP端(ALL-IP)到端连接是实现这种永久互连的主流愿景③,IETF 6LoWPAN 和 ETSI M2M 工作组都在大力推动物联网在这方面的发展。在这个过程中,人们可以在任意位置上查询智能物品所提供的相关信息,这不仅将为新服务带来巨大的机遇,也对隐私问题提出了很大的挑战。从管理的角度来看,我们仍然不确定如此庞大数量的物品之间的相互连接是如何被组织起来的。在这种背景下,物联网系统与社交网络的混搭有望提供直观且可升级的解决方案④,但这将引发进一步的隐私担忧。

---

① David K, Jefferies N. Wireless visions: a look to the future by the fellows of the wwrf. IEEE Vehicular Technology Magazine 2012; 7(4): 26-36, doi: 10.1109/MVT.2012.2218433; Hewlett Packard – CENSE, 2013. Available at http://bit.ly/7N763 (Accessed: 2013 – 01 – 31). Jon Iwata. IBM—making markets: smarter planet, 2012. Available at: http://ibm.co/X8warV (Accessed 2013 – 01 – 31). Welbourne E, Battle L, Cole G, et al. Building the internet of things using RFID: the RFID ecosystem experience. IEEE Internet Computing 2009, 13 (3): 48 – 55.

② David K, Jefferies N. Wireless visions: a look to the future by the fellows of the wwrf. IEEE Vehicular Technology Magazine 2012, 7(4): 26-36, doi: 10.1109/MVT.2012.2218433.

③ Mattern F, Floerkemeier C. From the internet of computers to the internet of things. In From Active Data Management to Event-Based Systems and More, Sachs K, Petrov I, Guerrero P (eds). Springer-Verlag: Berlin, Heidelberg, 2010; 242 – 259; Atzori L, Iera A, Morabito G. The Internet of Things: a survey. Computer Networks 2010, 54 (15): 2787 – 2805, doi: 10.1016/j.comnet.2010.05.010; Internet of Things European Research Cluster (IERC). The Internet of Things 2012—New Horizons, 3rd edn.: Halifax, UK, 2012.

④ Kranz M, Roalter L, Michahelles F. Things that twitter: social networks and the internet of things. In What can the Internet of Things do for the Citizen (CIoT) Workshop at The Eighth International Conference on Pervasive Computing (Pervasive 2010), 2010; Atzori L, Iera A, Morabito G, Nitti M. The Social Internet of Things (SIoT) -When social networks meet the Internet of Things: Concept, architecture and network characterization. Computer Networks 2012, 56 (16): 3594 – 3608.

4. 数据收集

今天，人们已经习惯随身携带智能手机并在社交网络上分享他们的生活，我们见证了技术越来越多地渗透到他人的私人生活和公共生活之中，这些技术可以收集数据，还可以识别、跟踪和分析他人。[①]随着智能事物的到来和密度的增加，数据收集将更加深入地渗透到人们的生活中，并引入全新的可链接和可识别的私人数据集。在数据收集技术爆炸式的发展之中，人类参与的性质也发生了质的变化：智能手机和社交网络需要人类大量的积极参与和积极意识，而人类却主要是被动的，并不能从智能物品的发展浪潮中预见自身数据被收集的风险。然而，由于预测相差很大[②]，很难对数据收集的范围和其渗透到人们日常生活中的程度做出可靠的估计。

5. 物品互动

随着越来越多智能连接物品的出现，它们为人类配置、调试和交互提供的接口将变得非常重要。我们见证了从交互能力有限的 RFID 标签到具有有限接口的传感器和设备的发展，如发光二极管（led）和响应按钮和触摸的小型显示器。基于 Web 界面[③]主要是预测更多的触觉界面[④]和智能手机将成为人类和物品之间的中心媒介，这似乎是非常确定的事情，因为我们今天已经开始看到这些发展。一方面，Web 的接口是否会成为物品的主要界面是一个有趣的开放性问题。其他的一些预测，如英特尔关于到 2020 年我们将实现思想驱动控

[①] Radomirovic S. Towards a model for security and privacy in the internet of things, 1st International Workshop on the Security of the Internet of Things, Tokyo, Japan, 2010: 1-487.

[②] Hewlett Packard – CENSE, 2013. Available at: http://bit.ly/7N763 (Accessed 2013-01-31); Jon Iwata. IBM—making markets: smarter planet, 2012. Available at: http://ibm.co/X8warV (Accessed 2013-01-31); Cisco Visual Networking Index: Global Mobile Data Traffic Forecast Update, 2012-2017. CISCO white paper, 2013.

[③] David K, Jefferies N. Wireless visions: a look to the future by the fellows of the wwrf. IEEE Vehicular Technology Magazine 2012; 7 (4): 26-36, doi: 10.1109/MVT.2012.2218433.

[④] Mattern F, Floerkemeier C. From the internet of computers to the internet of things. In From Active Data Management to Event-Based Systems and More, Sachs K, Petrov I, Guerrero P (eds). Springer-Verlag: Berlin, Heidelberg, 2010: 242-259.

制①的预测仍然是十分不确定的。正如 RFID 所表现出来的那样，缺乏接口和交互机制会对隐私造成威胁。② 另一方面，过于复杂的界面（如社交网络中的界面）似乎对隐私保护也没有什么帮助，而人类日益个性化的互动，如语音等交流，甚至在极端情况下，人们的思想都会引发新的隐私问题。

6. 系统互动

除了与物品的交互之外，人类与物联网的高层次互动，或者说交互（即与一组物品、系统和服务的交互）将如何发展，也是一个有趣的问题。类似关于物品互动的论证和预测也适用于系统互动。其主要的不同之处在于，整个环境被设想为服务于与人类的交互，这个服务的基础是复杂的系统接口，而复杂的接口又是通过许多智能物品及其特定功能的协作和协调来实现的。不太连贯地预测了思想驱动的交互作用和吸引所有人类感官的机制。在这样一个环境中，人们普遍被动地暴露在物联网系统的交互和反馈中，所以我们必须谨慎设计这样的系统，以免侵犯他人的隐私。

7. 生命周期

通常我们会假定一个物品有一个非常简单的生命周期。一个物品被出售、被使用，最后被处理掉。这个物品在这个过程中并不储存任何信息。2003 年民众对侵犯隐私的贝纳通（Benetton）运动③的抗议表明了这种假定的生命周期过于简单化：贝纳通计划在其整个产品线中安装 RFID 标签，这些标签在服装被销售后仍将保持活跃状态。而贝纳通也没有考虑更改 RFID 标签在其生命周期中的所有权，这意味着贝纳通仍然掌握着这些标签的所有权。在物联网中，我们预计所有的智能物品将在其整个生命周期中大范围地存储关于其自身历史的庞大信息。此外，许多日常用品，如灯泡，都被设计成是易于交换的，就像它们的智能替代品一样。在如今的背景下，智能物品生命周期的

---

① Gaudin S. Intel：xhips in brains will control computers by 2020. Computerworld, 2009. Available at http://bit.ly/yYyoF（Accessed：2013 - 01 - 31）.

② Sample A, Yeager D, Smith J. A capacitive touch interface for passive RFID tags, 2009 IEEE International Conference on RFID, 2009：103 - 109, doi: 10.1109/RFID.2009.4911212.

③ Benetton to Tag 15 Million Items. RFID Journal, 2003. Available at http://bit.ly/XXe4Wi（Accessed：2012 - 09 - 25）.

动态是否能变得更加有活力还有待观察，举例来说明，如今的商业模式是围绕着借贷，而不是因为企业拥有诸如医疗设备或医疗工具等智能产品而发展。现在，数据存储量的增加和物品生命周期的过渡使得管理安全性和隐私方面变得更加困难，也即是说，未来，不但智能物品的数据存储量会增加，其生命周期也不会随着被丢弃而终止，而是被增加到它的替代品上，这样，智能物品就能一代接一代、无间断地收集数据。

8. 从垂直到水平

今天的物联网系统大多是独立的垂直集成解决方案，且通常是基于定制技术、协议和体系结构的方案。两个同样系统之间的直接协作是一种例外。随着协议和平台标准化程度的提高，系统的水平集成，也就是越来越多的本地和分布式协作，将成为可能。例如，智能电表可以与附近的其他电表合作，直接开关家用电器，而不是只将消费数据上传给中央公用事业提供商。尽管水平集成在性能和功能方面具有很好的优势，但中心垂直解决方案似乎仍然占据上风，而且我们也尚不清楚水平集成的潜力以及何时能够实现。然而，具有不同用途的系统，以及制造商不同的系统之间的合作可能会导致安全漏洞，对隐私造成威胁。但是，我们也应当看到，与垂直集成的集中式系统相比，水平集成系统中信息流的位置，或者说其局部性，在本质上更能保护隐私。

四、物联网对隐私的威胁和挑战

物联网在技术和功能方面不断发展的特征以及与物联网互动的新方式导致了特定的隐私威胁和挑战。本文在这一部分介绍了笔者对这些威胁进行的分类。图2为根据它们最容易出现的位置，将它们排列成与我们的参考模型（在本文第二部分第二节中所示）不同的五个阶段。

本文对这七种威胁进行四个步骤的分析：第一步，笔者给出了每一种威胁类别的定义和特征，并提出了其侵犯隐私的具体实例。第二步，笔者分析了物联网的发展是如何影响、改变和加剧这些特定的威胁。在这里，表2介绍了对特定威胁类别影响最大的两三个特性，这些特性都是人们所选择的。第三步，笔者从其他有关领域中找出了一

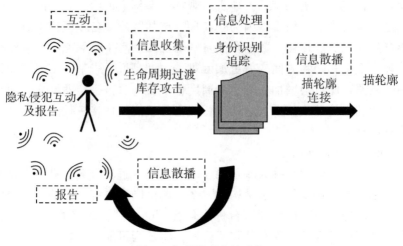

图 2　参考模型中的威胁

些方法和对策,并试图探究它们是否也适用于物联网,并探究这些方法是否足够解决物联网的隐私问题。第四步,笔者介绍了物联网面临的主要技术挑战和克服这些威胁的潜在方法。当然,威胁类别并不是完全分离的,笔者也确切地指出了不同威胁之间的依赖和重叠关系。因此,请注意,本文的视角和对威胁的分类会侧重于物联网中对隐私有威胁的功能,而不是从以用户或事件为中心的视角出发,以便更好地推理威胁的技术根源以及可能的对策。①

---

① Solove D. A taxonomy of privacy. University of Pennsylvania Law Review 2006, 154 (3): 477-560. Smith H, Milberg S, Burke S. Information privacy: measuring individuals' concerns about organizational practices. MIS Quarterly 1996: 167-196.

表 2 对七种隐私威胁中发展特征的影响的总结

	技术	规模	相互连接	数据收集	设备互动	系统互动	生命周期	垂直性对比水平性
身份识别	相机,人脸识别	—	指纹采集	—	—	语音,云接口	—	—
追踪	—	—	—	逐渐减少的意识	—	数据留痕	—	—
数据画像	—	数据源激增	—	全新性质的数据串	—	—	—	—
互动和展示	—	—	—	—	展示多媒体	和用户广泛地互动	—	—
生命周期过渡	—	—	—	产品历史日志	—	—	可交换性	设备上的敏感数据
库存攻击	多样化	—	无线交流	—	—	—	—	—
连接	—	—	—	渐少的透明度	—	—	—	本地驱动连接

（一）识别

识别显示了一种物联网时代的威胁，即是将（持久性的）标识符与他人及其数据联系起来的威胁，这些标识符包括他人的姓名、住址或各种形式的假名、笔名。识别的威胁在于把每个人的身份（ID）与特定的、侵犯隐私的背景联系起来，并且识别的威胁还会引发和加重物联网的其他威胁，例如，对个人或不同数据源的组合进行分析和跟踪。

目前，识别的威胁在我们参考模型的后端服务中信息处理阶段占主导地位，其中大量的信息集中在主体控制之外的中心位置。在物联网中，交互和收集阶段也将变得相互关联，因为不断发展的技术和互相连接、互相作用功能的影响，加剧了识别的威胁（如表2所示）。

第一，监控摄像头技术正日益集成，不断向一体化发展，并且被用于非安全环境之中，例如分析和营销领域。[①] 随着非政府组织也可以获取面部数据库（如Facebook）的营销平台[②]等数据，从摄像头图像中自动识别出个人已经成为现实。

第二，日常物品中日益增强的（无线）互联和垂直通信功能也为设备通过指纹来识别个人提供了可能。人们已经认识到，RFID技术已经可以通过他人物品发出的信号来识别个体。

第三，语音识别在移动应用中得到了广泛的应用，庞大的语音样本数据库已经建立起来。请求访问这些数据的政府可能会利用这些信息来辨认和识别个人。[③] 语音识别作为一种与物联网系统交互的一种强大方式而逐渐发展壮大，用云计算来处理任务的方式也日益普及，在这种情况下，攻击向量和隐私风险将被进一步放大。

---

① Liu X, Krahnstoever N, Yu T, Tu P. What are customers looking at? IEEE Conference on Advanced Video and Signal Based Surveillance, 2007. AVSS 2007., London, UK, 2007: 405-410, doi: 10.1109/AVSS.2007.4425345. Senior A W, Brown L, Hampapur A, et al. Video analytics for retail, IEEE Conference on Advanced Video and Signal Based Surveillance, 2007. AVSS2007, London, UK, 2007: 423-428, doi: 10.1109/AVSS.2007.4425348.

② Solon O. Facedeals lets you check in to venues with your face. WIRED Magazine, 2012. Available at: http://bit.ly/Pdgsry (Accessed: 2012-10-12).

③ Talbot D. Siris großer Bruder. Technology Review, 2012. Avaible at: http://bit.ly/RUyLBS (Accessed: 2012-10-12).

身份保护，以及对抗物联网标识的补充保护，是 RFID 隐私中的主要议题，但这些内容在数据匿名化[①]和隐私增强身份管理领域也得到了广泛的关注。[②] 不过，这些方法很难适用于物联网：大多数的数据匿名技术都可以用辅助数据来破解[③]，在物联网的发展过程中，这些辅助数据很可能在某个时间点变得非常有用。身份管理的解决方案除了严重依赖成本昂贵的密码操作之外，主要是为非常有限的适用环境而设计的，比如企业或家庭网络，因此很难适应物联网的分布式、多样化和异构环境。[④] 由于资源限制和物品数量的相似性，从 RFID 隐私领域出发的方法是最有希望的。然而，这些方法并不能解释物联网中可用的各种数据源，例如摄像机图像和语音样本。

笔者认为，物联网系统的设计是一个主要挑战，它有利于对设备数据进行本地而非集中的处理、水平而非垂直的通信，从而减少了用户个人领域之外的识别数据，减少了用于识别的攻击向量。由于识别并不总是可以被阻止，或者并不总是希望被阻止的，因此，让用户认

[①] Sweeney L. K-anonymity: a model for protecting privacy. International Journal of Uncertainty, Fuzziness and Knowledge-Based Systems 2002, 10 (5): 557 – 570, doi: 10.1142/S0218488502001648; Uzuner Ö, Luo Y, Szolovits P. Evaluating the state of-the-art in automatic de-identification. Journal of the American Medical Informatics Association 2007, 14 (5): 550 – 563, doi: 10.1197/jamia. M2444; Fung BCM, Wang K, Chen R, Yu PS. Privacy preserving data publishing: a survey of recent developments. ACM Computing Surveys 2010, 42 (4): 14: 1 – 14: 53, doi: 10.1145/1749603.1749605.

[②] Camenisch J, Van Herreweghen E. Design and implementation of the idemix anonymous credential system. In Proceedings of the 9th ACM Conference on Computer and Communications Security, CCS '02. ACM: New York, NY, USA, 2002: 21 – 30, doi: 10.1145/586110.586114; Camenisch J, Shelat A, Sommer D, et al. Privacy and identity management for everyone. In Proceedings of the 2005 Workshop on Digital Identity Management, DIM '05. ACM: New York, NY, USA, 2005: 20 – 27, doi: 10.1145/1102486.1102491.

[③] Barbaro M, Zeller T. A face is exposed for AOL searcher no. 4417749. New York Times, 2006. Available at: http://nyti. ms/H6vd2 (Accessed: 2012 – 10 – 12); Narayanan A, Shmatikov V. Myths and fallacies of "personally identifiable information". Communications of the ACM 2010, 53: 24 – 26, doi: 10.1145/1743546.1743558. El Emam K, Jonker E, Arbuckle L, Malin B. A systematic review of re-identification attacks on health data. PLoS ONE 2011; 6 (12), doi: 10.1371/journal. pone. 0028071.

[④] 异构网络环境（Heterogeneous Network Environments）是指由不同制造商生产的计算机和系统组成的网络环境。这些计算机系统运行不同的操作系统和通信协议，想统一其计算机资源的机构通常会面临集成异种机系统的任务。

识到本文所定义的隐私（本文第二部分所论述）就变得至关重要，而这本身也是一个重大的挑战。

（二）定位和跟踪

定位和跟踪的威胁是通过时间和空间来确定、记录他人的位置。跟踪需要某种类型的标识对一个人进行持续不断地定位。目前，跟踪可以通过多种方式来实现，例如，全球定位系统（GPS）、互联网流量[1]或手机定位。许多具体的、侵犯隐私的行为都与这一威胁有关，例如 GPS 跟踪[2]、私人疾病信息的泄露[3]或通常被监视时的不安感。[4]然而，对他人的定位和跟踪在很多物联网系统中却是一项重要的功能。这些例子表明当用户无法控制自己的位置信息、不知道自己的位置信息被泄露，或者信息在不合适的背景中被使用和组合时，他们会认为这是对他们隐私的一种侵犯。这符合我们对隐私的定义。

在直接的现实接近中，定位和跟踪通常不会导致隐私侵犯，例如，当一个主体处于某个环境中，其周围的任何人都可以直接观察到这个主体的位置。传统上，当位置跟踪这个功能建立在主体控制之外的后端时，定位和跟踪主要出现在信息处理阶段。然而，物联网的发展将从三个方面改变并加剧定位和跟踪的威胁：第一方面，LBS 的使用正在逐渐增加。物联网技术不仅支持这种 LBS 的发展，努力提高

---

[1] Internet traffic is the flow of data across the Internet. Because of the distributed nature of the Internet, there is no single point of measurement for total Internet traffic. Internet traffic data from public peering points can give an indication of Internet volume and growth, but these figures exclude traffic that remains within a single service provider's network as well as traffic that crosses private peering points. The phrase "Internet traffic" is sometimes used to describe web traffic, the amount of data sent and received by visitors of a particular web site on the World Wide Web. —— Wikipedia

[2] Voelcker J. Stalked by satellite—an alarming rise in GPS-enabled harassment. IEEE Spectrum 2006, 43 (7): 15–16, doi: 10.1109/MSPEC.2006.1652998.

[3] Chow CY, Mokbel MF. Privacy in location-based services: a system architecture perspective. SIGSPATIAL Special 2009, 1 (2): 23–27, doi: 10.1145/1567253.1567258

[4] Toch E, Wang Y, Cranor L F. Personalization and privacy: a survey of privacy risks and remedies in personalization-based systems. User Modeling and User-Adapted Interaction 2012, 22 (1): 203–220, doi: 10.1007/s11257-011-9110-z.

它们的准确性,并且把这些服务拓展到室内环境中,例如智能零售。① 第二方面,随着数据收集变得更加被动、更加普及和更不具有侵入性,用户越来越不清楚自己何时被跟踪以及其所面临的风险。第三方面,我们与智能物品和系统的交互越来越频繁,这使得数据追踪不仅使得用户面临着标识的风险,而且设备能够跟踪用户的定位及其日常活动,举个例子,现在,使用了 NFC(Near Field Communication,近场通信,也称为近距离无线通信技术)技术的智能手机可以通过刷手机页面的方式购买公共汽车票或使用城市的智能停车系统,而这些行踪都可以被记录下来。随着这些发展,定位和跟踪的威胁也将出现在交互阶段,使主体出现一种错误的认知,即在他人与其他人在现实中分离,彼此之间有一段距离的时候,比如隔着墙,或者隔着书架,他人可能会认为自己正处于一个比较隐蔽、外人无法窥探的环境中,在这种环境下他人可以展现自己的隐私,但事实上却并非如此,智能手机等设备在无时无刻地跟踪着他人,记录着他人的活动。

对位置隐私的研究提出了很多方法,这些方法可以根据其体系结构的角度②进行分类,包括①客户机 - 服务机;②可信任第三方;③分布式、对等式。然而,这些方法大多数是为室外环境而设计的,在这些室外环境中,用户主动通过其智能手机使用 LBS。因此,如果我们不能对这些方法进行重大的改进,它们就无法适用于物联网所带来的巨大变化。本文认为,其中主要的挑战有:①面对被动数据收集时有"被跟踪"的意识;②控制室内环境中的共享位置数据;③与物联网系统交互时的隐私保护协议。

(三)侧写

侧写的威胁来自设备对个人信息档案的收集和编辑,并通过与其他侧写和数据的相关性推断他人的兴趣爱好。侧写方法主要用于电子商务领域的个性化分析(例如,在推荐系统、时事通讯和广告之

---

① Path Intelligence. Pedestrian measurement, 2012. Available at: http://www.pathintelligence.com/ (Accessed: 2013 - 01 - 31); Nearbuy. Nearbuy micro location, 2013. Available at: http://bit.ly/14XgkE6 (Accessed: 2013 - 02 - 04).

② Chow C, Mokbel M. Privacy in location-based services: a system architecture perspective. Sigspatial Special 2009, 1 (2): 23 - 27.

中），以及基于客户人口统计和兴趣的内部优化。侧写导致的侵犯隐私的例子有价格歧视①、自动弹出的广告②、社会工程③或者错误的自动决定④，Facebook 自动检测性犯罪者的功能也是其中一个例子。⑤目前多个数据市场收集和销售他人侧写的行为被认为是一种隐私侵犯。这些例子表明侧写的威胁主要出现在传播阶段，对第三方，也对主体本身，以一种错误或歧视性决定的方式出现。物联网特征的演变主要有两方面的影响：一方面，随着越来越多的日常物品彼此联系起来，物联网的演变导致了数据源的爆炸。另一方面，数据收集呈现了爆炸式的增长，而这些数据收集也在质量上发生了变化，因为数据是从人们以前无法接近的私人生活中收集的。

此外，识别和跟踪的威胁日益加剧，从而使侧写威胁和数据销售业务成为可能。现有的隐私保护方法包括客户端个性化、数据干扰、模糊和匿名化、分布式⑥以及处理加密数据。⑦ 这些方法可能适用于物联网场景，但必须适用于通常的模型，这种模型假设有一个中央数

---

① Odlyzko A. Privacy, economics, and price discrimination on the internet. In Proceedings of the 5th International Conference on Electronic Commerce, ICEC'03. ACM: New York, NY, USA, 2003: 355 – 366, doi: 10.1145/948005.948051; Kwasniewski N. Apple-nutzer zahlen mehr für hotelzimmer, 2012. Availabe at: http://bit.ly/MRBTwT（Accessed: 2012 – 10 – 12）.

② Toch E, Wang Y, Cranor L F. Personalization and privacy: a survey of privacy risks and remedies in personalization-based systems. User Modeling and User-Adapted Interaction 2012, 22 (1): 203 – 220, doi: 10.1007/s11257 – 011 – 9110 – z.

③ Orgill GL, Romney GW, Bailey MG, Orgill PM. The urgency for effective user privacy-education to counter social engineering attacks on secure computer systems. In Proceedings of the 5th Conference on Information Technology Education, CITC5'04. ACM: New York, NY, USA, 2004: 177 – 181, doi: 10.1145/1029533.1029577.

④ Spiekermann S, Cranor L. Engineering privacy. IEEE Transactions on Software Engineering 2009, 35 (1): 67 – 82, doi: 10.1109/TSE.2008.88.

⑤ Menn Joseph. Social networks scan for sexual predators, with uneven results. Reuters, 2012. Available at: http://reut.rs/Nnejb7（Accessed 2013 – 02 – 07）.

⑥ 分布式计算是一门计算机科学，它研究如何把一个需要非常巨大的计算能力才能解决的问题分成许多小的部分，然后把这些部分分配给许多计算机进行处理，最后把这些计算结果综合起来得到最终的结果。

⑦ Spiekermann S, Cranor L. Engineering privacy. IEEE Transactions on Software Engineering 2009, 35 (1): 67 – 82, doi: 10.1109/TSE.2008.88; Kobsa A. Privacy-enhanced web personalization. In The Adaptive Web. Springer-Verlag: Berlin, Heidelberg, 2007: 628 – 670.

据库,并考虑到物联网中预期的许多分布式数据源。这就需要人们花费大量的努力来重新校准度量和重新设计算法,例如,最近关于分布式数据源的差分隐私(differential privacy,DP)的最新研究所显示的那样。① 毕竟,数据收集是物联网的核心承诺之一,也是实现物联网的主要驱动因素。因此,如何平衡侧写、数据分析的商业利益和用户的隐私需求之间的关系是我们面临的最大挑战。

(四) 侵犯隐私的交互和表示

这种威胁是指物联网设备通过公共媒体传递他人的私人信息,并在此过程中将这些私人信息向他人不想其获知的受众披露。这种情况可以被粗略地描绘成"肩窥"(shoulder surfing)②,但这是在现实环境中的肩窥。

许多物联网应用,例如智能零售、交通和医疗,都设想并要求与用户进行大量的交互。在这样的系统中,我们可以想象,信息将通过先进的照明装置、扬声器或视频屏幕等向使用环境中的智能设备的用户提供。反之,用户将以一种新的直观方式控制系统,使用周围的事物,移动、触摸和与智能物品对话。然而,其中许多交互和表示机制在本质上公开的;也就说,在它们附近的人都可以观察到它们的交互和表示。所以,当系统和用户之间交换隐私信息时,这种公开就对隐私构成了威胁。例如,在智慧城市中,一个人可能会想要问询如何到达一个特殊健康诊所,那么,物联网设备不应该在附近的公共显示器上显示这条路线,因为任何路人都可以看到这样的显示。另一个例子是在商店里反映个人利益的推荐,比如特定的减肥食品和药物,以及关于危险话题的电影或书籍。由于这些东西与交互和表示的机制紧密

---

① Rastogi V, Nath S. Differentially private aggregation of distributed time-series with transformation and encryption, Proceedings of the 2010 ACM SIGMOD International Conference on Management of Data, SIGMOD '10, New York, NY, USA, 2010: 735 – 746, doi: 10.1145/1807167.1807247.

② 肩窥(shoulder surfing),是指使用直接的观察技术,如通过某人的肩膀来查看,来获取信息。在计算机安全领域,肩窥(shoulder surfing),是指(站在别人身后)越过肩膀探看别人操作获取信息的做法。这种方式在填表、在 POS 机上输密码等人多拥挤的场合更为适用。

联系，所以侵犯隐私的交互和表示的威胁主要出现在我们参考模型的同名阶段。

由于这种先进的物联网服务还未出现，隐私侵犯的交互行为还没有得到学者们研究足够的重视。然而，交互机制对可靠的物联网系统至关重要，因此必须解决隐私威胁。

本文确定了两个必须解决的具体挑战：第一个挑战是，我们需要能够自动检测隐私敏感内容的方法。可以想象，我们可以在为用户提供内容和呈现内容时，可以由两个不同的系统分两步处理，例如，A公司为一家商店的顾客生成推荐的商品信息，然后通过B公司的系统，用特殊的提醒和语音功能，或者用智能手机的推送功能将这些商品推荐信息发送给顾客。那么我们如何在这两种交互机制之间进行选择？哪一种是公共的？哪一种是私有的？应该由A公司来标记隐私敏感内容还是应该由B公司来检测？若A公司对用户的隐私并不上心，那B公司应该如何保护自己免受A公司的影响？对隐私敏感内容的自动检测有助于解决这些问题。第二个挑战是，考虑到前面的观点，对范围的界定是必要的，也就是说，我们如何给公共展示媒体的展示范围做一个界定？或者是如何界定其特定的受众范围？这种方法对没有智能手机（或其他任何为交互或展示提供一种专用的私人通道的设备）的用户很有用。然而，我们很难准确地在一群目标群体中确定一个特殊的展示媒体要俘获的受众，并相应地调整受众范围。例如，如果目标用户在一组人当中时，我们如何确定这个目标用户呢？

用于保护隐私的普遍交互机制的应用程序包括智能商店和商场、智能城市和医疗应用程序。如果我们能提供人们在日常对话（即与同龄人的交流）中所期望的程度那样的隐私保护，那肯定是一项了不起的成就。

（五）生命周期转换

智能物品有其生命周期，在此过程中，当智能物品在其控制范围发生时泄露隐私信息，那么他人的隐私就将面临巨大的威胁。我们已经发现在使用过的相机或智能手机上经常出现有损隐私的照片和视频——在某些情况下,甚至在"新"设备上也发现了令人不安的数据。① 因为生命周期转换中的隐私侵犯主要是由收集和存储的信息造成的,所以这个威胁与我们参考模型的信息收集阶段有关。

物联网中的两个发展可能会因为智能物品的生命周期而加剧相关的隐私侵犯问题(如表2所示),第一个发展是,智能物品会与许多人、许多其他的物品、许多系统或服务交互,并将这些信息收集到产品历史日志中。在某些应用中,此类数据是高度敏感的,如医疗设备为家庭护理收集的健康数据。但是,收集简单的使用数据(例如,位置、持续时间、频率)也可以揭示很多关于人们生活方式的信息。今天,电视机、笔记本电脑或汽车的保修单上已经有详细的使用记录。第二个发展是,随着可更换的日常用品(如灯泡)变得越来越智能,这种物品进入和离开私人领域的数量越来越多,我们将越来越难以阻止我们日常使用信息的泄露。

尽管当今智能手机、相机和其他存储设备的生命周期转换中存在着明显的问题,但这一威胁还没有得到妥善的解决。大多数消费产品的生命周期仍然被建模为"买一次就永远拥有",解决方案还没有发展到超出总内存擦除(例如在出售手机之前我们先将手机完全格式化,删除前任使用者留下的所有记录)或物理破坏(例如在处理硬盘驱动器时我们对其进行损毁)的程度。然而,智能产品可以具有一个更加动态的生命周期,可以让我们自由地借用、交换、添加和处理它们。因此,我们需要一个灵活解决方案,这无疑会带来一些挑战:为了实现方便的隐私生命周期管理机制,我们需要自动检测智能设备的生命周期转换。例如,智能垃圾桶可以自动清除里面所有的私人信息,比如说,它可以清除智能药盒上的药物处方。然而,自动区分不同的生命周期转换并采取适当的行动将是困难的,例如在租借、销售或处置一个智能物品的时候。某些生命周期转换(例如借用智能设备)需要临时锁定原用户的隐私信息,例如生命体征监视器的读数。一旦设备返回到其原始所有者,他就可以解锁私有数据,并且可以继续无缝地使用这些设备。

---

① Woman finds disturbing nude photos on "new" smartphone, 2012. Available at: http://nbcnews.to/Qpqg0w(Accessed: 2012 - 10 - 12)。

（六）库存攻击

库存攻击是指未经授权收集有关他人物品存在和特征的相关信息。

物联网的一个发展特征是互相连接（如表1所示）。随着全IP和端对端视觉的实现，我们可以在互联网上查询智能物品。合法实体（例如系统的所有者或者授权用户）可以从任何地方查询智能物品，而非合法方可以查询并利用这一点来编译特定位置（例如家庭、办公大楼或工厂）的库存清单。即使智能程序能够区分合法查询和非法查询，一个关于它们的通信速度、反应时间和其他独特特性的指纹也可能被用来确定它们的类型和模型。随着无线通信技术的迅速发展，指纹攻击也可以被动地进行，例如，窃听者可以在受害者家附近进行窃听。由于库存攻击主要是通过增加物品的通信能力来实现的，所以库存攻击威胁出现在我们参考模型的信息收集阶段。新技术对这一威胁的影响尚不清楚。一方面，随着越来越多的不同事物变得智能化，我们期望物联网技术的多样化。多样化增加了指纹识别的攻击向量，正如Web浏览器的许多不同配置所观察到的那样。[1] 另一方面，在某个时间点上，我们期望建立某种交流和互动标准，以减少这种差异。

基于库存攻击的多种具体的隐私侵犯行为是我们可以想象得出的，这些侵犯行为很多已经在现实生活中发生过。第一，窃贼可以利用库存信息在私人住宅、办公室和工厂进行有针对性的入室盗窃，就像他们今天使用社交媒体监视潜在的受害者一样。[2] 请注意，一个全面的库存攻击也可以被用来详细地分析一个防盗系统，这种分析可以细化到每一个电子传感器。第二，执法部门和其他部门可以利用这次攻击进行（未经授权的）搜查。第三，私人信息是通过他人拥有特定的东西而披露的，如私人爱好（如书籍、电影和音乐）或健康

---

[1] Eckersley P. How unique is your web browser? In Proceedings of the 10th International Conference on Privacy Enhancing Technologies, PETS' 10. Springer Verlag: Berlin, Heidelberg, 2010: 1 - 18.

[2] Bloxham A. Most burglars using Facebook and Twitter to target victims, survey suggests. The Telegraph, 2011. Available at: http://bit.ly/pOL8MX (Accessed: 2013 - 02 - 07).

（如药物和医疗器械）。第四，Mattern[①]指出，库存攻击可以作为工业间谍活动的一种补充。

Radomirovic[②]和 Van Deursen[③]已经认识到在 RFID 环境下指纹分析的危险。然而，RFID 的使用存在一个问题，那就是只能在一个十分局限的范围内使用 RFID，因为 REID 标签只能在一个距离较小的范围内被读取，查询行为主要限制在读取标签的标识符。正如本文前面所分析的，随着无线通信、端对端连接和复杂性查询的发展，攻击向量大大增加，这些问题在物联网的发展中将变得更加严重。为了阻止物联网中的库存攻击，本文确定了以下两个技术挑战：一是智能物品必须能够验证其查询结果，即证明其查询结果是真实的，并且只能回答合法方的查询，这种做法是通过查询来阻止主动的库存攻击。轻量级安全性的研究为在有限资源环境下的查询验证提供了有用的方法。二是需要确保对指纹识别具有鲁棒性[④]的机制，这样才能防止基于智能物品通信指纹的被动库存攻击。毫无疑问，库存攻击是难以反击的。使用隐私增强技术虽然是为了保护隐私，但实际上可以使指纹识别（在不了解隐私的群体中）变得更加容易，这是目前最可行但明显次优的解决方案。[⑤] 然而，一个能够全面披露所有者财产信息的物联网系统不太可能获得认可。

[①] Mattern F, Floerkemeier C. From the internet of computers to the internet of things. In From Active Data Management to Event-Based Systems and More, Sachs K, Petrov I, Guerrero P (eds). Springer-Verlag: Berlin, Heidelberg, 2010: 242-259.

[②] Radomirovic S. Towards a model for security and privacy in the internet of things, 1st International Workshop on the Security of the Internet of Things, Tokyo, Japan, 2010: 1-487.

[③] van Deursen T. 50 ways to break RFID privacy. In Privacy and Identity Management for Life, vol. 352, IFIP Advances in Information and Communication Technology. Springer: Boston, 2011: 192-205, doi: 10.1007/978-3-642-20769-3 16.

[④] 鲁棒性（robustness），鲁棒是指 Robust 的音译，也就是健壮和强壮的意思。它是在异常和危险情况下系统生存的关键。所谓"鲁棒性"，是指控制系统在一定（结构，大小）的参数摄动下，维持其他某些性能的特性。根据对性能的不同定义，可分为稳定鲁棒性和性能鲁棒性。比如说，计算机软件在输入错误、磁盘故障、网络过载或有意攻击情况下，能否不死机、不崩溃，就是该软件的鲁棒性。

[⑤] Solove D. A taxonomy of privacy. University of Pennsylvania Law Review 2006, 154 (3): 477-560; Spiekermann S, Cranor L. Engineering privacy. IEEE Transactions on Software Engineering 2009, 35 (1): 67-82, doi: 10.1109/TSE. 2008. 88.

(七) 连接

这种威胁在于将先前分离的不同的系统连接起来，这样的情况下，数据源的组合会显示（真实或错误的）信息，而主体不会向先前分离的源透露这些信息，最重要的是，也不想透露这些信息。当在不同背景和不同权限下，从不同方收集的数据组合在一起时，用户会担心其对这些数据的真实与否失去判断和不知道这些数据的产生背景。① 绕过隐私保护机制也可能导致隐私侵犯，因为当系统协作合并数据源时，未经授权的访问和隐私信息泄漏的风险会增加。通过数据源和系统的链接侵犯隐私的第三个例子是重新识别匿名数据的风险增加。保护隐私的一种常见方法是只对匿名数据进行处理，但是将不同的匿名数据集组合起来的行为通常可以通过不可预见的效果来重新标识。② 实例表明，连接的威胁主要出现在信息传播阶段（如图2所示）。

来自连接不同系统和信息源的威胁并不完全是新的。我们已经可以在在线社交网络（OSN）和集成的第三方应用程序领域中观察到这些威胁。然而，这只涉及两方（即OSN和应用程序），而物联网预计将提供依赖于许多同等系统的交互和协作的服务。通过与社会网络的混搭来管理未来物联网系统中的大量事物及其相互连接，将进一步增加连接威胁。

有两个原因使得连接的威胁会在物联网的发展中加剧，第一个原

---

① Barbaro M, Zeller T. A face is exposed for AOL searcher no. 4417749. New York Times, 2006. Available at: http://nyti.ms/H6vd2 (Accessed 2012 – 10 – 12); Narayanan A, Shmatikov V. Myths and fallacies of "personally identifiable information". Communications of the ACM 2010, 53: 24 – 26, doi: 10.1145/1743546.1743558; El Emam K, Jonker E, Arbuckle L, Malin B. A systematic review of re-identification attacks on health data. PLoS ONE 2011; 6 (12), doi: 10.1371/journal.pone.0028071.

② Kranz M, Roalter L, Michahelles F. Things that twitter: social networks and the internet of things. In What can the Internet of Things do for the Citizen (CIoT) Workshop at The Eighth International Conference on Pervasive Computing (Pervasive 2010), 2010; Atzori L, Iera A, Morabito G, Nitti M. The Social Internet of Things (SIoT) -When social networks meet the Internet of Things: Concept, architecture and network characterization. Computer Networks 2012, 56 (16): 3594 – 3608.

因是，水平集成最终将连接来自不同公司和制造商的系统，形成一个异构的分布式系统体系，提供单一系统无法单独提供的新服务。成功的合作首先需要不同的各方之间能够灵活地交换数据和控制。然而，由于水平集成比垂直集成具有更多的本地数据流特性，因此它可以提供一种方法来增强隐私保护。第二个原因是，系统之间的连接将使物联网中的数据收集变得更加不透明，甚至比智能设备预计的被动和非侵入性数据收集的透明度还要低。

本文确定了隐私增强系统的三个技术挑战：一是用户是否接受这个系统，在这个系统与谁共享哪些信息至关重要。二是权限模型和访问控制必须适应在链接系统中协作的多个涉众。三是数据匿名化技术必须在关联系统上工作，并且对许多不同数据集的组合具有鲁棒性。例如，如何将差异隐私之类的概念适合于这样的多涉众、多系统的场景将是一件非常有趣的挑战。

五、结语

本文激发了对物联网中隐私威胁和挑战进行详细分析的需求。本文将这个复杂的主题分解为以下四个步骤：

第一步，本文通过简洁地构建我们的隐私概念和应用参考模型，为讨论物联网中的隐私提供了一个正式的基础。简要回顾一下相关的隐私立法，可以发现明显的不足之处，并进一步激发对隐私威胁进行详细评估的必要性。

第二步，我们承认物联网在不断地发展，而这种发展不能被简单地归结为它依赖的技术的总和，在这里，本文对不断发展的技术及其特性的讨论为物联网的过去、现在和未来的发展提供了一个一般的、以隐私为重点的视角。

第三步，我们将现有的隐私威胁归纳为七类，并结合物联网的发展对其进行了回顾。识别、跟踪和侧写是众所周知的威胁，正如本文所论述的，物联网将大大加剧这些威胁。侵犯隐私的交互和表示、生命周期转换、库存攻击和连接这四种威胁在物联网发展的后期出现。它们在一定程度上代表了新威胁，这些威胁只在相关工作中得到了解决，但就物联网的预测发展而言，它们可能变得非常危险。在我们的参考模型中，威胁的排列提供了一个清晰的概念，即从理论上来说，威胁会出现在哪里，以及在哪里接近它们。

第四步，本文在每一种威胁的背景下讨论技术上会面临的挑战，希望为未来的研究提供明确的方向。

本文认为，侧写是最严重的威胁之一。通过分析显示，其他威胁，如身份识别或跟踪，每一个都挑起不同的、十分具体的隐私侵犯行为，并通过提供更多可连接的数据来增加其危险性。与此同时，严重依赖于侧写的商业模型获得了巨大的成功，因此，大数据的趋势是在物联网对细粒度和无处不在的数据收集的核心承诺的推动下继续发展。在这方面，我们的挑战在于为物联网设计隐私感知解决方案，以平衡商业利益和客户的隐私需求。

本文认为，在交互和表示阶段的隐私侵犯是未来一个重要的威胁，因为与智能事物和系统相对应的交互机制正在发展，而且这些对于物联网有相当独特的意义。因此，到目前为止，这些威胁所涉及的技术挑战在相关的工作中很少受到重视，我们需要使用技术性的新方法，以及对隐私问题有一定的预见性和敏感性。本文的目标是设计技术解决方案，让用户能够以多种方式与物联网系统交互，同时，我们也要提供隐私保护，这种隐私保护的基础应该要类似于人们在现实情况下对隐私的直观理解。

本文强调了两个核心思想，因为我们的工作试图为人们迎来一个有隐私意识的物联网。第一个核心思想是，物联网正在不断地发展，隐私保护也将是一个持久的挑战，人们必须要有面对的勇气以及必要的远见。第二个核心思想是，一个美好的结果需要各方协调的工作，以此来提供一些由相应的法律框架所支持的技术解决方案。

物联网当中的安全、隐私和信任：路在何方

萨布丽娜·西卡里[1]　亚历山德拉·里扎尔迪[2]
路易吉·阿弗里多·格雷科[3]
阿尔贝托·科恩·帕瑞思尼[4]　著
徐若楠[5]　译

目　次

一、导论
二、物联网安全要求：身份验证、保密性和访问控制
三、物联网隐私
四、物联网信任
五、物联网策略执行
六、物联网安全中间件
七、物联网移动安全
八、正在进行的项目
九、结语

---

[1] 萨布丽娜·西卡里（Sabrina Sicari），意大利英苏布里亚大学助理教授，软件工程专业。
[2] 亚历山德拉·里扎尔迪（Alessandra Rizzardi），意大利英苏布里亚大学在读博士，软件工程专业。
[3] 路易吉·阿弗里多·格雷科（Klaus Wehrle），电气和电子工程师协会（IEEE）车辆技术会刊编辑、新兴电信技术会刊执行主编。
[4] 阿尔贝托·科恩·帕瑞思尼（Alberto Coen Porisini），意大利英苏布里亚大学教授，软件工程专业。
[5] 徐若楠，中山大学法学院助教。

一、导论

在过去的 10 年里,由于无线通信系统(如 RFID、Wi-Fi、4G、IEEE 802.15.x)等技术在重要智能监控应用中的驱动作用日益增强,物联网逐渐悄无声息地走进我们的生活。①②③

如今,物联网的概念是多方面的,它包含许多不同的技术,服务和标准。并且人们普遍认为,至少在未来 10 年,物联网在信息及通信技术(ICT)市场中扮演至关重要的角色。④⑤⑥

在逻辑层面,我们可以将物联网系统描述为一组智能设备,它们在协作的基础上进行交互,从而实现一个共同的目标。在技术层面,物联网部署可以根据不同目标采用相对应不同的处理和通信体系结构、技术和设计方法。

例如,相同的物联网系统可以利用无线传感器网络(WSN)和一组智能手机的功能,前者收集特定区域的环境信息,后者在智能手机上运行监测应用程序。在中间,可以使用标准化的或专有的中间件来简化对虚拟化资源和服务的访问。反过来,中间件可以使用云技术、集中式覆盖或对等系统来实现。⑦

当然,物联网系统的这种高度的异构性,再加上广泛规模,预计将加剧当前互联网造成的安全威胁。目前,互联网正越来越多地用于

---

① L. Atzori, A. Iera, G. Morabito, The internet of things: a survey, Comput. Netw. 54 (15) (2010) 2787-2805.

② D. Miorandi, S. Sicari, F. De Pellegrini, I. Chlamtac, Survey internet of things: vision, applications and research challenges, Ad Hoc Netw. 10 (7) (2012) 1497-1516.

③ M. Palattella, N. Accettura, X. Vilajosana, T. Watteyne, L. Grieco, G. Boggia, M. Dohler, Standardized protocol stack for the internet of (important) things, IEEE Commun. Surv. Tutorials 15 (3) (2013) 1389-1406.

④ B. Emmerson, M2M: the internet of 50 billion devices, Huawei Win-Win Mag. J. (4) (2010) 19-22.

⑤ D. Boswarthick, O. Elloumi, O. Hersent, M2M Communications: A Systems Approach, first ed., Wiley Publishing, 2012.

⑥ O. Hersent, D. Boswarthick, O. Elloumi, The Internet of Things: Key Applications and Protocols, second ed., Wiley Publishing, 2012.

⑦ L.A. Grieco, M.B. Alaya, T. Monteil, K.K. Drira, Architecting information centric ETSI-M2M systems, in: IEEE PerCom, 2014.

让人类、机器和机器人以各种方式进行交互。更具体地说，由于计算能力有限，传统的安全对策和隐私执法无法直接应用于物联网技术。此外，互联设备的大量存在也带来了可伸缩性问题。为了让用户完全接受和信任物联网设备，必须重新确立适合物联网应用环境下的有效安全、隐私和信任模型。[1]

在安全性方面，物联网设备需要保证数据的匿名性、保密性和完整性，以及认证和授权机制，防止未经授权的用户（包括人和设备）访问系统。然而，关于隐私要求，必须确保数据保护和用户个人信息保密性，因为设备可以管理敏感信息。最后，信任是一个基本问题，因为物联网运作的特点是不同的设备必须按照用户的需求和权利来处理数据。

需要注意的是，适应和自我修复在物联网基础设施中起着关键作用，这些基础设施必须能够面对目标环境的正常和意外变化。因此，隐私和安全问题应该按照注释中的两篇参考文献[2][3]中所提倡的高度灵活性来处理。正如注释参考文献[4]所强调的那样，除了传统的安全解决方案外，还需要在设备本身（即嵌入式）中进行动态预防、检测、诊断、隔离以及针对成功入侵提供对策。

本文针对物联网领域的安全、隐私和信任分析了与其最相关的可行解决方案（即完整性、保密性、身份验证）。我们还关注了有关移动设备安全中间件和安全解决方案的建议，以及这方面的正在进行的国际项目。

我们分析物联网安全的主要问题如图 1 所示。

其他调查涉及与物联网范例相关的问题可详见以下 7 种参考文献：

---

[1] R. H. Weber, Internet of things—new security and privacy challenges, Comput. Law Secur. Rev. 26（1）（2010）23 – 30.

[2] L. A. Grieco, M. B. Alaya, T. Monteil, K. K. Drira, Architecting information centric ETSI-M2M systems, in：IEEE PerCom, 2014.

[3] R. H. Weber, Internet of things—new security and privacy challenges, Comput. Law Secur. Rev. 26（1）（2010）23 – 30.

[4] H. Feng, W. Fu, Study of recent development about privacy and security of the internet of things, in：2010 International Conference on Web Information Systems and Mining（WISM），Sanya, 2010, pp. 91 – 95.

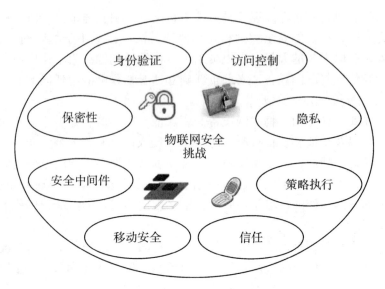

图 1　物联网安全主要问题

[1] L Atzori, A Iera, G Morabito, The internet of things: a survey, Comput. Netw, 2010, 54 (15): 2787-2805.

此文从应用的角度分析了物联网支持技术和现有的中间设备，并提出了安全性和隐私公开问题以及标准化、寻址和联网问题。

[2] R H Weber, Internet of things—new security and privacy challenges, Comput. Law Secur. Rev, 2010, 26 (1): 23-30.

此文仅从立法角度考虑安全和隐私方面的挑战，特别关注欧洲委员会的指示。

[3] D Miorandi, S Sicari, F De Pellegrini, I Chlamtac, Survey internet of things: vision, applications and research challenges, Ad Hoc Netw, 2012, 10 (7): 1497-1516.

此文讨论了主要的研究背景（即影响领域、项目和标准化活动）和物联网的挑战，还涉及数据机密性、隐私和安全需求方面的信任问题。

[4] M C Domingo, An overview of the internet of underwater things, J. Network Comput, 2012, Appl. 35 (6): 1879-1890.

此文主要关注水下物联网设备，对安全问题涉及较少。

[5] R Roman, J Zhou, J Lopez, On the features and challenges of security and privacy in distributed internet of things, Comput. Networks, 2013, 57 (10): 2266 - 2279.

此文通过分析物联网的主要攻击模型和威胁,考察了集中式和分布式架构在安全和隐私方面的优缺点。

[6] J Gubbi, R Buyya, S Marusic, M Palaniswami, Internet of Things (IoT): a vision, architectural elements, and future directions, Future Gener. Comput. Syst, 2013, 29 (7): 1645 - 1660.

此文概述了物联网的各个方面,如涉及的技术、应用程序、云平台、体系结构、能源消耗和安全问题、服务质量和数据挖掘的影响。

[7] Z Yan, P Zhang, A V Vasilakos, A survey on trust management for internet of things, J. Network Comput 2014, Appl. 42 (0): 120 - 134.

此文只关注物联网中信任管理的具体问题。

表1中将本文的贡献与前面提到的调查进行了比较:本文显然包含了与安全相关的所有方面,当然还包括关于这个主题的最新参考文献。

表1 关于物联网安全问题的文献调查比较

	[1]	[2]	[3]	[4]	[5]	[6]	[7]	本文
安全	是	否	是	是	是	是	否	是
隐私	是	是	是	否	是	是	否	是
信任	否	是	是	否	是	是	是	是
中间设备	是	否	否	否	否	否	否	是
移动	否	否	否	否	否	否	否	是
项目	否	否	是	否	否	否	否	是

二、物联网安全要求:身份验证、保密性和访问控制

本节深入分析三个关键的用户安全需求:身份验证、保密性和访问控制,尤其关注物联网系统。物联网实际上能够使物品和用户之间

不断地传输和共享数据,实现特定的目标。在这样的共享环境中,身份验证、授权、访问控制和不可否认性对于确保安全通信非常重要。在这样的情况下,物联网设备缺乏计算资源(即处理能力、存储)和网络的特性要求将现有技术应用于这种新环境中。本节将对这一领域的开创性贡献以及对值得进一步调查的开放性问题进行一并说明。[1]

(一) 身份验证和保密性

在身份验证方面,参考文献[2]中提出的方法利用了自定义封装机制,即智能业务安全物联网应用协议 – 智能服务安全应用协议。它将跨平台通信与加密、签名和身份验证相结合,通过在不同的物品之间建立一个安全的通信系统来提高许多应用程序的开发能力。

在参考文献[3]中,基于现有的互联网标准,引入了第一个完全实现的物联网双向认证安全方案,具体来说就是数据报传输层安全协议(DTLS),该协议位于传输层和应用层之间。该方案基于 RSA 加密算法,针对 IPv6 低功耗无线个人局域网[4](6 lowpan)进行设计。基于真实物联网系统的广泛评估表明,这种架构可提供足够的负担能源,端到端延迟和内存开销,从而保障消息的完整性、机密性和真实性。

关于保密性和完整性,在参考文献[5]中分析了如何将现有的密钥管理系统应用于物联网环境。密钥管理系统(KMS)协议可以分为四大类:密钥池框架、数学框架、协商框架和公钥框架。在该文章

---

[1] R. Roman, J. Zhou, J. Lopez, On the features and challenges of security and privacy in distributed internet of things, Comput. Networks 57 (10) (2013) 2266 – 2279.

[2] Y. Zhao, Research on data security technology in internet of things, in: 2013 2nd International Conference on Mechatronics and Control Engineering, ICMCE 2013, Dalian, China, 2013, pp. 1752 – 1755.

[3] T. Kothmayr, C. Schmitt, W. Hu, M. Brunig, G. Carle, Dtls based security and two-way authentication for the internet of things, Ad Hoc Netw. 11 (8) (2013) 2710 – 2723.

[4] M. Palattella, N. Accettura, X. Vilajosana, T. Watteyne, L. Grieco, G. Boggia, M. Dohler, Standardized protocol stack for the internet of (important) things, IEEE Commun. Surv. Tutorials 15 (3) (2013) 1389 – 1406.

[5] R. Roman, C. Alcaraz, J. Lopez, N. Sklavos, Key management systems for sensor networks in the context of the internet of things, Comput. Electrical Eng. 37 (2) (2011) 147 – 159.

中,作者认为大多数密钥管理系统协议都不适合物联网。事实上,关键池存在连接不足的问题,数学模型利用有关知识来优化数据结构的构建,但由于在物联网中,客户端和服务器节点通常位于不同的物理位置,这种方法不能用于物联网。基于组合的密钥管理系统协议同时具有连通性和可扩展性/认证,客户端和服务器之间可以利用无线信道和其固有的特性来确定共同密钥,然而,这种方法无法在物联网适用,因为客户端和服务器节点通常属于不同的网络,他们应该通过互联网路由信息,才能够互相交谈。因此,可能适用于某些物联网场景的密钥管理系统协议是 Blom[1] 和多项式模式[2],与公钥密码术(PKC)操作(即公钥框架)相比,其计算开销非常低。但是,为了管理设备认证和面对中间人攻击,需要采取多种应对措施。例如,参考文献[3][4]中提出了一个基于公钥基础设施(PKI)的物联网框架。

为了解决适用物联网领域的问题,也有人提出过一种更实用的方法,如参考文献[5]中提出了一种带有签名加密方案的传输模型,它通过对象命名服务(ONS)查询来解决物联网安全要求(即匿名,可信和抗攻击)。Root-ONS 可以通过可信身份验证服务器(trusted authentication server,TAS)对本地 ONS 服务器(local ONS,L-ONS)的用户身份和平台可信性进行验证,并且可信身份验证服务器会向经过验证本地 ONS 服务器提供一个临时证书,该证书可以在经过验证的时间内多次使用该证书申请查询服务。具有匿名身份验证的安全 ONS 查询服务只向授权的和受信任的 L-ONS 提供凭据,防止非法

---

[1] W. Du, J. Deng, Y. Han, P. Varshney, J. Katz, A. Khalili, A pairwise key pre-distribution scheme for wireless sensor networks, ACM Trans. Inf. Syst. Secur. (TISSEC) 8 (2) (2005) 228 – 258.

[2] D. Liu, P. Ning, Establishing pairwise keys in distributed sensor networks, in: CCS '03 Proceedings of the 10th ACM Conference on Computer and Communications Security, Washington, DC, USA, 2003, pp. 52 – 61.

[3] H. Pranata, R. Athauda, G. Skinner, Securing and governing access in ad-hoc networks of internet of things, in: Proceedings of the IASTED International Conference on Engineering and Applied Science, EAS 2012, Colombo, Sri Lanka, 2012, pp. 84 – 90.

[4] H. Ning, A security framework for the internet of things based on public key infrastructure, Adv. Mater. Res. 671 – 674 (2013) 3223 – 3226.

[5] Z.-Q. Wu, Y.-W. Zhou, J.-F. Ma, A security transmission model for internet of things, Jisuanji Xuebao/Chin. J. Comput. 34 (8) (2011) 1351 – 1364.

ONS 从物联网设备中查询信息。在传输过程中,设备的远程信息服务器(remote information server of things, R-TIS)使用路由节点的公钥将设备的信息封装成多个加密层。加密的数据在每个路由节点上解密,直到本地信息服务器(L-TIS)接收到纯文本。同时,节点可以在传输过程中检查接收数据的完整性和路由路径的可信性。由于采用逐条加密或解密行为,这种传输模型的抗攻击能力非常弱。

就像参考文献①中所言,似乎现在还缺少一个专门能够在物联网环境下中保证保密性且适用良好的解决方案。值得注意的是,在无线传感网络(WSN)领域已经有了很大进展②,但是也出现了以下几个问题:①考虑到所涉及物联网设备的异构性和不同的应用环境,无线传感网络方案是否适合物联网环境?②如何进行身份验证以及在哪个网络层进行?③重用传统的安全机制(例如加密算法)是否可行,或者从新的解决方案开始更好?④如何处理不同的密钥?⑤哪种密钥分配机制最合适?⑥如何确保端到端完整性验证机制,使系统更能抵御恶意攻击?

最近物联网的研究开始解决这些问题。例如,在参考文献③中提出了一种物联网认证协议,采用基于逻辑异或(XOR)操作的轻量级加密方法进行防伪和隐私保护,应对受限的物联网设备。

从无线传感器网络的情况出发,参考文献④提出了一种适用于异构无线传感器网络的用户认证和密钥协议方案。这种方案允许远程用户使用精益密钥协议与传感器节点安全地协商会话密钥。通过这种方式,它确保了用户、传感器节点和网关节点(GWN)之间的相互认

---

① G. Piro, G. Boggia, L. A. Grieco, A standard compliant security framework for ieee 802.15.4 networks, in: Proc. of IEEE World Forum on Internet of Things (WF-IoT), Seoul, South Korea, 2014, pp. 27–30.

② I. Akyildiz, W. Su, Y. Sankarasubramaniam, E. Cayirci, A survey on sensor networks, IEEE Commun. Mag. 40 (8) (2002) 102–114.

③ J.-Y. Lee, W.-C. Lin, Y.-H. Huang, A lightweight authentication protocol for internet of things, in: 2014 International Symposium on Next-Generation Electronics, ISNE 2014, Kwei-Shan, 2014, pp. 1–2.

④ M. Turkanovi, B. Brumen, M. Hlbl, A novel user authentication and key agreement scheme for heterogeneous ad hoc wireless sensor networks, based on the internet of things notion, Ad Hoc Netw. 20 (2014) 96–112.

证,尽管用户本身从来没有联系过网关节点。如参考文献①所述,为了将这种方案应用于资源受限的体系结构,它只使用简单的散列和XOR计算。

在参考文献②中展示的身份验证和访问控制方法旨在建立会话密钥的基础上椭圆曲线密码(ECC),另一个轻量级加密机制。该方案建立了基于属性的访问控制策略,由属性权限管理,增强了用户与传感器节点之间的相互认证,解决了批量应用级的资源约束问题。

这些初步的答案专门针对普遍环境中的轻量级密码,部分解决了上述问题,但还需要做出进一步的努力,补充这些精益机制,提供用于身份验证的标准化协议和权威机构的明确定义,从而确保物联网基础设施中预期的保密性。

(二)访问控制

访问控制是指在广泛的物联网网络中,分配给不同参与者的资源使用权限。在参考文献③中确定了两个主题:数据持有者和数据收集器。用户和设备作为数据持有者,必须能够仅向数据收集器提供关于特定目标的数据。与此同时,数据收集器必须能够将用户和事物标识为合法的数据持有者,并对其进行身份验证,以便从中收集信息。

在物联网中,我们还必须处理流数据,而不是像传统数据库系统那样处理离散数据。在此问题中,主要的关键问题是性能和时间约束,因为数据流的访问控制比传统 DBMS(数据库管理系统)中的计算量更大。事实上,查询必须直接在传入流上执行,而传入流可以由大量数据组成,这些数据可能将以不可预测的速度传输。有几篇文章都涉及这方面的问题。

---

① J.-Y. Lee, W.-C. Lin, Y.-H. Huang, A lightweight authentication protocol for internet of things, in: 2014 International Symposium on Next-Generation Electronics, ISNE 2014, Kwei-Shan, 2014, pp. 1–2.

② N. Ye, Y. Zhu, R.-C. b. Wang, R. Malekian, Q.-M. Lin, An efficient authentication and access control scheme for perception layer of internet of things, Appl. Math. Inf. Sci. 8 (4) (2014) 1617–1624.

③ A. Alcaide, E. Palomar, J. Montero-Castillo, A. Ribagorda, Anonymous authentication for privacy-preserving iot target-driven applications, Comput. Secur. 37 (2013) 111–123.

在参考文献①中，关注的重点是直接负责数据采集层。在这样一个层中，根据隐私和安全级别，需要大量节点为授权用户检测各种不同的数据类型。因此，该文章提出了该层的分层访问控制方案。该方案考虑了节点有限的计算和存储能力，实际上只给每个用户和节点一个密钥，其他必要的密钥是使用确定性密钥派生算法派生的，因此为物联网提高了安全性（因为密钥交换是有限的），并降低了大量节点存储成本。

考虑在一些紧急情况（例如发生事故，或需要医疗救助）下，用户的位置是可以被获取的，然而，在正常情况下，用户的位置信息是保密的。参考文献②中展示了一种基于身份识别的系统，用于紧急情况下的个人定位，它包括：注册、用户身份验证、策略和客户机子系统。系统通过用户身份验证子系统确认用户身份，通过策略子系统获取突发事件级别。然后，它可以确保用户的位置信息只能由某些授权用户访问，而且只能在需要时访问。

在参考文献③中，作者从一个名为 Nile 的数据流原型查询处理引擎出发，构建了一个安全体系结构，它的目标是确保数据完整性和保密性。④ 这种机制基于 FT-RC4 算法，它是 RC4 算法的扩展，代表了一种流密码加密方案，克服了由于去同步问题而导致解密失败的可能性。为了提高 DBMS 的性能和可伸缩性，下脚注参考文献⑤将重点放在数据流上的窗口连接的共享处理上。

---

① J. Ma, Y. Guo, J. Ma, J. Xiong, T. Zhang, A hierarchical access control scheme for perceptual layer of iot, Jisuanji Yanjiu yu Fazhan/ Comput. Res. Dev. 50 (6) (2013) 1267 – 1275.

② C. Hu, J. Zhang, Q. Wen, An identity-based personal location system with protected privacy in IoT, in: Proceedings-2011 4th IEEE International Conference on Broadband Network and Multimedia Technology, IC-BNMT 2011, Shenzhen, China, 2011, pp. 192 – 195.

③ M. Ali, M. ElTabakh, C. Nita-Rotaru, FT-RC4: A Robust Security Mechanism for Data Stream Systems, Tech. Rep. TR – 05 – 024, Purdue University (November 2005).

④ M. A. Hammad, M. J. Franklin, W. Aref, A. K. Elmagarmid, Scheduling for shared window joins over data streams, in: Proceedings of the 29th International Conference on Very Large Data Bases, VLDB '03, Berlin, Germany, 2003, pp. 297 – 308.

⑤ M. A. Hammad, M. J. Franklin, W. Aref, A. K. Elmagarmid, Scheduling for shared window joins over data streams, in: Proceedings of the 29th International Conference on Very Large Data Bases, VLDB '03, Berlin, Germany, 2003, pp. 297 – 308.

在两篇参考文献①②中提到了一种解决外包数据流认证问题的方法，这种方法主要运用 CADS（对数据流进行连续认证）。在这种情况下，假设存在一个服务提供者，它收集来自一个或多个数据所有者的数据，以及身份验证信息，同时处理来自许多客户机的查询。服务提供者将查询结果以及验证信息返回给客户端，从而保证客户端能够基于数据所有者提供的验证信息检验所接收结果的真实性和完整性。

参考文献③还关注数据外包。特别是，由于存在大量的流数据，公司可能无法获得部署数据流管理系统（DSMS）所需的资源。因此，他们可以外包流存储并将其处理委托给具有强大部署数据流管理系统基础设施的专业第三方。自然而然在这个过程中就产生了信任问题：第三方可能会恶意增加利润。对于此问题的解决方案是采用流身份验证的方法，使客户机能够检验从服务器接收到的流结果的完整性和新鲜度。这种解决方案必须对所有相关方（如 WSN 应用程序）都非常轻量级。该文章将流表示为线性代数查询，它能够通过哈希操作、模块加法或乘法和密码安全函数对动态向量和点积以及动态矩阵乘积进行身份验证。这种技术可能非常适合物联网设备，因为物联网设备在能源消耗、计算和存储方面存在资源约束。

参考文献④还提出了一种半分布式方法。更详细地说，在该文章中提出了一个安全框架和访问控制模型来保护所谓的 DSMSs，它扩展

---

① S. Papadopoulos, Y. Yang, D. Papadias, Cads: continuous authentication on data streams, in: Proceedings of the 33rd International Conference on Very Large Data Bases, VLDB'07, Vienna, Austria, 2007, pp. 135 – 146.

② S. Papadopoulos, Y. Yang, D. Papadias, Continuous authentication on relational data streams, VLDB J. 19（1）（2010）161 – 180.

③ S. Papadopoulos, G. Cormode, A. Deligiannakis, M. Garofalakis, Lightweight authentication of linear algebraic queries on data streams, in: Proceedings of the 2013 ACM SIGMOD International Conference on Management of Data, SIGMOD'13, New York, USA, 2013, pp. 881 – 892.

④ W. Lindner, J. Meier, User interactive internet of things privacy preserved access control, in: 10th International Database Engineering and Applications Symposium, 2006, IDEAS'06, Delhi, 2006, pp. 137 – 147.

了具有安全需求的 Borealis 数据流引擎。[1] 该框架使用了一个名为 OxRBAC 的自定义扩展版本的 RBAC（基于角色的访问控制）。[2] 用户必须通过登录流程来证明自己的身份，从而创建一个会话，并为用户创建一个角色来执行授权的任务。因此，通过分析这对用户会话来检查授权。正是系统本身为每个用户提供了访问设备的权限，因此用户只能看到允许他们查看的设备的目录。由于可能有许多输出流，系统会过滤元组，从而只向用户提供允许访问的结果。这种方法不考虑对数据流采用任何加密算法。注意，此框架使用单个节点系统，而不是完全分布式的数据流引擎。显然，分布式方法会产生新的问题：输出流可能位于不同的节点上，必须在不冲突的情况下管理当前使用 id 唯一标识和过滤元组的情况。

然而，参考文献[3][4]利用元数据来保证流中元组的安全性。在第一篇中，作者提出了一种以流为中心的方法，其中安全约束直接嵌入数据流中，而不是存储在 DSMS 服务器上。更详细地说，安全元数据元组与流中的数据元组交织，可以减少开销。在这篇文章中，没有创建新的访问控制模型，而是建立了一种适用于流数据、利用查询处理的执行机制。注意，RBAC、DAC（自由访问控制）或 MAC（强制访问控制）都可以在这样的解决方案中进行编码。在此文中，数据流上的策略由拥有自己生成数据流的设备的用户声明。这使得用户能够指定 DSMS 如何访问他/她的个人信息（即地点、健康状况……）。

在第二篇中，作者提出了一种扩展方法，它使用称为流标记的元数据丰富数据流。通过这种方式，用户可以自由编辑词汇向报告的事件添加信息。此方式支持各种形式的标记，因此用户可以标记流、元

---

[1] D. J. Abadi, Y. Ahmad, M. Balazinska, M. Cherniack, J. Hwang, W. Lindner, A. S. Maskey, E. Rasin, E. Ryvkina, N. Tatbul, Y. Xing, S. Zdonik, The design of the borealis stream processing engine, in: CIDR, 2005, pp. 277–289.

[2] R. S. Sandhu, E. J. Coyne, H. L. Feinstein, C. E. Youman, Role-based access control models, Computer 29 (2) (1996) 38–47.

[3] R. Nehme, E. Rundesteiner, E. Bertino, A security punctuation framework for enforcing access control on streaming data, in: Proceedings of the 24th International Conference on Data Engineering, ICDE '08, Cancun, Mexico, 2008, pp. 406–415.

[4] R. Nehme, E. Rundesteiner, E. Bertino, Tagging stream data for rich real-time services, Proc. VLDB Endowment 2 (1) (2009) 73–84.

组、属性或特定的数据值。此文章创建了一种合适的、新颖的标签查询语言，实现并测试了一个基于 CAPE 引擎[1]的框架，但测评结果表明，该解决方案可能存在一些开销和内存问题。

参考文献[2]中基于 Aurora 数据模型，对下脚注参考文献[3]中提供的关于流数据访问控制的解决方案进行了改善。该框架支持两种类型的用户权利，即读取和收集，以及两种时间约束，即 general 和 window。研究对象（即用户）是根据基于角色的方法指定的，因此权限是与角色关联的，而不是直接与研究对象关联的，就像在 RDBMS（关系数据库管理系统）中一样。RDBMS 提出的另一个概念是为管理研究对象而创造一种独立于语言的表示，类似于视图概念，从而可以对物联网应用程序要求的高粒度级别进行建模。查询被注册到流引擎中，并在传入的元组上持续执行。每当用户提交查询时，一个称为查询重写器的特定组件将检查授权目录（其中指定了权限），验证是否可以部分或全部执行查询，还是应该拒绝查询。对于部分授权的查询，将以只包含授权数据的方式重写它以供用户查询。为了支持查询重写任务，文章中创建了一组安全操作符，它从相应的非安全操作符的结果中过滤出那些根据指定的访问控制策略不能访问的元组或属性。

在参考文献[4]中，作者对前述的两篇文章进行了扩展，对解决方案中独立于流引擎的问题进行改良。注意，一般来说，每个信息都会采用自己的语言，为了克服这一问题并允许不同 DSMS 之间的交互，该文章创建了一个公共查询模型，然后部署模块将最常用的操作转换

---

[1] Y. Zhu, E. A. Rundensteiner, G. T. Heineman, Dynamic plan migration for continuous queries over data streams, in: Proceedings of the ACM SIGMOD International Conference on Management of Data, SIGMOD '04, Paris, France, 2004, pp. 431 – 442.

[2] B. Carminati, E. Ferrari, K. L. Tan, Enforcing access control over data streams, in: Proceedings of the 12th ACM symposium on Access control models and technologies, SACMAT '07, Sophia Antipolis, France, 2007, pp. 21 – 30.

[3] B. Carminati, E. Ferrari, K. L. Tan, Specifying access control policies on data streams, in: Proceedings of the Database System for Advanced Applications Conference, DASFAA 2007, Bangkok, Thailand, 2007, pp. 410 – 421.

[4] B. Carminati, E. Ferrari, K. L. Tan, A framework to enforce access control over data streams, ACM Trans. Inform. Syst. Sec. TISSEC 13 (3) (2010) 1 – 31.

为特定的引擎查询语言。我们将这项成果同其他建议做了比较。例如，对于在另一篇下脚注文献①的研究成果，虽然它的缺点是在执行未经授权的查询时浪费计算时间，但它也展示了一个更好的解决方案。另两篇前述提到的下脚注文章②③则侧重于对数据流的访问控制需求，然而，在前一篇文章④中，对于访问控制是从另一个角度考虑的：隐私保护。这是因为在这篇文章中，拥有生成数据流的设备的用户可以自己声明数据流的隐私政策，该政策允许用户指定 DSMS 如何访问他/她的个人信息（例如，健康状况、位置），而在后一篇文章⑤中，隐私政策则是由系统管理员制定。此外，在前一篇文章中，访问控制政策并不存储在 DSMS 中，而是通过安全约束编码并直接嵌入数据流中：这也代表了与后一篇文章的主要区别。在下脚注参考文章⑥中创建了一组操作符，能够强制执行安全约束，但它只在 CAPE 引擎⑦中实现这些约束。相反，后一篇文章则提出了一个能够在各种不同的 DSMS 之间工作的操作框架。

虽然以前文章也提出扩展 RBAC 的版本或收购一些特性，但在参

---

① W. Lindner, J. Meier, User interactive internet of things privacy preserved access control, in: 10th International Database Engineering and Applications Symposium, 2006, IDEAS' 06, Delhi, 2006, pp. 137–147.

② R. Nehme, E. Rundesteiner, E. Bertino, A security punctuation framework for enforcing access control on streaming data, in: Proceedings of the 24th International Conference on Data Engineering, ICDE' 08, Cancun, Mexico, 2008, pp. 406–415.

③ B. Carminati, E. Ferrari, K. L. Tan, A framework to enforce access control over data streams, ACM Trans. Inform. Syst. Sec. TISSEC 13 (3) (2010) 1–31.

④ R. Nehme, E. Rundesteiner, E. Bertino, A security punctuation framework for enforcing access control on streaming data, in: Proceedings of the 24th International Conference on Data Engineering, ICDE' 08, Cancun, Mexico, 2008, pp. 406–415.

⑤ B. Carminati, E. Ferrari, K. L. Tan, A framework to enforce access control over data streams, ACM Trans. Inform. Syst. Sec. TISSEC 13 (3) (2010) 1–31.

⑥ R. Nehme, E. Rundesteiner, E. Bertino, Tagging stream data for rich real-time services, Proc. VLDB Endowment 2 (1) (2009) 73–84.

⑦ Y. Zhu, E. A. Rundensteiner, G. T. Heineman, Dynamic plan migration for continuous queries over data streams, in: Proceedings of the ACM SIGMOD International Conference on Management of Data, SIGMOD' 04, Paris, France, 2004, pp. 431–442.

考文章[①]中,作者确认授权框架 RBAC 和 ABAC(基于属性的访问控制)不会提供足够的可伸缩的、可控的、有效的机制,不能支持分布式系统与许多交互服务和物联网背景下的动态和扩展需求。ACLs(访问控制列表)、RBAC 和 ABAC 共同存在的一个问题是,在这些系统中很难执行最小特权访问原则。欧洲 FP7 IoT@-Work 项目[②]开发了一种基于能力的访问控制(CapBAC),可用于管理对具有最低特权操作的服务和信息的访问控制过程。在 CapBAC 展示他/她的用户授权功能(并展示他/她是它的主人)服务提供者,而在传统的 ACL 系统是服务提供者必须检查用户是否直接或间接(例如,通过一个角色拥有的用户),授权请求的资源上执行所请求的操作。授权由特定资源/服务的所有者提供给所需用户,从而可以证明他们访问资源的能力或服务的好处。这样可以强调安全机制、可用性和访问权限授权的相关性,并需要考虑到这些机制必须为非 ict 熟练用户可以理解和使用。同样重要的是,在默认情况下授予最小特权原则,并让撤销功能和设置授权成为可能。

从对这些研究成果的讨论中,物联网场景中出现的与访问控制相关的主要挑战有以下几个问题:①如何保证环境中的访问权限,不仅可以针对用户,还可以授权设备与系统交互?②为了管理可扩展的物联网架构,利用集中式或分布式方法或半分布式方法,何者将更有效?③如何以公认的方式处理大量传输的数据(即流数据的形式)?④如何支持设备识别?

事实上,在身份识别方面,今时今日的主要变化之一是功能强大的无线设备的便携性和移动性的增强。身份需求在网络中还没有得到充分的满足,特别是考虑到无处不在的计算设备的出现。解决身份问题需要重新构建命名、寻址和发现的体系结构以及开发物联网的特定身份管理框架。此外,还有以下问题:①为了管理访问控制,物联网系统如何处理用户和设备的注册以及政府机构随后颁发的凭证或证

[①] S. Gusmeroli, S. Piccionea, D. Rotondi, A capability-based security approach to manage access control in the internet of things, Math. Comput. Model. 58 (5-6) (2013) 1189-1205.

[②] European FP7 IoT@Work project. <http://iot-at-work.eu>.

书?②用户或设备是否可以向物联网系统提供这些凭证或证书,从而与其他授权设备进行交互?③以下步骤是否可以定义物联网环境中的特定角色和功能,从而管理授权流程?

  上述这些问题,几乎没有专家提出新的解决方案,因此建议采取订户方法和组成员方案来处理异构设备的访问控制。注释参考文章①解决了物联网框架中的身份验证和访问控制问题。该文章中提出的受限设备授权方案结合了物理不可执行函数(PUF)和嵌入式用户标识模块(eSIM)。前者提供廉价、安全、防篡改的密钥来认证受约束的 M2M 设备,后者则提供移动连接,保证可伸缩性、互操作性和遵从安全协议。

  在参考文献②中,组播通信采用一个公共密钥(表示为组密钥),由多个通信端点共享,从而保证了组播通信的安全性。这些密钥是人工生成的,并使用集中的基于批处理的方法进行分发。请注意,这种机制减少了由于组成员更改(由用户连接和离开引起)而导致的计算开销和网络流量,就像在典型的物联网场景中所发生的那样。这种协议可以应用于两种相关场景:①物联网中的安全数据聚合;②车辆对车辆(V2V)在车辆自组网(VANETs)中的通信。

  最后,参考文献③中介绍了一个适用于所有物联网应用和体系结构的通用 UML 概念模型。它指定了物联网基础设施中涉及的设备及其关系,指出了它们的作用和功能。此外,该文章还阐述了一个应用案例研究,其中用户和节点与物联网平台交互,从而可以获得或提供定制服务。该模型考虑到用户对物联网平台的注册阶段、处理其个人数据的同意书获取以及为将来的交互交换证书。这是朝着管理已登记用户、设备和有关证书迈出的又一大步,但是我们仍然需要做出相当大的努力来建立一个标准化和全球接受的解决办法。

---

  ① A. Cherkaoui, L. Bossuet, L. Seitz, G. Selander, R. Borgaonkar, New paradigms for access control in constrained environments, in: 2014 9th International Symposium on Reconfigurable and Communication-Centric Systems-on-Chip (ReCoSoC), Montpellier, 2014, pp. 1–4.

  ② L. Veltri, S. Cirani, S. Busanelli, G. Ferrari, A novel batch-based group key management protocol applied to the internet of things, Ad Hoc Netw. 11 (8) (2013) 2724–2737.

  ③ S. Sicari, A. Rizzardi, C. Cappiello, A. Coen-Porisini, A NFP model for internet of things applications, in: Proc. of IEEE WiMob, Larnaca, Cyprus, 2014, pp. 164–171.

三、物联网隐私

物联网在很多领域都有应用,例如:患者远程监控、能耗控制、交通控制、智能停车系统、库存管理、生产链、超市门店定制、民防设施等。对所有这些物联网运用而言,物联网用户都需要保护与他们自身的行动、习惯和与他人互动相关的个人信息。总之,他们的隐私应该受到保护。在相关参考文献中,有部分内容尝试来解决这个问题。

参考文献①提出了一种用于物联网隐私管理的数据标签。通过使用从信息流控制中获取的技术,可以使用多个隐私属性来标记表示网络事件的数据,这样的标签允许系统对数据流进行推理,并保护个人隐私。但是,在资源受限的传感器节点中使用标记的解决办法可能并不可行,因为标记在数据大小和灵敏度方面可能太大,因此它们会产生过多的开销。显然,在这种情况下,这种方法不适用于物联网。

参考文献②提出了一种基于场景感知的 k 匿名隐私策略的用户控制隐私保护访问控制协议。注意,目前正在对这一隐私保护机制的以下几个方面进行调查,包括用户可以控制他们的哪些个人数据正在被收集和访问,谁在收集和访问这些数据,以及何时发生这些收集和访问。

参考文献③还提出了通过自适应聚类(CASTLE)对流数据进行连续匿名化。它是一种基于集群的方案,确保了数据流的匿名性、新鲜度和延迟约束,从而增强了那些针对静态数据集而不是连续、无界和瞬态流设计的隐私保护技术(例如 k 匿名)。更详细地说,该文章在数据流上建模 k 匿名,并介绍了 k 匿名集群,利用元组的准标识符

---

① D. Evans, D. Eyers, Efficient data tagging for managing privacy in the internet of things, in: Proceedings – 2012 IEEE Int. Conf. on Green Computing and Communications, GreenCom 2012, Conf. on Internet of Things, iThings 2012 and Conf. on Cyber, Physical and Social Computing, CPSCom 2012, Besancon, France, 2012, pp. 244 – 248.

② X. Huang, R. Fu, B. Chen, T. Zhang, A. Roscoe, User interactive internet of things privacy preserved access control, in: 7th International Conference for Internet Technology and Secured Transactions, ICITST 2012, London, United Kingdom, 2012, pp. 597 –602.

③ J. Cao, B. Carminati, E. Ferrari, K. L. Tan, CASTLE: continuously anonymizing data streams, IEEE Trans. Dependable Secure Comput. 8 (3) (2011) 337 –352.

属性来保护敏感的数据隐私。

下脚注参考文献①将传统的隐私机制分为两类：自由访问和有限访问。前者将隐私风险降至最低，可以防止敏感数据的泄露，而后者目的在于限制安全访问，从而可以避免恶意未经授权的攻击。

参考文献②分析了静态域名分配给指定物联网节点时可能会发生的隐私风险。该文章提出了一种用于智能设备的隐私保护增强 DNS（Domain Name System，域名系统），该系统可以对原始用户身份进行认证，并拒绝对智能设备的非法访问。该方案与广泛使用的 DNS 和 DNSSEC（域名系统安全扩展）协议兼容。

在前文提到的下脚注参考文献③中，作者提出了一种完全分散的匿名认证协议，用于保护目标驱动物联网应用的隐私。这种建议基于多显示凭证系统，同一凭证的不同显示不能链接在一起，因此避免了要发现的生成密钥。该系统为参与节点创建了两个可能的角色：用户（代表发起数据的节点）和数据收集器（负责从授权用户收集数据）。用户可以在数据收集器前匿名且不可链接地验证自己，证明拥有由系统本身建立的特定属性集的有效匿名访问凭证（AAC）。该协议分为三个阶段：设置阶段、用户注册阶段、用户获得匿名访问凭证和证书证明阶段，在第三阶段中，用户需要向数据收集器证明拥有有效的 ACC 凭证。此种协议保证具有：用户匿名、AAC 不可链接性（没有数据收集器或一组串联数据收集器可以将两个事务链接到同一个用户），抵抗用户模仿的、错误的和自私的节点、阻碍效率的节点以及控制数据收集器的对手。此外，这样的系统依赖于完全分布式的方法，从而避免了单点故障问题。

---

① J. Yang, B. Fang, Security model and key technologies for the internet of things, J. China Universities Posts Telecommun. 8（2）（2011）109–112.

② Y. Wang, Q. Wen, A privacy enhanced dns scheme for the internet of things, in: IET International Conference on Communication Technology and Application, ICCTA 2011, Beijing, China, 2011, pp. 699–702.

③ A. Alcaide, E. Palomar, J. Montero-Castillo, A. Ribagorda, Anonymous authentication for privacy-preserving iot target-driven applications, Comput. Secur. 37（2013）111–123.

参考文章①深入分析了基于属性加密（ABE）的两种主要类型的性能：基于密钥策略的属性加密（KP-ABE）和基于密码文本策略的属性加密（CP-ABE）。为了确定ABE在何种条件下更适合物联网，研究人员对包括笔记本电脑和智能手机在内的不同类别的移动设备进行了仿真。ABE提供了一个公钥加密方案，该方案支持细粒度的访问控制、可伸缩的密钥管理和灵活的数据分发。

另一种方法是通过使用基于属性的签名方案来保证物联网隐私。②该文章提出了一种新的基于属性的签名（ABS）方案ePASS，该方案使用一个属性树来表示由AND/OR组成的任意策略，由于计算上的Diffie-Hellman假设，这些策略是不可伪造的。事实上，用户不能伪造签名，而签名可以确保只有具有满足策略的适当属性的用户才能签名。此外，合法签名者仍然是匿名的，策略为签名者提供了属性隐私，而在所有属性满足策略的用户之间是无法进行逐一区分的。

参考文献③针对物联网中的隐私保护问题，提出了一种用于WSN和RFID系统的密钥交换互认证协议。该协议将随机数生成器集成在标签和阅读器中，采用单向哈希函数、密钥实时刷新、密钥备份等机制，降低了重播、复制、拒绝服务、欺诈和标签跟踪的风险。

参考文献④从隐私保护数据挖掘（privacy protection data mining，PPDM）技术出发，目的在于将敏感数据的泄露概率和敏感内容分析最小化。通过这项工作中可以解决用户的隐私意识问题，提出了一种隐私管理方案，使用户能够预计共享敏感数据的风险。此方案还有意开发一个鲁棒的灵敏度检测系统，能够量化信息的隐私内容。

---

① X. Wang, J. Zhang, E. Schooler, M. Ion, Performance evaluation of attribute-based encryption: Toward data privacy in the IoT, in: 2014 IEEE International Conference on Communications, ICC 2014, Sydney, NSW, 2014, pp. 725 – 730.

② J. Su, D. Cao, B. Zhao, X. Wang, I. You, ePASS: An expressive attribute-based signature scheme with privacy and an unforgeability guarantee for the internet of things, Future Gener. Comput. Syst. 33 (0) (2014) 11 – 18.

③ L. b. Peng, W. b. Ru-chuan, S. Xiao-yu, C. Long, Privacy protection based on key-changed mutual authentication protocol in internet of things, Commun. Comput. Inf. Sci. 418 CCIS (2014) 345 – 355.

④ A. Ukil, S. Bandyopadhyay, A. Pal, Iot-privacy: To be private or not to be private, in: Proceedings – IEEE INFOCOM, Toronto, ON, 2014, pp. 123 – 124.

在参考文献①中,作者对不同来源的数据对隐私需求进行评估,介绍了物联网的分层架构,从而评估数据质量、安全和隐私水平。此外,这样的体系结构创建了用于提供服务的带注释的数据,此种带注释的数据根据客户需求集成了来自不同来源的数据。

总而言之,在物联网中的隐私要求方面的研究成果目前仅仅是部分涵盖,并且存在大量研究问题需要调查,具体来说指的是需要建立隐私策略,从明确创建的模型②和相应的开发,处理物联网场景的可扩展性和动态环境。事实上,在开发的早期阶段就捕捉隐私需求,对于建立足够的公众信心和促进采用新颖的物联网系统至关重要。

四、物联网信任

信任概念在不同的语境中有着不同的含义。信任是一个复杂的概念,在科学文献中没有明确的共识,尽管它的重要性得到了广泛的承认。关于信任定义的许多方法的一个主要问题是,它们不适合建立度量和评估方法。此外,建立物联网设备用户的信任与物联网身份管理和访问控制问题相辅相成。

有两篇参考文献③的研究成果侧重于物联网公司的信任水平评估。文章的作者假设,大多数智能设备是由人携带的或与人相关的设备,因此它们经常暴露在公共区域,并且由于其通过无线通信,因此很容易受到恶意攻击。智能设备具有异构特性,需要协同工作。物联网领域所考虑的关系是:友谊,所有权和社区,因为用户和用户中间是朋友关系(即友谊),用户拥有设备(即所有权),设备又属于某些社区(即社区)。恶意节点的目的是通过信任攻击来破坏物联网的基本功能:自我推销、恶意攻击和善意攻击。在前一篇参考文章中提到的物联网信任管理协议是分布式、基于接触和基于活动的:两个相

---

① S. Sicari, C. Cappiello, F. D. Pellegrini, D. Miorandi, A. Coen-Porisini, A security-and quality-aware system architecture for internet of things, Inf. Syst. Frontiers (2014) 1 – 13.

② S. Sicari, A. Rizzardi, C. Cappiello, A. Coen-Porisini, A NFP model for internet of things applications, in: Proc. of IEEE WiMob, Larnaca, Cyprus, 2014, pp. 164 – 171.

③ F. Bao, I. Chen, Dynamic trust management for internet of things applications, in: Proceedings of the 2012 International Workshop on Self-Aware Internet of Things, Self-IoT '12, USA, San Jose, 2012, pp. 1 – 6.

互接触或参与相互作用的节点可以直接相互评价并交换关于其他节点的信任评估,因此它们实际上会简单接触,看起来像是一个推荐。信任评价的参考参数为:诚实度、合作性、社区利益。因此,这种动态信任管理协议能够自我适应地调整最佳信任参数设置,配合动态变化的环境,从而最大限度地提高应用程序性能。

参考文献①中提到的所谓的社会物联网(social internet of things, SIoT)也采用了类似的方法来提供可信度评估。这一范式源于将社交网络概念集成到物联网中,因为物联网基础设施中的设备能够自主地建立与其所有者之间的社会关系。其所面临的挑战是为SIoT构建声誉的信任机制,该机制需要能够有效地处理某些类型的恶意行为,这些恶意行为旨在误导其他节点,从而推动使用服务和信息传递只针对可信节点。

该文章构建了可信管理的主观模型,该模型建立在P2P网络的解决方案之上,如参考文章②③④⑤⑥中提出的解决方案。每个节点根据自己的经验和共同"朋友"的意见来计算其他"朋友"的可信度。因此,节点根据计算出的最高可信度级别选择所需服务的提供者。

然而,在社会网络环境中,参考文献⑦的作者提出了一种安全的分布式自组织网络;它基于直接的点对点交互和社区创建,以便为用

---

① M. Nitti, R. Girau, L. Atzori, A. Iera, G. Morabito, A subjective model for trustworthiness evaluation in the social internet of things, in: 2012 IEEE 23rd International Symposium on Personal Indoor and Mobile Radio Communications, PIMRC, Australia, Sydney, 2012, pp. 18–23.

② S. D. Kamvar, M. T. Schlosser, H. Garcia-Molina, The eigen-trust algorithm for reputation management in p2p networks, in: Proc. WWW'03, New York, USA, 2003, pp. 640–651.

③ L. Xiong, L. Liu, Peertrust: supporting reputation-based trust for peer-to-peer electronic communities, IEEE Trans. Knowl. Data Eng. 16 (2004) 843–857.

④ A. A. Selcuk, E. Uzun, M. R. Pariente, A reputation-based trust management system for p2p networks, in: Proc. of CCGRID 2004, Washington, DC, USA, 2004, pp. 251–258.

⑤ B. Yu, M. P. Singh, K. Sycara, Developing trust in large-scale peer-to-peer systems, in: Proc. of First IEEE Symposium on Multi-Agent Security and Survivability, 2004, pp. 1–10.

⑥ Z. Liang, W. Shi, Enforcing cooperative resource sharing in untrusted p2p computing environments, Mob. Netw. Appl. 10 (2005) 251–258.

⑦ R. Lacuesta, G. Palacios-Navarro, C. Cetina, L. Penalver, J. Lloret, Internet of things: where to be is to trust, EURASIP J. Wireless Commun. Networking 2012 (1) (2012) 1–16.

户提供快速、简单和安全的上网访问,从而接近社会化网络的概念。每个节点(即设备)和社区在网络中有一个身份,并根据其他节点的行为来修改它们之间的信任关系,从而在用户之间建立信任链。分析的参数包括:物理上的接近性、实现性、答案的一致性、可信链上的层次结构、相似的属性(例如,年龄、性别、传感器类型)、共同目标和授权、交互历史、可用性、交互。信任链将允许建立团体或社区和(对社区)独特的身份,从而获得服务和传播团体信息。因此,当用户通过节点生成的信任链访问网络时,就建立了安全性。

在参考文献①中,该文献作者认为传统的接入控制模型不适合于身份未知的分散动态物联网场景。两个设备之间的信任关系有助于影响它们交互的未来行为。当设备彼此信任时,它们更愿意共享服务和资源。同样的观点也出现在上述提到的其他下脚注参考文献②③中。这些论文提出了基于信任的访问控制(FTBAC)的模糊方法。信任分数由 FTBAC 框架根据经验,知识和推荐等因素计算得出。然后将这种信任分数映射到许可,访问请求伴随一组凭证,这些凭证将一起构成允许访问的证据。

FTBAC 框架由三层组成:①设备层,包括所有的物联网设备和这些设备之间的沟通;②请求层,主要负责收集的经验、知识和建议信息,计算模糊信任值;③访问控制层,参与决策过程和地图计算模糊信任值来访问权限,最小特权原则。

仿真结果表明,该框架具有良好的灵活性和可扩展性,具有较高的节能性。事实上,基于密码保护的解决方案可以通过增加信任级别

---

① P. N. Mahalle, P. A. Thakre, N. R. Prasad, R. Prasad, A fuzzy approach to trust based access control in internet of things, in: 2013 3rd International Conference on Wireless Communications, Vehicular Technology, Information Theory and Aerospace & Electronic Systems, VITAE, NJ, Atlantic City, 2013, pp. 1 – 5.

② F. Bao, I. Chen, Dynamic trust management for internet of things applications, in: Proceedings of the 2012 International Workshop on Self-Aware Internet of Things, Self-IoT '12, USA, San Jose, 2012, pp. 1 – 6.

③ M. Nitti, R. Girau, L. Atzori, A. Iera, G. Morabito, A subjective model for trustworthiness evaluation in the social internet of things, in: 2012 IEEE 23rd International Symposium on Personal Indoor and Mobile Radio Communications, PIMRC, Australia, Sydney, 2012, pp. 18 – 23.

来实现访问控制，但在时间和能源消耗方面会产生额外的开销。作者认为，模糊方法反而更容易集成到基于效用的决策中。

在参考文献①中，作者提出了另一种基于传感器层、核心层和应用层的模糊信任评价方法。传感器层包括物理设备（如 RFID、WSN 和基站），核心层主要包括接入网和互联网，应用层包括各种分布式网络（如 P2P、网格、云计算）、应用系统和接口。从用户的角度看，物联网系统被视为服务提供者（SP），信任管理的目的是提供辅助服务，帮助物联网向所有服务请求者（SR）提供更合格的服务。这种关系是双向的，因为信任机制对服务请求者（有关隐私保护）和服务提供者都有影响。这种信任管理模型主要包括信任提取、信任传递和信任决策三个步骤。请求信息服务和基于信任的服务在此模型中共存。信任管理应作为自组织组件，可以处理信息流并防止隐私信息泄露给不受信任的服务请求者。该文章的作者利用模糊集理论和基于正式的语义的语言执行分层的信任机制，通过使用特定的层属性（即评估、效率、风险、历史）。用户只有在安全凭据满足安全策略的情况下才能访问物联网，安全策略是根据用户信任值通过决策函数来确立的。注意，这一研究成果没有讨论具体的信任模型，而是只建立了一个通用框架，在这个框架中可以集成构建良好的信任模型。

有两篇参考文献②③提出了一种结合位置感知、身份感知信息和身份验证历史来保护用户安全的信任模型。因此，用户可以获得所请求服务的可信性。考虑三个信任区域，每个区域分别具有高、中、低级别。对于每个级别，身份验证方法是不同的。在高级别情况下，不需要额外验证（已在 VID 上签名）；对于中级别等级，用户必须提供他们的密码登录；对于低级别则意味着用户需要提供生物特征信息，

---

① J. Wang, S. Bin, Y. Yu, X. Niu, Distributed trust management mechanism for the internet of things, Appl. Mech. Mater. 347–350 (4) (2013) 2463–2467.

② Y. Liu, Z. Chen, F. Xia, X. Lv, F. Bu, An integrated scheme based on service classification in pervasive mobile services, Int. J. Commun. Syst. 25 (9) (2012) 1178–1188.

③ Y. Liu, Z. Chen, F. Xia, X. Lv, F. Bu, A trust model based on service classification in mobile services, in: Proceedings – 2010 IEEE/ACM International Conference on Green Computing and Communications, GreenCom 2010, 2010 IEEE/ACM International Conference on Cyber, Physical and Social Computing, CPSCom 2010, Hangzhou, China, 2010, pp. 572–576.

如人脸图像、指纹或虹膜扫描,由于其复杂性和硬件的限制,这可能并不方便。这一成果的目的是对所提供的服务进行分类,从而可以评估所传送的资讯(即根据申请类别或执行申请的主机而定)。为了解决这一问题,采用模糊方法不失为好选择。

其他的建议既非基于社会网络工作的概念,也未基于模糊方法。例如,在下脚注参考文献①中,作者提出了物联网的层次信任模型,能够有效地从相邻节点的行为中检测出恶意组织;还提出了一种可验证的缓存交互摘要(VCID)方案,用于监控对象与阅读器之间的交互,并采用了一种长期信誉机制来管理组织的信任模式。

参考文献②还提出了一种基于物联网的信任管理系统,该系统能够从节点过去的行为来评估节点在不同合作服务中的信任水平。该解决方案的主要目标是利用分散的方法,在考虑不同节点能力的异构物联网体系结构中管理协作。这样一个模型同时考虑第一手资料(即直接观察和自己的经验)和二手资料(即从周围节点得来的间接经验和观察),从而更新信任值。信任管理系统涉及不同的阶段:①收集有关可用节点可信度的信息;②与请求节点建立协作服务;③从过去的业务中吸取教训,进行自我更新,以期改进今后的业务;④在学习阶段的每次交互后,给每个节点分配一个质量推荐分数。在下脚注参考文献③中,作者尝试设计一种面向物联网分布式路由策略的抗攻击信任管理模型。该模型可以对分布式路由系统中的声誉进行评估和传播,从而在自组织节点之间建立可靠的信任关系,抵御分布式路由系统中可能出现的攻击。

参考文献④从 WSNs 出发,定义了物联网的信任管理,包括基于

---

① L. Wen-Mao, Y. Li-Hua, F. Bin-Xing, Z. Hong-Li, A hierarchical trust model for the internet of things, Chin. J. Comput. 5 (2012) 846–855.

② Y. Saied, A. Olivereau, D. Zeghlache, M. Laurent, Trust management system design for the internet of things: a context-aware and multi-service approach, Comput. Secur. 39 (2013) 351–365.

③ Dong, J. Guan, X. Xue, H. Wang, Attack-resistant trust management model based on beta function for distributed routing in internet of things, China Commun. 9 (4) (2012) 89–98.

④ T. Liu, Y. Guan, Y. Yan, L. Liu, Q. Deng, A wsn-oriented key agreement protocol in internet of things, in: 3rd International Conference on Frontiers of Manufacturing Science and Measuring Technology, ICFMM 2013, LiJiang, China, 2012, pp. 1792–1795.

身份的密钥协议，该协议是通过分布式自组织密钥协商过程实现的。这种协议的目的是防止来自网络外部的攻击和识别恶意节点。因此，它可以减少与恶意节点的通信，提高安全性，延长网络寿命。

下脚注参考文献①还提出了一种基于身份的网络协议，该协议旨在识别在切换过程中将它们从主机移动到主机的网络节点。因此，它需要解耦标识符和定位器，以便将节点标识与主机寻址分离开来。网络节点的互认证是通过对身份属性的验证，然后在每个属性上附加一个签名，由可信的签名实体发出。对非公开身份信息的访问由信息所有者定义的策略控制。因此，它仅使用相同的基于属性的授权方法向被授权对象公开。节点和域可信实体相互连接，通过预先共享加密证书，并通过加密和签名机制确保其交换的机密性和身份验证，从而构建全局可信的基础设施。

正如一篇参考文献②所指出的，目前的信任和声誉管理方法通常提供的是僵化和不灵活的机制，用来计算声誉得分，这阻碍了它们对当前部署环境的动态适应。它们最多提供某些可配置或可调的参数。这似乎不够异构和动态物联网情景。因此，该文章设计并原型化了一种灵活的机制，在异构环境中可以选择最合适的信任和声誉模型。考虑到当前的系统条件（例如，用户数量、分配的资源），可以在预定义的机制池中动态应用这种机制。

参考文献③提出了一种用于信任管理控制机制的分层物联网体系结构。物联网基础设施分为三层：传感器层、核心层和应用层。每一层都由特定的信任管理控制，其目的如下：自组织、路由和多种服务的实现。最后的决策由服务请求者执行（即根据收集到的信任信息以及请求者策略执行）。此种方法利用形式化语义和模糊集理论实现了信任机制。

---

① P. Martinez-Julia, A. F. Skarmeta, Beyond the separation of identifier and locator: building an identity-based overlay network architecture for the future internet, Comput. Netw. 57 (10) (2013) 2280-2300.

② G. D. Tormo, F. G. Marmol, G. M. Perez, Dynamic and flexible selection of a reputation mechanism for heterogeneous environments, Future Gener. Comput. Syst. (2014).

③ L. Gu, J. Wang, B. b. Sun, Trust management mechanism for internet of things, China Commun. 11 (2) (2014) 148-156.

参考文献①提出了另一种基于节点行为检测的信任系统。定期评估的指标是推荐信任和历史统计信任，分别用证据组合法和贝叶斯算法计算。

以上的文献概述表明，可用的解决方案利用不同的技术来处理物联网场景中的信任问题。这些建议包括层次模型、声誉机制、方法来自社交网络、模糊技术、基于节点过去的行为或路由策略。正如最近在一篇前文已经提到的下脚注参考文献②中提供的物联网信任管理调查中所证实的那样，关于信任管理的文献似乎已经足够成熟，但仍然缺少适用于可扩展和灵活的物联网环境的完全分布式和动态方法的定义。目前仍然缺失的项目是全球认可的认证机构和共同接受的信任谈判语言的定义。总而言之，在物联网信任管理中仍然存在以下改进空间：①引入一个定义明确的信任协商语言，支持物联网语境下的语义互操作性；②建造适当的对象身份管理系统；③开发信任协商机制，处理数据流访问控制。

五、物联网策略执行

策略执行是指用于强制系统中应用一组定义的操作的机制。更详细地说，策略是为了维护数据的秩序、安全性和一致性而需要强制执行的操作规则。对于物联网环境下的策略执行，文献中既没有提出可行的解决方案，也没有对此进行详细的分析。只有少数文章描述了如何管理策略实施。

参考文章③中提供了网络安全、安全策略、策略执行和防火墙策略管理系统的概述。在策略实施方面，建议使用认证、加密、杀毒软件和防火墙等安全服务从而保护数据机密性、完整性和可用性。

---

① Y.-B. Liu, X.-H. Gong, Y.-F. Feng, Trust system based on node behavior detection in internet of things, Tongxin Xuebao/J. Commun. 35 (5) (2014) 8–15.

② Z. Yan, P. Zhang, A. V. Vasilakos, A survey on trust management for internet of things, J. Network Comput. Appl. 42 (0) (2014) 120–134.

③ R. Macfarlane, W. Buchanan, E. Ekonomou, O. Uthmani, L. Fan, O. Lo, Formal security policy implementations in network firewalls, Comput. Secur. 31 (2) (2012) 253–270.

在参考文献①中,关于义务和策略定义的语言分为两类。一类是存在一些策略实施语言,它们通常简化了策略的说明和解释,但是,它们缺乏允许通过形式化证明来验证策略本身所需的形式化语义。另一类是策略分析语言,它允许进行正式的策略分析并表示各种各样的义务。该文章介绍了一种策略语言,它结合了策略执行语言和分析语言的优点。将策略强制形式化有以下优点:首先它减少了指定策略与其部署之间的差距,从而确保策略在系统中得到正确应用。为了形式化策略实施,应该对目标系统建模,然后描述策略应用的效果。更详细地说,策略是使用引用监视器强制执行的,并且一组活动规则指定,如果满足某些条件,则应该在检测到某些事件之后执行一组操作。但是,这种语言不提供在策略管理系统中动态执行和管理义务所需的操作语义。

参考文献②关注不同系统中使用的各种类型的策略语言,比如,WS-Policy(Web Services-Policy)和 XACML(eXtensible Access Control Markup Language,可扩展访问控制标记语言)。事实上,低层次的执行机制可能因系统而异。因此,其执行机制很难跨域边界或跨多个域执行策略。在跨域边界应用策略之前,最好了解哪些策略可以由其他域支持,哪些部分支持,哪些部分不支持。在该文献中,作者通过语义丰富的 Web 本体语言(Web Ontology language,OWL),提出并实现了一个使用语义模型映射和翻译的仿真环境,用于跨领域执行策略,OWL 可用于对策略语言和执行机制进行建模。例如,在卫生保健环境中,药房、医院和医学院之间的合作和交流是必不可少的。他们有自己的策略执行机制来保护自己的专有数据和患者记录。问题是在这些领域之间有越来越多的协作和通信,因此跨领域的策略实施成为一个必不可少的组成部分。

然而,在大多数情况下,这些域使用不同的策略语言来定义它们的策略,并且这些特定的策略在它们自己的平台上执行。当两个陌生

---

① Y. Elrakaiby, F. Cuppens, N. Cuppens-Boulahia, Formal enforcement and management of obligation policies, Data Knowl. Eng. 71(1)(2012)127–147.

② Z. Wu, L. Wang, An innovative simulation environment for cross-domain policy enforcement, Simul. Model. Pract. Theory 19(7)(2011)1558–1583.

域之间需要新的合作或通信时，我们不知道当前的执行机制可以执行来自陌生域的多少策略规则。因此，在大多数情况下，来自这两个领域的技术部门必须一起工作，从而才能够评估是否有可能使他们的系统互操作。同样的问题也存在于社交网络环境中（例如，Facebook、MySpace、Linkedin）。大多数现有的社交网站都有基于他们自己的执行机制的隐私配置。当两个社交网站或两个医疗保健领域需要相互通信或协作时，它们必须重新构建或重新配置它们的系统，以确保这些活动符合它们自己和它们的合作伙伴的策略。

表达控制分布式系统的安全策略是一项复杂且容易出错的任务。由于它们的复杂性，以及部署和执行代码的位置之间的信任程度不同，因此很难保证这些系统的安全性。此外，策略本身很难理解，通常用不友好的语法表示，这使得安全管理员和业务分析人员难以创建可理解的规范。在参考文献①中，作者引入了一种面向分布式系统的分层策略语言（HiPoLDS），目的在于以一种简洁、可读和可扩展的方式支持分布式系统中的安全策略规范。HiPoLDS 设计关注于在多个涉众控制下的分散执行环境。它通过使用分布式参考监视器来表示策略实施，分布式参考监视器控制服务（即 SOA）之间的信息流，并且有责任将决策引擎输出的指令付诸实施。例如，强制引擎应该能够添加或删除安全元数据，例如签名或消息验证代码，加密机密信息，或者在情况发生时对其进行解密。

在参考文献②中，其作者将重点放在加强电子商务应用程序（如 eBay）中的隐私问题。目前存在两种主要的客户隐私保护模式：一是依赖于客户的可信度，二是要求匿名。该文章所提议的范例隐藏了客户的真实身份，并且只允许包含他或她正在寻找的实际资源的数据流通。这些数据将通过网络进行协调，提高潜在的匹配，每个节点将使用经过认证的电子邮件以标准化格式向客户发送匹配的报价。

---

① M. Dell'Amico, M. S. I. G. Serme, A. S. de Oliveira, Y. Roudier, Hipolds: a hierarchical security policy language for distributed systems, Inf. Secur. Technical Rep. 17（3）（2013）81–92.

② G. Bella, R. Giustolisi, S. Riccobene, Enforcing privacy in e-commerce by balancing anonymity and trust, Comput. Secur. 30（8）（2011）705–718.

参考文献①还介绍了一个正式的模块化框架，允许在给定的并发系统上强制执行安全策略。事实上，软件开发过程的一个重要目标就是证明系统总是满足它的需求。为了解决这个问题，作者在文章中提出了两种不同的方法。前者是一种保守的强制执行：程序一旦违反了安全策略，就应该立即终止，即使当前的运行可以部分完成。后者是一种自由的强制执行：如果流程的执行可以部分满足，则不会中止。使用这种方法比使用保守方法需要执行更多的属性，但是程序可能在不完全满足安全策略的情况下终止。因此，保守的执行会产生消极的错误，而自由的执行会产生积极的错误，没有一个方案可以达到预期的结果。

在该文章中，作者建立了自由主义的强制执行，可以进一步扩展到处理保守主义的方法。更详细地说，其开发了用于通信过程的代数（ACP）的扩展版本②，用于指定并发系统行为，以及用于指定安全策略的基本过程代数（BPA）语言。为达致这目标，机场核心计划设有一名执法人员，他们的行动与系统同步进行，从而可以做到监察各项要求和有关政策的成效。

参考文献③中还提出了一种新的访问控制框架，称为策略机（Policy Machine，PM）。它由以下主体组成：授权用户、对象、系统操作和流程。用户可以是人，也可以是系统用户，设备指定受一个或多个策略（例如，记录、文件、电子邮件）控制的系统，操作确定对设备的内容（例如，读、写、删除）执行的操作，最后，用户通过进程提交访问请求。策略根据其属性分组在类中，因此，一个对象可能受到多个策略类别的保护，类似地，一个用户可能属于多个策略类别。因此，PM是一种通用的保护机器，因为它能够配置多种类型的访问控制策略，并且它独立于不同的操作系统和应用程序，用户只

---

① M. Langar, M. Mejri, K. Adi, Formal enforcement of security policies on concurrent systems, J. Symbol. Comput. 46 (9) (2011) 997-1016.

② J. Baeten, A brief history of process algebra, Theoret. Comput. Sci. 335 (2-3) (2005) 131-146.

③ D. Ferraiolo, V. Atluri, S. Gavrila, The policy machine: a novel architecture and framework for access control policy specification and enforcement, J. Syst. Architec. 57 (4) (2011) 412-424.

需要登录到 PM,就可以与安全框架进行交互。该文章还展示了 PM 表达和实施 RBAC①、Chinese Wall②、MAC 和 DAC 模型的策略目标的能力。更重要的是,PM 能够面对许多特洛伊木马攻击,其中 DAC 和 RBAC 是脆弱的。

因此,有参考文献③引入了一个语义 web 框架和一个元控制模型,用标识和访问信息源来编排策略推理。事实上,在开放领域中,强制执行敏感的策略需要有机会将策略推理与相关信息源的动态标识、选择和访问交织在一起的能力。每个实体(即用户、传感器、应用程序或组织)依赖于一个或多个策略实施代理,这些代理负责对传入的请求执行相关策略。

参考文献④的作者认为,包含在系统组件中的应用程序逻辑应该与相关策略分离。因此,他们研究了一种基础设施,它可以使政策,代表高层(即用户)或系统问题,在分布式环境中推动系统功能。为此,他们引入了中间件,能够支持安全和动态的重新配置,并提供跨系统组件的策略实施机制。

在参考文献⑤中,其作者提出的实施解决方案是基于一个名为 SecKit 的基于模型的安全工具包,该工具包与 MQ 遥测传输(MQTT)协议层集成,后者是一种广泛采用的技术,支持物联网设备之间的通信。在这一研究成果中,授权和义务被确定,并有一个特定的模块(即策略实施点)充当连接器,拦截具有发布订阅机制的代理中交换的消息,可以用来处理接收到的请求的可用强制操作有:允许、拒

---

① R. S. Sandhu, E. J. Coyne, H. L. Feinstein, C. E. Youman, Role-based access control models, Computer 29 (2) (1996) 38 – 47.

② D. Brewer, M. Nash, The chinese wall security policy, in: Proceedings. 1989 IEEE Symposium on Security and Privacy, Oakland, CA, 1989, pp. 206 – 214.

③ J. Rao, A. Sardinha, N. Sadeh, A meta-control architecture for orchestrating policy enforcement across heterogeneous information sources, Web Semantics: Sci. Serv. Agents World Wide Web 7 (1) (2009) 40 – 56.

④ J. Singh, J. Bacon, D. Eyers, Policy enforcement within emerging distributed, event-based systems, in: DEBS 2014 – Proceedings of the 8th ACM International Conference on Distributed Event-Based Systems, 2014, pp. 246 – 255.

⑤ T.-M. Gronli, P. Pourghomi, G. Ghinea, Towards NFC payments using a lightweight architecture for the web of things, Computing (2014).

绝、修改和延迟。

请注意，在目前的技术状态下，除了该文章中的研究成果，没有其他针对物联网的具体解决方案能够确保安全和隐私政策的实施，尽管它们对于确保物联网范式的安全部署实际上是至关重要的。最重要的是确定适用于特定物联网协议的实施机制，在安全和隐私问题的保障与被利用机制本身要求的计算工作之间找到平衡。虽然专家们已经做了一些努力来为隐私策略的规范定义合适的语言，但是仍然缺少一个专门针对物联网范式的标准。

六、物联网安全中间件

由于物联网范式中通常存在大量异构技术，因此采用了几种类型的中间件层来加强同一信息网络中设备和数据的集成和安全性。在这样的中间件中，必须根据严格的保护约束来交换数据。此外，在中间件设计和开发中，需要考虑用于大规模物联网部署的不同通信介质；事实上，虽然许多智能设备天然即可支持 IPv6 通信[1][2]，但现有的部署可能不支持本地范围内的 IP 协议，因此需要专用网关和中间设备。[3]

网络和安全问题都驱动了 VIRTUS 中间件的设计和开发[4]，这是一个依赖于开放可扩展消息和存在协议（open eXtensible Messaging and Presence Protocol，XMPP）的物联网中间件，在物联网场景中提供安全的事件驱动通信。利用 XMPP 提供的标准安全特性，中间件为

---

[1] M. Palattella, N. Accettura, X. Vilajosana, T. Watteyne, L. Grieco, G. Boggia, M. Dohler, Standardized protocol stack for the internet of (important) things, IEEE Commun. Surv. Tutorials 15 (3) (2013) 1389–1406.

[2] I. Bagci, S. Raza, T. Chung, U. Roedig, T. Voigt, Combined secure storage and communication for the internet of things, in: 2013 IEEE International Conference on Sensing, Communications and Networking, SECON 2013, New Orleans, LA, United States, 2013, pp. 523–631.

[3] D. Boswarthick, O. Elloumi, O. Hersent, M2M Communications: A Systems Approach, first ed., Wiley Publishing, 2012.

[4] D. Conzon, T. Bolognesi, P. Brizzi, A. Lotito, R. Tomasi, M. Spirito, The virtus middleware: an xmpp based architecture for secure IoT communications, in: 2012 21st International Conference on Computer Communications and Networks, ICCCN 2012, Munich, Germany, 2012, pp. 1–6.

分布式应用程序提供了可靠和安全的通信通道，并通过身份验证（通过 TLS 协议）和加密（SASL 协议）机制加以保护。

参考文献①提出了一个 AmI 框架，称为 Otsopack。这个解决方案提供了两个核心特性：其一，它被设计成简单、模块化和可扩展的；其二，它可以运行在不同的计算平台上，包括 Java SE 和 Android。底层接口基于 HTTP，并使用具象状态传输（REpresentational State Transfer，REST）接口。不同的执行程序只能提供特定的特性（例如，数据访问），并且仍然彼此交互。这样一来，就可以将框架嵌入到其他设备中。这个网关平台只支持 Python，并且需要部分的特别执行程序。它采用了 TSC（三空间计算），这是一种支持间接通信方式和使用语义数据的协调范式。它的工作方式很简单：每个应用程序在共享空间中编写语义注释的信息，其他应用程序或节点可以查询它。

至于安全方面，考虑到以数据为中心的框架的性质，主要有两个核心要求：其一，数据提供商可能只授权访问某些数据到一个特定的用户；其二，一个数据消费者可能只相信一组特定的供应商获得的数据。其派生的问题是如何在这样的动态场景中对彼此进行身份验证。为了支持第一个要求，已经构建了基于 Open ID 的解决方案。标识提供者向数据提供者安全地标识数据使用者。数据提供者可以确定哪些图表可以由哪些用户访问。因此，提供程序仅在有效用户请求时才回应对应的受限制的图标。换句话说，同一个应用程序可能会获得不同数量的信息，这取决于它是否提供凭据。

在参考文献②中，其作者提出了一个框架来增强嵌入式系统基础设施的安全性、私密性和信任度。其作者建议在普通文件传输协议（TFTP）中使用轻量级对称加密（用于数据）和非对称加密协议（用于密钥交换）。TFTP 的目标实现是嵌入式设备，如 Wi-Fi 接入点（AP）和远程基站（BS），这些设备应该通过安装恶意代码（如后

---

① A. Gomez-Goiri, P. Orduna, J. Diego, D. L. de Ipina, Otsopack: lightweight semantic framework for interoperable ambient intelligence applications, Comput. Hum. Behav. 30 (2014) 460–467.

② M. Isa, N. Mohamed, H. H. S. Adnan, J. Manan, R. Mahmod, A lightweight and secure TFTP protocol for smart environment, in: ISCAIE 2012 – 2012 IEEE Symposium on Computer Applications and Industrial Electronics 2012, Kota Kinabalu, Malaysia, 2012, pp. 302–306.

门)受到恶意用户或恶意软件的攻击。该文章强调寻找加强 AP 和 BS 之间通信协议的解决方案。为了验证这个建议,作者决定使用 UBOOT(通用引导加载程序)。在该文章中隐含了两种方案:AES(用于保护个人和敏感数据)和 DHKE(Diffie-Hellman 密钥交换)(用于在两个互不认识的实体之间交换密码图形密钥)。

在另一篇参考文献[①]中,其作者提出了命名、寻址和概要服务器(nap),作为连接物联网环境中不同平台的中间件。由于部署在不同平台表单上的大量异构设备,nap 作为后端数据中心的关键模块,帮助上游、基于内容的数据过滤和匹配以及下游应用程序。该文章提出了一种新的设备和跨不同平台的设备组的命名约定。虽然以前的研究工作只关注特定的标准或原型,但是该作者的目标是设计一个服务于动态应用程序需求的中间件组件。

为此,该作者设计了物联网应用基础设施(IoT-ai),其关键技术组件包括:应用网关、服务注册门户和实时操作数据库(RODB)以及通用即插即用(UPnP)等协议。所提供的接口基于 RESTful 设计风格,其中标准 HTTP 请求或响应用于数据传输。当该系统从每个物联网平台手动或自动注册设备概要信息时,将自动生成标识符。该系统处理认证、授权和会计(AAA)。虽然这并非该文章的重点,但是该设计可以在很大程度上利用 ETSI M2M 服务体系结构中的网络安全能力(NSEC)SC。注意,该设备域以树结构组织,它使用一个密钥层次结构,由根密钥、服务密钥和应用程序密钥组成。根密钥用于通过身份验证派生服务密钥,以及设备或网关与 M2M 核心上的 M2M SCs 之间的密钥协议。应用程序密钥(由服务密钥派生)对于 M2M 应用程序而言是独一无二的。

OneM2M[②] 提出了一个用于 M2M 通信的全球服务层平台。它的目标是统一全球 M2M 社区,通过支持不同 M2M 系统的互操作性,跨多个网络和 IP 上的拓扑。所述中间件能够在 M2M 设备和客户应用程序之间支持安全的端到端数据传输。通过身份验证、加密、连接设

---

① C. H. Liu, B. Yang, T. Liu, Efficient naming, addressing and profile services in internet-of-things sensory environments, Ad Hoc Netw. 18 (0) (2013) 85–101.

② oneM2M. <http://www.onem2m.org/>.

置、缓冲、同步、聚合和设备管理来实现这一目标。

最近的几篇文献都在试图解决这些问题。例如，参考文献①处理了物联网中的任务分配问题。更详细地说，节点之间的协作必须为应用程序的协作部署执行互操作性，并能够考虑可用的资源，如执行给定任务的能量、内存、处理和对象功能。为了解决这一问题，该文章作者提出了一种用于在物联网中部署分布式应用程序的资源分配中间件。从这个组件开始，添加了一个用于网络对象在执行目标应用程序时进行协作的协商一致协议，其目的是分配应用程序执行的负担，以便充分共享资源。这一研究成果利用了分布式机制，并且比集中式机制表现出更好的性能。

此外，无论是在安全性、隐私还是网络性能方面，中间件目前缺乏一个统一的标准，能够适应所有物联网场景的要求。此外，互操作性正在成为一项基本挑战，具体表现为，允许独立开发分布式组件，使它们能够相互交互和合作，并在标准的基础上交换数据。考虑到物联网不仅包括设备或机器提供的数据，还包括用户提供的数据，而且交互是设备对设备、用户与设备、用户与用户之间的交互。因此，中间件的设计和开发对系统架构（即可扩展性、组件之间的耦合）具有影响。

为了设计有效的解决方案，需要解决以下两个重要问题：①异构设备和用户如何动态交互并就相同的通信协议达成一致，从而确保安全性和隐私性？②如何使解决方案适用于不同的平台，并因此不用依赖于所利用的接口或协议？

参考文献②中提到的研究成果介绍了一种方法来推导用于物联网通用中间件系统构建的过程。中间件从高层代数结构开始生成，然后根据底层计算基础设施将其映射到构建组件中，从而适应异构系统。

---

① G. Colistra, V. Pilloni, L. Atzori, The problem of task allocation in the internet of things and the consensus-based approach, Comput. Netw. 73 (0) (2014) 98–111.

② Y. Wang, M. Qiao, H. Tang, H. Pei, Middleware development method for internet of things, Liaoning Gongcheng Jishu Daxue Xuebao (Ziran Kexue Ban) /J. Liaoning Tech. Univ. (Nat. Sci. Ed.) 33 (5) (2014) 675–678.

最后，参考文献①还提出了物联网透明中间件的安全体系结构。它的保护措施是基于现有的安全技术，如 AES、TLS 和 oAuth。通过这种方式，将交换数据的隐私、真实性、完整性和保密性集成在一起，为智能对象、服务和用户提供安全保障。

七、物联网移动安全

物联网中的移动节点经常从一个集群移动到另一个集群，其中需要基于加密的协议来提供快速识别、身份验证和隐私保护。当一个移动节点加入一个新的集群时，在下脚注参考文献②中提出了一个 ad hoc 协议。这样的协议包含一个有效的请求消息和一个应答身份验证消息，该消息可以快速实现身份验证、身份验证和隐私保护。它可以对重播攻击、窃听、跟踪或位置隐私攻击很健壮。与基本哈希协议等其他类似协议相比，它具有通信开销小、安全性高、隐私保护性能好等优点。

参考文献③分析了 HIMALIS 架构（通过定位器 ID 分离实现异构包容和移动适应）面临的安全挑战，这些挑战涉及物联网和 ID 或定位器管理消息的特性，容易受到攻击。该研究提出了一种考虑物联网约束的安全、可伸缩的移动管理方案，解决了 HIMALIS 架构可能存在的安全和隐私漏洞。该方案支持可伸缩的域间认证、安全的位置更新和迁移过程的绑定传输。

此外，射频识别（RFID）系统基于 EPC（电子产品代码）网络环境，利用无直接接触的射频信号自动识别被标记的对象，是物联网

---

① H. Ferreira, R. De Sousa Jr., F. De Deus, E. Canedo, Proposal of a secure, deployable and transparent middleware for internet of things, in: Iberian Conference on Information Systems and Technologies, CISTI, Barcelona, 2014, pp. 1–4.

② J. Mao, L. Wang, Rapid identification authentication protocol for mobile nodes in internet of things with privacy protection, J. Networks 7 (7) (2012) 1099–1105.

③ A. Jara, V. Kafle, A. Skarmeta, Secure and scalable mobility management scheme for the internet of things integration in the future internet architecture, Int. J. Ad Hoc Ubiquitous Comput. 13 (3–4) (2013) 228–242.

的实现技术之一。在下脚注参考文献①中,阐述了基于 EPC 的移动 RFID 网络,分析了移动 RFID 系统的威胁。这样的体系结构保证了物联网的安全性和效率。

此外,针对移动 RFID 系统的安全性和私密性,有下脚注参考文献②提出了物联网的另一种安全性和私密性模型。该模型不仅考虑了标签和阅读器的隐私,而且支持标签损坏、阅读器损坏、多阅读器损坏和相互认证的密钥交换协议。

基于位置服务的物联网系统有潜力实现系统的大规模监控,并侵犯用户的个人隐私,尤其是他们的位置隐私。下脚注参考文献③概述了移动设备中存在的一些位置隐私问题,特别关注 Android、iPhone 和 Windows Mobile 平台上使用的当前访问权限机制。注意,移动平台的实际隐私问题应该由物联网继承,并与其他静态平台集成。

在参考文献④中,其作者提出了智能交通系统中移动节点之间的安全握手方案。更详细地说,移动节点通过握手属性的私有协商,在不安全的通信通道上验证普通传感器节点的合法性,通过这种方法,建立了一个移动层次结构,从而可以以一种安全的方式查询已部署的 WSN。

参考文献⑤指出,安全的医疗服务是移动解决方案的新需求。为了使用物联网基础设施保护医疗保健环境中患者的隐私和安全,该文章提出了安全和隐私机制。从可信性的角度看,服务提供者必须从公

---

① T. Yan, Q. Wen, A secure mobile rfid architecture for the internet of things, in: Proceedings 2010 IEEE International Conference on Information Theory and Information Security, ICITIS 2010, Beijing, China, 2010, pp. 616–619.

② W. Zhu, J. Yu, T. Wang, A security and privacy model for mobile rfid systems in the internet of things, in: International Conference on Communication Technology Proceedings, ICCT, 2012, pp. 726–732.

③ M. Elkhodr, S. Shanhrestani, H. Cheung, A review of mobile location privacy in the internet of things, in: International Conference on ICT and Knowledge Engineering, Bangkok, Thailand, 2012, pp. 266–272.

④ S. Li, P. Gong, Q. Yang, M. Li, J. Kong, P. Li, A secure handshake scheme for mobile-hierarchy city intelligent transportation system, in: International Conference on Ubiquitous and Future Networks, ICUFN, Da Nang, 2013, pp. 190–191.

⑤ K. c. Kang, Z. -B. Pang, C. c. Wang, Security and privacy mechanism for health internet of things, J. China Universities Posts Telecommun. 20 (SUPPL-2) (2013) 64–68.

共机构获得认证，公共机构还负责向每个参与者移交密码证书，从而可以在终端设备和应用程序代理之间实现安全通信，其目标是建立一个可信的物联网应用市场，在这个市场中，终端设备上的信息可以交换，从而在市场和用户之间建立安全的连接。

在参考文献①中，其作者为移动电子健康应用程序创建了可部署在移动平台上的安全体系结构。特别是，将 RFID 标签识别技术与结构化、安全的物联网解决方案结合起来，从而实现无所不在、轻松访问医疗相关记录，同时为所有交互提供控制和安全保障。同样在两篇参考文献②③中，移动 RFID 技术被用来解决以下安全和隐私问题：并不是所有现有的标签在设计 RFID 协议时都支持散列函数，在移动状况中阅读器和服务器之间的通道并不总是安全的。因此，该文章创建了一种仅使用位 XOR 和几个特殊构造的伪随机数生成器的移动 RFID 系统超轻权和保密性认证协议。这一研究成果提供了几个隐私属性（如标签匿名性、标签位置隐私、阅读器隐私、互认证），并避免了遭受大量攻击（如重播攻击、去同步攻击）。

在参考文献④中，其作者提出了一种高效、安全的移动入侵防御系统（m-IPS），用于商业活动中使用移动设备进行以人为中心的计算。这样的系统可以检查用户的时间和空间信息、概要文件和角色信息，从而提供精确的访问控制。

在参考文献⑤中，其作者还设计了一种基于物联网的移动信息采集系统，通过智能移动设备实现接入网关。此外，除了通过网关对移

---

① F. Goncalves, J. Macedo, M. Nicolau, A. Santos, Security architecture for mobile e-health applications in medication control, in: 2013 21st International Conference on Software, Telecommunications and Computer Networks, SoftCOM 2013, Primosten, 2013, pp. 1–8.

② W. Zhu, J. Yu, T. Wang, A security and privacy model for mobile rfid systems in the internet of things, in: International Conference on Communication Technology Proceedings, ICCT, 2012, pp. 726–732.

③ B. Niu, X. Zhu, H. Chi, H. Li, Privacy and authentication protocol for mobile rfid systems, Wireless Pers. Commun. 77 (3) (2014) 1713–1731.

④ Y.-S. Jeong, J. Lee, J.-B. Lee, J.-J. Jung, J. Park, An efficient and secure m-ips scheme of mobile devices for human-centric computing, J. Appl. Math. Special Issue 2014 (2014) 1–8.

⑤ J. Geng, X. Xiong, Research on mobile information access based on internet of things, Appl. Mech. Mater. 539 (2014) 460–463.

动终端进行认证外，采集策略也发挥了关键作用，利用历史数据的移动路径，减少设备连接时间过长的问题，提高信息传输效率。

在参考文献①中，物联网的安全性和移动性受到了特别关注。事实上，人们和公司都希望使用防火墙来保护他们的数据，这不可避免地会导致数据安全和可用性之间的冲突。由于许多产品正变得越来越具有移动性，该文献的作者设计了一个量子生命周期管理（QLM）消息传递标准，以便提供通用的和标准化的应用程序级接口，从而保证通过任何类型的防火墙进行双向通信，例如执行实时控制。

参考文献②提出了一种移动传感器数据处理引擎（Mobile Sensor Data Processing Engine，MOSDEN），它是一种基于插件的物联网中间件，适用于资源受限的移动设备（目前构建在 Android 平台上），无须编程就可以收集和处理传感器数据。它支持推和拉两种数据流机制以及集中式和分散式（如点对点）数据通信。

因此，由于大量的物联网设备可能是移动的，因此需要一个移动管理协议来维持 IP 连接，例如通过 6LoWPAN 标准，如下脚注参考文献③中所提出的。其他文献也对此问题有所说明，如其中一篇下脚注参考文献④，涉及移动多媒体物联网应用中的高效视频解码，而另一篇参考文献⑤则通过移动蓝牙平台研究智能事物与传统 web 技术的交

---

① S. Kubler, K. Frmling, A. Buda, A standardized approach to deal with firewall and mobility policies in the iot, Pervasive Mobile Comput. (2014).

② C. Perera, P. Jayaraman, A. Zaslavsky, D. Georgakopoulos, P. Christen, Mosden: An internet of things middleware for resource constrained mobile devices, in: Proceedings of the Annual Hawaii International Conference on System Sciences, Washington, DC, USA, 2014, pp. 1053 – 1062.

③ J. Montavont, D. Roth, T. Nol, Mobile |IPv6| in internet of things: analysis, experimentations and optimizations, Ad Hoc Netw. 14 (0) (2014) 15 – 25.

④ D. Rosario, Z. Zhao, A. Santos, T. Braun, E. Cerqueira, A beaconless opportunistic routing based on a cross-layer approach for efficient video dissemination in mobile multimedia IoT applications, Comput. Commun. 45 (0) (2014) 21 – 31.

⑤ J.P. Espada, V.G. Daz, R.G. Crespo, O.S. Martnez, B.P. G-Bustelo, J.M.C. Lovelle, Using extended web technologies to develop bluetooth multi-platform mobile applications for interact with smart things, Inf. Fusion 21 (0) (2014) 30 – 41.

互。还有下脚注参考文献①研究了基于认知模型的物联网移动节点的社会关系,参考文献②也研究了移动设备在所谓的物联网(WoT)中使用 NFC 进行支付,提出了一种基于 RESTful 方法的轻量级架构。

综上所述,科学界正就移动设备的安全问题(如身份识别和认证,密钥和证书存储和交换)进行调查研究,现有的解决方案部分解决了这些需求,因此需要进一步努力,达到与其他物联网技术集成。

八、正在进行的项目

物联网的安全和隐私问题是欧盟委员会关注的对象。事实上,在物联网领域有很多项目都在解决这类问题。

Butler③ 是欧盟 FP7 项目,其目的是通过场景和位置感知、无处不在的信息系统,使开发安全、智能的生活助手应用程序成为可能。它关注以下场景:智能城市、智能健康、智能家庭或智能办公室、智能购物、智能移动或智能交通。在安全性和隐私要求方面,Butler 项目旨在允许用户管理他们的分布式配置文件,这意味着控制分布式应用程序上的数据复制和身份共享。该项目的最终目的是在隐私和安全协议中实现一个能够集成用户动态数据的框架。

参考文献④提出了一种基于 IPv6 的、基于低功耗个人局域网(6LoWPAN)设备的物联网入侵检测系统(IDS)框架,该框架适用于资源受限的物联网环境。lowpan 设备很容易受到来自无线网络和互联网协议的攻击。拟议的 IDS 框架,包括一个监测系统和一个检测引擎,已经集成到欧盟 FP7 项目 EBBITS⑤ 开发的网络框架中。

---

① J. An, X. Gui, W. Zhang, J. Jiang, J. Yang, Research on social relations cognitive model of mobile nodes in internet of things, J. Network Comput. Appl. 36 (2) (2013) 799 – 810.

② T.-M. Gronli, P. Pourghomi, G. Ghinea, Towards NFC payments using a lightweight architecture for the web of things, Computing (2014).

③ BUTLER Project. < http://www.iot-butler.eu >.

④ P. Kasinathan, G. Costamagna, H. Khaleel, C. Pastrone, M. Spirito, Demo: An ids Framework for Internet of Things Empowered by 6lowpan, Berlin, Germany, 2013, pp. 1337 – 1339.

⑤ European FP7 IoT@ Work project. < http://iot-at-work.eu >.

Hydra 项目[①]基于面向服务的体系结构（SOA），为网络工作的嵌入式系统开发了中间件。它是由欧洲委员会共同资助的。Hydra 考虑中间件组件之间的分布式安全问题和社会信任。这样的中间件允许开发人员通过提供易于使用的 web 服务接口将异构物理设备集成到他们的应用程序中，从而控制任何类型的物理设备，而不依赖于各种网络。

所涉及的技术，如蓝牙、RF、ZigBee、RFID 和 Wi-Fi。Hydra 集成了设备和服务发现、语义模型驱动架构、P2P 通信和诊断的方法。

uTRUSTit[②]（物联网中的可用信任）是欧盟资助的 FP7 项目，目的在于创建一个信任反馈工具包，从而增强物联网环境下的用户信任感知。uTRUSTit 使系统制造商和系统集成商能够全面地向用户表达底层的安全概念，让用户对系统的可信性做出有效判断。

iCore 项目[③]提供了一个作为更广泛的物联网生态系统的管理框架，能够被不同类型的用户和利益相关者以及不同的应用领域所使用。iCore 项目提出的解决方案是一个认知框架，包括三个层次的功能：虚拟对象（VOs）、组合虚拟对象（CVOs）和功能块，用于表示用户或涉众的视角。特别重要的是 VOs，它是对真实世界对象的认知虚拟表示（即传感器，设备，每日的小物件）以及隐藏潜在的技术异质性。而 CVO 是语义上可互操作的 VO 的认知混搭，根据用户或利益相关者的要求提供服务。

真实数字对象与虚拟对象之间的区别在于前者可能由特定利益相关者拥有或控制，而后者可由特定服务提供者拥有或控制。CVO 可能由另一个提供商拥有或控制，该提供商通过组合不同的虚拟对象并向用户提供这些组合来增加价值。这导致了一个等级结构，因此造成了一个复杂的生态系统，这个系统对不同的利益相关者是隐藏的，并开辟了新的机会。iCore 项目解决方案应配备基本的安全协议或功能，这些协议或功能跨越框架的所有级别，并考虑数据的所有权和隐私以及设备的访问。它将保证在架构组件之间以及物理和虚拟世界之间交

[①] HYDRA Project. ＜http://www.hydramiddleware.eu/＞.
[②] Usable Trust in the Internet of Things. ＜http://www.utrustit.eu/＞.
[③] iCORE Project. ＜http://www.iot-icore.eu＞.

换的信息的安全分布和聚合。为了测试这些提议的有效性，iCore 项目在以下环境下进行应用：环境辅助生活，智能办公，智能交通和供应链管理。

除了欧洲外，其他国家也同意进行几个项目来解决物联网的安全问题。2012 年在美国，DARPA 宣布了"高保证网络军事系统计划"（HACMS）[1]，该计划旨在修补物联网的安全漏洞。该机构希望确保军用车辆、医疗设备，甚至无人机都可以免遭外部入侵。HACMS 项目旨在为未来的安全协议提供启蒙，让物联网领域能够起步，实现足够的标准化和安全性。在未来，一些从 HACMS 程序中出现的软件工具可以进行民用。另一个对网络物理系统安全感兴趣的是国家科学基金会项目（NSF）。[2] 其资助的 Roseline 项目[3]的目的是为网络物理系统找到有力的解决方案，从而可以实现准确和安全地与时间交互。

事实上，协调基础设施内的活动、控制通信和了解推断位置的时间是实现安全的关键问题。Roseline 项目将在智能电网、航空系统、安全系统和自动驾驶汽车等多个领域实施。NSF 未来互联网架构（FIA）计划中包含的其他多机构项目包括：XIA-NP（部署驱动的对表现性互联网架构的评估和演化）[4]、NDN-NP（命名为数据网络下一阶段）[5]、NEBULA[6] 和 MobilityFirst-NP[7]（下一阶段移动优先-NP 项目）。它们旨在探索新的网络体系结构和网络概念，例如新的通信协议，能够扩展到当前网络组件、机制和应用程序需求之外。他们还考虑了互联网与社会互动所带来的更大的社会、经济和法律问题，为流动性提供支持，增强网络安全。

具体地说，XIA-NP[8] 解决了日益多样化的网络模型，对可信通信的需求，以及协调他们的活动，从而使互联网服务的利益相关者不

---

[1] HACMS Project. <http://www.defenseone.com/technology>.
[2] National Science Foundation Project. <http://www.nsf.gov>.
[3] Roseline Project. <https://sites.google.com/site/roselineproject/>.
[4] XIA-NP Project. <http://www.cs.cmu.edu/xia/>.
[5] NDN-NP Project. <http://named-data.net/>.
[6] NEBULA Project. <http://nebula-fia.org/>.
[7] MobilityFirst-NP Project. <http://mobilityfirst.winlab.rutgers.edu/>.
[8] XIA-NP Project. <http://www.cs.cmu.edu/xia/>.

断增加。XIA-NP 定义了用于通信的应用程序编程接口（API）和网络通信机制，保证了通信的完整性和身份验证。事实上，XIA-NP 支持灵活的实际情况依赖机制，在通信设备之间建立信任。NDN-NP 项目解决了路由可伸缩性、快速转发、信任模型、网络安全、内容保护和隐私等技术挑战。NEBULA 项目提供了处理云计算的架构，在这样一个项目中，数据中心通过高速、极其可靠和安全的骨干网络连接，旨在开发新的可信数据、控制和核心网络方法，以支持新兴的云计算模型，即始终可用的网络服务。MobilityFirst-NP 项目提出的体系结构使用了广义的容错网络（GDTN），即使在链路或网络断开的情况下也能提供稳定性。GDNT 项目与自认证公钥地址集成，提供了一个可靠的网络。在处理移动性时，MobilityFirst-NP 允许场景和位置感知服务等功能自然地适应网络。这样一个项目的重点是在移动性和可伸缩性之间进行权衡，并利用网络资源实现移动端点之间的有效通信。

此外，中国国家基础研究计划[1]提出了网络实体之间交互过程中的安全保护问题，重点是信息表示和效率与能源消耗之间的平衡。欧洲与中国和韩国合作，在未来互联网研究和实验（FIRE）[2][3] 项目中实现物联网架构，其目的是在若干应用领域（例如，公共安全，社会保障，医疗和卫生服务，城市管理，民生）中寻找物联网技术部署的解决方案，特别注重信息安全，隐私和知识产权。此外，EU-Japan 项目（欧盟-日本信息通信技术合作项目）[4] 就所谓的未来互联网开展了欧洲和日本之间的合作，它的主要驱动力是：建立共同的全球标准，从而确保无缝通信和存储和访问信息的共同方式，确保最高的安全性和能源效率标准。

对于这些全球范围内的项目，为了开发一个统一的框架或中间件，有几种尝试在安全性、隐私性和信任方面满足物联网的需求。表 2 总结了正在进行的物联网各项目安全开放状况。目前，这些努力的目标是具体的实际应用，这些建议对大规模市场的影响仍然需要加以

---

[1] H. -D. Ma, Internet of things: objectives and scientific challenges, J. Comput. Sci. Technol. 26 (6) (2011) 919–924.
[2] FIRE EU-China Project. <http://www.euchina-fire.eu/>.
[3] FIRE EU-Korea Project. <http://eukorea-fire.eu/>.
[4] EU-Japan Project. <http://www.eurojapan-ict.org/>.

检测。

表2 目前正在进行的物联网各项目安全开放状况

	Butler	EBBITS	Hydra	uTRUSTit	iCore	HACMS	NSF	FIRE	EUJapan
身份验证	×	—	—	×	×	×	×	×	—
保密性	×	×	×	×	×	×	×	×	×
访问控制	×	×	—	×	×	×	×	—	—
隐私	×	—	—	—	—	—	×	—	—
信任	—	—	—	×	×	—	×	—	—
执行	—	—	—	—	—	—	—	—	—
中间件	—	×	×	—	×	—	—	—	—
移动	×	—	—	—	—	—	×	—	—

九、结语

物联网服务的真正传播尤其需要保障安全和隐私级别。本次调查所提供的广泛概述提出了许多悬而未决的问题，并为物联网安全领域的研究方向提供了一些启示。更详细地说，在这样一个涉及不同技术和通信标准的异构环境中，对于安全和隐私需求的保障仍然缺乏统一的发展方向。因此，在物联网领域需要设计和部署适当的解决方案，这些解决方案独立于所开发的平台，并且能够保证：用户和设备的保密性、访问控制、隐私、设备和用户之间的信任、遵守已确立的安全和隐私政策。未来的研究工作还需要面对物联网和通信技术在安全中间件中的集成，能够应对已确立的保护限制。另一个研究领域是移动设备中的物联网安全性，现在越来越普遍。全世界科学界已经（并且正在）花费大量精力来解决上述问题，但仍有许多未决问题需要面对。我们希望本文有助于提出未来的研究方向，以便在现实世界中大规模部署物联网系统。

物联网时代的安全和隐私

V. 切拉潘　K. M. 西瓦宁格[①] 著　邓晶晶[②] 译

目　次

一、导论
二、物联网安全概述
三、物联网安全框架
四、物联网的隐私
五、结语

一、导论

物联网为我们带来了一种全新的计算模式，它是我们将计算转化到实时环境中的结果。除了连接到互联网之外，物联网设备还需要根据所应用的环境进行相互通信。更准确地说，物联网不仅可以实现把智能物体与互联网连接，而且还能够实现它们彼此之间的相互交流。这不仅将对我们的生活产生直接的影响，而且也将改变我们的生活方式、学习方式和工作方式。因此，物联网为黑客侵犯他人的安全和隐私提供了一个巨大的机会。值得注意的是，我们不仅应该保护物联网系统免受行为人通过公共互联网攻击它的危险，而且还应该保护共选设备或良性节点免受在同一网络中的恶意节点的攻击。

[①]　V. 切拉潘（V. Chellappan）、K. M. 西瓦宁格（K. M. Sivalingam），印度马德拉斯理工学院计算机科学与工程系教授。

[②]　邓晶晶，中山大学法学院助教。

今时今日，我们可以在互联网上开展相当安全的在线金融交易、电子商务和其他服务。这些系统的核心是使用需要强大计算能力的高级加密算法。一方面智能物体在计算能力和内存方面的能力有限，另一方面它们也很可能是电池供电的设备，因此我们对智能物体需要采用节能技术。互联智能物体的构建所带来的挑战包括安全问题、隐私问题和信任问题。互联网协议（IP）的使用被认为是智能物体实现互操作性的标准。随着数十亿智能物体的诞生，IPv4 地址最终消耗殆尽，IPv6 协议已经被确定为实现智能物体通信功能的不二之选。要解决物联网安全和隐私问题，我们必须克服巨大的挑战。这主要是因为物联网系统在安全和隐私的配置方面存在许多限制。物联网的崛起引发了许多安全问题，理由如下：

第一，智能物体的本质，例如，智能物体采用轻量级密码算法，在处理需求和内存需求方面存在问题。

第二，标准协议的使用，例如，我们需要最小化在节点之间交换的数据量。

第三，双向信息流，例如，我们需要构建端到端的安全体系结构。

本文详细阐释了与智能物体相关的安全挑战。首先，除了讨论了网络层、传输层和应用层的安全协议之外，笔者还讨论了在计算资源方面所使用的轻量级加密算法，并以此取代苛刻的传统算法。其次，笔者还探讨了安全性方面的问题，如密钥分配和安全引导等。最后，笔者还研究了应用场景，如安全数据聚合和服务授权等。

（一）物联网参考模型

今时今日，我们还没有标准化的概念模型来描述和规范物联网系统的各种功能。思科系统公司提出了一个物联网参考模型[1]，该模型包括七个层级。首先，根据情况的不同，物联网参考模型可以让物联网系统在每个层级中发生从简单到复杂的加工。其次，该模型还描述了物联网系统如何处理每个层级的任务，使其保持简单性、容许高可扩展性和确保可支持性。最后，该模型界定了完整的物联网系统所需

---

[1] Green J. IoT reference model. http://www.iotwf.com/resources/72；2014.

要的功能。这七个层级及其简要特征见表1。为了呈现一个完整的物联网系统，该模型的基本思想是为人们提供一种抽象的层级及其相应的功能界面。该模型与端到端的物联网架构一致，它让人们得以处理大量特定配置指令的数据点、生成有意义的信息、管理大规模的内在功能，最终制定富有洞察力的设计对策。

表1 物联网世界论坛的参考模型

物联网参考模型	
层级	特征
实体设备和控制器层	终端设备、呈指数增长、多样化
连接层	可靠性、及时传输、切换和路由
边缘计算层	将数据转换为信息、可执行的数据
数据积累层	数据存储、持久数据和瞬态数据
数据抽象层	数据语义、应用程序的数据完整性、数据标准化
应用层	对数据进行有意义的解释和应用
协作和流程层	人员、流程、授权和协作

物联网的重要设计因素是对现有的互联网通信基础设施和协议的利用。第3层是著名的边缘计算或雾计算层（Edge Computing or Fog Computing）。其主要功能是将数据转换为信息，并执行有限的数据级分析。特定环境的信息处理在这个层级中进行，由此我们获得可操作的数据。雾计算的一个重要特点是它具有实时处理和实时计算的能力。更准确地说，第1层、第2层和第3层与动态数据有关，更高层级的则与从数据项所派生的信息有关。它带来了一个前所未有的价值区域，在该区域内，人们和程序进程有权对物联网的底层世界采取有意义的行动。其核心目标是将大部分手动流程自动化，并使人们能够更好、更智能地完成工作。

在参考模型的每一层中，实体字符、异构性、互操作性、复杂性、可移动性和实体字符的分配的不断增加都意味着一个不断扩展的受攻击面，这些都可以通过其他渠道、方法、参与者和数据项等进行度量。此外，这种扩展必然会扩大安全利益相关者的范围，并带来物联网特有的新的管理性挑战。

(二) 物联网的安全威胁

物联网存在三大类安全威胁：捕获类威胁、破坏类威胁和操纵类威胁。捕获类威胁与对系统或信息的捕获有关。破坏类威胁与对系统的否认、破坏和扰乱有关。操纵类威胁与对数据、身份、时间序列数据的操纵等有关。物联网中最简单的被动威胁类型是，以获取正在传输的信息为目的所实施的窃听或监视传输行为。它也被称为捕获攻击。捕获攻击旨在获得对物理系统或逻辑系统的控制，或从这些系统中获得对信息或数据项的访问。物联网物体和物联网系统的普遍存在和物理分布为攻击者提供了控制这些系统的巨大机会。智能物体、传感器和智能系统的分布导致了自我广告、beacons 和网格通信等现象，并为攻击者拦截或干预环境中的信息传输提供了更大的机会。此外，数据传输的频率、数据模型和数据格式都有利于攻击者进行密码分析。

现实中有以下一些众所周知的主动威胁存在。

第一，伪装攻击：伪装威胁是指一个实体假装其为一个不同的实体。伪装的对象包括其他物体、传感器和用户。

第二，中间人攻击（man-in-middle）：中间人攻击是指，在两个认为彼此之间是直接通信的实体之间，攻击者可以秘密地接力传输并可能更改他们之间通信。

第三，重放攻击：当入侵者向接收者发送一些旧的（真实的）消息时，可能会发生重放攻击。在广播链接或 beacon 的情况下，入侵者访问以前传输的数据是很容易的。

第四，拒绝服务攻击（简称 DoS 攻击）：DoS 攻击是指一个实体未能履行其适当的功能或以阻止其他实体履行其适当功能的方式实施攻击。

在物联网环境中，伪装攻击、重放攻击、DoS 攻击等主动威胁通常比较容易出现。从不可信源中实现克隆 beacons 的例子可以说明这一点。beacons 是一种小型无线设备，它不断地发送简单的无线电信号来宣告"我在这里，这是我的 ID"。在大多数情况下，这一信号是由附近使用低功耗蓝牙（BLE）技术的智能手机接收的。当移动设备检测到 beacons 信号时，它会读取 beacons 的识别号（ID），然后计算本设备与 beacons 的距离，并根据这些数据在兼容 beacons 的移动应用程序中触发操作。在《一种算法概述：在基于 IP 的物联网中实施安全机制》①一文中，作者所列举的物联网的威胁，除了标准的中间人攻击和 DoS 攻击等威胁类型之外，还包括不可信的制造商对智能物体的克隆、第三方对物联网设备的伪造/置换、恶意固件的替换、通过窃听或提取凭证或安全属性的方式对相对不受保护的设备进行的攻击等。在物联网环境中，安全和隐私的要求由攻击的性质决定。

（三）物联网的安全要求

笔者在本节将概述物联网的安全要求。接下来，笔者将列举出在物联网中所需要实现的基本安全属性：①保密性，设备所传输的数据只能由通信端点读取；②可获取性，数据始终可以到达通信端点，但通信端点不可以再被访问；③完整性，在传输过程中，所接收数据不可被篡改，并保证其在整个生命周期中的准确性和完整性；④真实性，数据发送方始终可以被验证身份，且其不可以对数据接收方实施欺骗和授权，即数据只能由那些已授权方来访问，而不能让其他人访问。物联网的安全要求是复杂的，包括来自移动端和云端架构的各种方法的混合、工业控制、自动化和物理安全。物联网的许多安全要求与基于 IP 协议的网络要求类似。在大多数情况下，用于保护互联网安全的技术和服务对物联网而言都是适用的，只是我们在物联网参考模型的每个层级中适用时都需要对其做出适当的调整。除了标准的安全需求和前文所讨论的威胁之外，笔者还推导出了以下几个安全要求。

1. 规模

物联网重要的安全要求之一是物联网环境预期增长的规模。随着用户拥有更多智能和互联的物体和设备、更多传感器被配置以及物体被嵌入更多智慧和信息，物联网实体的数量预计将呈指数级增长。根

---

① Cirani S, Ferrari G, Veltri L. Enforcing security mechanisms in the IP-based Internet of Things: an algorithmic overview. Algorithms 2013, 6 (2): pp. 197–226.

据其性质和特征的不同，每个物联网实体都带有一组相关的协议、通道、方法、数据模型和数据项，而其中的任何一个环节都可能受到潜在的安全威胁。物联网规模的不断增加具有不断扩大受攻击面的效果。如前所述，物联网模型每一层级的庞大规模和复杂性决定了物联网的计算量和存储需求，从而决定了其成本预算和功率预算。成本与资源之间的权衡决定了系统安全性、加密算法、密钥大小和方法中的何种资源是可采用的。

2. 以 IP 协议为基础的物联网

IP 技术在物联网中应用存在许多基本优势，如无缝的、同构的协议组和经过验证的安全体系结构。通过扩展经过测试的基于 IP 的框架，它还简化了开发和部署创新服务的机制。然而，它导致了一种叫作"攻击面膨胀"的现象。这意味着，当我们通过各种方式来连接以前未经连接的设备时，安全威胁全新入侵点不可避免地会出现。这些方式可能包括，引入新设备来传输上下文敏感数据、将数据放置在移动云端中，或者将计算推向边缘设备。随着智能物体网络与 IP 网络逐渐融合，由于协议的转换、不兼容的安全基础设施等原因，安全漏洞的发生概率将越来越高。企业安全模型有两个主要原则：

第一，将安全重点放在最佳的应用程序和设备上：防火墙解决方案、网络安全解决方案、数据安全解决方案、内容安全解决方案等。

第二，基于边界的安全：这意味着组织保护终端设备和服务器，并对已识别的入侵或威胁（如病毒或 DoS 攻击）做出反应。

在物联网的背景下，基于边界的安全机制几乎没有任何相关性。因为物联网的攻击面要宽得多，它常常没有边界，并且涉及异构系统。

3. 异构物联网

物联网的另一个重要的设计考虑是，互联物如何协同工作、创造价值，并为用户提供创新的解决方案和服务。物联网可能是一把双刃剑。尽管它为促进创新提供了一个潜在的解决方案，但是如果我们没有适当地将物联网与关键的组织流程融合在一起，那么它可能会显著地提高物联网操作的复杂性。因此，我们还应当适当地设计安全流程，使其与组织流程保持一致。复杂的操作技术为技术人员设计一个强健的物联网安全结构带来了重重困难。人们普遍认为，在不久的将来，IP将成为物联网的基本公共网络协议。然而，这并不意味着所有物体都能够运行IP协议。相反，总是存在某些微型设备，例如微型传感器或射频识别（RFID）标签，它们将被安置在封闭的网络中，执行非常简单和特定于应用程序的通信协议，并最终通过适当的网关连接到外部网络。简而言之，网络的异构特性使得执行某些基于IP的安全系统变得更加困难，例如对称密码系统。

4. 轻量级安全

只有当不同特征的智能物体相互交互，并与后端或云服务交互时，物联网前所未有的价值才会实现。IPv6和网络服务是物联网系统和应用程序的基本构件。在受限的网络场景中，为了优化网络通信和降低内存要求、计算要求和电源要求，智能物体可能需要额外的协议以及一些协议的适配。IP技术在物联网中的应用具有许多基本优势，如无缝的、同构的协议组和经过验证的安全体系结构。通过扩展经过测试的基于IP的框架，它还简化了开发和部署创新服务的机制。然而，在按原本那样采用某种框架时，它也带来了一些全新的挑战。物联网通过数十亿台设备使得大规模的人和物实现互联互通。这既为我们带来提高效率和完善服务的重大机遇，也为黑客带来破坏安全和隐私的良好机会。

值得注意的是，互联网中最高水准的安全技术的关键要素之一，是使用需要强大处理能力的高级加密算法。即便不是大多数的物联网设备，许多物联网设备都以低端处理器或微控制器为基础。低端处理器或微控制器具有较低的处理能力和内存，并且在设计时，技术人员没有将安全性作为优先设计的目标。当今互联网的关键安全机制，是通过数据加密、身份认证和使用数字签名证书进行信息认证等方式来加强隐私保护。这些机制依赖于以下技术：

第一，加密密码，如高级加密标准（AES）、安全散列算法（SHA2）、RSA公钥密码和椭圆曲线密码（ECC）。

第二，安全传输层（TLS）协议及其前身安全套接层（SSL）协议，它们都使用上文所提及的密码来提供身份验证和信息加密。

第三，公钥基础设施（PKI）通过数字证书标准和电子证书认证中心（CA）为身份验证和信任提供了基本构件。

目前，物联网的实际执行与上述安全机制的实现之间仍然存在差距，尽管这些机制在 IP 网络中已经得到了广泛采用。例如，在物联网设备中，我们可以采用多种商用的和开源的安全传输层协议实现。这些库通常要消耗超过 100 kb 的代码和数据内存，这对于传统的计算设备来说并不多，但是对于诸如医疗传感器之类的物联网设备来说是不切实际的。安全传输层协议所使用的密码是典型物联网设备低端中央处理器（CPU）的重要计算负载源。这种计算负载也会导致更高的功耗。例如，如果我们用 16 位处理器替换 32 位单片机，那么 32 位单片机实现 AES-128 所支持的数据速率可能从 3 兆比特每秒（mbps）降至 900 千字节每秒（kbps）。值得注意的是，这将进而会间接影响到更长的运行时间、更多的电力消耗、更短的电池寿命等。从本质上讲，这一挑战是要让资源受限的物联网网络与资源丰富的 IP 网络实现互操作。

根据不断发展的物联网体系结构，当前物联网的安全原则需要通过重新评估和重新设计协议、算法和流程来解构。更准确地说，网络规模、异构性、功率限制和移动性在更大的规模和更广的范围内改变了受攻击面。这就需要我们对基于 IP 的协议进行改造和适应，并引入物联网的专用协议。

二、物联网安全概述

笔者在本节中展示了物联网控制协议和安全协议的必要背景。物联网控制协议包括 ZigBee 无线个域网、基于 IPv6 的低功耗无线个域网（6LoWPAN）、受限制的 RESTful 环境（CoRE）、CoAP 协议等。物联网安全协议包括 IKEv2／IPSec 协议、TLS／SSL 协议、数据包传输层安全性协议（DTLS）、主机标识协议（HIP）、携带身份验证的网络访问协议（PANA）、和可扩展身份认证协议（EAP）等。笔者还在本节中探讨了物联网安全的关键概念，包括对物联网网络的身份管理、认证、授权、隐私、信任和治理。表 2 展示了安全攻击、威胁和安全机制的分类。

表2 减轻物联网网络威胁的安全机制

威胁/安全机制	数据隐私	数据新鲜度	来源验证	数据完整性	入侵检测	身份保护
捕获类威胁						
物理系统	—	—	—	—	—	×
信息	×	—	—	×	—	×
破坏类威胁						
DoS攻击	—	×	×	—	×	—
路由攻击	—	—	—	—	—	—
操纵类威胁						
伪装攻击	×	—	×	×	—	×
重放攻击	—	×	×	×	×	—
中间人攻击	—	—	×	×	×	—

（一）物联网协议

在其《物联网智能物体的安全通信：协议栈、使用案例和实际示例》[1] 一文中，Bonetto等人运用案例讨论了受限物联网设备的安全程序。该论文首先描述了一般的安全体系结构及其基本程序，其次讨论了它的元素如何与受限的通信栈实现交互，最后探讨了在ISO/OSI模型的各个层级上适用的主流安全方法的优缺点。同样地，《基于IP协议的物联网安全挑战》[2] 一文讨论了现有互联网协议和安全架构在物联网环境中的适用性和局限性。一方面，它概述了配置模型和一般安全要求。另一方面，它还提出了基于IP的安全解决方案的挑战和

---

[1] Bonetto R, Bui N, Lakkundi V, Olivereau A, Serbanati A, Rossi M. Secure communication for smart IoT objects: protocol stacks, use cases and practical examples. In: IEEE International Symposium on a World of Wireless, Mobile and Multimedia Networks (WoWMoM), San Francisco, 2012. p. 1–7.

[2] Heer T, Garcia-Morchon O, Hummen R, Keoh S, Kumar S, Wehrle K. Security challenges in the IP-based Internet of Things. Wirel. Pers Commun 2011, 61 (3): pp. 527–542.

要求,并强调了标准 IP 安全协议(IPSec)的特定技术限制。目前有一些互联网工程任务组(IETF)致力于为资源受限的网络环境扩展现有协议。这些工作组包括 CoRE 工作组①、6LoWPAN 工作组②、低功耗和有损网络路由工作组③(ROLL),以及轻量级实施指导(LWIG)工作组。

对资源受限对象进行适当的协议优化和适配的重要原因,是为了通过协议压缩来适应更小的最大传输单元(MTU),从而我们可以通过更小的数据包、消除碎片和减少握手消息来降低功耗。一个蓝牙智能设备协议栈的典型物联网层如表 3 所示。

表 3　蓝牙智能设备协议栈

应用层	CoAP 协议、MQTT 协议
传输层	UDP 协议、TCP 协议
网络层	IPv6 协议、ICMPv6 协议、RPL 协议
适配层	蓝牙 6LoWPAN
物理层和链路层	IPSP

IPv6 通过提供 2128 个地址显著地扩展了可用 IP 地址的数量。这意味着,如果有必要,每个设备都可以有自己独特的 IPv6 地址。像 6LoWPAN 这样的标准使得我们可能以一种与传输无关的方式集成传感器。6LoWPAN 使传感器能够与 IP 协议进行本地通信。新的应用层

---

① Shelby Z. Constrained restful environments (CoRE) link format. RFC 6690, RFC Editor, 2012.

② Montenegro G, Kushalnagar N, Hui J, Culler D. Transmission of IPv6 packets over IEEE 802.15.4 networks. RFC 4944, RFC Editor, 2007; Hui J, Thubert P. Compression format for IPv6 datagrams over IEEE 802.15.4 based networks. RFC 6282, RFC Editor; 2011; Shelby Z, Chakrabarti S, Nordmark E, Bormann C. Neighbor discovery optimization for IPv6 over low-power wireless personal area networks (6loWPANs). RFC 6775, RFC Editor, 2012.

③ Winter T, Thubert P, Brandt A, Hui J, Kelsey R, Levis P, Pister K, Struik R, Vasseur J, Alexander R. RPL: IPv6 routing protocol for low-power and lossy networks. RFC 6550, RFC Editor, 2012.

协议如 CoAP 协议和消息队列遥测传输协议①（MQTT）确保了受限物联网设备的带宽和资源的最佳利用。蓝牙是一个开放的标准，它是专门为电池供电的传感器和可穿戴设备的需求而设计的。如今，配备了 6LoWPAN IETF 的基本功能，蓝牙可以很好地满足不断发展的连接到云端传感器的需求，而无须通过智能网关。网络协议服务规范（IPSP）定义了面向蓝牙通信信道的逻辑连接控制和适配协议（L2CAP）的构建和管理。IPSP 和蓝牙 6LoWPAN 标准确保了作为物理层的蓝牙的最佳 IP 协议性能。6LoWPAN 表明了设备 IPv6 地址是从蓝牙设备地址中创建的。为了确保最优地使用射频带宽以达到节能的目的，它还会在可能的情况下压缩 IP 报头。

物联网物体的静态配置文件通过其自身资源的端点（如身份、电池、计算能力、内存大小等）和它打算使用或需要的网络安全设置来表现智慧。静态配置文件可以是只读的（由供应商预先设置）、一次性写入的（由制造商设置）或可重写的（由用户启用）。值得注意的是，某些安全原语可能从计算方面禁止物联网物体；因此，为了相关的连接端点能够就加密套件达成一致，我们在建立安全通道之前需要与相关主体进行协商。

（二）网络层和传输层的挑战

以安全关联（SA）的概念为基础，网络协议安全②（IPSec）是指用于单向加密和验证特定流的一组算法和参数（如密钥）。为了建立安全关联，我们可以预先配置 IPSec（指定预共享密钥、散列函数和加密算法），也可以通过 IPSec 互联网密钥交换（IKE）协议来进行动态协调。然而，一方面，IKE 协议使用非对称加密，这对于资源受限的设备来说计算量过大。为了解决这个问题，我们应该使用应用更轻量级算法的 IKE 扩展协议。另一方面，数据开销是 IPSec 在物联网环境中实现的另一个问题。这是由 IPSec AH 的额外报头封装和安

---

① Hunkeler U, Truong HL, Stanford-Clark A. In: Choi S, Kurose J, Ramamritham K, editors. Mqtt-s—a publish/subscribe protocol for wireless sensor networks. IEEE COMSWARE, 2008. pp. 791-798.

② Kent S, Seo K. Security architecture for the Internet protocol. RFC 4301, RFC Editor, 2005.

全负载封装①（ESP）造成的，我们可以通过使用报头压缩来减轻这个负担。

CoAP 协议打算利用 DTLS 协议②在物联网系统中提供端到端的安全机制。DTLS 协议提供了一种类似于 TLS 协议的安全服务，但却以 UDP 协议为基础。这种协议非常适合物联网环境，因为它将 UDP 作为传输协议。这就避免了在网络受限的场景中使用 TCP 所带来的问题，而这些场景中的问题是由极其易变的传输延迟和丢失链接所接造成的。DTLS 协议是一种重量级协议，它的报头太长以至于我们无法将其放入单个 IEEE 802.15.4 MTU 中。6LoWPAN 提供了报头压缩机制来减小上层头文件的大小。因此，我们也可以使用 6LoWPAN 报头压缩机制来压缩安全报头。Raza 等人为 DTLS 协议提出了一种新的 6LoWPAN 报头压缩算法。③ 它通过标准化机制将压缩的 DTLS 协议与 6LoWPAN 标准连接起来。结果表明，他们所提出的 DTLS 协议压缩法大大减少了额外的安全比特数。Kothmayr 等人提出了一种基于 DTLS 协议的物联网双向认证安全方案。④ 他们所提出的安全方案是以广泛使用的基于公钥的 RSA 加密协议为基础的，并且是在标准的低功耗通信栈上工作的。

（三）物联网网关和安全

在设计物联网网络时，物联网的连接是重大的挑战之一。端点的多样性使得 IP 连接的提供变得异常困难。重要的是，非 IP 设备也有与物联网连接的机制。物联网网关可以通过支持不同本地节点连接的方式来简化物联网设备的设计，无论它是一个来自原始传感器的不同电压，还是来自编码器的内部集成电路（I2C）上的数据流，抑或是

---

① Kent S. IP encapsulating security payload (ESP). RFC 4303, RFC Editor, 2005.

② Rescorla E, Modadugu N. Datagram transport layer security version 1.2, RFC 6347, RFC Editor; 2012.

③ Raza S, Trabalza D, Voigt T. 6loWPAN compressed DTLS for CoAP. In: Eighth IEEE Distributed Computing in Sensor Systems (DCOSS), Hangzhou, China, 2012. pp. 287 – 289.

④ Kothmayr T, Schmitt C, Hu W, Brunig M, Carle G. A DTLS based end-to-end security architecture for the Internet of Things with two-way authentication. In: Thirty Seventh IEEE Conference on Local Computer Networks Workshops, FL, 2012. pp. 956 – 963.

通过蓝牙连接的设备的定期更新。通过整合来自不同源和接口的数据并将它们连接到 Internet，网关有效地减少了各种各样的设备数量。其结果是，单个节点不需要为了实现连接而承担高速互联网接口的复杂性或成本。物联网网关可以通过以下几种方式将连接扩展到节点。

第一，网络节点通过网关连接到物联网。节点本身不是以 IP 为基础的，因此也就不能直接连接到因特网或广域网（Internet/WAN）。相反，通过使用有线或无线 PAN 技术，它们能够以更便宜、更简单的连接模式连接到网关。网关会为每个节点保留一个物联网代理，用于管理节点与节点之间的所有数据。在这种情况下，应用程序的智能处理也可以位于网关中。

第二，这些节点还可以使用广域网连接直接连接到 Internet，如 Wi-Fi 或以太网。网关的主要功能是充当路由器；事实上，当节点拥有自己的物联网代理并自主管理自己时，它可以单纯是一个路由器。

第三，节点还可以使用诸如 6LoWPAN 之类的 PAN 连接直接连接到互联网。在这种情况下，网关的功能是充当 PAN 和 WAN 之间的转换点。

许多物联网应用程序都可以处理潜在的敏感数据。例如，定位服务需要保护从其中所收集的数据免受黑客攻击。同样地，医疗设备也需要维护个人隐私。

在物联网网关体系结构的背景下，为了确保准确的身份验证、保护数据交换和保护知识产权，我们可以将安全处理和安全机制从节点卸载到网关。这使得物联网节点能够实现比单个端点更高的安全性。

（四）物联网路由攻击

由于物联网设备的物理特性而产生的威胁可以通过适当的物理安全防护措施加以缓解，而安全通信协议和密码算法是处理由于物联网设备之间及其与外部世界通信而产生的威胁的唯一方法。对于后者，如果计算资源和电力资源允许的话，那么，物联网设备可以运行标准的 TCP/IP 协议栈，也可以运行为降低计算量和电力消耗而优化的适配器。有一些众所周知的路由攻击可以被攻击者利用。通过 6LoWPAN 网络或 IP 连接的传感器网络利用 6LoWPAN 边界路由器（6LBR）连接到传统的 Internet。低功耗有损网络路由协议（RPL）

是一种适用于 6LoWPAN 网络的新型路由协议。RPL 在 6LoWPAN 中的节点之间创建了一个目标导向的有向无环图（DODAG）。它支持指向 DODAG 根节点的单向通信和在 6LoWPAN 设备之间以及设备与 DODAG 根节点（通常是 6LBR）之间的双向通信。RPL 使网络中的每个节点能够决定数据包是向上转发给它们的父节点，还是向下转发给它们的子节点。《无线传感器网络中的安全路由：攻击及其对策》[1]、《在基于 RPL 的物联网中的路由攻击及其对策》[2] 等论文讨论了适用于物联网的传感器网络攻击。以下列举了一些著名的物联网路由攻击：①选择性转发攻击；②Sinkhole 攻击；③泛洪攻击；④虫洞攻击；⑤复制 ID 攻击和女巫攻击。

选择性转发攻击很可能会启动 DoS 攻击，使得恶意节点有选择地转发数据包。这种攻击的主要目的是破坏路由路径。例如，攻击者可以转发所有 RPL 所控制的消息并删除其余的通信量。这种攻击与其他攻击类型结合使用会产生更严重的后果，如与 Sinkhole 攻击结合。防止选择性转发攻击的解决方案之一是在源节点和目的节点之间创建一条不相交的路径。针对选择性转发攻击的第二个有效对策是确保攻击者无法区分不同类型的通信量，从而迫使攻击者要么转发所有通信量，要么不转发任何通信量。

在 Sinkhole 攻击中，一个恶意节点会利用一个貌似有用的路由度量来传达一个虚假的路由路径，并吸引附近的许多节点通过该虚假路径来路由通信量。我们可以将入侵检测系统在 6LoWPAN 边界路由器中托管，也可以利用来自多个 DODAGs 的信息来检测 Sinkhole 攻击。

在泛洪攻击中，HELLO 消息是指节点在加入网络时所发送的初始消息。通过传播具有强大信号功率和良好路由度量的 HELLO 消息，攻击者可以向许多节点介绍自己是邻居节点，甚至可以向整个网络介绍。对付此类攻击的一个简单的解决方案是，对于每个 HELLO 消息，我们都对链接进行双向检查。

---

[1] Karlof C, Wagner D. Secure routing in wireless sensor networks: attacks and countermeasures. Ad Hoc Netw, 2003, 1 (2): pp.293 – 315.

[2] Wallgren L, Raza S, Voigt T. Routing attacks and countermeasures in the RPL-based Internet of Things. Int J Distr Sensor Netw, 2013: 11.

虫洞是指通过有线或无线链路在两个节点之间所进行的带外连接。虫洞可以用来转发数据包，其转发速度比正常路径更快。由攻击者创建并结合了其他攻击的虫洞是一个严重的安全威胁，如结合了Sinkhole攻击的虫洞。其一，一种应对方法是对网络的不同部分使用不同的链路层密钥。这可以抵消虫洞攻击，因为在两个不同部分的节点之间不可能进行通信。其二，我们也通过将地理信息绑定到社区来克服虫洞攻击。

在复制ID攻击中，攻击者将有效节点的身份标识复制到另一个物理节点上。这既可以用来访问大部分的网络，也可以用来扰乱电子投票方案。在类似于复制ID攻击的女巫攻击中，攻击者会在同一物理节点上使用多个逻辑实体。在不配置物理节点的情况下，女巫攻击可以用于控制大部分的网络。一方面，我们可以通过跟踪每个身份标识的实例数来检测出被克隆的身份标识。另一方面，我们还可以通过掌握节点的地理位置来检测克隆的身份标识，因为身份标识不可能同时出现在多个位置中。

（五）引导和认证

引导（bootstrapping）和认证（authentication）控制了节点的网络入口。认证与物联网高度相关，它很可能是节点在加入新网络时所执行的第一个操作，例如在加入移动网络之后。它是通过（通常是远程）认证服务器对网络访问协议的使用来执行的，如使用PANA协议。① 为了更好的互操作性，我们设想使用EAP协议②来执行。在成功认证之后，我们还可以建立更高层级的安全关联（例如先配置IPSec再执行IKE协议③），并在新认证的端点和关联网络中的访问控制代理之间启动。

---

① Forsberg D, Ohba Y, Patil B, Tschofenig H, Yegin A. Protocol for carrying authentication for network access (PANA). RFC 5191, RFC Editor; 2008.

② Aboba B, Blunk L, Vollbrecht J, Carlson J, Levkowetz H. Extensible Authentication Protocol (EAP). RFC 3748, RFC Editor; 2004.

③ Frankel S, Krishnan S. IP security (IPSec) and internet key exchange (like) document roadmap. RFC 6071, RFC Editor; 2011.

因特网密钥交换协议（IKEv2）/IPSec 和 HIP 协议①适用于网络层或高于网络层。这两种协议都能够执行经过认证的密钥交换，并为安全的有效负载传输设置 IPSec 转换。目前，也有人在努力创建一个名为 Diet HIP 的 HIP 变体②，该变体在认证和密钥交换层面上考虑了低功耗网络的损失。

（六）授权机制

目前在互联网上运行的服务，如流行的社交媒体应用程序等，在处理可能被第三方访问的个人和受保护的数据时，它们不仅面临着许多与隐私相关的问题，而且也处理了许多与隐私相关的问题。在未来，物联网应用也将面临类似的问题，同时它也将面临该领域特有的其他问题。开放协议（OAuth）被定义为解决允许授权第三方访问个人用户数据问题的协议。③ OAuth2.0④ 是一个授权框架，它允许第三方对资源所有者拥有的资源进行访问，而无需向第三方提供未加密的凭据。例如，假设医疗传感器或医疗移动应用程序希望访问他人在 Facebook 中的个人资料来发布状态更新。我们不需要向这些应用程序提供 Facebook 凭据；相反，一旦用户登录 Facebook，则这就意味着该应用程序被授权代表用户使用 Facebook。用户还可以随时通过删除 Facebook 设置中的特权来撤销此授权。OAuth 2.0 协议界定了以下四个角色。

1. **资源所有者**

资源所有者是能够向行为人授予对受保护资源的访问权的实体。当资源所有者是一个人时，它会被称为终端用户。在上面的例子中，资源所有者可能是医疗设备的终端用户。

2. **资源服务器（服务提供者，SP）**

资源服务器是承载受保护资源的服务器，它能够通过使用存取令

---

① Moskowitz R, Nikander P, Jokela P, Henderson T. Host Identity Protocol. RFC 5201, RFC Editor; 2008.

② Chan H, Perrig A, Song D. Random key predistribution schemes for sensor networks. In: Proceedings of the IEEE Symposium on Security and Privacy, Oakland; 2003. pp. 197–213.

③ Hammer-Lahav E. The OAuth 1.0 protocol. RFC 5849, RFC Editor; 2010.

④ Hardt D. The OAuth 2.0 authorization framework. RFC 6749, RFC Editor; 2012.

牌来接受和响应受保护的资源请求。在本例中，资源服务器即为Facebook服务器。

3. 客户端（服务消费者，SC）

客户端是代表资源所有者并经其授权发出受保护的资源请求的应用程序。"客户端"这一术语并不意味着任何特定的实现特征（例如，应用程序是否在服务器、桌面或其他设备上执行）。在本例中，客户端指的是医疗传感器或医疗移动应用程序。

4. 授权服务器

授权服务器是指，在成功地对资源所有者进行认证并获得授权之后，向客户端发出存取令牌的服务器。在本例中，它是 Facebook 授权服务器。

（七）IoT-OAS

值得注意的是，由于加密计算具有 CPU 密集的特征，因此物联网设备在实现 OAuth 时可能会遇到挑战。Cirani 等提出了一种改进的架构，称为 IoT-OAS。[①] 在这种方法中，为了最小化对物联网设备本身的内存和 CPU 需求，与授权相关的功能将会委托给外部 IoT-OAS 授权服务。首先，为了验证请求所中包含的存取令牌，传入的 OAuth 安全请求将被转发到 IoT-OAS 服务。其次，IoT-OAS 服务将使用适当的方案（PLAINTEXT/HMAC/RSA）来计算传入请求的数字签名，并将其与内部存储进行匹配，以验证用户和客户端凭证以及资源访问权限。最后，它将提供一个适当的响应，允许或拒绝来自客户端的请求访问。这种方法使物联网设备能够专注于自己的服务逻辑，并将计算资源从安全与加密实现的重负中解放出来。物联网和 IP 安全协议如图 1 所示。

三、物联网安全框架

在本节中，笔者将讨论一些用于实现安全物联网系统的特定框

[①] Cirani S, Picone M, Gonizzi P, Veltri L, Ferrari G. IoT-OAS: an OAuth-based authorization service architecture for secure services in IoT scenarios. IEEE Sens J 2015; 15 (2): pp. 1224 – 1234.

图 1　物联网和 IP 安全协议示意

架。物联网设备在能量和计算能力、无线特性和实体易损性等方面的性能低下,它们被认为是造成物联网系统的某些独特安全漏洞的因素。我们在前文特别地提及了严格的资源约束、如 HTTPCoAP 等协议转换以及端到端的安全性。其他重要话题还包括体系结构框架方面:分布式方法与集中式方法、引导标识和密钥交换、隐私感知识别、移动性以及 IP 网络动态。

在由资源受限的物联网设备所组成的大规模网络和普适计算的时代下,人们对摩尔定律可以会有不同的解释[①]:我们可以看到,恒定的电脑计算能力的价格每 18 个月就会减半,而不是像原本的摩尔定律那样性能翻倍、价格不变。因为许多可预见的应用程序随着时间的推移而具有非常严格的成本限制,例如,利乐食品包装中的 RFID,因此摩尔定律将越来越多地适用于此类应用程序。许多应用程序将处理敏感的健康监测数据或生物特征数据,因此,对能够有效实现加密组件的需求非常强劲,而且还在不断增长。

(一) 轻量级加密算法

轻量级加密算法是指一种占用空间小、能耗低、计算能力要求低

---

① Eisenbarth T, Kumar S. A survey of lightweight-cryptography implementations. IEEE Des Test Comput 2007; 24 (6): pp. 522–533.

的加密算法。轻量级加密算法的每个设计人员都必须在安全性、成本和性能之间进行权衡。我们通常很容易实现三个设计目标中的任意两个：安全性和成本、安全性和性能，或者成本和性能；然而，同时优化这三个设计目标是非常困难的。

在比较轻量级加密算法实现时，我们可以区分对称密码和非对称密码。对称密码的主要功能是消息完整性检查、实体身份认证和加密等，而非对称密码还存在密钥管理和不可否认性的优势。无论在硬件还是软件上，非对称密码的计算要求都比对称密码的要高得多。在诸如8位微控制器这样的受限设备上，两者性能差距是巨大的。例如，一个优化的非对称算法如 ECC 算法，其执行速度比标准对称密码如 AES 算法要慢 100～1000 倍，同时 AES 算法的功耗要比 ECC 算法高 2 到 3 个数量级。

对称密钥加密算法使用相同的密钥来加密纯文本和解密消息。加密密钥代表着安全通信中各方共享的秘密。

现简要介绍一下有关对称密钥 LWC 算法。

(1) 微型加密算法（TEA）是一种分组密码，它以描述和实现的简单性而闻名，因为它通常只有几行代码。[1] TEA 在两个 32 位无符号整数（可以从 64 位数据块中派生）中操作，并使用 128 位密钥。TEA 只依赖于 32 位字的算术运算，只使用加法、XORing 和移位。对于内存容量小的物联网设备，TEA 是非常合适的，因为它的算法使用了大量的迭代，而不是一个复杂的程序，从而可以避免预设表和较长的设置时间。TEA 定义了一个简单的短密码，它不依赖于预设表或预计算，因此可以节省内存资源。

(2) 可伸缩加密算法（SEA）针对的是小型嵌入式应用程序。[2] 该设计明确考虑了处理资源和吞吐量需求都非常有限的环境。SEA 的设计原则是灵活性：明文尺寸 n、密钥尺寸 n、处理器（或字符）尺寸 b 都是设计参数，唯一的约束条件为 n 是 6b 的倍数；因此，算

---

[1] Wheeler DJ, Needham RM. TEA, A tiny encryption algorithm. Proceedings of fast software encryption, 2nd internation workshop, vol. 1008. Leuven, Belgium; 1995. pp. 363–66.

[2] Standaert F-X, Piret G, Gershenfeld N, Quisquater J-J. SEA：A scalable encryption algorithm for small embedded applications. Proceedings of 7th IFIP WG 8.8/11.2 international conference, CARDIS 2006. Tarragona, Spain; 2006. pp. 222–236.

法记为 SEAn∶b。其主要的缺点是 SEAn∶b 用空间交换时间，而这一缺点对于计算能力有限的设备而言可能并不是微不足道的。

（3）PRESENT 是一种基于置换网络（SPN）的超轻量级分组密码算法。[①] PRESENT 已被设计为非常小型和高效的硬件。它使用 64 位分组块，密钥为 80 位或 128 位。它适用于要求低功耗和高芯片效率的场合，因此它对于受限的环境而言特别有意义。

（4）高安全性和轻量级[②]（HIGHT）加密算法是一种通用的 Feistel 网络，它使用 64 位分组块、128 位密钥和 32 轮（rounds）。HIGHT 的设计着眼于低资源要求的硬件性能。HIGHT 使用了非常简单的运算，比如 XORing、2^8 加模和按位翻转。

（二）非对称 LWC 算法

公钥（非对称）加密算法要求人们使用公钥和私钥。公钥可以与节点的标识相关联，方法是将它们纳入一个由认证机构（CA）签名的公共证书中，我们可以请求 CA 对该证书进行验证。首先，公钥加密算法需要我们努力配置公钥基础设施（PKI）。其次，非对称密码需要我们使用具有更高的处理能力和更长的密钥（RSA 至少需要 1024 位[③]）。为了实现与 RSA 密钥相同的安全性，另一种公钥密码方案如 ECC[④]，它可能需要使用更短的密钥。然而，正是基于这些原因，对称加密算法在处理速度、计算工作量和传输消息大小方面比非对称加密算法更优。公钥也可用于设置对称密钥，以便在后续通信中使用。轻量级加密算法适用于没有严格安全要求的环境，以及不能放松对可用硬件和电源预算的限制的环境。

---

① Bogdanov A, Knudsen LR, Leander G, Paar C, Poschmann A, Robshaw MJ, Seurin Y, Vikkelsoe C. PRESENT：An ultra-lightweight block cipher. Proceedings of 9th international workshop. Vienna, Austria, 2007. pp. 450 – 466.

② Hong D, Sung J, Hong S, Lim J, Lee S, Koo B-S, Lee C, Chang D, Lee J, Jeong K, et al. Hight：a new block cipher suitable for low-resource device. Cryptographic hardware and embedded systems. Springer, 2006. pp. 46 – 59.

③ Rivest RL, Shamir A, Adleman L. A method for obtaining digital signatures and public-key cryptosystems. Commun ACM 1978, 21（2）：pp. 120 – 126.

④ Koblitz N. Elliptic curve cryptosystems. Math Comput 1987, 48（177）：pp. 203 – 209.

（三）密钥协议、密钥分发和引导

当我们必须采用安全机制时，我们必须建立起密钥分发和管理机制。在密钥协议中我们通常使用非对称（公钥）密码算法。然而，为了解决资源受限设备的挑战，也有人提出了其他不涉及采用非对称加密算法的机制。一种基于多项式的密钥预分配协议已经被定义出来[1]，同时，在《在分布式传感器网络中建立成对密钥》[2] 一文中，作者也将其应用于无线传感器网络。另一种密钥协议是 SPINS[3]，它是专门为传感器网络而设计的安全体系结构。在 SPINS 中，每个传感器节点与一个基站共享一个密钥。基站是作为一个可信的第三方来设置一个新密钥的，其并不需要公钥加密。为了解决资源受限传感器网络的安全引导问题，《传感器网络随机密钥预分配方案》[4] 一文的作者提出了三种有效的随机密钥预分配方案，其中每种方案在随机密钥协议的设计领域中都代表了作者不同的权衡。

安全引导的要求：

密钥协商协议要求在节点上预先配置某些类型的凭证，如对称密钥、证书和公私密钥对，从而使密钥协议过程得以执行。引导指的是在网络能够相互连接之前所需要执行的一系列任务，它需要我们在 OSI 模型从连接层到应用层的所有层中进行正确的配置。它可以被看作从一组以前从未关联的物联网设备中创建安全网域的过程。在大多数情况下，目前的物联网体系结构是完全集中的，因此一个中央方可以在一个管理网域中处理所有的安全关系。在 ZigBee 标准中，这个实体是信任中心。当前，也有人提议将 6LoWPAN/核心识别 6LoWPAN 边界路由器（6LBR）作为这样一个实体。集中式体系结构

---

[1] Blundo C, De Santis A, Herzberg A, Kutten S, Vaccaro U, Yung M. Perfectly-secure key distribution for dynamic conferences. Inform Comput 1998, 146（1）：pp. 471 - 486.

[2] Liu D, Ning P, Li R. Establishing pairwise keys in distributed sensor networks. ACM Trans Inform Syst Secur 2005, 8（1）：pp. 41 - 77.

[3] Perrig R, Szewczyk JD, Tygar V, Wen DE, Culler. SPINS：security protocols for sensor networks. Wirel Netw 2002, 8（5）：pp. 521 - 534.

[4] Chan H, Perrig A, Song D. Random key predistribution schemes for sensor networks. In：IEEE Symposium on Security and Privacy；2003, pp. 197 - 213.

允许我们对设备和密钥关系进行集中管理。该结构的限制只有一个缺点：分散式方法将允许我们创建特别的安全网域，这些安全网域可能不仅不需要一个集中的在线管理实体，而且还允许节点子集以独立的方式工作。之后我们可以将临时安全域同步到集中实体中，从而实现集中管理和分布式管理。

四、物联网的隐私

在本节中，笔者将讨论物联网的隐私方面及其框架。通过提供、处理和传递各种信息和信号，智能联网物体将与人类和其他智能物体进行交互连接。所有这些物体及其与环境的通信都带有隐私和信息泄露的风险。医疗应用代表着物联网最杰出的应用。对隐私缺乏信心导致用户的使用率下降，因此用户隐私信心是物联网成功的驱动因素之一。无处不在的无线数据交换媒介可能会在隐私侵犯方面引发新的问题。事实上，由于具备远程访问功能，无线信道增加了隐私侵犯的风险，这可能使系统暴露于窃听和伪装攻击之下。

物联网设备和应用程序在互联网隐私的一般问题上增加了一层复杂性，例如由于个人可跟踪特征和属性所生成的复杂问题。医疗保健中的物联网设备代表了物联网设备的主要问题，因为这些设备和应用程序通常通过持续监测重要参数来生成大量关于某个患者的数据。在这种情况下，如何通过数据匿名等机制将设备的身份与个人的身份脱钩是至关重要的。数据匿名是对数据集中的个人可识别信息进行加密或删除的过程，从而使数据的发源者保持匿名。与前面对 OAuth 协议的讨论类似，数字影子使他人的物体能够代表他们本人来行动，而只存储一个包含其相关参数信息的虚拟身份。通过结合多种身份认证方法，物联网中的身份管理将为人类和机器提供增强安全性的新机遇。例如，生物识别与物体在个人网络中的相结合可以为物联网打开一扇安全之门。

（一）安全数据汇聚

同态加密是一种加密形式，它允许对密码文本执行特定类型的计算并获得加密结果，也就是对纯文本执行操作所得结果的密码文本。这为标准加密方法的应用带来了一个难题：一方面，如果数据未加密存储,那么它可能会向存储/数据库服务提供者泄露敏感信息;另一方面,如果它是加密的,那么提供者就不可能对其进行操作。如果数据是加密的,那么即使是回答一个简单的计数查询(例如,包含某个关键字的记录或文件的数量),提供者通常也需要下载并解密整个数据库内容。

同态加密允许用户在无须先解密的情况下进行操作。同态加密的一个例子是 RSA 算法。同态加密方案的其他例子有 ECC 加密、ElGamal 加密系统[①]和 Pailler 加密系统[②]。同态加密与物联网网络有很大的相关性,因为隐私可以在通信的所有阶段中被保存,特别是同态加密并不需要中间节点来解密信息。例如,通过使用求和与平均值等操作进行数据聚合,我们可以在中间节点上删除大量的处理和存储。这反过来导致了更低的功耗,这与受限环境有关。但是,对比典型的对称密钥算法,这种同态密码系统的计算量更大,并且需要更长的密钥才能达到类似的安全级别。通常情况下,安全数据聚合机制需要节点执行以下操作:在传输节点上,在传输之前,使用一些加密函数 E 对数据进行加密;在接收节点上,所有接收到的数据包都要使用反密码函数 $D = E^{-1}$ 解密,以检索原始数据;使用聚合函数聚合数据;在重新传输之前,聚合的数据通过 E 加密并转发到下一跳地址。

(二) Enigma

麻省理工学院的研究人员 Guy Zyskind 和 Oz Nathan 最近宣布了一个名为 Enigma 的项目,该项目在概念上向完全同态加密协议迈出了重大一步。在《Enigma:确保隐私的分散式计算平台》[③] 一文中,Zyskind 提出了一种点对点网络,它可以使得各方能够在保持数据完全私有的同时,共同存储和运行数据计算。Enigma 的计算模型建立

[①] ElGamal T. A public key cryptosystem and a signature scheme based on discrete logarithms. Advances in cryptology. Proceedings of CRYPTO 84. Santa Barbara, USA; 1984, pp. 10-18.

[②] Paillier P. Public-key cryptosystems based on composite degree residuosity classes. In: Advances in Cryptology—EUROCRYPT'99. Springer; 1999, p. 223-238.

[③] Zyskind G, Nathan O, Pentland A. Enigma: decentralized computation platform with guaranteed privacy. CoRR, abs/1506.03471; 2015.

在高度优化的安全多方计算版本的基础之上，由可验证的秘密共享方案来保证。对于存储，它使用一个经过修改的分布式逻辑散列表来保存秘密共享的数据。外部块链被用作网络的控制器，用于管理访问控制、身份标识和用作事件的防篡改日志。保证金和费用将激励系统的运行、确保系统的正确性和公平性。与比特币类似，Enigma 不需要可信的第三方，它可以自主控制个人数据。这是用户第一次能够在有密码保护他们隐私的情况下共享他们的数据。

Enigma 的典型用例是医院和根据 HIPAA 规则存储加密的患者数据的医疗保健提供者之间的数据交互实例。研究机构和制药公司将受益于对这些用于临床分析的数据访问。例如，医院可以加密其数据并将其存储在云端中，其他大学、制药公司和保险公司可以在获得原始医院许可的情况下访问这些数据。在使用 Enigma 时，原始医院并不需要首先对数据进行解密和匿名化，它只需要授权第三方访问即可。

（三）零知识协议

零知识协议允许身份识别、密钥交换和其他基本密码操作的实现，而不会在对话过程中泄露任何秘密信息，并且比使用类似的公钥协议所需的计算量更小。因此，零知识协议特别是在物联网网络的背景下似乎非常有吸引力，尤其是对于某些应用而言更是如此，如智能卡。零知识协议声称比公钥协议具有更低的计算要求。通常的说法是，零知识协议的计算能力比公钥协议低一到两个数量级（1/10，1/100），但却可以达到相同的结果。一个典型的实现零知识协议可能只需要 20～30 个模乘（使用全长度的位串），通过预计算我们可以将其优化到 10～20 个。这比 RSA 要快得多。内存需求似乎也是相同的：为了在零知识协议下拥有非常高的安全性，我们需要非常长的密钥和数字，因此在内存方面的需求可能就和其他公钥协议没有太大的不同。[1]

---

[1] Aronsson HA. Zero knowledge protocols and small systems. http://www.tml.tkk.fi/Opinnot/Tik-110.501/1995/zeroknowledge.html；2015.

(四) Beacon 中的隐私

Beacon 在无线技术中是指传播小型信息片段。信息可以是任何东西，从环境数据到生命体征，如体温、血压、脉搏和呼吸频率，再到超微位置数据，如资产跟踪。根据上下文，传输的数据可能是静态的，也可能是动态的，并且可能随着时间的推移而变化。蓝牙 Beacon 为位置感知打开新世界的大门，也为智能应用程序提供了无尽的机会。Beacons 正成为物联网的关键推动因素之一。一种 Beacon 的类型是低能量蓝牙发射器或蓝牙接收器。蓝牙的高能效使其非常适用于需要长时间使用小电池的设备。蓝牙的优势在于它与你已经拥有的智能手机或平板电脑上的应用程序兼容。Beacon 的一个重要使用实例是获取特定环境下的观察值和随着时间进行重复测量。Beacon 所采集的数据大多是实时关联的，这可能对数据安全和用户隐私造成严重威胁。

Beacons 及从它们处所传输的时间序列数据所特有的安全和隐私问题是新兴的研究领域。基于底层计算问题难度的安全性和基于信息内容缺乏的信息理论安全性各有利弊。信息理论安全性的一个更基本的度量方法是可供攻击者利用的信息，它既不取决于攻击者如何利用这些信息，也不取决于任何假定的攻击者的计算限制。《时间序列数据隐私保护量化的信息理论度量方法研究》[1] 一文说明了，与其他已有的度量方法相比，一种新的信息理论度量方法，如条件熵，更适合于用来评估受扰动的现实时间序列数据的隐私。

普适计算系统中的隐私问题研究大多也适用于物联网。在这种环境下，建立有意义的身份、使用可信的通信路径和保护上下文信息对于确保用户隐私的保护而言都是非常重要的。为了保护用户的隐私，Beresford 和 Stajano 探讨了匿名通信技术和假名的使用，同时也在研究评估用户匿名性的指标。[2] 为了更好地保护使用这些服务的用户，

---

[1] Ma CY, Yau DK. On information-theoretic measures for quantifying privacy protection of time-series data. In: Proceedings of the Tenth ACM Symposium on Information, Computer and Communications Security. New York: ACM; 2015, p. 427 – 438.

[2] Beresford AR, Stajano F. Location privacy in pervasive computing. IEEE Pervasive Computing; 2003, 2 (1): pp. 46 – 55.

他们的研究采用了一种新的方法,即对使用身份的应用程序隐藏该用户的身份。

在分布式信任管理的研究中,Zhao等提出了一些新技术,这些新技术可以启动信任,随后计算更适合移动特定网络的信任指标。①他们的模型展示了在诸如物联网这样的特定网络中建立信任所固有的问题。因为在物联网中,不断有新的传感器、服务器和用户进入,并被要求共享数据。

最后,物联网的应用程序将由普适计算和通信基础设施支撑,它将限制行为人对重要的上下文信息的访问,因为这些信息属于用户及其外界。显然,此类应用程序的成功配置将取决于我们对它们本身及其共享上下文数据的保护能力。

一个敏感的上下文信息的例子是位置信息。当位置感知系统自动跟踪用户时,它会生成大量潜在的敏感信息并可供访问。位置信息的隐私既涉及对信息的访问控制,又涉及为各个请求者提供适当的粒度级别。定位服务手册探索了多种蜂窝网络定位传感技术,以及每一种技术的覆盖服务质量和隐私保护。②

五、结语

物联网所带来的隐私问题被认为比万维网所带来的隐私问题的影响力更小。例如,人们一直在Facebook等社交媒体网站上分享个人档案信息,而这些应用程序反过来又通过定向广告(而非订阅)实现了其商业模式。这意味着隐私问题在很大程度上被忽视了。然而,智能物联网设备所暴露的敏感信息要比互联网多得多,而且由于这类商业模型主要是后端数据,所以为其提供的空间要小得多。因此,用户很可能在隐私问题方面既敏感又脆弱。在充分保留隐私的情况下,这些挑战使得以安全的方式运行物联网变得非常复杂。目前研究人员

---

① Zhao Meiyuan, Li Hong, Wouhaybi Rita, Walker Jesse, Lortz Vic, Covington Michael J. Decentralized trust management for securing community networks. Intel Technol J 2009, 13 (2): pp. 148-169.

② Martin E, Liu L, Covington M, Pesti P, Weber M. Chapter: 1 Positioning technology in location-based services. In: Ahson SA, Ilyas M, editors. Location based services handbook: applications, technologies, and security. CRC Press, 2010.

正在研究解决隐私问题的每个方面的许多有效方法。在看到标准化和广泛采用的生产成熟的商业实现之前,我们还有很长的路要走。

第三编　物联网隐私权研究报告

国际互联网协会[①]2019年报告：物联网隐私保护政策制定的建议

袁姝婷[②] 译

目　次

一、导论
二、物联网的重要特征
三、物联网对个人隐私保护所提出的挑战
四、个人隐私保护的指导原则和相关建议
五、附录：进一步阅读

一、导论

物联网（the Internet of Things，IoT）是技术融入我们的生活和环境的最新浪潮。迅速兴起的新一代设备将照相机、麦克风、传感器、电脑运算和网络访问引入非计算机产品当中。在今时今日，物联网已

[①] 国际互联网协会正式成立于1992年1月，是一个全球性的互联网组织，在推动互联网全球化，加快网络互联技术、发展应用软件、提高互联网普及率等方面发挥重要的作用。

[②] 袁姝婷，中山大学法学院助教。

经逐渐应用于家庭领域、零售领域和公共空间,实现了新形式的互动、娱乐、商业和通信。

联网设备破坏了一个基本的隐私原则:根据我们的选择使各种各样的语境彼此相互独立。对于家庭物联网设备和可穿戴物联网设备而言,这一点尤为至关重要,因为我们往往会将隐私与家庭和身体紧密联系在一起。

关于物联网市场的价值和规模,学者们做出了各种各样的推测①,而不可否认的是,其必定将会产生巨大的社会影响和经济影响,并且我们所居住的空间也将会逐渐遍布"联网"设备。

一方面,消费者物联网设备无疑将会十分有趣,而且可能会改善我们的日常生活;另一方面,消费者物联网设备也会带来诸多新的隐私问题,加深现有的隐私问题。物联网设备将会侵入家庭等传统的私人空间,并将线上的数据收集做法扩展到线下。随着传感器的数量越来越多,传感器的性质越来越为人们所了解,数据收集将会更加深入到我们的身体和亲密空间当中。物联网的亲密性和无处不在将会引发用户控制、用户知情同意和隐私保护透明度的问题,并日益侵蚀私人领域和公共领域之间的边界。

在下文的有关部分当中,本政策简报阐明了家庭物联网设备、工作场所当中的物联网设备、公共空间当中的物联网设备,以及可穿戴物联网设备对个人隐私保护造成的主要挑战和风险。为了使政策制定者、物联网服务提供商和其他利益相关者能够顺利应对这些挑战,我们提供了一些有效措施以供参考。本文所讨论的对象主要是消费者物联网,尽管其中的许多重要特征和个人隐私保护建议能够广泛适用于其他领域。同时需要注意的是,本文是对国际互联网协会就物联网安

---

① IBM forecast one trillion connected devices by 2015:"Making Markets: Smarter Planet," IBM Investor Briefing, May 9, 2012, https://www.ibm.com/investor/events/investor0512.html; in 2011 Cisco anticipated 50 billion devices by 2020:"The Internet of Things: How the Next Evolution of the Internet Is Changing Everything," Cisco White Paper, https://www.cisco.com/c/dam/en_us/about/ac79/docs/innov/IoT_IBSG_0411FINAL.pdf; Gartner Research claimed 8.4 billion devices in 2017 and expect 20 billion in 2020:"Gartner Says 8.4 Billion Connected 'Things' Will Be in Use in 2017, Up 31 Percent from 2016", https://www.gartner.com/newsroom/id/3598917.

全所做出的政策简报的一个补充。

(一) 什么是物联网①

目前,物联网的定义并不统一、众说纷纭,而本文所说的"物联网",是指"网络连接和计算能力扩展到通常不被认为是计算机的设备、传感器和日常用品的情况,并允许这些设备在最少的人工干预下生成、交换和消费数据"②。物联网包括了消费品、耐用品、汽车和卡车、工业和公用事业组件、传感器等。它为用户提供了一种网络交互的新方式,所使用的设备已经不再限于传统的计算机、智能手机和笔记本电脑。

(二) 在物联网背景下,什么是隐私

在信任关系当中,隐私是一个至关重要的因素。当我们向别人披露自身数据时,我们(或暗自地或明示地)相信他们不会以与我们利益相冲突的方式使用这些数据。正如我们将在下文的有关部分所指出的那样,隐私与我们披露自身数据的语境息息相关。在物联网背景下,隐私可以归结为两点:要么我们相信第三人不会滥用我们使用联网设备所产生的数据,要么我们具有控制物联网服务提供商以何种方式收集和使用这些数据的能力。

在物联网领域,隐私承载着强烈的用户信任、隐私保护透明度和用户控制含义,具体包括:

(1) 用户控制以何种方式共享其物联网设备所收集信息的能力,以及决定哪些人可以访问其家庭设备、车内设备和随身设备所产生数据的能力。换言之,用户能够轻而易举地操作盲屏和静音,并在物联网服务提供商以何种方式分析物联网数据,或者物联网服务提供商以何种方式与第三人共享物联网数据方面拥有发言权。

(2) 用户明确物联网服务提供商是以何种方式收集、使用以及与第三人共享自身信息的能力。换言之,用户应当能够通过物联网设

---

① For more Internet Society resources, see our IoT page (https://www.internetsociety.org/iot/) and "The Internet of Things (IoT): An Overview" linked from that page.

② https://www.internetsociety.org/iot-overview.

备及其应用程序了解物联网服务提供商收集和共享了其哪些信息、何时收集和共享了这些信息，以及与何人共享了这些信息。

（3）在从事线上或线下行为时，用户决定自身身份可识别性的能力。换言之，用户应当可以选择假名或匿名使用物联网设备。

（4）用户控制自身数字足迹①，尤其是进行私密设置的物联网设备所产生的数字踪迹的能力。换言之，用户应当了解其有关信息的存储位置以及存储时长。

隐私既是一种社会价值，也是一种个人价值：它支持并赋予公民自由选择退出公众视野和社会互动的权利、私人空间受到尊重的权利，以及享受独处和远离尘嚣的权利。② 这一权利集中反映在《世界人权宣言》（Universal Declaration of Human Rights）第12条③和《欧洲人权公约》（European Convention on Human Rights）第8条④当中。

根据这一隐私权理论，用户应当能够在隐私风险降到最低的情况下，或者在对风险和收益做出明确、有事实根据的判断之后，享受消费者物联网所带来的各种各样的益处。消费者对物联网的信任程度可能会影响消费者对整个互联网领域的信任程度。如果我们采用强有力的用户控制和选择退出模式、更好的通知做法、更高的隐私保护透明度和恰到好处的治理工具，这将有助于保护物联网当中的用户隐私和消费者信任。

---

① Your digital footprint is the "trail" you leave behind as you use the Internet. Comments on social media, VOIP calls, app use and email records-it's part of your online history and can potentially be seen by other people, or tracked in a database. https://www.internetsociety.org/tutorials/your-digital-footprint-matters/.

② Law review article published in 1890 by Samuel Warren and (later US Supreme Court Justice) Louis Brandeis, as cited in Arizona Law Review article The Invention of the Right to Privacy http://law.scu.edu/wp-content/uploads/Privacy.pdf.

③ "No one shall be subjected to arbitrary interference with his privacy, family, home or correspondence, nor to attacks upon his honour and reputation." -UDHR, Art. 12.

④ "Everyone has the right to respect for his private and family life, his home and his correspondence." -ECHR, Art. 8.

二、物联网的重要特征

（一）物联网的几个重要特征

物联网主要有下几方面的重要特征：①规模化（大量的设备、物体、传感器和嵌入式系统）；②邻近度（可穿戴设备和可植入设备等设备的亲密性）；③无处不在（公共和私人空间当中物联网的大规模部署）；④连通性（与设备智能截然不同之处）。

这些特征会对个人隐私保护产生影响。人们更加容易：被识别、被追踪、被画像和被影响。

（二）物联网加大了对个人隐私保护的现有挑战

物联网的典型特征是传感器规模化和邻近度不断加强。无论是传感器的成本还是收集、分析和共享用户数据的计算成本都在不断下降，这推动了照相机、麦克风、红外探测器，加速度计和其他传感器技术的迅速发展。占据我们所生存环境的传感器不计其数、各式各样，远远超出了我们的了解。而与此相关的是这些传感器与人体的邻近度，它们可以近距离地监控人们的面部、身体和动作。

（1）传感器规模化和邻近度的不断加强使得持续监控人们的活动、行为、言语，健康以及情感成为可能。尽管某些物联网设备需要说出"唤醒词"（即"语音激活"）或手动激活（即"物理开关"）才能开始监控，但更多的物联网设备可能始终处于"一直开启"的状态，无须任何用户干预就能感知、观察、倾听。[①] 随着人们对这些设备变得越来越熟视无睹，他们将越来越意识不到自己正在被这些设备所监控，各种各样的物联网设备将逐渐与环境融为一体。

（2）物联网将使得人们在公共和私人空间当中更容易被识别。最无处不在的物联网传感器当属相机。在今时今日，微型相机已经能够非常清晰地观察到细节。由于面部识别和其他分析技术的进步，物联网设备将使人们在摄像头面前暴露无遗、一目了然。作为一种云服

---

① See Future of Privacy Forum work-https://fpf.org/wp-content/uploads/2016/04/FPF_Always_On_WP.pdf.

务，许多物联网制造商和服务提供商可能不费吹灰之力就能够利用面部识别技术。

（3）物联网设备虽然互联，但不一定"智能"。亚马逊所推出的 Alexa 等虚拟助手、带有摄像头和麦克风的智能电视、联网玩具，以及家居安全设备，这些物联网设备都使得物联网公司能够冲破传统上属于私人空间的用户住宅墙壁的阻碍。由于这些设备是"非智能的"，因此它们所收集的数据通常需要在其他地方进行处理：它离开了用户住宅这样所谓的私人环境，并能够被第三人所查看、挖掘和共享。

（4）相对应地，这往往会导致物联网产品和服务具有"封闭性"和专有性：①物联网制造商所生产的联网心率检测仪只能与该制造商的服务器和（或）诊断终端通信，患者无法选择其他服务器和（或）诊断终端；②同一家庭当中的不同联网设备或许只能受控于同一制造商所生产的设备控制器，消费者无法选择其他控制器。

（5）诸如此类的物联网特征会减少消费者的选择，增强供应商锁定，并增加垄断行为和（或）市场失灵出现的可能性。

（6）物联网往往会侵蚀私人空间的范围。上述种种趋势，包括传感器规模化和邻近度不断加强、持续监控、可识别性增强，以及冲破用户住宅墙壁的阻碍等，这些都表明人们将更加难以找到远离尘嚣、能够独处的私人空间。

（7）物联网将使得愈演愈烈的线上行为追踪在线下得以实现并规范化。联网设备打破了线上世界和人们可能仍然认为是私人空间的线下世界之间的界限。当 Helen Nissenbaum① 将隐私称为"语境完整性"时，她所指的是他人有权选择保持线上世界和线下世界之间的界限。如果使线下世界当中的人类行为适用于商业分析，这就可以增强物联网服务提供商对消费者的操控，令人们不堪一击，并创建出更有价值的，可能被共享、出售和窃取的个人数据。

（8）隐私保护是支撑消费者对物联网的信任以及人们与物联网交互的关键支柱。我们只有对物联网的主要参与者，包括服务提供

---

① Privacy as Contextual Integrity-Helen Nissenbaum, Washington Law Review, 2004 https://crypto.stanford.edu/portia/papers/RevnissenbaumDTP31.pdf.

商、基础设施企业、零售商、政府和制造商给予信任,才能实现指日可待的联网设备浪潮所带来的各种各样的益处。隐私保护是建立这种信任的一个基本要素。物联网设备将收集一系列新的个人数据和行为,而消费者必须相信,数据保管者会审慎对待这些数据,并给予自己充分的尊重。如果没有这种信任,人们将不会使用物联网设备,因为他们担心自己的数据会不安全或被不当共享。

(三) 各种语境的共同主题

各种各样的例子说明,无处不在、往往不易被察觉的物联网设备代表着"语境"这一概念发生了翻天覆地的变化。在此之前,他人住宅还属于私人空间的范畴,而在今时今日,物联网已经可以让第三人进入他人住宅当中,甚至有时他人不会对此采取任何措施:如果我去拜访一位朋友,我如何能够知道他的联网设备正在捕捉和处理我们的对话?如果我给了我的孩子一个"会说话的娃娃",我是否真的在将商业第三人引狼入室?

联网设备破坏了一个基本的隐私原则:根据我们的选择使各种各样的语境彼此相互独立。对于家庭物联网设备和可穿戴物联网设备而言,这一点尤为至关重要,因为我们往往会将隐私与家庭和身体紧密联系在一起。

三、物联网对个人隐私保护所提出的挑战

(一) 物联网跨越了不同部门和法域的监管界限

在美国等国家或地区,隐私和数据保护立法倾向于按领域划分,比如医疗隐私、金融隐私、学生隐私等。然而,物联网设备和服务却难以归入其中。

举例来说,消费者可穿戴设备可能会生成健康信息,但这些信息却不受医疗数据保护法的规制。又例如,汽车必须遵守各种各样的法律规定(比如,安全法和环保法等),但它们都无法完全涵盖联网汽车在消费者隐私及其数据保护方面的种种问题。

同样的道理,不同的地区、国家、州或城市可能会针对物联网设

备和服务制定不同的隐私立法,而这些法律之间并不能相互适用。[①]

互联网的分布式特性极大地加剧了这一挑战。如果所产生数据的收集、处理、解释和应用发生在不同法域,那么它们将适用不同的法律、受到不同的监管。

(二) 物联网增加了用户知情同意的难度

无论物联网被部署在何处,在家中、在零售商店中、在公共场所中,它们都可以收集人们的面部、身份和言辞等信息。除了设备所有者之外,想要获得其他人对该信息收集的知情同意几乎是不可能的。甚至对于设备所有者本身而言,许多物联网设备提供给用户的交互界面既没有显示,也没有针对服务提供商数据和功能控制选项。

一方面,人们可能很难意识到物联网设备的存在,尤其是在这些设备处于别人所能控制的空间当中时;另一方面,人们也没有能力退出被动的数据收集。

(三) 物联网模糊了私人空间和公共空间的边界

可穿戴设备与消费者密不可分,从住宅到汽车,到工作地点,再到社交场所都会一直伴随着他们。[②] 家庭当中的物联网设备能够与家庭之外的第三人共享数据。进入别人家中(或其他公共或私人空间当中)的人可能没有意识到自己的图像、声音或动作等信息都正在被收集并传输给第三人。一旦人们在家中的活动信息被收集起来[③],它们就会被数据化并传输出去。

(四) 物联网设备往往不易被察觉

物联网设备的主要卖点之一是,它们看起来与手表、收音机、扬

---

① A recent example in California (US) is their IoT privacy bill https://leginfo.legislature.ca.gov/faces/billTextClient.xhtml?bill_id=201720180SB327.

② French intelligence staff geolocated by their fitness trackers: https://www.rtl.fr/actu/futur/des-agents-de-la-dgse-localises-jusqu-en-irak-acause-d-une-application-de-running-7792366670.

③ Datafication refers to the transformation of attributes, activities and behaviors in the physical world into data that can be readily analyzed. See http://ide.mit.edu/news-blog/blog/datafication-business-and-society.

声器、电视、体重秤等我们司空见惯的事物没什么区别。其相机和麦克风通常只是一个小黑圈或小孔。因此,物联网设备的监控和记录功能往往是不透明的、隐秘的,不易被察觉。人们几乎或者根本不知道这些设备何时在收集信息、所产生的信息正在经过何种处理、这些信息被发送到何处、哪些人可以访问这些信息,如何控制这些信息的使用以及是否可以删除这些信息。

(五) 物联网挑战了隐私保护的透明度原则

大多数的隐私和数据保护立法都包含了透明度原则①,但是物联网的某些特性并不符合该原则。

1. 物联网设备在用户通知和理解方面面临着挑战

由于消费者物联网设备通常体积较小,与它们所取代的无连接设备十分相似,因此它们通常没有什么屏幕或其他用户界面,虽然有些设备基于这一原因与智能手机上的应用程序相连接。这也导致了以下两个问题:第一,与网站不同,物联网设备大多无法向用户展示其隐私政策,最好的做法莫过于将隐私政策置于该设备的包装当中,而最糟的做法是消费者只有在打开并安装该设备时不能发现隐私政策(以许多智能电视为例②),或者在文档中的某个位置提供制造商网站的链接。第二,物联网设备可能不能很好地告知用户其在收集数据,或者在由于用户正在驾驶而担心会对其造成损害,比如分散其注意力的情况下,可能无法在特定的时间向用户做出通知。更糟糕的是,最新研究表明,一些物联网服务提供商的隐私政策声明很难被查找到,对设备功能的描述含糊其词,对数据收集的说明也不够透明。③

---

① See, for example, Article 29 Working Party, "Guidelines on transparency under Regulation 2016/679" at http://ec.europa.eu/newsroom/article29/document.cfm? action = display&doc_id = 51025.

② See Peppet, "Regulating the Internet of Things: First Steps Toward Managing Discrimination, Privacy, Security & Consent", pp. 131 – 132 at https://papers.ssrn.com/sol3/papers.cfm? abstract_id = 2409074.

③ See Rosner and Kenneally, "Clearly Opaque: Privacy Risks of the Internet of Things", pp. 56 – 59 at https://www.iotprivacyforum.org/clearlyopaque/.

2. 随着越来越多具有物联网功能的设备问世，消费者将很难拒绝这些功能

随着包括传感器和网络功能的成本、尺寸和复杂程度持续下降并趋于标准化，某些产品可能不再是"非智能的"。如果市场不能提供充分的隐私保护，那么消费者就不会"心甘情愿地掏腰包"。

3. 物联网对儿童产生了巨大影响

家庭和公共场所当中的电子设备往往无法很好地区分成人和儿童。亚马逊所推出的 Echo 会不仅能够接收成年人的声音，同样也能够接收儿童的声音。① 有关联网玩具的新闻报道通常会备受关注，它们都表明了，联网玩具所存在的严重安全漏洞可能会将儿童置于危险之中。②

由于传感器和麦克风越来越多地占据我们所生存的环境，儿童的活动和数据面临着被商业第三人不加区分地收集和监控的危险，而人们甚至对这些第三人的存在和作用毫无察觉。

四、个人隐私保护的指导原则和相关建议

为了更好地应对上述挑战，利益相关各方都需要采取相应的措施，并在适当的时候进行合作（比如，在提供指导、用户知情同意和市场选择方面）。尤其是在制定隐私保护措施和缓解隐私风险方面，所有的利益相关者群体应当通力合作。

因此，在下文当中，我们就所有利益相关者群体都应当遵守的一些原则以及应当采取的措施提出了一些建议。其中的利益相关者包括有政府、物联网服务提供商、数据控制者，以及由将物联网产品和服务推向消费市场的设计者、制造商和实施者所组成的供应链。而这些建议适用于所有针对消费者物联网制定和实施隐私政策的个人和组织，无论其通过制定法律法规的方式，还是通过实行行业自律的方式，抑或通过制定企业隐私政策或隐私标准的方式。

---

① Amazon has released a child-specific version of the Echo called Echo Dot Kids Edition, prompting two members of the US Congress to ask Amazon about its privacy characteristics: https://www.markey.senate.gov/imo/media/doc/Amazon%20Echo%20Dot%20Kids%20Edition.pdf.

② See e. g., de Freytas-Tamura, "The Bright-Eyed Talking Doll That Just Might Be a Spy" at https://www.nytimes.com/2017/02/17/technology/caylatalking-doll-hackers.html.

在适当的情况下，我们将物联网隐私保护的相关建议与国际互联网协会或在线信任联盟所发布《物联网信任框架》当中的有关原则进行了逐一对应。

由于物联网无处不在，政府能够发挥其重要作用，确保物联网设备和服务不会使公民面临个人或集体隐私风险、不会使其遭遇隐私损害、不会使其更加不堪一击或遭到更加严重的歧视。如果想要发挥这种作用，政府可能需要进行直接干预（通过制定法律法规），以及进行间接干预（鼓励、激励和授权其他主要利益相关者发挥各自的作用）。例如，即使不直接向消费者提供教育，政府也可以促进消费者教育、提高其隐私保护意识以及帮助其了解隐私风险和缓解措施。

另外，政府还可以促进自我监管，从而确保物联网服务提供商尊重消费者的利益，并建立消费者对物联网市场的信任。

如果市场力量本身无法为物联网服务提供商和数据控制者提供健全的激励机制，帮助其改善隐私保护的最佳做法，那么，政府干预可能不失为防止或纠正市场失灵的好方法，例如，确保对采取不良数据处理行为的行为人进行追责，或者确保消费者保护法得到有效实施。关于市场力量在物联网当中究竟能够起到何种作用，国际互联网协会在《从安全经济学的角度分析消费级物联网产品和服务》一文中已经做出了解答。

（一）增强用户对物联网设备和服务的实质控制

原则：增强用户对物联网设备和服务的实质控制，并加强物联网数据管理。

1. 明确物联网服务提供商的法律责任

（1）在用户首次使用设备之前，物联网服务提供商应当就收集个人数据获得用户的知情同意，仅仅是打开设备包装并不代表用户已经作出同意。

（2）提升用户知情同意的透明度，例如，物联网服务提供商应当就与其第三人共享数据向用户作出通知。

（3）除了物联网服务提供商应当遵循自己所制定的隐私标准之外，第三人也应当同样遵循该隐私标准，并且物联网服务提供商应当承担最终责任。如果物联网服务提供商将数据共享或外包给其他企业，那么，所有企业均应当承担保护用户隐私的责任。① 如果用户要求物联网服务提供商删除自己的个人数据，那么物联网服务提供商不仅应当确保自身删除了相关数据，而且还应当确保第三人也删除了相关数据。

（4）物联网服务提供商应当保障数据存储安全，使用户数据仅对有正当业务需求的人可见，并且在数据丢失或非授权访问的情况下有义务及时向用户做出通知。

2. **在物联网产品和服务中推行开放标准和互操作性**

（1）提倡开放的、可互操作的规范和体系结构，而不是封闭的、专有的规范和体系结构。

（2）鼓励物联网制造商为其设备、控制器和服务器增加界面，并增强其设备所产生数据的互操作性。

（3）这有利于打开增值服务的市场，扩大用户选择的范围，提升用户数据收集的透明度并增强用户对物联网设备和服务的控制。

3. **鼓励或要求数据最小化**

（1）采取默认选择退出模式，而不是默认选择进入模式。

（2）数据最小化是"通过设计保护隐私"理念的一个关键因素。最小化因保存用户个人数据而产生的监管和名誉风险不仅有利于维护消费者的利益，也有利于维护数据管理者的利益。物联网的发展带来了海量数据，吸引物联网公司纷纷竭尽所能地进行收集和挖掘，即使这并不符合消费者在购买产品时所享有的隐私期待。

（3）无论是通过立法的方式还是通过制定行业行为准则的方式，行业规范都应当将物联网服务提供商的数据收集、使用和存储行为限制在为了提供用户所期望获得的服务所必需的最低限度内，从而维护用户的利益。

（4）支持用户对数据共享的选择权。在很多情况下，设备所有者有权选择与哪些人共享自己的物联网数据：可以是他们的朋友，可以是他们的健身教练，可以是他们的医生，也可以是他们的家庭成员。物联网设备交互和管理控制台应当能够帮助用户了解和控制数据

---

① Internet Society / Online Trust Alliance（OTA）IoT Trust Framework Principle #25 https://www.internetsociety.org/resources/doc/2018/iottrust-framework-v2-5/.

共享，例如，允许物联网服务提供商在某个特定的时间段内与某个特定的人共享数据。

（5）限制物联网服务提供商的数据存储行为。一旦消费者不再需要使用该产品或服务，物联网服务提供商应当允许消费者要求其删除或匿名化个人数据或敏感数据。

（6）即使在停用、丢失或出售设备之后，消费者也应当有权删除设备上所存储的个人数据。① 物联网服务提供商应当向消费者提供将设备及其附带应用程序恢复出厂设置的服务，包括删除用户数据的服务，从而使消费者能够在设备寿终正寝之前安全地停用。②

4. 注意避免将儿童和其他处于弱势地位的消费者置于危险之中

（1）无论是联网玩具、虚拟家庭助手，还是智能电视都能够收集儿童的个人数据。从始至终，父母都负有管理子女隐私的义务，而物联网无疑会加重这一义务。因此，一方面，物联网服务提供商应当就其收集儿童的哪些数据，以及以何种方式收集这些数据向父母做出更加完善的通知（具体参阅下文当中的"提升用户数据收集的透明度和加强用户通知"），从而方便父母删除其设备和服务当中所存储的数据。另一方面，儿童专用产品（例如玩具和婴儿监视器）应当受到更严格的监管审查。

（2）其他处于弱势地位的消费者，比如儿童，他们可能需要监护人或其他能够承担法律责任的成年人担任其代理人。

"通过设计保护隐私"的理念（PbD）赋予了用户"代理权"，使其能够塑造自己的信息化生活、个人数据流以及他们所赖以生存的数据收集环境。

物联网设备能够而且应当更加竭尽所能地帮助用户查看和控制其设备所产生的数据，但这需要经过精心设计。过于详细的控件可能会提供很好的隐私保护，但如果它们因此而丧失了便利性并难以为用户使用，那么，用户可能就会忽略它们。

在增强物联网设备的有用性和便利性方面，设计者已经投入了巨

---

① Internet Society / OTA IoT Trust Framework Principle #32.
② Internet Society / OTA IoT Trust Framework Principle #33.

大的创造力，当务之急是以同样的创造力投身于隐私控制的设计中。

（二）提升用户数据收集的透明度和加强用户通知

原则：物联网服务提供商向用户提供的信息应当是清晰的、准确的、相关的、详细的，从而提升用户数据收集的透明度并对增强物联网设备和服务的控制。

1. 以用户易于理解的方式就物联网设备的功能和数据收集情况向用户做出通知

鼓励开展有关物联网最佳通知实践的研究，并敦促隐私监管机构发布指南，指导物联网公司在遵守法律法规的同时尝试不同的通知形式。如果没有这种指导，物联网公司可能不愿意改变其现有的通知做法，或者以用户易于理解的方式修改其隐私政策声明。①

2. 向用户提供有效的同意和选择退出选项

（1）审查消费者保护措施，从而确保其能够解决物联网的相关问题。例如，如果用户在购买物联网产品之前，物联网服务提供商没有明确地披露隐私条款，那么用户应当享有有效追索权。②

（2）在理想情况下，即使消费者选择退出数据收集或共享，他们仍然应当可以使用联网产品。如果选择退出会大大降低产品的功能或实用性，那么，在用户购买物联网产品之前，物联网服务提供商就应当告知用户；如果"适用性"权利恰如其分，那么，用户就可以行使该权利。③

（3）如果用户必须对数据收集作出同意才能使用物联网产品，那么，该同意就不应当是无对价的。

3. 提高隐私政策的明确性

（1）适用于物联网产品的隐私政策必须公开可用，并且易于查

---

① See US Federal Trade Commission (FTC) Workshop, "Putting Disclosures to the Test," at https://www.ftc.gov/news-events/eventscalendar/2016/09/putting-disclosures-test; and Schaub, et al., "A Design Space for Effective Privacy Notices," at https://www.usenix.org/system/files/conference/soups2015/soups15-paper-schaub.pdf.

② Internet Society / OTA IoT Trust Framework Principle #28.

③ Internet Society / OTA IoT Trust Framework Principle #29.

找和理解。它们应当包含有关个人数据存储政策和期限的详细信息。①

（2）如果要修改隐私政策，物联网服务提供商应当明确地公开其实践，包括日期戳、红线及其所产生的影响②③。

4. 提高消费者选择产品的准确性

（1）在选择产品时，消费者应当能够清楚地了解该物联网设备带有什么传感器，自己如何控制该物联网设备的激活，以及该物联网设备将所使用或产生的数据存储在何处（即这些数据是否会脱离设备本身）。这类似于数字内容交付的"订阅须知"。

（2）零售商应当鼓励制造商将增强隐私保护视为产品的特色和优势。

5. 在数据生命周期提升透明度

（1）消费者必须能够通过便捷的方法了解设备产生或公开了哪些数据、物联网服务提供商将以何种方式使用这些数据、在多长时间内使用这些数据，以及从这些数据当中得出了什么推论。

（2）如上所述，与第三人共享用户个人数据时，物联网服务提供商应当继续承担责任，第三人应当与其承担相同的责任。

6. 确保隐私和安全在产品生命周期得到保护

物联网服务提供商应当向消费者提供有关安全性和修补程序持续时长（超出产品保修范围）的明确信息。④ 其中，应当包含设备不再接收安全更新或用户无法更新设备所产生的后果。⑤

（三）确保隐私立法与政策紧跟技术发展的步伐

原则：制定和修订隐私保护法律与政策，从而适应无处不在的传感器和持续监控这一新的时代趋势。

---

① Internet Society / OTA IoT Trust Framework Principle #22.
② Internet Society / OTA IoT Trust Framework Principle #31.
③ See for example The Usable Privacy Policy Project：https://www.usableprivacy.org/，https://explore.usableprivacy.org/? view = machine.
④ Internet Society / OTA IoT Trust Framework Principle #19.
⑤ Internet Society / OTA IoT Trust Framework Principle #21.

1. 审查现有的的隐私、数据保护和消费者保护法律与政策的适应性和适用范围

现有法律可能并不都认为传感器数据需要获得隐私保护,即使这些数据的识别往往不费吹灰之力。① 隐私和数据保护法律需要考虑传感器数据的潜在披露性质,并确保其获得强有力的隐私保护。

2. 延长隐私和数据保护法律与政策的时效并扩大其适用范围

如果无法制定出一部统一适用的、包罗万象的隐私和数据保护法律,不妨考虑从技术中立的角度通过一项涵盖个人数据收集和使用的法律。即使已经制定了一部包罗万象的法律和(或)各部门法,为了提高法律确定性,或者为了解决新兴物联网市场,比如,无人驾驶汽车等自动化设备,或者公共场所当中随处可见的传感器所特有的新风险,我们仍然可能需要针对特定行业制定其他的部门法。

3. 加强对隐私研究人员的法律保护

确保隐私研究人员不会因为调查隐私问题而招致法律风险。与安全研究人员一样,隐私研究人员必须能够安然无恙地查找物联网设备所存在的隐私漏洞及发布有关信息。② 如果隐私研究人员不愿意进行调查,那么许多不必要的物联网隐私问题可能会一直存在。

4. 确保物联网的广泛应用不会加剧歧视和不公平做法

通过立法和监管措施限制某些特定的人查看或使用某些特定种类的物联网数据。例如,除非用户做出明确的知情同意,否则保险公司不能将物联网所产生的用户数据作为确定保险费率的因素之一。

5. 以政府采购做法和市场领先企业为榜样

对政府的物联网设备和服务采购合同适用更加严格的隐私要求和隐私影响评估,从而确立行业规范并鼓励良好做法。

6. 在物联网开发过程中引入隐私影响评估

遵循有价值导向的设计原则,物联网产品或服务开发应当引入隐私影响评估,从而将评估和缓解消费者所面临的隐私风险作为设计的

---

① See Peppet, "Regulating the Internet of Things: First Steps Toward Managing Discrimination, Privacy, Security & Consent", pp. 131 – 132 at https://papers.ssrn.com/sol3/papers.cfm? abstract_id = 2409074.

② For instance, researchers might reverse engineer a proprietary IoT system in order to be able to monitor the behavior, communications patterns and data disclosures of a device.

考虑因素之一。

（四）加强利益相关各方对物联网隐私的保护

原则：通过扩大物联网治理参与者的范围，应对物联网所带来的各种各样的风险和益处。

1. 在社会层面开展广泛对话

民间社会团体、社会公众、政府、隐私倡导者、业界、学界和技术人员应当共同参与到物联网隐私保护当中，了解不同利益相关者当前的想法和要务，并确定亟待解决的物联网隐私问题和具有可行性的解决措施。

2. 提高消费者的话语权

（1）民间社会团体和消费者保护团体等组织应当给予消费者以适当的帮助，使其能够在日益无处不在、经济实力日益强大的物联网行业当中获得与物联网服务提供商同等的发言权。

（2）人们对物联网的关注主要集中在它能够产生多少的经济和社会效益。但是，由于物联网同时也会带来风险，有时甚至是巨大风险，因此，预防原则同样适用：在大肆宣传物联网产品销售的同时，我们还应当重视持谨慎态度和反对意见的人的观点，以及致力于确保消费者、社会经济地位低下的人和弱势群体得到尊重和公平对待的人的观点。

（3）物联网创新可能不会给所有的消费者都带来益处，因此有关组织应当积极关注那些处于弱势地位的利益相关者，或者指出利益相关者所采取的可能损害个人隐私和社会利益的做法。

总而言之，物联网将有望在很大程度上引发经济和社会变革。一方面，技术带来了巨大的机遇；另一方面，它也伴随着巨大的风险。当前我们正处于需要采取适当的措施来确保物联网所带来的益处远远超过其隐私风险的关键时刻，因此，包括政府决策者、物联网制造商和消费者在内的所有利益相关者应当通力合作，从而确保以负责任的、可持续的方式发展物联网技术。

五、附录：进一步阅读

（1） Internet Society, IoT Security for Policymakers（2018），

https://www.internetsociety.org/wpcontent/uploads/2018/04/IoT-Security-for-Policymakers_20180419-EN.pdf.

(2) Internet Society, OTA IoT Trust Framework (2018), https://www.internetsociety.org/iot/trust-framework/.

(3) Gilad Rosner and Erin Kenneally, Privacy and the Internet of Things: Emerging Frameworks for Policy and Design (2018), https://cltc.berkeley.edu/wp-content/uploads/2018/06/CLTC_Privacy_of_the_IoT-1.pdf.

(4) Scott Peppet, Regulating the Internet of Things: First Steps Toward Managing Discrimination, Privacy, Security & Consent (2014), https://papers.ssrn.com/sol3/papers.cfm?abstract_id=2409074.

(5) Broadband Internet Technical Advisory Group (BITAG), Internet of Things Security and Privacy Recommendations (2016), http://www.bitag.org/documents/BITAG_Report_Internet_of_Things_(IoT)_Security_and_Privacy_Recommendations.pdf.

(6) Office of the Privacy Commissioner of Canada, The Internet of Things: An introduction to privacy issues with a focus on the retail and home environments (2016), https://www.priv.gc.ca/media/1808/iot_201602_e.pdf.

(7) US Federal Trade Commission, Internet of Things: Privacy & Security in a Connected World (2015), https://www.ftc.gov/system/files/documents/reports/federal-trade-commission-staff-report-november-2013workshop-entitled-internet-things-privacy/150127iotrpt.pdf.

(8) US National Telecommunications and Information Administration, Fostering the Advancement of the Internet of Things (2017).

物联网研究报告

——美国民主与技术中心[①]就2013年物联网研讨会发表的意见

徐若楠[②] 译

目　次

一、物联网对隐私和安全构成现实威胁
二、公平信息实践原则和物联网
三、物联网的重要案例研究——健康领域应用
四、结语

在2013年11月21日，美国联邦贸易委员会（FTC）（以下简称"贸易委员会"）在物联网研讨会上提出的有关物联网隐私和安全方面的议题，美国民主与技术中心（CDT）（后简称"民主与技术中心"）很高兴就此做出相关评论。[③]

在此评论中，我们提出了以下几个主要的观点。首先，物联网系统在隐私和安全方面存在挑战，这是贸易委员会不能忽视的。其次，公平信息实践原则（FIPPs）在物联网环境中适用更为恰当。如果消

[①] 美国民主与技术中心是一家非营利的互联网和技术倡导组织，致力于保持互联网和数字世界的开放、自由和创新，并促进保护隐私的公共政策。

[②] 徐若楠，中山大学法学院助教。

[③] Fed. Trade Comm'n, Internet of Things: Privacy and Security in a Connected World, http://www.ftc.gov/news-events/events-calendar/2013/11/internet-things-privacy-and-security-connected-world.

费者不知情或无法控制，任何设备制造商都不能以增加的传感器和支持互联网的设备带来的复杂性来证明其隐藏的、无限制的和全面的数据收集是合理的。最后，我们讨论了物联网的健康特异性应用，从中我们可以得出应当将公平信息实践原则应用于物联网设备和物联网系统，使其成为更通用的原则。

一、物联网对隐私和安全构成现实威胁

在最近一篇文章中，该文作者探讨了物联网的定义，并承认目前对于"物联网"没有达成统一的术语定义，但该作者就定义的表述及其广义程度认为如下定义最为贴切：物联网让任何人和任何物品可以在任何地方、任何时间相互联系，在理想的情况下可以使用任何路径或网络以及服务。从这个定义可以看出，物联网环境中的数据收集和人机交互应该是无缝对接的，对于一个特定的设备来说，它的运行几乎毫无阻碍。而这自然会给用户的隐私和安全带来一些具有挑战性的后果。

对消费者来说，数据收集和与物联网系统的交互很容易脱离设备本身运行所需的范围。例如，当智能电视使用语音或人脸识别来个性化用户体验时，它还可以很容易地获得与娱乐无关的周围环境（例如客厅）的信号。① 例如，它可能可以估算出一个家庭玩棋盘游戏的频率，或者在用户不知情的情况下记录下发生在客厅的电话对话。

虽然像电视这样的大型复杂智能物联网设备将拥有 Wi-Fi 连接、软件更新、多种功能和接口，但我们预计，许多部署得更广泛的物联网系统将会更加简单，没有这些功能。这些设备将是廉价的，甚至是一次性的，所以制造商几乎没有动机为这样的设备提供定期安全更新。设备供应商失去这种安全更新的动机使智能手机市场的某些元素失效，从而导致数以百万计的易受攻击的设备在它们的保质期内没有

---

① Gary Merson, Is Your TV Watching You? Latest Models Raise Concerns, NBC News Technology Blog (March 19, 2012, 10: 46 AM), http://www.nbcnews.com/technology/your-tv-watching-you-latest-models-raise-concerns-483619.

获得任何改善。① 因此,我们期望看到,当仅仅基于网络和提供类似物联网通信服务的计算接口中出现漏洞时,设备供应商能够采取全新的市场事件类型,例如,产品召回。当然,这些设备和系统中大部分可能永远不会在它们的售后环境中进行更新,而且家庭网络和支持物联网的通信平台将不得不设计用于处理本地网络上的错误和完全敌对(例如,通过漏洞或漏洞进行的黑客攻击)的用户。

这些设备上的用户界面可能非常简单,甚至不存在,这使得设备与用户的交互非常困难。用户界面对于用户控件的配置、设备提供通知和用户接受同意非常重要。正如我们下面讨论的那样,由于缺少用户界面,这些功能将不得不转移到物联网环境的其他元素上,要么是在网络本身内,要么是在非传统界面元素中的设备的物理特性,例如,在物联网牛奶盒上的一个下拉选项卡,使网络功能无法操作。

此外,在这些设备上设置网络访问可能很困难,而且它们可能没有能力驱动更高级的网络协议,比如 Wi-Fi、蓝牙或蜂窝网络。因此,我们希望能够利用支持物联网的平台来协调大量低功耗和 RFID 或 NFC 支持的设备,使用 RF 信号本身而不是使用车载电源来为计算和网络电路供电。这引起了我们对全面收集数据的许多关注:很大程度上强大的商业公司控制着家庭或企业内部的物联网网络平台,它们能够收集、分析和处理传统私人空间中的大量数据。

我们必须强调的是,这可能是物联网系统设备的一个特点:许多适用于智能电网技术等家庭监控设备的问题将在物联网中出现。② 物联网系统将在大多数情况下成为传感平台,增强家庭或企业中的设备和对象。光传感器可以根据物体的位置来判断某些房间在夜间被占用的频率,或者冰箱被打开的频率。温度传感器可能能够告诉你什么时候洗澡、锻炼或完全离开家。麦克风可以很容易地接收到家庭中的谈

---

① Dan Goodin, ACLU Asks Feds to Probe Wireless Carriers Over Android Security Updates, Ars Technica (April 17, 2013, 10:01 PM), http://arstechnica.com/security/2013/04/wireless-carriers-deceptive-and-unfair/.

② CTR. For Democracy & Tech. & Elec. Frontier Found., "Proposed Smart Grid Privacy Policies and Procedures," Before The Public Utilities Commission of the State of California (December 18, 2008), available at https://cdt.org/files/pdfs/CDT_EFF_PoliciesandProcedures_15Oct2010_OpeningComment_1.pdf.

话内容,并且能够以足够的保真度识别出说话者。我们在本节中强调的隐私和安全问题只会变得更加严重。

二、公平信息实践原则和物联网

贸易委员会应强调,公平信息实践原则仍然适用于数据收集和互联互通程度提高的技术环境。事实上,在物联网领域侵犯隐私的可能性越大,就需要更严格地适用这些渊源已久的原则。

物联网并没有什么本质上的神奇之处,它的主要特点是增强了监视功能,然而这些物联网设备的消费者通常不认为设备具有这种监视功能。这些"智能"设备显然给消费者带来了积极的好处,但这些价值也不能让其在运作时可以超出公平信息实践原则的规范。相反,公平信息实践原则的存在恰恰是为了确保用户从这些新产品中得到他们真正想要的东西。

有些人提出了这样一个问题:贸易委员会应该如何将物联网作为一个二元选择来对待,要么禁止新兴技术,除非它们能够证明它们不会造成伤害("预防原则"),要么允许新产品在不受干扰的情况下自由出现("无许可性创新")。① 我们认为这种二分法是错误的选择。贸易委员会应该像对待所有其他技术一样,积极适用《联邦贸易委员会法》第5条认定物联网领域问题。② 我们还认为,其他不受监管的公司向消费者提供新产品时,不应该被要求征得贸易委员会的许可。然而,贸易委员会一直以来都强调要求公司在收集数据时遵守相关长期原则,即让消费者有权进行选择和控制是否自身数据被收集利用,如果公司违反这些原则,那么它们应该受到强有力的执法制裁。在消费者对产品的理解范围内,如果公司在其收集的数据流中出现不符合或者超出消费者的合理期望的数据收集实践,其不应狡辩这种违法行为目的是科技创新。

---

① Mercatus CTR., Privacy and Security Implications of the Internet of Things (May 31, 2013), available at http://mercatus.org/publication/privacy-and-security-implications-internet-things.

② TrendNet Inc., File No. 1223090 (Fed. Trade Comm'n Sept. 2009) (decision and order), http://www.ftc.gov/sites/default/files/documents/cases/2013/09/130903trendnetorder.pdf.

其他人则提出，联网传感器（物联网和大数据的结合）的普及，意味着有太多信息可供用户控制。因此，他们认为应该弱化用户在信息治理中发挥的作用，甚至不应该发挥任何作用。这些评论员试图将公平信息实践原则从本质上剥离为两个单独的概念：企业责任和一些未定义的有害用途限制。我们认为这些评论未能正确阐释公平信息实践原则，其狭隘的解释使该原则的内涵有所退步。物联网时代的来临代表着设备提供商的数据收集利用能力显著增强，而这恰恰意味着，用户应该得到公平信息实践原则更强有力的保护，包括更强大和更有效的控制，从而应对饱和信息和像物联网场景下的交互环境的挑战。使用限制和公司责任这两个概念本身并不充分，组织并不完美，贸易委员会对拥有非常成熟的数据治理项目的大公司的大量执法记录就证明了这一点。此外，即使在理论上问责制已经很完善，也仍然无法防范所有的物联网数据隐私威胁。[1]

物联网背后的基本技术并不是什么新技术——联网设备在多年前已经出现。不同之处在于它的范围——它不仅仅是三四个连接设备，它可能是十几个甚至更多——以及这种设备如今在家庭和办公室等私人场所得到越来越多的适用。但如今，消费者对智能设备收集其信息有合理的预期。我们不希望我们的手机或电脑将我们所做的所有事情的日志传输给设备制造商。如果我们注册了一个基于云的服务（比如 FitBit 这样的健康分析服务），我们希望能够控制该设备的服务过程中收集哪些数据，以及与谁分享这些数据。然而，如果消费者并不或无法控制，任何设备制造商都不能以增加的传感器和支持互联网的设备带来的复杂性来证明其隐藏的、无限制的和全面的数据收集是合理的。管理传统连接设备的规则——也就是公平信息实践原则——也应该应用于新技术的管理。仅仅因为一家电脑租赁公司可以在没有事先通知用户且未经用户同意的情况下远程打开网络摄像头并收集视频，并不意味着该公司就也应该这么做。同样，其他能够达到监视用户效果的新智能设备，不应该以收集大数据的名义擅自收集用户隐私

---

[1] Justin Brookman & G. S. Hans, Why Collection Matters: Surveillance as a De Facto Privacy Harm, FUTURE OF PRIVACY F., available at http://www.futureofprivacy.org/wp-content/uploads/Brookman-Why-Collection-Matters.pdf.

信息。① 最终，选择是否接受数据收集的权利必须掌握在消费者手中。

（一）目的说明、使用限制和通知及透明度

通知、透明度、目的说明和使用限制等核心概念都清楚地适用于物联网领域。公司绝对应该告知消费者他们收集消费者数据的用途，而不能为了不公开的目的而使用或出售消费者的数据。

当然，物联网所涉及的数据收集和连接的增加意味着，可能有更多的信息收集应该告知给消费者。然而，就像适用于现有技术一样，贸易委员会现有的通知和透明度标准也应该适用于这些新技术。公司应该承担明确显著地向用户公开重要数据流收集的义务——这是在隐私政策之外的。② 目前的重大遗漏在于贸易委员会未能明确指出对于不直观但意义重大的数据收集、使用、转让也需要对用户公开，但根据《联邦贸易委员会法》第 5 条，这些行为将可以被认定为欺骗和不公平的行为。③

也就是说，并不是所有的数据收集行为都可以或应该事先公开。但至少，公司应该在某个地方提供他们正在使用用户数据的具体内容。对于那些不需要明确而显著公开的信息行为，公司应该有义务在

---

① Designer Ware LLC., File No. 1223151, Docket No. C-4390 （Fed. Trade Comm'n Apr. 11, 2013） （decision and order）, http：//www. ftc. gov/sites/default/files/documents/cases/2013/04/130415designerwaredo. pdf.

② Fed. Trade Comm'n, Mobile Privacy Disclosures：Building Trust Through Transparency （Feb. 2013） at 23 – 24, available at http：//www. ftc. gov/sites/default/files/documents/reports/mobile-privacy-disclosures-building-trust-through-transparency-federal-trade-commission-staff-report/130201mobileprivacyreport. pdf；Federal Trade Commission. com Disclosures：How to Make Effective Disclosures in Digital Advertising （March 2013） at 7, available at http：//www. business. ftc. gov/sites/default/files/pdf/bus41-dot-com-disclosures-information-about-online-advertising. pdf；Sears Holding Mgmt. Corp., File No. 0823099, Docket No. C-4264 （Fed. Trade Comm'n Aug. 31, 2009） （complaint）, http：//www. ftc. gov/sites/default/files/documents/cases/2009/09/090604searscmpt. pdf.

③ Sears Holding Mgmt. Corp., File No. 0823099, Docket No. C-4264 （Fed. Trade Comm'n Aug. 31, 2009） （complaint）, http：//www. ftc. gov/sites/default/files/documents/cases/2009/09/090604searscmpt. pdf；DesignerWare, LLC. File No. 1123151 （Fed. Trade Comm'n August 2012）, http：//www. ftc. gov/sites/default/files/documents/cases/2012/09/120925designerwarecmpt. pdf.

隐私政策中特别阐明这些行为。这种收集行为的透明性可以帮助倡导者、监管者和感兴趣的消费者要求企业对其行为负责。遗憾的是，在一些公司中存在这样一种趋势，他们将隐私政策表述得非常模糊，令人费解。① 这样做的部分原因是为了逃避其因做出可能不受消费者欢迎的数据行为而被追究责任，同时也为了避免被认定为违反《联邦贸易委员会法》第 5 条的欺诈行为。将《联邦贸易委员会法》第 5 条狭隘地解释为仅仅禁止虚假陈述，会导致公司倾向于很少公开其具体数据处理活动。公司在隐私政策中表述得越少，就越难以被认定为虚假陈述。基于这个原因，我们强烈支持联邦贸易委员会最近的执法行动，将未能描述隐私政策中的特定行为归类为违反第 5 条的欺骗性遗漏。②

在隐私政策中描述未来用户数据的每一个应用可能既不现实，也不可能（这个问题不是物联网特有的，而是一般意义上的大数据问题）。出于这个原因，我们支持引用白宫关于消费者隐私报告中"具体环境"的概念：在该物联网设备环境下。如果一项新的数据使用与最初提供数据的原因相关，那么公司的收集使用数据行为不需要再次得到用户许可。③ 然而，这并不意味着任何数据使用都可以通过在隐私政策中列出类别来覆盖，例如"产品改进""研究"或"与可信的第三方共享"。这些内容就像在一份合同中陈述："您同意为随后确定的服务支付价格。"④ 一样毫无意义。这些表述所要表达的目的过于模糊，甚至可以说是虚无的，消费者不可能被理解为同意任何如此虚无缥缈的东西。

---

① Casey Johnston, Snapchat's Bad Security Shows How Data Use Policies Fail, Ars Technica (Jan. 6, 2014, 10: 59 AM), http://arstechnica.com/tech-policy/2014/01/snapchats-bad-security-shows-how-data-use-policies-fail/.

② Goldenshores Tech. LLC, File No. 1323087 (Fed. Trade Comm'n Dec. 05, 2013) (complaint) http://www.ftc.gov/sites/default/files/documents/cases/131205goldenshorescmpt.pdf; G. S. Hans, Goldenshores Case Demonstrates Flaws in Current Mobile Privacy Practices, Center for Democracy PolicyBeta (Dec. 23, 2013), https://www.cdt.org/blogs/gs-hans/2312goldenshores-case-demonstrates-flaws-current-mobile-privacy-practices.

③ White House, Consumer Data Privacy in a Networked World at 17 (Feb. 2012), available at http://www.whitehouse.gov/sites/default/files/privacy-final.pdf.

④ Douglas v. U.S. Dist. Court ex rel Talk America, 495 F.3d 1062 (9th Cir. 2007).

产品制造商可以明确地向用户声明,他们将从用户那里收集广泛的信息,以便在未来提供量身定制的建议或广告。现在谷歌的产品是一个很好的例子:谷歌告知用户其收集广泛的信息,包括地理位置等,都是为了更进一步地提供建议,比如根据你的日程安排和目前的交通模式,告诉你何时需要出发去机场。这种价值主张并不完全清晰——实际上,谷歌公司也会指出,它将继续迭代提供哪些服务——但这种安排的基本轮廓对消费者来说是清晰的。对于公司正在收集什么数据,以及他们如何代表消费者使用这些数据,公司与用户达成了一致。另外,对于手机制造商来说,在用户不知情或未经许可的情况下,默认情况下做同样的事情是不符合具体环境的。

(二)数据最小化和安全性

我们强烈要求贸易委员会强调,数据最小化的概念在物联网和大数据时代仍然有效。当然,数据最小化的核心概念应该是无可争议的——不应该收集不需要的数据,也不应该保存不需要的数据。

当然,是否需要数据与前面关于目的规范的讨论有关——如果其目的的表述是模糊而难以理解的,如"产品改进"和"研究",那么,任何数据都可以被认为是某些尚未可知的未来数据应用所必需的。然而,我们敦促贸易委员会拒绝"我们可能最终发现数据的用途"构成数据收集和保存目的的充分规范的观点。在某种程度上,保留数据的边际价值将被数据被破坏或以其他方式被破坏的风险所抵消。[①] 贸易委员会应该鼓励(至少是鼓励)企业公开数据保留期限,从而减轻人们对过度保留和数据泄露可能性的担忧。

随着越来越多(越来越简约)的公司拥有收集和保存大量个人信息的能力,安全可能会成为物联网领域的一个特殊问题。[②] 贸易委员会应该向公司强调,如果他们未能保护他们所维护的数据安全,他

[①] Justin Brookman & G. S. Hans, Why Collection Matters: Surveillance as a De Facto Privacy Harm, Future of Privacy F., available at http://www.futureofprivacy.org/wp-content/uploads/Brookman-Why-Collection-Matters.pdf.

[②] Bruce Schneier, The Internet of Things is Wildly Insecure – and Often Unpatchable, WiredOpinion (Jan. 6, 2014, 6:30 AM), http://www.wired.com/opinion/2014/01/theres-no-good-way-to-patch-the-internet-of-things-and-thats-a-huge-problem/.

们将继续为此承担责任,而是否清除旧数据将是评估一家公司的数据安全行为是否合理的一个独立因素。贸易委员会应对此明确表示,在评估公司数据行为为是否构成《联邦贸易委员会法》第5条规定不公平行为时,如果该公司持有不必要的数据就可以对此认定为不公平行为。

1. 安全更新

贸易委员会提出了一个问题:如果设备提供公司与其用户没有持续的数据收集关系,公司如何才能向他们提供必要的安全更新。我们认为这方面并不存在必要冲突。如今,公司定期更新操作系统和其他软件,数据收集和交互非常有限。微软公司不需要知道用户如何使用Windows或Office来确定用户是否需要安全更新;它只需要能够检测到用户正在使用过时的软件。公司与用户偶尔的沟通和检查是必要的,但是交互的范围可以限定在最低程度上损害消费者的隐私之内。另一方面,不应该允许公司将安全更新的需求利用到涉及不相关数据收集的持续关系中,或者将广告软件[①]或其他不相关的数据收集功能硬塞到为安全更新提供的软件中。[②]

2. 去身份识别

贸易委员会还提出了一个问题,即物联网是否对数据去身份识别或数据汇总构成了新的挑战。即使传感器和互联网连接的扩散,我们也认为不需要改变委员会在其2012年报告中阐明的框架:"只要满足以下三个条件:其一,收集的数据集不是合理的;其二,公司公开承诺不对数据去身份识别;其三,公司要求数据的任何下游用户将数据保持为去识别形式,这些数据将超出范围的框架。"[③]

[①] Ed Bott, A Close Look at How Oracle Installs Deceptive Software with Java Updates, ZD-Net (Jan. 22, 2013, 11: 00 AM), http://www.zdnet.com/a-close-look-at-how-oracle-installs-deceptive-software-with-java-updates-7000010038/.

[②] Nick Hide, LG Promises Firmware Update Will Fix Smart TV Privacy Snafu, CNET UK (Nov. 21, 2013, 5: 42 PM), http://crave.cnet.co.uk/televisions/lg-promises-firmware-update-will-fix-smart-tv-privacy-snafu-50012828/.

[③] Federal Trade Comm'n, Protecting Consumer Privacy in an Era of Rapid Change (February 2012), available at http://www.ftc.gov/sites/default/files/documents/reports/federal-trade-commission-report-protecting-consumer-privacy-era-rapid-change-recommendations/120326privacyreport.pdf.

我们还敦促贸易委员会抵制削弱这一认定方法的解释：贸易委员会应强调，企业运营控制内部掩盖可以轻易撤销的数据并不构成对此类数据的去识别。虽然操作控制可能是强大的去识别方案的一个要素，使得数据得到充分的识别，使公司无法重新关联数据，即使公司完全有动力这样做，贸易委员会也应该拒绝可以通过简单的方式或托管密钥去识别——即使公司政策禁止这些活动。我们认为，这种企业控制具有保护隐私的好处，这些控制所允许的纵向研究也具有社会好处。然而，将这些数据称为"去识别"，夸大了这些数据与个人数据的分离程度。[1] 我们认为贸易委员会应该保留它的技术测试，该测试要求公司合理地相信，即使他们想要重新关联这些数据也无法做到。

3. 用户控制和企业责任

在大数据和物联网时代，另一个令人不安的趋势已经变得普遍起来，那就是试图用企业责任取代消费者权利和选择。这一观点的支持者认为，由于有如此多的设备传输如此多的关于我们的数据，消费者不可能合理地期望对其进行管理。我们不同意这种数据家长式管理的新趋势。[2] 当然，更多的传感器和连接性意味着消费者有更多的控制权。但其结果应该是加强和高度可用的消费者控制，而不是减少控制。

这并不是说企业的责任和隐私设计不发挥重要作用。公司应该有义务对数据收集默认值和设计决策做出原则性的决定，以及是否需要通知用户选择加入或仅仅允许用户选择退出数据收集（基于数据的敏感性和全面性）。在某些情况下，让消费者进行选择可能根本不合适——例如，在哪些情况下，数据收集和使用对于产品实现的操作是必要的，或者事务数据对于防止欺诈是必要的。但是，对于数据的次要用途，最终应该授权使用者决定如何收集、使用、共享和保留

---

[1] See, e. g., Future of Privacy F., Mobile Location Analytics Code of Conduct, http://www.futureofprivacy.org/wp-content/uploads/10.22.13-FINAL-MLA-Code.pdf（distinguising "de-personalized" data from "de-identified" data）.

[2] E. g., Eduardo Ustaran, Yes, Consent is Dead. Further, Continuing to Give it a Central Role is Dangerous. (Dec. 18, 2013), Privacy Perspectives, https://www.privacyassociation.org/privacy_perspectives/post/yes_consent_is_dead._further_conti nuing_to_give_it_a_central_role_is_danger.

出于这些原因,民主与技术中心强烈同意 Ann Cavoukian 博士、Alexander Dix 专员和 Khaled El Emam 博士最近发表的一篇博客文章(以及即将发表的白皮书),题为"用户同意和个人控制并非过去式"。①作者指出,鉴于对广泛的企业和政府数据收集行为的广泛关注,没有证据支持消费者希望被剥夺有意义选择的观点:

我们也不能忽视公众情绪。认为公众会欣然接受剥夺他们对个人信息的所有控制权,并将其交给私营企业和政府,这将是对公众观点的严重误解。没有证据表明立法者和公众今天准备抛弃他们现有的隐私利益。事实上,人们越来越不能容忍数据泄露和侵犯隐私(尤其是不可接受的大数据收集)。我们需要增加公众信任的变革——削弱个人控制很可能不是有效方案。

互联网的设计和运营基本上取决于终端的控制,即参与通信的每一个终端,而不是中介机构和其他中央决策者。物联网的架构应该允许用户做出自己的决定,创建自己的内容,并以他们认为合适的方式改善他们的生活。如果消费者花 2000 美元买了一台智能冰箱,她应该有权控制自己使用冰箱的信息是如何被收集和共享的。虽然不能指望用户对冰箱如何处理和分析每种食物的每个决定进行微观管理,但他们需要能够就该设备对其个人信息(以及其他有关私人场所的信息,例如设备所在的家庭和办公室)的处理做出一般性的整体决策。

说到底,收集信息应该由消费者来控制,而不是冰箱。

最后,如上所述,消费者控制是选择加入还是选择退出在很大程度上取决于敏感性和具体环境。但是,我们还将我们先前的意见纳入综合和平台级数据收集委员会。②消费者用来访问其他服务的中介——并且具有捕获跨服务活动的能力——在大多数情况下应获得用

---

① Ann Cavoukian, Alexander Dix, & Khaled El Emam, Consent and Personal Control Are Not Things of the Past (Jan. 8, 2014), Privacy Perspectives, https://www.privacyassociation.org/privacy_perspectives/post/consent_and_personal_control_are_ not_things_of_the_past.

② CTR. for Democracy & Tech., Comments of the Center for Democracy and Technology on the Federal Trade Commission's "The Big Picture: Comprehensive Data Collection Online" Workshop (March 8, 2013), http://www.ftc.gov/sites/default/files/documents/public_comments/2013/03/bigpic-04.pdf.

户的明确同意以收集该数据。基于这个原因，我们在最近的一篇博客文章中提出，LG 智能电视不应该在没有用户选择进入许可的情况下收集并将消费者正在观看的内容发送回 LG 公司。我们敦促贸易委员会支持这一立场。

4. 更好使用户控制物联网设备和系统的可能方法

鉴于物联网必然带来的复杂性，我们敦促贸易委员会呼吁制造商制定强有力的全面控制措施，消费者对物联网设备可以进行有效管理。根据定义，许多物联网设备和系统将需要通过本地无线网络彼此通信，并在更广的区域网络（如互联网）中与其他系统通信。要让物联网设备在无线网络上运行，需要某种类型的网络设置。① 这个网络设置步骤——无论是在设备本身，还是通过本地网络上的物联网网络平台——都是与消费者进行交互的自然环节。如何针对该交互界面优化数据收集与共享的通知，是一个有待研究和业界探讨的问题。理想情况下，这样的交互界面可以利用用户希望让设备在网络上工作的愿望，来描述数据收集和共享的范围，以便用户能够对此类产品的使用做出明智的决策。

对于在物联网设备和系统之间实现一致的隐私控制体验而言，用户控制的标准化至关重要。例如，用户自然希望能够从物联网设备中移除所有网络功能，就该 IoT 设备而言，对于产品的目的而言，通信不是必需的。对于使用网络访问作为可能增强但对产品功能不重要的附加元素的产品，行业可能希望标准化可禁用网络通信的物理元素。这可能就像拉片或塑料泡罩一样简单，当移除或破坏时，会破坏网络所需的天线或电路。对于没有持久网络但只有呼叫和响应数据通信的 RFID 和支持 NFC 的物联网元件，这将是一项重要的隐私功能。例如，如果有人能够识别附在牛奶盒上的 RFID 中的唯一标识符，那么当该纸箱被扔掉并运到垃圾填埋场时，同一个人可能能够识别出哪一袋垃圾来自目标人并用它来检查其他敏感的废弃材料。

配置越来越多的支持网络的物联网设备很容易变得非常艰巨。因

---

① Note that some types of ephemeral networking — like wireless communication involved in Radio Frequency ID (RFID) and Near-Field Communication (NFC) applications — are designed not to require networking configuration.

此，对于用户来说，在网络级别配置 IoT 隐私控制可能更有用和实用。也就是说，网络监控设备可以被设计用于物联网环境，其允许房主阻止或允许在家庭内部和外部到互联网的某种类型的通信。例如，用户可能自然地希望他的智能电视与家庭外的内容源进行通信，但可能不希望它在没有明确许可的情况下与家中的其他设备通信。作为另一个例子，在用户的眼中，廉价的消费产品（例如牙刷或牛奶盒）在外部进行通信可能是完全不合适的。互联网工程任务组（IETF）已经开展了一些标准工作，在本地网络中提供可信代理，可以作为物联网设备网络用户控制的单一服务点。[①] 我们希望看到行业努力促进和制定物联网设备和系统网络通信的聚合网络级用户控制的特定标准。

三、物联网的重要案例研究——健康领域应用

远程医疗技术——旨在提供传统医疗保健环境之外的医疗支持和健康援助——将成为物联网技术的关键应用。远程医疗应用的好处是广泛的，除了简单地提供有限形式的远程医疗和咨询之外，它还可以对身体信号（血糖、心率、血压、核心体温等）进行细粒、连续、无创测量，然后可由专家软件系统和医疗保健提供者远程和异步地进行分析，具有巨大的潜力降低医疗保健成本，能够提高患者护理和保健质量。

然而，大多数远程医疗技术，既不是由医疗保健提供者提供，也并非医疗保险计划公司提供，这两种公司都必须遵守《健康保险便利和责任法案》（HIPAA），并受美国卫生和福利部执法机构管辖。这意味着，在贸易委员会第 5 条授权或适用的州法律之外，遭受损害或隐私侵犯的用户将几乎没有其他追责权。而医疗技术所收集的数据的性质——高度敏感、细粒度的健康数据——以及远程健康技术的设计和执行中存在漏洞或缺陷的可能性，意味着数据泄露或对用户造成潜在伤害的风险将很高。例如，远程医疗设备上的数据可能被窃听和泄露，这将带来严重后果。如果攻击者能够导致远程健康传感器报告

[①] Phillip Hallam-Baker, Internet-Draft: OmniBroker Protocol, Internet Engineering Task Force（July 8, 2013）, http://tools.ietf.org/html/draft-hallambaker-omnibroker-06.

错误的身体读数,可能会导致严重的身体伤害甚至死亡。

就公平信息实践原则而言,我们有必要了解一下每种具体方法在远程医疗的情况下应该如何应用。

(一)收集限制(数据最小化)

为了最大限度地降低违规或不当披露的风险,远程医疗技术应仅收集执行其功能所需的身体数据,并应尽可能以最高粒度(最低分辨率)进行,除非用户特别将其置于诊断模式或故障排除或校准提供商。如果需要高分辨率数据,最好将原始数据保留在传感设备本身上,并仅通过网络传输汇总结果(平均值、中位数、最小值或最大值等)。

(二)数据质量

远程医疗技术提供准确的传感器读数,将这些读数转换为可用的医学测量,尤其重要的是,要以不会导致混淆或不良医疗行为的方式将这些读数呈现给用户。这些步骤中的任何一个的失败都可能导致用户或代表用户的提供者采取不反映身体真实状态的行为并且可能引起不适,伤害甚至死亡。

(三)目的规范(使用限制)

远程医疗技术中数据将有一系列特定用途。其中一些只与读取和存储纵向身体测量值有关,而另一些则具有更广泛的功能,包括可能与更大的社区共享身体读数以进行健康活动参与和鼓励。对于用户而言,收集、共享和使用数据的范围应尽可能清晰,尽可能接近第一次身体测量。当读数无意中发布在他们的社交网络配置文件中时,远程医疗技术的用户并不应该也不想要收到这样的惊喜。同样,在健康背景下可能不直观的用途(例如,营销相关用途)应该以更高标准得到用户的理解和同意。只有在特殊情况下,且获得才用户明确的知情同意或法律规定,公司才可以对这些数据进行非直接性的使用。

(四)安全保障

远程医疗技术的数据安全需要仔细考虑。对数据安全的威胁包括：在数据通过网络传输时未经授权访问和修改数据，同时数据驻留在远程医疗设备或支持设备（例如，智能手机）上，以及访问和修改任何软件或构成远程医疗设备的硬件。通用的身份验证和加密方法可以大大减轻这些威胁，但安全性必须成为产品设计过程中的重点，产品必须尽可能地设计应对售后环境中的新兴威胁，即使产品出现问题也是在安全保障的范围内，即当发生错误或出现问题时，它应该最小化用户的风险并以可访问的方式通知用户出现的问题具体是什么。

（五）透明度

远程医疗设备和系统制造商必须以可访问的方式详述设备本身所涉及的数据行为以及数据到达制造商后的数据行为（如果有的话）。高水平描述对行为进行描述是可行的，但更有能力的用户应该可以更深入地挖掘，例如，了解正在使用哪些加密标准和身份验证方法来保护设备，设备上的数据和传输中的数据。

（六）个人参与

用户应该能够访问记录他们身体的数据设备，他们应该能够很容易地理解和可视化这些数据。例如，精通技术的Ⅰ型糖尿病患者抱怨说，他们无法获得由胰岛素泵记录并传输给制造商的血糖测量数据。这些患者试图更好地了解自己的身体，他们感到沮丧和怀疑，因为制造商不会提供现成的数据，而这些数据基本上是由他们自己的身体生成的。开放可以帮助培养对技术的信任。选择检查这些数据的患者将更好地了解他们的病情，以及在他们的家和身体之外共享的数据。

（七）问责制

远程医疗技术的制造商应该有适当的流程和现有的工作人员，可以帮助用户协商他们可能对健康数据和与远程医疗设备的交互所提出的问题和疑虑。如果公司不遵守上述标准，监管机构必须有权对公司的问题追责。

以上是关于公平信息实践原则如何应用于物联网远程健康技术的敏感数据极限的概述，对于考虑更一般的物联网应用具有一定的借鉴意义。虽然很少有设备类型收集的数据像健康数据一样敏感，但是一且在现实世界中部署，要预测物联网设备、系统和平台将面临的风险是非常困难的。这可以非常清楚地说明公平信息实践原则在物联网领域更普遍的适用。物联网技术应该做到：①只收集和传送该装置所需的数据；②在考虑潜在风险时，确保数据尽可能准确；③明确指定设备的用途，并确保后续使用数据符合指定目的；④确保设备和数据的安全，防止窃听、不当修改、欺骗和其他威胁；⑤以非常规用户和技术知识用户可接受的方式描述，设备中驻留的数据实践和过程以及数据（如果相关）在外部传输；⑥允许用户访问设备记录和传输的数据；⑦为用户提供明确的机制，可以评估如何实现上述每个目标，并规定补救和支持机制，以确定用户何时遇到困难或认为对此数据的某些承诺未得到满足。

四、结语

我们感谢贸易委员会在去年 11 月成功举办有关物联网的私隐和安全研讨会后，向社会征求更多意见。尽管物联网存在巨大的隐私和安全风险，但我们相信公平信息实践原则和以往一样重要，随着物联网领域在未来几年的发展，委员会将在指导和执行方面发挥重要作用。

美国联邦贸易委员会2015年就物联网发表的研究报告

徐若楠[①] 译

目　次

一、摘要
二、背景
三、什么是"物联网"
四、益处与风险
五、传统隐私原则的适用
六、立法
七、结语

一、摘要

物联网（IoT），是指日常物品具有连接到互联网并通过互联网发送和接收数据的能力。例如，它包括：当你连接互联网的摄像头时，你只需点击一下就可以在线发布照片；当你下班时，家庭自动化系统会打开你的前廊灯；以及你可以通过手环与朋友分享你一天骑自行车或跑步的距离。

6年前，连接到互联网上的"物"的数量首次超过了人口总量。然而，我们仍处于这种物联网技术趋势的开端。专家估计，到2015

---

① 徐若楠，中山大学法学院助教。

年为止，世界上将有250亿台物联网设备，到2020年，这个数字将达到500亿。

鉴于物联网的迅猛发展，联邦贸易委员会（以下简称"贸易委员会"）于2013年11月19日主办了一个名为"物联网：互联世界中的隐私与安全"的研讨会。本报告对此研讨会进行了总结，并阐述了与会者在物联网隐私与安全方面的建议。为了与贸易委员会在商业领域保护消费者的职能和研讨会的重点相吻合，我们的讨论对象仅限于销售给消费者或供消费者使用的物联网设备。① 因此，本报告不讨论企业与企业间交易的设备，也未更广泛地讨论企业用于跟踪库存、功能或效率的机器与机器通信。

研讨会与会者们讨论了与物联网有关的益处和风险。为了论证物联网的益处，与会者们举出大量例子，其中许多物联网设备已经投入使用。在健康领域，联网医疗设备可以帮助患有严重疾病的消费者和他们的医生一起监控疾病。在家庭中，智能电表可以让能源供应商分析消费者的能源使用情况，识别家用电器的问题，从而使消费者更有节约能源意识。在路上，汽车上的传感器可以向驾驶员报告危险的道路状况，软件的更新也可以无线进行，这样消费者就不必去汽车经销店了。与会者普遍认为，物联网将为消费者提供更多的、可能具有革命性的益处。

在风险方面，与会者指出物联网存在多种潜在的安全风险，可能通过以下三种方式对消费者造成损害：其一，允许未经授权的行为人查阅及滥用个人资料；其二，引发对其他系统的攻击；其三，对人身安全造成危害。与会者还指出，随着时间的推移，隐私风险可能涉及个人信息、习惯、住址和身体状况的收集。一些小组成员指出，公司在做出信贷、保险和就业决策时，可能会使用这些数据。另一些人指出，如果消费者感知到隐私和安全风险，即使他们自己没有意识到，也会损害其信心，而要使物联网技术充分发挥其潜力，消费者的信心是必不可少的，并且有可能导致这些技术不能得到广泛应用。

此外，与会者还讨论了长期存在的公平信息实践原则（FIPPs），

---

① Commissioner Wright dssents from the issuance of this Staff Report. His concerns are explained in his separate dissenting statement.

包括通知、选择、访问、准确性、数据最小化、安全性和可靠性等原则,如何适用于物联网领域。研讨会的主要讨论集中在四个原则上:安全性、数据最小化、通知和选择。与会者还讨论了如何利用针对数据使用方面的方法帮助保护消费者隐私。

(一) 安全

人们似乎普遍认为,开发物联网产品的公司理所当然应该实施合理的安全措施。当然,对于一款设备而言,怎样才达到合理的安全性取决于许多因素,包括收集数据的数量和敏感性以及修复安全漏洞的成本。委员会工作人员鼓励各公司考虑采用研讨会与会者所强调的最佳行为指导,包括下列做法。

第一,企业应该从一开始就为自己的设备增加安全性,而不是事后才考虑。作为设计安全程序的一部分,公司应考虑以下行动:①对产品进行隐私或安全风险评估;②尽量减少产品收集和保留的数据;③在产品上市前对其的安全措施进行检测。

第二,在人事方面,公司应该对所有员工进行良好的安全培训,并确保在处理安全问题时,公司内对应着适当的责任级别。

第三,公司应该保留能够维护合理安全的服务提供者,并对这些服务提供者提供合理的监督。

第四,当公司识别出设备系统中的重大风险时,应该实现深入防御方法,在多个层次上实现安全措施。

第五,公司应该考虑实施合理的访问控制措施,限制未经授权的人访问消费者的设备、数据,甚至网络。最后,公司应该继续监控产品的整个生命周期,并在可行的范围内修补已知的漏洞。

(二) 数据最小化

数据最小化是指公司应该限制收集和保留的数据,并在其不再需要时处理掉残留数据。虽然有些与会者担心尽量减少数据收集的要求可能会限制数据的创新用途,但工作人员同意大部分与会者的意见,即公司应考虑合理限制收集和保留消费者数据。

数据最小化可以帮助防范两个与隐私相关的风险。第一,更大的数据存储为公司内外的数据窃贼提供了更有吸引力的目标,并增加了此类事件对消费者的潜在伤害。第二，如果一家公司收集并保留了大量的数据，那么这些数据被用于背离消费者合理预期的用途的风险就会增加。

为了尽量减少这些风险，公司应该检查他们的数据收集行为和业务需求，并制定规定和与原则，对消费者数据的收集和保留施加合理的限制。然而，即使企业认识到需要在未来有益的数据使用和隐私保护之间取得平衡，贸易委员会工作人员关于数据最小化的建议对于企业来说仍是一个灵活的建议，企业有如下许多选择：①决定完全不收集数据；②只收集所提供的产品或服务所需的资料；③收集不太敏感的数据，或是隐藏他们收集的数据的身份。如果企业确定这些选项都不能实现其业务目标，那么它可以如下文所述，寻求消费者的同意来收集额外的、非合理预期的数据种类。

（三）通知和选择

贸易委员会的工作人员认为，消费者的选择在物联网中继续发挥重要作用。一些与会者认为，在物联网中提供通知和选择具有挑战性，因为数据收集无处不在，而且在没有用户界面的情况下提供信息存在实际障碍。但是，委员会的工作人员认为提供通知和选择仍然很重要。

这并不意味着每次数据收集都需要提供用户选择。贸易委员会认识到，为了保护用户隐私而在每一次数据收集时都为用户提供选择是不必要的。2012年的《隐私报告》（*Privacy Report*）提出了最佳推荐行为指导，贸易委员会指出，如果公司要收集的数据与交易背景或公司与消费者的交易关系相符，那么，在收集和使用消费者数据之前，不应强制公司为用户提供选择。事实上，因为使用这些数据与消费者普遍的合理预期相一致，所以无论是对于公司还是消费者而言，强制公司为消费者提供通知和选择的成本可能会超过其收益。这一原则同样适用于物联网。

工作人员承认，在物联网设备没有消费者界面的情况下，企业为其提供选择是存在实际困难的，并认识到没有一个放之四海皆可行的办法。为用户提供选择的方式包括开发视频教程、在设备上粘贴二维码、在销售点设置向导或在隐私指示板中提供选择。无论一家公司决定采取何种方式，其为客户提供的隐私选择都应该是清晰和突出的，而不能将其隐藏在冗长的文档中。此外，公司可能需要考虑采取多种方法相结合来为消费者提供选择。

一些与会者担忧，即使公司只在收集或使用数据与服务范围不一致的情况下向消费者提供选择，这种方法也可能限制公司对具有潜在社会效益的数据的创新使用。这些与会者敦促将"使用限制"视为"通知和选择"的补充或替代。通过针对使用数据方面的方法，立法者、监管者、行业监管机构或个人公司将设置某些特定消费者数据的"允许"和"不允许"使用。工作人员认识到通知和选择方法可能限制有益的新数据的使用，因此已将针对使用数据方面模型的纳入委员会措施之中。例如，在提供选择的背景下考虑将如何使用数据：如果使用与交易背景目标是一致的——换句话说，如果这是一个预期的使用，那么公司不需要为消费者提供选择。如果不一致（例如，非用户合理预期），公司应该提供清晰而显著的选择。未经用户明确同意，公司不得收集敏感资料。此外，如果公司收集了消费者的数据，并立即有效地对该数据进行去身份标识处理，那么它不需要向消费者提供关于该收集的选择。此外，在某些情况下，贸易委员会通过使用方面的方法保护隐私。例如，它实施了《公平信用报告法》（*Fair Credit Reporting Act*），在某些情况下限制使用消费者信用报告信息。贸易委员会还运用其查处不公平行为的权力，对公司滥用消费者数据造成损害的行为提出质疑。

然而，工作人员对采用物联网的使用方面的方法感到担忧。首先，由于使用方面的限制没有在立法、规定或广泛采用的行为条例中得到全面阐述，因此关于哪个部门有权决定哪些额外使用是有益或有害并不清晰。其次，仅靠使用限制不能解决广泛的数据收集和保留所带来的隐私和安全风险。最后，一个纯粹基于使用方面而开发的模型不会考虑到消费者对收集敏感信息方面的担忧。[1]

---

[1] In addition to collecting sensitive information outright, companies might create sensitive information about consumers by making inferences from other data that they or others have already collected. A use-based model might not address, or provide meaningful notice about, sensitive inferences. The extent to which a use-based model limits or prohibits sensitive inferences will depend on how the model defines harms and benefits and how it balances the two, among other factors.

立法或建立广泛接受的多利益相关者框架可能会解决其中一些问题。例如，框架可以规定允许或禁止的数据用途。然而，在对这些框架缺乏共识的情况下，在可预见的未来里，这里提出的方法——即为消费者提供关于他们的数据的信息和选择——仍然是物联网最可行的方法。

（四）立法

与会者还讨论了关于物联网的立法是否适当，一些与会者支持立法，另一些与会者反对立法。贸易委员会工作人员倾向于反对的意见，他们认为，物联网领域还有很大的创新潜力，在这个阶段针对物联网进行立法还为时过早。工作人员也同意，如果针对特定行业设计的自我监管项目得到发展，将有助于鼓励更多企业采用注重隐私和安全的实践方式。

然而，鉴于数据安全受到持续威胁，而且新兴的物联网技术的风险可能使这些威胁愈演愈烈，工作人员重申之前对贸易委员会提出的建议，通过强势、灵活、技术中立的立法，加强其现有的数据安全执法工具的作用，并在存在安全漏洞时可以为消费者提供通知。一般的数据安全立法应保障用户的个人资料及装置功能不受未经授权的查阅。例如，如果用户的起搏器数据没有得到适当的保护，不仅仅是健康信息可能被泄露，佩戴者也可能受到严重伤害。

此外，物联网让信息广泛收集和使用成为可能，同时也让制定基本隐私标准的需求更为迫切，这是此前贸易委员会在 2012 年《隐私报告》中提出的建议。虽然贸易委员会目前有权对一些与物联网有关的做法采取行动，但它不能强制规定某些基本的隐私保护措施，如隐私披露或消费者享有选择权，除非有明确的欺诈行为或不公平行为的表现。因此，贸易委员会工作人员再次建议委员会制定基础广泛的（而不是具体针对物联网的）隐私权相关立法。这类立法应该是灵活的、技术中立的，同时也应该为企业提供明确的道路规则，比如如何向消费者提供有关数据收集和使用方式的选择。

同时，我们将继续使用现有的工具，确保物联网公司在开发新设备时继续考虑数据安全和隐私问题。具体而言，我们将采取以下措施。

1. 执法

贸易委员会执行《联邦贸易委员会法》《公平信用报告法》《高科技法》中关于损害健康的注意条款、《儿童在线隐私保护法》和其他可能适用于物联网的法律规定。在适当情况下，如果贸易委员会有理由认为任何主体的行为违反上述法律，工作人员将建议委员会对这些违法主体采取措施。

2. 消费者与商业教育

贸易委员会的工作人员将建立物联网领域有关消费者和商业教育的新材料。

3. 参与多利益关联者团体

目前，贸易委员会工作人员正在加入涉及多方利益的团体，考虑与物联网相关的指导方针，包括人脸识别和智能电表。即使没有立法，工作人员的这些努力也让公司在开发联网设备时能选择最好的方式，这可以极大地造福消费者。

4. 宣传

最后，在适当的情况下，贸易委员会工作人员将与其他机构、州立法机构和法院一起寻找推广机会，促进对这一领域的保护。

二、背景

科技正在迅速改变我们与周围世界互动的方式。如今，许多公司正在为消费者市场开发产品，这在 10 年前是不可想象的：你只需轻轻一点，联网相机就能将照片发布到网上；当你下班时，家庭自动化系统会打开你的前廊灯；和你的朋友分享你一天骑自行车或跑步的距离的手镯。这些都是物联网的例子，物联网是一个相互连接的环境，各种各样的物体都以数字化的形式存在，并且能够与其他物体、与人进行交流。各式各样的物联网设备蔓延在我们身边的每个角落，可穿戴电脑、智能健康追踪器、联网烟雾探测器和灯泡等。虽然不包括手机、平板电脑或传统电脑，但基本上除此之外的任何设备都可以成为物联网的一部分。

6 年前，第一次有这么多"事物"连接到互联网上，该数量超过了全球人口总数。然而,我们仍然处于这种技术趋势的开端。① 专家估计,到 2019 年为止,将有 250 亿台联网设备,到 2020 年,这个数字将达到 500 亿。一些人估计,到 2020 年,90% 的消费者汽车将实现互联网连接,而在 2013 年这一比例还不到 10%。② 目前市场上已经有 35 亿个传感器。所有这些联网设备意味着将生成更多的数据。到 2018 年,全球移动数据流量将超过每月 15 艾字节——大约 15 万亿字节。③ 相比之下,根据一项估计,1 艾字节的存储器相当于存储 5 万年的 DVD 画质的视频。④

这些新的发展预计将给消费者带来巨大的益处。联网的医疗设备将帮助有严重健康问题的消费者与他们的医生一起对他们的疾病进行监控。家庭自动化系统将使消费者能够在下班回家之前关掉防盗报警器、播放音乐以及预热晚餐。一旦发生事故,联网汽车将通知急救人员。物联网可能会带来诸多益处,我们现在甚至还无法想象和预测。

然而,这些连接的设备将收集、传输、存储,并潜在地共享大量的消费者数据,而且其中一些数据具有高度隐私性。考虑到目前已经上市或即将上市的联网设备的数量和类型之多,贸易委员会在 2013 年 4 月宣布,将举办一个有关物联网设备的隐私和安全问题的研讨会,并且请公众提出相关问题予以讨论。⑤ 社会大众对贸易委员会提出的收集意见的请求积极响应,工作人员收到了来自大量消费者权益

---

① Dave Evans, Cisco Internet Bus. Solutions Grp., the Internet of Things: How the Next Evolution of the Internet Is Changing Everything 3 (2011), available at http://www.cisco.com/web/about/ac 79/docs/innov/IoT IBSG 041 1Final.pdf. These estimates include all types of connected devices, not just those aimed at the consumer market.

② Telefonica, Connected Car Industry Report 2013 9 (2013), available at http://web-srvc.net/2013/telefonica/Telefonica%20Digital Connected Car2013 Full Report English.pdf.

③ Cisco, Cisco Visual Networking Index: Global Mobile Data Traffic Forecast Update, 2013 – 2018 3 (2014), available at http://www.cisco.com/c/en/us/solutions/collateral/service-provider/visual-networking index-vni/white_ paper c11-520862. pdf.

④ University of Bristol, Exabyte Informatics, available at ht: /www. bris. ac. uk/research/themes/exabyte-informatics. html.

⑤ Press Release, FTC, FTC Seeks Input on Privacy and Security Implications of the Internet ofThings (Apr. 17, 2013), available at htp://www.fc.gov/news-events/press-releases/2013/04/ftc-seeks-input-privacy-and-security-implications-interet-things.

倡导团体、学者和行业代表的公开评论。①

研讨会名为"物联网：互联世界中的隐私与安全"②，于 2013 年 11 月 19 日举行。③ 与会者包括学者、研究人员、消费者维权人士以及政府和行业代表。研讨会分为四个组别，每组侧重物联网的不同方面。④ 第一个组别是"智能家居"⑤，他们考察一系列联网设备，如家庭自动化系统和智能电器。第二个组别是"健康和健身设备"⑥，考察日益增多的联网医疗设备和健康、健身产品，例如从休闲可穿戴健身设备到联网胰岛素泵。第三个组别是"联网汽车"，讨论联网汽车涉及的不同技术，包括事件数据记录器（EDRs）⑦ 和其他车辆的"远程信息技术"，后者指用于车辆的数据收集、传输和处理技术。最后，第四个组别是"互联世界中的隐私与安全"⑧，讨论物联网带来的更广泛的隐私与安全问题。

---

① Pre-workshop comments （"#484 cmt."）are available at http：//www. ftc. gov/policy/public-comments/initative-484.

② In addition to the four panels, workshop speakers included Keith Marzullo of the National Science Foundation （"Marzullo"），who gave an overview of the IoT space （Transcript of Workshop at 15 – 34）; Carolyn Nguyen （"N guyen"）of Microsoft Corp, who discussed contextual privacy and its implications for the IoT （Transcript of Workshop at 35 – 51）; and Vinton "Vint" Cerf （"Cerf"）of Google Inc., who gave the workshop's Keynote Address （Transcript of Workshop at 118 – 153）.

③ A complete transcript of the proceeding is available at http：//www. ftc. gov/sites/default/files/ documents/public events/internet-things-privacysecurity-connected-world/final transcript. pdf. Videos of the workshop also are available at http：//www. ftc gov/news-events/ audio-video/ftc-events.

④ A complete transcript of the proceeding is available at http：//www. ftc. gov/sites/default/files/documents/public _ events/internet-things-privacy-security-connected-world/final _ transcript. pdf. Videos of the workshop also are available at http：//www. ftc. gov/news-events/audio-video/ftc-events.

⑤ Transcript of Workshop at 52 – 115.

⑥ Id. at 164 – 234.

⑦ An EDR is "a device or function in a vehicle that records the vehicle's dynamic time-series data during the time period just prior to a crash event （e. g., vehicle speed vs. time）or during a crash event … intended for retrieval after the crash event." 49 C. F. R. § 563. 5.

⑧ Transcript of Workshop at 292 – 364.

研讨会结束后,委员会请大家就本组研究的问题提出意见。① 工作人员收到了来自普通公民、贸易组织和隐私权倡导者的公开评论。②

本报告总结了此次研讨会,并提出工作人员在物联网隐私数据安全方面的建议。本报告第三节讨论了我们如何定义"物联网"。第四节论述了新技术作为物联网现象的一部分,其存在的一些益处和风险。第五节审查现有隐私原则在这些新技术中的适用情况,第六节讨论在物联网领域的隐私方面问题是否适用立法。第五、六节首先讨论书面评论员和研讨会发言者(统称"与会者")的意见,然后提出工作人员的建议。这些建议侧重于消费者在现在和可预见的将来可能遇到的物联网产品和服务类型。随着新的物联网技术进入市场,我们期待着继续探索相关隐私问题。

三、什么是"物联网"

虽然物联网一词最早出现在 2005 年的文献中③,但至今仍没有一个被广泛接受的定义。④ 一名与会者将物联网描述为"通过小型嵌入式传感器和有线、无线技术,将物理物品与互联网以及物品与物品的连接,创建起一个无处不在的计算生态系统"⑤。另一位与会者形容它为在单个物品中包含"嵌入式智能",可以检测他们的物理状态的变化。⑥ 但还有一名与会者注意到对物联网并非缺乏统一的定义,他说:"物联网的所有定义的共同之处是,它们都集中于计算机、传感器和物品如何相互作用和处理数据。"⑦

物联网包括面向消费者的设备,以及非面向消费者的产品和服

---

① Press Release, FTC, FTC Seeks Comment on Issues Raised at Internet of Things Workshop (Dec. 11, 2013), available at http://www.ftc.gov/news-events/press-releases/2013/12/ftc-seeks-comment-issues-raised-internet-things-workshop.
② Post-workshop comments ("#510 cmt.") are available at http://www.ftc.gov/policy/public-comments/initiative-510.
③ See Remarks of Marzullo, Transcript of Workshop at 19.
④ See Comment of ARM/AMD, #510 cmt. #00018 at 1.
⑤ Comment of Consumer Elec. Ass'n, #484 cmt. #00027 at 1.
⑥ Remarks of Marzullo, Transcript of Workshop at 19.
⑦ Comment of Ctr. for Democracy & Tech., #484 cmt. #00028 at 3.

务，例如为企业设计的用于实现机器之间自动通信的设备。例如，物联网一词可以包括射频识别（RFID）标签的类型，商家为了监控库存，可以将这种标签贴在商店的产品上；监测酒店用电情况的传感器网络；以及连接互联网的喷气发动机和石油钻井平台上的钻机。此外，物联网中的"物"一般不包括台式或笔记本电脑及其类似产品，如智能手机和平板电脑，尽管这些设备通常用于控制或与其他"物"进行通信。

在本报告中，我们使用物联网一词来指代设备或传感器（计算机、智能手机或平板电脑除外）等通过互联网相互连接、通信或传输信息的"事物"。与贸易委员会在商业领域保护消费者的目标一致，我们对物联网的讨论仅限于面向消费者出售或供消费者使用的这类设备。因此，本报告没有讨论在企业对企业环境中销售的设备，如酒店或机场网络中的传感器，也没有更广泛地讨论用于企业跟踪库存、功能或效率的机器对机器联网传输。

四、益处与风险

与所有技术一样，物联网在带来益处的同时也存在风险。要制定针对这个行业的政策方针，必须同时顾及这两个方面。以下是研讨会与会者强调的物联网目前存在和潜在的益处和风险总结。

（一）益处

大多数参与者都认为，物联网将为消费者带来大量、甚至可能是革命性的益处。① 而在物联网当中，最有前景为人们带来效益的是卫生保健领域。② 例如，如果将胰岛素泵和血压袖带连接到移动应用程序，人们则不必去医生的办公室就可以记录、跟踪和监测自己的生命体征。这对老年患者尤其有益，因为联网的医疗设备可以为他们提供"治疗选择"，他们能够在家管理自己的医疗保健，而不需要长期住

---

① See Comment of Future of Privacy Forum, #484 cmt. #00013 at 4; Comment of Software & Info. Indus. Ass'n., #484 cmt. #00025 at 2.

② See Comment of AT&T Inc., #484 cmt. #00004 at 5.

院或转移到长期护理机构。① 患者还可以通过这些应用程序让护理人员、亲属和医生访问他们的健康数据,这带来了很多好处。正如一位专家所指出的那样,联网医疗设备可以"为患者的医生提供更丰富的诊断、治疗数据来源,从而提高患者的生活质量和安全性,改善疾病预防,提高医疗体系效率,降低成本,……并提供难以想象的丰富数据,彻底改变了医学研究,使医学界能够更好地治疗疾病,并最终根除疾病"②。

最近的研究表明,联网医疗设备有显著的益处。一位研讨会参与者表示:我们从这个互联世界获得的最重要的益处之一,是……让病人参与进来,让他们可以自己照顾自己。另一名参与者讲述了一项临床试验,该试验显示,当糖尿病患者使用联网的葡萄糖监测器时,他们的医生在收到数据后,调整药物治疗的次数大约增加了5倍,从而改善了对患者的疾病管理,为患者节省了大量资金。他说,临床试验表明,糖尿病患者使用联网的血糖监测仪后,他们的平均血糖水平降低了2个百分点,而美国食品和药物管理局(FDA)认为降糖仅为0.5个百分点的药物治疗就已经达到成功水平。③

消费者可以通过许多其他方式从物联网中受益。例如,在家里,智能电表可以使能源供应商分析消费者的能源使用情况,识别家用电器的问题,"甚至可以在业主的隔电效果与邻居的隔电相比似乎不合格时提醒他们"④,使消费者能够"更好地决定自己如何用电"⑤。家庭自动化系统可以为消费者提供一个"总平台,连接家里的所有设备,用一个应用程序来控制它们"⑥。联网烤箱让消费者出门在外时可以"远程设置温度",从烘烤到炙烤……并从内部的不同位置监视(他们的)产品……"⑦ 被称为"水虫"的传感器可以在消费者的地

---

① Comment of Med. Device Privacy Consortium, #484 cmt. #00022 at 1.
② Comment of Consumer Elec. Ass'n, #484 cmt. #00027 at 16.
③ See Remarks of Stan Crosley, Indiana Univ. ("Crosley"), Transcript of Workshop at 199.
④ See Remarks of Anand Iyer, WellDoc Communications, Inc. ("Iyer"), Transcript of Workshop at 188 – 189. 31 Comment of AT&T Inc., #484 cmt. #00004 at 4 – 5.
⑤ Remarks of Eric Lightner, Department of Energy ("Lightner"), Transcript of Workshop at 54.
⑥ Remarks of Jeff Hagins, SmartThings ("Hagins"), Transcript of Workshop at 64.
⑦ Remarks of Michael Beyerle, GE Appliances ("Beyerle"), Transcript of Workshop at 60.

下室被水淹没时通知他们①,葡萄酒鉴赏家可以监控酒窖的温度,以保存最好的葡萄酒。②

在路上驾驶时,联网汽车将为消费者带给越来越多的安全和便利。例如,汽车上的传感器可以向驾驶员报告危险的道路状况,软件更新可以通过无线方式进行,这样消费者就不必去汽车经销店了。③联网汽车还可以为司机和服务设施提供实时车辆诊断、互联网广播、导航、天气和交通信息;安全气囊展开时会自动向急救人员发出警报;以及智能手机对起动机等方面的控制。④ 将来,汽车甚至可以自己驾驶。与会者讨论了未来自动驾驶汽车能够创造的安全利益,例如,自动驾驶汽车将能够根据标准驾驶规定判断出谁应该先走,而不是让容易出错的人在遇到四向停车标志时决定哪辆车应该先走。⑤ 它们还将让有视觉障碍的人有机会驾驶自己的汽车作为一种出行交通方式。⑥

(二) 风险

尽管物联网能带来这些重要的益处,但与会者普遍认为,增加设

---

① See Remarks of Scott Peppet, Univ. of Colorado School of Law ("Peppet"), Transcript of Workshop at 167.

② See Remarks of Cerf, Transcript of Workshop at 132.

③ See Remarks of Christopher Wolf, Future of Privacy Forum ("Wolf"), Transcript of Workshop at 247 – 248.

④ Comment of Consumer Elec. Ass'n, #484 cmt. #00027 at 13.

⑤ See Remarks of Cerf, Transcript of Workshop at 127.

⑥ See id. at 138.

备与互联网之间的连接可能会带来一些安全和隐私风险。①

1. 安全风险

小组成员认为,物联网设备可能存在各种潜在的安全风险,这些风险可能通过以下方式危害消费者,其一,允许未经授权的行为人查阅及滥用个人资料;其二,引发对其他系统的攻击;其三,对人身安全造成危害。尽管这些风险都存在于传统计算机和计算机网络中,但正如下文进一步阐述的那样,它们在物联网中更加突出。

第一,在物联网设备上,就像台式机或笔记本电脑一样,缺乏安全性可能使入侵者能够访问和滥用收集的个人信息,并将其传输到设备上或是从设备上获取信息。例如,新的智能电视让消费者能够像笔记本电脑或台式电脑一样上网、购物和分享照片。② 和计算机一样,这些电视中的任何安全漏洞都可能使存储在电视上或通过电视传输的信息处于危险之中。如果智能电视或其他设备存储了敏感的金融账户信息、密码和其他类型的信息,未经授权的人可以利用漏洞来促进身

---

① See, e. g., Remarks of Craig Heffner, Tactical Network Solutions ("Heffner"), Transcript of Workshop at 73 – 77, 109 – 110; Remarks of Lee Tien, Electronic Frontier Foundation ("Tien"), Transcript of Workshop at 82 – 83; Remarks of Hagins, Transcript of Workshop at 92 – 93, 110; Remarks of Jay Radcliffe, InGuardians, Inc. ("Radcliffe"), Transcript of Workshop at 182 – 184; Remarks of Iyer, Transcript of Workshop at 223; Remarks of Tadayoshi Kohno, Univ. of Washington ("Kohno"), Transcript of Workshop at 244 – 247, 263 – 264; Remarks of David Jacobs, Electronic Privacy Information Center ("Jacobs"), Transcript of Workshop at 296; Remarks of Marc Rogers, Lookout, Inc. ("Rogers"), Transcript of Workshop at 344 – 345. See also, e. g., HP, Internet of Things Research Study 5 (2014), available at http://h20195.www2.hp.com/V2/GetDocument.aspx?docname = 4AA5-4759ENW&cc = us&lc = en ("HP Security Research reviewed 10 of the most popular devices in some of the most common IoT niches revealing an alarmingly high average number of vulnerabilities per device. Vulnerabilities ranged from Heartbleed to denial of service to weak passwords to cross-site scripting."); id. at 4 (noting that 80 percent of devices tested raised privacy concerns).

② See, e. g., Erica Fink & Laurie Segall, Your TV might be watching you, CNN MONEY (Aug. 1, 2013), available at http://money.cnn.com/2013/08/01/technology/security/tv-hack/index.html ("Today's high-end televisions are almost all equipped with 'smart' PC-like features, including Internet connectivity, apps, microphones and cameras.").

份盗窃或欺诈。① 因此，随着消费者在家中安装更多的智能设备，入侵者可以用来危害个人信息的安全漏洞数量也会随之增多。②

第二，特定设备中的安全漏洞可能会引起对该设备连接的用户网络的攻击，对其他系统而言，也存在遭到攻击的可能。③ 例如，一个有漏洞的物联网设备可以用来发起攻击和拒绝服务。④ 攻击者控制的设备越多，拒绝服务攻击就越有效；随着物联网设备的激增，漏洞可能使这些攻击者能够组装大量设备用于此类攻击。⑤ 另一种可能性

---

① See Mario BallanoBarcena et al. , Security Response, How safe is your quantified self?, SYMANTEC (Version 1.1 – Aug. 11, 2014), available at www. symantec. com/content/en/us/enterprise/media/security_ response/whitepapers/how-safe-is-your-quantified-self. pdf [noting risks relating to IoT including identity theft). According to the most recent statistics from the Bureau of Justice Statistics of the Department of Justice, an estimated 16.6 million Americans – about seven percent of Americans sixteen or older – experienced at least one incident of identity theft in 2012. Losses due to personal identity theft totaled $24.7 billion, billions of dollars more than the losses for all other property crimes combined. Bureau of Justice Statistics, U. S. Dep't of Justice, Victims of Identity Theft, 2012 (Dec. 2013)], available at http://www. bjs. gov/content/pub/pdf/vit12. pdf. Another study demonstrated that one in four people who received notice of a breach involving their personal information were victims of identity theft, a significantly higher figure than for individuals who did not receive a breach notice. See Javelin, 2013 Identity Fraud Report, available at https://www. javelinstrategy. com/brochure/276.

② See, e. g. , Remarks of Marzullo, Transcript of Workshop at 18 – 19 (discussing ubiquitous or pervasive computing); id. at 28 – 30 (discussing potential security vulnerabilities in devices ranging from pacemakers to automobiles); Remarks of Nguyen, Transcript of Workshop at 35 ("the first thing that really comes to mind are the sensors that are expected to be ubiquitously present and the potential for everything inanimate, whether it be in the home, in the car, or attached to the individual, to measure and transmit data").

③ See Remarks of Heffner, Transcript at 113 ("[I] f I, as someone out on the Internet, can break into a device that is inside your network, I am now inside your network and I can access other things that you do care about... There should never be a device on your network that you shouldn't care about the security of. ").

④ See, e. g. , Dick O'Brien, The Internet of Things: New Threats Emerge in a Connected World, Symantec (Jan. 21, 2014), available at www. symantec. com/connect/blogs/internet-things-new-threats-emerge-connected-world (describing worm attacking IoT devices that connects them to a botnet for use in denial of service attacks).

⑤ Id.

是，联网设备可能被用来发送恶意邮件。①

第三，在某些情况下，未经授权的行为人可能会利用安全漏洞对人身安全造成风险。一名与会者描述了他如何能够远程侵入两个不同连接的胰岛素泵，改变它们的设置，使它们不再提供药物。② 另一名与会者讨论了一组实验，在这些实验中，攻击者可以"在不接触汽车的情况下进入汽车的内部计算机网络"③。他阐述了如何侵入汽车内置的远程信息处理单元和控制汽车的引擎和刹车，尽管他指出，"就目前而言，车主的风险非常小"，部分原因是"我所知道的所有汽车制造商正在积极努力解决这些事情"④。虽然目前的风险可能很小，但随着全自动汽车和其他自动化的设备变得更加普遍，这些风险可能会加剧。行为人未经授权使用联网摄像头或婴儿监视器也会引发消费者人身安全隐患。⑤ 同样，未经授权访问健身和其他跟踪消费者位置的设备收集的数据也会危及消费者的身体安全。甚至还有可能发生的是，窃贼可以远程访问智能电表的能源使用数据，从而确定房主是否离家在外。

---

① See Paul Thomas, Despite the News, Your Refrigerator is Not Yet Sending Spam, Symantec (Jan. 23, 2014), available at http://www.symantec.com/connect/blogs/despite-news-your-refrigerator-not-yet-sending-spam (debunking reports that an Internet worm had used compromised IoT devices to send out spam, but adding, "While malware for IoT devices is still in its infancy, IoT devices are susceptible to a wide range of security concerns. So don't be surprised if, in the near future, your refrigerator actually does start sending spam.").

② See Remarks of Radcliffe, Transcript of Workshop at 182. See also Remarks of Tien, Transcript of Workshop at 82 – 83 ("And obviously one of the big differences between, say, a problem with your phone and a problem with your... diabetes pump or your defibrillator is that if it is insecure and it is subject to any kind of malware or attack, it is much more likely there would be very serious physical damage.").

③ Remarks of Kohno, Transcript of Workshop at 245.

④ See id. at 245 – 247, 266.

⑤ See discussion of TRENDnet, infra notes 132 – 134 and accompanying text (FTC settlement alleging that hackers were able to access video streams from TRENDnet cameras). In another notorious incident, a hacker gained access to a video and audio baby monitor. See Chris Matyszczyk, Hacker Shouts at Baby Through Baby Monitor, CNET (Apr. 29, 2014), available at www.cnet.com/news/hacker-shouts-at-baby-through-baby-monitor/. See also Kashmir Hill, 'Baby Monitor Hack' Could Happen To 40000 Other Foscam Users, Forbes (Aug. 27, 2013), available at www.forbes.com/sites/kashmirhill/2013/08/27/baby-monitor-hack-could-happen-to-40000-other-foscam-users/ (recounting a similar incident).

基于保护联网物联网设备可能比保护家用计算机更具挑战性，物联网潜在风险可能会加剧，主要源于以下两大原因：一是，正如一些专家所指出，进入物联网市场的公司可能没有处理安全问题的经验。① 二是，尽管一些物联网设备非常精密，但其他许多设备可能价格低廉，基本上是一次性的。② 在这些情况下，如果在制造后发现漏洞，可能很难甚至不可能更新软件或应用补丁。③ 就算可以安全更新，许多消费者可能永远不会知道。与此相关的是，许多公司，特别是那些开发低端设备的公司，可能根本没有提供持续支持或软件安全更新的经济动机，这使得消费者在购买物联网设备不久后，其设备不受更新支持或变得易受攻击。④

2. 隐私风险

除了安全方面的风险，与会者还发现了来自物联网的隐私风险。其中一些风险涉及直接收集用户敏感的个人信息，如精确的地理位置、金融账户号码或健康信息——这些风险在传统的互联网和移动商务中已经出现。其他的风险则来自对用户个人信息、习惯、地点和身体状况的数据收集⑤，即使公司没有直接收集敏感信息，他们也能根据上述的数据搜集推断出用户的隐私。

---

① Remarks of Tien, Transcript of Workshop at 71; Remarks of Heffner, Transcript of Workshop at 73 – 75; Remarks of Hagins, Transcript of Workshop at 92 – 93.

② See Comment of Ctr. for Democracy & Tech. , #510 cmt. #00016 at 2.

③ See, e. g. , Article 29 Data Protection Working Party, Opinion 8/2014 on Recent Developments on the Internet of Things 9 （Sept. 16, 2014） （"Article 29 Working Group Opinion"）, available at http://ec. europa. eu/justice/data-protection/article-29/documentation/opinion-recommendation/files/2014/wp223_en. pdf （"For example, most of the sensors currently present on the market are not capable of establishing an encrypted link for communications since the computing requirements will have an impact on a device limited by low-powered batteries. "）.

④ See, e. g. , Bruce Schneier, The Internet of Things Is Wildly Insecure — And Often Unpatchable, WIRED （Jan. 6, 2014）, available at http://www. wired. com/2014/01/theres-no-good-way-to-patch-the-internet-of-things-and-thats-a-huge-problem （"The problem with this process is that no one entity has any incentive, expertise, or even ability to patch the software once it's shipped. The chip manufacturer is busy shipping the next version of the chip, and the [original device manufacturer] is busy upgrading its product to work with this next chip. Maintaining the older chips and products just isn't a priority. "）.

⑤ See, e. g. , Remarks of Tien, Transcript of Workshop at 67; Comment of Ctr. for Democracy & Tech. , #484 cmt. #00028 at 4 – 5.

即使是少量的设备可以生成的大量数据都是令人震惊的：一位与会者表示，只有不到10000户家庭使用的公司的物联网家庭自动化产品，每天都可以"产生1.5亿离散数据点"①，或者说大约每个家庭每6秒产生1个数据点。②

由于数据如此大量且细粒化，那些能够访问这些数据的人能够做出不太丰富的数据集所不可能完成的分析。③ 据一名与会者所言，"研究人员开始表明，现有的智能手机传感器可以用来推断用户的情绪、压力水平、人格类型、双相情感障碍、人口统计学（例如，性别、婚姻状况、工作状况、年龄）、吸烟习惯、总体幸福感、帕金森病的进展、睡眠模式、幸福指数、运动水平以及身体活动或运动的类型"④。这名与会者指出，这些推论可以用来向消费者提供有益的服务，但也可能被滥用。与此相关的是，另一名与会者认为物联网能够调节为收集"敏感行为模式，这些模式可能以未经授权的方式使用，或者是由未经授权的行为人使用"。一些小组成员提到了与这些细粒性信息收集行为相关的一般隐私风险，包括有关在大量收集数据趋势的大环境下，对公司非针对性地对物联网设备进行细粒性信息收集行为的担忧。⑤

其他人指出，公司可能会使用这些数据来做出信贷、保险和就业决策。⑥ 比如，现在一些保险公司的客户可能选择参加项目，让保险公司收集驾驶习惯方面的数据，比如在一个案例中，根据客户"突

---

① Remarks of Hagins, Transcript of Workshop at 89.

② Cf. infra note 73 and accompanying text (discussing inferences possible from smart meter readings taken every two seconds).

③ See Article 29 Working Group Opinion, supra note 55, at 8 ("Full development of IoT capabilities may put a strain on the current possibilities of anonymous use of services and generally limit the possibility of remaining unnoticed.").

④ Scott R. Peppet, Regulating the Internet of Things: First Steps Towards Managing Discrimination, Privacy, Security & Consent, 93 TEX. L. REV. 85, 115 – 116 (2014) (citations omitted) ("Regulating the Internet of Things"), available at http://www.texaslrev.com/wp-content/uploads/Peppet-93-1.pdf. Although we do not include smartphones in our definition of IoT (see supra p. 6), many IoT devices contain sensors similar to the sensors in smartphones, and therefore, similar types of inferences may be possible using data from IoT devices.

⑤ Comment of Elec. Privacy Info. Ctr., #484 cmt. #00011 at 3.

⑥ Remarks of Tien, Transcript of Workshop at 67.

然刹车"的次数、行驶里程的数量、在午夜到凌晨 4 点时间段开车的次数,帮助公司决定设置保险费率。物联网数据为信贷、保险和就业决策而使用数据可能带来不少益处,例如,让安全驾驶的司机减少他们的汽车保险费率或扩大消费者的信贷——但如果他们没有告知消费者并取得其同意,或不保证数据的准确性,那么,这种使用可能是有问题的。

进一步举例,一位研究人员猜测,尽管目前消费者可能只是为了自身健康有关的目的而使用一个健身跟踪器,但收集数据的装置可能用于未来健康和人寿保险或信贷来推断用户的适用性,或是企业会据此考虑是否雇佣用户(比如,一个认真做运动的用户会获得很好的信用评级或被认为将是一个好员工)。① 据一位教授所言,如果这种决策是系统性的,那么公司会对某些群体产生偏见,这些群体不像其他群体那样或不能像其他群体那样从事有利的行为,或导致对受保护阶层的歧视性做法,那么用于这些目的的信息收集是令人担忧的。②

与会者指出,《公平信用报告法》(*FCRA*)③ 对使用消费者数据来决定信用、保险、就业或类似目的施加了某些限制。④ 该法对符合消费者报告机构资格的公司规定了一系列义务,例如采用合理的程序,确保数据尽可能准确,并使消费者能够获得其信息。⑤ 然而,该法排除了大多数收集消费者信息的"第一方",因此,它通常不包括那些自己进行内部分析的物联网设备制造商。该法的规定的对象也不包括那些直接从消费者联网设备收集数据,并利用这些数据进行内部信贷、保险或其他资格决策的公司——然而随着物联网的发展,这些决策可能会变得越来越普遍。例如,一家保险公司可能会向消费者提供从可穿戴式健身追踪器上提交数据的选择,如果消费者提交数据,则可以换取降低其健康保险费。在《公平信用报告法》里,如要求

---

① See Remarks of Peppet, Transcript of Workshop at 167 – 169.
② See id. at 93, 123 – 124.
③ 15 U.S.C. § 1681 et seq.
④ See, e.g., Remarks of Crosley, Transcript of Workshop at 213; Remarks of Peppet, Transcript of Workshop at 213; Peppet, Regulating the Internet of Things, supra note 62, at 126 – 127.
⑤ See 15 U.S.C. §§1681e, 1681j.

公司有获取信息和纠正错误需具备资质的类似规定，在物联网的情况下可能并不适用。

然而，另一个隐私风险是，制造商或入侵者可能会远程"窃听"，侵入原本属于私人的空间。许多公司已经在研究如何利用物联网数据为进入私人住宅提供一个窗口。① 的确，通过截取和分析从智能电表设备传输的未加密数据，德国的研究人员能够确定一个人在看什么电视节目。装有摄像头的设备存在的安全漏洞也引发了人们对自身住宅可能存在监视活动的担忧。

最后，亦有与会者指出，如果消费者对物联网科技隐私和安全产生了认知风险，即使他们自己没有意识到，他们对科技的信心也会削减，而这种信心是科技充分发挥其潜力所必需的，所以物联网科技可能会因此而无法得到消费者的广泛使用。② 正如一名与会者所说，"促进隐私和数据保护原则的确立，对于确保社会接受物联网服务而言仍然是至关重要的"③。

五、传统隐私原则的适用

（一）研讨会讨论总结

与会者讨论了通知、选择、访问、准确性、数据最小化、安全性和问责制等长期存在的公平信息实践原则（FIPPs）应如何适用于物

---

① See, e. g., Louise Downing, WPP Unit, Onzo Study Harvesting Smart-Meter Data, BLOOMBERG（May 12, 2014）, available at http://origin-www. bloomberg. com/apps/news? pid = conewsstory&tkr = WPP： LN&sid = aPY7EUU9oD6g（reporting that the "world's biggest advertising agency" and a software company are collaborating to explore uses of smart meter data and quoting a CEO who noted, "Consumers are leaving a digital footprint that opens the door to their online habits and to their shopping habits and their location, and the last thing that is understood is the home, because at the moment, when you shut the door, that is it."）. See also Comment of Ctr. for Democracy & Tech., #510 cmt. #00016 at 2 – 3（"to the extent that a powerful commercial entity controls an IoT networking platform within a home or business, that positions them to collect, analyze, and act upon copious amounts of data from within traditionally private spaces."）.

② See, e. g., Comment of Consumer Elec. Ass'n, #484 cmt. #00027 at 17 – 18; Comment of CTIA—The Wireless Ass'n, #510 cmt. #00014 at 2; Comment of Future of Privacy Forum, #484 cmt. #00013 at 5.

③ Comment of GS1 US, #484 cmt. #00030 at 4.

联网领域。虽然一些与会者继续支持所有公平信息实践原则的应用，但其他与会者认为，数据最小化、通知和选择原则在物联网领域都无法适用于保护消费者的隐私。①

公平信息实践原则最初是在 1973 年由当时的美国卫生、教育和福利部在一份报告中提出的。② 随后，在 1980 年，经济合作与发展组织（OECD）通过了一套隐私指南，其中包含了该原则。③ 随着时间的推移，公平信息实践原则已成为政府和私营部门在隐私方面采取各种措施的基础。例如，《欧盟个人数据保护指令》和《健康保险可携性和问责法》（HIPAA）④ 都在很大程度上以该原则为基础。此外，许多行业监管指导条例都包括通知、选择、访问和安全性原则。⑤ 奥巴马政府提出的《消费者隐私权法案》中也包括这些原则，贸易委员会在 2012 年的《隐私报告》中提出的隐私框架同样包括这些原则。

此次研讨会焦点主要集中在三个公平信息实践原则——数据安全性、数据最小化、通知和选择上。在数据安全方面，人们普遍认为制

---

① See, e. g., Remarks of Michelle Chibba, Office of the Information and Privacy Commissioner, Ontario, Canada （"Chibba"）, Transcript of Workshop at 329; Remarks of Jacobs, Transcript of Workshop at 328 – 329; Comment of AAA, #510 cmt. #00012 at 2; Comment of Ctr. for Democracy & Tech., #510 cmt. #00016 at 3.

② See, e. g., Comment of GS1 US, #484 cmt. #00030 at 5; Comment of Transatl. Computing Continuum Policy Alliance, #484 cmt. # 00021 at 2; Comment of Info. Tech. Indus. Council, #510 cmt. #00008 at 3.

③ See OECD, Oecd Guidelines on the Protection of Privacy and Transborder Flows of Personal Data (1980), available at http://www. oecd. org/sti/ieconomy/oecdguidelinesontheprotectionofprivacyandtransborderflowsofpersonaldata. htm. （In 2013, the OECD updated its guidelines to address risk management, interoperability, and other issues. The update is available at http://www. oecd. org/sti/ieconomy/2013-oecd-privacy-guidelines. pdf）. See also FTC, Privacy Online: Fair Information Practices in the Electronic Marketplace: A Report to Congress 3 – 4, 43 n. 25 (2000).

④ Health Insurance Portability and Accountability Act of 1996, Pub. L. 104 – 191, 110 Stat. 1936 (codified as amended in scattered sections of 18, 26, 29, and 42 U. S. C.).

⑤ See, e. g., Network Adver. Initiative, Nai Code of Conduct 2013, available at http://www. networkadvertising. org/2013_Principles. pdf; Internet Adver. Bureau, Interactive Advertising Privacy Principles （Feb. 24, 2008）, available at http://www. iab. net/guidelines/508676/1464.

造物联网设备的公司有必要使设备具有一定的安全性。正如一名与会者所言,"在物联网中,缺乏安全性是对消费者造成实际伤害的最大风险"①。因此,正如另一位与会者指出的那样,"为了防止损害,必须在设备和网络中建立安全机制,并建立消费者对物联网的信任"②。

对于数据最小化原则、通知和选择原则能否在物联网领域继续适用问题,与会者存在更多分歧。③ 数据最小化——是指公司应当限制他们收集和保留的数据,一旦他们不再需要这些数据,则应当立刻处理。一位与会者担心,对于羽翼未丰的公司而言,如果要求他们预测哪些数据应当最小化处理,将"扼杀潜在益处和创新"④。另一名与会者提醒道,"以数据最小化等规则限制数据收集,可能会严重限制物联网的潜在机会",因为物联网可能会对在以前收集时没有考虑到的数据进行有益的利用。⑤ 还有一位与会者指出,"数据驱动的创新在很多方面挑战了原先对数据最小化的许多解释,对于现在的物联网领域而言,过去关于数据用途的规范和使用限制过于严格"⑥。

关于通知和选择原则,一些与会者十分关注其在物联网领域的可行性,因为物联网设备无处不在,它们所收集的信息具有持久性和普遍性。正如一位与会者所观察到的,当"一堆不同的传感器放在不

---

① Comment of Future of Privacy Forum, #510 cmt. #00013 at 9 (and listing types of security measures that are already being implemented to secure the IoT).

② Comment of Infineon Tech. N. Am. Corp., #510 cmt. #00009 at 2; see also Remarks of Rogers, Transcript of Workshop at 312 ("There are some pretty good examples out there of what happens to companies when security becomes an afterthought and the cost that companies can incur in trying to fight the damage, the cost to brand reputation, the loss of customer confidence. And there are also some great examples of companies, even in the Internet of Things, as new as it is, companies that have gotten it right and they've done well. And they've gone on to push out products where there have been no issues.").

③ See, e.g., Comment of Transatl. Computing Continuum Policy Alliance, #484 cmt. #00021 at 2; Comment of Info. Tech. Indus. Council, #510 cmt. #00008 at 3-4.

④ Remarks of Dan Caprio, McKenna, Long & Aldridge, LLP ("Caprio"), Transcript of Workshop at 339.

⑤ Comment of Ctr. for Data Innovation, #510 cmt. #00002 at 3.

⑥ Comment of Software & Info. Indus. Ass'n, #484 cmt. #00025 at 6-7; see also Comment of Future of Privacy Forum, #510 cmt. #00013 at 5 (purpose specification and data minimization as applied to the IoT "risks unduly limiting the development of new services and the discoveries that may follow from valuable research").

同的设备上，在你的家里，你的车上，你的身上……"对于公司来说，为消费者履行告知义务和提供选择都是一种负担，对于消费者来说，每次提交信息时都要进行这样的选择也是一种负担。另一位与会者谈到了这样一种风险：如果患者必须对一款健康监控应用"完全同意"所有信息的收集，那么"患者就会把血淋淋的东西扔掉"①。而另一名与会者指出，任何获得消费者同意的要求都可能成为"对社会有益的信息使用的障碍"②。

与此相关，许多物联网设备——如家用电器或医疗设备——没有屏幕或其他接口与消费者进行通信，因此在设备本身上进行通知消费者，即使并非不可能，但也十分困难。在移动设备的小小屏幕上提供通知已经是一个挑战，而对于那些有屏幕的设备，屏幕可能比移动设备上的屏幕还要小。③ 最后，即使一个设备有屏幕，物联网传感器也可能会在消费者可能无法读取通知（例如开车）的时候收集数据。④

尽管存在这些挑战，与会者讨论了公司如何在物联网中尽量减少数据收集、对消费者履行通知义务和提供选择。一位与会者建议，作为数据最小化原则的一部分，公司应该在收集时考虑一系列的问题，例如是否需要某项资料，或该等资料是否可以识别身份。⑤ 另一位与会者举了一个具体的例子，说明如何让联网车辆的数据收集最小化。这位与会者指出，这种车上的记录设备可以"在一段时间后自动删

---

① Remarks of Iyer, Transcript of Workshop at 230.
② Comment of Software & Info. Indus. Ass'n, #484 cmt. #00025 at 8.
③ See, e. g., Comment of Ctr. for Data Innovation, #510 cmt. #00002 at 2; Comment of Future of Privacy Forum, #484 cmt. #00013 at 2 and 6; Comment of Transatl. Computing Continuum Policy Alliance, #510 cmt. #00017 at 2.
④ In addition, some participants also suggested that notice and choice is not workable for IoT products and services that are not consumer-facing – e. g., a sensor network to monitor electricity use in hotels. See, e. g., Comment of GS1 US, #484 cmt. #00030 at 5 (noting that "[i]t is difficult to anticipate how the existing mechanisms of notice and choice, both being sound principles for privacy protection, would apply to sensors.... [H]ow would one provide adequate notice for every embedded sensor network? How would consent be obtained?"); Comment of Future ofPrivacy Forum, #510 cmt. #00013, Appendix A at 4. As noted above, this report addresses privacy and security practices for consumer-facing products.
⑤ Remarks of Chibba, Transcript of Workshop at 300 – 301.

除旧数据，或者防止个人数据自动与中央数据库同步"①。

关于通知和选择原则，一名汽车业人士指出，在消费者购买汽车时，他的公司以"简明语言和多级别选择"②为消费者提供选择。还有人提出了一种"消费者档案管理入口"的方法，其中包括消费者可以配置和重新访问隐私设置菜单。除了特定的设置类型和提供选择，另一名与会者还建议，物联网设备及其相关平台可以将选择放在一起让消费者"打包"③勾选。最后，一名与会者指出，公司可以通过分析物联网设备上的消费者行为，考虑具体具有针对性的措施，从而使隐私选择个性化。④

一些与会者倡导保护消费者数据，应当加强对特定类型的数据使用限制的关注。通过这种方式，立法者、监管者、行业协会或个别公司将规定对于某些消费者数据是否允许使用。一位教授将这种方法描述为"将数据收集主体的责任转移给数据用户，并且更加强调负责任的数据管理和责任追究"⑤。

与会者提供了多种方法来加强基于使用的数据保护。一名与会者建议公司为数据加上适当用途的"标签"，以便自动识别和标记不当用途。其他与会者指出，政策制定者可能会通过法律⑥或通过自愿的自我监管或标志计划，对一些物联网数据的某些使用方式进行限制，这些数据不符合消费者所期待的使用范畴，并会为消费者带来最大的损害风险。例如，正如一名与会者指出，一些州法律限制汽车保险公司和其他企业访问事件数据记录器中记录的消费者驾驶数据。⑦

---

① Comment of EPIC, #484 cmt. #00011 at 17 – 18.

② Remarks of Kenneth Wayne Powell, Toyota Technical Center ("Powell"), Transcript of Workshop at 278.

③ Remarks of Joseph Lorenzo Hall, Center for Democracy & Technology ("Hall"), Transcript of Workshop at 216.

④ Remarks of Nguyen, Transcript of Workshop at 48.

⑤ Comment of Software & Information Industry Association, #484 cmt #00025 at 8.

⑥ See Peppet, Regulating the Internet of Things, supra note 62, at 149 (proposing regulatory constraints).

⑦ Peppet, Regulating the Internet of Things, supra note 62, at 153 – 154.

（二）研讨会后的进展

自2013年11月研讨会以来，物联网市场继续以惊人的速度发展。例如，2014年6月，苹果公司发布了"HealthKit"，这是一个平台，"可以显示许多关键健康指标数据，也可以作为选择第三方健身产品的中心"，可以帮助保护一些联网设备可能收集的健康信息。[1]同样，在2014年10月，微软公司发布"微软健康"，一个"基于云计算的服务……基于从健身设备和应用程序收集的数据，为用户提供可行的建议"[2]，并与微软的"HealthVault"相连接协同运作，在过去十年，"HealthVault"一直提供"一个值得信赖的地方来存储健康信息，并在安全性增强的平台上与医疗专业人员分享这些信息"[3]。去年11月，Intel公司发布了一个"新平台……旨在使开发人员更便捷安全地连接设备，将设备数据传入云端，并通过分析使这些数据更有意义"[4]。

政策制定者还试图与物联网领域的新发展同步。例如，在2014年5月，白宫发布了一份大数据报告（"White House Big Data Report"），总统的科技顾问委员会发布了一份配套报告（"PCAST Report"）。这两份报告都权衡了数据最小化应用程序、通知和选择与使用限制之间的争论。白宫大数据报告指出，在某些情况下，"通知和同意原则有被打破的危险"，比如"我们的家用电器收集数据"。白宫大数据报告的结论是：

---

[1] Comment of Future of Privacy Forum, #510 cmt. #00013 at 10 – 11 [citing Hal Abelson, Information Accountability as the Foundation of 21st Century Privacy Protection (2013), available at http://kit.mit.edu/sites/default/files/documents/Abelson_MIT_KIT_2013_Conference.pdf]. We note that such an approach would require coordination and potential associated costs.

[2] Rachel King, Apple takes app-based approach to health tech with HealthKit, ZDNet (June 2, 2014), available at http://www.zdnet.com/article/apple-takes-app-based-approach-to-health-tech-with-healthkit/.

[3] Microsoft Health, http://www.microsoft.com/Microsoft-Health/en-us (last visited Jan. 9, 2015).

[4] Aaron Tilley, Intel Releases New Platform to Kickstart Development In the Internet of Things, FORBES (Dec. 9, 2014), available at http://www.forbes.com/sites/aarontilley/2014/12/09/intel-releases-new-platform-to-kickstart-development-in-the-internet-of-things/.

更加重视责任使用框架有许多潜在的优势。责任使用框架将公民个人的责任转移给收集、维护和使用数据的公司，公民不具备充分的能力来理解或反对目前市场上结构化的同意、通知。如果重视负责任使用数据，数据收集者和使用者需要对他们如何管理数据及其造成的任何危害负责，而不是狭义地定义，他们只在收集数据时未适当地获得用户同意的情况下才需负责。①

全世界都关注着物联网产生的巨大影响。在 2014 年 9 月，由欧盟各成员国数据保护机构组成的欧盟第 29 条工作组——在互联网上发布了关于物联网近期发展的意见书。② 在意见书中，工作组强调公司为用户提供选择的重要性，并指出，"在产品的整个生命周期内，用户必须保持完全能够控制他们的个人资料被收集、使用的情况，如果公司要以用户的同意为基础对数据做出处理，那么用户的同意应具备：事先被充分告知；自由做出的选择；同意事项这三个条件"。

除了政府机构的制定政策工作外，与物联网有关的设立相关标准的组织也在不断增多。制定标准的一个方面就是保证数据安全。例如，2014 年 8 月，全球标准机构 oneM2M 发布了一项针对物联网设备的拟议安全标准。该标准解决了诸如身份验证、身份管理和访问控制等问题。③

(三) 委员会工作人员对最佳行为的意见和建议

本节阐述委员会工作人员对数据安全、数据最小化、物联网的通知和选择等问题的看法，并为公司提供最佳行为建议。

1. 数据安全

如前所述，人们似乎普遍认为开发物联网产品的公司应该实施合理的安全措施。与会者还讨论了一些特定的保护用户安全的最佳行为建议。委员会的工作人员鼓励公司考虑采用这些做法。当然，对于一台物联网设备，什么是合理的安全性取决于许多因素，包括收集的数

---

① White House Big Data Report at 56.
② Article 29 Working Group Opinion, supra note 55.
③ See oneM2M, Technical Specification, oneM2M Security Solutions at 15 – 16, available at http://www.onem2m.org/images/files/deliverables/TS-0003-Security_Solutions-V-2014-08.pdf

据的数量和敏感性、设备功能的敏感性以及修复安全漏洞的成本。然而,公司应该考虑的具体安全最佳做法包括以下内容:

第一,公司应该通过在一开始就在设备中构建安全性来实现"设计安全",而不是事后才考虑。① 一名与会者说,在每一个物联网产品的开发阶段都应当考虑安全性因素,包括"在技术设计周期的早期"。② 此外,公司应该对隐私或安全风险进行评估,有意识地考虑收集和保留消费者信息所带来的风险。在这个过程中,公司应该结合使用智能默认设置,例如要求用户在设置过程中更改默认密码(如果他们使用默认密码)。③ 公司还应考虑如何尽量减少所收集和保留的数据,下文将进一步讨论。最后,公司应该在发布产品之前测试他们的安全措施。正如一位与会者所指出,应该进行这种测试,因为公司——以及它们可能用来帮助开发其产品的服务提供商——可能会忘记关闭产品中的"后门",入侵者可以通过这些"后门"访问个人信息或控制设备。④ 最后一点可以从委员会最近针对 Credit Karma 和 Fandango 移动应用运营商的措施中看出。在这几个案例中,这些公司覆盖了 Android 和 iOS 操作系统提供的设置,因此 SSL 加密不能正常运作。该委员会称,这样一来,黑客就可以解密这些应用程序传输的敏感消费者金融信息。在这两个案例中,委员会都命令公司实施合

---

① Comment of ARM and AMD, #510 cmt. #00018 at 2; see also Remarks of Hagins, Transcript of Workshop at 111; Remarks of Jacobs, Transcript of Workshop at 296; Remarks of Caprio, Transcript of Workshop at 298.

② Remarks of Kohno, Transcript of Workshop at 281.

③ See generally Remarks of Rogers, Transcript of Workshop at 344 ("Default passwords are something that should never pass through into production space. It's an easy thing to pick up with a very basic assessment, yet we are constantly seeing these come through because these companies aren't often doing this kind of assessment-so they see it as a hindrance, an extra step. Or they claim the consumer should be responsible for setting the security, once it lands on the consumer's desk which, at the end of the day, the consumers aren't capable of setting that level of security, nor should they have to.").

④ See gencrally Remarks of Heffner, Transcript of Workshop at 73 – 74.

理的安全措施的条款。①

第二，企业必须确保其人事管理良好的安全性。在人事管理中，公司应该确保在组织内的适当的责任级别上处理产品安全问题。一名与会者表示，"如果高管层有人对安全负责，就会推动整个组织的招聘、流程和机制进步，从而提高安全性"②。公司还应就良好安全行为培训其雇员，充分认识到技术专业知识不一定等于安全专业知识。事实上，一名与会者说，能够编写软件代码"并不意味着……理解有关嵌入式设备安全性的所有事情"。③

第三，公司必须努力确保它们保留的服务提供商是能够维护合理安全的，并对提供商进行合理的监督，确保这些服务提供者维护安全性。如果公司未能做到，贸易委员会可能会采取执法行动。例如，在委员会最近与 GMR Transcription Services 公司达成的和解中，委员会指控，在印度，一家美国医疗和法律转录公司在没有进行充分检查，确保独立打字员能够实施合理的安全措施的情况下，将转录服务外包给独立打字员。根据委员会的指控，除了其他事项外，服务提供商在一个不安全的服务器上以明文形式储存了转录的笔记。结果，美国消费者发现他们的医生体检记录可以通过互联网搜索免费获得。这个案例说明了对适当的服务提供者监督的必要性。

第四，对于具有重大风险的系统，公司应该采取深入防御的方法，设置多级别的安全措施。例如，与会者担心，仅仅依靠消费者自己的网络（比如 Wi-Fi 路由器的密码）来保护连接设备上的信息是不够的。④ 他们指出，公司必须采取"额外步骤加密或以其他方式确保

---

① Credit Karma, Inc., File No. 132-3091 (Mar. 28, 2014) (consent), available at http://www.ftc.gov/enforcement/cases-proceedings/132-3091/credit-karma-inc; Fandango, LLC, File No. 132-3089 (Mar. 28, 2014) (consent), available at http://www.ftc.gov/enforcement/cases-proceedings/132-3089/fandango-llc. See also HTC America, Inc., No. C-4406 (July 2, 2013) (consent) (alleging that HTC, among other things, failed to conduct assessments, audits, reviews, or tests to identify potential security vulnerabilities in its mobile devices), available at http://www.ftc.gov/enforcement/cases-proceedings/122-3049/htc-america-inc-matter.
② Remarks of Hagins, Transcript of Workshop at 110.
③ Id. at 92.
④ Id. at 102.

其安全"。① 贸易委员会的工作人员也有同样的担忧,他们鼓励企业采取进一步措施,保护通过消费者家庭网络传递的信息。的确,加密敏感信息特别重要,如有关健康的信息。② 无论采用何种技术,公司都应该合理地保护传输和存储中的数据。

第五,专家指出,为了限制未经授权的人访问消费者的设备、数据,甚至消费者的网络,公司应该考虑实施合理的访问控制措施。③ 在物联网生态系统中,可以使用强身份验证来允许或限制物联网公司设备与其他设备或系统进行交互。此种验证的识别相关联的特殊功能可以允许物联网设备之间交互,并可以防止未经授权的访问和交互。④ 在实施这些保护措施时,公司应确保它们不会过度妨碍设备的使用性。如上所述,拟议的 oneM2M 安全标准包含了上面讨论的许多建议。⑤ 这些努力对物联网的成功至关重要。

第六,公司应该继续监控产品的整个生命周期,并在可行的范围内修补已知的漏洞。许多物联网设备的生命周期都是有限的,这就导致了一种风险,即消费者可能会拥有过时的物联网设备,这些设备往往容易受到严重的、公开的安全或隐私漏洞的攻击。公司可能会合理地限制提供安全更新和软件补丁的时间,但重要的是。公司必须要仔细权衡这些限制性决定。公司也应该公开自己在提供持续的安全更新和软件补丁方面的规定。如果公司公开对于某一特定产品线支持和发布软件更新的时长计划,将有助于消费者更好地理解其产品联网设备的安全"到期日"。此外,提供持续支持修复的公司还应该将安全风险和更新通知消费者。

贸易委员会第一个涉及联网设备的案例阐释了其中的一些物联网

---

① Remarks of Heffner, Transcript of Workshop at 102 – 103.
② Remarks of Hall, Transcript of Workshop at 178 – 79.
③ See, e. g., Brett C. Tjaden, Fundamentals of Secure Computer Systems 5 (2004). See also HP, Internet of Things Research Study, supra note 41, at 4 – 5 (noting that approximately 60% of IoT devices examined had weak credentials).
④ There may be other appropriate measures, as the security measures that a company should implement vary, depending on the risks presented by unauthorized access to the device, and the sensitivity of any information collected.
⑤ oneM2M Candidate Release August 2014, available at http://www.onem2m.org/technical/candidate-release-august-2014 (last visited Dec. 19, 2014).

原则。TRENDnet① 公司在市场上销售的联网摄像头用途广泛,从家庭安全到婴儿监控,公司声称它们是"安全的"。在起诉书中,委员会指控,除此之外,该公司在互联网上以明文传输用户的登录凭据,存储用户的移动设备上明文形式的登录凭证,并未能测试消费者的隐私设置,以确保标记为"隐私"的视频实际上确实是隐私性的。② 由于这些所谓的隐私保护缺位,黑客能够从消费者的安全摄像头获取实时信息,并可以"未经授权地监视睡在婴儿床上的婴儿、玩耍的幼儿和从事正常日常活动的成年人"。③ 这个案例证明了设计安全的重要性。

当然,物联网包括各种各样的产品和服务,而且,如前所述,公司需要实现的具体安全措施将取决于许多因素。④ 收集敏感信息的装置,现在人身安全或安全风险(如门锁、烤箱或胰岛素泵),或连接到其他设备或网络的方式将使入侵者更为坚决地要去访问这些设备或网络,例如,简单地监控房间温度、跑步英里数或卡路里摄入的设备。

2. 数据最小化

委员会工作人员同意研讨会参与者的说法,即数据最小化原则对物联网仍然是相关和重要的。虽然工作人员认识到,为了创新数据的

---

① Press Release, FTC, Marketer of Internet-Connected Home Security Video Cameras Settles FTC Charges It Failed to Protect Consumers' Privacy (Sept. 4, 2013), available at http://www.ftc.gov/news-events/press-releases/2013/09/marketer-internet-connected-home-security-video-cameras-settles.

② Complaint of FTC, TRENDnet, Inc., No. C-4426 (Feb. 7, 2014) (consent), available at http://www.ftc.gov/system/files/documents/cases/140207trendnetcmpt.pdf.

③ Id. at 5.

④ See, e.g., FTC, Commission Statement Marking the FTC's 50th Data Security Settlement (Jan. 31, 2014), available at http://www.ftc.gov/system/files/documents/cases/140131gmrstatement.pdf: The touchstone of the Commission's approach to data security is reasonableness: a company's data security measures must be reasonable and appropriate in light of the sensitivity and volume of consumer information it holds, the size and complexity of its business, and the cost of available tools to improve security and reduce vulnerabilities. Through its settlements, testimony, and public statements, the Commission has made clear that it does not require perfect security; reasonable and appropriate security is a continuous process of assessing and addressing risks; there is no one-size-fits-all data security program; and the mere fact that a breach occurred does not mean that a company has violated the law.

新用途，公司需要灵活变通，但工作人员认为，这些利益可以而且应该与限制消费者的隐私和数据安全风险的利益相平衡。① 因此，公司应检讨其数据收集、使用行为和业务需要，并制定政策和行为指导，对收集和保留消费者数据作出合理的限制。②

第一，数据最小化是一个长期存在的隐私保护的原则，包括在一些政策举措，比如1980年经合组织隐私准则、2002年的亚太经合组织（APEC）隐私原则和2012年的《白宫消费者隐私权法案》。③ 一些观察人士讨论数据最小化将如何适用于新技术。④ 在物联网生态系统中，数据最小化具有挑战性，但它仍然很重要。事实上，数据最小化可以防止两种与隐私有关的风险。

第一，收集和保留大量数据会增加与数据泄露相关的潜在危害，

---

① See, e. g., Comment of Ctr. for Democracy & Tech., #510 cmt. #00016 at 3; Remarks of Chibba, Transcript of Workshop at 329 – 330.

② Privacy Report, supra note 85, at 26 – 27; see also Mobile Disclosures Report, supra note 96, at 1 n. 2; FTC, Data Brokers: A Call for Transparency and Accountability 55 (2014) ("Data Broker Report"), available at http://www.ftc.gov/system/files/documents/reports/data-brokers-call-transparency-accountability-report-federal-trade-commission-may-2014/140527databrokerreport.pdf.

③ ee Privacy Report, supra note 85, at 26 – 27; OECD, Guidelines Governing the Protection of Privacy and Transborder Flows of Personal Data, at ⑤ 7 (2013), available at http://www.oecd.org/sti/ieconomy/2013-oecd-privacy-guidelines.pdf (same); Dept. of Homeland Security, The Fair Information Practice Principles: Framework for Privacy Policy at the Department of Homeland Security § 5 (Dec. 29, 2008), available at http://www.dhs.gov/xlibrary/assets/privacy/privacy_policyguide_2008-01.pdf [stating a Data Minimization principle: "DHS should only collect PII that is directly relevant and necessary to accomplish the specified purpose (s) and only retain PII for as long as is necessary to fulfill the specified purpose (s)."]; Exec. Office of the President, National Strategy for Trusted Identities in Cyberspace 45 (Apr. 2011), available at http://www.whitehouse.gov/sites/default/files/rss_viewer/NSTICstrategy_041511.pdf [stating a Data Minimization principle: "Organizations should only collect PII that is directly relevant and necessary to accomplish the specified purpose (s) and only retain PII for as long as is necessary to fulfill the specified purpose (s)."].

④ See White House Big Data Report, supra note 114, at 54 (Because "the logic of collecting as much data as possible is strong… focusing on controlling the collection and retention of personal data, while important, may no longer be sufficient to protect personal privacy."); PCAST Report at x-xi ["[A] policy focus on limiting data collection will not be a broadly applicable or scalable strategy – nor one likely to achieve the right balance between beneficial results and unintended negative consequences (such as inhibiting economic growth)."].

包括存储在设备本身和云端的数据。更大的数据存储为公司内外的数据窃贼提供了更具吸引力的目标,并增加了此类事件的潜在危害。① 如果数据在达到目的后被删除,或者一开始就没有收集,那么数据盗贼也无法窃取。事实上,在委员会的几个数据安全案例中,委员会指控公司本可以通过处理他们不再需要保存的客户信息来减轻数据泄露带来的伤害。②

第二,如果一家公司收集并保留了大量的数据,那么,这些数据就更有可能面临被用于背离消费者合理预期用途的风险。例如,在2010年,委员会的工作人员给XY杂志的创始人写了一封信,信中提到了早在1996年他们就开始协商出售破产客户信息。XY杂志是一本面向少年同性恋者的杂志。工作人员指出,由于该杂志已经停刊3年,订阅用户很可能已经成年并有所改变,而且由于继续使用他们的信息将违背他们的合理预期,XY应该删除这些个人信息。③ 在这种情况下,如果公司采取了合理的数据最小化措施,那么与用户个人信息的持续存储和使用违背其合理预期的相关风险就不再存在。尽管这些例子不是专门针对物联网的,但它们展示了广泛收集和保留数据所造成的风险类型。为了尽量减少这些风险,公司应该检查他们的数据收集、使用行为和业务需求,并制定政策和行为指导,对消费者数据的收集和保留施加合理的限制。④ 这种行为指导是"隐私设计"实践的组成部分,有助于确保公司考虑到其前端的数据收集行为,并提出一些问题,如收集什么类型的数据,基于什么收集目的,以及应该存

---

① Remarks of Chibba, Transcript of Workshop at 340; Privacy Report, supra note 85, at 27 – 29.

② See CardSystems Solutions, Inc., No. C-4168, 2006 WL 2709587 (F. T. C. Sept. 5, 2006) (consent order), available at http://www.ftc.gov/enforcement/cases-proceedings/052-3148/cardsystems-solutions-inc-solidus-networks-inc-dba-pay-touch; DSW, Inc., No. C-4157, 2006 WL 752215 (F. T. C. Mar. 7, 2006) (consent order); BJ's Wholesale Club, Inc., 140 F. T. C. 465 (2005) (consent order), available at http://www.ftc.gov/enforcement/cases-proceedings/042-3160/bjs-wholesale-club-inc-matter. Commissioner Ohlhausen was not a commissioner at the time of these cases and therefore did not participate in them.

③ Letter from David C. Vladeck, Dir., FTC Bureau of Consumer Prot., to Peter Larson and Martin E. Shmagin (July 1, 2010), available at http://www.ftc.gov/enforcement/cases-proceedings/closing-letters/letter-xy-magazine-xycom-regarding-use-sale-or.

④ Comment of Transatl. Computing Continuum Policy Alliance, #484 cmt. #00021 at 4.

储多长时间。① 认真考虑数据收集和保留政策以及尽量减少数据的行为的过程，既可以为公司发挥教育作用，又同时保护消费者的隐私。

数据最小化在实践中运作的一个例子是：假设一个可穿戴设备，比如一个贴片，可以评估消费者的皮肤状况。设备工作并不需要收集精确的地理位置信息。然而，该设备制造商认为，这些信息可能对未来的产品功能有用，使用户能够在他们的领域找到治疗方案。作为数据最小化工作的一部分，公司应该考虑是否应该等到开始提供新产品特性之后再收集地理位置信息，届时公司可以公开新收集的信息并征求同意。该公司还应该考虑是否可以在收集更少信息的同时提供同样的功能，比如收集邮政编码，而不是精确的地理位置。如果公司确实需要准确的地理位置信息，则应在收集和使用该信息时突出公布告知，并获得消费者明确的肯定同意。最后，它应该为所收集的数据设置合理的保留限制。

如果为了满足业务目的需要，公司决定收集和保存数据，那么，他们还应该考虑是否可以在以非身份识别形式保存数据。在某些情况下，这可能是一个可行的选择，有助于最小化公司对消费者的身份识别化数据，从而减少任何潜在的消费者伤害，同时促进发挥信息的有益社会用途。例如，一所大学医院开发了一个网站和一个相关的智能手机应用程序，从消费者那里收集信息，包括地理位置信息，使用户能够发现并报告他们所在地区的流感活动。② 医院可以以匿名和整合的形式维护和发布信息，这样做既有利于公共卫生部门和公众，同时又保护消费者的隐私。

有效去身份识别的关键是确保数据不能被重新识别。例如，美国卫生和公众服务部（U. S. Department of Health and Human Service）的规章③要求在《健康保险流通与责任法》（*HIPAA*）调整范围下的公司要么删除某些受保护的健康信息④内容，如出生日期和 5 位数邮政编码，要么让专家确定重新识别数据的风险"非常小"。⑤ 正如一

---

① Id. See also Remarks of Chibba, Transcript of Workshop at 330.
② See Flu Near You, available at https://flunearyou.org/.
③ 45 C. F. R. §§ 164.514 (a) – (c).
④ 45 C. F. R. § 165.514 (b) (2).
⑤ 45 C. F. R. § 165.514 (b) (1).

名与会者所讨论的①，2009年专家小组试图重新确定约1.5万份根据《健康保险流通与责任法》（HIPAA）标准被剔除的患者记录。他们使用商业数据源来重新识别数据，只识别出0.013%的个体。② 虽然去识别在若干情况下可能具有挑战性，但适当地对数据去识别化，对数据集进行安全保存，并伴有强有力的问责机制，可以减少许多隐私风险。

当然，随着技术的改进，总有一种可能，即所谓的去识别数据可以被重新识别。这就是为什么对公司来说，建立问责机制也很重要。③ 当一间公司声明其持有去身份识别化或匿名的资料时，委员会指出，该等公司应采取如下方式：①采取合理步骤，包括通过未来科技发展的新方式，对资料匿名；②公开承诺不重新识别数据；③与和其共享数据的任何第三方签订可执行的合同，要求第三方承诺不重新标识数据。④ 这些方法可以确保，如果公司之前已经合理地对数据去身份识别化，之后又重新进行识别，监管机构可以追究公司的责任。

基于这些关于数据最小化的建议，委员会工作人员注意到未来有必要在有益的数据使用和隐私保护之间取得平衡。基于这个原因，工作人员的建议对公司而言是可选择的：他们可以决定完全不收集数据，只收集所提供的产品或服务所需的资料，收集不太敏感的数据，或者对他们收集的数据去身份识别。如果公司确定这些选项都不起作用，它可以寻求消费者的同意来收集额外的、在用户合理预期之外的数据。此外，在考虑合理的数据收集和保留限制时，适当的做法是考虑有关数据的敏感性：如果数据越敏感，那么，当数据落入错误的人手中或被用于消费者期待之外的目的，就会越有害。通过这种方法，

---

① Comment of Future of Privacy Forum, #510 cmt. #00013, Appendix A at 8.
② Id.
③ See, e. g., Ann Cavoukian and Khaled El Emam, De-identification Protocols：Essential for Protecting Privacy（June 25, 2014）, available at http://www.privacybydesign.ca/content/uploads/2014/06/pbd-de-identifcation_essential.pdf; Comment of Ctr. for Democracy & Tech, #510 cmt. #00016 at 8; Privacy Report, supra note 85, at 21.
④ See Privacy Report, supra note 85, at 21; see also Comment of Future of Privacy Forum, #510 cmt. #00013, Appendix A at 7.

公司既可以进行数据最小化，又能与业务目标保持一致。① 正如一名与会者所指出的，"保护隐私和创新二者之间不是相互排斥的，必须充分考虑责任原则和隐私设计"②。

3. 通知和选择

随着新商业模式不断出现，虽然为消费者公开数据收集和提供选择的传统方法可能需要有调整，但工作人员认为公司在收集数据前对用户履行通知义务和提供选择仍然是重要的，由于物联网的固有性质，数据收集普遍存在，所以潜在的隐私和安全风险可能加剧。在收集敏感数据时，公司对用户履行通知义务和提供选择显得尤为重要。③

此外，委员会工作人员认为，在物联网中，为消费者提供知情选择仍然是可行的。这并不意味着每个数据收集都需要提供选择。委员会认识到，即使是为了保护隐私，公司并不必要针对每一个数据收集为消费者提供选择。在 2012 年的《隐私报告》（*Privacy Report*）中，委员会提出了推荐的最佳行为指导。该报告指出，在收集和使用消费者数据之前，公司不应被迫强制提供选择，因为这些数据收集与交易背景或公司与消费者的交易内容相符合。事实上，由于这些数据的使用通常符合消费者的合理预期，因此如果每个数据都需要提供通知和选择，无论是消费者还是公司而言，其成本可能会超过其收益。这个原则同样适用于物联网。

例如，假设一个消费者从 ABC 自动售货机购买了一个智能烤箱，该烤箱可以连接到一个 ABC 自动售货机应用程序，该应用程序允许消费者远程将烤箱打开到"以 400 度烘烤一个小时"的设置。"如果

---

① See, e. g., Comment of Future of Privacy Forum, #484 cmt. #00013 at 10 (describing its Smart Grid privacy seal).

② Comment of Transatl. Computing Continuum Policy Alliance, #484 cmt. #00021 at 3. See also Remarks of Chibba, Transcript of Workshop at 330.

③ See, e. g., Comment of Future of Privacy Forum, #510 cmt. #00013 at 6 ("In some cases, however, such as when consumers are purchasing connected devices that will collect personally identifiable health information, the presentation of privacy policies will be important to helping consumers make informed choices."); Comment of Ctr. for Digital Democracy, #484 cmt. #00006 at 3 ("[T]he combined impact of the mobile marketing and real-time data revolution and the Internet of Things places consumer privacy at greater risk than ever before.").

ABC自动售货机决定使用消费者的烤箱使用信息来提高其温度传感器的灵敏度，或向消费者推荐另一种产品，它不需要为消费者提供这些用途的数据收集选择，这与它与消费者的交易目标是一致的。"另一方面，如烘箱制造商与资料经纪或广告网络等公司共同使用消费者的个人资料，则这样共用资料的做法，与消费者与制造商的交易目标不符，公司应为消费者提供选择。如果能区分适当的数据收集行为和与交易目标不一致的数据行为，那么公司则无须在每次收集数据之前为消费者提供选择机会。

工作人员承认，在没有消费者界面的情况下，要为其提供选择十分困难，并认识到没有一种放之四海而皆可行的方法。研讨会参与者讨论了若干备选办法，其中包括：

（1）销售点的选择。一位汽车行业的参与者指出，他的公司在顾客购买汽车的时候，用"简单明了的语言和多层次的多种选择"①为顾客提供选择。

（2）教程。Facebook提供了一个视频教程，指导消费者通过其隐私设置页面进行设置。物联网设备制造商可以提供类似的指引，向消费者解释和提供选择。

（3）设备上的条码。制造商可以贴上二维码或类似的条码，消费者扫描后会进入一个网站，上面有相关数据操作的信息，消费者可以通过网站界面进行选择。②

（4）设置期间的选择。许多物联网设备都有一个初始设置向导，公司可以通过向导提供清晰、突出和符合交易目的的隐私选择。

（5）管理门户或仪表板③。除了提供初始设置选项外，物联网设备还可以包括隐私设置菜单，消费者可以配置和重新访问这些菜单。例如，在移动环境中，苹果和谷歌（用于Android）都开发了看起来很有前景的操作界面方法——一种是由数据元素（如地理位置和联

---

① Remarks of Kenneth Wayne Powell, Toyota Technical Center ("Powell"), Transcript of Workshop at 278.

② See Article 29 Working Group Opinion, supra note 55, at 18 (proposing that a "device manufacturer could print on things equipped with sensors a QR code, or a flashcode describing the type of sensors and the information it captures as well as the purposes of these data collections").

③ Comment of Future of Privacy Forum, #484 cmt. #00013 at 6.

系人)(如 Apple)构建的,另一种是由单独的应用程序(如 Android)构建的。① 同样,为其联网家庭设备开发"指挥中心"的公司也可以合并类似的隐私控制面板。如果公司实施得当,这种方法可以让用户明确地确定他们同意共享哪些信息。

(6)图标。设备可以使用图标快速传递重要的设置和属性,比如当设备连接到互联网时,可以通过一个开关来打开或关闭连接。

(7)用户要求的"带外"通信。当显示界面或用户注意力有限时,可以通过其他渠道向用户传达重要的隐私和安全设置。例如,一些家用电器允许用户配置其设备,从而通过电子邮件或文本接收重要信息。

(8)通用隐私菜单。除了上述的特定设置和选择的类型之外,设备及其相关平台还可以使用户将选择集中"打包"。② 这可能涉及更通用的设置,如"低等""中等"或"高等",并对这些设置做清楚而明显的说明。

(9)用户体验方法。一名与会者指出,公司可以依据物联网设备上的消费者行为,考虑采用其他方法,从而让用户实现个性化选择。③ 例如,不同制造商可以使用消费者在一种设备上的偏好设置另一种设备上的默认偏好(例如,"不要将我的任何信息传输给第三方")。另一个例子是,单个设备,例如在本地存储数据的家电"集线器",例如在消费者的家庭网络上,可以根据先前的行为了解消费者的首选项,并在新设备添加到集线器时预测消费者未来的隐私首选项。

当然,无论一家公司决定采取何种方式,它提供的隐私选择都应该是清晰和突出的,而不能隐藏在冗长的文档中。④ 此外,公司可能

---

① See Mobile Disclosures Report, supra note 96, at 16 – 17.
② Remarks of Joseph Lorenzo Hall, Center for Democracy & Technology ("Hall"), Transcript of Workshop at 216.
③ Remarks of Nguyen, Transcript of Workshop at 48.
④ This discussion refers to how companies should communicate choices to consumers. Lengthy privacy policies are not the most effective consumer communication tool. However, providing disclosures and choices through these privacy policies serves an important accountability function, so that regulators, advocacy groups, and some consumers can understand and compare company practices and educate the public. See Privacy Report, supra note 85, at 61 – 64.

要考虑同时使用多种提供选择的方法。

工作人员还认识到研讨会①以及如上所述的白宫大数据报告（White House Big Data Report）和美国总统科学与技术顾问委员会（PCAST）报告中讨论的问题，即如果采用积极的通知和提供选择方法，可能会限制数据的其他新用途，从而阻碍其发挥潜在的社会效益。因此，委员会工作人员将基于使用的模型中的某些元素加入贸易委员会的措施当中。例如，在提供选择的背景下考虑将如何运用使用数据方面的方法：如果使用与交易背景目标是一致的——换句话说，如果这是一个预期的使用，那么，公司不需要为消费者提供选择。如果不一致（例如，用户非合理预期），公司应该提供清晰而显著的选择。未经用户明确同意，公司不得收集敏感资料。

此外，如果公司允许收集消费者的数据并立即有效地对该数据进行去身份识别，那么它不需要向消费者提供关于该收集的选择。如上所述，可靠的去身份识别措施可以使公司既能分析他们收集的数据进行创新，又是以保护隐私的方式。② 公司可以使用这样的去识别数据，而不必为消费者提供选择。

工作人员还注意到，包含在现有法律中的基于适用的措施适用于物联网领域。美国《公平信用报告法》规定了一系列适用于"消费者报告"信息的法定保护措施，包括对共享这些信息用途的限制。③ 即使在允许使用此类信息的情况下，该法也规定了一系列保护措施，包括与通知、访问、争议和准确性有关的保护措施。④ 此外，贸易委员会利用其认定"不公平"行为的权力，对消费者数据的一些不当使用提出了质疑。例如，在委员会最近起诉 Leap Lab 公司的案件中，委员会指控被告将包括消费者社保和金融账户号码在内的消费者发薪

---

① See, e. g., Comment of Future of Privacy Forum, #510 cmt. #00013, App. A at 9; Comment of GS1 US, #484 cmt. #00030 at 5; Comment of Software & Info. Indus. Ass'n., #484 cmt. #00025 at 6 - 9.

② See, e. g., Comment of CTIA – The Wireless Ass'n, #484 cmt. #00009 at 10 – 11; Comment of Future of Privacy Forum, #510 cmt. #00013 at 5.

③ FCRA, 15 U. S. C. § 1681 – 1681v. Section 604 of the FCRA sets forth the permissible purposes for which a consumer reporting company may furnish consumer report information, such as to extend credit or insurance or for employment purposes. 15 U. S. C. 1681b.

④ FCRA, 15 U. S. C. § 1681 – 1681v.

日贷款申请卖给了非银行机构，这些非银行机构得到这些敏感个人信息是非法的。① 工作人员对仅采用使用方面措施的物联网公司表示关注。由于使用方面的限制尚未在立法或其他广泛接受的多方利益相关者行为守则中得到充分阐明，因此关于谁将有权认定额外使用是有益的或有害的并不清晰。② 如果公司认为某一特定的数据使用是有益的，而消费者不同意这一认定，这可能会损害消费者的信任。例如，Facebook 推出 Beacon 服务以及谷歌推出 Buzz 社交网络引起了消费者的强烈抗议，而 Buzz 社交网络的推出最终导致了委员会的一项执法行动。

仅在使用方面限制并不能解决广泛的数据收集和保留所带来的隐私和安全风险。如上所述，保存大量数据会增加公司作为数据泄漏目标的吸引力，以及与此类数据泄漏相关的损害风险。基于这个原因，委员会工作人员认为公司应该合理地限制他们收集和处理不再需要的数据。

针对使用方面的措施不会考虑对收集敏感信息行为的关注。③ 例如，消费者可能想知道一个公司是否在收集健康信息或对他们的健康

---

① Press Release, FTC, FTC Charges Data Broker with Facilitating the Theft of Millions of Dollars from Consumers' Accounts (Dec. 23, 2014), available at http://www.ftc.gov/news-events/press-releases/2014/12/ftc-charges-data-broker-facilitating-theft-millions-dollars.

② Ann Cavoukian et al., Info. & Privacy Comm'r, Ont., Can., The Unintended Consequences of Privacy Paternalism (2014), available at http://www.privacybydesign.ca/content/uploads/2014/03/pbd-privacy_paternalism.pdf.

③ In addition to collecting sensitive information outright, companies might create sensitive information about consumers by making inferences from other data that they or others have already collected. A use-based model might not address, or provide meaningful notice about, sensitive inferences. The extent to which a use-based model limits or prohibits sensitive inferences will depend on how the model defines harms and benefits and how it balances the two, among other factors.

状况做出推断,即使该公司最终没有使用这些信息。①

建立立法或广泛接受的基于多利益相关者使用的框架可能会解决其中一些问题,委员会应该予以考虑。例如,框架可以规定允许或禁止的用途。然而,在缺乏这类立法或广泛接受的多方利益相关者框架的情况下,本文所阐述的方法——为消费者提供关于其数据的信息和选择——在可预见的未来仍是物联网最可行的方法。

六、立法

(一) 研讨会讨论摘要

为了确保通过联网设备收集的数据得到适当保护,研讨会参加者讨论是否需要进行相关立法。一些与会者表示担心,如果政策制定者制定有关行业的法律或法规,物联网所带来的益处可能会受到不利影响。② 一位与会者说:"鉴于在美国创新的重要性,贸易委员会在提议如何对这一领域进行管理时应该非常谨慎。"③ 另一位与会者指出:"我们应小心在指引公司往正确的方向发展和强制执行之间取得平衡。"④ 还有与会者担心,该研讨会可能"代表着一套新信息技术监管制度的开始,但这些技术仍处于起步阶段",并建议政策制定者"保持克制,避免在出现严重危害之前冲动地进行监管"。⑤ 一位与会

---

① Of course, if a company misstates how it uses data, this could be a deceptive practice under Section 5 of the FTC Act. The FTC has brought cases against companies that promise to use consumers' data one way, but used it in another way. See, e. g., Google Inc., supra note 175. The FTC can also use its unfairness authority to prohibit uses of data that cause or are likely to cause substantial injury to a consumer, where that injury was not reasonably avoidable by the consumer, and where the injury was not outweighed by a benefit to consumers or competition. See, e. g., Designerware, LLC, No. C-4390 (Apr. 11, 2013) (consent order) (alleging that installing and turning on webcams on people's home computers without their knowledge or consent was an unfair practice), available at http://www.ftc.gov/enforcement/cases-proceedings/112-3151/designerware-llc-matter.

② See, e. g., Comment of Direct Mktg. Ass'n, #484 cmt. #00010.

③ Comment of Internet Commerce Coal., #484 cmt. #00020 at 2.

④ Remarks of Rogers, Transcript of Workshop at 359.

⑤ Comment of Tech. Policy Program of the Mercatus Ctr., George Mason Univ., #484 cmt. #00024 at 1 and 9.

者基于界定隐私权的范围存在困难,对此领域的立法提出质疑。①

一些与会者指出,对物联网采取适当的方法是让其自我监管。一名与会者说:"自我监管、最佳的商业行为(与技术无关)和消费者教育,三者成为保护消费者隐私和安全的首选框架,同时加强创新、投资、竞争和对物联网至关重要的信息自由流动。"② 另一名与会者表示同意,他说:"自我监管制度在保障消费者隐私和促进创新方面成效显著,行业在制订和推行保障信息安全最佳行为指导方面有良好的记录。"③

其他与会者指出,无论是针对物联网还是更普遍的隐私权立法,立法的时机都已经成熟。④ 一名呼吁立法的与会者指出,"健身和健康监测设备的激增无疑对公共卫生极为有益,值得鼓励",但他接着说:"与此同时,来自物联网设备的数据不应被保险公司用于设置健康、生命、汽车或其他保费。这些数据也不应转移到就业决策、信贷决策、住房决策或其他公共生活领域。为了促进物联网的发展,并保持这些设备能够创造的潜在的公共卫生利益,我们应该让公众放心,他们的健康数据不会被用于作出预期外的分析或纳入经济决策考量。"⑤

(二) 研讨会建议

委员会工作人员认识到物联网行业正处于相对早期的阶段。工作人员认为,虽然隐私和安全风险是真实存在的,但目前不需要通过针

---

① Remarks of Cerf, Transcript of Workshop at 149 – 50 ("Well, I have to tell you that regulation is tricky. And I don't know, if somebody asked me, would you write a regulation for this, I would not know what to say. I don't think I have enough understanding of all of the cases that might arise in order to say something useful about this, which is why I believe we are going to end up having to experience problems before we understand the nature of the problems and maybe even the nature of the solutions.").

② Comment of U. S. Chamber of Commerce, #510 cmt. #00011 at 3.

③ Comment of Consumer Elec. Ass'n, #484 cmt. #00027 at 18.

④ Remarks of Hall, Transcript of Workshop at 180 – 81 (supporting baseline privacy legislation); see also Remarks of Jacobs, Transcript of Workshop at 360 (emphasizing importance of enforcement "in the meantime").

⑤ Peppet, Regulating the Internet of Things, supra note 62, at 151.

对物联网特定的立法来解决。工作人员同意一些教授的看法,他们说在物联网有很大的创新潜力,在现阶段专门针对物联网的立法还为时过早。工作人员还同意,为特定行业设计的自我监管方案①将有助于鼓励公司采用对隐私和安全更为敏感的措施。

然而,虽然物联网的具体立法并非必要,但研讨会提供了进一步的证据,证明国会应该制定一般的数据安全立法。如上所述,与会者普遍同意保护可上网设备的重要性,一些与会者说,目前市场上的许多设备并不十分安全,这些设备对它们收集和传输的信息以及消费者网络上的信息,甚至对互联网上的其他人的信息都构成了风险。② 这些问题凸显出联邦一级实质性数据安全和违规通知立法的必要性。

为了加强委员会现有的数据安全执行手段,贸易委员会继续建议国会制定强有力的、灵活的和技术中立的立法,并要求公司在出现安全漏洞时通知消费者。合理和适当的安全措施对于解决数据泄露问题和保护消费者免受身份盗窃和其他危害至关重要。在数据泄露事件发生后通知用户,可以帮助用户采取措施,保护自己免受滥用数据可能造成的任何伤害。这些原则同样适用于物联网生态系统。③

我们强调,一般技术中立的数据安全立法应保护个人信息和设备功能本身免受未经授权的访问。物联网设备的安全风险往往不限于个人信息的泄露,还涉及更广泛的健康和安全问题,说明了这些保护措施的重要性。例如,如果起搏器没有得到适当的保护,人们担心的不仅是健康信息可能受到损害,而且佩戴起搏器的人可能受到严重伤

---

① Remarks of Lightner, Transcript of Workshop at 56 – 57 (discussing voluntary code of conduct for energy data); Comment of Future of Privacy Forum, #484 cmt. #00013 (discussing self-regulatory efforts in a variety of contexts).

② See discussion supra pp. 10 – 14 and accompanying notes.

③ One commenter argued that breach notification laws should be even broader in the IoT context. See Remarks of Peppet, Transcript of Workshop at 220 (urging that breach notification laws be extended for the IoT to cover additional types of information that would lead to consumer harm but would not meet the definition of personal information protected under existing laws). The Commission has not taken a position on such an approach at this time.

害。① 同样地，侵入汽车网络的罪犯也可能造成撞车事故。因此，一般的数据安全立法应该解决个人信息和设备功能的风险。

此外，物联网使得信息收集和使用的广泛性增强了设置隐私标准基准线的必要性。② 委员会工作人员因此再次建议国会考虑制定基础广泛的（而不是具体针对物联网的）隐私立法。这类立法应该是灵活且技术中立的，同时也应该为公司提供明确的道路规则，例如，何时向消费者提供隐私通知，以及为他们提供数据收集和使用的选择。虽然委员会目前有权起诉对一些与物联有关的行为，但它不能强制规定某些基本的隐私保护措施，如隐私披露或消费者选择，除非有明确的欺诈或不公平的行为表现。

贸易委员会发布了一份报告，并在国会呼吁制定基本的联邦隐私法。③ 一些公司的数据收集、使用行为存在问题，它们缺乏透明度，使消费者对个人数据缺乏有效控制，由此贸易委员会提出这些建议。鉴于物联网领域信息收集的普遍性、物联网的广泛用途、参与信息收集和使用的公司繁多，以及对一些数据的敏感性存在争议，事实上这些问题已经渗透到物联网领域。

贸易委员会工作人员相信，这类立法将有助于建立消费者对依赖其数据（如物联网）的新技术的信任。如果消费者觉得自己的信息

---

① Andrea Peterson, Yes, Terrorists Could Have Hacked Dick Cheney's Heart, WASH. POST（Oct. 21, 2013）, http://www.washingtonpost.com/blogs/the-switch/wp/2013/10/21/yes-terrorists-could-have-hacked-dick-cheneys-heart/.

② Commissioner Ohlhausen disagrees with this portion of the staff's recommendation. She believes that the FTC's current Section 5 authority to prohibit unfair and deceptive acts or practices already requires notice and choice for collecting sensitive personally identifiable information and protects against uses of consumer information that cause or are likely to cause substantial consumer harm not outweighed by benefits to consumers or competition. Furthermore, the FCRA, HIPAA, and other laws already provide additional sector-specific privacy protections. Thus, Commissioner Ohlhausen questions what harms baseline privacy legislation would reach that the FTC's existing authority cannot.

③ See, e.g., Privacy Report, supra note 85, at 12 – 13; The Need for Privacy Protections: Perspectives from the Administration and the Federal Trade Commission Before the S. Comm. On Commerce, Science & Transportation（May 9, 2012）（statement of FTC）, available at http://www.ftc.gov/sites/default/files/documents/public_statements/prepared-statement-federal-trade-commission-need-privacy-protections-perspectives-administration-and/120509privacyprotections.pdf.

得到了充分的保护，他们更有可能购买联网设备。① 比如，2012年的一项调查显示，大多数消费者卸载应用程序或者根本就不愿安装应用程序，是因为他们担心它收集了太多的个人信息。2014年的一项调查显示，87%的消费者关注通过智能设备收集的数据类型，88%的消费者希望自己能控制通过智能设备收集的数据。② 调查还显示，消费者更有可能信任那些为信息收集使用透明化和为他们提供选择的公司。③ 一般隐私立法可以提高公司数据收集、使用行为透明度，并给予消费者更多选择，这样能够促进消费者和企业对迅速发展的物联网市场的信任，从而对两者都有帮助。

此外，正如研讨会所表明的那样，一般的隐私立法可以确保无论是谁收集使用消费者数据，该数据都能得到切实保护。例如，研讨会参与者讨论了《健康保险流通与责任法》（HIPAA）保护敏感健康信息（如医疗诊断、药物名称和健康状况）的事实，但前提是这些信息必须由特定主体收集，如医生办公室或保险公司。④ 然而，越来越多的健康应用程序正在通过面向消费者的产品收集同样的信息，而

---

① Remarks of Chibba, Transcript of Workshop at 312 – 313; see also Remarks of Wolf, Transcript of Workshop at 260 (noting that "the Michigan Department of Transportation and the Center for Automotive Research identified security as the primary concern for connected car technologies"); Comment of Future of Privacy Forum, #484 cmt. #00013 at 5 ("If there are lax controls and insufficient oversight over the collection of personal information through connected devices, consumers will lose trust in the evolving technologies. Even with proper controls and oversight, helping consumers understand the benefits from these innovations and the protections in place is important lest they feel that personal control has been sacrificed for corporate gain.").

② The TRUSTe Internet of Things Privacy Index, 2014 U. S. Edition, available at http://www.truste.com/us-internet-of-things-index-2014/.

③ See, e. g., Adam DeMartino, Evidon, RESEARCH: Consumers Feel Better About Brands that Give Them Transparency and Control Over Ads (Nov. 10, 2010), available at http://www.evidon.com/blog/research-consumers-feel-better-about-brands-that-give-them-transparency-and-control-over-ads; Scott Meyer, Data Transparency Builds Trust, BRANDREPUBLIC (Oct. 31, 2012), available at http://www.brandrepublic.com/news/1157134/; TRUSTe, New TRUSTe Survey Finds Consumer Education and Transparency Vital for Sustainable Growth and Success of Online Behavioral Advertising (July 25, 2011), available at http://www.truste.com/about-TRUSTe/press-room/news_truste_behavioral_advertising_survey_2011.

④ Remarks of Hall, Transcript of Workshop at 179; Remarks of T. Drew Hickerson, Happtique, Transcript of Workshop at 350; Comment of Ctr. for Democracy & Tech, #510 cmt. #00016 at 12.

《健康保险流通与责任法》保护并不适用于这些产品。委员会工作人员认为，无论由谁收集敏感的健康信息，消费者都应该对这些信息收集具有知情权和选择权。统一的标准还将为企业创造公平的竞争环境。

虽然贸易委员会的工作人员鼓励国会考虑隐私和安全立法，但贸易委员会将继续使用现有手段，确保物联网公司在开发新设备和服务时继续考虑安全和隐私问题。具体而言，委员会将采取以下措施。

1. 执法

该委员会执行《联邦贸易委员会法》《保护儿童的在线隐私法》《高科技法案》中的健康违规通知条款，以及其他可能适用于物联网的法律。在适当情况下，工作人员将建议贸易委员会利用其权力对有理由认为违反这些法律的任何行为人提起诉讼。上面讨论的TRENDNet公司一案是委员会采取行动的第一起物联网案例。一些物联网制造公司在使用信息进行信贷、就业、保险或其他资格决策时，没有保持合理的安全性，对其隐私做法做出不实陈述，或违反《联邦贸易委员会法》的要求，贸易委员会将继续调查与此有关案件。工作人员相信，贸易委员会强大的执法力量将有助于鼓励制造和销售联网设备的公司采取适当的隐私和安全保护措施。

2. 消费者与企业教育

消费者应该了解如何获取更多关于其物联网设备隐私的信息，如何保护连接到物联网设备的家庭网络，以及如何使用任何可用的隐私设置。企业，尤其是小企业，将受益于有关合理保护物联网设备的额外信息。委员会工作人员将编制有关这方面新的消费者和企业教育材料。

3. 参与多方利益关联团体

目前，贸易委员会工作人员正在与考虑有关物联网的指导方针的多方团体合作。例如，工作人员参与了NTIA的多方利益关联团体，该团体正在考虑面部识别的指引，以及能源部的多方利益关联团体正努力为智能电表制定指导方针。即使在没有立法的情况下，这些努力也可以为开发联网设备的公司带来最佳行为指导，这可以极大地造福消费者。贸易委员会工作人员将继续参与多方利益关联团体，制定与物联网有关的指导方针。

4. 宣传

在适当的情况下，为了促进物联网领域的保护，贸易委员会工作人员将与其他机构、州立法机构和法院一起寻找宣传机会。除此之外，工作人员将与其他政府机构分享本报告中讨论的最佳行为指导，确保他们也对隐私和安全问题予以重视。

七、结语

物联网给消费者带来了诸多益处，并有可能从根本上改变消费者与技术互动的方式。在未来，物联网可能会以目前难以想象的方式，将虚拟世界和现实世界融合在一起。从安全和隐私的角度来看，预计未来传感器和设备将普遍应用于当前的私密空间，如家庭、汽车、可穿戴设备和可食用物品，这将给隐私和安全带来特别的挑战。我们日常生活中的物品越来越多地监测和观察我们的生活，可是消费者仍然需要保障自身隐私安全。贸易委员会工作人员将继续执法，对消费者和企业进行教育，并与消费者权益倡导人士、行业、学术界和其他参与物联网的利益相关者进行接触，从而促进适当的安全和隐私保护。与此同时，我们敦促在物联网领域进行进一步的自我监管努力，同时也要制定数据安全和基础广泛的隐私立法。

互联网协会 2015 年研究报告：
物联网的产生、发展和所面临的挑战

凯伦·罗斯[①]　斯科特·埃德里奇[②]　莱曼·夏潘[③] 著

徐若楠[④] 译

目　　次

一、引言
二、物联网的定义
三、物联网引发的问题
四、结语

一、引言

无论是在科技产业、工程界还是政策方面，物联网都是一个重要话题，常常成为专业报刊和大众媒体的头条新闻。物联网技术体现在广泛的网络产品、系统和传感器中，这些产品利用了计算能力、电子微型化和网络互连方面的进步，提供了前所未有的新功能。大量的会议、报告和新闻文章都涉及"物联网革命"的潜在影响，从新的市场机会和商业模式到对安全、隐私和技术互操作性的各个角度展开全方位的讨论和辩论。

---

① 凯伦·罗斯（Karen Rose），互联网协会战略与分析高级总监。
② 斯科特·埃德里奇（Scott Eldridge），格罗宁根大学媒体与新闻研究系教师。
③ 莱曼·夏潘（Lyman Chapin），互联网技术和政策顾问。
④ 徐若楠，中山大学法学院助教。

物联网设备的大规模运用有望改变我们生活的方方面面。对于消费者而言，新的物联网产品，如联网电器、家庭自动化组件和能源管理设备，正在推动我们朝着"智能家居"的愿景迈进，保障安全又能提高能源使用效率。其他个人物联网设备，如可穿戴健康监测设备和联网医疗设备，正在改变医疗服务的提供方式。物联网技术有望造福残疾人和老年人，让他们能以可负担合理成本提高独立生活水平和生活质量。① 还有像联网车辆、智能交通系统，以及嵌入道路和桥梁中的传感器这样的物联网系统让我们更接近"智能城市"的概念，这些设备有助于缓解交通拥堵并且能够将能源消耗降到最低。通过使用网络化传感器，物联网技术极大地提高沿生产价值链的信息使用效果，为农业、工业、能源生产和分配带来巨大转型机会。

然而，为了能够实现物联网的这些潜在利益，物联网中还有许多需要亟待考虑、解决的问题和挑战。对于未来5到10年内物联网对互联网和经济的潜在影响，许多公司和研究机构提出了广泛的预测。例如，Cisco公司预测，到2019年物联网设备数量将超过240亿②，然而Morgan Stanley公司预测到2020年这一数字将超过750亿③；而华为公司更是进一步提高赌注，预计到2025年物联网设备的连接量将达到1000亿。④ 麦肯锡全球研究院（McKinsey Global Institute）表明，到2025年物联网对全球经济带来的金融影响可能高达3.9万亿

---

① For more information on IoT as it relates with those with disabilities see for example：Valerio, Pablo. "Google：IoT Can Help The Disabled." InformationWeek, March 10, 2015. http://www. informationweek. com/mobile/mobile-devices/google-iot-can-help-the-disabled/a/d-id/1319404; and, Domingo, Mari Carmen. "An Overview of the Internet of Things for People with Disabilities." Journal of Network and Computer Applications 35, No. 2（March 2012）：584–96. doi：10.1016/j. jnca. 2011.10.15.

② "Cloud and Mobile Network Traffic Forecast-Visual Networking Index（VNI）." Cisco, 2015. http://cisco. com/c/en/us/solutions/service-provider/visual-networking-index-vni/index. html.

③ Danova, Tony. "Morgan Stanley：75 Billion Devices Will Be Connected To The Internet Of Things By 2020." Business Insider, October 2, 2013. http://www. businessinsider. com/75-billion-devices-will-be-connected-to-the-internet-by-2020-2013-10.

④ "Global Connectivity Index." Huawei Technologies Co., Ltd., 2015. Web. 6 Sept. 2015. http://www. huawei. com/minisite/gci/en/index. html.

至11.1万亿美元①,尽管预测不能代表精准的答案,但总体而言,从这些公司的预测当中还是可以看出物联网未来的光明前景,可以带来巨大的经济增长和社会影响。

一些观察人士将物联网看作一个革命性的、完全互联的"智能"世界,代表着进步、效率和机遇,有望为工业和全球经济带来数十亿美元的价值。②但也有人提醒道,物联网代表着一个更黑暗的世界,充斥着监视、侵犯隐私和安全以及锁定消费者的行为。引人注目的头条新闻包括:联网汽车遭黑客入侵③、智能电视语音识别功能引发的监控问题④、物联网数据可能被滥用⑤引发的隐私担忧,这些都引起了公众的关注。这种"益处与危险"的辩论,以及通过大众媒体和市场营销涌入的大量信息,可能会让物联网成为一个很难定义的复杂话题。

从根本上说,互联网社会关注物联网,因为它代表着人们和机构在个人、社会和经济生活中与互联网的互动正日益增长。即使是采用最保守的预测,物联网应用的爆炸式增长也仍然会对用户与互联网的互动方式以及用户受互联网影响的方式产生根本性的改变,引发新问题,并在用户或消费者关注点、技术、政策和法律方面对现有问题提出不同层面的挑战。物联网还极可能在不同的经济体和地区产生不一样的后果,在全球范围内带来一系列错综复杂、不尽相同的机遇和挑战。

---

① Manyika, James, Michael Chui, Peter Bisson, Jonathan Woetzel, Richard Dobbs, Jacques Bughin, and Dan Aharon. "The Internet of Things: Mapping the Value Beyond the Hype." McKinsey Global Institute, June 2015.

② Thierer, Adam, and Andrea Castillo. "Projecting the Growth and Economic Impact of The Internet of Things." George Mason University, Mercatus Center, June 15, 2015. http://mercatus.org/sites/default/files/IoT-EP-v3.pdf.

③ Greenberg, Andy. "Hackers Remotely Kill a Jeep on the Highway—With Me in It." WIRED, July 21, 2015. http://www.wired.com/2015/07/hackers-remotely-kill-jeep-highway/.

④ "Samsung Smart TV's Voice Recognition Creates Privacy Concerns." CBS This Morning. CBS News, February 10, 2015. http://www.cbsnews.com/videos/samsung-smart-tvs-voice-recognition-creates-privacy-concerns/.

⑤ Bradbury, Danny. "How Can Privacy Survive in the Era of the Internet of Things?" The Guardian, April 7, 2015, sec. Technology. http://www.theguardian.com/technology/2015/apr/07/how-can-privacy-survive-the-internet-of-things.

本文旨在帮助互联网社会社区，根据关于物联网的优势和危险出现的各种预测，引导围绕物联网的对话。文章提供了一个高层次的物联网基础概述，以及从互联网社会和我们提倡的核心观念的角度提出了一些物联网技术关键问题。①② 本文承认物联网的具有独特之处，正是这些独特之处使物联网成为互联网的一项革命性技术。

由于这是一篇介绍性的文章，我们目前没有就物联网问题为互联网协会（ISOC）提出具体的行动方案。我们只将此文章作为在互联网协会社区中讨论物联网相关问题的起点。

此文将分为以下两个部分进行论述：一是什么是物联网，二是物联网引发了什么问题。

二、物联网的定义

"物联网"（IoT）一词最早出现在 1999 年，英国技术先驱 Kevin Ashton 使用其来描述一个系统，在这个系统中，物理世界中的物体可以通过传感器连接到互联网。③ Kevin Ashton 发明这个词是为了说明将公司供应链上使用的射频识别（RFID）标签④连接到互联网的能力，从而在不需要人工干预的情况下清点和跟踪货物。如今，物联网已经成为一个流行的术语，用来描述互联网连接和计算能力扩展到各种产品、设备、传感器和日常用品的场景。

虽然"物联网"这个术语相对较新，但将计算机和网络结合起来监控设备的概念在几十年前就已诞生。例如，在 20 世纪 70 年代

---

① "Values and Principles." Principles. Internet Society, 2015. http://www.internetsociety.org/who-we-are/mission/values-and-principles.

② A wide range of papers and articles have been written on the topic of IoT. Readers interested in more detail beyond the scope of this paper should investigate the literature noted in the footnotes and in the Reference section at the end of this paper.

③ Ashton was working on RFID (radio-frequency identification) devices, and the close association of RFID and other sensor networks with the development of the IoT concept is reflected in the name of the RFID device company that Ashton joined later in his career: "ThingMagic."

④ "Radio-Frequency Identification." Wikipedia, the Free Encyclopedia, September 6, 2015. https://en.wikipedia.org/wiki/Radio-frequency_identification.

末，通过电话线远程监测电网电表的系统已经投入商业使用。① 20 世纪 90 年代，无线技术的进步使得"机器对机器"（M2M）企业和工业设备监控和操作解决方案得以广泛应用。然而，这些早期的"机器对机器"解决方案中的许多都是基于封闭的专用网络或行业的特定标准②，而不是基于互联网协议（IP）下的网络和互联网标准。

使用 IP 将计算机以外的设备连接到互联网的想法并非在物联网时代首次提出。互联网"设备"首次出现在 1990 年的一个互联网会议上，这个设备是使用 IP 运行的烤面包机，可以通过互联网开启和关闭。③ 随后几年，还有其他"物品"使用 IP，包括美国卡内基梅隆大学（Carnegie Mellon University）的汽水机器④、英国剑桥大学（University of Cambridge）Trojan 咖啡店的咖啡壶⑤（直到 2001 年联网）。从这些异想天开的点滴起步，对于"智能物品网络"⑥ 的强大的研究和开发帮助创建了今天的物联网基础。

如果将物体彼此连接起来并连接到互联网的想法并非首创，那么，我们可能会问：为什么物联网在今天会成为一个新的热门话题？从更宏观的角度来看，多种技术和市场趋势⑦的融合，使更多小型设备能够廉价、便捷地互联起来。

---

① "Machine to Machine." Wikipedia, the Free Encyclopedia, August 20, 2015. https://en.wikipedia.org/wiki/Machine_to_machine.

② Polsonetti, Chantal. "Know the Difference Between IoT and M2M." Automation World, July 15, 2014. http://www.automationworld.com/cloud-computing/know-difference-between-iot-and-m2m.

③ "The Internet Toaster." Living Internet, 7 Jan. 2000. Web. 06 Sept. 2015. http://www.livinginternet.com/i/ia_myths_toast.htm

④ "The" Only "Coke Machine on the Internet." Carnegie Mellon University Computer Science Department, n. d. Web. 06 Sept. 2015. https://www.cs.cmu.edu/~coke/history_long.txt.

⑤ Stafford-Fraser, Quentin. "The Trojan Room Coffee Pot." N. p., May 1995. Web. 06 Sept. 2015. http://www.cl.cam.ac.uk/coffee/qsf/coffee.html.

⑥ RFC 7452, "Architectural Considerations in Smart Object Networking" (March 2015), https://tools.ietf.org/html/rfc7452.

⑦ Other views on the converging market trends driving IoT's growth include Susan Conant's article "The IoT will be as fundamental as the Internet itself", available at http://radar.oreilly.com/2015/06/the-iot-will-be-as-fundamental-as-the-internet-itself.html and Intel Corporation's statement to U. S. House of Representatives hearing on IoT, available at http://docs.house.gov/meetings/IF/IF17/20150324/103226/HHRG-114-IF17-Wstate-SchoolerR-20150324.pdf.

（1）无处不在的连接。低成本、高速、无处不在的网络连接，尤其是通过授权和未授权的无线服务和技术，使得几乎所有东西都"可连接"。

（2）广泛采用基于 IP 的网络。IP 已成为全球网络的主导标准，提供了一个定义良好且广泛实现的软件和工具平台，可以轻松且廉价地集成到广泛的设备中。

（3）计算经济学。在研究、开发和制造行业投资的推动下，摩尔定律[①]继续发挥，推动以更低的价格和更低的功耗提供更强大的计算能力。

（4）微型化。制造业的进步使得尖端的计算和通信技术可以集成到非常小的物品中。[②] 同时更高的计算经济性也推动了小型廉价传感器设备的发展，推动了许多物联网技术应用。

（5）数据分析方面的进步。新的算法和计算能力、数据存储和云服务的快速增长，使得对大量数据的聚合、关联和分析成为可能，这些大型动态数据集为提取信息和知识创造了新的机会。

（6）云计算的兴起。云计算利用远程网络计算资源处理、管理和存储数据，允许小型和分布式设备与强大的后端分析和控制功能交互。

从这个角度来看，物联网代表了数十年来各种计算和连接趋势的融合。目前，包括汽车、医疗、制造、家用和消费电子产品等在内的许多行业都在考虑将物联网技术融入其产品、服务和运营的潜力。

麦肯锡全球研究院[③]（McKinsey Global Institute）在其报告《释放物联网的潜力》中，从"设置"的角度描述了大量的潜在应用（见表1）。通过这些应用，物联网有望为行业和用户创造巨大价值。

[①] Moore's Law is named after a trend observed by semiconductor pioneer Gordon Moore that the number of transistors per square inch on integrated circuits doubles roughly every two years, allowing more processing power to be placed into smaller chips over time.

[②] In addition to other technical advancements, miniaturization of electronic devices is also fueled by Moore's law.

[③] Manyika, James, Michael Chui, Peter Bisson, Jonathan Woetzel, Richard Dobbs, Jacques Bughin, and Dan Aharon. "The Internet of Things: Mapping the Value Beyond the Hype." McKinsey Global Institute, June 2015. p. 3. http://www.mckinsey.com/insights/business_technology/the_internet_of_things_the_value_of_digitizing_the_physical_world.

表1 物联网应用的"设置"

设置	描述	举例
人体	附在人体上或体内的装置	监测和维持人类健康的设备（可穿戴设备和可食用设备）；疾病管理，增强体质，提高生产力
家	人们居住的建筑物	家庭控制器和安全系统
零售环境	消费者从事商业活动的空间	商店、银行、餐馆、竞技场——消费者考虑购买的任何地方；自助结账，店内优惠，库存优化
办公室	脑力劳动者工作的空间	办公楼能源管理与安全；提高生产力，包括流动员工的生产力
工厂	标准化的生产环境	重复性工作场所，包括医院、农场；提高运营效率，优化设备使用和库存
工地	特定生产环境	采矿、石油和天然气、建筑；运行效率，预测维护，健康和安全
车辆	车辆内部系统	汽车、卡车、船舶、航空器、火车等交通工具；基于状态的维护，基于使用的设计，售前分析
城市	城市环境	城市环境中的公共空间和基础设施；适应交通控制，智能仪表，环境监测，资源管理
郊外	城市环境之间（和其他设施之外）	外部用途包括铁轨、自动驾驶车辆（城市以外的地点）和飞行导航；实时路由，连接导航，发货跟踪

许多组织已经开发了自己的物联网应用程序和使用案例的分类法和类别术语。例如，"工业物联网"就是一个被公司和协会广泛使用的术语，用来描述与商品和服务生产相关的物联网应用，包括制造业

和公用事业。① 还有些人则根据设备类型讨论物联网,比如可穿戴设备②和家用电器。③ 还有一些关注物联网在"智能家庭"或"智能城市"等基于位置方面的应用。④ 无论具体是什么应用程序,物联网技术的使用显然可以扩展到我们生活的几乎每个领域。

随着联网设备数量的增长,它们所产生的流量预计将显著增加。例如,Cisco 公司估计,个人计算机设备所产生的网络流量将从 2014 年的 40% 在 2019 年上升到 70%。⑤ Cisco 公司预测,"机器对机器"(包括工业、家庭、医疗、汽车和其他物联网设备)的连接数量在 2014 年占所有连接设备的 24%,而到 2019 年将会上升至 43%。

这些趋势预示着在未来 10 年,我们可能会看到"在互联网上"这一流行概念发生转变。正如麻省理工学院(MIT)的 Neil Gershenfied 教授所指出的那样:"万维网的快速发展可能只是引发真正爆炸的触发电荷,因为物联网才刚开始起步。"⑥

在流行观念中,万维网几乎已经成为互联网本身的同义词。网络技术促进了人和内容之间的大多数交互,使其成为当前互联网体验的一个定义特征。基于网络的体验的主要特点是用户通过电脑和智能手机下载和生成内容。如果物联网的增长预测成为现实,我们可能会发现,用户与汽车零部件、家用电器和自我监控设备等物品的互联网互动将变得更加被动,这些设备代表用户发送和接收数据,几乎不需要人工干预,甚至人们自身无法意识到设备行为。

如果与互联网最常见的互动以及由此产生和交换的数据来自更广

---

① Cicciari, Matt. "What's Missing from the Industrial Internet of Things Conversation? Software." Wired. http://www.wired.com/insights/2014/11/industrial-internet-of-things-software/.

② "Internet of Things: Wearables." Application Developers Alliance. http://www.appdevelopersalliance.org/internet-of-things/wearables/.

③ Baguley, Richard, and Colin McDonald. "Appliance Science: The Internet of Toasters (and Other Things)." CNET, March 2, 2015. http://www.cnet.com/news/appliance-science-the-internet-of-toasters-and-other-things/.

④ "IEEE Smart Cities." IEEE, 2015. Web. 06 Sept. 2015. http://smartcities.ieee.org/.

⑤ Cisco Visual Networking Index: Forecast and Methodology, 2014—2019. Cisco, May 27, 2015. http://www.cisco.com/c/en/us/solutions/collateral/service-provider/ip-ngn-ip-next-generation-network/white_paper_c11-481360.pdf.

⑥ "History of the Internet of Things-Postscapes." Postscapes, n. d. Web. 06 Sept. 2015. http://postscapes.com/internet-of-things-history.

泛环境中与联网设备的被动接触,物联网可能会迫使人们改变思维。这一转变可能会潜在实现一个"超链接的世界"——证明了互联网体系结构本身的通用性质,它不会对能够利用该技术的应用程序或服务设置固有的限制。

(一)不同的定义,相似的概念

尽管物联网在全球范围内引起了热议,但它并没有一个统一的、被普遍接受的定义。不同的群体使用不同的定义来描述"物联网"或推广有关物联网含义及其重要属性的观点。一些对物联网的定义使用了互联网或"IP"的概念,而另一些定义(可能令人惊讶的是)并未使用这些概念。例如,以下定义。

互联网架构委员会(IAB)从文件 RFC 7452①"智能对象联网的架构考虑"开始,描述如下:物联网是指大量嵌入式设备采用 IP 提供的通信服务的趋势。很多这样的设备,所谓"智能设备"不是直接由人类操作的,而是作为建筑物或车辆的部件存在,或者散布在具体环境中。

在互联网工程任务组(IETF)中,通常用"智能设备网络"一词指代物联网。在他们的语境下,"智能设备"通常是具有重大限制的设备,比如有限的电源、内存和处理资源或带宽。② 互联网工作任务组的工作主要是围绕特定的需求,实现几种类型的智能设备之间的网络互操作性。③

2012 年,国际电信联盟(ITU)在《物联网概览》中讨论了互联互通的概念,但没有明确将物联网与互联网联系起来,其中提到,"物联网:一种面向信息社会的全球基础设施,基于现有和正在发展的可互操作的信息和通信技术,通过互联(物理和虚拟)事物,实

---

① RFC 7452, "Architectural Considerations in Smart Object Networking" (March 2015), https://tools.ietf.org/html/rfc7452.

② Thaler, Dave, Hannes Tschofenig, and Mary Barnes. "Architectural Considerations in Smart Object Networking." IETF 92 Technical Plenary-IAB RFC 7452. 6 Sept. 2015. Web. https://www.ietf.org/proceedings/92/slides/slides-92-iab-techplenary-2.pdf.

③ "Int Area Wiki-Internet-of-Things Directorate." IOTDirWiki. IETF, n. d. Web. 06 Sept. 2015. http://trac.tools.ietf.org/area/int/trac/wiki/IOTDirWiki.

现高级服务。注释一：通过利用识别、数据捕获、处理和通信功能，物联网充分利用事物为各种应用提供服务，同时确保满足安全和隐私要求。注释二：从更广义的角度来看，物联网可以被视为一个具有技术和社会意义的愿景"。

《IEEE 通信杂志》专题论文提出了一种定义，它将物联网与云服务连接起来："物联网是一个框架，在其中所有的事物都有一个在互联网上的表现和存在。更具体地说，物联网旨在提供连接物理世界和虚拟世界的新应用程序和服务，其中机器对机器通信代表了支持云中的事物和应用程序之间交互的基本通信。"①

《牛津词典》给出了一个简明的定义，将互联网作为物联网的一个元素："物联网（名词）：通过在日常物品中嵌入互联计算设备，使这些物品能够发送和接收数据。"②

以上所有的定义都描述了网络连接和计算能力扩展到物品、设备、传感器和通常不被认为是"计算机"的日常项目的场景。物联网技术使设备可以自动生成、交换和使用数据，通常很少需要人工干预。物联网的各种定义并非完全不同，它们只是从不同的视角和使用案例强调物联网现象的不同方面。

然而，在关于物联网问题的交流中，特别是在利益相关者团体或行业部门之间的讨论中，不同的定义可能会造成混淆。近年来，人们对网络中立性和云计算也经历了类似的困惑，对这些术语的不同解释有时会给交流带来障碍。虽然确立物联网的单一定义可能并无必要，但应该认识到，在讨论中需要考虑不同的视角。

在本文中，"物联网"广义上指的是将网络连接和计算能力扩展到通常不被认为是计算机的物品、设备、传感器和项目上。这些"智能设备"需要最少的人工干预来生成、交换和使用数据，它们通常与远程数据收集、分析和管理功能相连接。

智能设备的网络和通信模型包括那些交换的数据不经过网络或不基于 IP 网络的模型。我们将这些模型概括在本文所使用的"物联

---

① http://www.comsoc.org/commag/cfp/internet-thingsm2m-research-standards-next-steps.

② "Internet of Things." Oxford Dictionaries, n. d. Web. 6 Sept. 2015. http://www.oxforddictionaries.com/us/definition/american_english/Internet-of-things.

网"的广义定义中。我们这样做是因为从这些智能设备生成或处理的数据很可能最终会通过网络连接到基于 IP 的网络,或者以其他方式集成到可通过互联网访问的产品特性中。而且,物联网设备的用户可能更关心所提供的服务以及使用这些服务的含义,而不是数据何时或何地通过基于 IP 的网络。

(二) 物联网通信模式

从运营的角度来看,探索物联网设备如何通过其技术通信模型进行连接和通信极富价值。2015 年 3 月,互联网架构委员会(IAB)发布了智能对象联网指导架构文件 RFC 7452①,其中列出了物联网设备使用的四种常见通信模型的框架。下面的讨论介绍了这个框架,并解释了框架中每个模型的关键特征。

1. 设备到设备通信

设备到设备通信模型表示两个或多个设备之间直接连接和通信,而不是通过中间的应用程序服务器。这些设备通过许多类型的网络进行通信,包括 IP 网络或互联网。然而,这些设备通常使用蓝牙②、Z-Wave③ 或 ZigBee④ 等协议来建立直接的设备到设备通信,如图 1 所示。

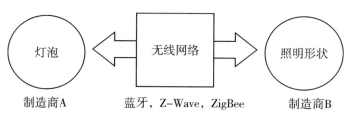

图 1 设备到设备通信模型

---

① Tschofenig, H., et. al., Architectural Considerations in Smart Object Networking. Tech. No. RFC 7452. Internet Architecture Board, Mar. 2015. Web. https://www.rfc-editor.org/rfc/rfc7452.txt.

② See http://www.bluetooth.com and http://www.bluetooth.org.

③ See http://www.z-wave.com.

④ See http://www.zigbee.org.

这些设备对设备的网络使设备在遵循特定通信协议的情况下可进行设备通信和交换消息，从而实现它们的功能。这种通信模型通常用于家庭自动化系统等应用程序中，这些应用程序通常使用较小的信息包在数据速率要求相对较低的设备之间进行通信。在家居自动化场景中，灯泡、电灯开关、恒温器和门锁等家居物联网设备通常会相互发送较少信息量，例如门锁状态信息或开灯命令。

这种设备到设备的通信方法体现了后文讨论的许多互操作性挑战。正如 IETF 期刊上的一篇文章所描述的，"这些设备通常有直接关系，它们通常具有内置的安全和信任（机制），但它们也必须使用（设备制造商）需要进行冗余开发的特定于设备的数据模型"。[1] 这意味着设备制造商需要投资开发来实现特定于设备的数据格式，而不能全部适用简单的标准数据格式。

从用户的角度来看，这通常意味着设备到设备的通信协议可能出现不兼容，迫使用户选择使用一系列公共协议的设备。例如，使用 Z-Wave 协议的设备族与 ZigBee 设备族本身并不兼容。虽然这些不兼容性限制了用户只能选择特定协议家族中的设备，但是特定家族中的产品往往能够实现更好的通信，用户也能从中获益。

2. 设备到云端通信

在设备到云端的通信模型中，物联网设备直接连接到互联网云服务（如应用程序服务提供商），交换数据和控制消息流量。这种方法一般是利用现有的通信机制，如传统的有线以太网或 Wi-Fi 连接，在设备和 IP 网络之间建立连接，IP 网络最终连接到云服务。如图 2 所示。

这种通信模型被一些流行的消费物联网设备所采用，比如，Nest Labs Learning Thermostat[2] 和三星 Smart TV[3]。在 Nest Learning 恒温器

---

[1] Duffy Marsan, Carolyn. "IAB Releases Guidelines for Internet-of-Things Developers." IETF Journal 11.1 (2015): 6-8. Internet Engineering Task Force, July 2015. Web. https://www.internetsociety.org/sites/default/files/Journal_11.1.pdf.

[2] "Meet the Nest Thermostat | Nest." Nest Labs. Web. 31 Aug. 2015. https://nest.com/thermostat/meet-nest-thermostat/.

[3] "Samsung Privacy Policy-SmartTV Supplement." Samsung Corp. Web. 29 Sept. 2015. http://www.samsung.com/sg/info/privacy/smarttv.html.

图 2　设备到云端通信模型

的例子中，该设备将数据传输到一个云数据库，库中数据可以用来分析家庭能耗。此外，这种云连接使用户能够通过智能手机或网页界面远程访问他们的恒温器，并且还支持对恒温器的软件更新。与三星Smart TV 技术类似，三星电视使用互联网连接将用户观看的信息传输给三星公司进行分析，并启用电视的交互式语音识别功能。在这些情况下，设备到云端模型通过将设备的功能扩展到本机特性之外，从而为终端用户提升了使用价值。

然而，如果试图集成不同制造商生产的设备时，物联网设备可能会出现互操作性方面的挑战。通常而言，设备和云服务来自同一个供应商。如果在设备和云服务之间使用专有数据协议，设备所有者或用户可能绑定到特定的云服务，限制或阻止使用替代服务提供者。这通常称为"供应商锁定"，这个术语还包含与供应商的其他方面关系，比如数据的所有权和访问权。与此同时，用户通常可以放心，由特定一个平台设计的设备是确保能够作为整体协调使用的。

（三）设备到网关模型

在设备到网关模型中，或者更典型的是设备到应用层网关（ALG）模型中，物联网设备通过应用层网关服务连接，作为到达云服务的渠道。简单而言，这意味着在本地网关设备上运行着应用程序软件，它充当设备和云服务之间的中介，提供安全和其他功能，如数据或协议转换。如图 3 所示。

在消费设备中可以找到这种模型的几种形式。在多数情况下，本

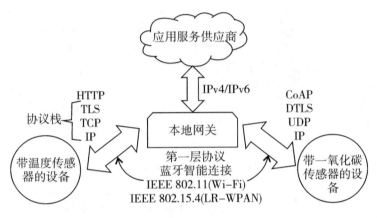

图 3　设备到网关通信模型

地网关设备是运行应用程序的智能手机,用于与设备通信并将数据转发给云服务。这种模式通常用于个人健身追踪器等受欢迎的消费品。这些设备不具备直接连接到云服务的能力,因此它们常常依赖智能手机应用程序软件作为中介网关,将健身设备连接到云上。

这种设备到网关模型的另一种形式是出现在家庭自动化应用中的"hub"设备。这些设备充当单个物联网设备和云服务之间的本地网关,但它们也可以弥合设备之间的互操作性鸿沟。例如,SmartThings hub 是一个独立的网关设备,它安装了 Z-Wave 和 Zigbee 收发器来与这两种设备进行通信。① 然后,它连接到 Smart Things 云服务,允许用户通过智能手机应用程序和互联网连接访问这些设备。

从更广义的技术角度来看,互联网工程任务组的期刊文章解释了设备到网关方法的好处:"这种通信模型用于智能设备需要与非 IP 设备互操作的情况。有时这种方法只用于集成 IPv6 设备,这意味着只有 IPv4 的设备和服务才需要网关。"②

换句话说,这种通信模型经常用于将新的智能设备集成到遗留系

---

①　"How It Works." SmartThings, 2015. http://www.smartthings.com/how-it-works.
②　Duffy Marsan, Carolyn. "IAB Releases Guidelines for Internet-of-Things Developers." IETF Journal 11.1（2015）:6-8. Internet Engineering Task Force, July 2015. Web. https://www.internetsociety.org/sites/default/files/Journal_11.1.pdf.

统中,而遗留系统的设备本身并不具有互操作性。而这种方法的缺点是,应用程序层网关软件和系统的必要开发增加了整个系统的复杂性和成本。

互联网体系结构委员会的 RFC7452 文件指出了该模型的前景:"为了降低最终用户、企业和工业环境的成本和基础设施复杂性,预计未来将部署更多通用网关。如果物联网设备设计使用通用互联网协议,而不需要将一个应用层协议转换为另一个应用层协议的应用层网关,那么这种通用网关更有可能存在。一般来说,应用程序层网关的使用将导致更脆弱的部署,正如过去所观察到的……"①

设备到网关通信模型的系统本身及其在解决物联网设备之间互操作性挑战方面的更大作用仍在持续发展当中。

(四)后端数据共享模型

后端数据共享模型指的是一种通信架构,它允许用户将来自云服务的智能设备数据与来自其他数据源的数据结合起来导出和分析。该体系结构支持"(用户)将上传的传感器数据授予第三方访问"。② 这种方法是单一设备到云通信模型的扩展,它会导致"物联网设备只向单个应用程序服务提供商上传数据"的数据竖井。③ 后端共享架构允许对单个物联网设备数据流收集的数据进行聚合和分析。

例如,一个管理办公综合体的企业用户可能会对整合和分析办公场所内所有物联网传感器和联网公用事业系统产生的能源消耗和公用事业数据感兴趣。通常在单一设备到云模型中,每个物联网传感器或系统产生的数据都位于一个独立的数据筒仓中。如果搭建一个有效的后端数据共享架构,公司将轻松地访问和分析由大楼中所有设备产生的云中的数据。此外,这种体系结构还促进了数据的可转移性需求。有效的后端数据共享架构允许用户在物联网服务之间切换时移动数据,打破了传统的数据竖井壁垒。

---

① Tschofenig, H., et. al., p. 6.
② Tschofenig, H., et. al., p. 9.
③ Ibid.

后端数据共享模型建议使用联邦云服务方法①或云应用程序编程接口（api）来实现托管在云中的智能设备数据的互操作性。② 这种设计如图4所示。

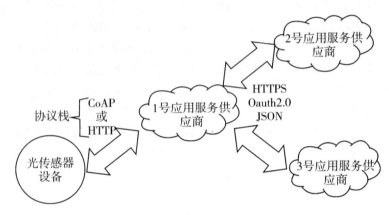

图4　后端数据共享模型

该体系结构模型是实现这些后端系统之间互操作性的一种方法。正如互联网工程任务组杂志所建议的，"标准协议可以提供帮助，但不足以消除数据竖井，因为供应商之间需要公共信息模型"③。换句话说，这种通信模式只有在物联网系统设计的基础上才有效。后端数据共享体系结构不能完全克服封闭的系统设计。

（五）物联网通信模式总结

这四种基本的通信模型展示了物联网设备通信的基本设计策略。除了一些技术上的考虑，这些模型的使用在很大程度上受到联网物联网设备的开放性和专有性的影响。就设备到网关模型而言，它的主要特点是能够克服连接物联网设备的专有设备限制。这意味着设备互操

---

① A federated cloud services approach is one that combines the resources of separate cloud service providers to meet a larger business need.

② An example of a generic (non-IoT) off-the-shelf, federated cloud-sharing tool is own-Cloud, produced by ownCloud. org. https://owncloud.org/blog/faster-easier-file-sync-and-share-with-federated-self-hosted-owncloud-8-0/.

③ Duffy Marsan, Carolyn. p.7.

作性和开放标准是互连物联网系统设计和开发的关键考虑因素。

从一般用户的角度来看,这些通信模型有助于说明网络设备为终端用户提升使用价值的功能。通过让用户能够更好地访问物联网设备及其数据,该设备的整体价值得到极大提升。例如,在四种通信模型中的其中三种中,设备可以最终连接到云计算环境中的数据分析服务。通过创建通往云端的数据通信管道,用户和服务提供商可以更容易地使用数据聚合、大数据分析、数据可视化和预测分析技术,从而从物联网数据中获得比传统数据竖井应用程序更多的价值。换句话说,有效的通信体系结构为终端用户创新信息使用方式提供了可能,从而成为价值的重要驱动因素。然而,值得注意的是,这些网络带来的益处也是有代价的。在考虑数据模型架构时,需要仔细考虑用户连接到云资源的成本负担,特别是在用户连接成本较高的地区。

在终端用户受益于有效的通信模型的同时,值得注意的是,有效的物联网通信模型也增强了技术创新和商业增长的机会。新产品和新服务可以利用前所未有的物联网数据流,作为进一步创新的催化剂。

三、物联网引发的问题

在任何一篇论文中都不可能涵盖物联网的所有问题。故下文中我们就物联网中经常讨论的五个话题进行论述,包括安全、隐私、互操作性和标准、法律、法规和权利,以及新兴经济体和发展。我们首先从"能力"的角度来审视这些问题,"能力"是指导互联网协会工作的基本原则,我们认为所有互联网用户都应该享有这些能力,而这些能力必须得到保护。这些能力包括联系、表达、创新、分享、选择和信任的能力。以这些原则为指导,我们提出每个问题的重要方面,并提出若干问题以供讨论。

(一)安全问题

1. 物联网安全挑战

正如我们在指导工作原则中所提到的,确保安全、可靠性、恢复力,稳定的互联网应用和服务对于促进互联网信任和使用而言是至关重要的。① 作为互联网的用户，我们需要有对其高度的信任，当我们想要进行在线活动时，我们考虑与这些活动相关的风险容忍度后，相信互联网及其应用程序和设备连接到它是足够安全的。物联网在这方面也没有什么不同，物联网的安全性从根本上说与用户信任环境的能力有关。如果人们不相信他们所连接的设备和信息是合理安全的，不会受到滥用或伤害，那么丧失信任就会导致人们不愿使用互联网。这对电子商务、技术创新、言论自由以及在线活动的几乎所有其他方面都产生了全球性的影响。的确，确保物联网产品和服务的安全应该被视为该领域的首要任务。

　　随着我们越来越多地将设备连接到互联网，利用潜在安全漏洞的新机会也越来越多。缺乏安全性的物联网设备可能成为网络攻击的切入口，导致恶意行为人对设备重新编程或引发设备故障。设计不良的设备会让数据流无法得到充分的保护，从而将用户数据泄露出去。设备故障也会造成安全漏洞。对于物联网中体积小、价格低廉、无处不在的智能设备来说，这些问题实际上与传统上作为互联网连接端点的计算机一样严重，甚至更加严重。物联网设备的竞争成本和技术限制使制造商往往在这些设备中没有充分设计安全特性，相较于传统计算机而言，这可能会造成比更大的安全和长期维护性漏洞。

　　随着潜在的安全设计缺陷的出现，物联网设备数量和种类的增加也会加大其受到攻击的可能。当与物联网设备结合高度互联性时，每一个不安全的联网设备都有可能影响全球互联网的安全性和恢复力，而不仅仅是本地互联网。例如，在美国，一台未受保护的冰箱或电视机如果被恶意软件感染，可能会通过主人家中的 Wi-Fi 网络连接，向全世界的收件人发送数千封有害的垃圾邮件。②

　　更复杂的是，在一个超链接的世界里，如果不使用联网设备或系统，我们的生活寸步难行。事实上，购买一些没有联网的设备变得越来越困难，因为某些供应商只生产联网产品。随着时间的推移，我们

---

① "Values and Principles." Principles. Internet Society, 2015. http://www.internetsociety.org/who-we-are/mission/values-and-principles.

② Starr, Michelle. "Fridge Caught Sending Spam Emails in Botnet Attack-CNET." CNET, 19 Jan. 2014. http://www.cnet.com/news/fridge-caught-sending-spam-emails-in-botnet-attack/.

越来越依赖物联网设备来提供基本服务，我们需要这些设备是安全的，同时也认识到没有任何设备是绝对安全的。随着我们对物联网设备及其相互作用的互联网服务的依赖程度越来越高，不法分子获取设备信息的途径也正在增加。如果我们的联网电视在网络攻击中受损，或许我们还可以拔掉它们的插头，但如果智能电表、交通控制系统或植入人体的起搏器受到恶意行为的侵害，我们就不能那么轻易地关掉它们。

这就是为什么我们要将物联网设备和服务的安全性作为一个讨论重点，并将其视为物联网领域的一大关键性问题。我们越来越多地依赖这些物联网设备提供基本服务，而它们的微小行为可能就会影响全球。

2. 安全性程度考量

当我们考量物联网设备时，重要的是要理解这些设备的安全性不是绝对的。物联网设备安全不是一个安全或不安全的二元命题。相反，将物联网安全性这一概念转化为设备易受攻击性评级才具有现实可操作性。物联网设备、系统的安全性程度参差不齐，从没有安全特性的完全不受保护到具有多层次安全特性的高度安全的系统，各种安全性程度的设备都会出现。在无休止的"猫捉老鼠"的游戏中，新的安全威胁不断演变，设备制造商和网络运营商需要不断应对新的威胁。

物联网的整体安全性和恢复力取决于如何评估和管理安全风险。设备的安全性取决于设备被破坏的风险、这种破坏将造成的损害以及达到一定程度的保护所需的时间和资源。如果用户在使用交通控制系统、身体嵌入式设备、互联网医疗设备时，不能忍受高度的安全风险，那么他会觉得支出大量的资源来保护系统或设备不受攻击是有其合理性的。同理，如果他不担心自己的冰箱可能被黑客入侵，并被用来发送垃圾邮件，那么他可能也不会觉得有必要花钱购买一个安全设计更复杂的型号，因为这会让设备变得更昂贵或更复杂。

影响人们的风险评估和缓解风险计算的因素包括以下几项：第一，对当前安全风险和未来潜在风险有清晰认识；第二，风险实际发生后的预计经济损失和其他损失;第三,降低风险发生的预计成本。① 虽然对于上述这些安全权衡通常是从单个用户或组织的角度出发,但将物联网设备的相互关联性作为广义的物联网生态系统的一部分纳入考虑范畴也很重要。物联网设备的网络化连接意味着,有关物联网设备的本地安全决策可能会对其他设备产生全球性影响。

从原则上说,物联网智能设备的开发人员有义务确保这些设备的安全性,以防设备运作时让用户或其他人受到潜在伤害。从商业和经济的角度来看,供应商乐于降低成本、产品复杂性和投放市场的时间。例如,越来越多的物联网设备使用批量生产切低利润的组件,这些组件的特征已经可以说明嵌入这些组件的产品所需的低成本,如果供应商要增加内存,换上更快的处理器来实现安全措施很容易让该物联网产品在商业市场上失去竞争力。

从经济角度来看,物联网设备缺乏安全性会导致负面外部性,即一方(或多方)将成本强加给另一方。一个典型的例子是环境污染,即污染者行为所造成的环境损害和清理费用(负面外部性)由其他主体承担。问题在于,企业在商业决策过程中,通常不会将强加给其他主体的外部成本纳入考虑,除非像环境污染领域一样,对污染者进行征税,倒逼其降低污染水平。就信息安全领域而言,正如 Bruce Schneier② 所言,当提供产品的供应商不用承担任何由于产品不安全而导致的后果时,就会产生负面外部效应。在这种情况下,加强归责方面立法可以促使供应商考虑自身产品缺乏安全性而导致的负外部性,从而开发更多的安全产品。

这些安全考量在信息技术的背景下是老生常谈的话题,但是在物联网领域可能出现的信息独特挑战的范围极广(如下所述),使得这

---

① A number of organizations have developed guides for conducting risk assessment. For example, the U.S. National Institute of Standards and Technology (NIST) issued a set of guidelines in 2012, http://www.nist.gov/customcf/get_pdf.cfm?pub_id=912091 and the International Standards Organization (ISO) and the International Electrotechnical Commission (IEC) has published the ISO/IEC 31010: 2009 "Risk management – Risk assessment techniques" document. http://www.iso.org/iso/catalogue_detail?csnumber=51073.

② See Bruce Schneider's online article at: https://www.schneier.com/essays/archives/2007/01/information_security_1.html.

一问题的研究意义非凡，需要重新得到重视。

3. 物联网设备独特的安全挑战

在面临的安全性挑战的主要形式上，物联网设备往往不同于传统计算机和计算设备。

（1）许多物联网设备，如传感器和消费类商品，往往规模庞大，远远超过传统的联网设备。因此，这些设备之间相互连接的潜在数量是前所未有的。此外，其中许多设备会以一种难以预测的动态方式建立连接并与其他设备进行通信。因此，现有的与物联网安全相关手段、方法和策略可能需要重新调整。

（2）许多物联网设备部署由相同或接近的设备集合组成。由于所有设备具有相同特性，这种同质的绝对数量放大了任何单一设备安全漏洞的潜在影响。例如，一家公司品牌的联网灯泡的通信协议漏洞可能会扩展到使用相同协议或具有关键设计或制造特征的每一个制造和型号的设备。

（3）与其他高科技设备相比，许多物联网设备的预期使用寿命会更长。而且，这些设备可能在设计时就注定其具有难以或不可能重新配置或升级的特性，或者，这些设备可能会比创建它们的公司寿命更长，这样一来，设备无法获得公司的长期支持维护。这些例子说明，随着安全威胁的扩大，物联网设备在最初设计时其安全机制可能是适当的，但这一机制可能不适用于设备的整个生命周期。因此，这可能会造成持续时间很长的漏洞。传统计算机系统通常在整个计算机生命周期内都可以进行操作系统软件更新进行升级，从而解决安全威胁。所以，与传统计算机系统相比，物联网设备的长期支持和管理是一个重大的安全挑战。

（4）许多物联网设备都被故意设计为无法升级、升级过程烦琐或不切实际。例如，为了修复一个造成攻击者通过无线方式入侵汽车的漏洞，Fiat Chrysler公司在2015年召回140万辆汽车。这些汽车必须被召回到该公司经销商进行手动升级，或者车主必须自己用USB密钥进行升级。而现实情况是，很大一部分车主可能不会选择对自己的汽车进行升级，因为升级过程给车主带来了不便，这样一来，这些车主将永远容易受到网络安全威胁的影响，尤其是当汽车看起来运作良好的时候。

(5) 在许多物联网设备的运作时，用户对设备的内部工作或它们产生的精确数据流几乎或根本没有真正的可见性。当用户认为物联网设备正在良好地执行某些功能时，可能已经产生了安全漏洞，实际上，它可能正在执行不需要的功能，或者收集的数据超过了用户的预期。当制造商提供设备更新时，设备的功能可能在没有通知的情况下就发生变化，导致用户很容易受到制造商所做的各种更改的影响。

　　(6) 一些物联网设备的固有属性导致其难以或不可能实现物理安全。攻击者可以直接物理访问物联网设备。为了确保设备安全性，设计者需要考虑在设备中加强反篡改特性和其他设计创新。

　　(7) 一些物联网设备，像许多环境传感器一样，被设计成不显眼的形式地嵌入生活环境中，用户不会主动注意设备，也不会监控设备的运行状态。此外，当出现安全问题时，设备可能没有明确的方法来提醒用户，导致用户很难知道其物联网设备的安全漏洞已经出现。如此一来，即使纠正或缓解设备的安全漏洞是可能且实际的，漏洞也会在持续很长一段时间后才可能得到注意并纠正。与此相似，当用户不知道周围有传感器时，这也可能导致安全漏洞在不被检测的情况下持续很长时间。

　　(8) 物联网的早期模型假设物联网将是大型私人或公共技术企业的产品，但在未来，"构建自己的物联网"（BYIoT）可能会变得更加常见，Arduino 和 Raspberry Pi[①] 开发者社区的不断壮大就是一个例证。关于这些产品是否适用行业最佳行为安全标准还是一个未知数。

4. 物联网安全问题

　　关于物联网设备带来的安全挑战，人们提出了许多问题。其中，许多问题在物联网发展之前就已经存在，但由于物联网设备的存在规模，这些问题变得越来越重要。一些突出的问题包括：

　　(1) 良好的设计行为。对于工程师和开发人员来说，设计物联网设备以达到更加安全的目标的最佳行为是什么？如何从物联网安全问题中吸取教训，并将其传达给开发社区，从而改进下一代设备？为了使物联网设计更加安全，可以提供给工程师和开发人员哪些培训和

---

① See the Arduino open source community http://www.arduino.cc and the Raspberry Pi Foundation http://www.raspberrypi.org/.

教育资源？

（2）成本与安全权衡。利益相关者如何就物联网设备做出明智的成本效益分析决策？我们如何准确地量化和评估安全风险？有什么方法促使设备设计人员和制造商为了使设备更安全而接受额外的产品设计成本，特别是为其安全决策所产生的任何负面外部影响承担责任？功能和实用性之间的不兼容如何与安全性协调？我们如何确保物联网安全解决方案也同样不影响物联网创新、社会和经济增长的机遇？

（3）标准和量度。在开发和设计安全、性能良好的物联网设备时，技术和操作标准的作用是什么？如何有效地识别和测量物联网设备安全性的特征？如何衡量物联网安全倡议和对策的有效性？我们如何确保实现最佳安全行为？

（4）数据保密、认证和访问控制。关于物联网设备，数据加密的最佳作用是什么？在物联网设备中使用强加密、认证和访问控制技术，是否足以防止行为人对这些设备产生的数据流进行窃听和劫持攻击？哪些加密和认证技术可以适用于物联网，以及如何在物联网设备的成本、大小和处理速度的限制下实现这些技术？有哪些由物联网规模的加密技术导致可预见的管理问题必须解决？管理密钥生命周期以及预期任何给定算法将保持安全的预期时间的相关问题是否得到解决？端到端流程是否足够安全和简单，可供一般消费者使用。

（5）现场可升级性。随着许多物联网设备的使用寿命预期的延长，为了适应不断变化的安全威胁，设计设备时是否应当更注重其可维护性和可升级性？如果每个设备都有一个集成的设备管理代理，则可以通过集中式安全管理系统，在物联网设备中现场安装新的软件以及进行参数设置。但是增加管理系统增加了设备的成本和复杂性，是否有升级设备软件的其他方法能与物联网设备的广泛使用更兼容？是否有任何种类的物联网设备是低风险的。一般来说，考虑到设备管理，物联网设备公开的用户界面（通常故意最小化）是否经过了适当的审查？

（6）分担责任。如何鼓励利益相关方之间物联网安全方面相互协作，共同承担责任？

（7）监管。设备制造商是否应该因销售存在已知或未知安全缺陷的软件或硬件而受到惩罚？如何调整或扩大产品责任和消费者保护法律，从而涵盖与物联网有关的任何负面外部性？这种责任和消费者保护会在跨境环境中仍然有效吗？在物联网技术不断发展和安全威胁不断加剧的情况下，监管是否有可能保持同步和有效？监管应如何平衡创新、互联网自由和言论自由的需要？

（8）设备报废。随着互联网的发展和安全威胁的变化，如何正确处理过时的物联网设备？物联网设备是否应该被要求内置失效功能？这样的要求可能会迫使旧的、不可互操作的设备无法被使用，并在未来用更安全、更可互操作的设备替换它们，当然，这在开放市场中是非常具有挑战性的。物联网设备自动退役又意味着什么？

从以上这些问题可见与物联网设备相关的安全考虑涉及面之广。然而，最重要的是，当一个设备与互联网相连时，它也是互联网的一部分[1]，这意味着只有当与这些设备相关的参与者应用协作安全方法，才能实现有效和适当的安全解决方案。[2]

这种合作模式已经成为产业界、政府和公共部门之间的一种有效方式，有助于确保互联网和包括物联网在内的网络空间的安全。该模式包括一系列实践和手段，包括双向自愿信息共享、有效的执行手段、事件准备和网络演习、增强意识和培训、国际行为准则协定以及国际标准和惯例的承认和发展。为了适应未来物联网设备安全挑战的规模和复杂性，各方都需要继续开展工作，研究出基于协作和共享风险管理的方法。

（二）隐私方面的考量

1. 物联网隐私背景

在互联网中，尊重公民隐私权和隐私期待是确保人们对互联网信任不可或缺的部分，它也影响个人是否能够以有意义的方式在互联网中表达、联系和选择。这些隐私权和隐私期待有时以道德性数据处理

---

[1] Kolkman, Olaf. "Introducing Collaborative Security, Our Approach to Internet Security Issues." Web log post. Internet Society, 13 Apr. 2015. http://www.internetsociety.org/blog/public-policy/2015/04/introducing-collaborative-security-our-approach-internet-security-issues.

[2] Collaborative Security: An Approach to Tackling Internet Security Issues. Internet Society, Apr. 2015. http://www.internetsociety.org/collaborativesecurity.

为框架，强调尊重公民对隐私和公平使用数据方面的期待的重要性。① 而对于这些传统隐私期待而言，物联网的发展可能会对其带来不小的挑战。

物联网通常指的是一个由传感器支持的设备组成的大型网络，其设计目的是收集与环境有关的数据，其中经常包括与人有关的数据。这些数据可能会给设备所有者带来益处，但通常也当然会给设备制造商或供应商带来益处。当物联网设备实际监测记录到的数据超出公民对物联网设备收集数据的范围的隐私预期时，物联网数据收集和使用就带来侵犯公民隐私方面的问题。

看似无害的物联网数据流组合也可能危及公民隐私。这并非通过单个物联网数据流能够实现的，但在数据收集者对数个单个数据流进行组合或关联后，通常能够形成一个更具隐私侵犯性的个人数字侧写。例如，用户的联网牙刷可能会捕捉并传输有关刷牙习惯的无害数据。但是，如果用户的冰箱报告他所吃食物的清单，他的健康跟踪设备报告他的活动数据，这些数据流的组合就能更详细、更私密地描述他的整体健康状况。对于物联网设备来说，这种数据聚合效应可能尤其强大，因为许多设备会产生额外的元数据，比如时间和地理位置信息。这些设备数据聚合起来让该设备的用户变得更具识别性，更加特定。

在其他情况下，用户可能并不知道物联网设备正在收集有关其自身的数据，并很可能会与第三方共享这些数据。这种类型的数据收集在智能电视和视频游戏设备等消费设备中越来越普遍。这类产品普遍具有语音识别或视觉功能，可以连续监听用户的对话或观察其房间内的活动，并有选择地将数据传输到云服务进行处理，云服务当中有时就包括第三方。公民在这些设备面前时，他们可能还不知道自己的谈话或活动正在被监控、相关数据正在被收集。这些数据收集功能可能会给知情的用户带来益处，但对于那些不知道这些设备的存在、对收集的信息如何使用也并不知情的公民而言，可能会造成隐私问题。

---

① Wilton, Robin. CREDS 2014-Position Paper: Four Ethical Issues in Online Trust. Issue brief no. CREDS-PP-2.0. Internet Society, 2014. https://www.internetsociety.org/sites/default/files/Ethical Data-handling-v2.0.pdf.

不管用户是否意识到并同意收集和分析他们的物联网数据，这些情况都说明，对寻求收集和利用物联网信息的公司和组织而言，这些具有用户个人识别性的数据流极富价值。这些收集数据的公司或组织对这些信息的需求，揭示了目前数据保护和隐私法面临的法律和监管挑战。

解决这些隐私问题至关重要，因为它们影响到我们的基本权利和我们对互联网的公众信心。从广义的角度来看，公民认识到他们的隐私在本质上是有价值的，他们对物联网设备供应商可以收集关于他们的哪些数据以及其他主体如何使用这些数据有所期待。对于物联网设备收集的数据而言，这种关于隐私的一般概念是正确的，但这些设备会导致用户不能很好地表达和实现自身的隐私偏好。如果用户因为他们的隐私偏好在物联网中得不到尊重而对互联网失去信心，那么，互联网本能带来的更大价值可能会被削弱。

2. 物联网独特的隐私方面

总体而言，物联网扩大了对公民监视和跟踪的可行性和范围，从而加剧了公民对其隐私的担忧。物联网设备的特点及其使用方式重新定义了关于隐私问题的争论，因为它们极大地改变了个人数据的收集、分析、使用和保护方式。例如：

（1）传统的"通知与同意"在线隐私模型，即用户通过直接与电脑或移动屏幕上显示的信息交互（例如，单击"同意"）来进行自己的隐私偏好设置，但当系统没有提供用户交互机制时，这种模型就会崩溃。物联网设备通常没有用户界面来配置隐私偏好，在许多物联网配置中，用户对设备收集和使用个人数据并不知情，更无法控制。这导致用户的隐私偏好和物联网设备的数据收集行为之间存在鸿沟。如果物联网供应商将收集到的数据视为非个人数据，那么他们可能就不太愿意为用户提供表达隐私偏好的机制。然而，实践显示，在传统上不被视为个人资料的资料，在与其他资料结合后，很可能实际上是个人资料或能够成为个人资料。

（2）假设能够开发出一种有效的机制，使用户能够向物联网设备表达其隐私偏好的知情同意，该机制必须能适用于用户控制的大量物联网设备。如果用户要在每天遇到的每一个物联网设备都通过直接交互来表达他们的隐私偏好，这显然是不现实的。由此，隐私界面机制需要可适用到不同规模的物联网设备，同时从用户的角度来看也仍然是全面和实用的。

（3）在一般情况下，物联网技术可能会威胁到公民对隐私的期望。公民在公共空间和私人空间中存在着不同的社会规范和隐私预期，但物联网设备打破了这些规范，对其提出挑战。例如，物联网监控技术，通常在公共空间运行的监控摄像头或位置跟踪系统，正在向传统的私人空间（如家中或个人车辆内）转移，在这些空间中，我们对隐私的期望和在公共空间截然不同。在此过程中，物联网设备的信息收集挑战了许多社会公认的"独自一人在家或私人空间的权利"。此外，随着监控的性质和范围的不断增加，在公共空间（如公园、购物中心、火车站）里，公民的隐私预期也受到了挑战。

（4）由于物联网设备的公众性使用场合，往往使多人的数据隐私都在同一数据收集活动中公开。例如，汽车中的地理位置跟踪传感器将记录汽车上所有人的位置数据，不管是否所有人都希望他们的位置被跟踪。物联网设备甚至还可以追踪附近车辆上的人的位置。在这种情况下，物联网设备很难或者说不可能区分个人隐私偏好，更不用说想要载誉而归了。

（5）从应用于整合公民数据的大数据分析中不难发现物联网设备存在侵犯隐私和潜在歧视的重大风险。在物联网中，由于公民个人数据收集的规模更大，收集数据的设备能接触到的个人信息也更加私密，这种安全及隐私风险愈发严重。物联网设备在收集公民信息时可以达到前所未有的特定性和广泛性。将这些收集的数据整合起来或者关联到一起，可以创建详细的个人概况档案，从而可能对公民造成歧视和其他危害。大数据分析的复杂程度可能会导致公民遭受人身、刑事、经济或者是名誉损害。

（6）许多物联网设备的普遍性、用户熟悉性和社交性，可能会让公民对其产生一种虚假的安全感，并鼓励公民向其泄露敏感或私人的信息，而没有充分意识到或没有评估这么做的潜在后果。

3. 物联网隐私问题

即使物联网生态系统中所有参与者都出于一致的利益和动机，这些物联网领域的隐私问题也将颇具挑战性。何况我们知道，那些被收集数据的主体和那些收集、分析和使用这些数据的主体之间可能存在不平衡或不公平的关系。从物联网中获取的数据来源可能会存在不受欢迎地对私有空间的入侵的问题，在物联网中数据的收集通常没有经过他人的同意、控制、选择，甚至他们还尚未意识到。然而，数据收集者可能认为这是一种有益的资源，可以为产品和服务增加价值，并提供新的收入来源。

由于物联网以新的方式挑战着我们的隐私观念，在物联网背景下重新评估在线隐私模型时，需要讨论一些关键问题。学者们已提出的一些问题包括：

（1）数据收集和使用的公平性。在物联网的背景下，我们如何解决数据来源者和数据收集者之间的市场关系？个人资料具有个人及商业价值，而资料的来源者及收集者在个人及整体上的价值各不相同，在双方的合法利益存在冲突时，应当用何种方式表达这些不同的利益，从而为资源来源者和收集者在访问、控制、透明度和保护方面制定公平和一致的规则？

（2）透明度、表达和隐私偏好的执行。在物联网的背景下，如何使隐私政策和行为准则可行并易于理解？除了传统的"通知与同意"隐私模型之外，还有什么其他选择可以解决物联网的独特问题？能够让公民表达、应用和实施个人隐私偏好和多方偏好的有效模型是怎样的？这样一个多方合作的模式可以建立吗？如果可以，它会是怎样的？如何将其应用于涉及个人隐私偏好的特定情况？市场上是否存在将隐私设置管理外包给商业服务公司，从而实现用户隐私偏好设置？是否存在一个隐私代理的角色，它可以对一组设备表达和设置用户的首选项，从而让用户无须与每个设备直接交互？

（3）多样的隐私预期。隐私规范和期望与用户的社会和文化背景密切相关，在不同的群体或国家，人们的隐私期待会有不同。许多物联网设备涉及跨社会和文化边界、跨国家或全球范围的设备设计和数据收集活动。这对发展广泛适用的物联网隐私保护模式意味着什么？为了识别和尊重用户的多样有差异的隐私预期和适应不同的法律，物联网设备和系统如何调整？

（4）设计上隐私保护。我们如何鼓励物联网设备制造商将隐私原则融入他们设计设备的核心价值中？我们如何鼓励在产品开发和运营的每个阶段都考虑消费者的隐私保护？我们如何协调设备发挥最大功能和用户隐私需求？原则上，制造商应该期望自己的产品和实践尊重客户隐私，能够建立长期的客户信任、满意度和品牌忠诚度。但当面临设计简单化和市场速度的竞争欲望时，这还是一个足够令人信服的动机吗？设备是否应该设计为最保守的数据收集模式作为默认设置（即默认选择不同意数据收集）？

（5）识别化数据。有些物联网设备收集的数据在被收集时看起来不是私人性的，或者已经被"去识别化"，但在未来某个时候可能成为个人数据（例如，因为数据可以被重新识别或与其他数据结合），对于这样的数据，我们应该如何保护？

物联网对隐私保护提出了独特的挑战，超越了目前存在的数据隐私问题。我们需要制定策略，在多样的预期范围内尊重个人隐私选择，同时仍要促进物联网新技术的创新。

（三）互操作性和标准问题

1. 物联网互操作性和标准背景

在传统互联网中，互操作性是最基本的核心价值，互联网连接的第一个要求是"已连接"的系统能够"使用相同的语言"进行协议和编码。互操作性是互联网中如此基础性的概念，以至于早期为互联网设备供应商举办的研讨会被称为"互操作"。[①] 达到互操作性是以互联网工程任务组（IETF）为中心的整个互联网标准设备的明确目标。[②]

互操作性也是开放互联网的基石。[③] 如果故意设置阻碍信息交流的屏障，互联网用户将无法连接、发言、共享和创新，而这正是互联网协会的四项基本原则。[④] 所谓的"围墙花园"，即用户只被允许与

[①] "A History of the Internet: 1988." Web log post. Computer Information, 12 Aug. 2010. Web. 6 Sept. 2015. http://inthistory4u.blogspot.com/2010/08/1988.html.

[②] See http://www.ietf.org.

[③] "Open Internet: What is it, and how to avoid mistaking it for something else," Internet Society 3 Sept. 2014. https://www.internetsociety.org/doc/open-internet-what-it-and-how-avoid-mistaking-it-something-else.

[④] "Values and Principles." Principles. Internet Society, 2015. http://www.internetsociety.org/who-we-are/mission/values-and-principles.

一小部分精心策划的网站和服务进行互操作,这样会大大削减整个互联网所带来的的社会、政治和经济效益。

在一个完全可互操作的环境中,任何物联网设备都可以连接到任何其他设备或系统,并根据需要交换信息。实际上,互操作性更加复杂。物联网设备和系统之间的互操作性在设备之间的通信协议栈的不同层级上会发生不同程度的变化。此外,物联网技术产品各个方面的完全互操作性并不总是可行、必要或可取的,如果人为地强加(如通过政府授权),可能会阻碍投资和创新。标准化和采用协议来确定这些通信细节(包括何处最好需要设置标准),这是物联网互操作性讨论的核心。

除了技术方面,互操作性对物联网的潜在经济价值也有重要影响。良好运作和良好定义的设备互操作性可以刺激物联网领域的创新,并为物联网设备制造商提高效率以及市场的整体经济价值。此外,实施现有标准和在必要时制定新的开放标准有助于降低物联网入门壁垒,促进建立新的商业模式,建立规模经济。①

麦肯锡全球研究所 2015 年的一份报告指出:"平均来说,对于创造物联网在各种环境下产生的 40% 的潜在价值而言,互操作性发挥的作用是必不可少的。"② 报告继续写道:"在麦肯锡分析的每年 11.1 万亿美元的总影响中,互操作性需要为 2025 年物联网使用释放超过 4 万亿美元的潜在经济影响。"③ 尽管一些公司认为建立专有系统具有竞争优势和经济激励,但总体经济机会可能会受到竖井市场的限制。

此外,从这些设备的个人消费者和组织用户的角度来看,互操作性具有根本性的价值。它使人们能够以最优惠的价格选择具有最佳功能的设备,并将它们集成在一起,使它们能够协同工作。如果存在集

---

① The European Commission Rolling plan for ICT Standardisation 2015 section 3.5.6 Internet of Things has a discussion on IoT standards from a competitiveness and policy perspective. See https://ec.europa.eu/digital-agenda/en/rolling-plan-ict-standardisation.

② Manyika, James, et. al., The Internet of Things: Mapping the Value beyond the Hype. McKinsey Global Institute, June 2015. p. 2. http://www.mckinsey.com/insights/business_technology/the_internet_of_things_the_value_of_digitizing_the_physical_world.

③ Ibid. 4.

成不灵活、所有权高度复杂、担心供应商锁定或担心由于标准变化而过时等问题，购买者可能会犹豫是否购买物联网产品和服务。

2. 物联网互操作性和标准的主要考量事项和挑战

互操作性、标准、协议和约定是物联网设备早期开发和运用面临的主要问题。虽然不是详尽无遗，但一些主要的考虑和挑战包括：

（1）专有的生态系统和消费者选择。一些设备制造商认为，创建兼容物联网产品的专有生态系统具有市场优势，这种生态系统有时被称为"围墙花园"，即将互操作性限制在品牌产品线内的那些设备和组件上。这些制造商可以通过增加用户的切换成本，让消费者在未来难以转而使用另一个品牌或替换来自其他供应商的组件，从而将用户锁定在其特定的设备生态系统中。例如，在家庭自动化市场中，来自一个供应商的灯泡可能无法与另一个供应商生产的电灯开关或控制系统互操作。

互操作性支持者将这些行为视为给用户选择带来阻碍，因为它阻止用户更换，选择替代产品。他们还认为这种做法是也阻碍了创新和竞争，因为它限制了其竞争对手基于物联网生态系统基础设施创造新产品。然而，一些设备制造商将封闭的生态系统方法看作也能为用户带来益处，因为它只提供一种协议，当技术或市场需求需要改变时，可以更快速、更便捷地进行调整。

互操作性方面的考量还扩展到物联网服务提供商收集和处理的数据。联网设备的主要吸引力之一是能够将数据传输和接收到"云中"的服务，而"云中"的服务又基于这些数据提供有价值的信息或服务。虽然这非常实用，但它也会给希望转向竞争服务提供商的用户带来阻碍。即使用户可以访问设备生成的数据，但如果数据是专有格式的，则获取数据也毫无用处。只有当源数据以开放的标准格式免费提供给原始用户时，用户才可以自由地移动到另一个服务提供商，或者自己分析数据。

（2）技术和成本限制。随着制造商不断开发物联网设备，在设备互操作性和设计方面存在固有的技术、上市时间和成本约束。一些设备受到技术因素的限制，比如有限的内部处理资源、内存或功耗需求。同样，制造商也面临着压力，要通过降低零部件和产品设计成本来降低设备的单位成本。制造商进行成本效益分析，从而确定实施互操作性标准为其带来的额外好处是否值得其以额外的成本和潜在的产品性能下降为代价换取。在短期内，将互操作性特性设计到产品中并测试其是否符合标准规范的成本可能会更高。在某些情况下，进入市场最便宜的途径可能是使用专有协议和系统。然而，长远来看，这需要与互操作性提供的长期产品生命周期收益进行比较。

（3）进度风险。在全球竞争激烈的市场中，企业快速将产品推向市场并占据一定的市场份额往往具有先发优势，这当然适用于物联网设备制造商。当设备制造商的产品设计进度超过互操作性标准的可用性时，就会出现物联网设备互操作性问题。物联网设备制造商渴望将产品推向市场，他们可能认为，标准的开发时间表和流程缺乏确定性，所以要避免互操作性可能带来的业务风险或将其最小化。这样一来，特别是在衡量短期内利益的情况下，开放互操作性标准的设计替代方案往往看起来更具吸引力。

（4）技术风险。当物联网设备制造商或用户在规划产品开发时，他们需要在开发过程中评估协议的技术设计风险。与开发和使用专有协议相比，如果将现有和经过验证的标准合并到产品或系统设计中，则其技术风险更低。而且，使用通用的、开放的和广泛可用的标准（如物联网协议标准）作为设备和服务的构建块，还可以带来其他益处，比如可以访问更大的技术人才池、开发软件池和更低的开发成本。这些因素在互联网体系结构委员会的 RFC7452 文件"智能对象网络中的体系结构考虑"中进行了讨论。①

（5）设备表现不佳。在物联网领域，比起仅仅是限制物联网设备发展潜力，设备缺乏标准和最佳行为准则所产生的负面影响更大。消极来看，缺乏这些标准会引发物联网设备的很多不良行为。换句话说，如果没有适当的标准来指导制造商，这些物联网设备的开发人员有时会设计出在互联网上以颠覆性的方式运行的产品，而全然不考虑它们的影响。这些设备的出现比不能互操作带来的负面影响更大。如果设计和配置不当，它们可能会对其连接的网络资源和更广泛的整个

---

① Tschofenig, H., et. al., Architectural Considerations in Smart Object Networking. Tech. no. RFC 7452. Internet Architecture Board, Mar. 2015. Web. https://tools.ietf.org/html/rfc7452.

互联网产生负面影响。

在一篇文章中,互联网专家 Geoff Huston 描述了这样的设备的扩散情况,并将其称为"互联网的愚蠢事件"。① Huston 描述了一个消费者级电缆调制解调器的例子,该调制解调器由一家制造商生产,该制造商将威斯康星大学(University of Wisconsin)操作的网络时间协议(network time protocol,NTP)服务器的 IP 地址硬编码到产品中,这违反了普遍接受的设计行为准则。正如休斯顿所解释的,"售出的单元越多,发送到大学服务器的总流量就越大"②。这些设备运作表现很差,其不仅把所有的 NTP 请求汇集到一台服务器上,而且供应商糟糕的设计加剧了困难,因为它没有提供有效的机制来解决这个问题。随着时间的推移,在物联网标准和最佳行为准则落实后,这类问题将有机会显著减少。

(6)遗留系统。互操作性标准化对于新物联网设备来说是一个挑战,因为其需要与已设计并运行的系统进行接口。这主要与许多已经建立了特定于行业和特定于应用程序的网络设备有关。③ 物联网工程师面临着设计权衡,一方面要保持与遗留系统的兼容性,另一方面仍试图通过使用标准与其他设备实现更强的互操作性。

(7)配置。当生活中出现越来越多的物联网设备时,用户在管理大量物联网设备方面也将面临日益增多的挑战。其中,一个挑战是需要快速、便捷地修改网络上许多物联网设备的配置设置。当用户面临配置数百个单独设备的艰巨问题时,设备开发时对配置工具、方法和接口进行深思熟虑的设计和标准化是至关重要的。④

(8)标准化的延伸。许多新的行业联盟与传统的标准开发组织(SDOs)共同合作,加大力度评估、开发、修改或协调与物联网相关的标准和协议。例如,这包括长期存在的组织,如互联网工作任务组

---

① Huston, Geoff. "The Internet of Stupid Things." APNIC Labs., 28 Apr. 2015. https://labs.apnic.net/? p=620.

② Ibid.

③ Examples of legacy system protocols include: SCADA (Supervisory Control and Data Acquisition), a protocol used for communication of industrial devices; CAN Bus (Control Area Network) protocols for vehicle and industrial sensors.

④ Vint Cerf, personal communications, 9 September 2015.

（IETF）、国际电信联盟（ITU）和电气与电子工程师协会（IEEE），以及相对较新的组织，如工业互联网联盟、开放互联联盟、ZigBee 联盟、AllSeen 联盟等。①

行业和其他利益相关者参与广泛的标准化工作所需的时间成本和费用成本是高昂的。此外，在一些工作之间可能存在重叠甚至冲突的标准化策略。② 除了增加标准开发成本之外，缺乏跨工作的协调还可能最终产生相互冲突的协议，延迟产品部署，并导致物联网产品、服务和行业垂直领域的碎片化。

3. 互操作性问题

互操作性和标准对物联网设备的未来提出了挑战和问题，包括以下方面：

（1）互操作性标准在哪些领域是最需要和最理想的？在众多潜在的物联网应用设备（如消费品、工业应用和医疗器械）中，这些设备是否足够相似或不同？什么可以作为物联网设备和服务构建模块的通用标准（如互联网协议标准）？缺乏互操作性将如何影响用户在互联网领域的连接、表达、共享和创新？

（2）标准开发组织、行业协会和利益相关者团体在物联网标准开发中应扮演怎样的角色？将致力于物联网技术实现的各种团体聚集在一起，就互操作性和标准实现进行更广泛的讨论，实现的可能性有多大？在不增加不必要的协调开销的情况下，可以避免标准开发组织和处理类似或重叠问题的财团引起的标准冲突吗？更实际地说，行业参与者和其他相关方如何跟踪在这个广阔物联网空间中发生的所有活动？

（3）如何实现最佳教育用户和开发人员社区，让他们了解运作不良的物联网设备和缺乏标准实施将带来巨大问题？考虑到物联网应用的广泛性，怎样的最佳行为准则或参考模型将是最有效的？

（4）物联网将如何影响带宽和其他资源的消耗？为了支持这些

---

① See section "For More Information" at the end of this paper for a list of standards bodies, consortiums, and alliances working on IoT standards issues.

② Lawson, Stephen. "Why Internet of Things 'Standards' Got More Confusing in 2014." PCWorld, December 24, 2014. http://www.pcworld.com/article/2863572/iot-groups-are-like-an-orchestra-tuning-up-the-music-starts-in-2016.html.

不断变化的需求，需要在多大程度上修改标准？鉴于云服务对物联网的重要性，云与云之间的互操作性将面临哪些挑战？

总体而言，物联网互操作性和标准对市场和消费者的重要性是无法否认的。最终，开发和使用互操作性标准的挑战是讨论创新、竞争和用户服务选择的核心，这些都体现在互联网协会的核心原则中。

(四) 监管、法律和权利问题

物联网设备的应用所带来的监管和法律方面的广泛的挑战与问题值得我们深思。物联网设备既在某些情况下创造了以前不存在的、新的法律与监管形势和与民事权利相关的困扰，又在其他情况下放大了现已存在的法律问题。而且技术的演进和发展一直都先于相关的政策和监管环境。下面将讨论影响整个物联网应用领域的几个潜在监管和法律问题。

1. 数据保护和跨境数据流

物联网设备可以不受管辖边界的限制跨界发送、传输和收集数据。这些设备利用互联网进行跨越不同层级管辖权边界的数据传输，实现了从某一个辖区内人们的数据收集到传输至另一个辖区内的数据存储或处理的无技术障碍过程。但这样很快会演变成一个法律问题，例如，物联网设备所收集的数据信息被各国法律认定为个人或敏感信息，并因此而受到各国法律的监管和制约。更复杂的是，有可能出现设备和数据主体所在辖区的数据保护法律与数据存储和处理所在辖区的法律不一致或不兼容的情况。

上述情况被统称为跨境数据流，现已在其应用范围内衍生出了不少与法律相关的问题。比如，应有哪种法律制度监管数据收集，以及哪种法律制度负责规范数据的存储和应用？相应地也会产生一系列的规范性问题，比如是否可以通过修改法律，在不影响用户全力保障的前提下，降低因此造成的互联网碎片化程度？拥有在物联网处理和传输数据方面更严格的数据保护法律的国家或地区是否应当将管辖权延伸至其他国家或地区？

尽管这些由跨境数据流而引发的法律问题中有许多是立足于传统

互联网数据传输而提出的①,但物联网设备的出现为此带来了新的挑战。在不久的将来,物联网设备将可以实现自动连接到其他设备和系统,并在用户不知情的情况下跨境传输信息。由此又会引发另一种问题,即对于不知情的用户而言,其是否应当对跨境数据传输承担责任。诸如此类的复杂问题会因为技术不断地超越政策更新而变得越来越复杂。

2. 物联网数据引发歧视

物联网设备收集的数据可以清晰地反映与之互动的详细人物侧写,而这些数据既可以被利用于有益于用户的方面,也可以为了某些不公平的目的而被操纵使用。以个人健康追踪设备为例,通常情况下,一个人会连续几天或几周佩戴健身追踪器,它会收集与佩戴者有关的运动和其他生理特征信息的详细数据,并通过特定的软件应用程序加以分析,以确定佩戴者的健康水平、预估消耗的卡路里,以及通过跟踪睡眠时间来描述睡眠质量。对于为达到减肥或健身目标而努力的用户而言,这种量化运动的数据分析显然是有益的。

但同样的数据却有可能被利用于某些不公平的情况。在美国,一些购买健康保险的消费者被鼓励以提供健康追踪数据的方式来换取较低的保费。②尽管有些人认为对于那些自愿放弃其生物特征数据以换取折扣的人而言,这种优惠方式不失为一种积极的做法。但从另一方面来看这种做法并非完全公平,尤其是对于那些在经济上处于劣势的消费群体。正如一位评论员所言:试想,对于那些因生计所迫而无充足睡眠的单亲父母或无健康饮食习惯的贫困劳动者而言,以提供获取健康数据来获取折扣的保险定价方案是如此地有吸引力,以至于"选择"参与成为唯一可行的选择。

类似的情况正变得越来越普遍。较新款的车辆均配备有可以将方

---

① Typically, cross border data flows are addressed in regional and international privacy frameworks (e. g. OECD Privacy Guidelines, Council of Europe Convention 108, APEC Privacy Framework) and special arrangements (e. g. APEC Cross Border Privacy Rules system, EU Binding Corporate Rules). But, this is a patchwork approach, not a globally applicable solution.

② Big Doctor Is Watching. Slate, 27 Feb. 2015. http://www.slate.com/articles/technology/future_tense/2015/02/how_data_from_fitness_trackers_medical_devices_could_affect_health_insurance.html.

位与驾驶习惯数据（如超速和硬刹车）传输到远程系统的带有GPS（全球定位系统）功能的应答器和数据链接，用以为驾驶员提供协助或更优质的旅程服务。尽管诸如此类的特性会给用户带来不少方便，但与此同时也会衍生潜在的负面影响。例如，车队运营商可以利用这些数据来广泛地监控司机们的表现，而司机们也没有选择不被监控的余地。这些都是目前存在的不公平地利用互联网数据的相对简单的例子，暂不清楚未来是否还会变本加厉。

此外，用户的物联网数据的质量、特殊性和数量可能会放大不公平定价策略或服务的可能性。物联网数据通常是以日期、时间和地理位置等元素进行标记，这种做法将大大提高数据的分析性能。此外，物联网传感器的功能范围较小，这就意味着传感器数据常常与特定的操作情况相关联，当将数据与一个人或一组人相关联时，传感器数据便具有高度的特异性。事实上，该设备与特定人之间可能有着独一无二的联系，因为它就像联网的起搏器或胰岛素泵一样植入人体内部的。但在某些情况下，数据的特异性可能会导致不公平的结果。比如被第三方操控或运营的物联网传感器可以在未经用户知悉或同意的情况下收集带有人物识别特征的数据信息，而这些数据将有可能被应用于对用户不利的方面。

最后，这些设备将在无人干涉的情况下持续产生大量的数据信息，并在研究、产品开发和其他领域发挥着重要作用。大数据算法可以检测到大量的物联网数据，并通过寻找其在统计学和语义上的相关性，以根据用户之间的相关特征进行分组或集群。但与此同时，这些算法很容易针对用户的特征而对其进行不公平的分类。

显然这种物联网数据应用方式会导致大量的实践、法律与监管问题。首先，如何才能监测到针对用户的歧视性或不公平做法？是否存在实践中不可能被发现的不公平做法？由人或机器为主体实施的不公平举措是否存在法律上的差异？由于目前大多数数据分析算法都是公司机密，不受公共领域支配，因此开发用以监测不公平算法实践的工具是当前学术研究领域的一个十分具有挑战性的课题。我们应当如何既反对利用物联网数据实施针对用户的不公平行为，又能有效平衡物联网数据分析所带来的巨大商业利益和社会效益？我们应当如何既保护用户免受不公平做法的侵害，又能鼓励物联网领域下的"无许可创新"？我们应当如何提高透明度？现有的保护个人隐私和消费者权益的法律是否足以解决此类情况？如果遭遇不公平情况，应该采取什么补救措施？尤其是当这些数据容易被滥用时，物联网设备是否应该根据其产生的数据的性质进行分类和管理？

3. 辅助执法和公共安全的物联网设备

尽管物联网设备为法律实施和公共安全提供了潜在的便利，但因此而产生的法律后果和社会效应值得深思。物联网设备及其生成的数据显然可以作为打击犯罪的有效工具。在零售商店内安装监控摄像头，以跟踪购物者并收集相关的视频片段，它可作为刑事起诉的有力证据，并对犯罪具有威慑作用。① 最近，通用汽车（General Motors）的子公司安吉星公司（On-Star Corporation）通过提供车内传感器数据，协助警方找回被盗车辆，并可以远程控制被盗车辆，使其失去效能。② 纽约市拿骚县警察局使用了一个以声音传感器为组合的名为ShotSpotter 的网络，它可以探测并精确定位在其所涉范围内的社区产生的枪声之确切来源。③ 这些都是物联网技术为执法部门打击犯罪和改善公共安全所带来好处的例子。

然而，这类物联网技术的应用也引发了一些人的担忧，如民权倡导者。他们担忧的原因包括数据监测活动的普遍性、数据保留和销毁政策、政府官员对数据的二次利用，以及这些数据无意中暴露给不良行为者的可能性。此外，还有对监管范围内的社区或协会所举办的有益的社会活动可能造成的不利影响。

其他执法和公共安全情况则不那么直接。例如，苹果公司所发布的 iPhone 6 及其 iOS 8 操作系统等系列产品便取消了之前 iPhone 版本中存在的"后门"访问功能。该功能使得警察官员能以执法为目的

---

① Goforth Gregory, Jennifer. "5 Ways Tech Is Stopping Theft." Entrepreneur, November 7, 2013. http://www.entrepreneur.com/article/229674.

② Bond, Jr., Vince. "Lawyers Reaching for In-car Data." Automotive News, 14 Sept. 2014. http://www.autonews.com/article/20140914/OEM11/309159952/lawyers-reaching-for-in-car-data.

③ Weis, Todd R. "Cool Cop Tech: 5 New Technologies Helping Police Fight Crime." Computerworld. N. p., 16 Feb. 2012. Web. 03 Aug. 2015. http://www.computerworld.com/article/2501178/government-it/cool-cop-tech--5-new-technologies-helping-police-fight-crime. html? page = 2.

访问用户手机并获取手机上的数据。现如今苹果公司在新款 iPhone 中将该功能去除,并以一种不易破解的方式加密了手机的内部内容,而且苹果公司不持有密钥,因此无法开启访问。① 这种做法将禁止除了手机拥有者以外的任何人访问手机上的内容。联邦执法官员声称这不利于对犯罪行为的起诉②,而公民自由权利的支持者则认为这是用户数据隐私保护的胜利。③ 同样,这种设备加密争议也适用于其他物联网设备。那么,在保护物联网设备免受犯罪行为攻击方面,设备加密所起到的适当作用是什么?在以执法和公共安全为目的的合法访问设备内用户数据的方面,设备加密又起着怎样的作用?

4. 物联网设备的法律责任

接下来我们需要思考的是因物联网设备而产生的法律责任问题。其中有一个最基本的问题:如果有人因为物联网设备的作为或不作为而受到侵害,谁应该承担法律责任?该问题往往没有确切统一的答案,而且大多数情况下都还没有多少判例来支持某一特定立场。与简单且独立运行的产品相比,物联网设备的运作方式更为复杂,因此,这就意味着在判断法律责任的时候需要考虑更加复杂的事实和法律关系。

(1)物联网设备可能会以制造商从未预料到的方式被应用,而物联网设备制造商也不能对所有可能的物联网设备用例进行合理的产品保证测试。

(2)物联网设备存在以未经测试和不可预见的方式与其他物联网设备连接和交互的可能性。随着这些设备互操作性的增强,它们之间可能会形成临时网络连接。因此,制造商或用户在实际应用这些设备之前,很难考虑所有潜在的侵害合法权益的情况。

(3)这些设备在其对应的领域往往拥有较长的服务寿命,因此

---

① Imm, Trevor. "Your IPhone Is Now Encrypted. The FBI Says It'll Help Kidnappers. Who Do You Believe?" The Guardian, 30 Sept. 2014. http://www.theguardian.com/commentisfree/2014/sep/30/iphone-6-encrypted-phone-data-default.

② Ibid.

③ Timberg, Craig. "Apple Will No Longer Unlock Most IPhones, IPads for Police, Even with Search Warrants." Washington Post. The Washington Post, 18 Sept. 2014. http://wapo.st/XGGwDi.

其较为容易在未来受到目前未知的安全威胁。因此，这些设备可能会因恶意攻击而被重新编码，使自己受到损坏，甚至破坏其他设备，或是以意想不到的、未被注意的方式泄露敏感信息。

（4）物联网设备被整合到无人驾驶汽车等自主系统后，这些系统将结合自适应机器学习算法，根据来自物联网设备的传感器输入控制它们的行为。但这些系统的行为不能预先完全了解和测试出来。

除此之外，还有其他类似情况亦存在法律问题。如果因这些情况之一而造成损害，现有的规责方面的法律是否充分规定了相关的法律责任，并明确了关联各方的责任？智能物联网设备从环境中学习，并随着时间的推移进行自我整改，其自身是否需要重新考虑责任法律？如果自动系统是由终端用户指导的，而非设备内部算法，那么在用户出错的情况下会发生什么？物联网设备是否应该足够智能，甚至可以对自身发出"做我想做的"指令？目前针对传统产品的法律责任将在多大程度上扩展到能够物联网产品适用？作为一个社团，我们能做些什么来更好地向立法者和决策者提供信息，帮助他们不那么容易受到大量错误信息和有偏见的建议的影响？我们能做些什么来更好地告知用户和买家关于这些设备的信息，让他们了解所有影响其使用的因素？

5. 物联网设备功能延伸至法律诉讼

物联网设备收集的数据往往可以作为各种法律诉讼的证据，随着物联网数据的日益普及，它很可能越来越多地用于法律诉讼。例如，美国的律师利用汽车上的电子高速公路收费设备提供的时间和地点数据，在离婚诉讼中发现了当事人欺骗配偶的行为。[1] 2014 年，一名加拿大妇女在一场人身损害赔偿诉讼中，使用了自己的个人健身追踪数据来证实自己的论述。[2]

在法律诉讼中有更多时候是刻意利用物联网设备，比如在汽车上

---

[1] Newmarker, Chris. "E-ZPass Records out Cheaters in Divorce Court." Msnbc. com. NBC News. com, 10 Aug. 2007. http://www.nbcnews.com/id/20216302/ns/technology_and_science-tech_and_gadgets/t/e-zpass-records-out-cheaters-divorce-court/-. Vbp9KnjfbFI.

[2] Olson, Parmy. "Fitbit Data Now Being Used In The Courtroom." Forbes. Forbes Magazine, 16 Nov. 2014. http://www.forbes.com/sites/parmyolson/2014/11/16/fitbit-data-courtroom-personal-injury-claim/.

安装联网设备,为那些不履行支付义务的人提供支付保障。如果司机不支付他们的租赁或汽车贷款,租赁代理或贷款人可以通过安装的设备远程禁用车辆,直到司机付款。①

在美国,超过 200 万台汽车安装有物联网设备。② 这种情况对物联网设备提出了新的法律和监管问题。设备制造商是否应该像苹果 iPhone 那样,在这些设备中加入数据加密等技术,以限制对数据流的访问?还是设备制造商应该在物联网设备改进设计,方便满足在法律程序中使用数据的需求?为了满足法律程序中数据的合法保管,是否需要标准来规定物联网设备收集和保管数据的特定要求?是否应该对某些物联网设备制定消费者保护规定?

6. 监管、法律和权利问题总结

与物联网相关的法律、监管和权利问题涉及范围很广。物联网设备创造了前所未有的新的法律和政策方面的挑战,它们让许多已经存在的挑战显得更为突出。例如,在残疾人的物联网设备的可使用性要求方面,在引入了新型物联网设备后,仍要与现有的可使用性标准和准则保持兼容,由此出现新的挑战。③ 另外,无线物联网设备的庞大规模及其产生的射频噪声和干扰,让现有的射频频谱使用管制出现困难。④ 另外,知识产权方面、环境方面(例如,设备的处置)和设备的合法所有权(例如,设备是否会被拥有或租用)方面等法律和监管上的难题,也是物联网设备所带来的新挑战。

---

① Picchi, Aimee. "Why the Repo Man Can Remotely Shut off Your Car Engine." CBS News, September 25, 2014. http://www.cbsnews.com/news/why-the-repo-man-can-remotely-shut-off-your-car-engine/.

② Corkery, Michael, and Jessica Silver-Greenberg. "Miss a Payment? Good Luck Moving That Car." New York Times, September 24, 2014. http://dealbook.nytimes.com/2014/09/24/miss-a-payment-good-luck-moving-that-car/.

③ Various public sector procurement rules provide a baseline for accessibility requirements for information and communication technology (ICT) products, which should be considered in the context of IoT device compatibility. Examples include the United States Access Board Section 508 Standards and the European Standard EN 301 549 V1.1.1.

④ McHenry, Mark A., Dennis Roberson, and Robert J. Matheson. "Electronic Noise Is Drowning Out the Internet of Things." IEEE Spectrum, no. September 2015 (August 18, 2015). http://spectrum.ieee.org/telecom/wireless/electronic-noise-is-drowning-out-the-internet-of-things.

为物联网问题做出适当的监管或政策策略具有高度复杂性，而与之相比更加复杂的是，还要决定将监管的重点放在物联网系统体系结构中的哪一部分才能实现预期监管的最佳效果。监管控制应该放在设备上、数据流上、网关上、用户上，还是存储数据的云中？这些问题的答案取决于分析问题的角度。对于物联网设备的监管分析，人们越来越多地从一般性的、技术中立的法律视角来看待，比如消费者保护法律法规。[1] 从防止对消费者不公平或欺骗行为的角度评估物联网设备的法律影响[2]，可以有助于做出关于物联网隐私和安全等方面的决策。[3] 最后，在解决这一领域的挑战及其影响时，需要参照互联网社会的指导原则，即促进用户在互联网中充分联系、表达、创新、分享、选择和信任。[4]

（五）新兴经济与发展问题

1. 确保物联网机会的全球性

互联网的传播和影响是全球性的，为发达地区和发展中地区提供了机会和利益。与此同时，发展中地区在部署、增长、实施和使用包括互联网在内的技术方面往往面临独特的挑战。我们有理由期待物联网带来的潜在好处和挑战也会如此。

从互联网社会原则的角度看，我们认为，无论用户的地理位置、地区或经济发展状况如何，互联网领域的授权都应当覆盖全球范围内，推动我们工作和互联网成功的各种原则[5]在全球得到应用。从互

---

[1] Botterman, Maarten. Policy Paper on IoT Future Technologies: Opening towards a New Reality. Issue brief no. D5.2. 39. http://www.smart-action.eu/fileadmin/smart-action/publications/Policy_Paper_on_IoT_Future_Technologies.pdf.

[2] US Federal Trade Commission Act, 15 U.S. Code § 45 (a).

[3] The Internet Governance Forum's Dynamic Coalition on the Internet of Things (DC IoT) has proposed an "ethical approach" for framing solutions to IoT challenges. See for example: http://www.iot-dynamic-coalition.org/intersessional-meetings/dresden-meeting-2015/ and http://review.intgovforum.org/igf-2015/dynamic-coalitions/dynamic-coalition-on-the-internet-of-things-dc-iot-4/.

[4] "Values and Principles." Principles. Internet Society, 2015. http://www.internetsociety.org/who-we-are/mission/values-and-principles.

[5] Ibid.

联网发展的早期开始,互联网技术社区、公民社会、政府组织和私营企业等就把重点放在新兴经济体中与互联网相关的机遇和挑战上。因此,在与物联网相关的机遇和挑战方面,情况也应如此。①

2. 经济及发展机会

从发展机遇的角度来看,麦肯锡全球研究所指出,对发展中经济体而言,物联网发展具有巨大的潜力。他们预计,到2025年,在物联网设备应用每年对经济的影响中,其中38%来自欠发达地区。② 从经济的角度来看,预计发展中地区的人口和市场趋势都将带来机遇。例如,发展中国家(特别是中国)物联网用户潜力巨大,全球物联网经济增长的主力正转向发展中经济体,预计工业物联网应用(如工厂、工地和交通)将推动创造极大的经济价值。③

如果人们对新兴技术创新和应用抱有期待就应该意识到,物联网设备未来很有可能会成为社会发展的基础,包括对于实现联合国可持续发展的目标也有很大的促进作用。④ 可持续发展目标(SDGs),以17基础性目标为框架,涵盖了超过100项具体的发展目标,旨在引导全世界人民——特别是穷人和未得到充分服务的人,努力实现尊严、幸福,争取平等。这些目标涵盖了广泛的基本发展挑战,包括可持续农业、能源、供水、工业化以及陆地和海洋资源的管理等。

考虑到智能设备和物联网技术在应对这些发展挑战方面具有极大的潜力,抓住物联网带给我们的机遇显得十分紧迫。例如,将传感器网络应用于环境领域,包括水质和使用、卫生、疾病、健康、气候变化和自然资源监测,可以实现资源管理以外的重大突破。这些物联网应用程序所产生的数据也可用于研究领域,协助当地科学家和大学研

---

① The Internet Governance Forum Dynamic Coalition on the Internet of Things (DC IoT) has been particularly active in considering the impact and challenges of IoT in emerging and developing economies. See the DC IoT website at http://www.iot-dynamic-coalition.org/ for related discussions.

② Manyika, James, et. al., The Internet of Things: Mapping the Value beyond the Hype. McKinsey Global Institute, June 2015. p. 4. http://www.mckinsey.com/insights/business_technology/the_internet_of_things_the_value_of_digitizing_the_physical_world.

③ Manyika, James, et. al., pp. 4 – 5.

④ The list of United Nations Sustainable Development Goals and targets is available at https://sustainabledevelopment.un.org/topics.

究所对更广泛的全球科学知识做出独特贡献，并鼓励当地学术人才留在国内进行研究。

随着时间的推移，不断增长的世界人口，特别是新兴经济体的人口，在提供高质量、安全和可负担得起的食品相关方面的挑战必将不断增加。物联网在对抗饥饿和促进可持续农业方面的潜在应用受到了特别关注，物联网解决这一人类温饱问题的潜力或许比任何其他发展问题都更受关注。① 从管理农业生产周期、疾病威胁和不断增长的投入自动化收获、分销物流和质量监控，物联网支持的"智能农业"技术可推广到整个价值链中，提高食品供应的可持续性和生产率。②③

3. 物联网新兴经济与发展问题

为了确保物联网的机遇和效益是全球性的，我们必须考虑与新兴经济体相关的具体需求和潜在挑战。前文所讨论的问题并不是工业化国家所独有的，也应当适用于发展中市场。然而，新兴经济体中经常出现的独特情况，对物联网的利益最大化和管理挑战提出了更多的问题。虽然并非详尽无遗，但仍有以下一些领域值得探究：

（1）基础设施资源。互联网和通信基础设施在发展中国家迅速普及，但许多国家在确保物联网设备可靠、高速和廉价接入方面仍然与发达国家存在差距。物联网会给互联网和电信基础设施和资源带来多大的压力？当前的挑战是会限制新兴地区物联网的机遇，还是会成为基础设施扩建的需求驱动因素？鉴于无线技术是许多物联网设备实现运作的基础，是否需要特别注意频谱管理？随着云服务和相关数据分析正推动许多物联网服务发挥价值，新兴经济体相对缺乏数据中心基础设施的现状是否会阻碍其发展物联网技术和设备？

（2）投资。在工业化国家，物联网研究和产品开发的投资受到

---

① Members of the Internet Society have formed a Special Interest Group (SIG) to specifically investigate issues at the intersection of the Internet, IoT, and the food sector. More information on the ISOC Internet of Food SIG can be found at http://internet-of-food.org/.

② Botterman, Maarten. Policy Paper on IoT Future Technologies: Opening towards a New Reality. Issue brief no. D5.2. http://www.smart-action.eu/fileadmin/smart-action/publications/Policy_Paper_on_IoT_Future_Technologies.pdf.

③ "Digital Farm Set for Internet's next Wave." The Guardian, September 20, 2015, sec. connecting the future. http://www.theguardian.com/connecting-the-future/2015/sep/21/digital-farm-set-for-internets-next-wave.

产品和服务市场机会的驱动。若除去有望明显获得短期回报的行业和领域，市场将在多大程度上推动对发展中国家物联网设备的投资？另外，新兴经济体往往遗留系统相对较少，其物联网设备发展能否因此更高效、更廉价，甚至实现技术跨越式质的飞跃。政府是否应发挥作用，鼓励本土研究人员和行业开发创新的技术解决方案？

（3）技术和产业发展。发展中国家的研究人员和企业家应在多大程度上参与物联网技术开发和发展？为了满足市场的需要和机会，发展中国家应该做些什么来鼓励人员参与开发技术解决方案和应用程序，同时又要尊重文化规范，建立适当的安全和隐私保护水平？对于新兴经济体来说，构建、开发和管理物联网系统可能需要哪些新技能？新兴经济体的产业是否能从物联网技术中获益？物联网技术是会出于落后地位，还是更有能力超越旧的工业技术？为直接促进当地经济发展和应对社会挑战，新兴经济体国家的研究人员和产业应当制定怎样的对策？

（4）政策和监管协调。过去10年，为了鼓励互联网增长，应对相关挑战，新兴经济体的政策制定者和监管机构在制定和调整政策和监管方面取得了重大进展。新兴经济体对科技政策制定者的要求很高，尤其是在快速发展和资源紧张的情况下。虽然物联网带来了新的机遇，但它也将带来复杂性的新维度。随着物联网的发展，新兴经济体的决策者现在需要哪些信息和资源来规划、解决相关的政策需求和问题？

四、结语

虽然将计算机、传感器和网络结合起来监视和控制设备的概念早在几十年前已经出现，但最近关键技术和市场趋势的融合正在为"物联网"带来新的契机。物联网有望带来一个革命性的、完全互联的"智能"世界，物品与环境、设备与人之间的关系将变得更加紧密，交织在一起。物联网与互联网相连，其设备无处不在，可能从根本上改变人们对"在线"的理解。

尽管物联网能带来重大的潜在益处，但一些潜在的挑战也极可能阻碍这一设想，特别是在安全领域内的隐私，互操作性和标准，法律、监管和权利问题，以及新兴经济体发展问题。物联网涉及一系列复杂且不断发展的技术、社会和政策考量，涉及不同的利益相关方。物联网存在于我们生活的每个角落，并且不断地发展壮大。我们有必要在降低风险的同时，应对物联网挑战，实现其利益最大化。

互联网社会之所以如此关注物联网，是因为它代表了人们和机构如何与互联网互动并日益将其融入个人、社会和经济生活。将物联网可能带来的潜在益处与可能的风险对立起来，进行两极分化的辩论，无法找到既能最大限度地提高物联网效益，又能将风险降至最低的解决方案。事实上，平衡二者真正需要的是让利益相关方共同知情参与、对话与合作，从而确定最有效的未来前进方向。

第四编 物联网隐私权的法律保护

《一般数据保护条例》与物联网：透明性的三步模型

桑德拉·瓦赫特[①] 著 袁姝婷[②] 译

目 次

一、导论
二、相关背景
三、提高物联网透明性和用户信任的法律原则与非法律指导原则
四、物联网透明性的三步模型
五、两个案例
六、结语

一、导论

物联网（IoT）是一个快速发展的技术行业。在欧盟，物联网在

[①] 桑德拉·瓦赫特（Sandra Wachter），英国牛津大学数据互联网研究所研究员、艾伦·图林研究所研究员。
[②] 袁姝婷，中山大学法学院助教。

各个领域都得到了发展和运用,包括:卫生和健康①、公用事业②、城市规划和管理③、物流和供应链管理④、农业以及商业。⑤ 物联网设备和服务目前正在收集和共享着海量的用户及其使用数据。

物联网所具有的显著特点之一就是无处不在,它往往对用户数据进行悄无声息的收集和无缝连接,从而为用户提供个性化的体验。⑥ 为了实现这一功能,物联网设备和服务必须相互连接起来,并共享用户与多个网络节点交互的有关数据。另外,对用户和设备进行跨网络的统一标识也是必不可少的。

---

① Farzad Khodadadi, Amir Vahid Dastjerdi and Rajkumar Buyya, "Internet of Things: An Overview" [2017] arXiv preprint arXiv: 1703.06409 < https://arxiv.org/abs/1703.06409 > accessed 30 June 2017; F Gonçalves and others, "Security Architecture for Mobile E-Health Applications in Medication Control", 2013 21st International Conference on Software, Telecommunications and Computer Networks-(SoftCOM 2013) (2013); Cisco, "Securing the Internet of Things: A Proposed Framework" (2016) < http://www.cisco.com/c/en/us/about/security-center/secure-iot-proposed-framework.html > accessed 6 July 2017.

② S Sicari and others, "Security, Privacy and Trust in Internet of Things: The Road Ahead" (2015) 76 Computer Networks 146; Farzad Khodadadi, Amir Vahid Dastjerdi and Rajkumar Buyya, "Internet of Things: An Overview" [2017] arXiv preprint arXiv: 1703.06409 < https://arxiv.org/abs/1703.06409 > accessed 30 June 2017.

③ S Sicari and others, "Security, Privacy and Trust in Internet of Things: The Road Ahead" (2015) 76 Computer Networks 146; Farzad Khodadadi, Amir Vahid Dastjerdi and Rajkumar Buyya, "Internet of Things: An Overview" [2017] arXiv preprint arXiv: 1703.06409 < https://arxiv.org/abs/1703.06409 > accessed 30 June 2017.

④ S Sicari and others, "Security, Privacy and Trust in Internet of Things: The Road Ahead" (2015) 76 Computer Networks 146; C Yuqiang, G Jianlan and H Xuanzi, "The Research of Internet of Things' Supporting Technologies Which Face the Logistics Industry", 2010 International Conference on Computational Intelligence and Security (2010); L Weiss Ferreira Chaves and C Decker, "A Survey on Organic Smart Labels for the Internetof-Things", 2010 Seventh International Conference on Networked Sensing Systems (INSS) (2010).

⑤ S Sicari and others, "Security, Privacy and Trust in Internet of Things: The Road Ahead" (2015) 76 Computer Networks 146.

⑥ Sandra Wachter, "Normative Challenges of Identification in the Internet of Things: Privacy, Profiling, Discrimination, and the GDPR" (Social Science Research Network 2017) SSRN Scholarly Paper ID 3083554 < https://papers.ssrn.com/abstract = 3083554 > accessed 12 December 2017; Omer Tene and Jules Polonetsky, "Big Data for All: Privacy and User Control in the Age of Analytics" [2013] Nw. J. Tech. & Intell. Prop. < http://heinonlinebackup.com/hol-cgi-bin/get_pdf.cgi? handle = hein.journals/nwteintp11&section = 20 > accessed 2 October 2014.

物联网的这些特性会带来很多隐私风险,但物联网设备和服务往往经过精心设计,不致引起用户的注意,为用户提供"无缝"体验。① 从链接的数据集(包括通过使用联网设备和服务所生成的数据)当中,各种经济活动的参与者可能会对用户做出各种各样的、具有侵犯性的推断。② 经济活动参与者对用户的推断分析可能造成其做出个性化的、歧视性的决策。③ 由于数据不可能匿名化④、网络安全标准不足⑤,以及物联网设备和服务的运营大多不透明,因而隐私风险进一步加剧,用户对这些隐私风险的意识也有所增强。⑥ 一方面,物联网表现出无缝和不透明的本质,另一方面,为了防范隐私威胁,用户的知情权以及对物联网公司收集和处理其个人数据的控制权需要得到保障,二者之间存在着不可调和的矛盾。

在欧洲,无处不在的数据收集和无缝连接导致用户受到具有侵犯

---

① Sandra Wachter, "Normative Challenges of Identification in the Internet of Things: Privacy, Profiling, Discrimination, and the GDPR" (Social Science Research Network 2017) SSRN Scholarly Paper ID 3083554 < https://papers.ssrn.com/abstract = 3083554 > accessed 12 December 2017; Scott R Peppet, "Regulating the Internet of Things: First Steps toward Managing Discrimination, Privacy, Security and Consent" (2014) 93 Tex. L. Rev. 85.

② Sarah Johanna Eskens, "Profiling the European Citizen in the Internet of Things: How Will the General Data Protection Regulation Apply to This Form of Personal Data Processing, and How Should It?" (Social Science Research Network 2016) SSRN Scholarly Paper ID 2752010 < https://papers.ssrn.com/abstract = 2752010 > accessed 8 July 2017; W Kuan Hon, Christopher Millard and Jatinder Singh, "Twenty Legal Considerations for Clouds of Things" < https://papers.ssrn.com/sol3/papers.cfm? abstract_id = 2716966 > accessed 8 July 2017.

③ Sandra Wachter and Brent Mittelstadt, "A Right to Reasonable Inferences: Re-Thinking Data Protection Law in the Age of Big Data and AI" [2018] Columbia Business Law Review, forthcoming (2019) 84; Solon Barocas and Andrew D Selbst, 'Big Data's Disparate Impact' (2016) 104 California Law Review.

④ Paul Ohm, "Broken Promises of Privacy: Responding to the Surprising Failure of Anonymization" < https://papers.ssrn.com/sol3/papers.cfm? abstract_id = 1450006 > accessed 28 June 2017.

⑤ R Roman, P Najera and J Lopez, "Securing the Internet of Things" (2011) 44 Computer 51.

⑥ Sandra Wachter, "Normative Challenges of Identification in the Internet of Things: Privacy, Profiling, Discrimination, and the GDPR" (Social Science Research Network 2017) SSRN Scholarly Paper ID 3083554 < https://papers.ssrn.com/abstract = 3083554 > accessed 12 December 2017.

性的推断分析,这一风险集中反映在监管领域。① 《一般数据保护条例》(GDPR)当中包含了许多与识别技术所造成的风险有关的条文。然而,《一般数据保护条例》的这些条款所规定的法律要求可能不够严格,无法确保用户的隐私利益与物联网开发人员和数据控制者的利益之间的良好平衡。

为了消除用户的隐私利益与物联网开发者和数据控制者的利益之间所存在的鸿沟,本文以已知物联网所带来的隐私风险、《一般数据保护条例》当中相关法律条款所存在的不足以及《一般数据保护条例》的指导原则为基础,提出了一个透明性的三步模型。本文介绍了针对物联网开发人员和数据控制者的十一个指导原则。这些指导原则说明了物联网开发人员和数据控制者应该如何与用户共享有关物联网设备和服务功能的信息,从而更好地告知用户其收集、处理、存储和传输数据的情况。具体来说,可以通过以下几种方式增加用户的信任度和接受度:①公开说明物联网系统可能带来的风险(比如歧视);②证明用户可以利用可靠的模糊工具限制不准确或不必要的推断分析;③表明能够在系统受到损害时降低隐私风险的应急计划已准备就绪。除了《一般数据保护条例》所规定的法律要求,这些指导原则还指出了物联网开发人员和数据控制者需要遵守的道德要求。为了说明如何在实践当中应用这些指导原则,并改变物联网开发人员和数据控制者的设计选择和做法,本文考虑了两个用例:一个是公共空间和互联城市中的物联网,一个是联网汽车。这两个案例表明,由于受到监控的空间类型(如公共空间、私人空间和混合空间)和受到监控的人员类型(如身份不明的用户、已知用户和偶然"用户")各异,指导原则的应用也有所不同。

二、相关背景

佩皮特(Peppet)将物联网所带来的各种损害分为了歧视问题、

---

① Sandra Wachter, "Privacy: Primus Inter Pares — Privacy as a Precondition for Self-Development, Personal Fulfilment and the Free Enjoyment of Fundamental Human Rights" < https://papers.ssrn.com/abstract=2903514 > accessed 14 September 2017.

个人隐私保护问题、数据安全问题和消费者同意问题①，笔者因此受到了很大的启发，在最近所写的一篇文献综述当中强调了物联网领域中隐私保护和身份识别之间的冲突和矛盾。② 在该综述当中，笔者认为，物联网识别技术的设计和监管主要存在四方面的挑战：其一，物联网设备和服务所生成的用户身份和记录，其连接可能导致对用户的具有侵犯性的分析、推断和歧视；其二，数据主体希望对其他物联网用户和数据控制者保密的敏感信息遭到披露，并且用户对这些信息披露的控制受限；其三，在设置访问策略或选择使用设备/服务时，用户无法预测有关自身的信息和推断将会产生；其四，无论是用户监督受到的限制，还是在身份和分析管理方面透明性的缺乏，它们都可能会助长隐私侵权行为的滋生、削弱用户的信心。③ 为了积极应对这些挑战，我们需要从法律和道德这两个层面出发，综合运用物联网设计选择、商业实践和监管规定。

鉴于在物联网领域当中，个人数据的大量收集和无缝连接对于实现身份识别而言不可或缺，数据保护和隐私法尤为重要。④ 对于如何平衡隐私权保护、数据自由流动和其他商业利益这一问题，数据保护法作出了明确的规定。在欧洲，随着《一般数据保护条例》于2018年5月25日正式生效，法律环境近来发生了重大变化。⑤《一般数据保护条例》的立法目的是在整个欧盟建立起一个统一的数据保护标

---

① Scott R Peppet, "Regulating the Internet of Things: First Steps toward Managing Discrimination, Privacy, Security and Consent"（2014）93 Tex. L. Rev. 85.

② Sandra Wachter, "Normative Challenges of Identification in the Internet of Things: Privacy, Profiling, Discrimination, and the GDPR"（Social Science Research Network 2017）SSRN Scholarly Paper ID 3083554 < https://papers.ssrn.com/abstract = 3083554 > accessed 12 December 2017.

③ Sandra Wachter, "Normative Challenges of Identification in the Internet of Things: Privacy, Profiling, Discrimination, and the GDPR"（Social Science Research Network 2017）SSRN Scholarly Paper ID 3083554 < https://papers.ssrn.com/abstract = 3083554 > accessed 12 December 2017.

④ W Kuan Hon, Christopher Millard and Jatinder Singh, "Twenty Legal Considerations for Clouds of Things" < https://papers.ssrn.com/sol3/papers.cfm? abstract_id = 2716966 > accessed 8 July 2017.

⑤ Note that the ePrivacy Regulation – a lex specialis to the GDPR-is set to come into force in 2018 as well, however the scope of this framework goes beyond the scope of this paper.

准，从而在数据的自由流动和数据主体的基本利益（比如隐私权）之间取得平衡。由于物联网收集、处理和共享海量的、各种各样的个人数据，因此我们必须将《一般数据保护条例》视作设计和部署物联网系统的关键治理框架。

《一般数据保护条例》引入了新的数据保护原则（第5条和第25条）和标准，物联网设备和服务的开发人员和数据控制者必须遵守这些原则和标准。在物联网识别技术存在隐私风险的情况下，由于《一般数据保护条例》适用于所有处理个人数据的数据控制者，并且管辖范围十分广泛，因此它是一个至关重要的法律框架。[①]《一般数据保护条例》所确立的标准涉及了方方面面，包括知情同意、通知义务、通过设计的隐私保护和默认的隐私保护、数据保护影响评估、算法透明性、自动化决策和用户画像，它们目前适用于所有欧洲国家及欧洲之外的其他地区，可能会有助于解决物联网中隐私保护和身份识别之间的冲突和矛盾。

在前文所说的文献综述当中，笔者认真研究了《一般数据保护条例》中涉及物联网领域的隐私保护和身份识别的具体条款，包括透明性（第5条），数据存储、访问权、更正权和删除权（第5条、第15—17条），知情同意（第7条），通知义务（第13—14条、第33—34条），自动化决策和用户画像（第21—22条）；通过设计的隐私保护和默认的隐私保护（第25条），网络安全（第33—34条），数据保护影响评估（第35—36条）。

笔者得出的结论是：这些条款亟待在物联网技术的设计和部署方

---

① The jurisdiction of the GDPR is wide in both technological and international terms: "The GDPR applies to all data controllers using personal data. The framework will apply to all IoT devices (e. g. smart or automobile sensors) and all sectors (e. g. health, transport) that generate or process personal data. Further, the GDPR will apply not only to Member States, but also by extension to certain data controllers in third countries. In Article 3 the GDPR defines the scope of the framework and states that data controllers (e. g. US companies) without establishment in the EU are nonetheless subject to the GDPR if they offer products and services involving personal data processing in the European Union." Sandra Wachter, "Normative Challenges of Identification in the Internet of Things: Privacy, Profiling, Discrimination, and the GDPR" (Social Science Research Network 2017) SSRN Scholarly Paper ID 3083554 < https://papers.ssrn.com/abstract = 3083554 > accessed 12 December 2017.

面进一步细化和落实,从而最大限度地减少物联网分析和识别技术对用户隐私权产生的影响。由于《一般数据保护条例》并没有厘清一些重要概念,因此如何平衡数据主体在隐私方面的利益,以及数据控制者在识别用户身份和提供物联网服务方面的利益尚未可知。例如,一旦发生数据泄露,数据控制者应当及时通知数据主体(第34条),但这里的数据泄露仅指很可能"给自然人的权利和自由带来高风险"的泄露。令人遗憾的是,《一般数据保护条例》并没有明确界定什么是"高风险",也就是说,我们无从得知与其最为相关的是哪些行业或哪些类型的数据。

《一般数据保护条例》对数据控制者所应当提供保护的范围施加了限制,最大限度地降低了数据控制者保护具有隐私侵犯性的身份标识、推断分析和用户画像的要求。例如,该条例的第22条对自动化决策和用户画像做出了规定,它将"自动化的个人决策"定义为"完全依靠自动化处理,包括用户画像,对数据主体产生法律影响或类似的重大影响"的决策。有学者指出[①],这一定义包含了一些意义不明确的术语(如"完全自动化""法律影响或类似的重大影响"),这些术语可能会导致法律存在漏洞,即表面上的人为参与计算机驱动的决策过程可能不适用于该条款。

因此,在物联网领域当中,数据控制者面临着双重挑战:一方

[①] Sandra Wachter, Brent Mittelstadt and Luciano Floridi, "Why a Right to Explanation of Automated DecisionMaking Does Not Exist in the General Data Protection Regulation" [2017] International Data Privacy Law < https://papers.ssrn.com/sol3/papers.cfm?abstract_id = 2903469 >; Sandra Wachter, Brent Mittelstadt and Chris Russell, "Counterfactual Explanations without Opening the Black Box: Automated Decisions and the GDPR" (2018) forthcoming Harvard Journal of Law & Technology; Isak Mendoza and Lee A Bygrave, "The Right Not to Be Subject to Automated Decisions Based on Profiling" in Tatiani Synodinou and others (eds), EU Internet Law: Regulation and Enforcement (Springer 2017) < https://papers.ssrn.com/abstract = 2964855 > accessed 10 May 2017; Michael Veale and Lilian Edwards, "Clarity, Surprises, and Further Questions in the Article 29 Working Party Draft Guidance on Automated Decision-Making and Profiling" (Social Science Research Network 2017) SSRN Scholarly Paper ID 3071679 < https://papers.ssrn.com/abstract = 3071679 > accessed 27 December 2017; Lilian Edwards and Michael Veale, "Slave to the Algorithm? Why a 'Right to an Explanation' Is Probably Not the Remedy You Are Looking For" (Social Science Research Network 2017) SSRN Scholarly Paper ID 2972855 < https://papers.ssrn.com/abstract = 2972855 > accessed 12 August 2017.

面,他们应当通过设计使操作系统在后台无缝运行;另一方面,根据模糊不清的数据保护标准,他们必须保障用户的知情和对自己数据的控制权。在前文所说的文献综述当中,为了凸显出这一挑战,笔者还指出了《一般数据保护条例》规定与物联网身份标识之间所存在的几个具体冲突和模糊之处。①

首先,物联网设备和服务的特点通常是"数据最大化",即为了在未来发挥作用而过度收集、存储和共享用户的个人数据。这一趋势直接与数据最小化或目的限制(第 5 条第 1 款第 2 项)、用户对具体和清晰的目的知情同意(第 7 条)和通过设计的隐私保护(第 25 条)相冲突。

其次,如果用于分析用户信息和提供个性化服务,复杂的推断分析可以揭示出数据主体隐藏的相关性和信息。物联网的这一特点同样与用户对具体和清晰的目的知情同意(第 7 条)相冲突。另外,数据控制者在特定情形下应当进行数据保护影响评估(DPIA,第 35 条),明确数据处理所可能带来的风险。物联网设备和服务所生成和处理的个人数据价值无法确定,这必然限制了可预见风险的范围,并因而减弱了数据保护影响评估事实上提供的保护。

再次,鉴于这种不确定性,针对数据控制者的通知要求(第 13—14 条)可能不足以达到真正的透明性,使数据主体了解使用物联网及其相关数据链接、用户画像和推断分析的复杂性和不确定性。例如,数据控制者也许能够通过面向普通用户的通用模板或图标来传达风险,而这些模板或图标并不能很好地告知用户其主观风险或对其身份控制的丧失。② 这种形式的信息披露将大大限制用户的能力,使其无法就使用哪些物联网应用程序,以及如何管理对其至关重要的个人数据的收集、处理和传输作出知情选择。

最后,在数据主体的利益与数据控制者的"合法利益"发生冲

---

① For similar concerns see Tal Zarsky, "Incompatible: The GDPR in the Age of Big Data" (2017) 47 Seton Hall Law Review < https://papers.ssrn.com/abstract=3022646 > accessed 26 February 2018.

② Sandra Wachter, Brent Mittelstadt and Chris Russell, "Counterfactual Explanations without Opening the Black Box: Automated Decisions and the GDPR" (2018) forthcoming Harvard Journal of Law & Technology.

突时，我们无从得知前者究竟会受到多大程度的保护。根据透明性原则（第5条），第15至17条规定了数据主体对个人数据披露实施控制的若干权利，从而防范物联网所助长的隐私侵犯行为或歧视性待遇。然而，在某些情况下，数据控制者的"合法权益"优先于这些权利。《一般数据保护条例》并没有就实现双方利益的良好平衡提供有益指导。①

三、提高物联网透明性和用户信任的法律原则与非法律指导原则

考虑到物联网可能带来隐私风险，以及《一般数据保护条例》中与物联网相关的关键条款缺乏明确性，数据主体很有可能会暴露在设备和服务中，在隐私保护和身份识别之间达到一种合法但不道德的平衡。然而，《一般数据保护条例》或许能够为解决物联网中隐私保护和身份识别之间的冲突和矛盾提供另一种依据。尤其是，《一般数据保护条例》所规定的合法处理数据的指导原则（第5条）可能是解决物联网中隐私保护和身份识别之间的冲突和矛盾的基础。在下文当中，笔者将首先说明这些指导原则与物联网身份识别之间的冲突之处；然后再提出一个观点，即除了《一般数据保护条例》的指导原则之外，非法律指导方针同样能够解决这些冲突和矛盾。在《一般数据保护条例》提出了严格法律要求的情况下，这些指导方针确实可以对用户的隐私保护和身份识别提供道德层面的保护。

（一）《一般数据保护条例》的指导原则

《一般数据保护条例》的指导原则与物联网身份识别之间的冲突之处并不难发现。《一般数据保护条例》通过第5条规定了7项指导

---

① Sandra Wachter and Brent Mittelstadt, "A Right to Reasonable Inferences: Re-Thinking Data Protection Law in the Age of Big Data and AI" ［2018］Columbia Business Law Review, forthcoming (2019) 84. Some guidance can be found here: Article 29 Data Protection Working Party, "Opinion 06/2014 on the Notion of Legitimate Interests of the Data Controller under Article 7 of Directive 95/46/EC" 844/14/EN WP 217 < http://ec.europa.eu/justice/data-protection/article-29/documentation/opinionrecommendation/files/2014/wp217_en.pdf > accessed 8 January 2018.

原则，下文将分别对其做出详细说明。

1. 合法性、合理性和透明性原则（第 5 条第 1 款第 1 项）

合法性、合理性和透明性原则三位一体，即数据控制者应当以合法的方式来处理个人数据。为了确保数据处理的合法性，透明性至关重要。数据主体应当清楚地了解数据处理的目的，并应当被充分告知数据处理的范围。虽然《一般数据保护条例》没有就合理性给出明确的定义，但欧盟第 29 条工作组和学者们一致认为，合理性与知情是密不可分的，换言之，数据主体应当对数据处理有所知情。[①] 这一点对于物联网开发人员来说尤其重要，因为设备往往会收集海量的个人数据，其中有些是较为敏感的数据（如 FitBit 所收集的健康数据）。[②] 这些无缝技术可能会使得用户忘记其数据在不断地被收集。[③]

2. 目的限制原则（第 5 条第 1 款第 2 项）

目的限制原则是指，数据控制者收集个人数据应当有具体的、清晰的目的。基于其他目的而处理个人数据必须符合初始目的。经数据主体或成员国法律的同意而对进一步处理数据不视为违反初始目

[①] Sarah Johanna Eskens, "Profiling the European Citizen in the Internet of Things: How Will the General Data Protection Regulation Apply to This Form of Personal Data Processing, and How Should It?" (Social Science Research Network 2016) SSRN Scholarly Paper ID 2752010 < https://papers.ssrn.com/abstract=2752010 > accessed 8 July 2017; Article 29 Data Protection Working Party, "Opinion 8/2014 on the on Recent Developments on the Internet of Things" (2014) 14/EN WP 223 < http://www.dataprotection.ro/servlet/ViewDocument?id=1088 > accessed 8 July 2017; Lee A Bygrave, Data Protection Law: Approaching Its Rationale, Logic and Limits (Kluwer Law Intl 2002) 59; Luiz Costa and Yves Poullet, "Privacy and the Regulation of 2012" (2012) 28 Computer Law & Security Review 254, 256.

[②] Rosemary Jay, Guide to the General Data Protection Regulation: A Companion to Data Protection Law and Practice (4th Revised edition edition, Sweet & Maxwell 2017).

[③] Sarah Johanna Eskens, "Profiling the European Citizen in the Internet of Things: How Will the General Data Protection Regulation Apply to This Form of Personal Data Processing, and How Should It?" (Social Science Research Network 2016) SSRN Scholarly Paper ID 2752010 < https://papers.ssrn.com/abstract=2752010 > accessed 8 July 2017; Mark Weiser, "The Computer for the 21st Century" (1991) 265 Scientific american 94; Neil Gershenfeld, When Things Start to Think (Macmillan 1999).

的。① 该原则可能会给物联网带来一些难题②,造成数据控制者往往因模糊的、广义的目的而收集海量的个人数据。③ 传感器融合,④ 或者现有的、以前没有连接的数据集的链接⑤,它们都可以为数据分析创造新的机遇,而这是在数据控制者收集数据时所无法预见的情况。连接设备及其所收集数据的识别服务使得数据控制者能够对用户做出具有侵犯性的、令人意想不到的推断分析。⑥ 由于用户数据的使用方式不具有真正的透明性,物联网的这些特性大大削弱了用户保护隐私和控制身份的能力。

3. 数据最小化原则(第5条第1款第3项)

数据最小化原则是指,数据控制者只能使用"符合数据处理目的的,适当的、相关的和必要的"的数据。⑦ 数据控制者必须确保所

---

① Rosemary Jay, Guide to the General Data Protection Regulation: A Companion to Data Protection Law and Practice (4th Revised edition edition, Sweet & Maxwell 2017).

② Lokke Moerel and Corien Prins, "Privacy for the Homo Digitalis: Proposal for a New Regulatory Framework for Data Protection in the Light of Big Data and the Internet of Things" [2016] Browser Download This Paper < https://papers.ssrn.com/sol3/papers.cfm? abstract_id =2784123 > accessed 8 July 2017.

③ Paul de Hert and Vagelis Papakonstantinou, "The New General Data Protection Regulation: Still a Sound System for the Protection of Individuals?" (2016) 32 Computer Law & Security Review 179.

④ Paul Ohm, "Broken Promises of Privacy: Responding to the Surprising Failure of Anonymization" < https://papers.ssrn.com/sol3/papers.cfm? abstract_id = 1450006 > accessed 28 June 2017.

⑤ Salvatore Ruggieri, Dino Pedreschi and Franco Turini, "Data Mining for Discrimination Discovery" (2010) 4 ACM Transactions on Knowledge Discovery from Data (TKDD) 9; Tal Zarsky, "The Trouble with Algorithmic Decisions An Analytic Road Map to Examine Efficiency and Fairness in Automated and Opaque Decision Making" (2016) 41 Science, Technology & Human Values 118.

⑥ Sandra Wachter, "Normative Challenges of Identification in the Internet of Things: Privacy, Profiling, Discrimination, and the GDPR" (Social Science Research Network 2017) SSRN Scholarly Paper ID 3083554 < https://papers.ssrn.com/abstract=3083554 > accessed 12 December 2017.

⑦ Regulation (EU) 2016/679 of the European Parliament and of the Council of 27 April 2016 on the protection of natural persons with regard to the processing of personal data and on the free movement of such data, and repealing Directive 95/46/EC (General Data Protection Regulation) 2016 Art 5 (1) (c), Recital 39.

收集的数据属于必要的预期处理范围,在此之外不会收集其他数据。就物联网而言,数据控制者必须保证所收集的数据是交付其产品或服务所必需的。该原则进一步挑战了物联网和大数据分析典型的"数据最大化"特征,它们都需要通过海量数据的收集和链接来提供个性化的服务(但不包括单一设备或服务的即时功能)。①

4. 准确性原则(第 5 条第 1 款第 4 项)

准确性原则是指,数据控制者仅仅存储和使用准确的数据。所谓准确性是指,"为了不违反数据处理的初始目的",数据必须是准确的、完整的。不准确的数据必须及时得到更正或删除。② 因此,在管理和更新数据集以确保数据的准确性方面,物联网开发人员面临着巨大的挑战。验证用户身份对于确保准确性来说至关重要,尤其是在不同的人可能使用同一设备时。如果用户身份未经验证,那么多个用户的使用数据就可能被错误地记录成单一用户的个人数据,进而导致数据处理不准确。

5. 限期存储原则(第 5 条第 1 款第 5 项)

限期存储原则是指,数据控制者存储个人数据的时间"不得超过实现处理目的所必需的时间"。在物联网领域中,为了特定产品或服务的预期目的而存储数据,其效用需要定期重新评估。当数据"仅用于实现公共利益、科学或历史研究、统计目的"时,即使没有具体的处理目的,数据仍然可以存储。该原则可能要么与数据主体的利益和权利(如访问权、被遗忘权)相冲突,要么与成员国法律所赋予的更长或更短数据存储时间的责任相冲突(如《一般数据保护

---

① Sandra Wachter, "Normative Challenges of Identification in the Internet of Things: Privacy, Profiling, Discrimination, and the GDPR" (Social Science Research Network 2017) SSRN Scholarly Paper ID 3083554 < https://papers.ssrn.com/abstract = 3083554 > accessed 12 December 2017.

② Regulation (EU) 2016/679 of the European Parliament and of the Council of 27 April 2016 on the protection of natural persons with regard to the processing of personal data and on the free movement of such data, and repealing Directive 95/46/EC (General Data Protection Regulation) 2016 Art 5 (1) (c), Recital 39.

条例》第 23 条规定历史数据可以因刑事侦查而被访问)。①

6. 数据完整性与保密性原则（第 5 条第 1 款第 6 项）

数据完整性与保密性原则是指，数据控制者必须采取合理的安全措施，避免非法访问、数据泄漏、数据毁损或灭失。物联网开发人员必须在设备和服务的设计中采用合理的网络安全标准和措施。对于功能相对简单或计算能力低下的技术（如无线射频识别或 Wi-Fi）来说，这一要求十分具有挑战性，因为这些技术无法支持加密等强化措施。② 由于新的缺陷或攻击不断出现，安全措施的效用可能会大打折扣。因此，如果要实现数据的完整性与保密性，物联网开发人员需要坚持不懈地研究新型的安全风险，并相应地修补其设备和服务的漏洞。③

7. 可问责性原则（第 5 条第 2 款）

可问责性原则应当通过上述六项原则所派生出的三个主要责任来实现④：首先，数据控制者有责任保存其数据处理行为的记录；其次，数据控制者有责任实行"通过设计的隐私保护"和"默认的隐私保护"机制；最后，数据控制者有责任对高风险的数据处理行为进行数据保护影响评估。该原则旨在确保数据控制者履行自己的责任，认真遵守上述 6 项基本原则，并在必要时对此提供证明。⑤ 从上述六项原则当中，我们还无法得出物联网影响评估的具体要求，因此我们应当努力克服各个应用程序和行业的具体风险。

---

① W Kuan Hon, Christopher Millard and Jatinder Singh, "Twenty Legal Considerations for Clouds of Things" < https://papers.ssrn.com/sol3/papers.cfm? abstract_id = 2716966 > accessed 8 July 2017; Roba Abbas, Katina Michael and MG Michael, "Using a Social-Ethical Framework to Evaluate Location-Based Services in an Internet of Things World" (2015) 22 International Review of Information Ethics 42.

② Paul Ohm, "Broken Promises of Privacy: Responding to the Surprising Failure of Anonymization" < https://papers.ssrn.com/sol3/papers.cfm? abstract_id = 1450006 > accessed 28 June 2017.

③ R Roman, P Najera and J Lopez, "Securing the Internet of Things" (2011) 44 Computer 51.

④ Rosemary Jay, Guide to the General Data Protection Regulation: A Companion to Data Protection Law and Practice (4th Revised edition edition, Sweet & Maxwell 2017).

⑤ Rosemary Jay, Guide to the General Data Protection Regulation: A Companion to Data Protection Law and Practice (4th Revised edition edition, Sweet & Maxwell 2017).

(二) 物联网开发人员使用识别技术应当遵循的非法律指导方针

《一般数据保护条例》的 7 个指导原则能够起到平衡物联网领域当中的隐私保护、用户信任和身份识别的重要作用。用户画像和随之而来的非法歧视无法避免。同样,隐私保护和系统抵御网络攻击的弹性也总是无法得到保证。一味地承诺在任何时候都保护隐私根本站不住脚,相比于关注这些承诺而言,通过透明性和诚实的风险沟通来培养用户信任可能是一个更好的选择。公开地、诚实地面对可能的风险,用户可能更加相信其利益始终会受到保护。用户需要高质量的、可理解的、足够广泛的信息,从而对是否信任并最终采用某系统作出知情选择。开发者和用户之间的对话是至关重要的,因为物联网是无缝的,往往具有隐蔽性,并可能导致无法预测和不透明的歧视。如果供应商和应用程序被认为是不可信的,潜在用户就不太可能会使用物联网,也就是说,如果我们在早期阶段对这些风险不予重视,物联网所承诺的预期益处和效率可能无法实现。①

非法律指导方针有助于缩小《一般数据保护条例》中明确的法律要求与物联网中合乎道德的设计和沟通之间的差距,而《一般数据保护条例》的指导原则为这些方针的提出奠定了坚实的基础。无论是对物联网开发人员和数据控制者来说,还是对用户来说,更高水平的保护都是十分必要的。在物联网如何收集和处理用户个人数据方

---

① Sandra Wachter, "Normative Challenges of Identification in the Internet of Things: Privacy, Profiling, Discrimination, and the GDPR" (Social Science Research Network 2017) SSRN Scholarly Paper ID 3083554 < https://papers.ssrn.com/abstract = 3083554 > accessed 12 December 2017; Sandra Wachter, Brent Mittelstadt and Chris Russell, "Counterfactual Explanations without Opening the Black Box: Automated Decisions and the GDPR" (2018) forthcoming Harvard Journal of Law & Technology; Sandra Wachter, "Privacy: Primus Inter Pares — Privacy as a Precondition for Self-Development, Personal Fulfilment and the Free Enjoyment of Fundamental Human Rights" < https://papers.ssrn.com/abstract = 2903514 > accessed 14 September 2017; S Sicari and others, "Security, Privacy and Trust in Internet of Things: The Road Ahead" (2015) 76 Computer Networks 146; PN Mahalle and others, "A Fuzzy Approach to Trust Based Access Control in Internet of Things", Wireless VITAE 2013 (2013); M Nitti and others, "A Subjective Model for Trustworthiness Evaluation in the Social Internet of Things", 2012 IEEE 23rd International Symposium on Personal, Indoor and Mobile Radio Communications- (PIMRC) (2012).

面，披露比法律所严格要求的还要更多、更有价值的信息，或者换言之，提高供应商的透明性，这有利于在用户和供应商之间建立更大的信任。

然而，这些非法律指导方针的目标不应该仅仅是通过弥补数据保护法的明显漏洞来提高物联网的透明性。因隐私保护而禁止处理个人数据同样是其重要目标。为了理解这两个目标之间的区别，保罗·德·赫特（Paul de Hert）和塞吉·古特维特（Serge Gutwirth）对数据保护权和隐私权做出了具有启发性的阐述。根据他们的观点，数据保护法是一种"透明的工具"，能够保护个人免受其他相对强势的主体滥用权力和不当处理数据的侵害。《欧盟基本权利宪章》（*Charter of the Fundamental Rights of the European Union*）第 8 条规定了"数据保护权"，赋予每个公民在合法的基础上公平地处理个人数据的权利。为了达到这一目标，数据保护法规定了处理个人数据应当满足的保护条件，通过信息义务和个人强制权利得以实现。在数据保护法当中，对数据处理的禁止性规定寥寥无几[1]，该法旨在规定合法处理个人数据的条件，并确保数据主体可以获得足够的信息，核实这些条件的符合情况。

与"数据保护权"不同，"隐私权"可以说是一种"不透明的工具"，给予数据主体"停止权力"的能力，并对处理个人数据的权力机构做出"规范性限制"。[2]《欧盟基本权利宪章》第 7 条赋予每个公民保有和撤回其私人生活数据的权利，更广泛地禁止政府对公民私生活的不当干涉。虽然隐私并不受到绝对保护，但隐私权仍然积极地禁止他人对私人生活具有侵犯性的干扰，包括通过个人数据处理进行的干扰。由于规定了数据处理的条件，数据保护同时也构成了隐私保护，并且它保证了数据主体获得足够的信息，充分地行使信息自主权。[3] 因此，透明性是一套辅助性的、必不可少的保护措施，但仅仅

---

[1] Paul De Hert and Serge Gutwirth, "Privacy, Data Protection and Law Enforcement. Opacity of the Individual and Transparency of Power" [2006] Privacy and the criminal law 61.

[2] Paul De Hert and Serge Gutwirth, "Privacy, Data Protection and Law Enforcement. Opacity of the Individual and Transparency of Power" [2006] Privacy and the criminal law 61.

[3] Paul De Hert and Serge Gutwirth, "Privacy, Data Protection and Law Enforcement. Opacity of the Individual and Transparency of Power" [2006] Privacy and the criminal law 61.

依靠它对数据控制者的权力进行审查是不够的。由此，我们得出的结论是：物联网供应商和数据控制者必须在物联网的设计和治理中认真对待数据保护权（或透明性）和隐私权（或不透明性）。

在下文当中，为了恢复物联网中透明性（或数据保护权）、不透明性（或隐私权）和身份识别之间的良好平衡，笔者将提出十一个非法律指导方针。这些指导方针共同构建了一个透明性的三步模型，有助于数据主体了解物联网中用户画像和识别技术所具有的真正隐私风险，从而更好地控制个人数据的披露和其身份的修改。①

四、物联网透明性的三步模型

如上所述，《一般数据保护条例》中具有法律约束力的条款对用户的隐私和身份所提供的保护不够完善。因此，遵循该法精神（如第5条的指导原则）的非法律指导方针有助于用户更好地理解物联网设备和服务所收集、处理和传输个人数据的范围和风险。通过这些信息，用户将能够更好地就是否使用物联网设备和服务作出知情选择，并更有效地管理其个人数据被收集、处理和传输的方式。

为此，本文的这一部分提出了一个透明性的三步模型，该模型阐释了有关数据控制者和物联网供应商的透明性和信息披露的道德理想，并介绍了一些能够帮助用户隐藏和控制个人信息的不透明工具。该模型的目的在于，告知物联网开发人员和数据控制者如何减少物联网的相关风险，并在《一般数据保护条例》中具有法律约束力的条款对数据主体提供不完善保护的情况下，遵守其指导原则的精神。笔者在此所提出的非法律指导方针响应了欧盟要求针对物联网设备制定

---

① Sandra Wachter, "Privacy: Primus Inter Pares — Privacy as a Precondition for Self-Development, Personal Fulfilment and the Free Enjoyment of Fundamental Human Rights" < https://papers.ssrn.com/abstract = 2903514 > accessed 14 September 2017; Mireille Hildebrandt, "Profiling and the Identity of the European Citizen" [2008] Profiling the European citizen 303; Mireille Hildebrandt, Smart Technologies and the End (s) of Law: Novel Entanglements of Law and Technology (Edward Elgar Publishing 2015); Parikshit Mahalle and others, "Identity Management Framework towards Internet of Things (IoT): Roadmap and Key Challenges" [2010] Recent Trends in Network Security and Applications 430; Alessandro Mantelero, "The Future of Consumer Data Protection in the EU ReThinking the 'Notice and Consent' Paradigm in the New Era of Predictive Analytics" (2014) 30 Computer Law & Security Review 643.

原则和指导原则的政策。①

透明性的三步模型包括了 11 个非法律指导方针，主要涉及以下三方面：其一，《一般数据保护条例》的指导原则（第 5 条）；其二，与物联网相关的《一般数据保护条例》条款所具有的模糊性和不合乎道德的局限性；其三，物联网中用户画像和身份识别对隐私所造成的已知风险。该模型认为，物联网供应商和数据控制者就保护用户隐私做出绝对承诺，不仅站不住脚，而且具有误导性。为了通过透明性实现真正的数据保护，通过不透明性实现用户隐私保护，并因此加强用户信任，数据控制者应当从以下三步出发：首先，公开（如通知、数据保护影响评估、隐私政策）说明物联网系统可能带来的风险（如歧视）；其次，表明采用了何种机制来限制不准确的或不必要的预测和假设，从而限制基于分析的歧视（如灵活同意模型、准确预测模型、访问权、与第三方数据共享时合乎道德、退出分析选项、自动化决策中的算法透明性和反歧视工具，以及用户画像）；最后，表明在系统受损时降低隐私风险（如歧视）的透明应急计划已准备就绪（如网络风险、数据泄露通知、隐私增强技术）。

（一）第一步：数据控制者向数据主体提供关于潜在风险的透明信息

1. 指导方针一：公开进行数据保护影响评估（DPIA）

当"包括用户画像在内的基于自动化处理的、与自然人有关的个人方面进行系统而广泛的评估"，以及数据处理新技术被使用时，如果数据处理过程"可能对自然人的权利和自由造成高风险"，物联网开发人员和数据控制者必须进行数据保护影响评估。由于物联网越来越重要，其带来的隐私风险越来越多，数据保护影响评估对于大多数物联网设备来说都是必不可少的。物联网开发人员将需要评估其设备可能带来的风险。如果评估显示物联网设备具有高隐私风险，他们

---

① Sandra Wachter, "Normative Challenges of Identification in the Internet of Things: Privacy, Profiling, Discrimination, and the GDPR" (Social Science Research Network 2017) SSRN Scholarly Paper ID 3083554 < https://papers.ssrn.com/abstract = 3083554 > accessed 12 December 2017.

必须事先咨询监管机构。

尽管欧盟第 29 条工作组已经发布了指导原则,规定数据保护影响评估应当(至少部分)公开,并应当"不断审查和定期重新评估,"① 但这一建议并不具有法律约束力。《一般数据保护条例》也没有能够解决这个问题。不过,笔者建议,可以考虑公开数据保护影响评估的结果和方法,并定期审查评估文件,从而帮助相关数据主体、监管人员和国家监管机构有效应对和解决风险。

这种迭代透明性将有助于数据主体更好地了解其使用物联网产品或服务可能面临的风险,从而就同意数据处理做出知情选择,增强自身通过不透明性保护隐私的能力。② 加强风险沟通有助于增强用户对物联网设备的信任。③ 另外,即使法律没有对数据保护影响评估作出明确规定,物联网开发人员也应该对其技术进行评估。在认为没有必要进行数据保护影响评估的情况下,物联网开发人员应当公开说明其理由,这仍然可以产生与数据保护影响评估类似的效果。通过这些措施,用户对物联网设备的信任将大大提升,因为他们可以看到,数据控制者认真对待其隐私权,仔细评估潜在风险,并在法律之外提供更多的隐私保护。

---

① Article 29 Data Protection Working Party, "Guidelines on Data Protection Impact Assessment (DPIA) and Determining Whether Processing Is "Likely to Result in a High Risk" for the Purposes of Regulation 2016/679" (2017) 17/EN WP 248.

② Paul De Hert and Serge Gutwirth, "Privacy, Data Protection and Law Enforcement. Opacity of the Individual and Transparency of Power" [2006] Privacy and the criminal law 61.

③ Sandra Wachter, "Normative Challenges of Identification in the Internet of Things: Privacy, Profiling, Discrimination, and the GDPR" (Social Science Research Network 2017) SSRN Scholarly Paper ID 3083554 < https://papers.ssrn.com/abstract = 3083554 > accessed 12 December 2017; Sandra Wachter, "Privacy: Primus Inter Pares — Privacy as a Precondition for Self-Development, Personal Fulfilment and the Free Enjoyment of Fundamental Human Rights" < https://papers.ssrn.com/abstract = 2903514 > accessed 14 September 2017; Sandra Wachter, Brent Mittelstadt and Chris Russell, "Counterfactual Explanations without Opening the Black Box: Automated Decisions and the GDPR" (2018) forthcoming Harvard Journal of Law & Technology; PN Mahalle and others, "A Fuzzy Approach to Trust Based Access Control in Internet of Things", Wireless VITAE 2013 (2013); M Nitti and others, "A Subjective Model for Trustworthiness Evaluation in the Social Internet of Things", 2012 IEEE 23rd International Symposium on Personal, Indoor and Mobile Radio Communications- (PIMRC) (2012); S Sicari and others, "Security, Privacy and Trust in Internet of Things: The Road Ahead" (2015) 76 Computer Networks 146.

2. 指导方针二：简要沟通，但在必要时详尽说明

《一般数据保护条例》第 12 条旨在确保信息和沟通的透明性，使数据主体能够行使《一般数据保护条例》所规定的权利。该条所使用的语言是"简洁、透明、易懂和容易获取的形式，使用清晰和直白的语言"①，暗示其受众是非专业人士。② 在处理儿童的信息时，这些规定显得格外重要（第 12 条第 1 款）。

虽然从直观上来说，为了简单起见和避免混淆，使用简洁易懂的语言与数据主体进行沟通是更好的选择，但这种方法也限制了所传达信息的质量。数据收集和处理可能带来各种各样的负面后果，包括黑客入侵导致的信息泄露、传感器融合导致的具有侵犯性的推断，以及大数据分析广泛的预测和推断能力，这些都很难用通俗易懂的语言进行沟通。在披露无法确定但影响较大的风险，例如，在发生数据泄露或第三方识别用户的连锁反应时，更加详尽的沟通就可能成为必要。如果要保证物联网用户获得足够的信息，就继续使用和数据管理作出知情选择，或者如果要保证物联网开发人员在用户受到攻击后采取其他措施保护用户隐私，数据主体对高风险的性质和可能性进行更加详细的了解尤为关键。

3. 指导方针三：图标可能并不是沟通的最佳工具

为了实现合法性、合理性和透明性，数据主体意识是关键。《一般数据保护条例》新规定了一些与透明性有关的义务。这主要体现为第 13 条和第 14 条，规定的是数据控制者的通知义务。在收集数据主体的个人数据之前，控制者必须向数据主体提供以下信息：数据处理的目的、数据控制者的联系方式、个人数据的接收者、个人数据的存储期限、用户画像的用途和反对相关处理的权利（第 13 条第 2 款和第 14 条第 2 款第 2 项、第 3 项），以及自动化决策的存在，包括用

---

① Regulation (EU) 2016/679 of the European Parliament and of the Council of 27 April 2016 on the protection of natural persons with regard to the processing of personal data and on the free movement of such data, and repealing Directive 95/46/EC (General Data Protection Regulation) 2016 Art 5 (1) (c), Recital 39.

② Frank, "Art 12 Transparente Information, Kommuikation" in Peter Gola and Carolyn Eichler (eds), Datenschutz Grundverordnung VO (EU) 2016/679: Kommentar (CH Beck 2017) Art 12 Rn 17–23.

户画像（第13条第2款第6项和第14条第2款第7项）。第12条第7款规定，第13至14条所述的处理目的等信息可以通过标准化的图标和简短的文本来表达。① 大多数物联网设备都带有小型屏幕，因此增加了用户阅读政策声明的困难性，如果法律要求数据处理必须获得用户自愿的、知情的同意，这就可能会带来一些问题。② 当物联网设备或服务收集或处理敏感数据时，或者当数据处理没有其他法律依据（如成员国法律、数据控制者的"合法权益"）时，这种情况就会出现。

与上述问题相类似，由于数据控制者所提供的信息旨在告知数据主体其数据处理的相关情况，使他们能够就是否同意这些处理作出知情决策，标准化的图标和简短的说明可能还远远不够。尤其应当注意的是，由于算法系统固有的不透明性和复杂性，要求数据控制者就自动化的决策（包括用户画像）所涉及的逻辑向数据主体做出通知将会面临巨大的挑战性。③

尽管通过图标提供简单的、标准化的沟通有可取之处，但即便是结合简短的说明性文本，其通知功能仍然十分有限。数据控制者应当向那些希望了解更多信息的用户提供有关使用中系统功能的附加信息，尤其是在存在复杂算法和机器学习工具的情况下，原因在于，人工智能系统的不透明性和不可预测性很有可能引发歧视问题。如果能够实现高道德标准的透明性，用户的个人数据就不会遭到不当泄露，那么他们也就不会再继续隐藏自己的想法。

4. 指导方针四：隐私不应当与透明性相对立

为了保证用户对数据处理的信任和意识，《一般数据保护条例》不仅要求数据控制者就数据处理的目的向数据主体提供通知（第13条、第14条），而且还允许数据主体依据访问权随时要求获知相关信息（第15条）。访问权赋予了数据主体独立管理隐私，而无须依

---

① Article 29 Data Protection Working Party, "Guidelines on Transparency under Regulation 2016/679" (2017) 17/EN WP 260.

② Scott R Peppet, "Regulating the Internet of Things: First Steps toward Managing Discrimination, Privacy, Security and Consent" (2014) 93 Tex. L. Rev. 140.

③ Brent Mittelstadt and others, "The Ethics of Algorithms: Mapping the Debate" [2016] Big Data & Society.

赖数据控制者提供适当信息、及时信息的权力。① 根据访问权，数据主体有权获取有关数据处理的范围和目的的信息，如果不享有访问权，数据主体就不可能有效行使更正权（第 16 条）、擦除权（第 17 条）或反对权（第 21 条）等其他权利。

与此同时，第 15 条第 4 款和引言的相关部分规定，数据控制者可以基于与其他主体权利和自由的冲突而对数据主体所要求获知的信息施加限制。这些自由包括其他数据主体的隐私权或数据控制者的商业秘密、知识产权等权益。②《一般数据保护条例》想要在个人、其他数据主体和数据控制者的利益之间取得良好平衡。因此，我们应当保证明显保护用户隐私权（或不透明性）的供应商透明性和其他数据主体的隐私（或不透明性）利益之间的平衡。简而言之，如果信息披露存在暴露其他数据主体的私人信息的风险，用户就无权要求供应商保持透明性。

在法律要求数据控制者提供有关用户画像和自动化决策的信息的情况下，这种平衡就会难以保持。被使用的用户画像通常建立在参照群数据（如其他用户的个人资料）的基础之上。在现行的数据保护法当中，群体隐私权还没有完全获得承认，它仅仅关注个体数据主体而忽视了集体数据主体。③ 这可以说是不披露用户画像信息所存在的一个漏洞，因为这些信息侵犯了其他数据主体的隐私权。任何人都不能借口关切别人的隐私而阻碍其访问有关自动化处理的范围和逻辑的信息。我们需要想出一些新方法，在保护个人隐私权的同时也保护

---

① Eugen Ehmann, "Art 15 Rechte der betroffenen Person" in Eugen Ehmann, Martin Selmayr and Jan Philipp Albrecht (eds), DS-GVO: Datenschutz-Grundverordnung: Kommentar (CH Beck 2017) Art 15 Rn 4.

② Eugen Ehmann, "Art 15 Rechte der betroffenen Person" in Eugen Ehmann, Martin Selmayr and Jan Philipp Albrecht (eds), DS-GVO: Datenschutz-Grundverordnung: Kommentar (CH Beck 2017) Art 15 Rn 30 – 31.

③ Brent Mittelstadt, "From Individual to Group Privacy in Big Data Analytics" [2017] Philosophy & Technology < http://link.springer.com/10.1007/s13347 – 017 – 0253 – 7 > accessed 3 July 2017; Alessandro Mantelero, "From Group Privacy to Collective Privacy: Towards a New Dimension of Privacy and Data Protection in the Big Data Era", Group Privacy (Springer 2017).

"群体隐私权"①。

（二）第二步：数据控制者采用降低隐私风险的透明程序

1. 指导方针五：使用反歧视工具和程序

物联网面临着各种各样的问题，其中最为紧迫的问题之一就是歧视。②《一般数据保护条例》的引言对这一问题有所反映，它指出，"物联网设备、应用程序、工具和协议所提供的网络身份标识，比如IP 地址、cookie 标识符或射频标识符等其他标识符，它们可能会产生身份标识和用户画像"。引言还进一步指出，为了防止出现用户画像或自动化决策中的歧视或偏见，"控制者应该将数学程序或统计程序适当地运用到用户画像中"。敏感数据或代理数据③，以及不准确或不完整的数据④都可能构成歧视性后果的基础，⑤ 尤其是在数据集被链接时。⑥ 当一个设备存在多个不同用户时，数据控制者将面临巨大的挑战，因为一个用户的使用行为可能在不经意间影响着其对另一个

---

① Brent Mittelstadt and others, "The Ethics of Algorithms: Mapping the Debate" [2016] Big Data & Society; Brent Mittelstadt, "From Individual to Group Privacy in Big Data Analytics" [2017] Philosophy & Technology; Alessandro Mantelero, "Personal Data for Decisional Purposes in the Age of Analytics: From an Individual to a Collective Dimension of Data Protection" (2016) 32 Computer Law & Security Review 238; Lee A Bygrave, Data Protection Law: Approaching Its Rationale, Logic and Limits (Kluwer Law Intl 2002) 15.

② Scott R Peppet, "Regulating the Internet of Things: First Steps toward Managing Discrimination, Privacy, Security and Consent" (2014) 93 Tex. L. Rev. 117.

③ Solon Barocas and Andrew D Selbst, "Big Data's Disparate Impact" (2016) 104 California Law Review.

④ Lokke Moerel and Corien Prins, "Privacy for the Homo Digitalis: Proposal for a New Regulatory Framework for Data Protection in the Light of Big Data and the Internet of Things" [2016] Browser Download This Paper < https://papers.ssrn.com/sol3/papers.cfm?abstract_id=2784123 > accessed 8 July 2017.

⑤ Brent Mittelstadt and others, "The Ethics of Algorithms: Mapping the Debate" [2016] Big Data & Society.

⑥ Salvatore Ruggieri, Dino Pedreschi and Franco Turini, "Data Mining for Discrimination Discovery" (2010) 4 ACM Transactions on Knowledge Discovery from Data (TKDD) 9; Tal Zarsky, "The Trouble with Algorithmic Decisions An Analytic Road Map to Examine Efficiency and Fairness in Automated and Opaque Decision Making" (2016) 41 Science, Technology & Human Values 118.

用户的预测。

严格评估数据的来源实属必要。如果消费者的行为持续受到监控,他们可能会提供不正确的数据,或者可能会无法完全理解其后果。即使用户对使用设备或服务的潜在后果有所意识,更改设置也可能带来不便或造成损害。① 因此,物联网开发人员和数据控制者应当有组织地采取措施,保证所收集数据的准确性和真实性,从而尊重用户保有私人信息(如确认某项记录是否准确),或者为了实现不透明性、含糊性而故意提供虚假信息的权利。②

此外,数据处理还可能导致无法预测的偏见,因为在数据控制者收集数据时,数据类型之间的潜在关系也许不为人知,这些关系往往只有经过不同数据集的聚合和链接才被揭示出来。③ 为此,我们应当使用道德算法审计等工具来应对歧视问题。④ 为了防止受保护群体受到歧视,对歧视的受害者提供保护,我们可以考虑建立内部审计制度。⑤

2. 指导方针六:告知用户相关假设和推断

根据《一般数据保护条例》引言的相关部分,访问权(第15条)旨在让用户"意识到并核实数据处理的合法性"。如果有可能,用户应当能够直接访问这些数据。这不仅可以保证用户有权核实数据

---

① Alessandro Acquisti and Jens Grossklags, "Privacy and Rationality in Individual Decision Making"(2005)3 IEEE Security & Privacy 26, 29 – 32.

② SA Bagüés and others, "Disappearing for a While-Using White Lies in Pervasive Computing", Proceedings of the 2007 ACM workshop on Privacy in electronic society(2007)< http://www. scopus. com/inward/record. url? eid = 2-s2. 074049138834&partnerID = 40&md5 = 85eabfb98cfe5d40f843c493ea3d460a >;Tene and Polonetsky(n 6);Evan Selinger and Woodrow Hartzog, "Obscurity and Privacy"(Social Science Research Network 2014)SSRN Scholarly Paper ID 2439866 < http://papers. ssrn. com/abstract = 2439866 > accessed 18 February 2015.

③ Matt J Kusner and others, "Counterfactual Fairness"[2017]arXiv:1703. 06856[cs, stat]< http://arxiv. org/abs/1703. 06856 > accessed 8 July 2017.

④ Sandra Wachter, Brent Mittelstadt and Luciano Floridi, "Why a Right to Explanation of Automated DecisionMaking Does Not Exist in the General Data Protection Regulation"[2017]International Data Privacy Law < https://papers. ssrn. com/sol3/papers. cfm? abstract_id = 2903469 >.

⑤ Brent Mittelstadt and others, "The Ethics of Algorithms:Mapping the Debate"[2016]Big Data & Society;Brent Mittelstadt, "Auditing for Transparency in Content Personalization Systems"(2016)10 International Journal of Communication 12.

控制者所收集数据的准确性，而且还可以保证用户有权纠正不准确的数据。第 15 条第 1 款第 8 项还规定，数据主体有权获知"相关逻辑，以及包括用户画像在内的自动化处理的意义和预期后果等有效信息"。披露该程序算法的详细信息可能会对数据控制者的商业利益，包括商业机密和知识产权产生不利影响。

数据控制者应当使用工具向用户提供有效信息，包括其所处理数据的范围和根据数据所做出的推断。① 现有的系统，比如谷歌广告管理系统②奠定了一个很好的基础。这些工具不应仅仅局限于根据法律的规定，从整体层面上提供基于物联网数据的假设和推断的用户画像或自动化决策。恰恰相反，为了帮助数据主体了解和管理数据控制者所做出推断的类型，并保证数据主体能够获取更多的信息来纠正不准确或不必要的推断，我们应该采用个人层面的信息披露。这种披露推断分析过程和结果的高道德标准不仅有助于优化服务（针对那些选择纠正错误推断的用户），而且还能够通过提高最不确定的、最不可测的物联网数据使用的透明性来加强用户信任。

3. 指导方针七：数据共享应当合乎道德

除了数据控制者通过物联网设备和服务收集用户的个人数据会带来隐私问题之外，与数据控制者共享这些数据的第三方同样可能为用户隐私带来风险。正如韦伯所说："由于大量个人信息的创建几乎无法避免，在数据共享的环境下，数据匿名化异常重要。"③ 保险公司或雇主④可能越来越想要获取客户或雇员的数据，从而评估其所作所为，并预测未来风险，比如，他们可以从客户或雇员的 FitBit 数据中

---

① Sandra Wachter and Brent Mittelstadt, "A Right to Reasonable Inferences: Re-Thinking Data Protection Law in the Age of Big Data and AI" [2018] Columbia Business Law Review, forthcoming (2019) 84. Hildebrandt and Koops use the term "smart transparency." See: Mireille Hildebrandt and Bert-Jaap Koops, 'The Challenges of Ambient Law and Legal Protection in the Profiling Era' (2010) 73 The Modern Law Review 428.

② Google, "Control the Information Google Uses to Show You Ads" [2017] Available at: < https://www.google.com/settings/u/0/ads/authenticated >.

③ Rolf H Weber, "Internet of Things: Privacy Issues Revisited" (2015) 31 Computer Law & Security Review 618.

④ Scott R Peppet, "Regulating the Internet of Things: First Steps Toward Managing Discrimination, Privacy, Security and Consent" (2014) 93 Tex. L. Rev. 85.

推断出其未来健康受损的可能性。《一般数据保护条例》规定,如果数据控制者想要与第三方共享数据,他们必须向数据主体披露数据接收者(第13条和第14条)。

不过,《一般数据保护条例》还建议,在与第三方共享数据之前,数据控制者应当对潜在风险进行评估。举例来说,在与第三方共享数据之前,他们应当评估出现种族歧视和经济歧视的可能性。数据控制者通过用户数据对其做出各种各样的推断,用户可能无法预见其可能带来的风险,尤其是在数据控制者与第三方共享数据集,并基于某些处理目的而将数据进行组合时。爱德华兹(Edwards)等学者甚至建议,"社会影响评估"应该作为考量因素之一,换言之,"既要考虑企业和用户利益和权利,也要考虑公共利益"①,同时,还要考量数据共享实践等因素,因为"B2B(企业间电子商务)关系的建立并没有将隐私保护作为首要的考量因素"②。这些评估有助于通过不透明性来保护隐私,确保数据控制者不会在未经用户同意的情况下生成或与第三方共享其私人信息。数据代理所引发的歧视,或者数据控制者对用户私人信息做出的具有侵犯性的推断,这些突发风险都应该通过这些评估来进行识别和解决。

4. 指导方针八:采用灵活的用户同意机制

第7条对数据主体和数据控制者之间的动态关系做出了重新调整。第7条第4款规定,判断数据主体的同意是否是自由做出的,其标准应当是,数据控制者是否将共享数据作为数据主体使用该服务的先决条件。与该条款相一致,第13条第2款第5项规定,数据控制者应当说明"提供个人数据是制定法还是合同法的要求,是否为缔结契约所必要,数据主体是否有责任提供个人数据,以及没有提供此类数据可能会造成的后果"。换言之,如果隐私政策因数据主体不同

---

① L Edwards, D McAuley and L Diver, "From Privacy Impact Assessment to Social Impact Assessment", 2016 IEEE Security and Privacy Workshops (SPW) (2016) 56.

② Eugen Ehmann, "Art 15 Rechte der betroffenen Person" in Eugen Ehmann, Martin Selmayr and Jan Philipp Albrecht (eds), DS-GVO: Datenschutz-Grundverordnung: Kommentar (CH Beck 2017) Art 15 Rn 4.

意共享自己的数据①（如预先勾选框）而拒绝其使用服务，那么它将是不合法的。这种做法同样也不合乎道德，因为它削弱了用户保有私人信息的能力。

为了落实上述法律规定，我们可以建立一个灵活的、定制化的同意机制。② 数据控制者应当做出说明，包括何种类型的数据是数据主体使用服务所必须提供的，以及何种类型的数据是数据主体可以自由决定是否共享的。在掌握了这些信息之后，用户可以就使用物联网产品，还是逃离物联网公共空间做出知情选择。如果是后者，尽管数据控制者应当披露相关信息，但用户仍然不得不在"接受或放弃"之间作出一个选择，除非数据控制者不能以某些形式收集不同用户的数据。当然，在同意受到监控或完全逃离公共空间之前，用户必须首先留意监控的存在和数据收集的范围。因此，公共空间对平衡透明性、不透明性的隐私保护以及物联网设备和服务的益处三者之间的关系形成了特殊的挑战。

5. 指导方针九：为用户提供连接断开选项和反对权

由于物联网设备持续不断地收集用户数据，因此有学者建议通过为用户提供断开连接选项③来阻止其追踪。《一般数据保护条例》作出了与之相似的规定，即第 21 条中反对用户画像的权利。欧盟第 29 条工作组指出，如果用户画像用于直接营销目的，数据主体的反对权始终大于数据控制者的利益。不过，如果用户画像用于优化服务等其他目的，数据控制者可以通过证明其存在合法利益而对数据主体的反对权进行抗辩。④

---

① Paul de Hert and Vagelis Papakonstantinou, "The New General Data Protection Regulation: Still a Sound System for the Protection of Individuals?" (2016) 32 Computer Law & Security Review 179.

② Jane Kaye and others, "Dynamic Consent: A Patient Interface for Twenty-First Century Research Networks" (2015) 23 European Journal of Human Genetics 141.

③ Rolf H Weber and Romana Weber, Internet of Things: Legal Perspectives, vol. 49 (Springer Science & Business Media 2010).

④ Article 29 Data Protection Working Party, "Opinion 06/2014 on the Notion of Legitimate Interests of the Data Controller under Article 7 of Directive 95/46/EC" 844/14/EN WP 217 < http://ec. europa. eu/justice/data-protection/article-29/documentation/opinionrecommendation/files/2014/wp217_en. pdf > accessed 8 January 2018.

《一般数据保护条例》同时也建议，数据控制者应当评估用户画像是否为其提供服务所必要，并按照用户的要求进行处理，或者至少在某些情况下向用户提供选择退出选项。[①] 为了促使数据主体分享及同意处理其数据，数据控制者应当使他们了解其带来的各种益处，并向他们提供放弃这些益处，即反对设备或服务运行所不必要的数据收集。如果数据控制者确实做到了这一点，那么用户就可以合理地评估数据收集的机会成本，从而保护其隐私。

（三）第三步：数据控制者制定针对系统受损的透明应急计划

1. 指导方针十：实现默认的隐私保护和通过设计的隐私保护

《一般数据保护条例》在相关原则和其他条款（如第6条、第24条、第32—34条）中指出，数据控制者应当采用"默认的隐私保护"和"通过设计的隐私保护"、匿名化、加密和其他隐私增强工具（PET）。这种方法有助于提高用户对识别技术的信任度和公众对识别技术的接受度，并加强用户隐私保护。不过，欧姆（Ohm）[②] 认为，在大多数情况下，隐私增强工具均存在缺陷。其前提必须是其他主体总是不遗余力地对用户进行重新识别。

数据控制者与其向用户承诺其个人数据始终受到保护，还不如了解用户对数据实际受保护程度的真正期待。虽然数据控制者应当表明自己将尽最大努力保护数据，但是他们也应当指出，即使是在最理想的情况下，隐私风险仍然存在，并因此为用户提供现实评估，核实其私人信息是否可以被真正地隐藏起来。如果数据控制者表明自己针对用户数据泄露制定了应急计划，这可能会有一定的好处。例如，在系

[①] Alan Rubel and Kyle ML Jones, "Student Privacy in Learning Analytics: An Information Ethics Perspective" (Social Science Research Network 2014) SSRN Scholarly Paper ID 2533704 < http://papers.ssrn.com/abstract = 2533704 > accessed 22 July 2015; Mireille Hildebrandt, "Who Needs Stories If You Can Get the Data? ISPs in the Era of Big Number Crunching" (2011) 24 Philosophy & Technology 371.

[②] Paul Ohm, "Broken Promises of Privacy: Responding to the Surprising Failure of Anonymization" < https://papers.ssrn.com/sol3/papers.cfm? abstract_id = 1450006 > accessed 28 June 2017.

统受到攻击时，其将采取什么措施？其将如何消除数据泄漏的负面影响？在面临网络攻击或数据泄漏时，数据控制者也有必要说明隐私增强工具将如何发挥作用。这种透明性能够帮助用户在决定使用服务时作出知情选择，因为他们会对相关风险和缓和因素有更加现实的预期。同时，它可以敦促数据控制者采用更加健全的应急计划，并将其作为一个卖点。如果透明性和风险管理加强了数据控制者和用户彼此之间的信任，并因此导致该技术被广泛运用，那么，用户和供应商就如何在设备或服务中实现通过设计的隐私保护和默认的隐私保护进行详细沟通可以使双方都受益。

2. 指导方针十一：诚实面对（网络）安全风险

（网络）安全防护与隐私权保护息息相关。物联网存在的主要问题之一就是安全性，这在《一般数据保护条例》的原则和相关条款以及现有文献当中都有所反映。[①]《一般数据保护条例》第33条规定，一旦数据泄露很可能"给自然人的权利与自由带来风险"，数据控制者应当及时通知监管机构。不过，数据控制者只在情况严重，即数据泄露可能给数据主体带来"高风险"时才需要通知数据主体（第34条）。

尽管我们可以理解，数据控制者没有必要就所有的数据泄露与数据主体进行沟通，但是我们应当认真地重新思考"高风险"的界限，或者赋予其统一的、具有可操作性的定义。目前，不仅风险评估的主体有待商榷，用户所面临的后果也并未明确。降低数据泄露的沟通门槛有助于加强用户信任，否则他们将无法对数据泄露有所意识。物联网供应商可以制定内部定义和行为指导原则，从而确定"高风险"何时发生，以及在"高风险"情况下其应当告知数据主体什么信息。

[①] Rolf H Weber and Romana Weber, Internet of Things: Legal Perspectives, vol 49 (Springer Science & Business Media 2010); Paul Ohm, "Broken Promises of Privacy: Responding to the Surprising Failure of Anonymization" < https://papers.ssrn.com/sol3/papers.cfm? abstract_id = 1450006 > accessed 28 June 2017; Scott R Peppet, "Regulating the Internet of Things: First Steps toward Managing Discrimination, Privacy, Security and Consent" (2014) 93 Tex. L. Rev. 85.

五、两个案例

为了展示上述非法律指导方针如何在实践中应用，笔者以两个例子分析日新月异的物联网：一个是被用于公共空间的物联网，它是"智能城市"计划的一部分；一个是物联网设备当中的联网汽车。物联网被广泛应用于各个领域，不过，为了说明指导方针如何因受到监控的空间类型（如公共空间、私人空间和混合空间）和受到监控的人员类型（如身份不明的用户、已知的用户和偶然的"用户"）各异而有所不同，本文仅仅选择了这两个案例。

由于用于监控公共空间和服务的、可能由公主体或私主体所有的多种设备相互连接，智能城市面临着新的挑战。智能城市设备和服务的"用户"包括了那些越过监控区域或完全依赖设备（如智能垃圾桶）的人，可以说他们是被动的，甚至身份不明的用户。物联网开发人员所设计的设备往往不由自主地、悄无声息地监控某个区域，而不是特定的、已知的用户，对于这些与环境融为一体的设备来说，无论是物联网供应商就数据收集范围和目的提供有效通知，还是用户使用物联网设备或服务，都具有巨大的挑战性。简而言之，用户不可能就使用物联网设备或服务享有真正的决定权。如果"用户"不想使用物联网设备或服务，那么他们就不得不避开受到监控的空间。对于智能城市当中的服务供应商来说，与手机或联网汽车等其他"智能"设备相比，为用户提供一种有效的、非择一选项的使用模式具有更大的挑战性。同样地，对于智能城市当中的服务供应商来说，就其所收集数据尤其是匿名化（而非私人）数据的潜在风险和使用向用户做出通知也具有很大的挑战性。因此，就评估上述非法律指导方针而言，智能城市中的物联网是一个不错的例子，原因在于，提供联网、无缝服务与为了保护用户隐私而向其提供真正的透明性和数据管理之间存在着巨大的冲突和矛盾。

相比之下，联网汽车通常涉及的是已知用户、一组完整的传感器以及潜在的数据使用。由于购买或租用联网汽车的用户有意选择使用该设备（假设其事先知道汽车传感器的存在），因此不会产生过多的担忧。但是，联网汽车也面临着自身的挑战。尽管联网汽车只有一组传感器，它仍然可以有多个用户，比如家庭成员或租车人。"被动用户",或者其他可能不知道汽车传感器的存在,以及数据处理的目的和风险的乘客都可能成为已知用户。因此,各种主动和被动汽车的信息自主能力受到了挑战,因为单一信息无法用于汽车本身。恰恰相反,用户之间的区别不仅能够确保他们彼此之间不会不经意地共享使用记录等私人信息,而且还能够使他们有效行使其个人数据保护权。解决不同乘客在数据保护权方面的利益冲突还面临着一个难题,举例来说就是,某位乘客所要求删除的活动数据可能同时涉及其他乘客。

上述两个案例都遵循一个假设,即物联网设备或服务所收集的数据是个人数据。这一假设可能被证明是错误的,特别是对于物联网监控的公共空间而言,在收集数据时隐藏用户的身份特征可能比向用户提供非此即彼的选项更好。如果物联网设备不收集个人数据,那么,它们将不适用上述法律规定。它们不仅游离在法律本文之外,而且也不受非法律指导方针的约束。

(一) 互联城市中的物联网

目前,世界各地的城市都开始广泛使用物联网技术。① 松岛②(韩国)、马斯达尔城③(阿布扎比)、巴塞罗那④、伦敦⑤和哥本哈根⑥等都已纷纷采取措施,想要实现数据驱动的互联服务。在能源、水、交通、废物管理和辅助生活方面,互联城市均表现出巨大的社会

---

① A Zanella and others, "Internet of Things for Smart Cities" (2014) 1 IEEE Internet of Things Journal 22.

② "Songdo IDB" < http://songdoibd.com/ > accessed 8 January 2018.

③ veolia. com, "Masdar City, a Zero-Waste, Zero-Carbon City in the Desert" (Living Circular) < http://www.livingcircular.veolia.com/en/lifestyle/masdar-city-zero-waste-and-zero-carbon-desert > accessed 8 January 2018.

④ Ross Tieman, "Barcelona: Smart City Revolution in Progress" (Financial Times, 26 October 2017) < https://www.ft.com/content/6d2fe2a8-722c-11e7-93ff-99f383b09ff9 > accessed 8 January 2018.

⑤ Greater London Authority, "Introduction to Smart London and Our Progress" (London City Hall, 8 March 2016) < https://www.london.gov.uk/what-we-do/business-and-economy/science-and-technology/smart-london/futuresmart/introduction-smart > accessed 8 January 2018.

⑥ Copenhagen Capacity, "Smart City Copenhagen-a Living Lab" < http://www.copcap.com/set-up-abusiness/key-sectors/smart-city > accessed 8 January 2018.

潜在价值,预计到 2020 年其全球市场价值将高达 4080 亿美元。①

例如,在巴塞罗那②,物联网设备和传统的开放获取数据集之间的结合使得城市服务更智能、更高效。Wi-Fi 被大量运用于智能交通服务,包括交通管理、实时公交时刻表、免触支付、免费停车位和电动自行车租赁。智能废物管理通过传感器得以实现,当垃圾箱已经装满垃圾时,传感器会发出信号,有助于优化废物物流。智能电网技术提高了能源生产、传输和分配的效率。为了使城市运转良好,人们需要使用"各种各样的设备,包括家用电器、监控摄像机、监控传感器、制动器、显示器以及车辆等"③。

由于智能城市需要大规模收集和共享各种来源的数据,隐私和安全问题也随之产生。④ 监控公共空间的传感器和允许用户移动连接其设备的节点使得用户的一举一动都受到有效追踪。如上所述,额外的数据收集和共享本身就会给隐私带来额外的风险。物联网供应商可以利用智能城市数据对用户做出大量具有隐私侵犯性的假设,比如通过智能垃圾箱获取用户的饮食行为、通过智能电表获取用户的睡眠时间、通过交通智能支付获取用户的运动模式等,而用户往往对其一无所知。虽然智能城市可以带来显著的社会效益和效率提升,但数据主体应当意识到,行为数据的大量收集以及对公民的追踪和分析可能会带来隐私风险。

根据上文所提出的非法律指导方针,我们可以提出一些建议来解决智能城市潜在的隐私风险。通过设计,智能城市中的物联网设备可

---

① Ove Arup & Partners Ltd, "The Smart City Market: Opportunities for the UK; BIS RESEARCH PAPER NO. 136" < https://www.gov.uk/government/uploads/system/uploads/attachment_data/file/249423/bis-13-1217smart-city-market-opportunties-uk.pdf > accessed 8 January 2018.

② Somayya Madakam and Ramaswamy Ramachandran, "Barcelona Smart City: The Heaven on Earth (Internet of Things: Technological God)" (2015) 4 ZTE Communications 003.

③ A Zanella and others, "Internet of Things for Smart Cities" (2014) 1 IEEE Internet of Things Journal 22.

④ For an in-depth overview of potential risks see Privacy International, "Smart Cities: Utopian Vision, Dystopian Reality" (2017) < https://privacyinternational.org/sites/default/files/2017-12/Smart%20CitiesUtopian%20Vision%2C%20Dystopian%20Reality.pdf > accessed 13 February 2018.

以收集和共享大量的个人数据,而他们可能并不知道自己正在与物联网交互或生成数据。数据保护影响评估应当向公众开放,从而确保相关个人能够主观地评估数据处理所带来的风险。根据指导方针一,数据控制者应当选用一个合适的、知名的网页,吸引更多的用户。

根据指导方针四,数据主体应当可以使用个人层面的控制系统,防止数据控制者对其进行分析和追踪。数据主体应当享有访问权,了解数据控制者收集了哪些数据、其收集数据的目的,以及所有自动化决策的相关逻辑。但是,数据主体的访问请求可能面临技术上的挑战性,并且可能侵犯他人的隐私。例如,如果某用户要求访问共享垃圾桶的数据,那么他可能会了解到其他承租人的消费习惯。

因此,在物联网领域,除了个人隐私权之外,智能城市也可以被用于分析集体隐私权(指导方针四)问题。不过应当注意的是,个人隐私利益和集体隐私利益可能会发生冲突。应对这两种隐私利益冲突的方法之一是,数据控制者直接告知个人,其可以或打算从他们的数据以及其他类似用户的数据中得出什么类型的推断(如智能电表和同住之人、睡眠模式,指导方针六)。这可以通过"反事实解释"来实现,"反事实解释"可以解释关键变量对个体推断的影响。[①] 当然,集体隐私权也应当受到保护。推断分析可以揭示出集体当中的个人共性,并可能对没有受到反歧视法严格保护的集体(如某一范围内的所有成员、所有乘坐公共交通工具的消费者)产生歧视性影响。

指导方针二和指导方针三侧重于如何沟通分析和追踪的风险。通常而言,数据控制者和数据主体可以通过网页和隐私声明进行沟通。然而,在智能城市的案例当中,这些形式的信息披露往往不具有可行性。数据收集大多是在用户被动的情况下进行的,它发生在公共空间,不存在交互通知。尽管如此,数据控制者必须履行《一般数据保护条例》规定的通知义务(第13—14条)。因此,正如闭路电视

[①] Sandra Wachter, Brent Mittelstadt and Chris Russell, "Counterfactual Explanations without Opening the Black Box: Automated Decisions and the GDPR"(2018) forthcoming Harvard Journal of Law & Technology; Isak Mendoza and Lee A Bygrave, "The Right Not to Be Subject to Automated Decisions Based on Profiling" in Tatiani Synodinou and others (eds), EU Internet Law: Regulation and Enforcement (Springer 2017) < https://papers.ssrn.com/abstract=2964855 > accessed 10 May 2017.

一样,数据控制者最好通过简易路标和二维码来向数据主体提供数据收集和传输的相关信息,使得潜在用户能够就是否进入监控空间做出知情选择。

与通知制度面临着挑战一样,智能城市也会对灵活同意(指导方针八)和个人选择退出的能力(指导方针九)带来一些问题。如果数据主体选择退出或拒绝同意,智能城市的益处可能会大打折扣。但是,信息自主必须得到足够的尊重。向用户说明智能城市给其带来的社会效益(如减少交通拥堵、促进健康和福利、降低水电费),这可能有助于激励用户同意收集和共享那些对智能城市运行来说必不可少的数据。我们并不清楚的是,在用户受到监控的公共空间当中,灵活同意和选择退出如何能够发挥其作用。事后的选择退出会给用户带来不必要的负担,使他们无法找到供应商并提出适当的要求,这意味着采取先发制人的技术解决方案,或者就是否在公共空间安装物联网进行民主决策可能才是更佳选择。

如果想要用户同意数据共享,那么用户与智能城市开发者和数据控制者之间必须建立并保持信任。① 遵守指导方针五和指导方针七有助于加强这种信任。数据控制者应当使用反歧视工具(指导五),并认真考虑将用户的个人数据共享给谁、数据共享的目的是什么(指导七)。智能城市收集和共享各种来源的数据,这增加了私人生活和集体生活中的隐私侵权行为。地理位置数据能够帮助物联网供应商对用户的社会经济状况(如所光顾的餐馆)或种族背景(如邮编)做出细致入微的、使人敏感的推断。为了防止大规模的数据分析和歧视侵犯个人隐私,我们有必要对算法进行道德审查,保证自动化系统不存在偏见(指导方针五)。②

另外,只有在实现了默认的隐私保护和通过设计的隐私保护(指导方针十)时,数据控制者才能将用户信息共享给可信的第三方。智能城市往往离不开 Wi-Fi 和无线射频识别,③ 而这两种技术很

---

① Unless one of the other grounds in Art 6 GDPR is used for lawful data processing.
② Mittelstadt, "Auditing for Transparency in Content Personalization Systems" (n 68); Mittelstadt and others (n 54).
③ Somayya Madakam and Ramaswamy Ramachandran, "Barcelona Smart City: The Heaven on Earth (Internet of Things: Technological God)" (2015) 4 ZTE Communications 003.

容易受到网络攻击。为了促进物联网在智能城市当中的广泛运用,我们必须建立一个实行开放和诚实沟通的有效机制(指导方针十一),从而应对系统受损或黑客攻击。由于大量数据收集于不同的数据源,并且大多数人可能因此受到损害,因此,系统受损时及时做出通知在智能城市当中的地位尤为重要。

(二)联网汽车

联网汽车是一个发展十分迅速的物联网行业。最新的报告指出,据估计,到2020年,联网汽车的全球市场价值将达到1152.6亿欧元,其重点将放在安全性能、自动驾驶和(个性化的)休闲(如仪表盘)上,而这些都得益于互联网连接。联网汽车可能会带来各种各样的益处,包括:提高安全标准(如疲劳驾驶检测系统、防盗追踪系统)、提高能源效率、提高生产力(如缩短在途时间)和增加便捷性(如远程控制恒温器)。①

尽管联网汽车可能带来上述种种益处,但它仍然存在一些问题。② 根据其定义,联网汽车必须能够与其他汽车、技术和设备进行交互。③ 这种连接就引发了人们对网络安全(入侵刹车系统、身份窃取)、行为监控以及数据保护和隐私权的担忧。④ 这些担忧可能会对联网汽车的广泛运用形成一定的阻碍,但笔者所建议的指导方针有助于加强用户信任,促进商业道德实践,通过透明性和模糊性保护用户

---

① Mark Lengton and others,"Business Innovation Observatory-Internet of Things Connected-Cars"(2015)Case study 43 2–15 < https://ec.europa.eu/docsroom/documents/13394/attachments/2/translations/en/renditions/native >.

② Sandra Wachter, Brent Mittelstadt and Luciano Floridi,"Transparent, Explainable, and Accountable AI for Robotics"(2017)2 Science Robotics eaan6080.

③ Mark Lengton and others,"Business Innovation Observatory-Internet of Things Connected-Cars"(2015)Case study 43 2–15 < https://ec.europa.eu/docsroom/documents/13394/attachments/2/translations/en/renditions/native >.

④ HM Government,"The Key Principles of Cyber Security for Connected and Automated Vehicles"(HM Government 2017)< https://www.gov.uk/government/uploads/system/uploads/attachment_data/file/661135/cyber-securityconnected-automated-vehicles-key-principles.pdf > accessed 8 January 2018;Mark Lengton and others,"Business Innovation Observatory-Internet of Things Connected-Cars"(2015)Case study 43 2–15 < https://ec.europa.eu/docsroom/documents/13394/attachments/2/translations/en/renditions/native >.

的隐私。①

行为分析（如基于驾驶行为做出的分析或针对生活休闲服务的分析）是联网汽车带来的主要问题之一，它可以通过非法律指导方针加以解决。

首先，指导方针一建议，公开数据保护影响评估，让用户自己了解可能面临的风险，并评估数据控制者是否已经完全解决了这些风险。指导方针二和指导方针三认为，数据控制者应当使用简洁易懂的语言，但就可能发生的风险尤其是与分析和追踪相关的风险要做出详尽的说明。这一点至关重要，因为数据收集是无缝的、无处不在的。因此，数据主体可能不知道数据控制者评估的范围，也无法预测对其做出的推断。例如，通过刹车、加速行为或位置数据，数据控制者可以评估驾车者的风险，而这侵犯了其隐私。②

其次，指导方针五建议，数据控制者应当使用反歧视工具和程序，减少故意的或无意的歧视，从而建立其与数据主体之间的信任。然而，潜在的歧视并不会随着数据控制者的数据收集而消失。因此，指导方针七至关重要，因为它要求数据控制者的数据共享应当合乎道德。这意味着数据控制者不仅应当告知数据主体其将数据共享给谁（第13—14条），而且还应当考虑数据主体是否会认同接收者。就联网车辆而言，如果数据控制者将用户的驾驶行为数据共享给保险公司，供其针对个人设定保费，或者如果数据控制者将用户的驾驶行为数据共享给广告商，供其在车载显示器上投放定向广告，那么这些数据就会对数据主体产生负面影响。③

再次，数据主体应当可以采用灵活同意机制（指导方针八）。在

---

① Privacy International, "Is Your Car Connected?" (3 April 2017) <https://privacyinternational.org/blog/856./your-car-connected> accessed 13 February 2018.

② Article 29 Data Protection Working Party, "Guidelines on Automated Individual Decision-Making and Profiling for the Purposes of Regulation 2016/679" (2017) 17/EN WP 251 <http://www.hldataprotection.com/files/2017/10/20171013_wp251_enpdf.pdf> accessed 22 October 2017.

③ Article 29 Data Protection Working Party, "Guidelines on Automated Individual Decision-Making and Profiling for the Purposes of Regulation 2016/679" (2017) 17/EN WP 251 <http://www.hldataprotection.com/files/2017/10/20171013_wp251_enpdf.pdf> accessed 22 October 2017.

实践中，数据主体应当有权自主决定其汽车所收集和处理数据的类型。但是，即使在选择同意之后，数据主体也应当有权选择退出、断开连接或组织追踪（指导方针九）。灵活同意和选择退出的功能需要通过数据控制者重新考虑其设计选择得以实现。在理想的情况下，即使数据主体选择退出或不同意某些数据的收集、处理或共享，数据控制者也可以通过设计使设备和服务的作业完全发挥出来或尽量不受限制。就联网汽车来说，开发人员应当考虑为给司机和乘客提供一个禁止收集位置数据的选项，或者为不同的用户建立独立账户（如，一个家庭可能共用一部汽车）。

最后，根据指导方针四和指导方针六，数据主体享有监督和控制其数据评估的权利。如果数据主体行使对数据的访问权，想要了解数据控制者正在处理什么数据以及如何处理数据，那么除非存在占据绝对优势地位的利益（如其他用户的隐私权、商业秘密），否则，数据控制者应当向其提供这些信息。对于这些占据绝对优势地位的利益，我们应当做出狭义解释。① 然而，数据主体行使访问权可能面临困境，因为联网汽车与其他汽车进行交互，交换和收集着可能侵犯其他用户隐私权的数据，而数据主体对这些数据并不享有权利。指导方针六建议，在数据主体对数据不享有访问权的情况下，数据控制者至少要告知其数据处理的相关逻辑，说明对其做出了何种推断。

除了隐私保护问题和歧视问题之外，（网络）安全问题也值得我们关注，它削弱了用户对联网汽车的信任。目前我们已经发现了联网汽车所存在的一些漏洞，包括远程入侵刹车系统、"虚拟钥匙"和数据盗窃（如信用卡信息）。② 指导方针十以默认的隐私保护和通过设计的隐私保护为基础，建议数据控制者就隐私增强技术如何以及在多大程度上有助于保护隐私，应对系统受损与数据主体进行沟通。公开和诚实沟通这一概念与指导方针十一密不可分，指导方针十一建议，

---

① For an overview of legitimate interests of data controllers see: Article 29 Data Protection Working Party, "Opinion 06/2014 on the Notion of Legitimate Interests of the Data Controller under Article 7 of Directive 95/46/EC" (n 23).

② Mark Lengton and others, "Business Innovation Observatory-Internet of Things Connected-Cars" (2015) Case study 43 2-15 < https://ec.europa.eu/docsroom/documents/13394/attachments/2/translations/en/renditions/native >.

如果系统遭到入侵或数据发生泄漏,即使不会给数据主体带来高风险,数据控制者仍然应当通知数据主体。要想建立起用户对安全关键系统(如联网汽车)的信任,就必须保证他们能够意识到安全标准的存在和有效性。

六、结语

物联网识别技术引发了人们对隐私和数据保护的诸多担忧。有赖于大量不同来源的数据收集,以及各种设备之间的数据交换,物联网系统才能提供无缝的、互联的和个性化的服务。机器学习和用户画像也越来越多地得到运用,有助于提供个性化的服务。无处不在的数据收集和各种类型数据集的链接使得物联网供应商能够对个人用户或集体用户做出具有侵犯性的、令人意想不到的推断。许多物联网系统存在固有的漏洞(由于处理能力有限或开发人员没有做出相应承诺),因此十分容易受到网络攻击。

《一般数据保护条例》有助于减少物联网所带来的各种各样的隐私风险。其指导原则(第5条)说明了欧洲立法者对合理的、透明的和合法的数据处理做出了怎样的设想。考虑到物联网系统可能与其中的某些原则产生冲突(如目的限制原则、限期存储原则、数据最小化原则),我们应当鼓励开发人员超越《一般数据保护条例》的严格法律要求,设计出值得信任的、增强隐私保护的系统和服务,努力实现《一般数据保护条例》所理想化的透明性。为了在这一过程中帮助开发人员,笔者以十一条指导方针的形式提出了一个透明性的三步模型。为了展示这些指导方针如何运用于由不同性质的空间和不同类型的用户所构成的现实环境,笔者还分别以智能城市和联网汽车为对象进行了案例分析。

无缝的、不引人注目的数据收集和处理与用户的隐私保护之间存在着不可调和的冲突和矛盾。正如上述非法律指导方针所指出的那样,透明性以及物联网供应商和数据控制者的信息披露能够帮助用户做出知情选择并有效管理其数据。我们必须尊重用户的隐私权,确保他们可以根据自身需要保有和撤回个人数据,以及放弃使用物联网设备和服务。与此同时,我们还必须在旨在保护用户隐私权的信息披露与透明化运作为数据主体带来的隐私风险之间取得平衡。换言之,在物联网识别技术的设计和管理过程中，我们必须平衡用户的数据保护权和隐私权。

无论是在交通、健康、能源消费、公共空间和环境监测等诸多领域，还是在为用户提供个性化的、互联的服务方面，物联网系统均表现出巨大的潜力。为了充分发挥这项技术的潜力，用户信任度和公众接受度不容忽视。笔者之所以提出上述非法律指导方针是为了消除一些监管上的模糊性和不确定性，即在不妨碍物联网系统部署的情况下，如何通过解释《一般数据保护条例》来保护用户的隐私。在未来，物联网供应商和数据控制者必须采用对信息披露的一致规定和统一方法，实现通过设计的隐私保护和默认的隐私保护，并通过风险评估建立与用户之间的信任，最大限度地减少物联网所带来的益处和用户隐私保护之间的冲突。一旦我们忽视了这一重要任务，物联网可能具有的巨大社会和经济效益就会有所损失。即使用户认为，为了获得这些益处，以投入经济成本和放弃隐私权为代价来实现无处不在的监控是值得的，它也不应当是理所当然的和毫无疑问的。

物联网与隐私侵权的潜在法律救济

亚历山大·H. 特兰[①] 著　邓梦桦[②] 译

目　次

一、导论
二、物联网所造成的潜在隐私问题和危险
三、对目前物联网隐私法规的调查
四、隐私侵权和物联网
五、结语

一、导论

智能技术和可穿戴设备的普及掀起了一场被称为物联网（IoT）技术的热潮———一种连接日常消费设备的全方位互联网通信网络。虽然人们对物联网并没有一个单一的、普遍接受的定义，但大多数学者都同意物联网是一个"由相互连接的、充满传感器的设备和物品所组成的世界"[③]。许多设备都包含微电子机械系统传感器，这些传感器将物理现象（如运动、热量、压力或位置）转换为数字信息。[④] 这

[①] 亚历山大·H. 特兰（Alexander H. Tran），哥伦比亚大学法学院在读法学博士（2017年）。

[②] 邓梦桦，中山大学法学院助教。

[③] Thomas Goetz, Harnessing the Power of Feed back Loops, WIRED（June 19, 2011）, http://www.wired.com/2011/06/ff_feedbackloop/ [http://perma.ccIH9D3-V6D3].

[④] See Scott R. Peppet, Regulating the Internet of Things: First Steps Toward Man-aging Discrimination, Privacy, Security, and Consent, 93 TEX. L. REV. 85, 98（2014）.

些传感器被嵌入消费设备之中,然后这些消费设备的集体互动共同创造了被称为物联网的数字现象。物联网设备的例子包括智能技术,如智能冰箱①、恒温器②和大多数记录和分析个人数据的设备。③ 除此之外,Fit-Bit/JawBone 手镯等可穿戴技术也是物联网的一部分。④ 这篇文章仅仅分析与上述消费设备相关的隐私问题。虽然其他涉及工厂和环境传感器的物联网设备对于物联网而言也十分重要,但它们并不在这篇文章讨论的范围之内。⑤

物联网正在以十分高产的速度增长。专家预测,到2015 年,全球将有250 亿台联网设备,到2020 年,将有500 亿台设备。⑥ 其他的专家估计,现在市场上已经有35 亿个传感器,并且未来这个数字将增加到数万亿。⑦ 传感器设备的急剧增加可能会导致更多的数据收集。因此,所有这些连接的设备将会生成、传输、存储和共享越来越多的消费者数据,甚至呈现指数级增长。很多这些新的传感器数据将会是高度个人化的,如个人的健康信息和财务支出模式。⑧ 因此,当消费者的隐私被物联网设备所侵害时,本文为消费者提供了一种潜在

---

① See Smart ThinQm Super-Capacity 3 Door French Door Refrigerator with 8″ Wi-Fi LCD Screen, LG ELECTRONICS, http://www.1g.com/us/refrigerators/1g-LFX31995ST-french-3-door-refrigerator [https://perma.cc/C5SA-YJQC](last visited Mar. 5, 2016).

② See Nest Thermostat, NEST, https://nest.com/thermostat/meet-nest-thermostat/? alt =5 [https://perma.cc/C5SA-YJQC](last visited Mar. 5, 2016).

③ For additional examples of IoT devices, see Ember Coffee Mug, EMBER TECHNOLOGIES, http://www.embertech.com/ [https://perma.cc/MDD6-3WJM](last visited Mar. 5, 2016); Self-Driving Car Project, GOOGLE, https://www.google.com/selfdrivingcar/ [https://perma.ccl4GNE-D4R2](last visited Mar. 5, 2016).

④ See generally FitBit products, FITBIT, https://www.fitbit.com/ [https://perma.cc/4FNU-9AQU](last visited Mar. 5, 2016); Jawbone Fitness Trackers, JAWBONE, https://jawbone.com/ [https://perma.cc/29M3-STDU](last visited Mar. 5, 2016).

⑤ For more information about smart factories and machinery, see Hyoung Seok Kang et al., Smart manufacturing: Past research, present findings, and future directions, 3 INT'L J. PRECISION ENG'G & MFG.-GREEN TECH. 111-28 (2016).

⑥ Fed. Trade Comm'n, Internet of Things: Privacy & Security in A Connected World 1 (2015).

⑦ Fed. Trade Comm'n, Internet of Things: Privacy & Security in A Connected World 1 (2015).

⑧ See Fed. Trade Comm'n, Internet of Things: Privacy & Security in A Connected World 1 (2015) at 1-2.

的救济措施。

这篇文章将会详细阐述物联网创造了能够侵害消费者的新的隐私问题，而传统的隐私法规已经无法解决这些问题，因为传统的隐私法规通常管理的是来自特定行业的数据，如健康数据或财务记录。尤其地，本文认为普通法，特别是关于隐私的侵权法，为个人消费者的损害提供了部分补偿。隐私侵权法律适用于规范、监管敏感物联网数据被非法公开的行为。具体来说，"对私人事实的披露"和"对独处的侵入"这两种侵权行为法律是规范物联网的合适工具。物联网设备创造出收集细节的传感器数据，这些传感器数据所要求的高度隐私保护只有法律才可以提供。因此，这些隐私侵权法律应该得到重视和发展。

本文的内容如下：第一部分简要介绍什么是物联网。第二部分讨论物联网可能导致的隐私问题和危险。第三部分调查现有规范物联网的隐私权框架。第四部分详细介绍一些可行的普通法的解决方案。总的来说，本文的目的是给出一些隐私侵权法律的建议，因为隐私侵权法律可以作为物联网设备所引发的消费者损害的部分救济措施，这些消费者损害现在并不能被传统的隐私权立法所保护，例如 HIPPA（《健康保险携带和责任法案》/《医疗电子交换法案》）和 FCRA（《公平信用报告法案》）。本文认为，为了对消费者提供更大程度的保护，物联网所创造的敏感传感器数据的性质要求将隐私侵权法律拓展到物联网规范的领域。目前，美国的隐私权法律是通过美国联邦和州立法、行政机关执法以及侵权法、合同法和物权法中的一些普通法救济措施来执行的。①

二、物联网所造成的潜在隐私问题和危险

物联网的快速发展造成了一些独特的隐私问题。首先，笔者会讨论最近美国联邦贸易委员会关于物联网的报告，该报告研究了物联网

---

① See generally Federal Trade Commission Act, 15 U.S.C. §§ 41-58 (2012); Health Insurance Portability and Accountability Act (HIPAA), 42 U.S.C. § 1301 et seq. (2012); California Security Breach Notification Law, CAL. CIV. Code § 1798.82 (West 2005); Restatement (Second) of Torts §§ 652B-D (1965).

中固有的潜在隐私和安全风险。① 此外，Daniel Solove 教授和 Scott Peppet 教授还提出了另外两种理论来研究物联网所带来的独特问题。其次，笔者会讨论 Solove 教授所提出的"数据聚合问题"，这个问题考虑的是为个体消费者构建"数据传记"的危险性，物联网中的个体消费者由不同的数据片段所组成，这些不同的数据片段可以被聚合起来形成消费者的个人数据档案，这将给消费者带来一定的危险。② 最后，笔者会讨论 Peppet 教授的"意想不到的歧视问题"这个问题考虑的是，当通过分析来检查这些不同部分的消费者数据时，商家或其他主体会得出不适当的、不利于消费者的推论。③

（一）美国联邦贸易委员会讨论的物联网隐私问题

物联网代表着一种惊人的技术进步，这种技术进步可以为消费者带来巨大的好处。美国联邦贸易委员会最近的一份报告（FTC Staff Report）列出了一些物联网所带来的好处。④ 比如物联网健康设备可以更好地获取消费者的健康数据，从而加强对病危、病重病人的监测，还可以加强医生和患者之间的定期互动。⑤ 此外，智能恒温器和智能报警器等家庭自动化设备可以让消费者在上下班途中控制家里的电器等设备，便利人们的生活。⑥ 尽管物联网的发展带来了如此多的好处，但是这些联网设备会产生大量的消费者数据，从而导致更大的隐私和安全忧虑。⑦ 具体来说，许多物联网设备收集了消费者的敏感数据，消费者可能并不愿意向公众公开自己的这些数据，包括一些健

---

① See Fed. Trade Comm'n, Internet of Things: Privacy & Security in A Connected World 1 (2015).

② See generally Daniel J. Solove, Access and Aggregation: Public Records, Privacy and the Constitution, 86 Minn. L. Rev. 1137 (2002); see also infra Part II. B.

③ See infra Part II. C

④ See Fed. Trade Comm'n, Internet of Things: Privacy & Security in A Connected World 1 (2015).

⑤ See Fed. Trade Comm'n, Internet of Things: Privacy & Security in A Connected World 1 (2015), at 2.

⑥ See Fed. Trade Comm'n, Internet of Things: Privacy & Security in A Connected World 1 (2015), at 2.

⑦ See Fed. Trade Comm'n, Internet of Things: Privacy & Security in A Connected World 1 (2015), at 14.

康信息，比如体重和睡眠模式。①

根据美国联邦贸易委员会的报告，物联网专家小组成员指出物联网设备可能会导致三种形式的潜在安全风险：①允许未经授权的访问和滥用个人信息；②对其他系统进行攻击；③导致现实的安全风险。② 首先，未经授权而访问传感器数据对个人来说是非常危险的，因为这些入侵可能使物联网设备的漏洞被不法分子利用，从而导致诈骗和盗窃。③ 物联网的发展加剧了这一风险，因为"随着消费者在家中安装越来越多的智能设备，他们家中所存在的设备漏洞也会越来越多，入侵者就可以利用这些漏洞来泄露消费者的个人信息"。④ 其次，通过安装更多的联网物联网设备，一个设备上的安全漏洞可能会便利不法分子对消费者家庭网络的攻击，并且会导致不法分子对其他系统的攻击。⑤ 最后，物联网可能会引发一些人身安全问题，因为未经授权而能够访问系统的人可能会导致一些现实的安全风险，例如不法分子可以控制汽车内部的计算机网络或者远程遥控个人健康设备，像是家用胰岛素泵等。⑥ 尽管所有的这些安全风险都与物联网潜在的危险有关，本文还是重点关注以上提及的第一个问题：未经授权的访问和对个人敏感传感器数据的滥用。由于每个物联网设备都在记录、储存和传输大量的传感器数据，因此物联网会产生一些隐私风险。例如，美国联邦贸易委员会指出，不到一万户的家庭使用物联网家庭自动化产品，但一天却能"产生 1.5 亿个离散数据点，或者大约 6 秒一个家

---

① See Jonathan Holdowsky et al., Inside the Internet of Things (IOT) 7 (2015). 20
② See Fed. Trade Comm'n, Internet of Things: Privacy & Security in A Connected World 1 (2015), at 10.
③ See Fed. Trade Comm'n, Internet of Things: Privacy & Security in A Connected World 1 (2015), at 11.
④ See Fed. Trade Comm'n, Internet of Things: Privacy & Security in A Connected World 1 (2015).
⑤ See Fed. Trade Comm'n, Internet of Things: Privacy & Security in A Connected World 1 (2015), at 12.
⑥ See Fed. Trade Comm'n, Internet of Things: Privacy & Security in A Connected World 1 (2015). See Fed. Trade Comm'n, Internet of Things: Privacy & Security in A Connected World 1 (2015), at 12 – 13.

庭就能产生一个数据点"①。这种海量的传感器数据导致了一些隐私问题，一些不同的学者们都已经探讨了这些隐私问题，比如本文中讨论的数据聚合的危险和跨背景推论的危险。②

（二）数据聚合问题

隐私学者兼教授 Daniel Solove 提出巨大的数据集可以对隐私产生一个"聚合问题"③：虽然孤立地来看，个人的一些数据，比如社会保险号码等危害较小，但是当它与其他数据结合的时候，比如跟一个人的财产信息、学历背景、医疗记录等数据结合，它就会变得更具有破坏性，因为一个人的数据可以描绘出一个人的个性、特征，这种描绘，或者称为侧写，就会产生所谓的"数据传记"。④ 所以，以这种方式处理、编译信息是有问题的，因为消费者的生活不仅被"公开和记录"，而且还可以被未授权的或未知的第三方主体，如雇主和政府等所分析和调查。⑤ 此外，Solove 认为数据传记捕捉了"由各种外部细节构成的、扭曲的人物形象"，而且往往是不准确的⑥，因为在根据背景得出的推论中，个人可能会忽略一些细节。⑦ 因此，第三方

---

① See Fed. Trade Comm'n, Internet of Things: Privacy & Security in A Connected World 1 (2015), at 14.

② See Paul M. Schwartz, Internet Privacy and the State, 32 CONN. L. REV. 815, 820 (2000); see Pamela Samuelson, A New Kind of Privacy? Regulating Uses of Personal Data in the Global Information Economy, 87 CAL. L. REV. 751, 777 (1999); See also Simon G. Davies, Re-engineering the Right to Privacy: How Privacy Has Been Transformed From A Right to A Commodity, Technology and Privacy: the New Landscape 153 (Philip E. Agre & Marc Rotenberg eds., 1997); Anita L. Allen, Privacy-As-Data Control: Conceptual, Practical, and Moral Limits of the Paradigm, 32 CONN. L. REV. 861, 864 (2000).

③ See Daniel J. Solove, Access and Aggregation: Public Records, Privacy and the Constitution, 86 Minn. L. Rev. 1137, 1185 (2002).

④ See Daniel J. Solove, Access and Aggregation: Public Records, Privacy and the Constitution, 86 Minn. L. Rev. 1137, 1185 (2002).

⑤ See Daniel J. Solove, Access and Aggregation: Public Records, Privacy and the Constitution, 86 Minn. L. Rev. 1186 (2002).

⑥ See Daniel J. Solove, Access and Aggregation: Public Records, Privacy and the Constitution, 86 Minn. L. Rev. 1187 (2002).

⑦ See Daniel J. Solove, Access and Aggregation: Public Records, Privacy and the Constitution, 86 Minn. L. Rev.

在分析来自不同背景下收集的、两种不同形式的数据时，可能会因为没有另外的信息来解释这两者（两种不同形式的数据）之间的关系，或者两者之间缺乏关联性，而暗地得出不合适的结论。举个例子，信用公司可能会利用从健康监测设备（如 FitBit）中收集的信息来判断是否对这个消费者发放贷款。① 通过利用物联网设备收集的"丰富的、准确的、精细的"传感器数据，信用公司可以对消费者的个性和习惯做出强有力的推断。② 如果没有相关的、适宜的细节来解释这种跨背景的推断，在其他背景中检视的信息可能会变得不准确、没有代表性，因为研究人员仍然不确定传感器数据是否能够"关联或预测某些在经济上有价值的人物个性、特征"。③ 最后，即使数据传记中包含着准确的信息，对消费者进行不受监管的跨背景分析会导致其特有的隐私问题，主要是对他人隐私所进行的不被允许的入侵。

从一个效率理论的角度来看，不准确或虚假的信息是低效的、浪费的，因为它允许卖方在对产品形成不完整的构想之后去从事、参与不利的交易。④ 在物联网背景下，聚合问题可能会导致低效率，因为从事个人信息买卖的第三方数据经纪公司会出售不准确、不完整的消费者数据传记，这可能会引起很多不利的交易。消费者数据的购买者和消费者本身都会被不准确交易所伤害，从而导致效率降低。举个例子，一个商业组织（买方）可能会雇佣一个背景筛选公司（第三方数据经纪公司）对潜在的雇员（消费者）进行背景调查。在这种情况下，一个不准确的数据传记对买方和消费者所造成的破坏都是毁灭性的。买方可能会错过合格的候选人，而合格的消费者可能会错过一个潜在的工作机会。⑤

---

① See Peppet, supra note 2, at 118.
② See Peppet, supra note 2, at 119.
③ See Peppet, supra note 2, at 120; See Daniel J. Solove, Access and Aggregation: Public Records, Privacy and the Constitution, 86 Minn. L. Rev. 1187 (2002).
④ See Richard A. Posner, The Right of Privacy, 12 GA. L. REV. 393, 399 – 400 (1977).
⑤ See Daniel. J. Solove, the Digital Person: Technology and Privacy in the Information Age 45 – 47 (2004).

(三) 意想不到的歧视问题

数据聚合问题在物联网中的应用表明,从物联网设备中收集的传感器数据可能会允许大数据分析得出意想不到的推论。① 当分析人员通过跨背景的分析得出结论时,数据传记中的数据被大量聚合,这可以产生很多意想不到的推论。Peppet 教授断言,跨背景分析可能会导致无法预料的歧视问题。② 他指出:"大量来自物联网设备的传感器数据可能会对个人消费者生成意想不到的推论",雇主、保险公司、贷款公司和其他人在做出重要的经济决策时,可能会使用到这些数据。③ 例如,当一个消费者在使用健康监测设备时可能会在线储存与减肥和其他健康信息相关的信息。④ 如果这个假想中的消费者决定申请工作、抵押或贷款,其未来的雇主或贷款人可能会要求其提供之前几个月的健康监测记录。⑤ 雇主有很多很好的理由来寻求由可穿戴式健康监测设备(如 FitBit 和 Jawbone)所收集的信息。例如,FitBit 数据可以表明使用者的一些行为模式,如冲动和享乐主义,这两种行为模式都能从一个人的锻炼习惯中推断出来。⑥ 如果你的物联网设备显示你"滥用酒精和药物、饮食不规律、吸烟、信用卡债务较高、信用评分较低"⑦,那么往往在别人看来,你是一个冲动的人,因为这

---

① See Scott R. Peppet, Regulating the Internet of Things: First Steps Toward Managing Discrimination, Privacy, Security, and Consent, 93 Tex. L. Rev. 117 (2014).

② See Scott R. Peppet, Regulating the Internet of Things: First Steps Toward Managing Discrimination, Privacy, Security, and Consent, 93 Tex. L. Rev. 85, 98 (2014).

③ See Scott R. Peppet, Regulating the Internet of Things: First Steps Toward Managing Discrimination, Privacy, Security, and Consent, 93 Tex. L. Rev. 85, 98 (2014).

④ See, Fit Bit products, Fitbit, https://www.fitbit.com/ [https://perma.cc/4FNU-9AQU] (last visited Mar. 5, 2016); Jawbone Fitness Trackers, Jawbone, https://jawbone.com/ [https://perma.cc/29M3-STDU] (last visited Mar. 5, 2016).

⑤ See Scott R. Peppet, Regulating the Internet of Things: First Steps Toward Managing Discrimination, Privacy, Security, and Consent, 93 Tex. L. Rev. 118, 119 (2014).

⑥ See Scott R. Peppet, Regulating the Internet of Things: First Steps Toward Managing Discrimination, Privacy, Security, and Consent, 93 Tex. L. Rev. 119 (2014).

⑦ See Scott R. Peppet, Regulating the Internet of Things: First Steps Toward Managing Discrimination, Privacy, Security, and Consent, 93 Tex. L. Rev. 119 (2014); see generally Sharon Dawe & Natalie J. Loxton, The Role of Impulsivity in the Development of Substance Use and Eating Disorders, 28.3 Neuroscience & Biobehavioral Rev. 343, 346 (2004).

些都和冲动的性格有关,这可能会影响你的就业前景和信用价值。FitBit 还追踪消费者的睡眠模式,其中一些模式可能"与不良的心理健康、身体健康有关,与不良的认知表现有关,与诸如愤怒、抑郁、悲伤和恐惧等负面情绪有关"①。因此,FitBit 收集的看似无害的传感器数据可能会导致访问这些数据的第三方主体对消费者进行一些意想不到的推断,这可能会导致一些歧视或区别对待的问题,比如,一些主体(如银行等)可能会根据 FitBit 设备收集的行为信息进行推断,从而拒绝消费者的按揭申请或贷款申请。② 研究人员仍然不确定传感器数据是否能够"关联或预测某些在经济上有价值的人物个性、特征",因为"一个人的健康程度和信用程度无关;一个人的驾驶习惯可能也无法预示其就业能力"③。因此,除非有经验证明传感器数据能够准确预测消费者的行为特征,否则,消费者不应该受到公司通过数据分析而产生的强烈歧视性推论的影响。

  一些雇主现在已经可以使用物联网健康监测设备所收集的传感器数据,而且这些数据可能被用于歧视目的。例如,在 2015 年 9 月,Target 公司(美国塔吉特公司)加入了《财富》500 强企业的行列,这些企业实施了一项"健康倡议",即通过向目标员工提供免费或打折的 FitBit 产品来推广健康的生活方式。④ 作为公司健康计划中的一部分,Target 公司的员工参与了 FitBit 健康部门监控的"每日平均步

---

① See generally Sharon Dawe & Natalie J. Loxton, The Role of Impulsivity in the Development of Substance Use and Eating Disorders, 28.3 Neuroscience & Biobehavioral Rev. 343, 346 (2004); see Sleep, Performance, and Public Safety, Healthy Sleep, DIV. OF Sleep Med., Harv. Med. Sch. (2007).

② See Scott R. Peppet, Regulating the Internet of Things: First Steps Toward Managing Discrimination, Privacy, Security, and Consent, 93 Tex. L. Rev. 147 (2014); See Jacob Gershman, Prosecutors Say Fitbit Device Exposed Fibbing in Rape Case, Wall ST. J. Blog (Apr. 21, 2016, 1: 53 PM), http://blogs.wsj.com/law/2016/04/21/prosecutors-say-fitbitdevice-exposed-fibbing-in-rape-case/ [https://perma.cc/6DNV-NTL4].

③ See Scott R. Peppet, Regulating the Internet of Things: First Steps Toward Managing Discrimination, Privacy, Security, and Consent, 93 Tex. L. Rev. 120 (2014).

④ See Target Kicks off New Team Member Wellness Initiatives, Target, https://corporate.target.com/article/2015/09/team-member-wellness [https://perma.cc/Z5TG-6TJW] (last visited Mar. 5, 2016).

数挑战",该部门还分析了美国其他公司的健康计划。① Target 公司的健康计划仅仅是物联网广泛发展的一个例子,很多其他组织正在实施他们自己的全体健康计划。② 公司可以使用分析来解释这些传感器数据并监测员工的生产力或生产效率,而这种行为可能违反员工对隐私的期待。公司的健康计划尤其可疑,因为雇主在做出重要经济决策——如发放员工福利或加班补偿等——的时候,他完全可以考虑在工作时间之外来收集数据,把这些数据当作决策的参考,如员工的睡眠模式或饮食习惯。因此,这些隐私和安全问题,如数据聚合问题和意想不到的歧视问题,表明为了保护消费者免受伤害,政府和法院应该密切关注物联网及其发展。

三、对目前物联网隐私法规的调查

目前,美国隐私权的法律是由美国联邦和州立法、行政机关执法以及侵权法、物权法和合同法中的一些习惯法组成的。本部分详细介绍了这些法律、规范中可能存在的物联网规范。

(一)美国联邦的立法

美国联邦的隐私权立法可能会规范物联网的发展,包括《公平信用报告法案》(FCRA)③、《儿童在线隐私保护法》(COPPA)④ 和《健康保险携带和责任法案》(HIPAA)。⑤ 其中,每条法规都在一个单独的类别中管理隐私,例如,COPPA 适用于线上收集儿童信息的领域。COPPA 规定"面向儿童的网站或线上服务的运营商,又或者是任何明知自己正在收集儿童信息的运营商,以违反本规定的方式收

---

① See Target Kicks Off New Team Member Wellness Initiatives, Target, https://corporate.target.com/article/2015/09/team-member-wellness [https://perma.cc/Z5TG-6TJW] (last visited Mar. 5, 2016).

② See The Best of 2015: 9 Companies that Nailed It, Fitbit, http://content.fitbit.com/BestOf_2015.html?promosrc=website [https://perma.cc/P5HT-UGJK] (last visited Mar. 5, 2016).

③ See generally 15 U.S.C. § 1681 et seq. (2012).

④ See generally 15 U.S.C.A. § 6502 (West 2012).

⑤ See generally 42 U.S.C. § 300gg (2012); 29 U.S.C. § 1181 et seq. (2012); 42 U.S.C. 1320d et seq. (2012).

集儿童信息是违法的……"①。该规定要求物联网运营商必须在网站上提供隐私通知,即告知儿童的什么数据正在被收集,并获得其父母的明确同意。② 一旦违反该规定,COPPA 授权美国联邦贸易委员会对违反"不公平或欺骗性行为及惯例"的行为进行处罚。③ 同样地,FCRA 规范了信用报告的准确性和公平性,同时还规范了消费者征信机构适用相关报告的合理程序。④ HIPAA 通过其隐私条款赋予消费者对于其健康信息的权利,同时还对谁能查看和接收这些健康信息制定了规定、做出了限制。⑤ 因此,如果一个物联网运营商违反了上述受美国联邦法律管辖的规范类别,消费者可以根据规定的法律、规范来获得救济。⑥ 例如,在一家家庭网络摄像头公司未能提供足够的安全措施,并且允许黑客访问消费者家庭的私人浏览内容之后,美国联邦贸易委员会对这家公司提出了它第一次关于物联网设备的控告。⑦

(二)州的立法

美国一些州的立法可能会为消费者所遭受的物联网伤害提供一些救济。例如,许多州都有关于数据泄露通知的法律,当消费者的个人信息被泄露时,这些法律会提醒消费者。⑧ 几乎所有这些州的法律都使用了"个人信息"一词,即他人的名字,"再加上他人的社会保险号码、驾照号、银行或信用卡账户信息"⑨。

---

① 15 U.S.C.A. § 6502 (a) (West 2012).
② See 15 U.S.C.A. § 6502 (b) (West 2012).
③ See 15 U.S.C.A. § 6502 (c) (West 2012).
④ See 15 U.S.C. § 1681 et seq. (2012).
⑤ See Privacy Rule (Subpart E), 45 C.F.R. § § 164.500 – 34 (2015).
⑥ See infra Section Ⅲ.C and accompanying text (discussing the first IoT case pursued by the Federal Trade Commission in 2013).
⑦ See In Trendnet, Inc., No. 122 – 3090, 2013 WL 4858250, at *2 (F.T.C. Sept. 3, 2013).
⑧ See State Data Breach Statute Form, Baker Hostetler 1 (2014), http://www.bakerlaw.com/files/Uploads/Documents/Data%20Breach%20documents/DataBreachCharts.pdf [https://perma.ccHV4L-Q5TY].
⑨ See Scott R. Peppet, Regulating the Internet of Things: First Steps Toward Managing Discrimination, Privacy, Security, and Consent, 93 Tex. L. Rev. 137 (2014); See State Data Breach Statute Form, Baker Hostetler 1 (2014).

然而，这些州的法律可能没有涵盖来自物联网设备的传感器数据的内容，因此并不足以为消费者提供法律救济。具体来说，许多州关于数据泄露通知的法律中并没有充分地定义"个人信息"，即它们所定义的"个人信息"的内容中不包括物联网设备所收集的、敏感的传感器数据。① 举个例子，只有得克萨斯州的法律在它关于"敏感的个人信息"中定义了"敏感的个人信息"包括"识别一个个体并与……个人的身体上或心理上的健康或状况相联系"②。得克萨斯州的法律可能包括了像健康追踪数据一样的传感器数据，这些数据与他人身体上和心理上的健康或状况相联系。只有少数几个州的法律在其数据泄露通知的法律中充分定义了"个人信息"，认为它包括了物联网设备所收集的敏感的传感器数据。

（三）行政机关的执法

美国联邦贸易委员会是监督消费者隐私执法的执行机构。联邦贸易委员会根据《联邦贸易委员会法》（FTC 法）行使其一般权力，对有安全漏洞的公司进行处罚。③《联邦贸易委员会法》规定，"商业中或影响商业的不公平或欺骗性行为及惯例"是非法的。④ 美国联邦贸易委员会起诉的第一件物联网设备案就是 2013 年 TRENDnet 家庭网络摄像头公司一案。⑤ TRENDnet "为消费者提供摄像头，让消费者在互联网上通过摄像头获取他们家庭的实时视频和音频资料，从而使消费者能够对其家庭或企业进行安全监控"⑥。之所以起诉 TRENDnet

---

① See Scott R. Peppet, Regulating the Internet of Things: First Steps Toward Managing Discrimination, Privacy, Security, and Consent, 93 Tex. L. Rev. 137, 138 (2014).

② See Scott R. Peppet, Regulating the Internet of Things: First Steps Toward Managing Discrimination, Privacy, Security, and Consent, 93 Tex. L. Rev. 138 (2014); see Tex. Bus. & Com. Code Ann. §521.002 (a) (2) (B) (i) (West 2009).

③ See 15 U.S.C. § 45 (a) (2) (2012); See Scott R. Peppet, Regulating the Internet of Things: First Steps Toward Managing Discrimination, Privacy, Security, and Consent, 93 Tex. L. Rev. 136, 137 (2014).

④ 15 U.S.C. § 45 (a) (1) (2012).

⑤ In re Trendnet, Inc., No. 122-3090, 2013 WL 4858250, at *2 (F.T.C. Sept. 3, 2013).

⑥ In re Trendnet, Inc., No. 122-3090, 2013 WL 4858250, at *1 (F.T.C. Sept. 3, 2013).

公司,是因为美国联邦贸易委员会后来发现 TRENDnet 公司对消费者隐瞒了其安全措施,[1] 并且未能提供"合理的安全措施来防止对敏感信息未经授权的访问,即来自 IP 摄像头的实施资料"[2]。因此,黑客利用了这些安全漏洞,导致"显示的家庭实时音像资料遭到破坏,摄像头允许未经授权的监视,比如监视婴儿在婴儿床上睡觉、幼儿在家里玩耍、成年人进行典型的日常活动"[3]。美国联邦贸易委员会发现这一事件对消费者造成了重大的伤害,因为它使消费者的敏感信息被暴露,从而使消费者的住宅成为盗窃的目标,或被陌生人以其他方式观察和记录,损害了消费者平静享受其家庭环境的能力,降低了消费者控制其个人信息传播的能力。[4] 最后的结果是,美国联邦贸易委员会要求 TRENDnet 建立一个全面的安全程序,并通知客户有关的安全问题和软件更新的有效性来纠正这些问题。[5] 对 TRENDnet 做出的决定标志着美国联邦贸易委员会完结了其第一件物联网设备案,并且表明美国联邦贸易委员会有权强制执行物联网有关的案件。

然而,正如上面所提到的 TRENDnet 一案,虽然联邦贸易委员会有权起诉物联网相关的案件,但其权限范围尚不清楚。例如,Gerard Stegmaier 和 Wendell Bartnick 教授指出,FTC 并没有正式制定规则或制定与数据安全相关的正式裁决程序,而是通过投诉和同意令来监管数据安全。[6] Stegmaier 教授说,这种方法"产生了模糊性,因为在确

---

[1] See In re Trendnet, Inc., No. 122-3090, 2013 WL 4858250, at *2 (F.T.C. Sept. 3, 2013).

[2] See In re Trendnet, Inc., No. 122-3090, 2013 WL 4858250, at *2 (F.T.C. Sept. 3, 2013).

[3] See In re Trendnet, Inc., No. 122-3090, 2013 WL 4858250, at *3 (F.T.C. Sept. 3, 2013).

[4] See In re Trendnet, Inc., No. 122-3090, 2013 WL 4858250, at *4 (F.T.C. Sept. 3, 2013).

[5] See Press Release, Fed. Trade Comm'n, FTC Approves Final Order Settling Charges Against TREND net, Inc. (Feb. 7 2014), https://www.ftc.gov/news-events/pressreleases/2014/02/ftc-approves-final-order-settling-charges-against-trendnet-inc [https://perma.cc/QE76-3MBM].

[6] See Gerard M. Stegmaier & Wendell Bartnick, Psychics, Russian Roulette, and Data Security: The FTC's Hidden Data-Security Requirements, 20 GEO. MASON L. REV. 673, 692 (2013).

定不遵守的做法和实施数据安全保障措施时，投诉和同意命令是不同的"①。这些投诉造成了歧义，因为它们"没有为实体提供一个蓝图来遵循，美国联邦贸易委员会隐晦地指出，（不同的）漏洞'合在一起'违反了（《美国联邦贸易法》）的第 5 条，并且每个投诉都列出了不同的数据安全实践"②。然而，美国联邦贸易委员会坚称，委员会的数据安全要求通过其网站上每周公布的委员会数据执行行动的投诉和同意法令，为实体提供了充分的通知。③

《美国联邦贸易委员会法》的另一个问题是，当消费者面临发生在联邦和州立法，或发生在联邦贸易委员会权力范围之外的物联网侵权行为时，他们能得到的救济十分有限。例如，FCRA 是一种潜在的救济手段，但 FCRA 排除了大多数收集消费者信息的"第一方"，因此它没有涵盖从事内部分析的物联网制造商，而这些制造商往往是为了信用、保险或就业目的的决定而进行分析的。④ 此外，FCRA 不包括从消费者的连接设备中直接收集数据，并将这些数据用于进行内部信用、保险或其他资格的决策的公司。⑤ 美国联邦贸易委员会的报告对此举出了一个例子：一个保险公司给消费者提供了提交其健康追踪数据的选项，如果消费者提交了数据，那么，他可以支付较低的健康保险费。⑥ 在这种情况下，由于保险公司本身没有能力访问消费者的 FitBit 追踪器，因此 FCRA 条款所要求的"能够获取信息和纠正错误

---

① See Gerard M. Stegmaier & Wendell Bartnick, Psychics, Russian Roulette, and Data Security: The FTC's Hidden Data-Security Requirements, 20 Geo. Mason L. REV. 693 (2013); see also Timothy E. Deal, Note, Moving Beyond "Reasonable": Clarifying the FTC's Use of Its Unfairness Authority in Data Security Enforcement Actions, 84 Fordham L. Rev. 2227, 2241-43 (2016).

② See Stegmaier, supra note 73, at 693.

③ see also Timothy E. Deal, Note, Moving Beyond "Reasonable": Clarifying the FTC's Use of Its Unfairness Authority in Data Security Enforcement Actions, 84 Fordham L. Rev. 2242 (2016).

④ See 15 U.S.C.A. § 1681a (West 2012); See Fed. Trade Comm'n, Internet of Things: Privacy & Security in A Connected World 1 (2015), at 16-17.

⑤ See Fed. Trade Comm'n, Internet of Things: Privacy & Security in A Connected World 1 (2015), at 17.

⑥ See Fed. Trade Comm'n, Internet of Things: Privacy & Security in A Connected World 1 (2015), at 17.

的能力,可能不适用"。①

综上所述,当导致消费者受到伤害的物联网侵权行为没有被立法或美国联邦贸易委员会的权力范围所涵盖时,消费者能得到的救济是十分有限的。由于物联网扩张的天性,在很多环境下,物联网设备并不完全明确地属于特定于行业的隐私立法所规定的范畴,如 FCRA 或 HIPAA。② 在涉及违反敏感消费者信息的这些特定情况下,本文主张扩大隐私侵权的适用范围,从而为消费者提供一部分的救济。③

四、隐私侵权和物联网

当代的隐私侵权法深受法律学者 Samuel Warren、Louis Brandeis 和 William Prosser 理论的影响。④ Warren 和 Brandeis 在他们于 1890 年发表的、具有开创性的法律评论文章中主张,法律要承认一种"独处的权利",这种权利植根于对个人尊严的保护。⑤

受 Warren 和 Brandeis 的影响,William Prosser 教授对侵权法(第二次)复述中所承认的四种隐私侵权行为进行分类:公开披露他人的私人事务、不合理侵扰他人的安宁、公开丑化他人的形象和擅自使用他人的姓名或肖像。⑥ 本文重点关注公开披露他人私人事务和不合理侵扰他人安宁的隐私侵权行为,希望将它们作为侵权行为中遭受物联网设备伤害的消费者的潜在救济措施。尽管其他法律来源也可以作

---

① See Fed. Trade Comm'n, Internet of Things: Privacy & Security in A Connected World 1 (2015), at 17.

② See Covered Entities and Business Associates, U. S. Dep't of Health & Human Servs., http://www.hhs.gov/hipaa/for-professionals/covered-entities/ [https://perma.cc/RMD6-EDP5] (last visited Mar. 3, 2016).

③ But see Eugene Volokh, Tort Law vs. Privacy, 114 Colum. L. REV. 879, 881 (2014).

④ Neil M. Richards & Daniel J. Solove, Prosser's Privacy Law: A Mixed Legacy, 98 Cal. L. Rev. 1887, 1888 (2010).

⑤ Samuel D. Warren & Louis D. Brandeis, The Right to Privacy, 4 Harv. L. Rev. 193, 193 (1890).

⑥ See William L. Prosser, Privacy, 48 CAL. L. REV. 383 (1960); see also Restatement (Second) of Torts § 652A (AM. Law INST. 1977).

为物联网侵权的救济措施,如侵权法中的保密义务①,但本文认为由物联网设备生成的敏感传感器数据保证了这些隐私侵权法的拓展延伸,从而为因物联网公司和第三方违规或侵权而受到伤害的消费者提供一种救济措施。具体来说,公开披露他人私人事务和不合理侵扰他人安宁这两种侵权行为所对应的法律救济都是适用于物联网侵权行为的救济。

通过提出敏感传感器数据保证了扩大隐私侵权法适用的论点,本文希望能够影响美国法学会下一期关于侵权法复述和数据隐私法复述的出版物。目前,侵权法(第二次)复述为分析公开披露私人事务和侵扰他人安宁的两种侵权行为提供了一个框架。② 美国法学会应该重新定义复述原则来考虑伴随着如物联网等新兴技术的隐私问题。例如,在对侵扰他人安宁的侵权行为的评论 B 中,复述法称入侵行为并不需要有现实中、物理上的入侵就可以被起诉,并且当被告使用他/她的感官时,"无论是否使用了器械辅助,监视或监听原告的私人事务",入侵行为也可以发生。③ 这一评论看起来似乎考虑了物联网设备,如能够传输原告私人事务的器械辅助设备。因此,起草者应该包括更有关联性的例子——不仅仅是有线窃听电话或双筒望远镜等传统的设备,这些关联例子应该覆盖作为物联网一部分的大范围的传感器。④ 通过用包括了更广泛的新兴技术的新例子来更新这些评论,美国法学会可以向法院发出信号:隐私侵权法仍然是私人原告主体寻求补偿的、持久耐用的工具。因此,法院除了制定自己的法律解决方案以应对未来的数据泄露和消费者伤害之外,还可以选择采用法律复述的提议办法,这将补充现有的物联网规范来为消费者提供救济。本文在下面的内容中将把这些隐私侵权法作为潜在的解决方案进行探讨。

---

① See Neil M. Richards & Daniel J. Solove, Privacy's Other Path: Recovering the Law of Confidentiality, 96 GEO. L. J. 123, 126 (2007).
② See Restatement (Second) of Torts § § 652B, D (AM. Law INST. 1977).
③ See Restatement (Second) of Torts § § 652B, cmt. b (AM. Law INST. 1977).
④ See Restatement (Second) of Torts § § 652B, cmt. b (AM. Law INST. 1977).

(一) 公开披露他人私人事务的侵权行为

公开披露私人事务的侵权行为可以适用于物联网，因为它具有灵活性，而且现在有把这种侵权行为法拓展到救济消费者损害的新兴司法意愿。对私人事务的侵权行为为公开披露"对一个理性的人具有高度冒犯性"的私人事项创造了一种诉因。① 根据侵权法（第二次）复述，对私人事务的侵权行为发生在：如果一个人公开披露与另一个人的私人生活有关的事项，那么这个人将要就他侵犯他人的隐私的行为对他人承担责任，而这个事项是：①对一个理性的人而言具有高度的冒犯性；②公众对此不具有合理关切，即该事项不涉及公共利益。②

这种隐私侵权行为"规定了侵权责任，这种责任包括对公开陈述真实事实所造成的损害做出判决"③。

这种隐私侵权行为法可能能够适用于物联网环境，因为物联网传感器数据的丰富性可能意味着这些数据可以被视为"私人事务"，任何发布或披露这些数据的行为都可以被视为对隐私的侵犯。然而，上述（b）部分，即所谓的"新闻价值抗辩"（newsworthiness defense），是原告在提出私人事务索赔时必须克服的最大障碍。由于私人事务侵权是关于言论自由和《美国联邦宪法第一修正案》中最具争议的隐私侵权，法院在适用这一侵权行为时一直持谨慎态度。④ 事实上，Harry Kalven 教授指出，新闻价值抗辩的力量可能是压倒性的，以至于实质上吞并了侵权行为。⑤ 由于这种强有力的抗辩理由，与其他隐私侵权相比，私人事务侵权的发展比较缓慢，受到很多阻碍。本文在这一节将首先探讨侵权行为是如何与《美国联邦宪法第一修正案》

---

① See Restatement (Second) of Torts § 652D (AM. Law INST. 1977).
② See Restatement (Second) of Torts § 652D (AM. Law INST. 1977).
③ See Restatement (Second) of Torts § 652D (AM. Law INST. 1977).
④ See Jenkins v. Dell Publishing Co., 251 F. 2d 447 (3d Cir. 1958); Kelley v. Post Publishing Co., 98 N. E. 2d 286 (Mass. 1951); Harry Kalven, Jr., Privacyin Tort Law: Were Warren and Brandeis Wrong?, 31 Law & Contemp. Prob. 326, 336 – 337 (1966).
⑤ See Harry Kalven, Jr., Privacyin Tort Law: Were Warren and Brandeis Wrong? 31 Law & Contemp. Prob. 336 (1966).

产生冲突的。其次,本文将讨论法院适用私人事务侵权的案件。最后,本文将把私人事实侵权行为适用于物联网。

1.《美国联邦宪法第一修正案》、私人事务侵权和新闻价值抗辩

美国联邦最高法院在 FloridaStar v. BJF 一案中观察到在私人事务侵权中,言论自由权和隐私保护的冲突。① 在佛罗里达星报中,一家报纸在从警察部门新闻稿获得信息后公布了一名强奸受害者的姓名。② 原告根据佛罗里达州一项禁止公布性侵犯受害者姓名的法令,对《纽约时报》和警察局提起了过失诉讼。③ 初审法院做出了有利于原告的裁决,认为佛罗里达州的法令符合宪法,因为它"反映了《美国联邦宪法第一修正案》和隐私权之间的适当平衡,因为它适用于一个狭小的、'相当敏感的刑事犯罪行为'的集合"④。之后佛罗里达星报向美国联邦最高法院上诉,最高法院推翻了佛罗里达州法院的判决。最高法院依据《美国联邦宪法第一修正案》认定佛罗里达星报无须承担责任,因为国家不能惩罚媒体发布来自政府新闻稿的信息。⑤ 最高法院解释说,一份政府向媒体发布的新闻稿表明"政府认为相关事实的传播是合法的,并且事实上希望信息接收者(媒体等)进一步传播相关事实"⑥。然而,本案的法庭并没有将所有真实的出版物排除在责任之外。⑦ 相反,最高法院限制了它的判决范围,指出:"《美国联邦宪法第一修正案》和隐私权法律之间的利益冲突所表现出的敏感性和重要性取决于有限原则,这些原则所涵盖的范围不超过即时案件的适当背景。"⑧

有人认为美国联邦最高法院关于佛罗里达星报的观点是私人事务侵权行为的终结。⑨ 由于佛罗里达星报案的判决是美国联邦最高法院

---

① Florida Star v. B. J. F., 491 U.S. 524 (1989).
② Florida Star v. B. J. F., 491 U.S. 527 (1989).
③ Florida Star v. B. J. F., 491 U.S. 528 (1989).
④ Florida Star v. B. J. F., 491 U.S. 528–529 (1989).
⑤ Florida Star v. B. J. F., 491 U.S. 538 (1989).
⑥ Florida Star v. B. J. F., 491 U.S. 538–539 (1989).
⑦ Florida Star v. B. J. F., 491 U.S. 532–533 (1989).
⑧ Florida Star v. B. J. F., 491 U.S. 533 (1989).
⑨ See Lorelei Van Wey, Note, Private FactsTort: The End is Here, 52 Ohio ST. L. J. 299;. 300 (1991).

最近对私人事务侵权的判决,因此下级法院在隐私侵权行为的范围和适用方面几乎没有得到任何的指导。然而,尽管美国联邦最高法院做出了佛罗里达星所报一案的判决,但私人事务侵权似乎正在作为隐私规范的一种潜在救济措施而重新出现。① 例如,目前,在私人事务侵权下,有一种新兴的司法意愿模式来保护某些类型的信息,如他人的医疗、财务和私密信息。②

本文认为,私人事实侵权可以成为原告为物联网隐私侵权寻求损害赔偿的合适工具。但是,在私人事务侵权能被应用于物联网侵权之前,原告必须证明被指控的物联网侵权克服了新闻价值抗辩,因为新闻价值抗辩是一种能够阻碍私人事务侵权行为发展和适用的一种有力抗辩。人们现在已经开发了几项测试来确定被披露的事实是否能够克服新闻价值抗辩。③

第一,侵权法(第二次)复述描述了一个新闻价值测试,这个测试依赖于公众对规范和价值的认知。具体来说,为了确定某一事项是否具有合法的公共利益来援引新闻价值抗辩,复述法要求法院在确定什么是合法的公共利益事项时考虑社会习俗和公约。④ 美国第九巡回法院在 Virgil v. Time 一案中采用了复述法的办法,认为这种方法并不违反《美国联邦宪法第一修正案》,而是作为"新闻界行使有效编辑判断所需的喘息空间"⑤。第九巡回法院承认,虽然"合法公共利益和非合法公共利益"的区分并不像人们所希望的那样清晰,但复述法表达了这一区别,所以任何的法院都可以像复述法一样做,并且接受复述法所提出的区分标准。⑥

第二,Diane Zimmerman 教授创造了一个"新闻自由模式"(left-

---

① See generally John A. Jurata, Jr., Comment, The Tort That Refuses to Go Away: The Subtle Reemergence of Public Disclosure of PrivateFacts, 36 San Diego L. Rev. 489 (1999).
② See infra Part IV. A. 3 and accompanying text.
③ See generally John A. Jurata, Jr., Comment, The Tort That Refuses to Go Away: The Subtle Reemergence of Public Disclosure of PrivateFacts, 36 San Diego L. Rev. 502 – 008 (1999).
④ Restatement (Second) of Torts § 652D cmt. h (AM. Law Inst. 1977).
⑤ Virgil v. Time, Inc., 527 F.2d 1122, 1129 (9th Cir. 1975).
⑥ Virgil v. Time, Inc., 527 F.2d 1122, 1129 (9th Cir. 1975).

it-to-the-press model),即将有新闻价值的决定交给媒体而不是法庭。① Zimmerman 教授声称,新闻媒体在判断新闻材料是否具有新闻价值方面处于更有利的地位,因为媒体市场要求新闻要贴合公众的需求,这样媒体才能获得收入。② 因此,"受众和广告客户的反应更有可能限制出版商进行某些类型的交流,而不是(由私人事务侵权行为导致的)损害赔偿判决引起的、不确定的威胁"③。然而,Anupam Chander 教授指出,遵从新闻媒体编辑决定的新闻价值测试是值得怀疑的。④ Chander 教授认为,在互联网时代,在信息向公众公开之前,可能并没有编辑评论,即在互联网时代,信息传播速度加快,很多消息在新闻媒体编辑发布之前已经人尽皆知。此外,从前印刷成本和有限版面、标题空间的限制也与此无关,即媒体不用再仅仅因为考虑以上的限制来合理安排新闻内容。⑤ 所以其在判断新闻材料时可能达不到 Zimmerman 教授设想的要求。相反,Chander 教授认为"博客可以免费使每个人都成为编辑"并得出结论:"博客价值与新闻价值不同。"⑥ 因此,尽管 Zimmerman 教授的"新闻自由模式"一度拥有很大的权威,但互联网的出现、印刷新闻的减少和个人博客数量增加等情况同时发展,似乎我们更倾向于采用另一种不同的方法来测试新闻价值。

尽管新闻评论员辩称,佛罗里达星报一案使许多私人事务受到

---

① See Diane L. Zimmerman, Requiem for A Heavyweight: A Farewell to Warren and Brandeis's Privacy Tort, 68 COrnell L. Rev. 291, 353 (1983).

② See Diane L. Zimmerman, Requiem for A Heavyweight: A Farewell to Warren and Brandeis's Privacy Tort, 68 Cornell L. Rev. 353-354 (1983).

③ See Diane L. Zimmerman, Requiem for A Heavyweight: A Farewell to Warren and Brandeis's Privacy Tort, 68 Cornell L. Rev. 354 (1983).

④ See Anupam Chander, Youthful Indiscretion in an Internet Age, in the Offensive Internet: Speech, Privacy, and Reputation 124, 131 (Saul Levmore & Martha C. Nussbaum eds., 2010).

⑤ See Anupam Chander, Youthful Indiscretion in an Internet Age, in the Offensive Internet: Speech, Privacy, and Reputation 124, 131 (Saul Levmore & Martha C. Nussbaum eds., 2010).

⑥ See Anupam Chander, Youthful Indiscretion in an Internet Age, in the Offensive Internet: Speech, Privacy, and Reputation 124, 131 (Saul Levmore & Martha C. Nussbaum eds., 2010).

《美国联邦宪法第一修正案》的特权保护，但最近的判例法似乎表明情况并非如此。① 具体来说，法院似乎更愿意在涉及医疗数据、财务信息和涉及视觉和听觉细节的亲密性信息的某些情况下，限制《美国联邦宪法第一修正案》的强大特权。

2. 法院适用私人事务侵权的情况

私人事务侵权已经成为未经授权公开披露保密医疗信息的重要救济措施。原告在他的疾病信息（如 HIV 和 AIDS）、尸检照片②、和其他私人医疗信息被公开披露后，已经使用这种侵权救济来寻求损害赔偿。例如，在 Multimedia WMAZ v. Kubach 一案中，一名艾滋病患者作为原告，在一家电视台确认其被诊断出患有艾滋病后，在一起私人事务侵权索赔案件中获得了陪审团的支持，最终法院做出了有利于原告的判决。③ 那家电视台试图通过声称公开披露一名患者的艾滋病诊断结果是有关公共利益的事项来援引新闻价值抗辩，但乔治亚州的法院驳回了这一抗辩，因为乔治亚州的一项法律规定："艾滋病人的身份信息通常不涉及公共利益的问题。"④

在另一起医疗信息案件——Doe v. High-Tech Institute, Inc. 一案中，一所大学擅自将其一名学生的 HIV 检测结果送到科罗拉州卫生部。⑤ 这所大学被认为实施了对私人事务的侵权行为，需要承担责任。⑥ 此外，在 Blackwell v. Harris Chemical North America, Inc. 一案中，一名雇员起诉其雇主，因为她的个人医疗信息，包括其严重疾病的详细信息被公开给了她的同事们。⑦ 地方法院驳回了被告，即雇主不予索赔的请求，认为原告所指称的披露个人医疗资料足以构成以"私人事实侵权"为由提出的索赔。⑧

---

① See generally John A. Jurata, Jr., Comment, The Tort That Refuses to Go Away: The Subtle Reemergence of Public Disclosure of Private Facts, 36 SAN DIEGO L. REV. 489 (1999).
② See Reid v. Pierce Cty., 961 P.2d 333, 342 (Wash. 1998).
③ Multimedia Wmaz, Inc. v. Kubach, 443 S.E. 2d 491, 493 (Ga. Ct. App. 1994).
④ Multimedia Wmaz, Inc. v. Kubach, 443 S.E. 2d 495 (Ga. Ct. App. 1994).
⑤ Doe v. High-Tech Inst., Inc., 972 P.2d 1060, 1064 (Colo. App. 1998).
⑥ Doe v. High-Tech Inst., Inc., 972 P.2d 1060, 1064 (Colo. App. 1998).
⑦ Blackwell v. Harris Chem. N. Am., Inc., 11 F. Supp. 2d 1302, 1305 (D. Kan. 1998).
⑧ Blackwell v. Harris Chem. N. Am., Inc., 11 F. Supp. 2d 1310 (D. Kan. 1998).

私人事务侵权同时也成功地运用在与财务信息相关联的案件之中。在 Hood v. National Enquirer, Inc. 一案中，演员 Eddie Murphy 的私生子及其母亲起诉了一家小报，因为这家小报在一篇文章中披露了原告的姓名及其经济来源。① 加利福尼亚州法院在一份未公开的判决中认为，尽管 Eddie Murphy 与原告的关系可能具有新闻价值，但其经济来源的细节无权享有《美国联邦宪法第一修正案》的特权。② 因此，限制发布敏感的经济信息，如子女抚养费，可能是对新闻价值抗辩的另一个司法限制。

最后，私人事务侵权已经被应用于网络上一宗涉及亲密性信息传播的案件当中。在 Michaels v. Internet Entertainment Group, Inc. 一案中，知名人士 Bret Michaels 起诉一家互联网成人视频分销商，称其在网上发布的一段描述他与女演员 Pamela Anderson Lee 发生性关系的色情视频，构成对私人事务的公开披露。③ 被告抗辩说，因为 Michaels 在杂志和电影中以裸体的形象出现，是"性感的象征"，因此他的性生活不再是私人的。④ 此外，被告表示，因为 Michaels 的形象是一个"性象征"，因此他在录像中的性行为具有新闻价值。⑤ 地方法院驳回了被告的抗辩，认为即使 Michaels 是一位公众人物，但"即使是自愿进入公共领域的人，对他们生活中最私密的细节也保留着隐私利益"⑥。最重要的是，地方法院关注的是磁带的"视觉和听觉细节"，这些细节"通常被认为是私密的，即使对知名人士也是如此"⑦。因此，地方法院采用了一种三管齐下的检验方法：①被公布事务的社会价值；②表面上对隐私事务侵犯的程度；③当事人自愿承

---

① Gary Williams, On the QT and Very Hush Hush: A Proposal to Extend California's Constitutional Right to Privacy to Protect Public Figures from Publication of Confidential Personal Information, 19 LOY. L. A. ENT. L. REV. 337, 345 (1999).

② Gary Williams, On the QT and Very Hush Hush: A Proposal to Extend California's Constitutional Right to Privacy to Protect Public Figures from Publication of Confidential Personal Information, 19 LOY. L. A. ENT. L. REV. 337, 345 (1999).

③ Michaels v. Internet Entm't Grp., Inc., 5 F. Supp. 2d 823, 839 (C. D. Cal. 1998).

④ Michaels v. Internet Entm't Grp., Inc., 5 F. Supp. 2d 840 (C. D. Cal. 1998).

⑤ Michaels v. Internet Entm't Grp., Inc., 5 F. Supp. 2d 840 (C. D. Cal. 1998).

⑥ Michaels v. Internet Entm't Grp., Inc., 5 F. Supp. 2d 840 (C. D. Cal. 1998).

⑦ Michaels v. Internet Entm't Grp., Inc., 5 F. Supp. 2d 840 (C. D. Cal. 1998).

担社会恶名的程度。① 法院发现，前两个因素（公开性爱录像的社会价值不显著，而对一段关系中最亲密的事务却有着很深的侵犯程度）会严重影响新闻价值的出现。② 地方法院颁布了一项初步禁令，禁止发布这盘磁带，法院认为这个案件中 Michaels 的义务是说明这些性爱录像并不受到新闻价值特权的保护，而 Michaels 证明了这是有可能做到的。③

3. 应用于物联网的私人事务侵权行为

当应用于物联网的时候，私人事务侵权行为是一种很有希望和前景的帮助工具，它能帮助消费者在遭受从物联网设备上收集到的信息被传播所带来的伤害后获得损害赔偿。尽管新闻价值特权是一项强有力的抗辩，但最近的判例法显示，法院倾向于限制新闻价值在发布某些信息时的范围，包括医疗信息、私人财务记录以及与性关系有关的内心细节。

首先，法院保护医疗信息的意愿可能会延伸到因健康追踪和健康数据被侵犯而受伤的消费者。可以说，与 HIV 和 AIDS 有关的数据，或其他严重疾病相关的数据，比他人每天的心率数据和日常步数等数据更为重要。然而，在考虑数据聚合问题和意想不到的歧视问题时，健康追踪和健康数据的影响可能很大。

其次，智能家居、智能汽车和其他物联网设备都包含了敏感的记录信息，这些记录对公司来说非常有价值，因为它们会导致对消费者有价值的财务推断。例如，汽车保险公司可能会根据他人的驾驶行为来调整对他人收的保费。④ 此外，家庭保险公司可能会考虑收集智能电器收集的数据——比如锁门或关闭烤箱——以奖励消费者在家庭中的安全行为，即有安全意识的消费者可能会有保费优惠。⑤ 因此，与保险费率和银行信息有关的敏感财务数字可以通过物联网设备加以揭

---

① Michaels v. Internet Entm't Grp., Inc., 5 F. Supp. 2d 841 (C.D. Cal. 1998).
② Michaels v. Internet Entm't Grp., Inc., 5 F. Supp. 2d 841–842 (C.D. Cal. 1998).
③ Michaels v. Internet Entm't Grp., Inc., 5 F. Supp. 2d 842 (C.D. Cal. 1998).
④ See infra Part II. B, C.
⑤ See Sachin Modak, The "Fin"-ternet of Things: How IoT Affects Financial Services, FINTECH FIN. BLOG (July 29, 2015) http://www.fintech.finance/news/the-fin-ternet-ofthings-how-iot-affects-financial-services/ [https://perma.cc9977T-BVTW].

露。正如 Hood v. National Enquirer, Inc. 一案所显示的那样,即使案件涉及公众人物,一些法院也愿意保护与儿童抚养有关的敏感经济信息。① 一般来说,公众人物的出现意味着被披露的事实将被认为是"有新闻价值的"。然而,考虑到儿童资助的财务信息的敏感性,Hood 一案中的法院没有为这些数据的披露者提供《美国联邦宪法第一修正案》的保护。② 因此,如果把这种推理拓展到物联网设备领域,那么,私人事务侵权行为法就会允许消费者,甚至是公众人物,在他们的财务信息被不恰当地、非法披露或发布时,要求得到部分的救济。

最后,也是最重要的,地方法院在 Michaels v. Entertainment-Group, Inc. 一案的判决中承认保护 Michaels 和 Anderson 之间亲密关系的"视觉和听觉"细节的重要性。③ Michaels 一案的判决是与物联网监管相关的最突出、重要的案例,因为它涉及通过互联网公开的敏感感官数据的监管。虽然物联网设备收集敏感的传感器数据,但加州地方法院承认,即使是公众人物也应该受到与性相关的、感官信息的隐私保护,这种保护应该将私人事务侵权法拓展到物联网设备收集的传感器数据对消费者造成伤害的保护领域。特别是,物联网设备收集的那些"视觉和听觉"的细节信息尤其值得法院适用私人事务侵权法,因为这些敏感的传感器数据描述了在物联网设备中的微电子机械系统传感器被发明和出现之前无法记录的私人生活的方方面面。

具体来说,物联网设备生成了数百万个与生活各方面相关的敏感传感器数据,许多理性的人认为这些数据是私密的,比如睡眠模式、精神状况和饮食习惯。此外,如智能恒温器或网络摄像头设备等物联网设备,就是 FTC 处理的 TRENDnet 一案中所涉及的那些设备④,被用于我们家庭中的温馨、私密领域,可以说它所记录的都是人类生活

---

① See Sachin Modak, The "Fin"-ternet of Things: How IoT affects Financial Services, FINTECH FIN. BLOG (July 29, 2015) http://www.fintech.finance/news/the-fin-ternet-ofth-ings-how-iot-affects-financial-services/ [https://perma.cc9977T-BVTW].

② See Williams, supra note 124, at 345.

③ See Williams, supra note 124, at 345.

④ Michaels v. Internet Entm't Grp., Inc., 5 F. Supp. 2d 823, 840 (C.D. Cal. 1998).

中最私密的方面。① 通过允许这些设备进入消费者的家庭，消费者允许了被收集敏感的传感器数据，包括像睡眠模式或饮食信息等健康数据。这些传感器数据可以被汇编成数字传记，允许第三方根据在消费者家庭收集的数据做出不被消费者允许的推论和结论。虽然不是所有的物联网传感器数据都涉及像性录像带一样的视觉、听觉的细节，但敏感的感官数据与敏感的传感器数据之间存在着直接的平行关系，应当得到法院的认可，因此，隐私侵权是为消费者提供潜在的侵犯隐私损害民事救济的合适工具。

如果原告在隐私诉讼中胜诉，他或她通常可以获得特殊损害赔偿或非经济损害赔偿，如果被告的侵权行为特别恶意，他或她还可以获得潜在的惩罚性损害赔偿。② 在物联网背景中，隐私侵权的适用具有更严厉的惩罚，比如较低门槛的惩罚性赔偿或三倍赔偿，这样可以增加侵权法的威慑性，为其赔偿受害人的目标服务。本文并没有试图在物联网背景中给出隐私侵权诉讼的确切框架，而是试图强调数字世界中隐私侵权行为的灵活性和适应性。

（二）对他人安宁的不合理侵扰

对他人安宁不合理的侵扰行为是一种侵犯隐私的行为，如果一个人的行为侵犯了另一个人的独处权，而且这种侵犯对一个理性的人而言具有高度冒犯性，那么行为人要就其侵权行为承担责任。③ 侵权法（第二次）复述将这种隐私侵权行为划分为单独的一个类别，④ 它提供了几种侵权的情况，比如"擅自打开他人的私密和私人的邮件、搜索他人的保险箱或钱夹、检查他人的私人银行账户，或者用伪造的

---

① In re Trendnet, Inc., No. 122-3090, 2013 WL 4858250, at *2 (F.T.C. Sept. 3, 2013).

② See James R. Clapper, Senate Select Comm. on Intelligence, Worldwide Threat Assessment of the Us Intelligence Community 1 (2016), available at http://arstechnica.com/wp-content/uploads/2016/02/clappertestimony.pdf [https://perma.cc/3BEN-TYBM]; see also Jonathan L. Zittrain et al., Don't Panic: Making Progress on the "Going Dark" Debate, Harv. Berkman CTR. For Internet & Society 13 (2016), https://cyber.law.harvard.edu/pubrelease/don't panic/DontPanicMakingProgress on Going Dark Debate.pdf [https://perma.cc/cy52-xezy].

③ See Restatement (Second) of Torts § 652H (AM. Law INST. 1977).

④ See Restatement (Second) of Torts § 652B (AM. LAW INST. 1977).

法院命令来使他人允许对其文件的检查"①。此外，侵入的侵权行为并不考虑所侵犯的信息的内容。② 例如，一个"偷窥者透过窗户观察一个平凡的家庭场景，即使他没有从中得知任何秘密，但他的行为依然侵扰了这个家庭的安宁"③。此外，侵入的侵权行为要求入侵者注意到，或事先知道一个人对独处、安宁的合理期待，并在这种知情的情况下仍然故意地进行观察。④

此外，这种侵入必须是侵入到原告已经将自己隔离起来的地方，即原告"独处"的地方，比如家庭。⑤ 在考虑技术侵入的索赔请求时，"调查事实的人员必须确定一个计算机用户是否有对'独处'的合理期待，这就要求调查人员确定此时的观察或偷窥行为是否会破坏这种'独处'状态"⑥。然而，一方面，这需要一个调查事实的人员来定义什么是"独处"，这是一件很困难的事情，因为定义必须在"每个人合理依赖的'独处'和每个人合理探索的好奇心"之间取得平衡。⑦ 例如，如果"安宁""独处"的定义非常狭窄，侵入行为将成为非法入侵法的延伸，并且只能保护住宅等物理位置。⑧ 另一方面，对"安宁""独处"的宽泛定义可能会限制所有人，包括揭露犯罪或促进有效新闻报道的那些进行积极观察的人。⑨ Jane Bambauer 教授指出，州法院最适合定义什么是"独处""安宁"并"确定在什么情况下我们在浏览万维网的时候可以对'独处'有合理的期待"⑩。由于这些原因，Bambauer 教授声称，侵入的侵权行为针对信息时代

---

① See Restatement (Second) of Torts § 652B (AM. LAW INST. 1977).

② See Restatement (Second) of Torts § 652B at cmt. b. (AM. LAW INST. 1977).

③ Jane Yakowitz Bambauer, The New Intrusion, 88 Notre Dame L. Rev. 205, 231 (2012).

④ Jane Yakowitz Bambauer, The New Intrusion, 88 Notre Dame L. Rev. 205, 231 (2012).

⑤ See Jane Yakowitz Bambauer, The New Intrusion, 88 Notre Dame L. Rev. 205, 231 (2012).

⑥ See Restatement (Second) of Torts § 652B cmt. b. (1977)

⑦ Jane Yakowitz Bambauer, The New Intrusion, 88 Notre Dame L. Rev. 242 (2012).

⑧ Jane Yakowitz Bambauer, The New Intrusion, 88 Notre Dame L. Rev. 233 (2012).

⑨ Jane Yakowitz Bambauer, The New Intrusion, 88 Notre Dame L. Rev. 232 (2012).

⑩ Jane Yakowitz Bambauer, The New Intrusion, 88 Notre Dame L. Rev. 232–233 (2012).

的合法隐私问题提供了最好的理论,侵权行为"在概念上适用于不断变化的技术","对安宁权的强制执行可以理性地一点点扩大,它可以取缔最令人不安的数据实践行为而不会对行业和监管执法机构提出不切实际的要求"①。Bambauer 教授的论点得到了进一步的加强,因为侵入的侵权行为没有受到私人事务侵权行为所面临的《美国联邦宪法第一修正案》的限制。②

对侵扰他人安宁的侵权行为的探讨如下:首先,本节探讨了侵入侵权行为法相对于私人事务侵权行为法的一些优势。其次,本节讨论了法院在侵入侵权行为案件中所考虑的抗辩事由。最后,本节将侵入侵权行为法应用于物联网。

1. 侵入侵权行为法的优势

对于私人主体的原告来说,入侵权行为法相对于私人事务侵权行为法有几个优势。

第一,侵入的侵权行为只要求行为人观察了信息,而不是要传播了信息。③例如,在 Hamberger v. Eastman 一案中,新罕布什尔州最高法院裁定当一名房东在原告的卧室里安装了窃听器时,他的行为构成了一种侵扰安宁的侵权行为。④被告辩称:"根据本案的事实,这里不应承认原告有隐私权……因为没有任何指控称有人有意识或无意识地听到了原告卧室发出的任何声音。"⑤新罕布什尔州最高法院驳回了被告的论点,因为侵入的侵权行为"不需要向第三人公开和沟通"⑥。因此,与侵入的侵权行为不同的是,信息披露侵权在收集到的信息被传播之前,具有先发制人的优势,能够避免恶意观察、偷窥的危害。⑦

第二,由于侵入的侵权行为是对行为的监控,而不是对行为与言论和新闻之间的关联进行健康,所以侵入的侵权行为没有受到《美

---

① Jane Yakowitz Bambauer, The New Intrusion, 88 Notre Dame L. Rev. 244 (2012).
② Jane Yakowitz Bambauer, The New Intrusion, 88 Notre Dame L. Rev. 210 (2012).
③ See infraPart IV. A. 1.
④ Jane Yakowitz Bambauer, The New Intrusion, 88 Notre Dame L. Rev. 228 (2012).
⑤ Hamberger v. Eastman, 206 A. 2d 239, 242 (N.H. 1964).
⑥ Hamberger v. Eastman, 206 A. 2d 242 (N.H. 1964).
⑦ Hamberger v. Eastman, 206 A. 2d 242 (N.H. 1964).

国联邦宪法第一修正案》对私人事务侵权行为的限制。例如,"联邦法律中的侵入式规定,如《美国窃听法》①（禁止拦截通信）、《储备通信法》②（禁止未经授权访问电子邮件和其他电子通信）、《计算机欺诈和滥用法》③（禁止黑客侵入他人的计算机账户和访问个人文件)"就躲过了《美国联邦宪法第一修正案》的审查。④因此,侵入的侵权行为似乎可以适应不断变化的技术,而其强制执行的发展可以防止令人不安的数据实践。⑤

第三,"独处"或"隐居"的权利受到很多不同理论的支持。根据 Richard Posner 法官的说法,当人们不担心有人窃听时,交流会更加有效。⑥ Julie Cohen 教授认为,隐私需要"个人自治区域"来体现"自决和社区建设"的价值观。⑦ 而且,隐私可能与"创造力、成长、自主和心理健康"等重要目标有关。⑧

2. 对侵入的侵权行为的抗辩

对侵入的侵权行为的抗辩主要有两种。

第一种,被告可以声称其观察和干扰行为并不是真正的侵扰,因为原告并没有将自己完全隔离。⑨ 这个抗辩是否有效取决于对隔离、独处的定义有多宽泛。⑩

第二种,被告可以声称被观察的他人同意了行为人对其进行干涉

---

① Jane Yakowitz Bambauer, The New Intrusion, 88 Notre Dame L. Rev. 206–07 (2012).
② 18 U.S.C. §§ 2510–2522 (West 2016).
③ 18 U.S.C. § 2701 (West 2016).
④ 18 U.S.C. § 1030 (West 2016).
⑤ Jane Yakowitz Bambauer, The New Intrusion, 88 NOTRE DAME L. REV. 232 (2012).
⑥ Jane Yakowitz Bambauer, The New Intrusion, 88 NOTRE DAME L. REV. 207 (2012).
⑦ See Richard A. Posner, The Economics of Privacy, 71 AM. ECON. REv. 405, 408 (1981).
⑧ See Julie E. Cohen, Examined Lives: Informational Privacy and the Subject As Object, 52 Stan. L. Rev. 1373, 1377 (2000).
⑨ See Ruth Gavison, Privacyand the Limits of Law, 89 Yale L. J. 421, 444 (1980).
⑩ See Restatement (Second) of Torts § 652B cmt. c (1977).

或观察。① 例如，在 Lewis v. LeGrow 一案中，一名妇女在一项涉及使用侵入的侵权行为的诉讼中胜诉，被告是原告的男友，他在自己的卧室里秘密地记录下了与原告的性关系行为。② 被告辩称原告事先已经同意被录像。③ 在上诉中，法院驳回了被告的抗辩，称同意"是一个明确表示弃权或同意的程度或范围的问题，这取决于案件的事实和背景情况"④。法院指出，一般来说，是否同意的问题是陪审团的问题，即由陪审团来决定原告是否同意自己被录像。⑤ LeGrow 一案中的法院认为，亲密的性行为是一件私密的事情，就目前的证据来说，陪审团可能需要面临一个事实问题。⑥ 因此，初审法院没有错误地驳回被告在庭审前提出的即刻判决的请求。⑦ 所以，将私人事务侵权下的私密细节作为私人事务来保护的司法意愿模式，在侵入的侵权行为案例中得到进一步的体现。

3. 应用于物联网的侵入的侵权行为

在应用于物联网时，侵入的侵权行为几乎是另一种很有希望、前景的手段，它可以阻止具有欺骗性和操纵性的物联网行为。因为侵入的侵权行为并没有受到《美国联邦宪法第一修正案》的限制，而且其重点在于解决行为问题而非行为或信息的内容问题，所以这种侵权行为在互联网隐私争议中似乎会变得更加突出。⑧ 如果能够将这种侵权行为及其救济应用于物联网，那么，他人就能获得"一个喘息空间，在这个空间里，他人能够成为他想成为的人，做他想做的事，而不用担心会有什么社会上和经济上的后果"⑨。如果行为人出于不适当的目的访问数据，与设备制造商的隐私政策或消费者的合理期待不

---

① See infra Part V.B. 1.
② Lewis v. LeGrow, 670 N.W. 2d 675, 688 (Mich. ct. App. 2003).
③ Lewis v. LeGrow, 670 N.W. 2d 681-682 (Mich. ct. App. 2003).
④ Lewis v. LeGrow, 670 N.W. 2d 681-682 (Mich. ct. App. 2003).
⑤ Lewis v. LeGrow, 670 N.W. 2d 688 (Mich. ct. App. 2003).
⑥ See Lewis v. LeGrow, 670 N.W. 2d 688 (Mich. ct. App. 2003).
⑦ Lewis v. LeGrow, 670 N.W. 2d 688 (Mich. ct. App. 2003).
⑧ See Adam D. Thierer, The Internet of Things and Wearable Technology: Address-ing Privacyand Security Concerns Without DerailingInnovation, 21 RICH. J. L. & TECH. 6, T 142 (2015).
⑨ Bambauer, supra note 146, at 252.

一致，那么这种访问行为以潜在侵入观察的方式对消费者造成了伤害。① 因此，侵入的侵权行为法可以作为保护消费者利益的一种局部救济手段，阻止物联网设备和第三方对消费者的过分关注。作为一种局部救济，隐私侵权提供了另一种救济手段，可以通过法定的或行政救济予以补充。然而，普通法救济的好处是，隐私侵权法能够适应不断变化的技术，而不会给监管机构带来同样的负担。

侵入的侵权行为也有助于解决数据聚合问题和意想不到的歧视问题。② Neil Richards 教授认为，重要的是，侵入的侵权行为旨在防止信息被不必要地收集或积累，而不是阻止已收集信息的传播。③ Richards 教授的评论认为，数据聚合问题可以通过在观察阶段使用侵入的侵权行为来解决，从而防止物联网设备不必要地积累敏感传感器数据。在观察阶段应用侵入的侵权行为也可以解决意想不到的歧视问题，因为通过防止他人的个人传感器数据被积累，法院可以先发制人地阻止某些主体使用传感器信息进行数据分析的任何歧视行为。

物联网公司可以通过其隐私政策或隐私通知为自己的做法辩护，如果消费者同意或签署了这些政策或通知，那么会被视为同意物联网公司对其进行冒犯性的观察或同意自己的数据被收集。然而，法院可以驳回这一抗辩，因为消费者同意放弃自己权利的范畴是有限的。举个例子，Jessica Litman 教授指出，"当同意的条款或当时的情况有限制，或者暗示有限制时，消费者作出的同意可以被视为以特定的目的为条件，它不授予物联网公司在其他不同情况下也把消费者视为同意其同样行为的特权"④。Litman 教授的观点表明，信息性隐私权不允许物联网公司对其原始协议中未同意被使用的数据进行不适当的、跨背景的使用。⑤ 因此，即使隐私政策可以使被告（物联网公司）不受

---

① Bambauer, supra note 146, at 252.
② See infra Part II. B. C.
③ Neil M. Richards, The Limits of Tort Privacy, 9 J. TELECOMM. & HIGH TECH. L. 57, 383 (2011).
④ Jessica Litman, Information Privacy/Information Property, 52 STAN. L. REV. 1283, 1310–11 (2000).
⑤ Jessica Litman, Information Privacy/Information Property, 52 STAN. L. REV. 1283, 1311 (2000).

合同索赔的影响，但侵权索赔仍然存在，因为侵权行为要求"除非他人对其同意的行为表示十分乐意，并且事实上心甘情愿地这样做"①。Litman 教授认为，侵权行为法中的同意并不"依赖于选择加入或选择加入等程序"的条款，因此相对于普通法、物权法和合同法，它保持着明显的优势。② 侵权行为法避免了现代隐私政策中所包含的合同手续的需要，因此具有一种适应性特征，可以用来解决现代隐私问题。所以，侵入的侵权行为是对物联网伴随而来的数据聚合问题、意想不到的歧视问题的一种可能的救济措施。

在互联网环境下，通知和协议，尤其是在隐私政策和最终用户许可协议中的内容，可能会"将对用户的观察范围扩大到法院认为的、适当的范围之外"③。基于这个原因，在技术行业形成侵入式的观察习惯之前，法院是阐明物联网隐私政策的范围和效力最合适的角色。

五、结语

本文探讨了物联网所带来的独特风险，描述了当前物联网监管的框架，并提倡增加隐私侵权法的使用来对受到物联网伤害的消费者提供一种潜在的救济措施。私人事务的侵权和侵入的侵权规范了物联网交互的不同方面，可以与隐私权法和美国联邦贸易委员会的执行结合使用。私人事务侵权的应用对原告提出了一个困难的挑战，因为原告必须通过《美国联邦宪法第一修正案》的新闻价值测试，证明其私人事务不具有新闻价值。而侵入的侵权行为留下了一个问题，即如何界定原告应受到保护的"独处"范围。然而，考虑到侵权法的适应性，法院应该认识到，传感器数据的敏感性使其成为一种独特的信息，我们应该通过增加隐私侵权行为的适用来使其得到司法保护。为了实现这一目标，本文希望说服美国法学会在起草下一份侵权法复述时通过举出明确的例子或进行明确的评论来考虑新兴的技术，特别是

---

① Jessica Litman, Information Privacy/Information Property, 52 STAN. L. REV. 1283, 1311 (2000).

② Jessica Litman, Information Privacy/Information Property, 52 STAN. L. REV. 1283, 1311 (2000).

③ Jane Yakowitz Bambauer, The New Intrusion, 88 NOTRE DAME L. REV. 254 (2012).

物联网，从而解决传感器数据的敏感性。

　　社会已经达到了一个需要法律特别关注的技术里程碑，因为我们已经进入了一个数字时代，我们周围的每一个设备和每一个物理对象都可以连接到互联网。相信不久之后，人类的每一次体验和身体感受都会被记录下来，并通过互联网进行传播，以达到各种目的。随着物联网的日益普及，法律界应积极准备迎接这一令人兴奋但又令人恐惧的数据领域，以及随之而来的隐私挑战。

物联网时代隐私的保护：第三方规则的放弃

达尔马西奥·V.波萨达斯[①] 著　邓晶晶[②] 译

目　次

一、导论
二、物联网的背景
三、第三方规则与物联网不兼容
四、加密的数据
五、结论

一、导论

这不是一篇关于老大哥如何监视我们的文章，也不是一篇关于我们如何实现某种极权政体的文章。在极权政体之下，我们曾经珍视的每一个公民的自由正在迅速受到侵蚀。[③] 在今时今日的数字时代，隐私的发展是不是少了《少数派报告》中的 Tom Cruise 而多了《妙人奇迹》中的 Peter Sellers 呢?[④] 尽管互联网日新月异、变幻莫测，但法律体系也一直在努力跟上其发展的步伐；事实证明，无论对立法者

[①] 达尔马西奥·V.波萨达斯（Dalmacio V. Posadas, Jr.），美国加利福尼亚州中区地区法院法官助理。

[②] 邓晶晶，中山大学法学院助教。

[③] Daniel J. Solove, Privacy and Power: Computer Databases and Metaphors for Information Privacy, 53 Stan. L. Rev. p.1393, 1398, 1419 (2001).

[④] Minority Report (Dream Works Pictures 2002); BEING THERE (Lorimer Film Entertainment 1979).

而言还是对法院而言，在他们处理隐私问题时，数字时代都是一个复杂的"兔子洞"。① 法律体系试图以现有的隐私法适用于新的数字隐私问题，但不同法律的适用结果各不相同。随着技术从目前的互联网向更全面的物联网（Internet of Things，IoT）发展，法律体系必须迅速适应瞬息万变的环境。② 在这样一种情况下，可能任何来自物联网设备或通过物联网设备传输的信息都不会受到《美国联邦宪法第四修正案》（以下简称《第四修正案》）的保护，因为第三方规则与《第四修正案》保护公民免受非法搜查的规定不符。如果关于物联网的第三方规则没有获得严谨彻底的改革，那么，《第四修正案》可能就没有什么可以保护的了，因为所有的信息活动和人类活动都有可能通过物联网进行。

长期以来，文明社会一直依赖于对部落中每个人的信息收集来进行相互监视。③ 所收集的关于他人的信息提供了集体信任的基础，这种信任使文明得以发展和繁荣。然而目前，行为人可以迅雷不及掩耳地、轻而易举地捕获大多数人深入而广泛的信息，这比部落中某个人的流言蜚语从一个人传到另一个人所花的时间都要短得多。④ 最重要的是，在物联网中，共享信息者之间的权力动向以及这些信息对何人共享等问题都构成了隐私担忧的关键部分。⑤ 尽管那些一度认为某些信息属于隐私事实的一代人已经接受并热衷于这些信息的公开披露⑥，但物联网所能披露的信息已超出了他人的控制范围，因为它收集了关于他人个人生活的方方面面的信息；然而这些信息的收集通常

---

① See Jason A. Martin & Anthony L. Fargo, Anonymity as a Legal Right: Where and Why It Matters, 16 N. C. J. L. & TECH. p. 311, 313, 316, 322, 324 – 325, 328, pp. 330 – 350 (2015).

② Jacob Morgan, A Simple Explanation of 'The Internet of Things, Forbes (May 13, 2014), https://www.forbes.com/sites/jacobmorgan/2014/05/13/simple-explanation-mtemet-things-that-anyone-can-understand/#23f1621a1d09.

③ See Yuvaln. Harari, Sapiens: A Brief History of Humankind pp. 22 – 23 (2015).

④ See Steve Lohr, The Age of Big Data, N. Y. Times (Feb. 11, 2012), http://www.nytimes.com/2012/02/12/simday-review/big-datas-impact-in-the-world.html#story-continues-1.

⑤ Kelsey Finch & Omer Tene, Welcome to the Metropticon: Protecting Privacy in a Hyper-connected Town, Fordham URB. L. J. p. 1581, 1593 (2014).

⑥ See Patricia S. Abril, A (My) Space of One's Own: On Privacy and Online Social Networks, 6 Nw. J. Tech. & Intell. Prop. p. 73 (2007).

是用户一无所知的。① 物联网在本质上可以解码人的意识。② 过去人们对每一项潜在的搜查都要求获得专门的搜查令,这种充满令人折磨的监视和过度官僚主义负担的日子早已一去不复返了。通过监控物联网设备,政府执法部门可以远程收集任何公民的广泛的数据。③ 由于这些数据已经被公民心甘情愿地交给物联网第三方提供商,因此《第四修正案》显然不会再保护这些数据。

本文认为,我们应当限制政府根据第三方规则获取信息,并且禁止政府强制物联网企业向其提供加密数据的访问,这些举措将确保《第四修正案》继续保护公民在新兴的物联网世界中免受不合理搜索的侵害。在第一部分,笔者将简要介绍物联网的背景、界定物联网,并探讨以智能城市和智能家居的形式发展物联网。在第二部分,笔者将讨论第三方规则与物联网的不兼容性。首先,笔者将对《第四修正案》所规定的不合理搜查行为(涉及最新技术、手机和手机定位)做出现代定义。其次,笔者也探讨在将第三方规则适用于物联网时,如果我们不对其施加任何限制的话,那么,我们必须如何对其进行重新构想。再次,笔者还将研究应用数字宅地(digital curtilage)和马赛克理论等分析框架,从而将第三方规则适用于物联网。最后,笔者将分析最近引发物联网担忧的例子和案例。在第三部分,笔者首先将讨论,为解决第三方物联网提供商的数据加密问题,除了必须达到一种微妙的平衡之外,法院还要维持传统的《第四修正案》保护,并且仍然为政府执法机关提供获取必要信息的适当程序。其次,笔者还将探讨,考虑到行政来源和法定来源的隐私之间的断裂性,法院将面临何种负担。最后,笔者也将概述他人可能适用于保护其私人信息的其他方法。

---

① See F. T. C., Internet of Things: Privacy and Security in a Connected World p. 2, 11, pp. 14-15 (2015).

② Chief Justice John Roberts, A Conversation with Chief Justice Roberts (June 25, 2011), available at https://www.c-span.org/video/7300203-l/conversation-chief-justice-roberts&start=1663; See Immanuel Kant, Critique of Pure Reason pp. 17-20 (F. Max Mueller trans., 2d ed. 1924).

③ See Andrew G. Ferguson, The Internet of Things and the Fourth Amendment of Effects, 104 Calif. L. REV. p. 805, pp. 835-840 (2016).

二、物联网的背景

所谓物联网，是指许多带有传感器并能够实现相互之间通信的物体连接在一起所形成的网络。① 这是物联网最基础的定义。物联网有许多代名词，例如智能城市、无人驾驶汽车，以及所有以其他形式相互连接的物体和可穿戴设备。② 这些设备基于某些目的连接起来并收集用户的个人数据，例如，为了提醒用户什么时候应该吃药③、什么时候使用吸入器，或者可能为了监测糖尿病人的血糖。④ 然而，随着物联网等技术的飞速发展，当前我们尚不清楚物联网将如何影响《第四修正案》对不合理搜查行为的防护。⑤

目前，物联网技术提供了数据处理、数据存储和数据分析的实时应用。⑥ 物联网设备利用我们所熟悉的网络协议来实现数据共享，例如 Wi-Fi、蓝牙、手机移动网络、专业化网络以及全球互联网。⑦ 为了实现数据共享，开发人员在物联网设备中一般都嵌入了射频识别设

---

① Luigi Atzori et al., The Internet of Things: A Survey, 54 Computer Networks 2787, p. 2787 (2010); Jacob Morgan, A Simple Explanation of 'The Internet of Things, FORBES (May 13, 2014), https://www.forbes.com/sites/jacobmorgan/2014/05/13/simple-explanation-mtemet-things-that-anyone-can-understand/#23f1621ald09.

② See Jason Tanz, The CIA Leak Exposes Tech's Vulnerable Future, WIRED (Mar. 8, 2017, 12:00 PM), https://www.wired.com/2017/03/cia-leak-exposes-techs-vulnerable-future/.

③ See David Rose, Enchanted Objects: Design, Human Desire, and the Internet of Things pp. 8-9 (2014).

④ The Internet of Things: Exploring the Next Technology Frontier: Hearing Before the Subcomm. on Commerce, Mfg. & Trade of the H. Comm, on Energy & Com., 114th Cong. p. 9 (2015).

⑤ See generally Richard L. Rutledge et al., Defining the Internet of Devices: Privacy and Security Implications (2014), https://smartech.gatech.edu/bitstream/handle/1853/52020/plsc2014-IoD.pdf.

⑥ Leon Hounshell, Forecasting Profitable Models for the Internet of Things, Forbes (Mar. 23, 2017), https://www.forbes.com/sites/forbestechcouncil/2017/03/23/forecasting-profitable-models-for-the-intemet-of-things/#lf2d5cf33e94.

⑦ See Ian Brown, GSR Discussion Paper: Regulation and the Internet of Things p. 3, p. 6 (June 25, 2015) (working paper) (on file with International Telecommunication Union), https://www.itu.int/en/ITU-D/Conferences/GSR/Documents/GSR2015/Discussion_papers_and_Presentations/GSR_DiscussionPaper_IoT.pdf.

备（radio frequency identification devices，RFID）。① 在此之后，RFID 就会与联网物体相连接，例如连接上"停车计时器、恒温器、心脏监视器、轮胎、道路、汽车组件、超市货架和许多其他类型的有形物体"②。由于嵌入式传感器的发展以及使无人驾驶汽车与其他嵌入式传感器设备通信的网络能力的进步，无人驾驶汽车正迅速成为现实。③ 美国基础教育系统（K-12 教育系统）也开始将物联网整合到其基础设施中。④ 与大多数技术进步一样，物联网也是在变动不居、不可预测的阶段中发展的。⑤ 然而，即使并非无处不在，物联网也已经悄然来到我们身边。

物联网的估计价值约为 250 亿美元⑥，它可以被认为是全球最大的新兴市场之一。经济分析人士和政府估计，物联网有潜力在未来几年创造数万亿美元的经济机会。⑦ 网络分析人士表示："到 2020 年，

---

① See Helen Nissenbaum, Privacy in Context: Technology, Policy, and the Integrity of Social Life pp. 31 – 35 (2010).

② See, e. g., Ian Brown, GSR Discussion Paper Regulation and the Internet of Things 6 (2015), https://www.itu.int/en/ITU-D/Conferences/GSR/Documents/GSR2015/Discussion_papers_and_Presentations/GSR_DiscussionPaper_IoT.pdf, p. 3.

③ Gil Press, 6 Hot Internet of Things (IoT) Security Technologies, FORBES (Mar. 20, 2017), https://www.forbes.com/sites/gilpress/2017/03/20/6-hot-internet-of-things-iot-security-technologies/#6b6016fd1b49.

④ Stephen Noonoo, Internet of Things Could Have Eventual Data-Collection Impact on K-12, Education Dive (Mar. 24, 2017), http://www.educationdive.coin/news/internet-ofthings-could'have-eventual-data-collection-impact-on-k-12/438820/.

⑤ See Jessica Lipnack & Jeffrey Stamps, Virtual Teams: Reaching Across Space, Time, and Organizations with Technology pp. 183 – 184 (1997).

⑥ Charles McLellan, Internet of Things in the Enterprise: The State of Play, ZDNET (Feb. 1, 2017), http://www.zdnet.com/article/enterprise-iot-in-2017-the-state-of-play/; see also IDC, Global Internet of Things market to hit $1.29 trillion by 2020: Report, Econ. Times: Telecom (Oct. 12, 2017), https://telecom.economictimes.indiatimes.com/news/global-internet-of-things-market-to-hit-1-29-txillion-by-2020-report/61053782.

⑦ David Z. Bodenheimer, Swelling Technology Tsunami and Legal Conundrums: Too Big to Regulate, Too Ubiquitousto Miss, and Too Fast to Keep Up?, 12 SCI. & TECH LAW. P. 4, pp. 4 – 11 (2016).

联网设备的数量将从 2015 年的约 50 亿台飙升至 250 亿台。"① 2017 年，消费者购买物联网设备的数量为 2900 万台，同比增长 63%。② 目前预估有 84 亿台物联网设备已经投入使用，而这些新的消费设备将增加这一数量。③ 美国国会最近通过了一项决议，该决议旨在应对物联网主导地位的全球竞争。④ 此外，美国国家安全局（NSA）最近还建造了犹他数据中心（Utah Data Center），这是一个占地 100 万平方英尺的校园，内有四个 25000 平方英尺的数据大厅，它们拥有存储 1TB 信息的能力以及从事高度复杂的密码分析（即密码破译）所必需的计算能力。⑤ 因此，不仅物联网用户所说的每句话都将被公之于众⑥，而且物联网用户所存在的每一瞬间都将被置于众目睽睽之下。

（一）智能城市

现代城市向智能城市的转变指日可待。⑦ 例如，在俄亥俄州哥伦

---

① Stephen Shankland, How 5G Will Push a Supercharged Network to Your Phone, Home, Car, CNET (March 2, 2015), https://www.cnet.com/news/how-5g-will-push-a-supercharged-network-to-your-phone-home-and-car/; see also Press Release, GartnerInc., Gartner Says by 2020, a Quarter Billion Connected Vehicles Will Enable New In-Vehicle Services and Automated Driving Capabilities (Jan. 26, 2016), https://www.gartner.com/newsroom/id/2970017.

② Installing Confidence in the Internet of Things, Yahoo (Mar. 29, 2017), https://www.yahoo.com/tech/installing-confidence-intemet-things-141728949.html.

③ Margaret Rouse, IoT Devices (Internet of Things Devices), IoT AGENDA, https://intemetofthingsagenda.techtarget.com/defmition/IoT-device (last updated March 2018).

④ S. Res. 110, 114th Cong. (2015) (enacted); see also Press Release, Deb Fischer, Senate Passes "The Internet of Things" Resolution (Mar. 24, 2015), http://www.fischer.senate.gov/public/index.cftn/news? ID = 34CB47DD-56DD-46EB-Al51-2DD7CAC7639D.

⑤ James Bamford, The NSA Is Building the Country's Biggest Spy Center (Watch What You Say), Wired (Mar. 15, 2012), https://www.wired.com/2012/03/ff-nsadatacenter/; see also James Bamford, The Black Box: Inside America's Massive New Surveillance Centre ^ WIRED (Mar. 30, 2012), http://www.wired.co.uk/article/the-black-box.

⑥ See JORGE L. BORGES, Library of Babel, in Collected Fictions 112 – 118 (Andrew Hurley trans., 1998).

⑦ See, e.g., The City of Columbus, OH, Mayor Andrew J. Ginther, Vol. 1: Technical Application, Beyond Traffic: A Smart City Challenge Phase 2 (May 24, 2016), https://www.transportation.gov/sites/dot.gov/files/docs/Columbus-SCC-Technical-Application.pdf.

布市,稀松平常的物品将被嵌入传感器,并通过网络连接在一起。①哥伦布市通过这些计划将每个可以想象的城市物品联网,目标是公开其所获取的所有数据,从而帮助开发人员改进哥伦布市和其他计划开发自己的智能城市等城市的基础设施。② 在费城,该市在公共垃圾桶里安装了传感器,当其需要垃圾回收时,垃圾桶会向该市的卫生部门发出警报。③ 基本上,智能城市的规划是全面和完整的,而这可能导致一种全面的监控文化。④ 尽管如此,法院已经明确表示,根据《第四修正案》,除非有某种侵权行为存在,否则公民对公开披露的信息没有合理的隐私期待。

一些城市已经在实施以物联网技术来打击犯罪。例如,纽约警察局使用一种名为"ShotSpotter"的物联网枪击检测系统。⑤ 这个枪击探测系统"使用一个由数百个部署在街道上的传感器而组成的网络来探测枪击的特定音频轨迹",在检测到枪击轨迹后,该系统会向警方发出警报,提醒他们枪击事件发生的特定地址。根据纽约市的一份报告,政府执法人员在一分钟内就能察觉到任何特定地点发生的任何枪击事件,并且能够立即从枪击发生附近地区的视频来源中规划路线,然后准确地将警员派往该地点。⑥ 纽约市市长办公室科技创新部

---

① See Jim McGregor, Columbus Wins the Smart City Challenge and $50m in Grants, FORBES (June 24, 2016), http://www.forbes.com/sites/tiriasresearch/2016/06/24/columbuswins-the-smart-city-challenge-and-50m-in-grants/#69bb42381185.

② See, e. g., The City of Columbus, OH, Mayor Andrew J. Ginther, Vol. 1: Technical Application, Beyond Traffic: A Smart City Challenge Phase 2 (May 24, 2016), https://www.transportation.gov/sites/dot.gov/files/docs/Columbus-SCC-Technical-Application.pdf, p.52.

③ Sarah A. O'Brien, The Tech Behind Smart Cities, Cnntech (NOV. 11, 2014), http://money.crm.com/gallery/technology/2014/11/11/innovative-city-tech/index.html.

④ See Jim McGregor, Columbus Wins the Smart City Challenge and $50m in Grants, FORBES (June 24, 2016), http://www.forbes.com/sites/tiriasresearch/2016/06/24/columbuswins-the-smart-city-challenge-and-50m-in-grants/#69bb42381185.

⑤ Geoff Wheelwright, Big Cities See Early Benefits from the Internet of Things, and Grapple with Ongoing Challenges, Geekwire (Mar. 21, 2017), http://www.geekwire.com/2017/big-cities-see-early-benefits-internet-things-grapple-ongoing-challenges/.

⑥ Nyc Mayor S Office of Tech + Innovation, Building A Smart + Equitable City p.18 (Sept 2015), available at http://wwwl.nyc.gov/assets/forward/documents/NYCSmart-Equitable-City-Final.pdf.

门的创新主任 Jeff Merritt 表示:"'ShotSpotter'项目旨在解决社区之间的差异,因为在发生枪支暴力时,社区人员并不总是会报警的。"①随着某些城市有意开始在基础设施中使用物联网设备(以确保公共安全等目标),我们对随之而来的益处和风险的讨论将非常重要。

(二) 智能家居

就像地方政府为城市考虑提高效率一样,科技公司也为你的家居考虑精简效率。在物联网所承诺的众多技术进步和设备中,智能家居将包括照明、安全和暖通等互联设备。② 智能家居还将包括一系列家庭用品,如热水壶③或电视机④,它们每一件都被嵌入了传感器,并与你家的无线网络相连。⑤ 这些内置传感器的物品与内置传感器的智能家居静态组件将协同工作,从而使用户的生活更有效率。然而,在存储、编译和分析每个瞬间的同时,这些物品还将监视每个人的一举

---

① Geoff Wheelwright, Big Cities See Early Benefits from the Internet of Things, and Grapple with Ongoing Challenges, Geekwire (Mar. 21, 2017), http://www.geekwire.com/2017/big-cities-see-early-benefits-internet-things-grapple-ongoing-challenges/; see also Laura Bult & Rocco Parascandola, Nypd Uses ShotSpotter Technology to Detect Brooklyn Shooting after Locals Fail to Call P77, N. Y. Daily News (Apr. 2, 2015), http://www.nydailynews.com/new-york/nyc-crime/nypd-shotspottertechnology-detect-brooklyn-shooting-article-1.2170744.

② David Z. Bodenheimer, Swelling Technology Tsunami and Legal Conundrums: Too Big to Regulate, Too Ubiquitous to Miss, and Too Fast to Keep Up?, 12 SCI. & TECH LAW. P.4, pp. 4 – 11 (2016); H. Michael O'Brien, The Impact of the Smart Home Revolution on Product Liability and Fire Cause Determinations, Wilson Elser Moskowitz Edelman & Dicker LLP (Sept. 12, 2016), https://www.wilsonelser.com/writable/files/Client_Alerts/product_liability_fire_science_.pdf.

③ Bonnie Malkin, English Man Spends 11 Hours Trying to Make Cup of Tea with Wi-Fi Kettle, the Guardian (Oct. 11, 2016), https://www.theguardian.com/technology/2016/oct/12/english-man-spends-ll-hours-trying-to-make-cup-of-tea-with-wi-fi-kettle.

④ Shane Harris, Your Samsung SmartTV Is Spying on You, Basically, the Daily Beast (Feb. 5, 2015), http://www.thedailybeast.com/articles/2015/02/05/your-samsungsmarttv-is-spying-on-you-basically.html.

⑤ Thibaut RoufFineau, Three Flaws at the Heart of IoT Security, UBUNTU (Mar. 20, 2017), https://insights.ubuntu.eom/2017/03/20/three-flaws-at-the-heart-of-iot-security/.

一动。① 如果立法者或法院没有对此做好准备，那么，它们可能会对个人隐私造成灾难性的后果。

随着《第四修正案》法律体系的历史发展，立宪者一直把家视为人们休息的神圣领地。② 然而，如果物联网继续不受监管地发展，那么，它将挑战家的神圣性。为了使用最新的产品，公民不知不觉地向技术供应商敞开了家的大门。因此，在即将到来的物联网世界中，公民、立法者和法院有责任确保《第四修正案》继续坚定地保护人们免受非法搜查行为的侵害。法院可以通过两种方式防止非法搜查：其一，限制政府根据第三方规则获取信息；其二，禁止政府强制物联网企业向其提供加密数据的访问。

三、第三方规则与物联网不兼容

除了能促进个人隐私利益的保护，为了应对物联网隐私问题而对第三方规则所进行的更新③还能维护国家安全。许多美国城市目前正朝着打造智能城市和发展智能家居的方向迈进。④ 2011年至2015年，美国联邦政府在物联网的相关开发上投资了350亿美元。⑤ 长期以来，学者一直认为，第三方规则在数字时代是《第四修正案》所规定的搜查授权要求的一个危险例外。⑥ 笔者在本部分认为，鉴于繁荣

---

① Gil Press, 6 Hot Internet of Things (IoT) Security Technologies, FORBES (Mar. 20, 2017), https://www.forbes.com/sites/gilpress/2017/03/20/6-hot-internet-of-thingsiot-security-technologies/#6b6016fd1b49.

② Tracey Maclin, Let Sleeping Dogs Lie: Why the Supreme Court Should Leave Fourth Amendment History Unabridged, 82 B. U. L. REV. 895, 900 n. 20 (2002); see also Kyllo v. United States, 533 U.S. 27, 34 (2001).

③ See Daniel J. Solove, A Taxonomy of Privacy, 154 U. PA. L. REV. p. 477, 528 (2006).

④ See Jim McGregor, Columbus Wins the Smart City Challenge and $50m in Grants, Forbes (June 24, 2016), http://www.forbes.com/sites/tiriasresearch/2016/06/24/columbuswins-the-smart-city-challenge-and-50m-in-grants/#69bb42381185; Sarah A. O'Brien, The Tech Behind Smart Cities, Cnntech (NOV. 11, 2014), http://money.crm.com/gallery/technology/2014/11/11/innovative-city-tech/index.html.

⑤ Ross Wilkers, Procurement, Security Slows Adoption of IoT, Wash. Tech. (Mar. 22, 2017), https://washingtontechnology.com/articles/2017/03/22/brocade-iot-survey-results.aspx.

⑥ Daniel J. Solove, Fourth Amendment Codification and Professor Kerr's Misguided Call for Judicial Deference, 74 Fordham L. Rev. p. 747, 753 (2005).

兴盛的物联网技术在美国家庭和城市中迅速成为现实，第三方规则应该获得重新考虑，尤其是因为政府和企业之间的监控界限模糊，以及物联网所收集的信息的性质可能侵犯高度私人的信息。① 此外，为了解决在物联网中《第四修正案》可能引发的隐私问题，笔者在本部分中还将探讨潜在的分析框架。

（一）现代《第四修正案》：合理的隐私期待及其侵犯

隐私权是"建立在隐私所保障的一系列价值基础之上的"。② Helen Nissenbaum 将隐私定义为包含以下两个方面的权利：其一，独处的权利③；其二，通过限制信息访问而获得信息隐私的权利。④ 在 Katz v. United States 一案中，美国联邦最高法院将"隐私"定义为他人对隐私的合理期望，至少在《第四修正案》所规定的搜查背景下"隐私"的定义是这样的。⑤ 最近，在 United States v. Jones 一案中，法院抛弃了旧的普通法下隐私侵权的概念，并将其与 Katz v. United States 一案所确立的隐私合理期待理论相融合。⑥

在 United States v. Jones 一案中，法院认为，政府执法人员在公民汽车上安装 GPS 设备并"使用该设备来监控汽车动向"的行为构成了《第四修正案》所规定的非法搜查行为。代表多数派的 Scalia 法官在判决书中主要关注非法搜查行为的物理因素，他推断政府执法人员"在嵌入一个信息收集设备"时便构成非法侵入，侵犯了被告的隐私。然而，多数派并没有破坏 Katz v. United States 一案长期以来定义的隐私理论。Katz v. United States 一案认定，他人对其隐私享有正当的期待，只要这个期待在主观和客观上都是合理的。在 United

---

① Neil M. Richards, The Dangers of Surveillance, 126 Harv. L. Rev. p.1934, 1935 (2013).

② Helen Nissenbaum, Privacy in Context: Technology, Policy, and the Integrity of Social Life p.31 (2010).

③ See Katz v. United States, 389 U.S. p.347, 350 (1967).

④ Helen Nissenbaum, Privacy in Context: Technology, Polycy, and the Integrity of Social Life p.31 (2010); see also Samuel D. Warren & Louis D. Brandeis, The Right to Privacy, 4 Harv. L. Rev. p.193, 205 (1890).

⑤ See Katz v. United States, p.361 (Harlan, J., concurring).

⑥ United States v. Jones, 565 U.S. p.400, 407, 409 (2012).

States v. Jones 案发生之前,《第四修正案》对同一问题的分析主要集中于公民是否拥有合理的隐私期待。① 但是现在,United States v. Jones 案和 Katz v. United States 案都提出了要建立认定政府执法人员构成《第四修正案》所规定的非法搜查行为的替代方法(即通过证明政府执法人员侵犯公民合理隐私期待或证明政府执法人员侵犯公民受保护的财产利益等)。Katz v. United States 所确立的合理隐私期待理论在一定程度上依赖于一个客观的标准——社会所愿意接受为合理的隐私期待是什么。Justice Scalia 法官似乎承认,技术设备的流行实际上会降低人们客观的隐私期待,因此法院决定重新在普通法侵权案件中提出对被遗忘许久的《第四修正案》所规定的非法搜查行为的分析。② 这在今天尤其重要,因为大多数公民认为他们对自己的数字数据并没有任何的隐私期待。③

在 United States v. Jones 一案中持相同意见的法官们都赞同被告的行为构成了《第四修正案》所规定的搜查行为,但他们各自的理由却有所不同。④ 在 Sotomayor 法官的相同意见中,她对第三方规则在数字时代适用的有效性提出了质疑。Sotomayor 法官认为,第三方规则"不适合数字时代,因为在这个时代,人们在进行日常活动的过程中向第三方透露了大量关于自己的信息"。物联网似乎不可避免地会追踪每一项日常活动,比如追踪你所服用的药物的效果⑤、记录你的锻炼活动⑥或驾驶你的汽车。⑦ 因此,在每个设备都监控着人们活动的物联网世界中,人们没有任何合理的隐私期待可言。政府执法

---

① See United States v. Karo, 468 U.S. 705, 712 (1984).
② See generally United States v. Jones, 565 U.S. p.400 (2012).
③ See Scenario One: The New Normal, Ctr. for Long-Term Cybersecurity, U.C. Berkeley, https://cltc.berkeley.edu/scenario/scenario-one/ (last visited Mar. 30, 2017).
④ See generally United States v. Jones, 565 U.S. p.413, 415 (2012).
⑤ The Internet of Things: Exploring the Next Technology Frontier: Hearing Before the Subcomm. on Commerce, Mfg. & Trade of the H. Comm, on Energy & Commerce, 114th Cong. pp. 9–73 (2015).
⑥ Parmy Olson, Fitbit Data Now Being Used in the Courtroomy Forbes (Nov. 16, 2014), https://www.forbes.com/sites/parmyolson/2014/11/16/fitbit-data-court-room-personal-injury-claim/#1bfl57b07379.
⑦ Mike Ramsey, On the Road to Driverless Cars (Jan. 26, 2017), http://www.forbes.com/sites/gartnergroup/2017/01/26/on-the-road-to-driverless-cars/#5b96dab8198a.

人员可以通过接入物联网设备，甚至只是通过接入一部手机来非法搜查公民个人住宅，防止这一现象发生的唯一保障措施[1]是采用来自供应商的足够安全的协议以及采取进一步措施，从而确保第三方数据加密得到保护。[2]

（二）第三方规则

随着技术和物联网日新月异的发展，我们应该问这样一个问题：当隐私信息不断通过物联网传输并被基于商业目的收集时，第三方规则真的能够成为降低隐私期待的基础吗？如果第三方规则被解释为涵盖政府搜查的非法侵入形式（正如 United States v. Jones 一案），那么公民肯定没有隐私利益存在，理由是政府执法人员永远不需要通过非法侵入住宅来获取公民的信息，因为信息收集设备早已被放置在家中了。因此，我们必须根据包含了物联网设备搜查行为的合理隐私期待而对第三方规则进行重新定义。

传统上，当公民自愿向第三方透露其信息时，他或她对此便没有合理的隐私期待。[3] 因此，第三方规则允许政府执法人员直接从数字数据提供商处获取公民个人信息，这一点已被广泛接受。[4] 例如，如果公民为了换取某种利益而将其个人信息分享给第三方，那么，该信息将不再受保护。[5] 即使假设第三方提供商不愿意根据第三方规则分享公民的个人信息，该公民也无法获得独立的《第四修正案》保护。[6] 因此，如果我们将第三方规则适用于物联网，它将从本质上为

---

[1] See, e. g., Apple Inc.'s Reply to Gov't's Opposition to Apple Inc.'s Motion to Vacate Order Compelling Apple Inc. to Assist Agents in Search at 5, 15, 17, 18, 25, In Search of an Apple iPhone, No. 5: 16-CM-00010 (C. D. Cal. Mar. 15, 2016).

[2] Neil M. Richards, The Dangers of Surveillance, 126 Harv. L. Rev. p.1939 (2013).

[3] Smith v. Maryland, 442 U. S. 735, 743–744 (1979).

[4] Stephen E. Henderson, Nothing New Under the Sun? A Technologically Rational Doctrine of Fourth Amendment Search, 56 Mercer L. Rev. p.507, 524, 528 (2005).

[5] Lucas Mearian, Data from Wearable Devices Could Soon Land You in Jail, Computerworld (Dec. 8, 2014), http://www.computerworld.com/article/2855567/data-from-wearable-devices-could-soon-land-you-in-jail.html.

[6] See Andrew G. Ferguson, The Internet of Things and the Fourth Amendment of Effects, 104 Calif. L. Rev. p.843 (2016).

政府提供对公民个人信息的不受限制的访问,这些个人信息将被政府执法人员监控、存储和分析,从而形成对物联网个人用户的全面描述。

此外,尽管第三方提供商经常向用户坦白他们从用户设备处收集的信息将用于营销目的,用户往往不了解使用条款。[1] 物联网用户可能无意中、不情愿地向物联网开发商实时提供其每日的动态数据集[2],而根据第三方规则,物联网开发商可以与政府共享这些数据集,因此第三方规则破坏了《第四修正案》对政府执法人员不合理搜查行为的防护。通过开发商所称的"机器学习",这些数据集不断地被优化。[3] 因此,基本上,政府执法人员不仅能够窥探物联网用户的确切位置和身体状况,而且可以深入研究物联网设备丰富的数据历史。此外,当前政府已经开始推动放松监管的政策,此类通知要求在美国联邦通信委员会(Federal Communications Commission,FCC)下已经没有任何必要了。[4] 因此,现在人们面临着双重第三方的数据泄露风险:首先是从物联网提供商处泄露,其次是从基础的网络服务提供商(ISP)处泄漏。[5] 然而,第三方规则是以自愿为前提的,即他人知情地披露他们的信息,因此在这种情况下他们的隐私期待减少。[6] 如果一个物联网设备在没有明确使用条款的情况下分享用户的

---

[1] See Ryan Calo, Digital Market Manipulation, 82 Geo. Wash. L. Rev. p. 995, 1004, 1006, 1026 (2014); Jane Y. Bambauer, The New Intrusion, 88 Notre Dame L. Rev. p. 205, 254 (2012).

[2] Leon Hounshell, Forecasting Profitable Modelsforthe Internet of Things, Forbes (Mar. 23, 2017), https://www.forbes.com/sites/forbestechcouncil/2017/03/23/forecasting-profitable-models-for-the-internet-of-things/#1f2d5cf33e94.

[3] Philip N. Howard, Pax Technica: How the Internet of Things May Set Us Free or Lock Usup 141 (2015).

[4] S.J. Res. 34, 115th Cong. (2017); Protecting the Privacy of Customers of Broadband and Other Telecommunications Services, 81 Fed. Reg. p. 87, 274, 87, 274 (Dec. 2, 2016).

[5] Brian Fung, The House just voted to wipe away the FCC's landmark Internet privacy protections, Wash. Post (Mar. 28, 2017), https://www.washingtonpost.com/news/the-switch/wp/2017/03/28/the-house-just-voted-to-wipe-out-the-fccs-landmark-internetprivacy-protections/?utm_term = .f5675f7787aa.

[6] See Smith v. Maryland, 442 U.S. p. 735, 744 (1979).

个人信息①，或者物联网用户根本不知道他们的信息将被用于营销，那么物联网用户如何自愿且知情地披露他们的信息？因此，随着物联网成为我们日常生活中不可或缺的一部分，第三方规则的范围需要予以重新考虑，从而确保《第四修正案》继续在物联网时代中提供保护作用。

（三）是否存在合理的隐私期待：根据信息的性质，而不是访问的性质

美国联邦第四巡回上诉法院在 United States v. Graham 一案中认为，当涉及手机定位信息时，他人对此没有合理的隐私期望。② 然而，Wynn 法官在其异议意见中指出，当涉及手机定位信息时，手机用户不会"主动地传递"他们的信息，因为他们既没有积极地提交其位置信息，甚至也没有意识到他们是被动地这么做的。③ 令人遗憾的是，United States v. Graham 一案的判决与最近的判例是一致的。最近一则对 United States v. Graham 案判决的评论表示，法院多数派所采用的方法"从试图判断社会真正认为合理的隐私期待（正如他们在确立第三方规则的案例中所做的那样），转变为通过第三方规则来取代从理论上构建合理性的确定方法"。④ 从本质上讲，如果各法院都倾向于维持 United States v. Graham 一案所确立的规则，那么第三方规则将受到结果的驱动，而不是受到社会的合理期待驱动。因此，如果 United States v. Graham 一案所确立的规则成为一个指标的

---

① See Jonathon Hauenschild, Lawmakers Must Clarify Privacy Protections for the Internet of Things, The Hill（Jan. 6, 2017），http://thehill.com/blogs/pnndits-blog/technology/312968-lawmakers-must-clarily-privacy-protections-for-the-internet-of; see also Alexa Terms of Use, Amazon. Com, Inc., https://www.amazon.com/gp/help/customer/display.html? nodeId = 201809740（last updated Sept. 27, 2017）.

② United States v. Graham, 824 F. 3d p.421（4th Cir. 2016）.

③ See, e.g., United States v. Davis, 785 F. 3d p. 498, pp. 511 – 512（11th Cir. 2015）（en banc）; United States v. Thompson, 866 F. 3d 1149, 1160（10th Cir. 2017），petition for cert, docketed, No. 17 – 5964（U.S. Sept. 14, 2017）.

④ Case Commentary, Fourth Circuit Holds that Government Acquisition of Historical Cell-Site Location Information Is Not a Search—United States v. Graham, 824 F. 3d 421（4th Cir. 2016）（en banc），130 Harv. L. Rev. p.1273, 1277（2017）.

话,那么即使社会对物联网相关信息的隐私期待有所提高,人们生活中甚至最私密和最私人的细节信息也都将得不到保护。

可以肯定的是,物联网设备中的信息比 United States v. Graham 一案中的手机定位信息更具动态性,而且更具私密性。虽然适用第三方规则的法院拒绝将《第四修正案》的保护扩展到手机定位信息,但这一先例并不能作为法院拒绝保护通过物联网传输给第三方的个人信息的借口。虽然手机定位信息确实具有足够的侵犯性来绕过第三方规则,[1] 但特定的物联网设备所生成和共享的信息为我们重新思考有关数据隐私的第三方规则提供了更加强有力的例子。[2] 例如,汽车制造商为无人驾驶汽车或"智能汽车"配备了先进的车载分析设备,这些设备不仅可以追踪汽车的位置,还可以监控和记录汽车内部的对话以及车上乘客。[3] 此外,电视行业也已经开始观察他们的观众,并将观察结果向中央情报局(CIA)报告。[4] 目前,政府机关正在利用物联网设备在进入市场时所造成的破坏成果,但却不受任何适当的监管。[5] 这些例子突出了物联网信息的动态和强大的特征,这些信息远比手机定位信息更为私密和敏感。虽然法院正试图跟上最近技术发展

---

[1] Susan Freiwald, Cell Phone Location Data and the Fourth Amendment: A Question of Law, Not Fact, 70 MD. L. Rev. p. 681, 734 – 735 (2011)

[2] Christopher Slobogin, Privacy at Risk: the New Government Surveillance and the Fourth Amendment pp. 183 – 184 (2007).

[3] See Mike Ramsey, On the Road to Driverless Cars, FORBES (Jan. 26, 2017), http://www.forbes.com/sites/gartnergroup/2017/01/26/on-the-road-to-driverless-cars/#5b96dab8198a; Adrienne LaFrance, How Self-Driving Cars Will Threaten Privacy, the Atlantic (Mar. 21, 2016), https://www.theatlantic.com/technology/archive/2016/03/self-driving-cars-and-the * looming-privacy-apocalypse/474600/.

[4] Andrew Griffin, Vizio Smart TVs Watch Their Users While They Watch TV, US State Investigation Finds, Yahoo (Feb. 7, 2017), https://www.yahoo.com/news/vizio-smart-tvs-watch-users-101300833.html; Nathan Olivarez-Giles, WikiLeaks Explained: How Vulnerable Are You to Hackers?, The Wall Street Journal (Mar. 7, 2017), https://www.wsj.com/articles/wikileaks-explained-how-vulnerable-are-you-to-hackers-1488933291?mod=e2fb.

[5] Robert McMillan, Tech Firms Rush to Assess Damage from CIA Leak, THE WALL STREET JOURNAL (Mar. 8, 2017), https://www.wsj.com/articles/tech-firms-rush-to-assess-damage-from-cia-leak-1489028040?mod=e2fb; see also Andy Greenberg, How the CIA's Hacking Hoard Makes Everyone Less Secure, Wired (Mar. 8, 2017), https://www.wired.com/2017/03/cias-hacking-hoard-makes-everyone-less-secure/.

的步伐，但看来它们必须重新开始，从而充分将物联网纳入《第四修正案》的保护范围。

（四）数字宅地

为了解决第三方规则在共享个人信息方面的适用难题，法学教授 Andrew G. Ferguson 提出了一个其称之为"数字宅地"（digital curtilage）的概念。① 在这个概念下，就像传统保护住宅周围的物理宅地一样②，数字宅地旨在"保护某些数据免受拦截和监视"。③ 从本质上讲，数字宅地将扩大对家庭隐私的保护范围，即将物联网设备纳入长久以来被认为是神圣不可侵犯的家的范围。④ 此外，"数字宅地的概念意味着……《第四修正案》的效力的扩展至包括嵌入式数据和有形物体之外的某些通信数据信号。"⑤ 简单地说，物体本身应该包含从它流向第三方提供商和通过它流向第三方提供商的所有随附数据。关于元数据，Ferguson 教授认为，法院在 United States v. Jones 一案和 Riley v. California 一案中已经暗示："个人地理位置数据的收集可能涉及传统的《第四修正案》考虑因素。"⑥ 尽管 Ferguson 教授认为"保护所有数据"的方法将对信息提供过多的保护，但他认为，明确将《第四修正案》的"效力"扩展至包含物联网的"数字宅地"将为公民免受违宪搜查行为的侵犯提供足够的保护。"数字宅地"将采用与"财产型"宅地相同的因素来确定"《第四修正案》"对有关不合理搜查行为的"效力"。虽然用户在使用物联网时暴露了其私人信息，但第三方规则不应在这种情况下适用，因为其中包含的信息具有广泛性和亲密性。因此，一旦物联网设备被放置在家中，它就应该获得如同它没有通过亚安全网络向第三方提供商传输数据那样

---

① See Andrew G. Ferguson, The Internet of Things and the Fourth Amendment of Effects, 104 Calif. L. Rev. pp. 865 – 867 (2016).

② United States v. Dunn, 480 U. S. p. 294, 301 (1987).

③ See Andrew G. Ferguson, The Internet of Things and the Fourth Amendment of Effects, 104 Calif. L. Rev. p. 866 (2016).

④ California v. Ciraolo, 476 U. S. p. 207, pp. 212 – 213 (1986).

⑤ See Andrew G. Ferguson, The Internet of Things and the Fourth Amendment of Effects, 104 Calif. L. Rev. p. 867 (2016).

⑥ See Riley v. California, 1324 S. Ct. p. 2473, 2489 n. 1 (2014).

的保护。

数字宅地可以基于所谓的"传统《第四修正案》价值观"将关于物联网的第三方规则的适用最小化,虽然它是一种创造性的、引人注目的解决方案,但或许还有一种更强大的方法。法院和学者们已经承认,地理位置的收集行为可能触发传统的《第四修正案》保护。[1] 然而,在物联网的背景下,数据聚合将比单纯的地理位置聚合对人们的入侵程度更深,而我们可能最好用更全面的方法来分析这种潜在的物联网数据入侵的深度。数字宅地将为物联网设备所传输的信息提供几乎绝对的保护。一个可行的分析框架还应该为政府在物联网设备传输的信息方面的合法利益提供充分的平衡。

(五) 马赛克理论

Orin S. Kerr 教授表示,United States v. Jones 一案的法官中至少有 5 人准备接受他提出的马赛克理论(The Mosaic Theory)。[2] 马赛克理论是适用于《第四修正案》所规定的搜查行为的分析方法,该方法着眼于执法的集体行为,而不是孤立地分析搜查行为的每一个步骤。虽然代表多数派的 Scalia 法官以非法侵入理论解决了这个案件,但 Ginsburg 法官、Breyer 法官、Alito 法官、Kagan 法官和 Sotomayor 法官在该案中讨论这一问题所提交的相同意见中提及了马赛克理论。也许这表明,考虑到他们对技术设备收集、存储和聚合个人信息的能力的担忧,至少大多数法官会在与物联网相关的潜在《第四修正案》问题上采用同样的方法。

然而,作为 United States v. Graham 一案的多数派代表,第四巡回法院的 Motz 法官认为马赛克理论不适用于收集定位信息的案件。[3] Motz 法官将 United States v. Jones 一案与 United States v. Graham 一案区分开来,因为 United States v. Jones 一案的焦点是政府的直接监视,而不是向第三方披露信息;这一区别至关重要,因为在政府执法人员

---

[1] Shaun B. Spencer, Data Aggregation and the Fourth Amendment, J. of Internet L. p. 13, 17 (2015).

[2] Orin S. Kerr, The Mosaic Theory of the Fourth Amendment, 111 Mich. L. Rev. p. 311, pp. 320 - 321 (2012).

[3] See United States v. Graham, 824 F. 3d p. 421, pp. 434 - 436 (4th Cir. 2016).

使用技术通过直接监视来收集公民信息的情况下，公民的隐私期待通常高于其自愿向第三方企业披露类似信息的情形。然而，考虑到政府和第三方企业之间数据控制的边界模糊，① 这一对两者区别的分析必然是不完整的。政府现在与技术企业和数字服务提供商之间的联系比以往任何时候都更紧密，以至于我们很难在政府使用技术获取物联网用户信息和第三方企业使用技术获取物联网用户信息之间划清界限。② 因此，当政府直接扎根于第三方数据监控时，第三方规则是站不住脚的。

马赛克理论的批评者发现该理论并不能提供明确的指引。③ 然而，人们对《第四修正案》的许多分析都采用了微妙的标准。④ 为了适应新技术和不断变化的社会隐私期待，《第四修正案》的支配规则经常被修改。⑤ 因此，在法院分析《第四修正案》下的搜查行为合法性时，马赛克理论只是经常使用的一种检验方法的别称。

马赛克理论可以有效地分析政府执法人员对物联网设备所实施的搜查行为的合理性。在家中，由于物联网设备通常连接到一个单一的网络，因此政府执法人员能够从与目标物联网设备无关的物联网设备中获取信息，而这是不合理的。例如，俄亥俄州米德尔顿的一名男子

---

① Neil M. Richards, The Dangers of Surveillance, 126 HARV. L. REV. p.1934, 1935 (2013).

② See, e. g., Secondary Order, In re App. of the F. B. I. for an Ord. Requiring the Prod. of Tangible Things from Verizon Bus. Network Servs., Inc., on Behalf of MCI Commc'n Servs., Inc. D/B/A Verizon Bus. Servs., _ FISC _ (2013) (No. BR-13-80), available at https://assets.documentcloud.org/documents/709012/verizon.pdf; Claire C. Miller, Tech Companies Concede to Surveillance Program, N. Y. Times (June 7, 2013), http://www.nytimes.com/2013/06/08/technology/tech-companies-bristling-concede-to-government-surveillance-efforts.html; Michael B. Kelley, Thousands of Companies Swap Sensitive Data with US Agencies in Exchange for Classified Intel, Bus. Insider (Jun. 14, 2013), http://www.businessinsider.com/how-companies-work-with-the-us-government-2013-6.

③ Orin S. Kerr, The Mosaic Theory of the Fourth Amendment, 111 Mich. L. Rev. p. 311, pp. 320 – 321 (2012).

④ Florida v. Harris, 568 U. S. p. 237, pp. 243 – 244 (2013); Compare Illinois v. Gates, 462 U. S. p. 213, p. 238 (1983); Navarette v. California, 134 S. Ct. p. 1683, pp. 1688 – 1689 (2014); Florida v. J. L., 529 U. S. p. 266, 274 (2000).

⑤ Paul Larkin, The Fourth Amendment and New Technologies, the Heritage Found. (Sept. 19, 2013), https://www.heritage.org/report/the-fourth-amendment-and-new-technologies.

被指控纵火，法官根据该男子智能心脏监测器的数据来判决其罪名成立。① 政府希望利用这些数据来证明，这名男子的身体状况无法胜任他声称在火灾期间所从事的活动。② 虽然这一强制披露物联网设备的案例引发了许多关于《第四修正案》的隐私问题，但在一个不断发展的物联网世界中，政府进一步滥用的可能性相当大。对嫌疑人配备心脏监测器这一事实的公开披露，可能会对其工作生活和个人生活产生破坏性的间接影响。如果这名男子在家里连接了其他物联网设备，那么，政府将有权搜查什么设备信息？对一个物联网设备的访问是否意味着允许政府搜查所有其他与之连接的设备？所有这些问题都还没有答案，因此我们很难建立一个不用考虑任何物联网搜查情况的规则。因此，随着物联网的发展及其应用越来越普遍，马赛克方法似乎最适合用于对物联网用户合理的隐私期待进行公平全面的《第四修正案》分析。

四、加密的数据

如果法院强制企业提供对加密信息的访问的话，那么这将为新兴的物联网平台在不合理搜查方面树立一个危险的先例。笔者在本部分认为，公民在物联网环境下的数据是与以往任何时候相比最敏感和最易获取的，因此，如果《第四修正案》在物联网时代是旨在保护公民免受不合理搜查的侵犯的话，那么这些数据必须通过物联网公司的安全加密措施来获得保护，从而限制政府对这些数据的访问。因此，法院不应当强制解密物联网设备，因为物联网包括广泛的隐私和个人信息。

---

① Debra C. Weiss, Data on Man's Pacemaker Led to His Arrest on Arson Charges, ABA J. (Feb. 6, 2017), http://www.abajounal.com/news/article/data_on_mans_pacemaker_led_to_his_arrest_on_arson_charges/?utm_source=maestro&utm_medium=email&utm_campaign=weekly_email.

② Associated Press, Ohio Man Implicated by Pacemaker Denies Setting His Home on Fire, Portland Press Herald (Feb. 7, 2017), http://www.pressherald.com/2017/02/07/ohio-man-implicated-by-pacemaker-denies-setting-his-home-on-fire/.

(一) 在没有获得搜查令的情况下绕过加密的数据仍然是不合理的

California v. Riley 一案作为一个现代适用《第四修正案》的案例，说明了法院是如何将其对无证搜查的过时分析与对数字数据的最新分析区分开来。在 California v. Riley 一案中，首席法官 Roberts 代表多数派所撰写的意见书认为，搜查公民的手机是不合理的，因为政府执法部门没有在事先获得搜查令。[1] Alito 法官对此表示同意，同时他敦促立法者尽快参与进来，因为法院所面临的影响隐私利益的技术正在加速发展。尽管"许多联邦机关都有权管理物联网某个领域……但是没有一个机关在监管方兴未艾、不断扩张的物联网领域方面处于全面领先地位"[2]，并且立法者对这些问题的反应也十分缓慢。[3] 从家庭[4]到能够存储无限数据的数字设备，美国联邦最高法院都一直支持适用《第四修正案》的保护。[5] 因此，如果立法者不参与进来做出反应，那么，法院应该继续保护公民的隐私期待，并在物联网的背景下继续通过禁止强制的数据加密访问来保护。

(二) 在没有获得搜查令的情况下绕过加密的物联网设备将违反《第四修正案》的保护规定

在阿肯色州，警方要求亚马逊的 Echo 设备提供数据，因为他们

---

[1] Riley, 134 S. Ct. p.2485.

[2] David Z. Bodenheimer, Swelling Technology Tsunami and Legal Conundrums: Too Big to Regulate, Too Ubiquitous to Miss, and Too Fast to Keep Up?, 12 Sci. & Tech Law. p.4, pp.4 - 11 (2016).

[3] The Connected World-Examining the Internet of Things: Hearing Before the S. Comm. on Com., Sci and Transp., 114th Cong. pp.116 - 117 (2015).

[4] See Florida v. Jardines, 569 U.S. p.1, 6 (2013).

[5] See generally Riley v. California 134 S. Ct. p.2473 (2014).

认为该设备可以为一起谋杀案的调查提供证据。① 最初，亚马逊公司拒绝分享嫌疑人的亚马逊 Echo 数据。然而，一旦获得嫌疑人的同意，则亚马逊公司最终就要做出让步。② 亚马逊的案件让人想起最近苹果公司的案件，在该案中，加利福尼亚州中区的地方法官批准了美国联邦政府的动议，该动议要求苹果公司解锁在圣贝纳迪诺枪击案中的一名枪手所使用的苹果手机。③ 最终，美国联邦政府并没有依靠强制苹果公司解锁苹果手机的命令；相反，他们依靠联邦政府自己来解锁。④ 但是随着物联网技术的发展，设备传输和接收的信息可能是错误的。⑤ 与手机不同的是，物联网将绝对全面地收集和存储任何特定他人的数据，因为"没有任何人将能够逃脱物联网的影响，因为你并不是'使用'物联网，而是每日每夜寄居在物联网里面"⑥。尽管如此，关于像苹果这样的公司维护自己的数据特权的兴趣这一问题，本文并不对其进行进一步的讨论。

---

① Weekend Edition Saturday: Amazon Echo Murder Case Renews Privacy Questions Prompted by Our Digital Footprints, NPR (Dec. 31, 2016, 7: 38 AM), transcript available at http://www.npr.org/2016/12/31/507670072/amazon-echo-murder-case-renewsprivacy-questions-prompted-by-our-digital-footpri; Elizabeth C. Weise, Police Ask Alexa: Who Dunnit?, USA TODAY (Dec. 27, 2016), http://www.usatoday.com/story/tech/news/2016/12/27/amazon-alexa-echo-murder-case-bentonville-hot-tub-james-andrew-bates/95879532/.

② Iman Smith, Amazon Releases Echo Data in Murder Case, Dropping First Amendment Argument, PBS Newshour (Mar. 8, 2017), http://www.pbs.org/newshour/rundown/amazon-releases-echo-data-murder-case-dropping-first-amendment-argument/.

③ Christopher Mele, Bid for Access to Amazon Echo Audio in Murder Case Raises Privacy Concerns, N.Y. Times (Dec. 28, 2016), https://www.nytimes.com/2016/12/28/business/amazon-echo-murder-case-arkansas.html?_r=0; In re Search of an Apple iPhone, No. 5: 16-CM-00010 (C.D. Cal. Mar. 28, 2016).

④ Katie Benner & Eric Lichtblau, US. Says It Has Unlocked iPhone Without Apple, N.Y. TIMES (Mar. 28, 2016), https://www.nytimes.eom/2016/03/29/technology/apple-iphone-fbi-justice-department-case.html?_r=0; David Lazarus, Who Oversees Data Brokers Selling Your Personal Info? No One, L.A. Times (Oct. 28, 2016), http://www.latimes.com/business/lazarus/la-fi-lazarus-list-brokers-20161028-snap-story.html_.

⑤ See Stephen Lawson, Look Before You Leap: 4 Hard Truths About IoT, Pcworld (Mar. 23, 2017), http://www.pcworld.com/article/3184327/mtemet-of-things/look-before-you-leap-4-hard-truths-about-iot.html.

⑥ Geoff Webb, Say Goodbye to Privacy, Wired, https://www.wired.com/insights/2015/02/say-goodbye-to-privacy/ (last accessed Feb. 7, 2017).

然而，美国联邦最高法院即将在 United States v. Carpenter 案中发表的意见可能会进一步明确，政府可能能够访问的内容有哪些以及管理该访问的标准是什么。①

（三）断层的权力来源

众所周知，控制数据隐私的权力分散在多个行政机关②和制定法中。③ 当政府拥有关于海量数据收集的多个权力来源，并通过提出类似身份等问题来有效地逃避任何有意义的问责尝试时④，普通公民的隐私期待即使不是完全没有，也会有所降低。通过支持数据加密，法院可以支持加固政府不合理搜查行为复杂的法定基础。然而，对于那些公司可能自愿交出他人个人数据的案件呢？

（四）自助措施和匿名化

网络在今时今日非常容易受到恶意软件的攻击。⑤ 可以说，服务

---

① See United States v. Carpenter, 819 F. 3d 880 (6th Cir. 2016), cert, granted, 85 U. S. L. W. p.3567（U. S. June 5, 2017）(No. 16402); see also Dalmacio V. Posadas, Jr., Regardless of the Outcome in United States v. Carpenter, The Stored Communications Act is Problematic, Harv. J. Law & Tech. Jolt Digest (Apr. 3, 2018), https://jolt.law.harvard.edu/digest/regardless-of-the-outcome-in-united-states-v-carpenter-the-stored-communi.

② David Z. Bodenheimer, Swelling Technology Tsunami and Legal Conundrums: Too Big to Regulate, Too Ubiquitous to Miss, and Too Fast to Keep Up? 12 Sci. & Tech Law. P. 4, pp. 4 – 11 (2016).

③ See, e. g., The Communications Assistance for Law Enforcement Act (CALEA), Pub. L. No. 103414, 108 Stat. 4279 (1994); H. R. Rep. No. 103 – 827 (1), at 9 (1994), reprinted in 1994 U. S. C. C. A. N. p. 3489; The Electronic Communications Privacy Act of 1986, Pub. L. No. 99 – 508, 100 Stat. 1848 (1986); The Patriot Act, Pub. L. No. 107 – 56, 115 Stat. 272 (2001); Children's Online Privacy Protection Act, Pub. L. No. 105 – 277, 112 Stat. 2681 – 728 (1998); The Foreign Intelligence and Surveillance Act of 1978, Pub. L. No. 95 – 511, 92 Stat. 1783 (1978) (Amended by the FISA Amendments Act of 2008, Pub. L. No. 110 – 261, 122 Stat. 2436 (2008)); The Stored Communications Act, Pub. L. No. 99 – 508, Title II, § 201 [a], 100 Stat. 1860 (1986).

④ See generally Obama v. Klayman, 800 F. 3d 559, 561 (D. C. Cir. 2015); See also Clapper v. Amnesty Int'l USA, 568 U. S. p. 398 (2013).

⑤ See, e, g., Alex Hearn "All Wifi Networks" Are Vulnerable to Hacking, Security Expert Discovers, the Guardian (Oct. 16, 2017), https://www.theguardian.com/technology/2017/oct/l6/wpa2-wifi-security-vulnerable-hacking-us-govemment-warns.

提供商都没能为用户提供足够的数据保护。① 即使假设他人对自己的数据进行了加密，但是如果强制数据解密的概念仍然存在的话，那么自助措施也将是百无一用的。我们可以将人们根据《第四修正案》所愿意在住宅中或者一个锁着的抽屉中承认的隐私期待，与在加密数据中的隐私期待进行比较。其一，为了开启储物柜而获取搜查令的标准，会与为了迫使公民解密其个人数据而取得搜查令的标准相同吗？其二，在物联网中采取匿名措施是非法的还是可能的？因此，如果服务提供商不能或不愿意加密公民的数据，那么可能只能依靠公民自己加密自己的数据。

可以说，信息隐私和物理隐私之间的区别是并不是固定的，尤其是在物联网将所有隐私问题都推入一个信息隐私和物理隐私混合的综合体中时。② 因此，当公民参与到 Anita L. Allen 所说的"重大的信息隐私泄露"中去时，随着社会向一个全面的物联网世界迈进③，《第四修正案》的法理学必须做出更大的努力以完善隐私的定义。

五、结论

第三方规则不能作为在政府搜查物联网设备之前获得搜查令的要求的例外。首先，政府与物联网开发商和服务提供商的联系过于紧密。这种紧密的联系破坏了第三方规则，因为物联网用户可以在第一时间迅速有效地与政府共享其所有的个人信息。其次，因为物联网是数个能够监控和存储海量个人数据的个人普通物体的集合，因此它使得政府可以通过第三方规则访问这些数据，然而这将不合理地侵犯公民的隐私。最后，最重要的是，法院最近审理的涉及技术的案件暗示了，像物联网这样的设备具有监控其用户个人信息的广泛而具有侵入性的能力，因此对于这些设备的隐私期待应当得到提高。因此，如果

---

① See, e.g., Lily H. Newman, Massive Bug May Have Leaked User Data From Millions of Sites. So... Change Your Passwords, Wired (Feb. 24, 2017), https://www.wired.com/2017/02/crazy-cloudflare-bug-jeopardized-millions-sites/.

② See Anita L. Allen & Mark Rotenberg, Privacy Law and Society pp. 4 – 6 (3ded. 2016).

③ Anita L. Allen, An Ethical Duty to Protect One's Own Information Privacy?, 64 ALA. L. Rev. p. 845, 847 (2013).

我们将第三方规则适用于政府对物联网设备的搜查行为，那么这将破坏法院对政府实施搜查技术设备行为的谨慎态度。

此外，强迫物联网服务提供商解密其用户数据是不合理的，因为物联网设备涉及广泛而具有侵入性的个人信息。最重要的是，由于物联网和手机一样，是由部分的物理设备和部分的基于云的信息组成，因此立法者必须制定一个全面的协议来指导执法，而不是允许执法部门绕过法院并解密个人数据。在物联网领域，这样的做法可能会对个人隐私造成毁灭性的影响。

然而，最重要的是，立法者、法院和学者们需要对第三方规则在物联网时代所代表的含义进行彻底的分析。展望未来，随着新技术的出现，我们对《第四修正案》的大部分分析将受到检验。今天是物联网技术，但明天可能是人工智能技术。因此，《第四修正案》将需要适应我们不断变化的社会。

物联网的法律规范和调整：解决歧视、个人隐私保护、数据安全和消费者同意问题的第一步

斯科特·R. 佩皮特[①] 著　袁姝婷[②] 译

目　次

一、导论
二、五大类型的物联网设备
三、物联网引发的四大问题
四、解决物联网问题的初步措施
五、结语

在地球上，万物都可以迅速地产生出数据，无论其有生命还是无生命，包括我们的房屋、汽车，甚至身体。[③]

——Anthony D. Williams：《人类面对大数据》（2012）

在不久的将来，我们会以前所未有的方式看到自身的内部结构，通过利用穿戴式传感器或者内置传感器，我们可以监测体内的生物进程。甚至于，在我们明晰共享这些信息需要遵守哪些礼仪和法律之

[①] 斯科特·R. 佩皮特（Scott R. Peppet），美国科罗拉多大学法学院教授。
[②] 袁姝婷，中山大学法学院助教。
[③] Rick Smolan & Jennifer Erwrrt, The Human Face of Big Data（2012）[paraphrasing Anthony D. Williams, Science's Big Data Revolution Yields Lessons for All Open Data Innovators, Anthonydwiliams（Mar. 30, 2011）, http://anthonydwilliams.com/2011/03/30/sciences-big-data-revolution-yields-lessons-for-all-open-data-innovators/, archived at http://perma.cc/6JP-P2WE]。

前，这一切就可能已经发生了。①

——Quentin Hardy：《纽约时报》（2012）

所有的数据事实上都是信用数据，只不过我们还不知道如何去使用它们……数据是至关重要的。数据越多越好。②

——Google公司前首席信息官、ZestFinance公司首席执行官 Douglas Merrill

一、导论

物联网是以形形色色的传感器设备为核心的，为了更好地理解什么是传感器设备，笔者在此以Breathometer为第一个实例进行展开。Breathometer是一种小型的黑色塑料装置，它可以插入Android or iPhone手机的耳机孔中。③ 该装置的零售价是49美元，由于内置一个酒精传感器，它可以利用呼吸来测量用户血液当中的酒精含量。④ Breathometer公司在其网站上宣称，这款设备可以让你"能够在饮酒时做出更理智的决定"。⑤ 如果想要运行该设备，用户必须下载Breathometer的应用程序，并且将Breathometer连接到应用程序，此时该应用程序既能够显示某一次实时测试的结果，也能够显示用户过往的测试记录。

---

① Quentin Hardy, Big Data in Your Blood, BITS, N. Y. Times（Sept. 7, 2012, 10: 37 AM）, http://bits.blogs.nytimes.com/2012/09/07/big-data-in-your-blood/?_php--true&_type=blogs&_r=0, archived at http://perma.cc/45EZ-9LY5.

② Quentin Hardy, Just the Facts. Yes, All of Them., N. Y. Times, Mar. 24, 2012, http://www.nytimes.com/2012/03/25/business/factuals-gil-elbaz-wants-to-gather-the-data-wnivers e.html?pagewanted=all, archived at http://perma.cc/665S-7YWX; see also How We Do It, Zestfinance, http://www.zestfinance.com/how-we-do-it.html, archived at http://perma.cc/WY59-9EFW（touting the firm's philosophy that "All Data is Credit Data"）.

③ Breathometer™, http://www.breathometer.com, archived at http://perma.cc/E88P-2JTT.

④ Frequently Asked Questions, Breathometer™, https://www.breathometer.com/help/faq, archived at http://perma.cc/HJL8-6VE8.

⑤ Breathometer™, http://www.breathometer.com, archived at http://perma.cc/E88P-2JTT.

在过去的 12 到 18 个月里，市场上已经大量涌现出新型的消费类设备，呼吸计就是其中的典型代表，这些消费类设备可以测量、记录并分析日常生活的方方面面。例如，Fitbit 手环或者 Nike + FuelBand 可以监测你每天的步数、卡路里消耗和睡眠时间；Basis 运动手表可以监测你的心率；Withings 袖带可以通过手机或平板电脑显示你的血压；iPhone 版的 iBGStar 可以监测你的血糖水平；Scanadu Scout 可以测量你的体温、心率和血红蛋白水平；Adidas miCoach Smart Ball 可以监测你在足球运动当中的表现[①]；UVeBand 或 JUNE 手环可以监测你每天暴露在紫外线下的情况，如果你需要重新涂抹防晒霜，它就会向你的智能手机发送通知[②]；LifeBEAM 头盔可以监测你在骑行过程当中的心率、血液流动和氧饱和度；Mimo 婴儿监视器连身衫可以监测你孩子的睡眠习惯，温度和呼吸模式；Phyode W/Me 手环可以监测自主神经系统的变化情况，从而检测你的精神状态（例如，消极、易激动、悲观、焦虑、稳定）和抗压能力[③]；Melon 或 Muse 头带可以通过测量大脑活动来监测你的专注力。[④] 其他设备诸如备受欢迎的 Nest Thermostat、SmartThings 家庭自动化系统、Automatic Link 驾驶与汽车监视器、GE 新系列的可联网烤箱和冰箱等家电，以及 Belkin WeMo 家庭用电和用水监控器等等，它们可以综合测量你的驾驶习惯、厨房用具使用率、家庭用电和用水量，甚至是工作效率。

---

① MiCoach Smart Ball, Adidas, http://micoach.adidas.com/smartball/, archived at http://per ma.cc/W9A7-5GG9.

② How to Use the UveBand, Uveband, http://suntimellc.com/? pageid = 12, archived at http://perma.cc/6UR6-5AAM; June, Netatmo, https://www.netatmo.com/en-US/product/june, archived at http://perma.cc/K4BS-SVYC.

③ W/Me, Phyode, http://www.phyode.com/health-wristband.html, archived at http://perma.cc/VV34-LA47.

④ Melon, http://www.thinkmelon.com, archived at http://perma.cc/68DN-J3K8; Frequently Asked Questions, Muse™, http://www.choosemuse.com/pages/faq#general, archived at http:// perma.cc/KRA5-8DH9.

正是由于这些设备的存在，物联网①，也即近来有些人所称的"万物联网"②才得以诞生。据保守估计，到2020年，将有超过2000亿的联网传感器设备投入使用③，到2025年，传感器设备每年可以创造2.7万亿至6.2万亿美元的市值。④ 在此之前，传感器设备的质量无法预估，而如今通过对其进行量化和监测，这些设备有望提高效率，产生重大的社会效益和个人效益。与此同时，物联网也引发了一系列难题。这些传感器所产生的数据由谁享有？如何使用这些数据？这些设备及其产生的数据是否安全？消费者是否能够意识到这些数据所具有的法律意义，比方说，对方当事人可能在法庭之上将这些数据作为证据、保险公司可能利用这些数据拒绝被保险人的索赔、雇主可能利用这些数据决定是否招聘雇员，银行可能利用这些数据决定是否向借款人提供信贷？

为了说明上述问题，不妨再回到 Breathometer 的例子。最近，笔者为了撰写本文而购买了一个 Breathometer，如果你也像笔者一样购买了这样一个 Breathometer，那么当你收到它时，你就会发现它的包装是一个时尚的小黑盒子，上面不仅印着该设备的图案，而且写着一

---

① "物联网"一词通常被认为由 Kevin Ashton 首创。Thomas Goetz, Harnessing the Power of Feedback Loops, WIRED, June 19, 2011, http://www.wired.com/2011/06/ff_feedbackloop/, archived at http://perma.cc/H9D3-V6D3; see Kevin Ashton, That "Internet of Things" Thing, RFID J., June 22, 2009, http://www.rfidjournal.com/articles/pdf74986, archived at http://perma.cc/B4CW-M29Z. See generally Neil Gershenfeld, When Things Start to Think (1999); Melanie Swan, Sensor Mania! The Internet of Things, Wearable Computing, Objective Metrics, and the Quantified Self2.0, 1 J. Sensor & Actuator Networks 217 (2012).

② "万物联网"一词似乎起源于 Cisco 的首席执行官 John Chambers。See Robert Pearl, Cisco CEO John Chambers: American Health Care Is at a Tipping Point, Forbes (Aug. 28, 2014, 1:00 PM), http://www.forbes.com/sites/robertpearl/2014/08/28/cisco-ceo-johnchambers-american-health-care-is-at-a-tipping-point!, archived at http://perma.cc/XET3-D37A; cf Frequently Asked Questions, The Internet of Everything: Cisco IoE Value Index Study, CIsco, http://intemetofeverything.cisco.com/sites/default/files/docs/en/ioe-value-index-FAQs.pdf archived at http://perma.cc/Y4LQ-633J.

③ Tim Bajarin, The Next Big Thing for Tech: The Internet of Everything, Time, Jan. 13, 2014, http://time.com/539/the-next-big-thing-for-tech-the-internet-of-everything, archived at http://per ma.cc/79RK-BDCY.

④ James Manyika et al., Mckinsey & CO., Disruptive Technologies: Advances That Will Transform Life, Business, and the Global Economy 51 (2013).

句标语"理智饮酒,注意安全"。当你打开包装时,你就能看到这款设备和一本小的用户手册,这本用户手册上面记载了使用方法,包括如何下载Breathometer应用程序、如何通过Breathometer应用程序在该公司建立一个账号、如何将Breathometer插入智能手机的耳机孔。尽管这本用户手册一共有17页,但是对于可能适用于该设备所产生数据的隐私政策,该用户手册丝毫没有提及。除此之外,这本用户手册也没有阐明Breathometer会产生何种类型的数据,例如,Breathometer仅仅会产生血液酒精含量的数据,还是同时也会产生其他传感器信息;没有阐明数据会被存储在何处,例如,数据是被存储在用户的手机当中还是被存储在公司的云端服务器当中;没有阐明用户是否可以删除以及如何删除数据;没有阐明公司会如何使用数据,例如,公司是否会将用户数据售卖给第三人、公司是否可以根据法律程序将用户数据呈给法庭。当用户通过iPhone应用商店安装Breathometer应用程序时,隐私政策不会在页面上显示出来。当用户通过应用程序创建新账户或者开始使用设备时,隐私政策的弹出窗口也不会出现。简而言之,在数据方面,该设备完全忽视了用户体验。如果用户想要知道其血液酒精检测的结果,他必须访问Breathometer公司的网站,一直拉到网页的最底端,并点击"隐私政策"的小链接,用户的血液酒精检测结果会被无限期地存储在云端,一方面,用户不能对它进行删除;另一方面,如果有必要的话,公司可以在诉讼过程当中对它进行公开,公司也可以自主利用它来为用户量身定制广告。①

理论上,由于酒精测试数据可能被使用到各种各样令人烦扰的场合,例如,导致雇主做出不招聘雇员的决定,导致用户承担刑事责任,导致保险公司不承保被保险人的健康险、人寿险、汽车险,因此可以预见,如果公司公开这种数据,那么,就会影响Breathometer用户的购买和使用体验。而实际上,Breathometer公司完全错误地引导了用户,使得用户仅仅视Breathometer为订书机或者圆珠笔之类的物

---

① Privacy Policy, Breathometer ™ [hereinafter Privacy Policy, Breathometer™], http://www.breathometer.com/legal/privacy-policy, archived at http://perma.cc/T7BW-S7R3.

品,而没有视其为数据源和云端数据库。①

相比于 Breathometer 来说,大多数物联网设备更加无伤大雅,但是它们仍然会产生数据,而这些数据可能引发诸多难题。对于我们是何人、我们如何行为、我们是什么品味,甚至我们有何种意图,传感器数据都能够捕捉到其中极其细微的差别。一旦利用"大数据"分析对数据进行过滤②,它们既能够很好地直接显露出我们的习惯、偏好和个性,也往往能够出乎意料地间接推断出我们的习惯、偏好和个性。如果你出门时经常忘记关烤箱、你忘记给植物浇水、你从不锻炼身体,或者你开车不计后果,当别人了解到这些信息时,他们就可以知道其他很多有关于你的事情。正如美国联邦贸易委员会(FTC)的委员 Julie Brill 最近在演讲当中所说:"如今,消费者已经开始使用各种各样的物联网设备,无论是汽车,还是其他工具,这些设备都连接到多个不同的实体,并且向这些实体传输信息,然而,消费者对此一无所知,他们可能既没有意识到其使用的是联网设备,也没有意识到这些设备正在收集其信息。"③ 因此,物联网所面临的真正挑战是:物联网设备究竟能够收集何种信息?物联网公司应该如何使用这些信息?如果消费者对物联网产生的数据有真正的选择权,他们能够做出何种选择?

尽管物联网存在上述问题,但是迄今为止,法律对此束手无策。暂且抛开 Breathometer 的例子,我们再来考虑第二个实例,即事故记录仪。在美国,大约 90% 的新车都装有事故记录仪(EDR)或者

---

① See Adrian Mcewen & Hakim Cassimally, Designing the Internet of Things 294 (2014); Privacy Policy, Breathometer™, http://www.breathometer.com/legal/privacy-policy, archived at http://perma.cc/T7BW-S7R3.

② See generally Omer Tene & Jules Polonetsky, Big Data for All: Privacy and User Control in the Age of Analytics, 11 Nw. J. TECH. & Intell. PROP. 239 (2013).

③ Julie Brill, Commn, Fed. Trade Comm'n, Keynote Address at the Silicon Flatirons Conference: The New Frontiers of Privacy Harm (Jan. 17, 2014), available at http://youtu.be/VXEyKGw8wXg, archived at http://perma.cc/F335-E987.

"黑匣子"。① 根据美国联邦法律，这些设备必须存储各种各样的信息，包括车辆的行驶速度、司机如何踩了油门踏板、司机是否踩了刹车、司机是否系了安全带、发生碰撞事故时的细节信息等，在某些情况下，这些设备应当存储的信息还包括司机转向输入、乘载人数和座椅位置。② 通过利用这些数据，法院能够对危险驾驶的司机进行定罪③，监管机构能够提升交通安全保障的能力④，但是，在隐私政策方面，仍然有许多问题悬而未决，即使解决了某些问题，也仅仅是九牛一毛。隐私政策方面的问题数不胜数，比方说，保险公司能否在保单当中要求被保险人进行事前许可，允许其查阅事故记录仪数据？在被保险人索赔时，保险公司能否将查阅事故记录仪数据作为前提条件？事故记录仪数据究竟由谁所享有，其所有人是车主、制造商还是保险公司？美国国家公路交通安全管理局（NHTSA）对此没有做出统一规定，而是允许各州自行解决这一问题。⑤ 但是到目前为止，仅有14个州对这一问题做出了回应。⑥ 在美国，一共有4个州对上述隐私政策做出了否定性的回答，它们都规定，保险公司不能在保单当中要求被保险人进行事前许可，允许其查阅事故记录仪数据，在被保

---

① See Press Release, Nat'l Highway Traffic Safety Admin., U. S. DOT Proposes Broader Use of Event Data Recorders to Help Improve Vehicle Safety (Dec. 7, 2012), available at http://www.nhtsa.gov/About + NHTSA/Press + Releases/U. S. + DOT + Proposes + Broader + Use + of + E vent + Data + Recorders + to + Help + Improve + Vehicle + Safety, archived at http://perma.cc/963A-F72E. The NHTSA's 2012 estimate represented a nearly 30% increase from the estimated number of EDRs in new-model cars in 2004. Nat'l Highway Traffic Safety Admin., Final Regulatory Evaluation: Event Data Recorders (EDRS), at 111 –2 tbl. Ⅲ –1 (2006).

② Event Data Recorders Rule, 49 C. F. R. § 563. 7 (2013).

③ See Matos v. Florida, 899 So. 2d 403, 407 (Fla. Dist. Ct. App. 2005) (holding that data from certain EDRs are admissible when used as tools for automotive accident reconstruction).

④ See Nat'l Highway Traffic Safety Admin., Docket NO. NHTSA-1999-5218-0009, Event Data Recorders: Summary of Findings by the NHTSA EDR Working Group 67 (2001), available at http://www.regulations.gov/#! documentDetail; D = NHTSA-1999-5218-0009, archived at http://perma.cciX5SK-2SDK.

⑤ Event Data Recorders, 71 Fed. Reg. 50, 998, 51, 030 (Aug. 28, 2006) (to be codified at 49 C. F. R. pt. 563).

⑥ Privacy of Data from Event Data Recorders: State Statutes, NAT'L CONF. ST. Legislatures, http://www.ncsl.org/research/telecommunications-and-information-technology/privacy-of-data-from-event-data-recorders.aspx, archived at http://perma.cc/7XRZ-TNZ7.

险人索赔时,保险公司也不能将查阅事故记录仪数据作为前提条件。① 其中,弗吉尼亚州还规定,即便被保险人拒绝提供事故记录仪数据,保险公司也不能因此提高其保险费率。② 其他州是否应该纷纷效仿弗吉尼亚州,做出相似的规定? 国会是否应该发布联邦层面的指南,指导保险公司合理使用被保险人的事故记录仪数据? 如果保险公司收集事故记录仪数据,而被保险人对此无法阻止或者"选择退出",那么,这是否会侵犯被保险人的隐私? 随着汽车传感器的日益发展,它们能够揭示出更多的个人敏感信息,包括我们在何处驾驶、在何时驾驶、以何种方式驾驶,而通过这些信息,我们能够对自身做出更深入的判断,认识到自己到底有多么鲁莽、冲动或易怒,既然如此,我们应该如何限制别人使用这些数据? 比方说,我们可以考虑以下两种情形:第一,事故记录仪数据揭示出你是一个不可靠的司机,因而你可能信用不良,银行是否能以此为由拒绝你的贷款申请? 第二,在决定是否聘用你时,潜在的雇主是否可以参考你的驾驶数据报告?

为了回答上述问题,本文就物联网提出三个观点,对于现有的法律文献而言,这些主张都是新颖的、重要的、及时的。

本文的第一个观点是,各种各样的传感器设备构建了物联网世界,它们并不是存在于科幻小说当中的未来技术,而是已经真实存在的现实技术。传感器设备是否要对这些设备进行法律规范和调整,以及如何对这些设备进行法律规范和调整,我们甚至还没来得及思考这些问题,这些设备就已经大量涌现出来。诸如 Fitbit 和 Nike + FuelBand 等健身追踪器,它们过去一年的销量已经达到 3 亿美元,并且在 2014 年 1 月的国际消费电子展上,消费类传感器设备明显占据了主导地位。③ 正如社会所大肆宣传的那样,传感器设备在个人健康、

---

① ARK. Code ANN. § 23 – 112 – 107 (e) (3) – (4) (2014); N. D. Cent. Code § 51 – 07 – 28 (6) (2007); OR. REV. Stat. § 105.932 (2013); VA. Code ANN. § 38.2 – 2212 (C. 1) (s) (2007).

② VA. CODE ANN. § 38.2 – 2213.1 (2007).

③ Jonah Comstock, In-depth: The MobiHealthNews CES 2014 Wrap-Up, Mobihealthnews (Jan. 17, 2014), http://mobihealthnews. com/28689/in-depth-the-mobihealthnews-ces2014wrap-up/, archived at http://perma.cc/F9A6-APYN.

家庭安全和自动化、商业化分析,以及许多其他的人类活动领域当中都掀起了革新狂潮。然而,对此的法律规范和调整还不够到位,这在很大程度上表明,对于物联网的研究仍然处于初级阶段,我们尚不能对其进行大规模的商业化运用。① 为了改变人们对于物联网的错误认知,也为了引发人们更多地思考当前物联网所产生的法律问题,本文将在第一章介绍几种类型的消费类传感器,并举出几个例子来具体说明:现有的物联网设备能够以各种各样的方式产生数据,这些数据都与我们的环境和生活密不可分。

本文的第二个观点是,物联网面临着其特有的四大技术挑战,这些挑战又引发了四个法律问题,即歧视、个人隐私保护、数据安全和消费者同意问题。而这正是本文的核心论点,也是本文第二章的四个重点内容。

本文的第二章共分为四节,第一节探讨的是歧视问题,传感器设备能够揭示出大量的消费者信息,由此物联网带来了新型的歧视,包括种族歧视、阶级歧视和经济歧视。计算机科学家早就注意到"传感器融合"的现象,这一现象表明,相比于单独的设备而言,如果将两个不同的传感器设备结合起来,它们可以产生出更多的信息。相比于单眼视野而言,双眼视野更加广阔,同样,一个物联网传感器所揭示的信息是有限的,而利用两个物联网传感器则可以做出令人意想不到的推断。比方说,一种健身监测器可以测量心率,另一种健身监测器可以测量呼吸,而一旦将这两者相结合起来,它们不仅可以揭露出用户的运动习惯,还可以揭露出用户使用可卡因、海洛因、烟草和酒精的情况,而这四种情况都能够分别反映出用户独一无二的生物特征。② 传感器融合意味着,在物联网领域,"凡事皆有可能"。换言之,除了本身的固有用途和适用情形之外,每一种消费类传感器(比如,个人健康监测器、汽车黑匣子或智能电网仪表)都可以有许多其他的用途,尤其是当它产生的数据与其他物联网设备产生的数据

---

① See, e. g. , Jerry Kang et al. , Self-Surveillance Privacy, 97 Iowa L. Rev. 809, 815 -817(2012).

② See generally, e. g. , Annamalai Natarajan et al. , Detecting Cocaine Use with Wearable Electrocardiogram Sensors, in UBICOMP' 13: Proceedings of the 2013 Acm International Joint Conference on Pervasive and Ubiquitous Computing 123, 123(2013).

相结合时。在不久的将来，我们或许能够综合利用驾驶数据、健身数据、家庭能源使用数据或智能手机传感器数据，通过这些数据来推断出用户是否具有良好的信用，或者是否可能成为一名优秀的员工。

由于别人可能远程使用物联网设备产生的数据，并针对保险、就业、信贷、住房或其他敏感的经济问题做出决策，因此无论物联网设备多么小巧、多么无足轻重，与其相关的隐私政策都至关重要。最令人烦扰的是，如果别人暗自利用物联网数据做出决策，那么就有可能造成对消费者的种族歧视、性别歧视或其他歧视。除了种族歧视、性别歧视等传统歧视之外，物联网数据还可能会带来新型的歧视，原因在于贷款人、雇主、保险人和其他经济活动的参与者都可以利用物联网数据，以消费者无法察觉的方式对其进行分类并区别对待。总而言之，第二章的第一节主要探讨了两个方面：一方面，物联网引发了歧视问题；另一方面，面对这些新挑战，包括《公平信用报告法》（FCRA）① 在内，传统的歧视法和隐私权法目前都准备不足。

第二章的第二节探讨的是个人隐私保护问题，它也是由物联网时代的新技术所引发的问题。在这一节当中，所谓的技术挑战是指，物联网传感器数据的去识别化或匿名化实属不易。物联网设备当中的传感器通常能够识别特有的用户"指纹"，如果用数码相机伪造签名，显然这是掩耳盗铃的做法。② 更进一步地说，即使物联网数据集当中的标志性特征，诸如姓名、地址、电话号码等都被删除了，别人想要重新识别这些传感器数据仍然轻而易举。最近，麻省理工学院（MIT）的一项研究表明，别人重新识别"匿名"手机用户要比预期容易得多，而其他计算机科学研究也同样表明，物联网传感器设备极易遭到黑客的攻击。遗憾的是，面对物联网信息容易被重新识别的巨大隐患，现有的隐私权法尚且准备不足，相反，现有的隐私法对数据提供保护的前提是，"个人身份信息"能够有效地与去识别化的传感

---

① Fair Credit Reporting Act, 15 U.S.C. § 1681 (2012).

② In addition to the fact that sensor data tend to be sparse, sensors themselves are also unique. An individual sensor may produce a unique fingerprint of "noise" that can then identify that sensor. For example, digital cameras can be individually identified from the patterns of sensor noise that they generate. Jan Luki§ et al., Digital Camera Identification from Sensor Pattern Noise, 1 IEEE Transactions on Info. Forensics & Secur. 205, 205 (2006).

器数据或生物特征数据区分开来,这种观念是陈旧的、不切实际的。总而言之,第二章的第二节得出了一个结论,即在物联网领域,现有的隐私权法不再得以适用。

第二章的第三节探讨的是数据安全问题,它是物联网所特有的问题。简单来说,在这一节当中,所谓的技术挑战是指,物联网产品在设计上大都没有考虑到数据安全的保护。这些设备通常是由消费品生产商制造,而不是由计算机软件或硬件公司制造。因此,物联网制造商可能并不将数据安全视为当前的头等大事。更何况,大多数物联网设备体积较小、功率较低、计算能力较弱,因此采用加密技术或者其他安全措施更是难上加难。由于近来网络安全攻击事件频发,数据安全面临着更加严峻的形势,在2013年11月发生的一起网络安全攻击事件当中,黑客控制了超过10万个物联网摄像头、装置和其他设备。数据安全研究人员发现,在Fitbit健康追踪器、联网胰岛素泵、汽车传感器以及其他产品当中都存在安全漏洞。遗憾的是,无论是美国联邦贸易委员会目前的执法实践,还是各州的《数据泄露通知法》都尚且准备不足,物联网的安全问题仍然悬而未决。尤其应当注意的是,如果由于Fitbit、Nike + FuelBand、Nest Thermostat或者其他物联网设备的制造商的原因,导致用户传感器当中的敏感数据被盗,那么,各州的《数据泄露通知法》目前尚未对此做出规定,既没有要求制造商进行公开披露,也没有对用户提供救济。

第二章的第四节探讨的是消费者同意问题,对于物联网背景下的消费者,消费者保护法并未对其提供周到的保护。尤其值得注意的是,在本文当中,笔者首次对物联网的隐私政策展开了调查,并且说明了现有的隐私政策如何使得消费者的愿望落空。物联网设备通常不带有屏幕或键盘,因此不仅向消费者提供数据和隐私信息困难重重,而且获得消费者同意也困难重重。现有的物联网产品并不重视消费者的知情权,消费者往往无法查阅相关的隐私政策,即使消费者查阅到隐私政策,它们也往往是令人困惑的、不甚完整的和具有误导性的。笔者认为,这样的隐私政策使得许多问题模棱两可,包括传感器数据由谁所享有、物联网设备究竟收集哪些生物特征数据或其他传感器数据、物联网公司如何保护这些数据、物联网公司如何售卖或使用这些信息。无论是美国各州消费者保护法,还是美国联邦消费者保护法,它们都未能解决这些问题,同时,它们也未能解决在物联网背景下由消费者同意引发的一般性问题。

总的来说,本文的第二章主要着眼于歧视、个人隐私保护、数据安全和消费者同意这四个问题,并希望监管者、立法者、隐私和消费者权益保护者,以及企业法律顾问都能够从中意识到一个令人沮丧的事实:面对物联网引发的种种问题,当前的反歧视法、隐私权法、数据安全法、消费者保护法尚且准备不足,正因如此,在使用物联网设备时,消费者不可避免地遭受损害。如果不通过法律规范和调整来安抚和保护消费者,即便物联网可能具有各种各样的益处,它也会因以上四大问题而黯然失色。

本文的第三个观点是,州和联邦立法机构、监管机构应当采取四个初步措施,对物联网的发展提供指导。本文将在第三章论述这一点,而这也是本文最难的部分。无论是制定一项全面的联邦法律,还是成立一个新的监督机构,看似都不费吹灰之力,但是如果考虑到当前的政治现实,那么这些做法几乎是天方夜谭。另外,笼统的解决方案听起来也是不错的方案,比如要求加强对消费者的程序性保护,或者要求提供正当程序保护消费者,但这并不能产生直接的、实质的效果。因此,本文的第三章将提出现实的、可操作的解决方案,由于本文的第二章并不仅仅关注了歧视、个人隐私保护、数据安全和消费者同意当中的某一个问题,而是全面描述了物联网所产生的这四大问题,因此实施这一解决方案是极具挑战性的。简而言之,物联网背景下,我们面临着巨大的挑战,如果本文在第二章当中对此进行的说明足够全面、足够准确,那么本文在第三章当中提出的现实解决方案就必然面临严峻考验。

尽管如此,本文的第三章仍然试图为物联网的法律规范和调整制定蓝图。笔者对此有四点主张:其一,如果要解决新型的歧视问题,最好的方法是实质性地限制别人使用传感器数据,而不是向消费者承诺实施正当程序。因此,笔者建议,某些州的法律应当更加健全,规定禁止使用传感器数据的情形,例如禁止保险公司为了获取被保险人的汽车事故记录仪数据,而将其作为投保的条件。尽管这种方法不同于信息性隐私权的学说,笔者仍然认为采取此种限制是必要的,因为它有助于防止物联网引发令人烦扰的歧视问题。其二,无论是物联网所产生的生物特征识别数据,还是其他敏感的传感器数据,即使它们可能以去识别化的方式呈现,也应当被视为潜在的个人身份信息。笔者将进一步说明,对于这些数据的收集、存储和使用问题,监管者和企业法律顾问应当如何进行重新思考。其三,我们至少应当拓展各州《数据泄露通知法》的适用范围,将这些数据纳入其范畴,并为物联网设备制定实质性的安全指引,从而保护传感器数据的安全。尽管目前立法没有明确赋予监管机构权力来严格执行此安全指引,但是监管机构可以利用其"软"监管权,就实现物联网安全的最优方法达成行业共识。其四,如果物联网公司发布了不完整的、令人困惑的、甚至时而具有欺骗性的隐私政策,我们应当严格追究其责任,在这种情况之下,为了获得真正意义上的消费者同意,我们应当提供法律规范和调整指引最优方法的实现。在本文的第二章当中,笔者指出,在物联网背景下,通知和选择目前在许多方面是失败的,因此笔者建议,针对隐私政策,监管机构和企业法律顾问应当采取几项具体的改革措施。

当然,笔者并不认为这些措施可以解决物联网带来的所有问题。尽管一些隐私权学者提及传感器的普及,[①] 但没有一位学者系统地探究物联网所带来的问题和机遇。[②] 某些学者虽然研究了物联网产生的

[①] See, e. g., A. Michael Froomkin, The Death of Privacy?, 52 STAN. L. REv. 1461, 1475 – 76 (2000); Kevin Werbach, Sensors and Sensibilities, 28 Cardozo L. REv. 2321, 2322 – 24 (2007). Much scholarship focused on other privacy issues at least mentions sensors. See, e. g., Neil M. Richards, The Dangers of Surveillance, 126 Harv. L. REv. 1934, 1936, 1940 (2013).

[②] See, e. g., Jerry Kang & Dana Cuff, Pervasive Computing: Embedding the Public Sphere, 62 Wash. & Lee L. Rev. 93, 94 – 95 (2005); Kang et al., Jerry Kang et al., Self-Surveillance Privacy, 97 Iowa L. Rev., 812; Jonathan Zittrain, Privacy 2.0, 2008 U. CHI. LEGAL F. 65, 65, 72 (2008). Some forthcoming scholarship is beginning to focus more granularly on the Internet of Things. See generally, e. g., John Gudgel, Objects of Concern? Risks, Rewards and Regulation in the "Internet of Things" (Apr. 29, 2014).

特定环境,但是没有研究物联网的复杂性。① 在最近的一篇文章当中,笔者强调了这些传感器数据的使用日益频繁,但没有分析如何应对这些数据的泛滥。② 消费类传感器设备的广泛使用带来一些问题,然而计算机科学才刚刚有所意识③,监管机构也是如此,美国联邦贸易委员会最近举办了第一次物联网研讨会,就传感器产生的隐私问题以及如何解决这些问题征求意见。④ 本文将填补这一空白,分析并解决物联网所带来的歧视、个人隐私保护、数据安全和消费者同意问题。

  在正式开始本文之前,笔者还需要强调四件事。其一,笔者所说的传感器并不是工业或商业传感器,即在工厂、仓库、港口,以及其他旨在监测机械运作情况和产量的工作场所当中使用的传感器。虽然工业或商业传感器也是物联网的重要组成部分,但是本文主要关注的是消费类传感器。其二,一般而言,笔者所说的传感器并不是环境传感器,即用于在环境当中捕获有关空间使用信息的传感器,例如温度传感器。环境传感器也会引发隐私问题及法律规范和调整的问题,但这超出了我们所讨论的范围。其三,笔者并不关心政府如何使用传感器数据,也并不关心由此产生的宪法问题。未来我们需要解决的问题是:政府是否能够要求 Fitbit 公司提供用户的传感器数据,以作为诉

---

  ① See, e. g., Cheryl Dancey Balough, Privacy Implications of Smart Meters, 86 CHI. - Kent L. Rev. 161, 165 – 74 (2013); Kevin L. Doran, Privacy and Smart Grid: When Progress and Privacy Collide, 41 U. TOL. L. REv. 909, 911 – 12 (2010); Karin Mika, The Benefit of-Adopting Comprehensive Standards of Monitoring Employee Technology Use in the Workplace, Cornell Hr Rev., Sept. 22, 2012, at 1, 1 – 2, http://www.comellhrreview.org/wp-content/uploads/2012/09/Mika-Employer-Monitoring-201 2. p df, archived at http://perma.cc/934F-L8AF; Patrick R. Mueller, Comment, Every Time You Brake, Every Turn You Make-I'll Be Watching You: Protecting Driver Privacy in Event Data Recorder Information, 2006 Wis. L. REv. 135, 138 – 139.

  ② See Scott R. Peppet, Unraveling Privacy: The Personal Prospectus and the Threat of a Full Disclosure Future, 105 Nw. U. L. Rev. 1153, 1167 – 1173 (2011).

  ③ See, e. g., Andrew Raij et al., Privacy Risks Emerging from the Adoption of Innocuous Wearable Sensors in the Mobile Environment, in Chi 2011: Proceedings of the Sigchi Conference on Human Factors in Computing Systems 11, 11 (2011).

  ④ Internet of Things—Privacy and Security in a Connected World, Fed. Trade Commission, http://www.ftc.gov/news-events/events-calendar/2013/ 11/intemet-things-privacy-security-connected-world, archived at http://perma.cc/GW2Y-2LEY.

讼证据？美国国家安全局能否监测用户的传感器数据？① 其四，笔者并不关心我所佩戴的传感器可能为你带来的隐私问题。在彼此互动的过程当中，我的传感器可能会感知并记录你的行为，就像手机的麦克风不仅记录我的语音，也记录你的语音一样，这会引发你的隐私关切。然而，此处笔者将重点讨论传感器为用户自身所带来的问题，其中任何一个问题都值得我们在未来进行探讨。

二、五大类型的物联网设备

物联网以传感器为核心，而与传统的传感器不同，微机电系统（MEMS）传感器可以将运动、热量、压力或位置等物理现象转换为数字信息。② 微机电系统是在20世纪80年代发展起来的，但是在过去的几年里，这种传感器的成本从每台25美元降到了每台不足1美元。③ 因此，这些传感器不再作为实验室的材料，而是被大量使用到消费类产品当中。据某些学者估计，到2025年，将有超过1万亿传感器设备联网或相互连接。④

在这一章当中，笔者将具体说明目前可供消费者使用的物联网技术，概括来说共分为五种类型的物联网设备，包括健康和健身传感器、汽车黑匣子、家居监测器和智能电网传感器、专为监视员工而设计的设备，以及利用智能手机内置传感器的软件应用程序。总之，这些消费类产品从根本上改变了人们对自我、他人和环境的认知。

（一）健康和健身传感器

个人健康监测共有五种基本类型，按照物理侵入性从低到高的顺

---

① See Laura K. Donohue, Technological Leap, Statutory Gap, and Constitutional Abyss: Remote Biometric Identification Comes of Age, 97 MINN. L. REv. 407, 556 (2012).

② A sensor is defined as "a device that receives a stimulus and responds with an electrical signal." Jacob Fraden, Handbook of Modern Sensors 2 (4th ed. 2010) (emphasis omitted).

③ Alexander Wolfe, Little MEMS Sensors Make Big Data Sing, Oracle Voice, Forbes (June 10, 2013, 10: 26 AM), http://www.forbes.com/sites/oracle/2013/06/l0/little-mems-sensorsmake-big-data-sing/2/, archived at http://perma.cc/7S6E-HQL7.

④ Bill Wasik, In the Programmable World, All Our Objects Will Act as One, Wired, May 14, 2013, http://www.wired.com/2013/05/intemet-of-things-2/all/, archived at http://perma.cc/8EM3VKP9.

序依次排列为：台面设备（如血压监测器或体重秤），穿戴式传感器（如臂带或腕带），接触式传感器（如贴剂或电子文身），吸收式传感器（如电子药片），植入式传感器（如心脏或血液健康监测器）。①上述所有传感器都已经投入商业化使用，并且在过去的 12 到 18 个月里，健康和健身传感器的市场销量呈现爆炸式增长。2012 年，移动保健和医疗应用的下载量是 4400 万，这一数字有望在 2016 年增至 1.42 亿②，并且到 2017 年其总的市场价值有望达到 260 亿美元。③ 2012 年，包括 Fitbit 或 Nike + FuelBand 在内，无线穿戴式健康设备的销量是将近 3000 万台，这一数字有望在 2013 年增至 4800 万台。④

1. 台面设备

台面设备包括血压监测器、体重秤，以及其他间或用于监测健康或健身状况的产品。例如，Aria 和 Withings 体重秤，它们是两款支持 Wi-Fi 并能监测体重、体脂百分比和体重指数的智能秤。⑤ Aria 和

---

① See D. Konstantas, An Overview of Wearable and Implantable Medical Sensors, in Imia Yearbook of Medical Informatics 2007: Biomedical Informatics for Sustainable Health Systems 66, 67 – 69（A. Geissbuhler et al. eds., 2007）; George Skidmore, Ingestible, Implantable, or Intimate Contact: How Will You Take Your Microscale Body Sensors? Singularityhub（May 13, 2013, 8: 43 AM）, http://singularityhub. com/2013/05/13/ingestible-implantable-or-intimate-contact-howwill-you-take-your-microscale-body-sensors/, archived at http://perma.cc/6SCJ-H986.

② Press Release, Juniper Research, Mobile Healthcare and Medical App Downloads to Reach 44 Million Next Year, Rising to 142 Million in 2016（Nov. 29, 2011）, available at http://www.juniperresearch.com/viewpressrelease.php? pr-275, archived at http://perma.cc/B92A-WLDP.

③ Ralf-Gordon Jahns, The Market for mHealth App Services Will Reach $26 Billion by 2017, Research2 Guidance（Mar. 7, 2013）, http://research2guidance.com/the-market-for-mhealth-appservices-will-reach-26-billion-by-2017/, archived at http://perma.cc/4ZZJ-E3VX.

④ Michael Yang, For the Wearable Tech Market to Thrive, It Needs to Get in Better Shape, GIGAOM（May 4, 2013, 12: 00 PM）, https://gigaom.com/2013/05/04/for-the-wearable-tech-marketto-thrive-it-needs-to-get-in-better-shape/, archived at http://perma.cc/3VJV-KCJJ（citing Sports and Wellness Drive mHealth Device Shipments to Nearly 30 Million in 2012, Abiresearch, Dec. 7, 2012, http://www.abiresearch.com/press/sports-and-wellness-drive-mhealth-device-ship ments, archived at http://perma.cc/6CUE-D3XG）.

⑤ Fitbit Aria, Fitbit, http://www.fitbit.com/aria, archived at http://perma.cc/9ZVJ-F8SD; Smart Body Analyzer, Withings, http://www.withings.com/us/smart-body-analyzer.html, archived at http://perma.cc/DA4A-J6D3.

Withings 体重秤都能够向你自动发送减肥的成效。① Withings 公司同时还生产血压袖带,通过智能手机可以实现数据同步。② 该设备附带一款软件应用程序,它可以将你的实时血压绘制成图表,并通过电子邮件将结果发送给你或你的医生。③ 与此相类似,iBGStar 血糖监测器可以通过连接 iPhone 实时监测血糖水平④,Johnson & Johnson 公司的 OneTouch Verio 传感器可以通过蓝牙将血糖数据无线上传到 iPhone。⑤ 同样地,Propeller Health 公司的哮喘吸入器可以监测你服用哮喘药物的时间和地点,并将这些信息无线发送到你的智能手机。⑥ 该传感器还附带一款应用程序,你可以通过它查看传感器数据并创建哮喘日志。⑦

台面设备是一个飞速成长、发展惊人的产业。举例来说,Scanadu Scout 是一种小型的台面设备,用户只需将它放置到前额就可以进行测量。⑧ 这款设备能够跟踪生命体征,比如心率、体温、血氧饱和度(动脉血液的含氧量)、呼吸频率、血压、心电图(ECG)和情绪压力水平。⑨ 然而在 2 年前,这样全面的家用测量技术是不可想

---

① Fitbit Aria, Fitbit, http://www.fitbit.com/aria, archived at http://perma.cc/9ZVJ-F8SD; Smart Body Analyzer, Withings, http://www.withings.com/us/smart-body-analyzer.html, archived at http://perma.cc/DA4A-J6D3.

② Wireless Blood Pressure Monitor, Withings, http://www.withings.com/us/blood-pressure-monitor.html, archived at http://perma.cc/874Z-8H65.

③ Wireless Blood Pressure Monitor, Withings, http://www.withings.com/us/blood-pressure-monitor.html, archived at http://perma.cc/874Z-8H65.

④ About iBGStar ®, IBGSTAR ®, http://www.ibgstar.us/what-is-ibgstar.aspx, archived at http://perma.cc/8P4H-VNAB.

⑤ OneTouch ® Verio ® Sync™, ONETOUCH ®, http://www.onetouch.com/verio-sync, archived at http://perma.cc/JXC6-PC8Y.

⑥ Better Manage Your Asthma and COPD, Propeller Health, http://propellerhealth.com/solutions/patients/, archived at http://perma.cc/6AK6-YLG9.

⑦ Better Manage Your Asthma and Copd, Propeller Health, http://propellerhealth.com/solutions/patients/, archived at http://perma.cc/6AK6-YLG9.

⑧ Scanadu SCOut™, Scanadu, https://www.scanadu.com/scout, archived at http://perma.cc/LBG6-DZ53.

⑨ Nathan Hurst, Scanadu Builds a \$149 Personal Tricorder for Non-Trekkies, Wired, June 6, 2013, http://www.wired.com/2013/06/scanadu-scout/, archived at http://perma.cc/3KVC-D3RN.

象的。更引人注目的是，Scanadu公司正在开发一种家用尿液分析设备，它被称为Scanadu scanaflo，这款设备可以测量"血糖、蛋白质、白细胞、硝酸盐、血液、胆红素、尿胆素原、比重和尿液pH"。① 它还可以用于妊娠试验。② 同样地，对于家用消费市场来说，这也是一种全新的分析技术。随着制造商发明了新方法，即从与我们交互的物体和环境当中获取数据，带有传感器的台面消费产品正变得日趋多样化和富有创造性。Podimetrics公司开发了一种传感器驱动的地毯，它有助于糖尿病患者检测足部溃疡。③ AdhereTech公司生产了一种可联网的药瓶，它可以跟踪依据所开处方所剩的药片数量，以及每次取出药片的间隔时间，从而提醒患者按时服药。④ HAPIfork是一种装有传感器的叉子，它可以监控你进食的分量和频率。⑤ 除了将数据上传到电脑或智能手机应用程序之外，当你进食的速度过快时，HAPIfork的指示灯还会不停闪烁以示提醒。⑥ 最后，你还可以在用餐完毕后使用Beam Brush刷牙，它可以无线连接到用户的智能手机上，记录每

---

① Press Release, Scanadu, Scanadu Packs More Features Into Scanadu Scout™; Unveils Design For ScanaFlo™ (May 22, 2013), available at https://www.scanadu.com/pr/scanadu-packsmore-features-into-scanadu-scout-unveils-design-for-scanaflo/, archived at http://perma.cc/ST55SX6Z.

② Press Release, Scanadu, Scanadu Packs More Features Into Scanadu Scout™; Unveils Design For ScanaFlo™ (May 22, 2013), available at https://www.scanadu.com/pr/scanadu-packsmore-features-into-scanadu-scout-unveils-design-for-scanaflo/, archived at http://perma.cc/ST55SX6Z.

③ Alice Waugh, Idea Draws on Engineering and Business to Help Diabetics, Mit News (Jan. 20, 2012), http://newsoffice.mit.edu/2012/podimetrics-lgo-0120, archived at http://perma.cc/766-KCWF; see also Podimetrics, https://www.podimetrics.com/, archived at http://perma.cc/U A6R-29SD.

④ Smart Wireless Pill Bottles, Adheretech, http://www.adheretech.com, archived at http://perma.cc/Y3D3-YT4U.

⑤ HAPIfork, Hapicom, http://www.hapi.com/product/hapifork, archived at http://perma.cc/W3S3-7KBK.

⑥ HAPIfork, Hapicom, http://www.hapi.com/product/hapifork, archived at http://perma.cc/W3S3-7KBK.

次刷牙的日期、时间和时长。①

2. 穿戴式传感器

在过去的18个月当中，穿戴式传感器也不断增长。如前所述，在过去几年里，消费者已经购买了数以千万计这样的设备。② 如同Fitbit、Nike + FuelBand 和 BodyMedia FIT 臂带一样，穿戴式传感器大都是电子计步器，它们可以记录每天的步数、里程、热量消耗。③ 一些穿戴式健身设备还可以追踪其他信息，比如睡眠时间和睡眠质量④、心率、出汗量、皮肤温度⑤，甚至呼吸模式。⑥ FINIS Swimsense可以监测你采用的泳姿、游泳的距离、速度和消耗的卡路里。⑦ 当然，并非所有的传感器都必须佩戴在手腕或手臂上，比如Valencell PerformTekfitness 设备，它将各种传感器装入一组耳塞式耳机当中⑧；比如Pulse，它是一个可以追踪心率的指环⑨；比如Lumo Back 姿势传

---

① Eliza Strickland, Review: Beam Toothbrush, IEEE Spectrum, Jan. 30, 2013, http://spectrum.ieee.org/geek-life/tools-toys/review-beam-toothbrush, archived at http://perma.cc/AD62P5H6.

② Michael Yang, For the Wearable Tech Market to Thrive, It Needs to Get in Better Shape, GIGAOM (May 4, 2013, 12: 00 PM), https://gigaom.com/2013/05/04/for-the-wearable-tech-marketto-thrive-it-needs-to-get-in-better-shape/, archived at http://perma.cc/3VJV-KCJJ (citing Sports and Wellness Drive mHealth Device Shipments to Nearly 30 Million in 2012, Abiresearch, Dec. 7, 2012, https://www.abiresearch.com/press/sports-and-wellness-drive-mhealth-device-ship ments, archived at http://perma.cc/6CUE-D3XG).

③ The Fitbit Philosophy, Fitbit, http://www.fitbit.com/story, archived at http://perma.cc/4Z FW-Y7VE; Nike + FuelBand SE, NIKE, http://www.nike.com/us/en-us/c/nikeplus-fuelband, archived at http://perma.cc/ZZJ6-MEYM; The Science, BODYMEDIA ®, http://www.bodymedia.com/the science.html, archived at http://perma.cc/4PJ-TKJQ.

④ Fitbit Flex, Fitbit, http://www.fitbit.com/flex, archived at http://perma.cc/GBD2-ESFY.

⑤ Peak™, Basis, https://www.mybasis.com/, archived at http://perma.cc/4LKF-XU5X.

⑥ Spire, www.spire.io, archived at http://perma.cc/K474-N6YY.

⑦ Swimsense ® Performance Monitor, FINIS, http://www.finisinc.com/swimsense.html, archived at http://perma.cc/DDJ8-3343.

⑧ Valencell, http://www.performtek.com/, archived at http://perma.cc/JKF3-FLQV.

⑨ Pulse, Electricfoxy, http://www.electricfoxy.com/pulse, archived at http://penna.cc/626 L-F9XT.

感器,它是一根缠绕在腰腹部的背带。①

　　许多公司已经开发出了在织物当中嵌入传感器的生物跟踪服装。② 这种带有传感器的服装既有健身功能,也有医疗用途。有些产品被用来测量体育活动。例如,Electricfoxy Move 衬衫内置四个拉伸和弯曲传感器,它们用于监测运动,并提供瑜伽姿势、普拉提伸展、高尔夫挥杆或舞蹈动作的实时反馈。③ 带有传感器的 Nike+鞋可以测量跑步和步行的数据,以及扣篮的高度。④ 还有些产品具有医疗用途。例如,iTBra 在文胸的罩杯当中装有集成传感器,它可以监测皮肤温度的细微变化,从而发现乳腺癌的早期迹象。⑤ 最后,Sensoria 健康智能袜子不仅可以追踪你的跑步距离和速度,还可以追踪你的跑步形式和技巧,避免或诊断损伤。⑥

　　穿戴式健康传感器日益发展,它已经远远超越了计步器的范畴。例如,Amiigo 腕带可以检测出不同类型的体力活动(如开合跳、二头肌弯举或慢跑),并测量重复的次数或经过的距离。⑦ LIT 跟踪器可以测量独木舟上的划桨、篮球比赛中的跳跃、滑雪跳跃时产生的重力,或者冲浪时消耗的能量。⑧ Atlas 跟踪器几乎可以测量所有运动过

---

　　① Lumo Back, Lumo, http://www.lumoback.com/lumoback/, archived at http://perma.cc/7M 6F-SNLC.

　　② E. g., ATQ Smart Clothing, http://www.aiqsmartclothing.com, archived at http://perma.cc/PS2V-BVSX, http://www.forbes.com/sites/elizabethwoyke/2011/10/28/att-plans-to-sell-health-track ing-clothing/, archived at http://perma.cc/S7V7-HUD5.

　　③ Move, Electricfoxy, http://www.electricfoxy.com/move/, archived at http://perma.cc/G 4E-6ANP.

　　④ Nike+Basketball, NIKE, https://secure-nikeplus.nike.com/plus/products/basketball, archived at http://perma.cc/TZ9A-2WCK.

　　⑤ Cyrcadiahealth, http://cyrcadiahealth.com/, archivedat http://perma.cc/EG6E-MUYA.

　　⑥ Sensoria Fitness Socks, Sensoria Fitness, http://store.sensoriafitness.com/sensoriafitness-anklet-and-one-pair-of-socks, archived at http://perma.cc/NN48-LV9X.

　　⑦ Can Amiigo Track My_ ? Amiigo, http://updates.amiigo.co/post/84680379473/canamiigo-track-my, archived at http://perma.cc/M8W7-C4YZ.

　　⑧ Zach Honig, NZN Labs Launches Lit, a Social-Enhanced Fitness Tracker for Adventurous Types, Engadget (Apr. 2, 2013, 3:00 PM), http://www.engadget.com/2013/04/02/lit-fitnesstracker!, archived at http://perma.cc/759S-9D4N; see also LIT: An Activity Tracker Ready for Action, Indiegogo, https://www.indiegogo.com/projects/lit-an-activity-tracker-ready-for-action, archived at http://perma.cc/ND8D-N38V.

程当中的心率和活动水平,包括游泳(它可以区分不同的泳姿)、跑步、举重、俯卧撑、仰卧起坐和攀岩。①

3. 接触式传感器

接触式传感器与穿戴式设备密切相关,但又有自身的独特性,值得我们进行特殊对待,它是一种嵌入绷带、医用胶带、贴剂或皮肤纹身的装置。接触式传感器有时被称为"表皮电子",目前更多的是医学性质的产品,而非健康导向的产品。例如,2012 年 11 月,美国食品和药物管理局(FDA)对 Raiing 无线温度计授予了许可,它是一种皮贴式的体温计传感器,可以将实时体温传输到用户的智能手机上。② 相类似地,MC10 公司的生物邮票是一种小型的、灵活的原型设备,像创可贴一样可以佩戴。③ 它可以测量并传输心率、大脑活动、体温、水合作用水平和紫外线辐射情况。④ Sano Intelligence 公司正在开发一种可以监测血流的贴剂。⑤ 这种带有传感器的透皮贴剂可

---

① Atlas, http://atlaswearables.com, archived at http://perma.cc/3T8E-LTN2; see also Brandon Ambrosino, With Atlas, JHUAlum Poised to Make Big Splash in Wearable Fitness Tracker Market, Hub, John Hopkins U. (Jan. 27, 2014), http://hub.jhu.edu/2014/01/27/interview-atlaspeter-li, archived at http://perma.cc/7WA8-EVAY.

② Jonah Comstock, FDA Clears iPhone-Enabled Body Thermometer, Mobihealthnews (Nov. 16, 2012), http://mobihealthnews.com/191 l0/fda-clears-iphone-enabled-body-thermometer/, archived at http://perma.cc/4NAA-MW2K; see also iThermonitor, RAIING, http://www.raiing.com/iThermonitor/, archived at http://perma.cc/6E7U-QWRS.

③ Sam Grobart, Mclo's BioStamp: The New Frontier of Medical Diagnostics, Bloomberg Businessweek, June 13, 2013, http://www.businessweek.com/articles/2013-06-13/mclOsbiostamp-the-new-frontier-of-medical-diagnostics, archived at http://perma.cc/7MHL-ZZDD; see also Company Overview, MC10, http://www.mclOinc.com/press-kit/, archived at http://perma.cc/A2P9-E6GQ.

④ Sam Grobart, Mclo's BioStamp: The New Frontier of Medical Diagnostics, Bloomberg Businessweek, June 13, 2013, http://www.businessweek.com/articles/2013-06-13/mclOsbiostamp-the-new-frontier-of-medical-diagnostics, archived at http://perma.cc/7MHL-ZZDD; see also Company Overview, MC10, http://www.mclOinc.com/press-kit/, archived at http://perma.cc/A2P9-E6GQ.

⑤ Ariel Schwartz, No More Needles: A Crazy New Patch Will Constantly Monitor Your Blood, Co. Exist, Fast Company (June 19, 2012, 8:00 AM), http://www.fastcoexist.com/1680025/nomore-needles-a-crazy-new-patch-will-constantly-monitor-your-blood, archived at http://perma.cc/M7D2-YTY7.

以记录血糖水平、肾功能、钾水平和电解质平衡。① 由 Avery Dennison 开发的 Metria 贴剂是一种远程医疗监控设备,它可以测量体温、睡眠、心率、步数和呼吸频率。②

4. 吸收式和植入式传感器

虽然可能听起来过于像科幻小说,但吸收式和植入式传感器也正在逐渐成为现实。吸收式传感器包括"智能药片",它装有用于监测体内状况的微型传感器。例如,只要给定成像条件,药片大小的 PillCam 照相机就可以检测胃肠道的出血情况③及其他问题。同样,可服用的 SmartPill 胶囊可以在通过人体时测量血压、pH 和体温。④ 或许更为奇特的是 Proteus Feedback System,2012 年 7 月,美国食品和药物管理局对其授予了许可,它是一种药片,内置可消化的计算机芯片。⑤ 该传感器由人体胃液供电,因此不需要电池或者天线。⑥ 皮肤上的贴片从药片当中获取数据,以追踪其是否被摄取以及何时被摄取,并紧接着将数据无线传输到用户的智能手机。⑦ 其目标是将这种传感器嵌入到各式各样的药物中,以监测用户是否遵从了医嘱。

---

① Ariel Schwartz, No More Needles: A Crazy New Patch Will Constantly Monitor Your Blood, Co. Exist, Fast Company (June 19, 2012, 8: 00 AM), http://www.fastcoexist.com/1680025/nomore-needles-a-crazy-new-patch-will-constantly-monitor-your-blood, archived at http://perma.cc/ M7D2-YTY7.

② Metria™ Informed Health, Avery Dennison, http://www.averydennison.com/en/home/technologies/creative-showcase/metria-wearable-sensor. html, archived at http://perma. cc/ A5W7R93J.

③ PillCam Capsule Endoscopy, Given Imaging, http://www.givenimaging.com/enus/Innovative-Solutions/Capsule-Endoscopy/Pages/default. aspx, archived at http://perma.cc/TC9 7-3NZP.

④ Motility Monitoring, Given Imaging, http://givenimaging.com/en-us/InnovativeSolutions/Motility/SmartPill/Pages/default. aspx, archived at http://perma.cc/L8UJ-ZS4M.

⑤ Digital Health Feedback System, Proteus Digital Health, http://www.proteus.com/technology/digital-health-feedback-system/, archived at http://perma.cc/5UZR-7HGV.

⑥ Digital Health Feedback System, Proteus Digital Health, http://www.proteus.com/technology/digital-health-feedback-system/, archived at http://perma.cc/5UZR-7HGV.

⑦ Digital Health Feedback System, Proteus Digital Health, http://www.proteus.com/technology/digital-health-feedback-system/, archived at http://perma.cc/5UZR-7HGV.

植入式医疗传感器已经被用于监测血糖、血压和心脏功能①,而新型的植入式传感器也正处于开发期当中,它们将被用于检测器官移植的排异反应。② 一个典型的例子是植入患者牙齿当中的传感器,它可以对各种活动进行区分,包括进食、说话、咳嗽、吸烟、饮酒和呼吸。③ 该设备既可以安装在两颗牙齿之间,也可以安装在假牙或牙套上,并能够将信息无线传输给牙医,以供其评估牙齿疾病或不良习惯。④

就目前的技术来说,吸收式和植入式健康和健身传感器处于十分前沿的地位,据某些学者的估计,在未来的10年内,将有多达1/3的美国人在体内安装临时或永久的植入式设备。⑤

(二) 汽车传感器

在汽车领域,传感器也已经无处不在。笔者在此处介绍三种类型的汽车传感器,它们可以大量收集司机的相关数据,分别是:事故数据记录器、消费类汽车传感器、汽车保险远程信息处理设备。

1. 事故数据记录器

据美国国家公路交通安全管理局统计,在美国,在2013年售出的所有车辆当中,超过96%的汽车都装有事故数据记录器,过去20

---

① E. g., Getting an Insertable Cardiac Monitor, Medtronic, http://www.medtronic.com/patients/fainting/getting-a-device/index.htm, archived at http://perma.cc/8REJ-DL5Y.

② Transplant Rejection Sensor Paves Way for Body-Integrated Electronics, Engineer, July 11, 2013, http://www.theengineer.co.uk/medical-and-healthcare/news/transplant-rejection-sensor-paves-way-for-body-integrated-electronics/1016483.article, archived at http://perma.cc/8W34W3R.

③ Ross Brooks, Tooth-Embedded Sensor Relays Eating Habits to the Dentist, PSFK (July 30, 2013), http://www.psfk.com/2013/07/tooth-sensor-track-eating-habits.html, archived at http://per ma.cc/EVM4-FV6D.

④ Transplant Rejection Sensor Paves Way for Body-Integrated Electronics, Engineer, July 11, 2013, http://www.theengineer.co.uk/medical-and-healthcare/news/transplant-rejection-sensor-paves-way-for-body-integrated-electronics/1016483.article, archived at http://perma.cc/8W34W3R.

⑤ Cadie Thompson, The Future of Medicine Means Part Human, Part Computer, CNBC (Dec. 24, 2013, 8:00 AM), http://www.cnbc.com/id/101293979, archivedat http://perma.cc/VQV3VD82.

年内售出的汽车也大多装有此种设备。① 针对事故数据记录器收集信息，美国国家公路交通安全管理局作出规定，即该记录器必须收集15种关于汽车状态的传感器信息，包括制动状态、行驶速度、加速度器状态、实时引擎转速、安全带使用情况、气囊打开情况，以及碰撞事件的次数和时间等等。② 美国国家公路交通安全管理局还规定，为了提供所有碰撞或事故之下汽车状态的合成图像，事故数据记录器必须持续存储长达30秒之久的信息。③ 但是，美国国家公路交通安全管理局既没有限制收集的数据类型，也没有规定谁享有这些数据，或者说第三人是否可以保留并使用这些数据。④ 因此，在美国国家公路交通安全管理局规定的15种传感器信息之外，设备制造商还可以选择增加收集其他类型的信息，比如司机转向输入、防抱死制动工作状况、司机和乘客座椅位置、乘载人数和位置、车辆位置、电话或无线电使用情况、导航系统使用状况，或者其他方面的汽车状况。

2. 消费类汽车传感器

除了事故数据记录器之外，各色各样的消费类设备还可以让司机通过智能手机访问其汽车的数据信息。最典型的例子是 Automatic Link，它是一种连接到汽车 OBD-II 端口的小型蓝牙设备。⑤ 这款设备被称为"适合你汽车的 FitBit"，它可以将信息自动同步到智能手机

---

① See Press Release, Nat'l Highway Traffic Safety Admin., U. S. DOT Proposes Broader Use of Event Data Recorders to Help Improve Vehicle Safety (Dec. 7, 2012), available at http://www.nhtsa.gov/About + NHTSA/Press + Releases/U. S. + DOT + Proposes + Broader + Use + of + E vent + Data + Recorders + to + Help + Improve + Vehicle + Safety, archived at http://perma.cc/963A-F72E ("NHTSA estimates that approximately 96 percent of model year 2013 passenger cars and lightduty vehicles are already equipped with EDR capability."). The NHTSA's 2012 estimate represented a nearly 30% increase from the estimated number of EDRs in new-model cars in 2004. Nat'l Highway Traffic Safety Admin., Final Regulatory Evaluation: Event Data Recorders (EDRS), at 111 – 2 tbl. Ⅲ – 1 (2006) (estimating that 64.3% of new cars sold in 2004 came equipped with EDRs).
② 49 C.F.R. §§ 563.6 -. 7 (2013).
③ 49 C.F.R. §§ 563.11 (a).
④ 49 C.F.R. §§ 563.11 (a).
⑤ Automatic™, https://www.automatic.com/, archivedathttp://perma.cc/4NMD-6NZR.

上,从而监控汽车的良好状况和用户的驾驶习惯。① 通过自动追踪司机是否突然刹车、是否超速或是否加速等,该设备能够有助于司机提高燃油效率。② Automatic Link 还可以追踪和记录位置信息,以便就司机的驾驶频率、驾驶位置以及驾驶时间提供反馈。③ 以上所有信息都存储在 Automatic 的云端服务器上。④ 用户可以对该系统进行设置,使其在碰撞事故发生时自动呼救,并在引擎需要维护时向用户发送电子邮件。⑤

司机智能手机当中已有的传感器也可以实现同样的功能。例如,Zendrive 是一款 iPhone 应用程序,它可以帮助司机跟踪自身驾驶情况,向司机反馈其驾驶技术、提示司机避免交通拥堵,以及向司机提供附近的景点信息。⑥ 与此相似,DriveScribe 是一款应用程序,通过借助于司机智能手机所产生的传感器数据,它可以帮助家长和保险公司监控青少年的驾驶习惯。⑦ 该应用程序可以设置为禁止青少年在驾驶中发短信和打电话,也可以设置为向父母发送电子邮件或短信,使他们实时了解青少年的驾驶情况。⑧ DriveScribe 可以记录每次旅途的

---

① Jamie Todd Rubin, Testing Automatic Link, the FitBit for Your Car, Daily Beast (July 8, 2014), http://www.thedailybeast.com/articles/20 14/07/08/testing-automatic-ink-the-fitbit-for-your-car.html, archived at http://perma.cc/KRN7-AEVX.

② Automatic™, https://www.automatic.com/, archivedathttp://perma.cc/4NMD-6NZR.

③ Automatic™, https://www.automatic.com/, archivedathttp://perma.cc/4NMD-6NZR.

④ Legal Information, Automatic™, https://www.automatic.com/legal/, archived at http://perma.cc/324H-FFG3.

⑤ Automatic™, https://www.automatic.com/, archivedat http://perma.cc/4NMD-6NZR. The Dash is a similar device. Dash, http://dash.by, archived at http://perma.cc/4F43-CN2E. Similarly, the Mojio is a prototype Internet-connected car monitoring sensor that can alert a user if their car has been damaged, stolen, towed, or needs service. MOJO, http://www.moj.io, archived at http://perma.cc/S7FG-68B4.

⑥ Zendrive Seed Funding, Zendrive Blog (Aug. 29, 2013), http://zendriveblog.tumblr.com/post/59408227794/zendrive-seed-funding-08-29-13-at-facebook-and, archived at http://per ma.cc/5MHH-TX2Q; see also Zendrive, http://www.zendrive.com, archived at http://perma.cc/XR63-ZYN3.

⑦ Drivescribe, http://www.drivescribe.com, archived at http://perma.cc/6NMV-F4CM.

⑧ Keeping Teens Safe, Drivescribe, http://drivescribe.com/parents, archived at http://per ma.cc/VC5C-MKLC.

时间、历时和地点,旅途当中的平均速度和任一时间点的速度,并提示所有的交通违章行为(例如,超速或其他可察觉的违章行为,包括不遵守停车标志)。①

消费类汽车传感器与事故数据记录器不同,主要表现为三个方面:其一,事故数据记录器通常记录和存储数据的时间很短,虽然利用这几秒的数据足以诊断碰撞事故,但是不足以追踪车辆位置,或者在事故发生后一段时间内的司机行为;而与智能手机相连(或以智能手机为基础)的应用程序记录信息的数量更多,存储信息的时间更长。其二,事故数据记录器将其有限的信息存储于汽车本身的设备;而消费类驾驶监视器和智能手机应用程序则将这些信息传输给设备制造商,并且通常将这些信息存储于云端。其三,即使其车辆装有事故数据记录器,消费者也几乎对此毫不知情,因为唯一提及这一点的可能是车主手册②;而一旦消费者在其汽车上安装消费类传感器设备,或者在其智能手机上安装汽车追踪应用程序时,他们想必对此已经有所察觉。

3. 汽车保险远程信息处理设备

除了事故数据处理器和消费类汽车传感器之外,汽车保险远程信息处理设备也蓬勃发展、日趋流行。此类产品一般由汽车保险公司向消费者提供,它们可以追踪消费者的驾驶行为,并且保险公司可以据此向消费者提供保险费的折扣。③

在美国,最著名的远程信息处理设备莫过于 Progressive Snapshot。④ Progressive 向被保险人提供 Snapshot 设备,而被保险人则将该

---

① Driver Performance, Drivescribe, http://drivescribe.com/driver-performance/, archived at http://perma.cc/3AFU-FK26.

② 49 C.F.R. § 563.11 (a) (2013).

③ Bill Kenealy, Wireless Sensors Provide Underwriters with Expanded Data, BUS. INS. (Jan. 13, 2013, 6:00 AM), http://www.businessinsurance.com/article/20130113/NEWS04/301139 980, archived at http://perma.cc/7ES8-TB2Y. Connected Car Company Zubie Signs Deal with Progressive, Gigaom (Sept. 4, 2014, 6:30 AM), https://gigaom.com/2014/09/0 4/conn ected-car-company-zubie-signs-deal-with-progressive/, archived at http://perma.cc/5RWV-PLSR.

④ Snapshot ®, Progressive, http://www.progressive.cm/aut/snapshot, archived at http://perma.cc/U6PP-H5YV.

设备与车辆连接。该 Snapshot 设备可以收集行车速度、驾车时间、行驶里程和紧急制动频率等信息。① 但是，它不收集司机的身份信息。② 通过该设备持续收集 30 天的数据，保险公司就可以计算该车辆（或司机）的"快照分数"（Snapshot score），并将其作为设定保费的因素之一。③ 在接下来的 5 个月当中，Snapshot 还将继续收集数据，保险公司也会据此持续更新保费政策的折扣。④ 根据 Progressive 的隐私政策，未经用户同意，保险公司不能将 Snapshot 收集的数据用于处理保险理赔。⑤

虽然 Snapshot 等基于使用的设备越来越受欢迎，但从整个保险行业来看，注册人数所占的比例仍然很低。总的来说，尽管大约有 10% 的 Progressive 公司客户都使用 Snapshot，但依然有大约 3% 的被保险人使用远程信息处理设备。⑥ 为了打消消费者对隐私问题的疑虑，保险公司的高管目前仍在寻求各种市场营销手段。⑦ 虽然有些人对此表示担心，他们认为，汽车远程信息处理系统的制造商可能没有充分披露有关信息，包括其数据的收集或使用方式。⑧ 但是，保险业

---

① Terms & Conditionsfor Snapshot ®, Progressive, http://www. progressive. com/aut/snap shot-terms-conditions/, archived at http://perma. cc/V2ZV-ZWA6.

② Terms & Conditionsfor Snapshot ®, Progressive, http://www. progressive. com/aut/snap shot-terms-conditions/, archived at http://perma. cc/V2ZV-ZWA6.

③ Terms & Conditionsfor Snapshot ®, Progressive, http://www. progressive. com/aut/snap shot-terms-conditions/, archived at http://perma. cc/V2ZV-ZWA6.

④ Snapshot ® Common Questions, Progressive, http://www. progressive. com/auto /snapshot-common-questions/, archived at http://perma. cc/C9JN-5NH3.

⑤ Snapshot ® Privacy Statement, Progressive, http://www. progressive. com / auto/snapshot privacy-statement/, archived at http://perma. cc/K7ZM-2SRN.

⑥ Becky Yerak, Motorists Tap the Brakes on Installing Data Devices for Insurance Companies, Chi. Trib., Sept. 15, 2013, http://articles. chicagotribune. conh/2013-09-15/classified/ctbiz-0915-telematics-insure-20130915_1_insurance-companies-insurance-telematics-prgressivesnapshot, archived at http://perma. cc/72WC-SS64.

⑦ Becky Yerak, Motorists Tap the Brakes on Installing Data Devices for Insurance Companies, Chi. Trib., Sept. 15, 2013, http://articles. chicagotribune. conh/2013-09-15/classified/ctbiz-0915-telematics-insure-20130915_1_insurance-companies-insurance-telematics-prgressivesnapshot, archived at http://perma. cc/72WC-SS64.

⑧ See generally Francesca Svarcas, Turning a New Leaf-A Privacy Analysis of Carwings Electric Vehicle Data Collection and Transmission, 29 Santa Clara Computer & High Tech. L. J. 165 (2012).

内人士正在想方设法地减少人们的担忧,避免汽车保险远程信息处理设备造成隐私、公平和歧视问题。保险行业评论人员则大力吹捧汽车保险远程信息处理设备的好处,即保险公司可以利用其更精确地设定保险费①,他们甚至极力强调,由于汽车保险远程信息处理设备能够更好地监测用户信息,用户可能会因此调整自身行为。② 根据他们的推测,远程信息技术革命可能会逐渐从汽车保险领域延伸到健康和人寿保险领域。③

(三) 家用和电子传感器

目前,物联网设备也已经进入到家庭领域。笔者在此处介绍两种设备,即连接物联网设备的"智能家居",以及带有传感器的电力监视器即"智能电网"。

1. 智能家居

一说到"物联网",人们自然而然地会联想到这样一个画面,即家中到处都是联网的、带有传感器的设备。正如上文所述,传感器设备远远不只是智能家电,还包括了其他各种各样的设备。当然,随着传感器的日益普及,家庭电子设备确实构成了其中不可或缺的一部分。

可供家用的新型消费类传感器设备多种多样,其中最典型的代表或许是 Nest 恒温器。最近在首次物联网大收购当中,Google 公司收购了 Nest 公司④,其制造的 Nest 恒温器可以跟踪用户的居家行为,

---

① See, e. g., Lilia Filipova-Neumann & Peter Welzel, Reducing Asymmetric Information in Insurance Markets: Cars with Black Boxes, 27 Telematics & Informatics 394, 402 (2010); Yuanshan Lee, Applications of Sensing Technologies for the Insurance Industry, in Business Aspects of the Internet of Things 8, 8 – 9 (Florian Michahelles ed., 2008).

② See Anthony O'Donnell, Will Data Proliferation Foster Insurer/Customer Collaboration on Underwriting?, Ins. & Tech., Informationweek (Nov. 19, 2010, 9:17 AM), http://www.insurancetech.com/business-intelligence/228300521, archived at http://perma.cc/9CVH-2UVG.

③ See Anthony O'Donnell, Will Data Proliferation Foster Insurer/Customer Collaboration on Underwriting?, Ins. & Tech., Informationweek (Nov. 19, 2010, 9:17 AM), http://www.insurancetech.com/business-intelligence/228300521, archived at http://perma.cc/9CVH-2UVG.

④ Rolfe Winkler & Daisuke Wakabayashi, Google to Buy Nest Labs for $3.2 Billion, Wall ST. J., Jan. 13, 2014, http://online.wsj.com/news/articles/SB10001424052702303595404579318952802236612, archived at http://perma.cc/5T7W-2DNG.

从而更有效地设定温度。① 该恒温器既可以接受并记录用户的直接输入（例如，提高或降低温度），也包含多种用于检测室内运动、环境光线、室温和湿度的传感器。② Nest 恒温器所收集的所有用户信息都被存储在 Nest 的云服务器上，并且可以通过用户的智能手机或其他联网电脑被访问和控制。③ 除了恒温器之外，Nest 公司还制造了一款烟雾和一氧化碳探测器，它具备与恒温器相类似的特征。④

除了恒温器和烟雾探测器，各种各样的家电也纷纷进行了联网。例如，GE Brillion 家用烤箱可以向用户报告温度、发送警报，用户通过 GE 的智能手机应用程序就可以打开或控制它。⑤ 类似的例子不胜枚举：DropTag 传感器可以检测包裹在运输过程当中是否掉落或晃动⑥，Twine 传感器设备可以检测积水、漏水、门未上锁、室温变化和用户家中发生的其他事件⑦，Wattvision 可以记录家庭能源使用模式；⑧ Wimoto Growmote 可以在植物需要浇水时向用户发送短信。⑨ 另外，许多公司都在努力将这些不同的信息源集成到软件和硬件平台上。例如，SmartThings 由一个处理集线器组成，它可以连接到各种不同的家庭传感器，比如开/关传感器（用于监控门窗）、振动传感

---

① Life with Nest Thermostat, NEST, https://nest.com/thermostat/life-with-nest-thermostat/, archived at http://perma.cc/L94A-Y63V.
② Explore Your Nest, NEST, https://nest.com/thernostat/inside-and-out/#explore-your-nest, archived at http://perma.cc/QTX5-RRNM.
③ What Does Nest Do with Private Data?, NEST, http://support.nest.com/article/What-doesNest-do-with-private-data, archived at http://perma.cc/K58S-RKVF.
④ Life With Nest Protect, NEST, https://nest.com/smoke-co-alarm/life-with-nest-protect/, archived at http://perma.cc/5A8Y-MTFR.
⑤ GE Brillion™ Connected Home FAQs, GE Appliances, http://www.geappliances.com/connected-home-smart-appliances/brillion-appliances-faqs.htm, archived at http://perma.cc/DN5SUPTN.
⑥ Press Release, Cambridge Consultants, Delivering Peace of Mind (Feb. 6, 2013), available at http://www.cambridgeconsultants.com/news/pr/release/1 16/en, archived at http://perma.cc/Q3 P3-D7SB.
⑦ Twine, Supermechanical, http://www.supermechanical.com/twine/, archived at http://perma.cc/CVX8-S8MR.
⑧ How It Works, Wattvision, http://www.wattvision.com/info/how-it-works, archived at http://perma.cc/3DY2-RYWV.
⑨ Wimoto, http://www.wimoto.com, archived at http://perma.cc/YLY8-XWVT.

器（用于监测敲门声）、温度传感器（用于控制恒温器）、运动传感器，以及电源插座监测器（用于远程开关电源插座）。① 同样，Belkin 正在开发家庭网络设备，以监测家庭用电和用水情况，它能够让消费者控制电源插座和家庭设备②；Sense 已经创建了 Mother 运动传感器和其他传感器，以全方位追踪日常生活，包括睡眠、健康、医嘱遵从性、用水、室温和家庭安全③；Revolv 是一个智能家居集线器，它可以与多个品牌的联网家电协同工作④；而 Quirky 售卖一系列智能家居产品，它们是由美国通用电气公司（GE）和其他制造商共同设计的。⑤ 所有这些消费产品都旨在为用户提供家电方面的信息，以及对家电进行控制。在此过程中，它们生成、传输和存储大量关于家庭及其内部的信息。

2. 智能电网

除了智能家居之外，智能电网也越来越多地被运用到家庭监控领域。根据美国能源信息管理局（U. S. Energy Information Administration）提供的数据，截至 2012 年 8 月，美国已经安装了 3600 多万台智能电表，约占美国电力市场的 25%。⑥ 智能电网这样的量表带来了

---

① SmartThings Hub, Smartthings, https://shop.smartthings.com/#!/products/smarthingshub, archived at http://perma.cc/323Z-SXHX; see Things Shop, Smartthings, https://shop.smart things.com/#!/products, archived at http://perma.cc/U5RM-DQYC.

② Press Release, HydroPoint Data Sys., Inc., HydroPoint Partners with Belkin to Introduce 3600 Smart Water Management (Apr. 30, 2013), available at http://www.hydropoint.com/hydro point-partners-with-belkin-to-introduce-360-smart-water-management/, archived at http://perma.cc/TV3R-WAPY.

③ Mother, SENSE, https://sen.se/store/mother/, archived at http://perma.cc/6EJ6-UVFQ.

④ Revolv, http://revolv.com, archived at http://perma.cc/GNA2-WNLA.

⑤ Quirky + GE, Quirky, https://www.quirky.com/shop/quirky-ge, archived at http://perma.cc/UW78-DUR3; see Steve Lohr, Quirky to Create a Smart-Home Products Company, N. Y. Times, June 22, 2014, http://www.nytimes.com/2014/06/23/technology/quirky-hopes-wink-willspeed-adoption-of-smart-home-products.html?r = 0, archived at http://perma.cc/5FZV-5HSC.

⑥ Smart Meter Deployments Continue to Rise, Today in Energy, U. S. Energy Info. Admin. (Nov. 1, 2012), http://www.eia.gov/todayinenergy/detail.cfm?id = 8590, archived at http://perma.cc/A87C-3MXN.

巨大的能源效率。①

与此同时，智能电网数据使得深入了解用户的家庭情况成为可能。用电情况可以反映出其是否居家，做饭、打扫卫生、淋浴或看电视的频率，度假的频次，以及他们使用运动器材的频率。计算机科学研究甚至已经表明，通过监测用户家中发出的电信号，别人可以准确地判断出其正在观看的节目或电影类型，而这种准确率可以高达96%。②

别人可以利用这些数据推断出大量信息，比如用户有多富裕，用户有多勤于清洁或锻炼，甚至用户可能有多沮丧或睡眠不足：例如，用户往往在酒吧关门后不久才回家、用户睡不安稳、睡眠不足、用户上班迟到、用户经常不关电器就出门工作、用户不经常洗衣服、用户把孩子独自留在家中、用户不经常运动等等。③

与其他形式的传感器数据一样，保险公司、雇主、贷款人和执法部门可能也会对这些信息感兴趣。④ 而且由于公用事业企业将智能电表推广到所有地域，人们几乎不得不选择使用智能电网。⑤

欧洲数据保护监管机构警告称，如果不对其提供充分的保护，那么，智能电网可能会"大量收集用户的个人数据"。⑥ 同样，国家标

---

① Smart Meter Deployments Continue to Rise, Today in Energy, U. S. Energy Info. Admin. (Nov. 1, 2012), http://www. eia. gov/todayinenergy/detail. cfm? id = 8590, archived at http:// perma. cc/A87C-3MXN.

② See Miro Enev et al. , Televisions, Video Privacy, and Powerline Electromagnetic Interference, in CCS11: Proceedings of the 18th Acm Conference on Computer & Communications Security 537, 538 (2011).

③ Ann Cavoukian et al. , SmartPrivacy for the Smart Grid: Embedding Privacy into the Design of Electricity Conservation, 3 IDENTITY INFO. SOC'Y 275, 284 (2010).

④ Cyber Security Working Grp. , Nat'l Inst. of Standards and Tech. , Nistir 7628, Guidelines for Smart Grid Cyber Security: Vol. 2, Privacy and the Smart Grid 28 (Aug. 2010) [hereinafter Privacy and the Smart Grid].

⑤ Cheryl Dancey Balough, Privacy Implications of Smart Meters, 86 CHI. -KENT L. REv. 175.

⑥ Executive Summary of the Opinion of the European Data Protection Supervisor on the Commission Recommendation on Preparations for the Roll-Out of Smart Metering Systems, 2012 O. J. (C 335) 13, 14, available at http://eur-lex. europa. eu/legal-content/EN/TXT/PDF/? uri = CEL EX: 52012XXl101(06)&qid = 1413041613906&from = EN, archived at http://perma. cc/M8QG-86 N8.

准与技术研究所最近也做出警告:"用户的个人能耗数据可以揭示出其生活方式,包括各种产品和服务的供应商在内,这些信息对于许多经济实体来说价值匪浅。供应商可以购买属性列表,以进行有针对性的销售和营销活动,而这些活动可能并不受顾客的欢迎,同样的情况还可能发生在就业选择、租金申请和其他不受顾客欢迎的场合之下。"①

面对这种情况,只有少数几个州解决了相关问题,包括如何使用智能电网数据、如何保护智能电网数据,以及在使用消费者的智能电网数据之前需要取得其何种程度的同意。② 为此,加利福尼亚州(以下简称"加州")公用事业委员会和美国国家标准与技术研究所合作撰写了一份报告,其中详细阐述了智能电网技术可能带来的隐私问题。③ 在这几个州当中,有一个州规定,在安装智能电网设备之前,公用事业企业必须获得用户的明确同意④,有五个州已经进行立法,允许用户选择不使用智能电网技术。⑤ 另外,也有一些州限制公用事业企业向第三方出售或共享智能电网数据的资格。⑥ 然而,到目前为止,各州对智能电网的法律规范和调整依旧是不统一的、分散的。

---

① Cybdr Security Working Grp., Nat'l Inst. of Standards and Tech., Nistir 7628, Guidelines for Smart Grid Cyber Security: Vol. 2, Privacy and the Smart Grid 28.

② Executive Summary of the Opinion of the European Data Protection Supervisor on the Commission Recommendation on Preparations for the Roll-Out of Smart Metering Systems, 2012 O. J. (C 335) 10.

③ Executive Summary of the Opinion of the European Data Protection Supervisor on the Commission Recommendation on Preparations for the Roll-Out of Smart Metering Systems, 2012 O. J. (C 335) 35 – 37.

④ N. H. Rev. Stat. Ann. § 374: 62 (II) (a) (Supp. 2013).

⑤ N. H. Rev. Stat. Ann. § 374: 62 (111); VT. Stat. Ann. tit. 30, § 2811 (b) (2) – (3) (Supp. 2013); H. R. 4315, 97th Leg., Reg. Sess. (Mich. 2013); H. R. 5027, 2013 Gen. Assemb., Reg. Sess. (R. I. 2013); S. 7184, 235th Leg., Reg. Sess. (N. Y. 2012).

⑥ See, e. g., Cal. Pub. Util. CODE § 8380 (b), (e) (West 2013) (prohibiting utility companies from sharing a customer's electric or gas consumption to a third party unless the identifying information is removed or the customer consents); Okla. Stat. Ann. tit. 17, § § 710. 4, 710. 7 (West Supp. 2014); H. R. 11 – 1191, 68th Gen. Assemb., 1st Reg. Sess. (Colo. 2011).

（四）员工传感器

除了人体、汽车和家庭领域之外，传感器还被运用到工作场所，它有助于雇主对员工实施新形式的监测和控制。正如在其他领域一样，工作场所的传感器能够产生新的数据流，这些数据包括在工作日时员工身处什么位置、员工在做什么、员工完成任务需要花费多长时间，以及员工是否遵守了就业规则。

以 HyGreen 为例。HyGreen 是一种手部卫生监测系统，它可以记录医院当中的一切手部卫生事项，并提醒医护人员清洗自己的手部。[1] 该系统由水槽顶部传感器组成，用于检测肥皂配制和手部清洗。当识别到手部卫生事项时，该传感器会读取员工的识别徽章，并无线传输相关记录，包括员工的身份以及洗手的时间和地点。[2] 如果员工没有洗手就接近了病人的床位，另一个床上传感器会显示出员工正在接近，并向员工的识别徽章发送警告信号，使该证件振动，以提醒员工洗手。[3] 该系统可以全天候跟踪并存储所有员工的洗手情况。[4]

这表明传感器具有一个十分直接而且相当明显的用途，即监控员工和塑造其行为。除此之外，它还具有另一个相对简单的用途，即位置和运动跟踪。正如一位学者最近指出的那样："随着大数据成为办公室生活当中不可或缺的一部分，为了收集关于员工团队如何工作和交互的实时信息，企业开始转向利用追踪设备。挂在系索上或置于办公家具上的传感器，可以记录下员工离开办公桌上、与其他团队协商

---

[1] Hand Hygiene Recording and Reminding System, Hygreeno, http://www.hygreen.com/, archived at http://perma.cc/5）WK8-AZYM.

[2] HyGreen and Hand Hygiene: How It Works, Hygreen ®, http://www.hygreen.com/Hand HygieneMonitor/How.asp, archived at http://perma.cc/HU5B-5W9L.

[3] HyGreen and Hand Hygiene: How It Works, Hygreen ®, http://www.hygreen.com/Hand HygieneMonitor/How.asp, archived at http://perma.cc/HU5B-5W9L.

[4] Other hand-washing systems exist as well. See, e.g., MedSense™, General Sensing, http://www.generalsensing.com, archived at http://perma.cc/4Y6H-ALRF; See What iM Is All About, Intelligen™, http://www.intelligentm.com, archived at http://perma.cc/FYQ4-T2FJ. See generally Anemona Hartocollis, With Money at Risk, Hospitals Push Staff to Wash Hands, N.Y. TIMES, May 28, 2013, http://www.nytimes.com/2013/05/29/nyregion/hospitals-struggle-to-get-workers-to-wash-their-ha nds.html, archived at http://perma.cciYL3Y-ZJ5S.

和举行会议的频率。"① 其中一个例证就是美国银行（Bank of America），为了全天候记录呼叫中心员工的行动和语调，它已经开始使用传感器徽章。②

相似的传感器系统还有很多，它们也是相对简单的，包括公司卡车或汽车的车队跟踪。例如，Cloud Your Car 公司生产了一种可以插入汽车点烟器的小型设备，它由 GPS 跟踪器、连通性电池和各种加速度计传感器组成。③ 该设备旨在是帮助企业主跟踪他们的车队，以及监控员工的驾驶行为。④ 例如，雇主可以实时监控车队状况和位置，查看路线历史，并跟踪员工的驾驶排名和分数。⑤ 与此类似，GreenRoad 公司生产了车队跟踪传感器，通过向雇主提供实时驾驶和位置信息，它有助于减少事故发生，降低燃料、保险和维护成本。⑥

传感器还被用来追踪员工行为当中更为细微和抽象的部分。例如，Sociometric Solutions 为美国银行、世楷家具（Steelcase）和卡比斯特制药公司（Cubist Pharmaceuticals）配备了跟踪设备。⑦ 员工佩戴装有传感器的识别徽章，该徽章由麦克风、蓝牙发射器、运动传感

---

① Rachel Emma Silverman, Tracking Sensors Invade the Workplace, Wall ST. J., Mar. 7, 2013, http://online.wsj.com/news/articles/SB10001424127887324034804578344303429080678, archived at http://perma.cc/9X3V-PMKR.

② Rachel Emma Silverman, Tracking Sensors Invade the Workplace, Wall ST. J., Mar. 7, 2013, http://online.wsj.com/news/articles/SB10001424127887324034804578344303429080678, archived at http://perma.cc/9X3V-PMKR.

③ Fleet Management for Small Businesses, Cloud Your Car, https://www.cloudyourcar.com/product/?lang-None, archived at http://perma.cc/A5EB-JFHU.

④ Fleet Management for Small Businesses, Cloud Your Car, https://www.cloudyourcar.com/product/?lang-None, archived at http://perma.cc/A5EB-JFHU.

⑤ Fleet Management for Small Businesses, Cloud Your Car, https://www.cloudyourcar.com/product/?lang-None, archived at http://perma.cc/A5EB-JFHU.

⑥ GreenRoad Features, Greenroad™, http://greenroad.com/tour/features/, archived at http://perma.cc/US4Q-ECRP.

⑦ Vivian Giang, Companies Are Putting Sensors on Employees to Track Their Every Move, Bus. Insider (Mar. 14, 2013, 6:23 PM), http://www.businessinsider.com/tracking-employeeswith-productivity-sensors2013-3, archived at http://perma.cc/A9BM-AM8V.

器和红外光束组成。① 其中,麦克风并不是用来记录谈话内容的,而是用来评估说话语调的。② 一旦演讲者的音调越高或语速越快,就意味着他越兴奋或激昂。③ 类似地,红外光束用于确定两个佩戴类似徽章的用户之间的位置。④ 那些通常面对别人说话的人可能被推断为更具控制力的性格。⑤

雇主可以利用此类传感器得出一些惊人的推断。在对照了电子邮件流量数据及调查结果之后,一家企业发现,相比于那些独处于办公室的员工,更多参与社交活动的员工表现得更好。⑥ 因此,为了鼓励员工社交,雇主设置了每日下午的咖啡休息时间。⑦ 这个例子可能不会引起恐慌。然而,不得不承认这些数据极具说服力,Sociometric Solutions 的首席执行官(CEO)表示,他可以"从员工的行动模式当中推断出该员工可能离职还是晋升"。⑧ 正如麻省理工学院(MIT)亚历克斯·彭特兰(Alex Pentland)教授所言:"仅仅依据所收集到的鸡尾酒会上佩戴徽章的团队成员数据,我们就已经能够预测哪些团

---

① Vivian Giang, Companies Are Putting Sensors on Employees to Track Their Every Move, Bus. Insider (Mar. 14, 2013, 6: 23 PM), http://www.businessinsider.com/tracking-employeeswith-productivity-sensors201 3 - 3, archived at http://perma.cc/A9BM-AM8V.

② Vivian Giang, Companies Are Putting Sensors on Employees to Track Their Every Move, Bus. Insider (Mar. 14, 2013, 6: 23 PM), http://www.businessinsider.com/tracking-employeeswith-productivity-sensors201 3 - 3, archived at http://perma.cc/A9BM-AM8V.

③ Vivian Giang, Companies Are Putting Sensors on Employees to Track Their Every Move, Bus. Insider (Mar. 14, 2013, 6: 23 PM), http://www.businessinsider.com/tracking-employeeswith-productivity-sensors201 3 - 3, archived at http://perma.cc/A9BM-AM8V.

④ Vivian Giang, Companies Are Putting Sensors on Employees to Track Their Every Move, Bus. Insider (Mar. 14, 2013, 6: 23 PM), http://www.businessinsider.com/tracking-employeeswith-productivity-sensors201 3 - 3, archived at http://perma.cc/A9BM-AM8V.

⑤ Vivian Giang, Companies Are Putting Sensors on Employees to Track Their Every Move, Bus. Insider (Mar. 14, 2013, 6: 23 PM), http://www.businessinsider.com/tracking-employeeswith-productivity-sensors201 3 - 3, archived at http://perma.cc/A9BM-AM8V.

⑥ See Alex "Sandy" Pentland, The New Science of Building Great Teams, Harv. Bus. Rev., Apr. 2012, at 60, 62.

⑦ See Alex "Sandy" Pentland, The New Science of Building Great Teams, Harv. Bus. Rev., Apr. 2012, at 60, 62.

⑧ Rachel Emma Silverman, Tracking Sensors Invade the Workplace, WALL ST. J., Mar. 7, 2013, http://online.wsj.com/news/articles/SB10001424127887324034804578344303429080678, archived at http://perma.cc/9X3V-PMKR.

队将在一场商业计划竞赛当中获胜。"①

无论是在法律文献当中,还是在商业文献当中,关于员工监控传感器的讨论都相对罕见。② 有些人心存顾虑,认为很难评估就业方面的同意,而且很少能真正达成一致意见。③ 随着雇主获取员工私密信息的需求日益增加,这一问题可能会变得更加棘手。例如,英国连锁超市乐购(Tesco)要求员工佩戴臂带,以衡量其工作效率。④ 这些摩托罗拉(Motorola)设备可以追踪员工在乐购仓库当中卸货和扫描货物的速度,以及员工休息的频率。⑤

(五) 智能手机传感器

除了以上四种传感器之外,最为常见的新型传感器技术要数那些嵌入智能手机的技术。现在这种手机一般都装有指南针(用于探测物理方向)、加速度计(用于跟踪手机的空间移动)、环境光监测器(用于调节屏幕亮度)、距离传感器(用于检测手机是否靠近你的脸)、陀螺仪(用于检测电话的纵向或横向方位),以及全球定位系统(GPS)、灵敏麦克风和多个摄像机。⑥ 目前研究仍在进行,旨在进一步提升智能手机的功能,以检测紫外线辐射水平(有助于预防

---

① See Alex "Sandy" Pentland, The New Science of Building Great Teams, HARV. BUS. REV., Apr. 2012, at 63.

② See, e. g., Karin Mika, The Benefit of Adopting Comprehensive Standards of Monitoring Employee Technology Use in the Workplace, Cornell Hr Rev., Sept. 22, 2012, at 2; Paul M. Secunda, Privatizing Workplace Privacy, 88 Notre Dame L. Rev. 277, 281 – 282 (2012).

③ See, e. g., Adam D. Moore, Employee Monitoring and Computer Technology: Evaluative Surveillance v. Privacy, 10 BuS. Ethics Q. 697, 701 – 702 (2000).

④ Claire Suddath, Tesco Monitors Employees with Motorola Armbands, Bloomberg Businessweek, Feb. 13, 2013, http://www.businessweek.com/articles/2013-02-13/tesco-monitors-employees-with-motorola-arm-bands, archived at http://perma.cc/6J4K-697V.

⑤ Claire Suddath, Tesco Monitors Employees with Motorola Armbands, Bloomberg Businessweek, Feb. 13, 2013, http://www.businessweek.com/articles/2013-02-13/tesco-monitors-employees-with-motorola-arm-bands, archived at http://perma.cc/6J4K-697V.

⑥ David Nield, Making Sense of Sensors: What You Don't Know Your Phone Knows About You, Techradar (Apr. 30, 2014), http://www.techradar.com/us/news/phone-and-communications/mobile-phones/sensory-overload-how-your-smartphone-is-becoming-part-of-you-121024 4/1, archived at http://perma.cc/Z6EF-DGX7.

皮肤癌)①、污染程度（有助于监测环境）②，以及各种健康、活动和福祉的指标③，包括可以监测血液酒精水平和身体脂肪的传感器。④

从一部特定的智能手机当中，传感器可以收集到大量的信息。例如，RunKeeper and Strava 应用程序通过使用 iPhone 的传感器和 GPS 来追踪跑步和骑行路线、速度和历史。⑤ Instant Heart Rate 应用程序通过使用智能手机的摄像头来检测用户的指尖脉冲。⑥ Argus and Moves 应用程序通过使用手机的传感器来跟踪用户的健康状况，如同 Fitbit 等专门的健康监测器一样，该传感器可以监测用户的行走步数、骑行距离和消耗热量。⑦

研究人员指出，或许更个人化的是，现有的智能手机传感器可以

---

① See Thomas Fahmi et al., Sundroid: Solar Radiation Awareness with Smartphones, in Ubicomp'i 1: Proceedings of the 2011 Acm Conference on Ubiquitous Computing 365, 367 – 370 (2011).

② See David Hasenfratz et al., Participatory Air Pollution Monitoring Using Smartphones (2012), available at http://research.microsofl.com/en-us/umfbeijing/events/ms_ip snI 2/papers/msipsn-hasenfratz.pdf, archived at http://perma.cc/JL22-Q7VM.

③ See Sean T. Doherty & Paul Oh, A Multi-Sensor Monitoring System of Human Physiology and Daily Activities, 18 Telemedicine and E-Health 185, 185 (2012).

④ Andrew Ku, Smartphones Spotted with Breathalyzer, Body Fat Sensors, Tom's Hardware (Mar. 2, 2012, 3: 00 AM), http://www.tomshardware.com/news/NTTidocomosmartphone-breathalyzer-weather-health,14863.html, archived at http://perma.cc/L63Q-QGW6.

⑤ Features, Strava, http://www.strava.com/features, archived at http://perma.cc/3P82G3JM; Runkeeper, http://www.runkeeper.com, archived at http://perma.cc/48RD-7QSA.

⑥ Instant Heart Rate, Azumio, http://www.azumio.com/apps/heart-rate/, archived at http://perma.cc/DM6R4WS3.

⑦ Roy Furchgott, The Argus App Can Help to Keep You Fit, N.Y. Times, July 23, 2013, http://www.nytimes.com/20 13/07/25/technology/personaltech/the-argus-app-can-help-to-keepyou-fit.html?_r-0, archived at http://perma.cc/Q2DM-5FLY; Moves, http://www.movesapp.com/, archived at http://perma.cc/7SXX-ZBVF.

用来推断用户的情绪①、压力水平②、性格类型③、双相障碍④,能够推断用户的人口统计资料,如性别、婚姻状况、工作状况、年龄⑤、吸烟习惯⑥、总体幸福感⑦、帕金森病的进展⑧、睡眠模式⑨、快乐感⑩、运动水平⑪,还能推断身体活动或运动的类型。⑫ 越来越多的证

---

① Robert LiKamWa et al., MoodScope: Building a Mood Sensor from Smartphone Usage Patterns, in Mobisys' 13: Proceedings of the 11th Annual International Conference on Mobile Systems, Applications, and Services 389, 400 (2013); see also Robert Likamwa et al., Can Your Smartphone Infer Your Mood? 1 (2011), http://research.microsoft.com/enus/um/redmond/events/phonesense 201 1/papers/MoodSense.pdf, archived at http://perma.cc/7K2EQ36T.

② See Amir Muaremi et al., Towards Measuring Stress with Smartphones and Wearable Devices During Workday and Sleep, 3 Bionanoscience 172, 174–178 (2013).

③ See Gokul Chittaranjan et al., Who's nho with Big-Five: Analyzing and Classifying Personality Traits with Smartphones, in ISWC 2011: 15th Annual International Symposium on Wearable Computers 29, 30 (2011).

④ Agnes Grilnerbl et al., Towards Smart Phone Based Monitoring of Bipolar Disorder, in Mhealthsys 2012: Proceedings of the Second Acm Workshop on Mobile Systems, Applications, and Services for Healthcare, at art. 3 (2012).

⑤ E. g., Erheng Zhong et al., User Demographics Prediction Based on Mobile Data, 9 Pervasive & Mobile Computing 823, 823–824 (2013).

⑥ See F. Joseph McClernon & Romit Roy Choudhury, IAm Your Smartphone, and I Know You Are About to Smoke: The Application of Mobile Sensing and Computing Approaches to Smoking Research and Treatment, 15 Nicotine & Tobacco Res. 1651, 1652 (2013).

⑦ See Nicholas D. Lane et al., BeWell: Sensing Sleep, Physical Activities and Social Interactions to Promote Wellbeing, 19 Mobile Networks & Applications 345, 347–349 (2014).

⑧ See Sinziana Mazilu et al., Online Detection of Freezing of Gait with Smartphones and Machine Learning Techniques, in 2012 6th International Conference on Pervasive Computing Technologies for Healthcare and Workshops 123, 123–124 (2012).

⑨ Zhenyu Chen et al., Unobtrusive Sleep Monitoring Using Smarphones, in 2013 7th International Conference on Pervasive Computing Technologies for Healthcare and Workshops 145, 145 (2013).

⑩ See Andrey Bogomolov et al., Happiness Recognition from Mobile Phone Data, in Socialcom 2013: ASE/IEEE International Conference on Social Computing 790, 790 (2013).

⑪ See Muhammad Shoaib et al., Towards Physical Activity Recognition Using Smartphone Sensors, in UIC-ATC 2013: Proceedings of 2013 IEEE 10th International Conference on Ubiquitous Intelligence & Computing and 2013 IEEE 10th International Conference on Autonomic & Trusted Computing 80, 80 (2013).

⑫ Alvina Anjun & Muhammad U. Ilyas, Activity Recognition Using Smartphone Sensors, in 2013 IEEE Consumer Communications and Networking Conference (CCNC) 914, 91819 (2013).

据表明，人们可以利用智能手机传感器做出各种各样的推断，因此，研究人员预测，在未来，人们可以利用手机将传感器数据与其他信息结合起来，从而更全面地了解手机用户。据一位计算机科学家预测，下一代设备将会是"认知手机"。[1] 例如，此种手机也许能够将传感器的压力指示与各种信息结合起来，包括什么样的会议或约会导致了用户遭受压力的信息、其他传感器当中关于用户健康的信息，以及在遭受压力时用户的位置信息。不妨想象一下，"手机日历上覆盖着一个简单的颜色代码，它表示你的压力水平，这样你就可以一目了然地认识到那些过去发生，且将来可能有害你心理健康的事件、人物和地点"[2]。尽管这听起来很前卫，但结合当今技术的方方面面来看，这些设备实际上是可能出现的。

三、物联网引发的四大问题

在上文当中，笔者介绍了五种类型的消费类设备，即个人健康监测器、汽车黑匣子、家庭和设备监控器、员工监控器，以及智能手机，它们已经为物联网做出了贡献。这些设备目前正在生成大量关于用户活动、习惯、偏好、个性和特征的数据，这些数据极具价值。与此同时，物联网也带来了新的难题。简而言之，在进入经济活动之后，这些新的、高质量的数据很可能被滥用。为了发挥物联网的益处，我们必须积极应对它可能带来的危害。

在下文当中，笔者将探讨四个问题：其一，结合大数据分析，物联网公司可以根据传感器数据对消费者做出各种各样令人意想不到的推断，比如对其行为、性格等的推断，这些推断可能会以不可接受和歧视性的方式跨越语境；其二，完全识别物联网数据几乎是天方夜谭，因而隐私权难以得到保护；其三，消费类设备容易受到黑客攻击和其他安全漏洞的攻击；其四，消费类传感器的隐私政策具有脆弱性，以及由于小型的、通常无屏幕的设备可能会产生大量无形数据，

---

[1] Andew Campbell & Tanzeem Choudhury, From Smart to Cognitive Phones, IEEE Pervasive Computing, July-Sept. 2012, at 7, 11.

[2] Andew Campbell & Tanzeem Choudhury, From Smart to Cognitive Phones, IEEE Pervasive Computing, July-Sept. 2012, at 7, 11.

在这种情况下的消费者通知和选择处于劣势。针对歧视、个人隐私保护、数据安全和消费者同意当中的每一个问题，笔者都将从两方面进行考虑，一是物联网所固有的技术问题，二是现有法律尚不足以解决这些问题。

（一）歧视问题

物联网带来的第一个问题是歧视问题。传感器广泛分布具有致命要害：物联网数据将使我们能够前所未有地、更精确地对消费者做出分类，但这种分类很容易从相对良性的差异化转变为新的、令人讨厌的、不必要的歧视。本文的这一部分既探讨物联网歧视的技术问题，也探讨物联网歧视的法律问题。其中，技术问题相对简单，一旦结合大数据或机器学习分析，物联网设备产生的海量传感器数据可能会对个人消费者产生所意想不到的推断。紧接着，基于以上推断，雇主、保险公司、贷款人和其他个人或机构可能会做出重要的经济决策，而消费者或监管者对此却一无所知。这可能导致对某些人非法的新型歧视，而这些人在种族、年龄或性别等方面属于受保护的阶层。更有可能的是，基于物联网数据，它会制造令人感到烦扰的、具有隐藏性的经济歧视形式。目前，对于这种歧视性决策的新形式，无论是传统的歧视法，还是诸如《公平信用报告法》的信息隐私法，都尚未做好应对的准备。

1. 技术问题：传感器融合和大数据分析可能意味着凡事皆有可能

不妨考虑这样一个例子。假设一个消费者使用 Fitbit 健康追踪手环来监测自身的健身计划和整体健康状况。另外，他还使用 Fitbit 自有的联网 Aria 体重秤，通过它来跟踪自己的减肥进度。他已经使用这些设备好几个月了，可以在 Fitbit 网站上存储和查看自己的信息。现在，我们假设这个消费者决定申请一份工作，或者按揭、贷款或保单。在申请过程中，未来的雇主对其进行了面试，并对其进行了各种测试、模拟训练和其他考验，以了解他的经验、知识储备和与别人合作的能力。作为招聘过程的最后一步，雇主要求查看此求职者过去三个月的 Fitbit 记录。

尽管这看起来有些离谱，但雇主们越来越多地分析各种各样关于潜在员工的数据,以判断谁工作效率最高、影响力最大或最合群。正如一位学者最近所说:"大数据是商业当中最大的机遇。如果我们能够应用科学来改进人员的选择、管理和调整,那么回报将会是巨大的。"① 这种"人才分析"② 可以越来越多地与源于物联网的传感器数据相结合。雇主们已经越来越乐于使用这类设备,将其作为健康计划的一部分。③ 例如,Virgin Pulse 为雇主提供一条龙的"预防性付费"计划,它将激励措施与电子计步器、心率监测器和生物特征追踪结合起来。④ 一些雇主也越来越乐于要求员工提供此类信息。例如,2013 年 3 月,CVS 药房宣布,员工必须每月提交体重、体脂组成和其他个人健康指标的信息,否则就要按月支付罚款。⑤ 设想一下未来,雇主将这些数据纳入招聘也并非不可想象。

Fitbit 数据可以向雇主透露很多信息。从一个人的锻炼习惯中可以推断出其容易冲动和及时行乐,二者与酗酒和滥用药物⑥、饮食失

---

① Josh Bersin, Big Data in Human Resources: Talent Analytics Comes of Age, Forbes (Feb. 17, 2013, 8:00 PM), http://www.forbes.com/sites/joshbersin/2013/02/17/bigdata-in-humanresources-talent-analytics-comes-of-age/, archived at http://perma.cc/4R2A-LSMF.

② Josh Bersin, Big Data in Human Resources: Talent Analytics Comes of Age, Forbes (Feb. 17, 2013, 8:00 PM), http://www.forbes.com/sites/joshbersin/2013/02/17/bigdata-in-humanresources-talent-analytics-comes-of-age/, archived at http://perma.cc/4R2A-LSMF.; cf Our Expertise, EVOLv, http://www.evolv.net/expertise/, archived at http://perma.cc/E2T7-ZT3D.

③ See Partrick J. Skerrett, The Potential of Remote Health Monitoring at Work, Hbr Blog Network, Harv. Bus. Rev. (Dec. 9, 2009, 2:34 PM), http://blogs.hbr.org/health-and-wellbeing/2009/12/the-potential-of-remote-health.html, archived at http://perma.cc/KX47-8CPN.

④ See Our Wellness Solution, Virgin Pulse, https://www.virginpulse.com/oursolution/our-wellness-solution, archived at http://perma.cc/P4WN-4SBZ.

⑤ Steve Osunsami, CVS Pharmacy Wants Workers' Health Information, or They'll Pay a Fine, ABC News (Mar. 20, 2013, 7:43 AM), http://abcnews.go.com/blogs/health/2013/03/20/cvspharmacy-wants-workers-health-information-or-theyll-pay-a-fme, archived at http://perma.cc/VZ65-VNT8.

⑥ C. W. Lejuez et al., Behavioral and Biological Indicators of Impulsivity in the Development of Alcohol Use, Problems, and Disorders, 34 Alcoholism: Clinical & Experimental Res. 1334, 1335 (2010).

调①、吸烟②、高信用卡债务③和低信用评分④有关。根据 Fitbit 的追踪，睡眠不足与心理健康状况不佳、健康问题、认知能力差，以及诸如愤怒、抑郁、悲伤和恐惧等负面情绪有关。⑤ 这些信息可能会为我们假设的求职者增加或减少筹码。

然而，真正的问题不仅仅是雇主或其他决策者可能需要获得这些数据。物联网带来的技术问题是，传感器数据往往以意想不到的方式组合在一起，从看似无害的数据源当中产生强有力的推断。简单地说，在一个充满联网传感器的世界里，"凡事皆有可能"。传感器数据是如此丰富、精确和详细，以至于源于任何给定传感器语境的数据在各种各样的环境当中可能都是有价值的，也许还包括其他经济或信息环境。

因此，雇主可能不必需要获得求职者的 Fitbit 数据。来自求职者事故处理记录器的个人驾驶数据、消费类汽车监控器的售后市场、保险远程信息处理设备，同样可以产生有关其个性和习惯的强有力推断。用电量同样可以揭示其日常生活的方方面面、通常多晚才到家，以及其他可能引起雇主兴趣的特征。她的智能手机数据可能也极具揭示性。有这样一个关于令人惊讶的推断的例子，研究已经表明，包括倾听、说话和静默状态在内，会话模式可以从各种类型的传感器当中

---

① Adrian Meule et al., Enhanced Behavioral Inhibition in Restrained Eaters, 12 Eating Behaviors 152, 152–153 (2011).

② See Nathasha R. Moallem & Lara A. Ray, Dimensions of Impulsivity Among Heavy Drinkers, Smokers, and Heavy Drinking Smokers: Singular and Combined Effects, 37 Addictive Behaviors 871, 871 (2012).

③ See Stephan Meier & Charles Sprenger, Present-Biased Preferences and Credit Card Borrowing, 2 Amer. Econ. J.: Applied Economics 193, 193, 195 (2010).

④ See Stephan Meier & Charles Sprenger, Impatience and Credit Behavior: Evidence from a Field Experiment 21, available at http://papers.ssm.com/sol3/papers.cfmf? abstract_id = 982398, archived at http://perma.cc/ZM9Q-LYTK.

⑤ See, e. g., Seth Maxon, How Sleep Deprivation Decays the Mind and Body, ATLANTIC, Dec. 30, 2013, http://www.theatlantic.com/health/archive/2013/12/how-sleep-deprivation-decaysthe-mind-and-body/282395/? single-page-true, archived at http://perma.cc/MQB5-U24S; Sleep, Performance, and Public Safety, Healthysleep, Harv. MED. SCH., http://healthysleep.med.harvard.edu/healthy/matters/consequences/sleep-performance-and-public-safety, archived at http://perma.cc/D3KE-EXQ7.

推断出来，包括由智能手机生成的呼吸频率①和加速度计数据②等。正如第一部分第四节所讨论的，即使不录制任何类型的音频，雇主也可以从这些对话信息当中了解到大量的雇员相关信息。③

由于存在如此多的潜在数据源，它们提供潜在员工的相关信息，雇主可以向许多其他商业合作伙伴寻求关于该员工的信息。手机运营商、电力公司和汽车保险公司都可能拥有顾客的有用信息，第一部分中所提及的各种物联网产品的制造商也可能拥有这些信息。互联网催生了一个庞大的数据代理基础设施，这些数据代理积累并追踪个人信息。多久之后他们才会开始对物联网当中极为丰富和具有揭示性的数据进行整合？

"凡事皆有可能"的程度是一个经验性问题，笔者和同事保罗·欧姆（Paul Ohm）已经开始进行相关实验研究。④ 在信息的类型和用途之间可能仍然存在一些天然限制，而且传感器数据与具有经济价值的特征并不一一对应，因而无法准确进行预测。例如，健康未必能预测信用，驾驶习惯可能无法预测就业能力。尽管我们还不能十分肯定。但是我们有理由期待，凡事皆有可能，而它将是真正令人关切的。为证明此预测，笔者将在下文提出两个论据。

第一，计算机科学家长期以来都在讨论"传感器融合"现象。传感器融合是将来自不同来源的传感器数据进行组合，从而生成一组

---

① See Md. Mahbubur Rahman et al., mConverse: Inferring Conversation Episodes from Respiratory Measurements Collected in the Field, in Wireles Health 2011, at art. 10.

② See Aleksandar Matic et al., Speech Activity Detection Using Accelerometer, in 34th Annual International Conference of the IEEE Medicine and Biology Society 2112, (2012).

③ See Aleksandar Matic et al., Speech Activity Detection Using Accelerometer, in 34TH Annual International Conference of the IEEE Medicine and Biology Society 2112, 2114 - 2115.

④ See generally Scott Peppet & Paul Ohm, The Discriminatory Inferences Project (June 6, 2014) (unpublished manuscript) (on file with author). That research was presented at the Seventh Annual Privacy Law Scholars Conference. June 2014 Privacy Law Scholars Conference, Berkeleylaw, http://www.law.berkeley.edu/plsc.htm, archived at http://perma.cc/G2S9-MZRR.

比单独使用更好的信息。① 一个典型的例子是,通过组合两个胶片相机的图像创建立体视觉,包括深度信息。一条关于深度的新信息可以从另外两条数据的组合当中推断出来,而这两条数据都不单独包含该新信息。

传感器融合的原理意味着,将从各种小型传感器当中收集到的数据进行组合,可以得出比人们所预期的要复杂得多的推断。来自加速度计和陀螺仪的数据都是测量简单运动的,将二者结合起来可以推断一个人的放松程度(基于他们的动作是稳定和均匀的,还是摇晃和紧张的)。② 如果增加心率传感器数据,人们就可以很轻易地推断出压力水平和情绪,因为研究表明,与兴奋或情绪所引起的心率增加相比,体育锻炼所引起的心率变化具有不同的模式。③ 同样,人们也可以从其他各种各样的日常活动当中推断出情绪或精神状态,比如消费者拿手机的方式、一个人打字的流畅程度,或者一个人拿手机时手部的颤抖程度。④ 除此之外,传感器融合使得人们可以从看似简单的数据源当中得出复杂和意想不到的推断。随着消费者使用带有更多不同类型传感器的设备,从健身追踪器到汽车,从烤箱到工作场所识别徽章,如果这些传感器数据融合在一起,可以揭示出更多不同的东西,包括个人行为、习惯和未来意图。

第二,对于大数据或机器学习分析来说,物联网数据的发展已经成熟:"无论是联网的穿戴式传感器,还是嵌入我们所携带移动设备(例如智能手机)当中的传感器,它们都可以收集各种身体和生理状

---

① See, e. g., David L. Hall & James Llinas, An Introduction to Multisensor Data Fusion, 85 Proc. IEEE 6, 6 (1997), Sensor fusion is a subset of the general idea of data fusion, by which data from different sources is combined to draw new, more powerful inferences. See generally Scott Peppet & Paul Ohm, The Discriminatory Inferences Projectat 14 – 17; Richard Beckwith, Designing for Ubiquity: The Perception of Privacy, IEEE Pervasive Computing, Apr. -June 2003, at 40, 43.

② Kaivan Karimi, the Role of Sensor Fusion and Remote Emotive Computing (REC) in the Internet of Things 6 – 7 (2013), available at http://cache.freescale.com/files/32bit/doc/whitepaper/SENFEIOTLFWP.pdf, archived at http://perma.cc/FP82-HK55.

③ Kaivan Karimi, the Role of Sensor Fusion and Remote Emotive Computing (REC) in the Internet of Things 6.

④ Kaivan Karimi, the Role of Sensor Fusion and Remote Emotive Computing (REC) in the Internet of Things 7.

态方面的测量数据,例如加速度、呼吸和心电图。通过针对这些数据应用复杂的机器进行学习算法,可以对人们的生理、心理、行为状态和活动进行丰富的推断。推断的内容包括诸多方面,比如饮食习惯,心理压力,成瘾行为(例如酗酒)、污染物质、社会背景和运动模式的揭示……那些为了某一目的而共享的数据看似无害,却可以用来推断个人不愿共享的私人活动和行为。"①

为了针对用户作出各种各样的推断,商业公司已经将大数据技术应用到物联网数据当中。② 以信贷行业为例。笔者在别处已经探讨过互联网时代信用评分的演变,一言以蔽之,贷款机构不断扩大信息的类型,将它们纳入信用评估。最近,为了评估信贷风险,一些贷款机构将来自社交网络的数据纳入其中,比如 Facebook 和 LinkedIn。③ 例如,Neo Finance 以汽车贷款借款人为对象,利用社交网络评估借款人的信贷风险④,香港的小额贷款机构 Lenddo 也是如此,它利用无所不在的社交网络进行信贷决策。⑤ 类似地,新兴企业 Kreditech 调查了超过 1.5 万个数据点,创设了一个 FICO 信用评分的替代品。其中包括位置数据、社交数据(例如,爱好、朋友、定位、邮件)、电子商务购物行为,以及设备数据(例如安装的应用程序、安装的操作

---

① Andrew Raij et al., Privacy Risks Emerging from the Adoption of Innocuous Wearable Sensors in the Mobile Environment, in CHI 2011: Proceedings of the Sigchi Conference on Human Factors in Computing Systems 11, 11.

② See Scott R. Peppet, Unraveling Privacy: The Personal Prospectus and the Threat of a FullDisclosure Future, 105 Nw. U. L. Rev. 1153, 1163 – 1164.

③ See Evelyn M. Rush, Bad Credit? Start Tweeting: Startups are Rethinking How to Measure Creditworthiness Beyond Fico, Wall ST. J., Apr. 1, 2013, http://online.wsj.com/news/articles/SB10001424127887324883604578396852612756398, archived at http://perma.cc/5MJ5TGDX; Evgeny Morozov, Your Social Networking Credit Score, Slate (Jan. 30, 2013, 8:30 AM), http://www.slate.com/articles/technology/future_tense/2013/01/wongajlenddolendupbig-dataandsocialnetworking.banking.htmIl, archived at http://perma.cc/W5TW-4NXD.

④ See Evelyn M. Rush, Bad Credit? Start Tweeting: Startups are Rethinking How to Measure Creditworthiness Beyond Fico, Wall ST. J., Apr. 1, 2013; About, NEO, https://neoverify.com/about, archived at http://perma.cc/U7LQ-3GNN.

⑤ What Is Lenddo?, Lenddo, https://www.lenddo.com/pages/what-is lenddo/about, archived at http://perma.cc/7A2X-KTrC.

系统)。① Krediech 的主要受众是新兴市场的消费者,而传统的信用评分在此类市场当中已经不再适用。②

一方面,目前可搜索到的数据源更细致入微和更具有预测性,另一方面,贷款机构也开始尝试将物联网传感器数据纳入信贷决策当中。显然手机数据是首先被涉及的。例如,肯尼亚最大的手机运营商 Safaricom 对其手机用户进行研究,并确定其信用。例如,根据客户通信充值的频率,该公司可以决定扩展其信用。③ 类似地,Cignifi 使用手机通话的长度、时间和位置来推断智能手机用户的生活方式,以及这些用户作为发展中国家贷款申请人的信用。④

凡事皆有可能,传感器融合和大数据分析的结合使其在物联网领域成为可能。虽然消费者仅仅出于健康方面的目的使用 Fitbit 手环,由此产生的数据仍然有助于保险公司针对消费者做出各种推断,以便更准确地设定保费(例如,运动量可能会影响健康险或人寿险的保费、睡眠的长度和质量可能会影响汽车险的保费),有助于贷款人评估借款人的信用(例如,有责任心者可能会对应更小的信用风险),有助于雇主决定雇佣的对象(例如,那些个人习惯比较健康的人可能是更合适的雇员),甚至有助于零售商实行价格歧视(例如,那些佩戴 Fitbit 手环的人可能比那些没有佩戴 Fitbit 手环的人更加富有)。

---

① The KrediTechnology, Kreditech, http://www.kreditech.com/#kreditechnology, archived at http://perma.cc/K265-9JR6. Similarly, Wonga, based in London, examines between 6000 and 8000 data points about potential customers. William Shaw, Cash Machine: Could Wonga Transform Personal Finance?, Wired, May 5, 2011, http://www.wired.co.uk/magazine/archive/2011/06/features/wonga, archived at http://perma.cc/6R2M-HZKE.

② The KrediTechnology, Kreditech, http://www.kreditech.com/#kreditechnology, archived at http://perma.cc/K265-9JR6. Similarly, Wonga, based in London, examines between 6000 and 8000 data points about potential customers. William Shaw, Cash Machine: Could Wonga Transform Personal Finance?, WIRED, May 5, 2011, http://www.wired.co.uk/magazine/archive/2011/06/features/wonga, archived at http://perma.cc/6R2M-HZKE.

③ See Alice T. LIu & Michael K. Mithika, Usaid, Mobile Banking-The Key to Building Credit History for the Poor? 3 (2009), available at http://www.gsma.com/mobile fordevelopment/wpcontent/uploads/2012/03/mobile-banking.keyto-building-credit-history 1.pdf, archived at http://perma.cc/6W9-L3PT.

④ How It Works, Cignifi™, http://cignifi.com/en-us/technology, archived at http://perma.cc/G2WA-7PBW.

在这种情况下，此种侵犯性程度的数据使用已经冲击了隐私权规范，正如 Helen Nissenbaum 以及其他学者所说，消费类传感器将有损消费者的合理期待。① 大数据发展到全新阶段，小型传感器已经普遍存在，而这恰恰引发了上述问题。②

2. 法律问题：反歧视法和信用报告法尚且准备不足

凡事皆有可能，它可能主要有两种法律含义：第一，物联网是否会导致针对受保护阶层的新型歧视，比如种族歧视？第二，物联网是否会导致令人烦扰的经济歧视或分类？

（1）种族歧视和其他受保护阶层的歧视。如果物联网产生了各种各样的新数据源，从这些数据当中可以得出意想不到的推断，并且如果经济活动的参与者利用这些推断来做出决策，那么，人们很快就可以发现，可能看似无害的数据会造成种族歧视或其他形式的非法歧视。当消费者申请信贷时，别人可能并不知道其种族，但是别人可以通过分析各式各样的物联网设备所产生的数据，猜测出其驾驶位置和驾驶方式、其家庭住址和生活方式，以及其各种各样的习惯、行为和特征。同样不足为奇的是，各式各样的传感器设备，比如 Fitbit 手环、心率跟踪器或者驾驶传感器，它们可以十分轻易地识别出用户的年龄、性别或身体残疾状况。如果传感器融合造就了一个"凡事皆有可能"的世界，那么各式各样的设备就可以揭示出个人的敏感特征。从这个意义上说，物联网可能会导致令人烦扰的新型歧视。

物联网可能带来歧视，这是一个崭新的问题，就连法律学者也才开始有所意识。③ 笔者并不认为物联网数据可能导致公然的、令人烦扰的敌视性歧视，原因在于，如果决策者确实想要进行种族歧视、年龄歧视和性别歧视，那么即便不借助于物联网信息，他们仍然可以做

---

① Heather Patterson & Helen Nissenbaum, Context-Dependent Expectations of Privacy in Self-Generated Mobile Health Data 43 – 45（June 6, 2013）（unpublished manuscript）（on file with author）. That paper was presented at the Sixth Annual Privacy Law Scholars Conference. June 2013 Privacy Law Scholars Conference, Berkeleylaw, http://www.law.berkeley.edu/14524.htm, archived at http://perma.cc/QDP2-SVDL.

② See generally Viktor Mayer-Schonberger & Kenneth Cukier, Big Data: A Revolution That Will Change How We Live, Work, and Think（2013）.

③ See, e.g., Omer Tene & Jules Polonetsky, Judged by the Tin Man: Individual Rights in the Age of Big Data, 11 J. On Telecomm. & High Tech. L. 351, 358（2013）.

到。但是，歧视仍然是一个值得我们深思熟虑的问题，因为面对这些新形式的数据，从某种程度来说，传统的反歧视法仍然准备不足。

在美国，大量法律均禁止各种各样的歧视。《1964年美国民权法》第七章禁止雇主基于种族、肤色、宗教、性别、国籍等原因对雇员进行歧视。①《美国残疾人法》（ADA）第一章禁止雇主基于残疾对现有雇员和潜在雇员进行歧视，②《禁止基因信息歧视法》（GINA）禁止雇主和保险公司基于基因遗传对雇员和客户进行歧视。③ 然而，在基于物联网数据进行新型歧视的领域，这些传统的反歧视法留下了大量的立法空白。例如，只要潜在雇员没有达到《美国残疾人法》所认定的残疾标准，那么雇主仍然可以基于健康状况对其进行歧视。④ 同样地，传统的反歧视法不禁止基于性格、习惯和品质对人们进行经济分类。⑤ 换言之，对于自己不喜欢的求职者，雇主可以自由决定不雇佣他们；对于那些风险偏好型的客户，如果保险公司认为承保的成本过于高昂，可以自由决定拒绝其投保；对于借款人，贷款人可以自由决定将其区分为具有良好信用和具有不良信誉两类。⑥

然而，由于各种分析表明物联网数据之间的相关性越来越强，反歧视法当中的这种例外或漏洞可能会在自身的重压下土崩瓦解。至少在表面上，如果某些人没有像其他人或者不能像其他人那样行为，雇主基于此而做出的决策可能导致对这些人存有偏见，比如雇主因为某个雇员不遵守纪律而不雇佣他。还应当注意的是，根据我们对遗传学说的理解，看似自愿的"行为"可能会逐渐演变成一种无法改变的

---

① See 42 U.S.C. § 200e-2 (a) (2012).
② See 42 U.S.C. § 12112 (a).
③ See 42 U.S.C. § 2000ff-4 (a).
④ See Jessica L. Roberts, Healthism and the Law of Employment Discrimination, 99 IOWA L. Rev. 571, 595-597 (2014).
⑤ Lior Jacob Strahilevitz, Toward a Positive Theory of Privacy Law, 126 HARV. L. REV. 2010, 2024. There is some debate about whether an employer conducting a personality test on a potential employee triggers the ADA's prohibition on pre-joboffer medical examinations. See Gregory R. Vetter, Comment, Is a Personality Test a Pre-Job Offer Medical Examination Under the ADA?, 93 Nw. U. L. Rev. 597, 598-599 (1999).
⑥ See Jessica L. Roberts, Healthism and the Law of Employment Discrimination, 99 IOWA L. Rev. 571, 604-605.

特征。例如，尼古丁可使人成瘾和肥胖，它们可能是人们自愿行为所导致的，而不是由生理所决定的。① 物联网数据能够提供各种程度的细节，使得这些细微区分成为可能，这也很容易导致类似的非法歧视。就目前而言，传统的反歧视法还没有将这些问题纳入考虑范畴。

（2）经济歧视。即使没有种族歧视、年龄歧视和性别歧视这些问题，利用物联网数据对消费者进行区别对待或"分类"的做法也可能争议不断。如果消费者传感器的广泛使用造就了一个凡事皆有可能的世界，那么，保险公司、雇主、贷款人和其他经济活动的参与者就可以针对潜在的被保险人、雇员和借款人进行更精细的区分。从经济学的角度来看，这种做法可能是有益的。简而言之，不计其数的数据使得企业能够分别对保险、贷款和就业市场进行统筹平衡，从而提高经济效率、增加社会福利。② 然而，从法律或政策的角度来看，在经济上对消费者进行分类并不那么简单。对于那些被经济学家视为相对温和的经济歧视，社会公众和立法者往往会做出强烈反应。例如，价格歧视，即通过推断第一个人的支付意愿或支付能力，对某位消费者收取比其他消费者更高的价格，在经济层面上，它可能是中立的，甚至是有效的，但消费者对此反应十分强烈。③

如前所述，传统的反歧视法并不禁止物联网公司基于用户的行为、个性或行动对其进行区分。也就是说，为了进行推断和实现目的，在使用物联网数据流方面确实存在着一些限制。其中最为重要的限制是，《公平信用报告法》规定了消费者对信用报告享有的各种权利。④ 根据《公平信用报告法》，"消费者征信机构（CRAs）专事收集或者评估消费者的信贷信息及其他信息，其服务目的是向第三方提

---

① See Jessica L. Roberts, Healthism and the Law of Employment Discrimination, 99 Iowa L. Rev. 571, 614–615.

② Lior Jacob Strahilevitz, Toward a Positive Theory of Privacy Law, 126 HARV. L. REV. 2010, 2021.

③ See, e. g., Alessandro Acquisti & Hal R. Varian, Conditioning Prices on Purchase History, 24 Marketing Sci. 367, 367–368, 380 (2005); Ryan Calo, Digital Market Manipulation, 82 Geo. Wash. L. REv. 996, 102627 (2014). But see Ariel Porat & Lior Jacob Strahilevitz, Personalizing Default Rules and Disclosure with Big Data, 112 Mich. L. Rev. 1417, 1456 (2014).

④ Fair Credit Reporting Act, 15 U.S.C. § 1681 (2012).

供消费者信用调查报告"①。消费者信用调查报告是指，消费者征信机构就消费者的信用价值、信用状况、信用能力、性格、声誉、个人特征或生活方式所作的、第三方可以使用或者希望使用的报告。该报告主要有两种用途，第一种是确定消费者是否有资格获得信贷或保险，第二种是确认雇员是否有资格受到雇佣。②

美国联邦贸易委员会已经对移动应用程序的开发人员做出警告，如果他们向雇主提供雇员犯罪记录的信息，那么，就有可能是在向雇主提供消费者信用调查报告，从而应该受到美国联邦贸易委员会的监管。③ 相比之下，一旦消费者传感器公司，比如 Fitbit 公司向潜在的雇主或保险公司售卖数据，美国联邦贸易委员会就可以认定，Fitbit 公司已经成为一个《公平信用报告法》所规定的消费者征信机构。而一旦 Fitbit 等公司被定性为消费者征信机构，消费者就有权质疑其所提供一切信息的准确性。④ 如果物联网制造商没有被认定为消费者征信机构，而是被认定为向消费者征信机构提供信息的已有的信用报告公司或数据聚合公司，那么《公平信用报告法》会禁止物联网公司在明知信息不准确的情况下向消费者征信机构提供这些信息，并且要求这些公司对不完整或不正确的信息进行更正和更新。⑤

尽管《公平信用报告法》一定程度上限制了物联网数据流的使

---

① Fair Credit Reporting Act, 15 U.S.C. § 1681a (f).
② Fair Credit Reporting Act, 15 U.S.C. § 1681a (d) (1).
③ On January 25, 2012, the FTC sent warning letters to three marketers of mobile applications (Everify, InfoPay, and Intelligator) that provided criminal background checks to employers. Letter from Maneesha Mithal, Assoc. Dir., Fed. Trade Comm'n, to Alon Cohen, Everify, Inc. (Jan. 25, 2012), http://www.ftc.gov/sites/default/files/attachments/press-releases/ftcwarns-marketers-mobile-apps-may-violate-fair-credit-reporting-act/120207everifyletter.pdf, archived at http://perma.cc/7BXC-W68A; Letter from Maneesha Mithal, Assoc. Dir., Fed. Trade Comm'n, to Daniel Dechamps, InfoPay, Inc. (Jan. 25, 2012), http://www.ftc.gov/sites/default/files/attachments/press-releases/ftc-warns-marketers-mobile-apps-may-violate-fair-credit-reporting-act/120207infopayletter.pdf, archived at http://perma.cc/F3PV-Z8VW; Letter from Maneesha Mithal, Assoc. Dir., Fed. Trade Comm'n, to Amine Mamoun, Intelligator, Inc. (Jan. 25, 2012), http://www.ftc.gov/sites/default/files/attachments/press-releases/ftc-warns-marketers-mobile-apps-may-violate-fair-credit-reporting-act/120207intelligatorletter.pdf, archived at http://perma.cc/Y5BJ-CJU2.
④ See 15 U.S.C. § 1681i (a) (1) (A).
⑤ See 15 U.S.C. § 1681s-2 (a) (1) (A) - (B).

用，但是其覆盖范围是极其有限的。

首先，如果贷款人、保险公司或雇主自行分析传感器数据，他们不会违反《公平信用报告法》对消费者征信机构做出的相关规定。①因此，正如本文在这一部分所介绍的例子一样，贷款人、保险人和雇主可以要求借款人、被保险人和雇员提供其物联网数据，即使他们收集消费者的物联网数据也不受惩罚。

其次，通过先进的电子营销技术，数据收集者可以利用数据来向消费者发出个性化的要约，而《公平信用报告法》并不适用这一情形。②举例来说，如果数据收集者将消费者个人资料的数据，包括物联网传感器数据售卖给信用卡公司，那么，当消费者访问信用卡公司的网站时，信用卡公司根据这些个人资料在网站上向消费者发出个性化的要约（比如，信用卡公司基于对消费者的预测而在网站上显示某种信用卡），然而这种个性化的要约并不违反《公平信用报告法》。③

最后，《公平信用报告法》旨在确保信用报告的准确性。为了确保信贷、保险和就业决策是公平的，该法赋予消费者以检查和质疑信用报告当中信息准确性的权利。④但是，真正的问题不在于物联网传感器数据是否准确。因为 Fitbit、驾驶传感器或智能家居传感器的数据本身就是准确无误的，这一点没有什么值得质疑的。真正更值得怀疑的是从这些传感器数据当中得出的推断。遗憾的是，《公平信用报告法》并没有涉及这些推断。《公平信用报告法》仅仅适用于会影响信贷、保险或就业决策的数据，而不适用于贷款人、保险公司或雇主

---

① See Julie Brill, Comm'r, Fed. Trade Comm'n, Keynote Address at the 23d Computers Freedom and Privacy Conference: Reclaim Your Name 4 (June 26, 2013), available at http://www.ftc.gov/sites/default/files/documents/public-statements/reclaim-your-name/130626co mputers-freedom.pdf, archived at http://perma.cc/J3HA-U2HN (describing "new-fangled lending institutions" that use in-house credit reports derived from Big Data analyses, which practice "falls right on- or just beyond-the boundaries of FCRA"); see also Nate Cullerton, Note, Behavioral Credit Scoring, 101 Geo. L. J. 807, 827 (2013).

② See Julie Brill, Comm'r, Fed. Trade Comm'n, Keynote Address at the 23d Computers Freedom and Privacy Conference: Reclaim Your Name 4, at 4.

③ Note, Behavioral Credit Scoring, 101 Geo. L. J. 807, 827.

④ 15 U.S.C. § 1681i (a) (1) (A).

基于这些数据做出的推理。① 因此，如果物联网数据被纳入信用报告程序当中，《公平信用报告法》几乎不能为消费者提供救济。

综上所述，无论是传统的反歧视法，还是《公平信用报告法》等以数据为基础的法律，它们都不能解决歧视问题，这就导致在物联网领域，凡事皆有可能。

（二）个人隐私保护问题

物联网带来的第二个问题是个人隐私保护问题。基于传感器数据的歧视是一个潜在问题，因为如果你的 Fitbit 或汽车、智能手机数据是被用作推断，那么别人就可以从传感器数据当中得出个性化的推断。针对这个问题，有一种解决方法是仅仅收集所有这些数据并进行匿名化处理，不公开特定个人的有关信息。许多消费类传感器设备的制造商都采用了这种方法，他们向用户承诺，只有在将其数据去识别化、匿名化之后，才会与第三人共享这些数据。② 这种方法是否能够解决歧视问题，保护消费者的隐私权？

1. 技术问题：去识别化传感器数据非常之困难

这一点着实令人感到十分遗憾。再次以 Fitbit 为例，即使为了将信息去识别化，在与第三人分享信息之前，Fitbit 从数据库当中删除用户的姓名、地址和其他明显的可识别信息，但是重新识别数据库当中的这些信息仍然相对容易。原因十分简单：我们每个人都有自己独特的步态。这意味着，如果我对某位 Fitbit 用户的步态或行走方式有所了解，那么我就可以利用这些信息，从而在不计其数的匿名 Fitbit 用户的数据当中识别出他。紧接着，我就可以访问该用户的所有其他 Fitbit 数据，而这些数据与该用户紧密相关。正如美国中央情报局（Central Intelligence Agency）的首席技术官 Ira Hunt 所言："通过查看来源于 Fitbit 的数据，别人可以非常准确地了解你的性别、你的身高，你的体重，甚至仅仅通过你的步态，别人就可以百分之百地仅仅

---

① 15 U.S.C. § 168ls-2 (a) (1) (A) - (B), (2).

② E. g., Fitbit Privacy Policy, Fitbit, http: I/www.fitbit.com/privacy#DataShared-WithThird Parties, archived at http://perma.cc/MG2N-6DWX.

识别你的行走方式。"①

在过去的 5 年里，法律学者对于大型数据集的匿名化程度越来越谨慎。笔者的同事 Paul Ohm 认为，随着计算机科学的进步，攻击和重新识别所谓的"匿名化"数据库变得越来越多，这就导致无数以数据匿名化来保护隐私权的尝试成为空谈。② 如果不深入研究有关去识别化的最新文献，那么传感器数据集就特别容易受到攻击。③

在稀疏数据集当中，匿名化或去识别化变得极其困难：在这些数据集当中，仅仅通过几个特性，不同的个体就可以被区别开来。④ 传感器数据集尤其容易出现稀疏问题。⑤ 原因很简单：传感器数据能够捕捉到丰富的个体图像、大量的相关活动，以至于传感器数据集当中的每个个体都是独一无二的。⑥ 例如，如果健康传感器捕捉到某人全天的活动，从中推断出其使用交通的工具类型，比如汽车、自行车或地铁，简直是轻而易举。

然而，交通工具的独特使用模式，意味着如果我利用包含完整传感器信息的匿名数据集，同时，如果我知道你乘坐地铁或者骑自行车

---

① Ira Hunt, Chief Tech. Officer, Cent. Intelligence Agency, Address at Gigaom Structure Data 2013: The CIA's Grand Challenges with Big Data (Mar. 20, 2013), available at http://gigaom.com/2013/03/20/even-the-cia-is-struggling-to-deal-with-the-volume-of-real-time-so cial-data/2, archived at http://perma.cc/Q8DG-S2PL.

② See Paul Ohm, Broken Promises of Privacy: Responding to the Surprising Failure of Anonymization, 57 Ucla L. Rev. 1701, 1703-1704 (2010).

③ See, e. g., Andrew Raij et al., Privacy Risks Emerging from the Adoption of Innocuous Wearable Sensors in the Mobile Environment, in Chi 2011: Proceedings of the Sigchi Conference on Human Factors in Computing Systems 11, 13.

④ See generally Nicholas D. Lane et al., On the Feasibility of User De-Anonymization from Shared Mobile Sensor Data, in Phonesense12: Proceedings of the Third International Workshop on Sensing Applications on Mobile Phones, at art. 3 (2012).

⑤ See generally Nicholas D. Lane et al., On the Feasibility of User De-Anonymization from Shared Mobile Sensor Data, in Phonesense12: Proceedings of the Third International Workshop on Sensing Applications on Mobile Phones, at art. 3 (2012).

⑥ In addition to the fact that sensor data tend to be sparse, sensors themselves are also unique. An individual sensor may produce a unique fingerprint of "noise" that can then identify that sensor. For example, digital cameras can be individually identified from the patterns of sensor noise that they generate. Jan Luki§ et al., Digital Camera Identification from Sensor Pattern Noise, 1 IEEE Transations on Info. Forensics & Secur. 205 (2006).

的具体日期和时间,那么,我不仅可以在数据集成千上万的用户当中确定你是哪一个,而且可以知道你运动的所有日期和时间。①

初步研究表明,可靠的物联网数据匿名化非常难以实现,或者换句话来说,重新识别数据比预期的要容易得多:研究人员发现,面向位置传感器并不是隐私关切的唯一来源,其他形式的传感器也可以带来各种各样新的隐私威胁。传感器,如加速度计、陀螺仪、磁力仪或气压计,乍一看它们可能是无害的,但可能会使得用户信息匿名化面临巨大的新挑战。②

最近,麻省理工学院的研究人员分析了欧洲150万手机用户15个多月的数据,他们发现,从包含100多万人的匿名数据集当中提取某个人完整的位置信息是相对容易的。③ 为了说明这一问题,他们展示了一个令人震惊的例证,即如果想要从匿名数据集当中提取某个人完整的位置信息,只需要在一年内、在一小时内、在几百码范围内,对用户进行4次定位即可。④ 在有了这样4个已知的数据点之后,研究人员就可以识别数据集当中95%的用户。⑤ 对于这项具有里程碑意义的研究,一位学者认为,对基于传感器的数据集来说,"要想保持匿名化难于登天"⑥。

---

① See Lane et al., On the Feasibility of User De-Anonymization from Shared Mobile Sensor Data, in Phonesense12: Proceedings of the Third International Workshop on Sensing Applications on Mobile Phones, at art. 3 (2012).

② Lane et al., On the Feasibility of User De-Anonymization from Shared Mobile Sensor Data, in Phonesense12: Proceedings of the Third International Workshop on Sensing Applications on Mobile Phones, at art. 3 (2012); see also Mudhakar Srivatsa & Mike Hicks, Deanonymizing Mobility Traces: Using Social Networks as a Side-Channel, in CCS 12: The Proceedings of the 2012 ACM Conference on Computer and Communications Security 628, 628 (2012).

③ Yves-Alexandre de Montjoye et al., Unique in the Crowd The Privacy Bounds of Human Mobility, Sci. REP., Mar. 25, 2013, at 4, 4; see also Srbastien Gambs et al., De-Anonymization Attack on Geolocated Datasets, 80 J. Comp. & Sys. Sci. 1597, 1597 (2014).

④ Yves-Alexandre de Montjoye et al., Unique in the Crowd The Privacy Bounds of Human Mobility, Sci. Rep., Mar. 25, 2013, at 2 & fig. 1.

⑤ Yves-Alexandre de Montjoye et al., Unique in the Crowd The Privacy Bounds of Human Mobility, Sci. Rep., Mar. 25, 2013, at 2.

⑥ Larry Hardesty, How Hard Is It to "De-Anonymize" Cellphone Data?, MIT NEWS (Mar. 27, 2013), http://newsoffice.mit.edu/2013/how-hard-it-de-anonymize-cellphone-data, archived at http://perma.cc/76PS-8SXH.

不妨再思考这样一个例子。通常而言位置数据是相当敏感的，智能手机的用户大多担心其位置数据被滥用。然而，除了 GPS 定位传感器之外，大多数智能手机上也装有一个加速度计，它被用来测量智能手机的空间移动方式。研究表明，一部智能手机上的加速度计所生成的数据，可以与另一部手机上的类似数据联系起来，从而揭示这两部手机产生极其类似的运动信号，并据此推断出二者处于相同位置。① 此外，如果一位智能手机的用户正在驾驶其汽车，汽车在道路上行驶时产生的加速度和运动模式与其他任何位置都不同。② 正如此项研究的作者所言："道路的特性造就了全局唯一的约束。如果没有初始位置信息，那么加速度计可以用来推断位置。"③ 只要一部手机（已知位置）与之前"隐藏"手机（未知位置）的行走路径一致，后者就可以被定位。

2. 法律问题：隐私法尚且准备不足

物联网数据的内在稀缺性意味着，通过数据匿名化保护隐私权是天方夜谭。法律的影响是引人瞩目的。Ohm 列举出大量隐私法，它们都以匿名化为基础。④ "个人身份信息"通常是指姓名、地址、社会保险号或电话号码等，很多人将它与其他不揭示身份的数据区分开来。⑤ 重新识别基于传感器的稀疏数据集构成一种威胁，使得人们怀疑个人身份信息和其他数据之间的区别。

对于如何应对重新识别身份的威胁，信息隐私权学者已经展开讨

---

① Jun Han et al., ACComplice: Location Inference Using Accelerometers on Smartphones, in 2012 Fourth International Conference on Communication Systems and Networks (Comsnets 2012), at art. 25 (2012).

② Jun Han et al., ACComplice: Location Inference Using Accelerometers on Smartphones, in 2012 Fourth International Conference on Communication Systems and Networks (Comsnets 2012), at art. 25 (2012).

③ Jun Han et al., ACComplice: Location Inference Using Accelerometers on Smartphones, in 2012 Fourth International Conference on Communication Systems and Networks (Comsnets 2012), at art. 25 (2012).

④ See Paul Ohm, Broken Promises of Privacy: Responding to the Surprising Failure of Anonymization, 57 UCLA L. Rev. 1701, 1740 – 1741 (emphasizing that nearly every U.S. privacy statute relies on the presumptive validity of anonymization).

⑤ See Paul Ohm, Broken Promises of Privacy: Responding to the Surprising Failure of Anonymization, 57 UCLA L. Rev. 1701, 1740 – 1742.

论。Ohm 建议，我们应当完全抛弃个人身份信息的概念①，而 Paul Schwartz 和 Daniel Solove 则反对这种做法，他们认为，在已识别信息、可识别信息和不可识别信息之间存在一个连续统一体，我们应该利用它来重新定义个人身份信息。②"已识别"信息是明确与个人相关的信息。③"不可识别"信息是仅与个人有一点相关的信息。④ 在"已识别"信息和"不可识别"信息之间的则是数据流，这些数据流在未来很可能被重新识别。⑤ Schwartz 和 Solove 认为，法律应该区别对待这三类信息：首先，对于尚未与个人关联的可识别信息，"不应授予其完整的知情权、使用权和更正权"。⑥ 其次，"对信息使用的限制、数据最小化和对信息公开的限制不应全面适用于可识别信息"。⑦ 最后，在处理可识别信息时，应当注重保护数据的安全性。⑧

在 Schwartz 和 Solove 提出上述理论之后，其他学者也提出了类似的观点。⑨ 美国联邦贸易委员会认为，需要考虑三个相关因素：第一，不能合理地识别给定数据集；第二，企业公开承诺不会重新识别数据；第三，企业要求所有下游用户提供数据，并将这些信息去识别

---

① See Paul Ohm, Broken Promises of Privacy: Responding to the Surprising Failure of Anonymization, 57 UCLA L. Rev. 1701, 1742.

② Paul M. Schwartz & Daniel J. Solove, The PHI Problem: Privacy and a New Concept of Personally Identifiable Information, 86 N. Y. U. L. Rev. 1814, 1877 (2011).

③ Paul M. Schwartz & Daniel J. Solove, The PHI Problem: Privacy and a New Concept of Personally Identifiable Information, 86 N. Y. U. L. Rev. 1814, 1877 (2011).

④ Paul M. Schwartz & Daniel J. Solove, The PHI Problem: Privacy and a New Concept of Personally Identifiable Information, 86 N. Y. U. L. Rev. 1814, 1878.

⑤ Paul M. Schwartz & Daniel J. Solove, The PHI Problem: Privacy and a New Concept of Personally Identifiable Information, 86 N. Y. U. L. Rev. 1814, 1878.

⑥ Paul M. Schwartz & Daniel J. Solove, The PHI Problem: Privacy and a New Concept of Personally Identifiable Information, 86 N. Y. U. L. Rev. 1814, 1880.

⑦ Paul M. Schwartz & Daniel J. Solove, The PHI Problem: Privacy and a New Concept of Personally Identifiable Information, 86 N. Y. U. L. Rev. 1814, 1880.

⑧ Paul M. Schwartz & Daniel J. Solove, The PHI Problem: Privacy and a New Concept of Personally Identifiable Information, 86 N. Y. U. L. Rev. 1814, 1881.

⑨ See Tene & Polonetsky, Big Data for All: Privacy and User Control in the Age of Analytics, 11 Nw. J. Tech. & Intell. Prop. 48.

化,这些数据超出了美国联邦贸易委员会所提出框架的范围。① 简而言之,美国联邦贸易委员会试图区分"可合理识别"的数据和"不可合理识别"的数据,以及区分采取合理方法以防止重新识别数据的企业和没有采取合理方法以防止重新识别数据的企业。

尽管为了避免各种各样的数据完全被个人身份信息这一概念所吸收,Schwartz 和 Solove,以及美国联邦贸易委员会都试图使用这种新颖的、属于"已识别"信息和"不可识别"信息之后第三类别的可识别信息,但是,在物联网领域当中,这一现象也许不可避免。如果传感器数据集非常稀疏,重新识别数据轻而易举,那么大多数物联网数据可能就是"合理可识别的"。无论是美国联邦贸易委员会采取的标准,还是 Schwartz 和 Solove 提出的解决方案,它们都可能意味着,所有基于生物特征和传感器的物联网数据最终都应当被视为个人身份信息。然而,如果想做到这一点,就要对现行的法律和实践进行根本性改革。正如笔者在下文中论述的那样,物联网企业目前正试图将传感器数据视为"非个人"数据。企业法律顾问、监管者和立法者还没有意识到一个事实,即物联网传感器数据可能全部都是可识别的。简而言之,针对物联网带来的隐私威胁,无论是在理论层面还是在实践层面,隐私法都准备不足。

(三) 数据安全问题

物联网带来的第三个问题是数据安全问题:基于各种各样的原因,物联网设备很容易出现安全漏洞,并且这些安全漏洞可能很难补救。更为重要的是,针对此类安全问题,数据安全法尤其是各州的《数据泄露通知法》,既准备不足,也无法适用。仍然以 Fitbit 为例,如果其服务器遭到黑客的攻击,该公司没有通知用户的法律义务,也不会因此而承担任何法律后果。

1. 技术问题:物联网设备可能天然存在安全缺陷

由于人们对数据安全性的关切日益增加,物联网最近开始受到负面的关注。2013 年 11 月,安全公司 Symantec 发现了一种新型的网络

---

① Fed. Trade Comm'n, Protecting Consumer Privacy in an Era of Rapid Change: Recommendations for Businesses and Policymakers 22 (2012).

病毒,它主要针对小型的物联网设备,尤其是家庭路由器、智能电视、联网的安全摄像头,以及传统计算机。① 在物联网第一次的大规模安全漏洞当中,根据专家的估计,此次攻击危及了超过十万台设备,包括智能电视、无线扬声器系统和冰箱在内,利用这些设备发送恶意电子邮件。②

虽然人们日益关注这类问题,但计算机安全专家早就了解到,基于传感器的小型物联网设备很容易出现安全问题。③ 此处举三例加以说明。第一个例子是 Fitbit 健康追踪器,是一个来自佛罗里达国际大学的团队表示,Fitbit 健康追踪器可能容易受到各种安全攻击,而且只要距离不超过 15 英尺(4.57 米),利用一些简单的工具就能轻易地从所有的 Fitbit 上获取数据。④ Fitbit 健康追踪器根本没有把数据安全纳入考量范围。⑤ 2014 年 7 月,Symantec 发布了一项关于健康追踪器的研究结果,该研究结果表明,"在不计其数的自我追踪设备和应用程序当中均存在安全风险"。⑥

---

① Kaoru Hayashi, Linux Worm Targeting Hidden Devices, Symantec(Nov. 27, 2013, 11:53 AM), http://www.symantec.com/connect/blogs/linux-worm-targeting-hidden-devices, archived at http://perma.cc/UL7S-9BWJ.

② Press Release, Proofpoint, Proofpoint Uncovers Internet of Things(IoT)Cyberattack(Jan. 16, 2014), http://www.proofpoint.com/about-us/press-releases/01 162014.php, archived at http://perma.cc/M78W-VELZ.

③ For a useful interview related to this question, see Gigoam Internet of Things Show, Securing the Internet of Things is Like Securing our Borders. Impossible, Soundcloud(May 29, 2013), https://soundcloud.com/gigaom-internet-of-things/securing-the-internet-of, archived at http://perma.cc/J6V-WFEU and Daniela Hernandez, World's Health Data Patiently Awaits Inevitable Hack, Wired, Mar. 25, 2013, http://www.wired.com/2013/03/our-health-information/, archived at http://perma.cc/JCU6-4EB5.

④ Mahmudur Rahman et al., Fit and Vulnerable: Attacks and Defenses for a Health Monitoring Device 1(Apr. 20, 2013)(unpublished manuscript), available at http://arxiv.org/abs/1304.5672, archived at http://perma.cc/8W4D-6DBA.

⑤ Ira Hunt, Chief Tech. Officer, Cent. Intelligence Agency, Address at Gigaom Structure Data 2013: The CIA's Grand Challenges with Big Data(Mar. 20, 2013), available at http://gigaom.com/2013/03/20/even-the-cia-is-struggling-to-deal-with-the-volume-of-real-time-social-data/2, archived at http://perma.cc/Q8DG-S2PL.

⑥ How Safe Is Your Quantified SeJ? Tracking, Monitoring, and Wearable Tech, Symantec, http://www.symantec.com/connect/blogs/how-safe-your-quantifiedself-tracking-monitoring-and-wearable-tech, archived at http://perma.cc/4N7Y-PKJU.

第二个例子是胰岛素泵。相比 Fitbit 健康追踪器而言，更令人担忧的是，胰岛素泵被证实易受黑客攻击。身患糖尿病的安全研究员 Jay Radcliffe 指出，处于医疗设备用户附近的黑客可以远程访问和控制这些设备。① 类似地，许多胰岛素泵无线连接到一个小监视器，病人用它来检查胰岛素水平。② Radcliffe 表示，访问这些监控器也轻而易举，这就导致恶意黑客可能故意使监控器显示不准确的信息，从而造成糖尿病患者使用胰岛素剂量时发生错误。③ 当然，除了胰岛素泵之外，其他的医疗设备也被证实存在安全风险。④

第三个例子是网络摄像头设备。2013 年 8 月，一对家住休斯敦的夫妇听到一个陌生男子的咒骂声，这种声音是从他们 2 岁女儿的卧室当中传出的。⑤ 当该夫妇走进房间时，那个声音转而开始咒骂他们。⑥ 最终他们发现，黑客入侵了其联网的、带有摄像头的婴儿监视

---

① Jordan Robertson, Insulin Pumps, Monitors Vulnerable to Hacking, Yahoo! News (Aug. 5, 2011, 12：04 PM), http://news.yahoo.com/insulin-pumps-monitors-vulnerable-hacking100605 899.html, archived at http://perma.cc/RJ64-2GNW.

② Jordan Robertson, Insulin Pumps, Monitors Vulnerable to Hacking, Yahoo! News (Aug. 5, 2011, 12：04 PM), http://news.yahoo.com/insulin-pumps-monitors-vulnerable-hacking100605 899.html, archived at http://perma.cc/RJ64-2GNW.

③ Jordan Robertson, Insulin Pumps, Monitors Vulnerable to Hacking, Yahoo! News (Aug. 5, 2011, 12：04 PM), http://news.yahoo.com/insulin-pumps-monitors-vulnerable-hacking100605 899.html, archived at http://perma.cc/RJ64-2GNW.

④ Home, Hacked Home, Economist, July 12, 2014, http://www.economist.com/news/special-report/21606420-perils-connected-devices-home-hacked-home, archived at http://perma.cc/WW5Y-BDHM (noting various examples of medical equipment with security vulnerabilities).

⑤ Alana Abramson, Baby Monitor Hacking Alarms Houston Parents, ABCNEWS (Aug. 13, 2013, 12：43 PM), http://abcnews.go.com/blogs/headlines/2013/08/baby-monitor-hacking-alarmshouston-parents/, archived at http://perma.cc/UZ27-ZSUP.

⑥ Alana Abramson, Baby Monitor Hacking Alarms Houston Parents, ABCNEWS (Aug. 13, 2013, 12：43 PM), http://abcnews.go.com/blogs/headlines/2013/08/baby-monitor-hacking-alarmshouston-parents/, archived at http://perma.cc/UZ27-ZSUP.

器，从而发出这些咒骂声。① 除了婴儿监视器之外，许多其他的网络摄像头设备也被发现易受攻击：TRENDnet 是一家网络摄像头的制造商，2013 年 9 月，由于该公司向客户承诺其相机是安全的，但事实与此恰恰相反，其相机实际上并不安全，因此美国联邦贸易委员会对该公司做出了处罚，这也是美国联邦贸易委员会首次对物联网企业采取行动。②

以上这些例子都说明了一个重大的技术问题：物联网设备可能天然地易受攻击，原因主要有三个。第一个原因是，这些产品通常是由传统的消费品制造商，而不是由计算机硬件或软件公司制造的。因此，相关工程师对数据安全问题可能相对缺乏经验，相关企业对安全问题可能没有予以足够的重视。③

第二个原因是，消费类传感器设备往往十分小巧轻便。物联网企业的目标是制作能够与用户手腕尺寸相匹配的小型健康监测器，或者能够安装在用户鞋底的健康监测器。然而，这种设备暴露出一些缺陷。一方面，较小的规格并不一定具备足够的处理能力，用于采取强

---

① Alana Abramson, Baby Monitor Hacking Alarms Houston Parents, ABCNEWS（Aug. 13, 2013, 12:43 PM）, http://abcnews.go.com/blogs/headlines/2013/08/baby-monitor-hacking-alarmshouston-parents/, archived at http://perma.cc/UZ27-ZSUP; Home, Hacked Home, ECONOMIST, July 12, 2014, http://www.economist.com/news/special-report/21606420-perils-connected-devices-home-hacked-home, archived at http://perma.cc/WW5Y-BDHM（describing an Ohio couple's similar incident）.

② See TRENDnet, Inc.; Analysis of Proposed Consent Order to Aid Public Comment, 78 Fed. Reg. 55, 717, 55, 718-719（Sept. 11, 2013）（describing the complaint against, and subsequent consent order with, TRENDnet）; Press Release, Fed. Trade Comm'n, Marketer of InternetConnected Home Security Video Cameras Settles FTC Charges It Failed to Protect Consumers' Privacy（Sept. 4, 2013）, available at http://www.ftc.gov/news-events/press-releases/2013/09/mar keter-internet-connected-home-security-video-cameras-settles, archived at http://perma.cc/BYD4HSSE.

③ See Brian Fung, Here's the Scariest Part About the Internet of Things, Switch, Wash. Post（Nov. 19, 2013）, http://www.washingtonpost.com/blogs/the-switch/wp/2013/11/19/heres-thescariest-part-about-the-internet-of-things/, archivedat http://perma.cc/9ME3-2CAE.

有力的安全措施（比如信息加密）①；另一方面，小型设备可能没有足够的电力，用于实现更加强有力的数据安全。

第三个原因是，在投入市场之后这些设备通常不会再被回收重设。电脑或智能手机的操作系统相对复杂，通过不断的系统更新可以修复其安全问题，因此持续为制造商提供了保护设备免受新威胁的机会。然而，相比于电脑或智能手机而言，通常消费类传感器设备则没有那么多的可塑性和可靠性。因此，物联网产品可能无法进行修补或易于更新。②

由于以上三个原因，物联网可能天然地容易出现安全漏洞。其面临的风险远远不只是垃圾邮件。除了将这些设备用作远程服务器之外，黑客还极有可能恶意侵入基于传感器的设备。最近，针对物联网面临的安全风险，计算机安全专家 Ross Anderson 提出了困惑："如果有人利用恶意软件控制空调，然后远程地打开或者关闭它们，那么此时会发生什么？如果你想摆脱控制的话，你可以选择拆掉电网。"③当然，人们可以通过各种各样的方式侵犯个人的隐私权，包括监视个人的传感器设备，窃取个人数据，或者其他一些方式。从这些问题当中，一些计算机安全专家得出结论："如果没有强有力的安全作为基础，那么在物联网领域将产生无数的攻击和故障，导致物联网有百害而无一利。"④

---

① See Stacey Higginbotham, The Internet of Things Needs a New Security Model. Which One Will Win?, Gigaom (Jan. 22, 2014, 8: 26 AM), http://gigaom.com/2014/01/22/the-internet-ofthings-needs-a-new-security-model-which-one-will-win/, archived at http://perma.cc/9BXA-LA48.

② Michael Eisen, The Internet of Things Is Wildly Insecure—And Often Unpatchable, Wired, Jan. 6, 2014, http://www.wired.com/2014/0 1/theres-no-good-way-to-patch-the-intemet-ofthings-and-thats-a-huge-problem/, archived at http://perma.cc/X7H7-UBA5.

③ Spam in the Fridge: When the Internet of Things Misbehaves, Economist, Jan. 25, 2014, http://www.economist.com/news/science-and-technology/21594955-when-intemet-things-misbe haves-spam-fridge, archived at http://perma.cc/HNG6-W8W4.

④ Rodrigo Roman et al., Securing the Internet of Things, COMPUTER, Sept. 2011, at 51, 51. 310. Certain information types, such as health and financial data, are subject to heightened Federal data-security requirements, but no statute sets forth general data-security measures. See, e. g., Paul M. Schwartz & Edward J. Janger, Notification of Data Security Breaches, 105 Mich. L. Rev. 913, 922 (2007).

2. 法律问题：数据安全法仍准备不足

对于物联网带来的安全问题，数据安全法仍准备不足。在美国，数据安全的监管一般通过两种方法得以实现：第一种是美国联邦贸易委员会行使执法权，第二种是州政府制定《数据泄露通知法》。但是这两种方法都不适用于物联网领域的数据泄露。换言之，如果第三人从某公司的服务器上窃取了你的生物识别数据，那么，州或者联邦监管机构并不必然有权做出回应。

监管数据安全的第一种方法是美国联邦贸易委员会行使执法权。由于美国联邦贸易委员会没有统一的联邦数据安全法，① 因此在企业过失导致安全问题时，该委员会只能根据《联邦贸易委员会法》对其进行处罚。② 《联邦贸易委员会法》规定，"在商业或者与商业相关的领域当中，无论是不公平的行为举止，还是欺诈性的行为举止"都是不合法的。③ 为了规范隐私和安全问题，如果企业存在违法行为，美国联邦贸易委员通常会适用《联邦贸易委员会法》当中的不公平条款和欺诈条款，对该企业颁发同意令。④ 在有关"欺诈"的案件当中，比如上文所说的2013年美国联邦委员会对 TRENDnet 网络摄像头做出处罚的例子⑤，联邦贸易委员会必须证明企业违反了它对消费者所做的承诺。在有关的安全案件当中，只有在企业对用户做出的相关安全承诺夸大其词时，美国联邦贸易委员会才能适用《联邦贸易委员会法》，这种原因看似是强有力的，但事实上却是极其有

---

① Certain information types, such as health and financial data, are subject to heightened Federal data-security requirements, but no statute sets forth general data-security measures. See, e. g., Paul M. Schwartz & Edward J. Janger, Notification of Data Security Breaches, 105 Mich. L. Rev. 913, 922 (2007).

② 15 U.S.C. § 45 (a) (2) (2012).

③ 15 U.S.C. § 45 (a) (1).

④ E. g., FTC v. Accusearch Inc., 570 F.3d 1187, 1190–1191 (10th Cir. 2009).

⑤ See TRENDnet, Inc.; Analysis of Proposed Consent Order to Aid Public Comment, 78 Fed. Reg. 55, 717, 55, 718–719 (Sept. 11, 2013) (describing the complaint against, and subsequent consent order with, TRENDnet); Press Release, Fed. Trade Comm'n, Marketer of InternetConnected Home Security Video Cameras Settles FTC Charges It Failed to Protect Consumers' Privacy (Sept. 4, 2013), available at http://www.ftc.gov/news-events/press-releases/2013/09/mar keter-internet-connected-home-security-video-cameras-settles, archived at http://perma.cc/BYD4HSSE.

限的。

  除了有关"欺诈"的案件之外，美国联邦贸易委员会在有关"不公平"的案件当中也适用《联邦贸易委员会法》，对差劲的安全措施做出惩罚。① 在有关不公平的案件当中，美国联邦贸易委员会必须证明企业以违反公共政策的方式侵害了消费者。② 当联邦法律对金融和卫生保健等数据安全做出规定时，联邦贸易委员会无疑有权采取措施。但是，当联邦法律对金融和卫生保健等数据安全没有做出规定时，联邦贸易委员会采取措施的权力就不再令人信服了。无论是学者还是企业，他们都对联邦贸易委员会在此类案件当中的管辖权提出了质疑。③ 最近，美国联邦贸易委员会指控 Wyndham 酒店集团，认为由于其安全措施过于松懈，导致了消费者的信息被不合理地公开给第三人，因此 Wyndham 酒店集团以美国联邦贸易委员会为被告向法院提起诉讼。④ 虽然联邦贸易委员会在本案当中获得胜诉⑤，但毫无疑问的是，在数据安全领域，美国联邦贸易委员会的权力仍然有待增加，而这需要通过立法来实现。

  监管数据安全的第二种方法是州政府制定《数据泄露通知法》。有些人可能会认为，如果客户的信用卡数据或其他个人信息被盗，银行应当通知客户，同样地，根据《数据泄露通知法》，如果用户敏感的、难以匿名化的传感器数据遭遇泄露，数据控制者应当及时通知用户。然而，目前的实际情况并非如此。在美国，有 46 个州都颁布了《数据泄露通知法》。但是，所有的这些法律都仅仅适用于"个人信

---

  ① E. g., In re DSW Inc., 141 F. T. C. 117, 119 – 120 (2006); In re BJ's Wholesale Club, Inc., 140 F. T. C. 465, 468 (2005).

  ② 15 U.S.C. § 45 (n).

  ③ See generally Gerard M. Stegmaier & Wendell Bartnick, Psychics, Russian Roulette, and Data Security: The FTC's Hidden Data-Security Requirements, 20 GEO. Mason L. Rev. 673 (2013). But see Andrew Serwin, The Federal Trade Commission and Privacy: Defining Enforcement and Encouraging the Adoption of Best Practices, 48 San Diego L. Rev. 809, 812 (2011).

  ④ See generally Gerard M. Stegmaier & Wendell Bartnick, Psychics, Russian Roulette, and Data Security: The FTC's Hidden Data-Security Requirements, 20 GEO. MASON L. REV. 695 – 697.

  ⑤ See FTC v. Wyndham Worldwide Co., No. 13 – 1887 (ES), 2014 WL 1349019, at *6 – 9 (D. N. J. Apr. 7, 2014).

息",包括用户的姓名、社会保险号、驾驶执照号、银行或信用卡账户。① 因此,对于这些州来说,如果物联网公司的设备存在安全漏洞,导致用户姓名和相关生物特征信息或者传感器数据失窃,物联网公司不需要根据《数据泄露通知法》通知用户。同样地,如果物联网公司的设备存在安全漏洞,导致传感器数据而非遭遇泄露,物联网公司也不需要根据《数据泄露通知法》通知用户。

除此之外,有些州则采取了具有一定创新性的做法,它们也颁布了《数据泄露通知法》,但是如果对这些法律进行广义的解释,那么它们就可以适用于传感器数据。具体来说又分为两种不同的做法:阿肯色州、加州、密苏里州和波多黎各均采取第一种做法,即规定"个人信息"包括"医疗信息"。密苏里州的《数据泄露通知法》规定,"医疗信息"是指,"所有涉及患者病史、精神或身体状况、专业医务人员进行的治疗或诊断的信息"。② 因此,如果与用户"精神或身体状况"息息相关的传感器数据,例如健身追踪数据遭遇泄露,那么密苏里州的《数据泄露通知法》可以适用于该数据泄露。相比而言,阿肯色州和加州的《数据泄露通知法》则对"医疗信息"采取更为狭义的界定方式,它们均规定,"医疗信息"是指,"涉及患者病史或专业医务人员进行的治疗或诊断的信息"。③ 这两个州的《数据泄露通知法》似乎遵循了《健康保险携带和责任法》(HIPAA)对"健康信息"采取的界定方式,该法律规定,"健康信息"是指,"所有由医疗保健机构、健康计划……创建或接收的信息,以及所有涉及患者身体健康或状况、患者心理健康或状况……的信息,包括遗传信息。"④因此,根据《健康保险携带和责任法》,"健康信息"不包括健康或与健康有关的敏感传感器数据,更不用说其他数据了。

艾奥瓦州、内布拉斯加州、得克萨斯州和威斯康星州均采取第二

---

① See State Data Breach Statute Form, Baker Hostetler 1 (2014), http://www.bakerlaw.com/files/Uploads/Documents/Data%20Breach%20documents/State-Data-Breach-Stat uteForm.pdf, archived at http://perma.cc/8536-TESS.
② Mo. Ann. Stat. § 407.1500 (6) (West 2011).
③ ARK. Code Ann. § 4 – 110 – 103 (5) (2011); CAL. CIV. CODE § 1798.81.5 (d) (2) (West Supp. 2014).
④ 45 C.F.R. § 160.103 (2013); see P. R. LAWS ANN. tit. 10, § 405 1 (a) (5) (2012).

种做法,即规定"个人信息"包括"独一无二的生物特征数据"①。内布拉斯加州和威斯康星州的《数据泄露通知法》规定,"独一无二的生物特征数据"包括指纹、声纹、视网膜或虹膜图像,以及"其他独特的物理表征"②。通过对"独一无二的生物特征数据"进行解释,它至少可以包括某些健康或与健康息息相关的传感器数据。相比而言,得克萨斯州的《数据泄露通知法》则更进一步。该州的《数据泄露通知法》适用于"用户的敏感信息"泄露,而"用户的敏感信息"包括"能够确定用户身份的信息,以及涉及用户的身体健康或状况、心理健康或状况的信息"③。显而易见,它至少可以保护与健康息息相关的传感器数据。

因此,在极少数州,涉及健康或健身的传感器数据,比如呼吸计、Fitbit、Nike+FuelBand、血糖监测器、血压监测器或其他设备产生的数据,它们可能受到《数据泄露通知法》的保护。而在绝大多数州,这些数据失窃或者泄露并不适用《数据泄露通知法》,物联网公司不需要通知用户。除此之外,如果物联网公司的设备存在安全漏洞,导致在上文的有关部分当中提及的那些传感器数据遭遇泄露,物联网公司也不需要根据《数据泄露通知法》通知用户。因此,《数据泄露通知法》不适用于驾驶相关数据;《数据泄露通知法》不适用于位置、加速度计,以及智能手机产生的其他数据;《数据泄露通知法》不适用于智能电网数据和物联网家电数据。简而言之,目前的数据安全泄露通知法尚且准备不足,无法引起公众对物联网安全问题的重视。

(四) 消费者同意问题

物联网带来的第四个问题是消费者同意问题。物联网引发了歧视、个人隐私保护、数据安全和消费者同意问题,这凸显了联网传感

---

① Iowa Code Ann. § 715C.1 (1 1) (e) (West 2013); Neb. Rev. Stat. § 87-802 (5) (e) (2008); Tex. Bus. & Com. Code Ann. § 521.002 (a) (1) (C) (West Supp. 2014); WiS. STAT. Ann. § 134.98 (1) (b) (5) (West 2009).

② Neb. Rev. Stat. § 87-802 (5) (2008); WIS. STAT. ANN. § 134.98 (1) (b) (5) (West 2009).

③ Tex. Bus. & Com. Code Ann. § 521.002 (a) (2) (B) (i) (West Supp. 2014).

器设备可能以崭新的、独特的方式损害消费者的福利。与此同时，物联网设备的市场飞速发展、规模大增，这显示了消费者渴望使用物联网技术。面对这种困境，消费者同意提供了一种调和矛盾的方法：如果消费者了解并同意他们的 Fitbit、汽车监视器、智能家居设备和智能手机产生数据流，或许就不会有任何顾虑了。遗憾的是，消费者同意不太可能让消费者泰然居之。原因在于：一方面，物联网设备使得歧视、个人隐私保护和数据安全问题复杂化，同样的，它也使得消费者同意问题复杂化；另一方面，针对消费者同意问题，涉及隐私政策披露的消费者保护法目前尚且准备不足。

1. 技术问题：传感器设备混淆了通知和选择

在过去的 10 年当中，通知和选择，也即消费者同意，一直都是规范和调整互联网的主要方法。监管者、立法者和学者均采取这种观点，而该观点的成立很大程度上依赖于这样一个假设：只要物联网公司向消费者提供准确的信息，消费者就有机会选择或拒绝这些公司的网络服务，因而大多数与数据相关的问题都可以自行解决。① 遗憾的是，对于作为物联网核心的消费类产品而言，这些捉襟见肘的假设并不适用。

（1）用户查找物联网隐私政策具有困难性。物联网设备通常体积较小，不带有屏幕，并且没有键盘或触摸屏等输入机制。比方说，健身追踪器可能带有小灯和小显示器，但这并不意味着用户会面对隐私政策或安全许可。② 同样，家庭用电或用水传感器、联网烤箱或其他家用电器、汽车追踪装置，以及其他物联网设备没有输入和输出功能。由于我们所讨论的这些设备就消费者同意而言无济于事，因此，在这种情况下，显示并寻求消费者对隐私政策的同意，这一通知和选择的基本机制可能陷入困境。

这实际上使得物联网背景下的通知和选择复杂化。如果互联网用户访问网页，那么他们可以在该网页上查阅隐私政策。尽管这并不能

---

① See generally Lorrie Faith Cranor, Necessary but Not Sufficient: Standardized Mechanisms for Privacy Notice and Choice, 10 J. on Telecomm. & High Tech. L. 273 (2012).

② See, e. g., Nike + FuelBand SE, Nike, http://www.nike.com/us/en-us/c/nikeplusfuelband, archived at http://perma.cc/ZZJ6-MEYM.

彻底地保障消费者福利,但它至少为消费者提供了选择权,消费者可以在使用时查阅隐私和数据的相关术语。然而,就通知和选择而言,物联网设备目前是模棱两可的。这些设备很可能无法显示隐私通知。① 因此,这些信息必须通过其他方式传递给消费者:通过设备包装当中的用户手册,通过设备制造商的网站,或者通过相关的手机应用程序。

目前,物联网制造商似乎大多倾向于只在网站隐私政策当中提供隐私和数据的相关信息。笔者对20种流行的物联网消费设备进行了调查,包括 Fitbit 和 Nike + Fuelband 健身追踪器、Nest Thermostate、Breathometer 等等。为了检验包装、测试消费者打开和激活设备的体验,笔者购买了其中一部分设备。而其余的设备,笔者则从制造商那里下载或获得了设备包装当中的相关材料,它们通常是用户手册或"快速入门"指南。这20个设备的包装盒当中都没有隐私或数据的相关信息。包装材料或者用户指南当中甚至都没有提及制造商网站上存在隐私政策。这一点相当令人惊讶,因为其中很多设备不仅通过制造商的网站进行销售,而且通过传统的实体店进行销售,因此,消费者虽然购买了该设备,但是可能并不知道自己受到隐私政策的约束。

物联网制造商目前主要通过网站发布隐私政策,这其中至少有两个原因:其一,他们可能习惯于在网站上发布此类信息,而且没有考虑到消费者购买物联网设备的体验与用户浏览网站的体验略有不同。其二,他们可能坚信,由于物联网设备通常需要通过制造商的网络服务与智能手机应用程序或互联网账号进行匹配,因此,在下载该应用程序或激活其在线账号时,消费者会充分地收到通知并充分地表示同意。

然而,这种观念根本站不住脚。附录表明,对于某些产品而言,用户甚至很难查找到相关的隐私政策。此处以 iHealth 公司的产品为例。iHealth 公司生产各种健康和健身设备,包括活动追踪器和睡眠

---

① See, e.g., How It Works, Mimo, http://mimobaby.com/#HowItWorks, archived at http://perma.cc/E6NC-WNFN.

跟踪器、脉搏血氧仪、腕表式血压监测器和无线体重分析秤。① 只有与 iHealth 的智能手机或平板电脑应用程序相结合，这些设备才能正常工作。② iHealth 网站上的隐私政策，仅适用于网站的使用，而不适用于 iHealth 产品和 iHealth 手机应用程序的使用。③ 这意味着，iHealth 公司假定，在激活手机应用程序并使用产品时，用户会再次面对产品的相关隐私通知。在用户安装手机应用程序时，该程序会向用户提供一份软件使用许可协议，协议约定，用户可以使用该应用程序上传个人信息，包括生命体征和其他生物特征数据。④ 协议还约定，"个人数据和生命体征数据的使用……在我们的《隐私政策》当中有概述"⑤。但是，用户无论如何都既不会直接面对产品的相关政策，也不会被告知在哪里可以查找到该政策。如果用户访问 iHealth 公司的网站，他们会发现网站上发布的政策只适用于该网站的使用，而不适用于 iHealth 产品的使用。在 iHealth 手机应用程序当中，唯有"版权"标签下的"设置"功能提及了隐私。版权的标签之下实际上包括该应用程序的《使用条款》，而《使用条款》之下又包括隐私政策，该隐私政策涵盖了产品使用和传感器数据，但是没有说明在哪里可以查找到该隐私政策。简而言之，即使消费者有兴趣查找 iHealth 产品和传感器数据的相关隐私信息，他们也会陷入无穷无尽的困惑之中。从不向消费者提供关于隐私信息的明确通知和选择的层面上来看，iHealth 公司的产品无疑是糟糕透顶的。

除了 iHealth，文中还列举了其他产品，它们同样令消费者产生混淆。某些产品的隐私政策似乎同时适用于网站的使用和传感器设备的使用。某些产品的隐私政策则只适用于网站的使用，而不适用于传感器设备的使用，但是也没有说明在哪里可以查找到适用于设备使用

---

① About Us, iHealth ®, http://www.ihealthlabs.com/about-us/, archived at http://perma.cc/5KY5-U953.

② About Us, iHealth ®, http://www.ihealthlabs.com/about-us/, archived at http://perma.cc/5KY5-U953.

③ See Privacy Policy, iHealth ®, http://www.ihealthlabs.com/about-us/privacy-policy/, archived at http://perma.cc/47CK-9XJP.

④ See Ihealth, Terms and Conditions: Software End User License Agreement.

⑤ See Ihealth, Terms and Conditions: Software End User License Agreement.

的隐私政策。因此,隐私相关的政策是否适用于这些设备产生的数据,这就成了未解之谜。[①] 还有某些产品同时存在两项隐私政策,它们争相吸引用户的注意力:一项隐私政策适用于网站的使用,而另一项隐私政策适用于传感器设备的使用。从某种程度上来说,这种方法更好,因为它向用户提供了明确的通知,即传感器设备带来了一系列独一无二的数据相关问题和隐私问题。与此同时,这使得消费者的认知和注意负担翻倍,因为消费者甚至对于一项隐私政策都不甚了了。如果消费者只看到适用于网站使用的隐私政策,而没有意识到还有一项适用于其传感器数据使用的隐私政策,那么,这种方法可能会令消费者产生混淆。

除了查找相关隐私政策的问题之外,附录还表明,即使用户查找到了适用于产品使用的及其产生的传感器数据使用的隐私政策,目前极少有物联网隐私政策对消费者提供真正的指引。笔者对 20 种产品及其隐私政策进行的调查揭示了以下主要问题:

第一,当前物联网隐私政策用语具有模糊性。这些物联网设备的隐私政策往往令消费者产生困惑,用户不清楚传感器数据或生物识别数据是否属于"个人信息",因此无从得知物联网公司会如何与第三方共享或向第三方售卖这些数据。[②] 某些隐私政策以非常传统的方式对"个人信息"(或"个人身份信息")做出界定,认为其只包括姓名、地址、电子邮件地址或电话号码。对于这些隐私政策而言,用户的传感器数据不会像个人身份信息一样获得高度保护。

其他隐私政策则明显闪烁其词。有些隐私政策的用语可能被解释为包括传感器数据。例如,Breathometer 的隐私政策认为,"个人信息"是指,"直接识别用户的信息,或者可以直接识别用户的信息,例如用户的姓名、送货地址、账单地址、电子邮件地址、电话号码,

---

[①] Privacy Policy, Propeller Health, http://propellerhealth.com/privacy/, archived at http://perma.cc/6SBE-BJE5; Propeller User Agreement, Propeller, https://my.propellerhealth.com/terms-of-service, archived at http://perma.cc/697K-TQVU.

[②] See Jay P. Kesan et al., Information Privacy and Data Control in Cloud Computing: Consumers, Privacy Preferences, and Market Efficiency, 70 Wash. & Lee L. REv. 341, 458 (2013).

以及信用卡信息"①。虽然这通常表明传感器数据不包括在内,但是,如果计算机科学家或监管者意识到重新识别的问题,他们可能会对其进行解释,认为传感器设备的测试结果属于个人信息。Breathometer的隐私政策加剧了消费者的困惑。在"我们将收集您的个人信息"的标题之下,该隐私政策指出,"用户生成内容(例如血液酒精检测结果)可能包含个人信息"②。这进一步令消费者产生困惑,根据该隐私政策,用户不清楚物联网公司是否会将Breathometer产生的传感器数据视为个人信息。

同样,Nest Thermostat 的隐私政策认为,"个人身份信息"是指,"可以与特定用户或家庭相联系的数据"③。由于物联网传感器数据可能被重新识别,因此,隐私政策的制定者是否认为 Nest Thermostat 数据属于个人身份信息,这一问题仍然悬而未决。在 Belkin WeMo 家庭自动化系统的隐私政策当中也存在着相同的问题。该隐私政策认为,个人信息是指,"所有可以用来识别用户的信息"④。因此,如果传感器数据能够轻易地被重新识别,那么用户可能会认为传感器数据属于个人信息。然而,该隐私政策随后又指出,"非个人信息"包括"与……Belkin 产品有关的使用数据"⑤。换言之,该隐私政策对"个人信息"和"非个人信息"的界定存在相互矛盾之处。

个人信息定义的争论至关重要。相比于个人信息而言,大多数隐私政策对制造商与第三人共享或向第三人售卖非个人信息限制很少。比方说,LifeBEAM Helmet 的隐私政策规定,制造商可以为了一切目的而收集、使用、传递和披露用户的非个人信息,同时表明"Life-

---

① Privacy Policy, Breathometer™, http://www.breathometer.com/legal/privacy-policy, archived at http://perma.cc/T7BW-S7R3.

② Privacy Policy, Breathometer™, http://www.breathometer.com/legal/privacy-policy, archived at http://perma.cc/T7BW-S7R3.

③ Privacy Statement, NEST, https:/nest.com/legal/privacy-statement/, archived at http://perma.cc/V5JC-GGT4.

④ Belkin Privacy Policy, Belkin, http://www.belkin.com/us/privacypolicy/, archived at http://perma.cc/8VFG-T3CF.

⑤ Belkin Privacy Policy, Belkin, http://www.belkin.com/us/privacypolicy/, archived at http://perma.cc/8VFG-T3CF.

BEAM 不会披露用户的个人身份信息"①。除此之外，大多数隐私政策当中的某些条款只适用于个人信息。比方说，Breathometer 的隐私政策约定，在安全漏洞危及个人信息的情况下，公司会通知用户。② 由于该隐私政策没有明确传感器数据是否是个人信息，因此，一旦传感器数据发生泄露，公司是否应当通知用户，这一问题仍然悬而未决。同样地，Mimo Baby Monitor 的隐私政策规定，用户有权访问、更正和删除"个人信息"，但是没有提及用户有权访问、更正和删除其他信息。③

简而言之，对于物联网公司所收集的传感器数据是否属于"个人信息"，物联网隐私政策通常是闪烁其词的，因此，物联网公司和用户基于这些数据享有哪些权利、负有哪些义务也是模糊不清的。

第二，物联网隐私政策具有明显的缺陷。这些物联网设备的隐私政策往往没有解决那些与消费者相关的重要问题。首先，适用于消费类传感器设备的隐私政策通常没有提及传感器数据所有权的归属问题。在附录所列举的 20 种产品当中，只有 4 种产品的隐私政策明确地阐明了数据所有权的归属。其中有 3 种产品指出，传感器数据的所有权归属于制造商，而不归属于消费者。④ 比方说，BodyMedia Armband 的隐私政策规定："我们会收集您的某些数据，包括但不限于：食物日记、体重、体脂百分比、传感器数据、时间记录和生理数据……无论是现在，还是未来，BodyMedia 都对它们享有唯一的、专有的财产权利。"⑤ 与此相类似地，Basis Sports Watch 之前的隐私政策规定："Basis Science 对所有的生物识别数据享有唯一的、专有的

---

① LifeBEAM Privacy Policy, Lifebeam, http://www.life-beam.com/privacy, archived at http://perma.cc/6ET2-J284.

② See Privacy Policy, Breathometer™, http://www.breathometer.com/legal/privacy-policy, archived at http://perma.cc/T7BW-S7R3.

③ Privacy Policy, Mimo, http://mimobaby.com/legal/# PrivacyPolicy, archived at http:// perma.cc/64RN-6K7D.

④ These four devices are the BodyMedia Armband, iHealth Blood Pressure Monitor, Basis Peak sports watch, and Muse headband.

⑤ Privacy Policy, Bbdymedia ®, http://www.bodymedia.com/Support-Help/Policies/Privacy-Policy, archived at http://perma.cc/M8HF-5EWV.

财产权利。"① 至少在这几个案例当中,隐私政策明确了数据所有权的归属,这多少令人感到一些安慰。

其次,这些隐私政策通常不会明确地指出物联网设备收集何种类型的数据,或者物联网设备使用何种类型的传感器。在附录所列举的 20 种产品当中,只有 3 种产品明确地指出了其使用何种类型的传感器,或者其收集何种类型的传感器数据。② 还有一些产品说明了其收集某些类型的传感器数据,但是并不完全。例如,与 Automatic Link 汽车监测器相关的隐私政策阐明了该设备收集位置信息、有关"用户驾驶方式"的信息、汽车计算机产生的错误代码,以及汽车传感器和设备传感器产生的信息。③ 但是,该隐私政策既没有详细地说明该产品使用了何种类型的汽车或设备传感器,也没有详细地说明该设备记录了什么样的"用户驾驶方式"。除此之外,附录还表明,这些物联网隐私政策大多没有指出设备产生何种类型的传感器数据。

再次,在用户是否享有访问、修改和删除数据的权利方面,这些隐私政策也迥然不同。在研究了这 20 种产品的隐私政策之后,笔者发现它们几乎都没有提及用户享有的访问、修改和删除数据的权利。它们都没有为导出原始传感器数据提供简单的机制。对于消费者是否享有的访问、修改和删除数据的权利,许多用户都感到困惑。某些隐私政策认为用户享有访问、修改和删除其个人信息的权利,但不享有访问、修改和删除其他信息(即非个人信息)的权利。④ 如前所述,传感器或生物特征数据是否属于"个人信息"通常悬而未决,因此,用户是否享有修改和删除这些数据的权利也悬而未决。

最后,这些隐私政策都没有阐明有多少传感器数据是由设备本身进行处理的,而不是远程传输到公司的服务器并由服务器进行处理

---

① The new version of the privacy policy removed that ownership language; the only ownership language in the new policy states that the user "will be notified via email of any... change in ownership or control of personal information" arising from a "business transition" undertaken by Basis.

② These devices are the Basis Peak sports watch, Mimo Baby Monitor, and Nest Thermostat or Smoke Detector.

③ Legal Information: Privacy Policy, Automatic™, http://www.automatic.com/legal/#privacy, archived at http://perma.cc/R6BR-23PA.

④ Privacy Policy, Mimo, http://mimobaby.com/legal/#PrivacyPolicy, archived at http://perma.cc/64RN-6K7D.

的。只有三种产品的隐私政策详细地说明了,为了保护传感器收集的用户数据,是否对其采用加密技术,或者具体采用了何种技术。① 它们都没有详细地说明,为了防止出现安全漏洞,设备本身采取何种安全措施。

简而言之,这些隐私政策似乎是由人们对于普通的互联网的需求和期望所决定的,而不是由人们对于物联网的需求和期望所决定的。毫无疑问的是,在物联网发展的初期阶段,对于物联网隐私政策应该解决的特殊问题,人们可能还没有进行真正的思考。②

2. 法律问题:消费者保护法尚且准备不足

如上所述,美国联邦贸易委员会的职责是防止欺诈性和不公平的贸易行为。从隐私政策的层面来说,其职责包括对违反自身发布的隐私政策的公司采取行动③,以及就什么是物联网隐私政策的充分通知向公司提供软指导。④ 2013 年 11 月,美国联邦贸易委员会虽然已经举行了第一次关于物联网的公开研讨会,但是它还没有发布涉及物联网隐私政策的具体指导方针或政策建议。因此,关于什么是物联网隐私政策的充分通知,联邦贸易委员会没有向物联网制造商提供专门指导。

在美国各州当中,加州隐私保护办公室(California's Office of Privacy Protection)率先制定了隐私政策方面的建议措施。⑤ 《美国加州

---

① The Basis Peak sports watch and Mimo Baby Monitor privacy policies state that biometric data are not encrypted; the Nest Thermostat states that data are encrypted.

② There has been some academic work on Internet of Things privacy policies, but nothing in mainstream legal scholarship. See, e. g., R. I. Singh et al., Evaluating the Readability of Privacy Policies in Mobile Environments, 3 Int'l J. Mobile Hum. Computer Interaction 55, 55 – 56 (2011); Sebastian Speiser et al., Web Technologies and Privacy Policies for the Smart Grid, in Iecon 2013: Proceedings of the 39th Annual Conferecne of the IEEE Industrial Electronics Society 4809, 4811 – 4812 (2013).

③ E. g., In re GeoCities, 127 F. T. C. 94, 122 – 132 (1999).

④ See Fed. Trade Comm'n, Privacy Online: Fair Information Practices in the Electroinic Marketplace 27 – 28 (2000), available at http://www.ftc.gov/sites/default/files/documents/reports/privacy-online-fair-information-practices-electronic-marketplace-federal-tradecommission-report/pfivacy2000.pdf, archived at http://perma.cc/4YEU-TPJX.

⑤ CA. Office of Privacy Prot., Recommended Practices on California Information-Sharing Disclosures and Privacy Policy Statements (2008).

网络隐私保护法》（COPPA）①规定，如果公司经营"商业网站或在线服务"，收集个人身份信息，那么它必须"以显而易见的方式公布"隐私政策，或者在提供"在线服务"时，在网站上通过"任何合理、易懂的方式向消费者提供隐私政策"②。该隐私政策必须明确物联网公司收集何种类型的个人身份信息，以及物联网公司与第三人共享何种类型的信息。③ 如果物联网赋予消费者访问或更正个人身份信息的权利，那么，隐私政策必须说明如何实现这一权利。④ 2008年，为了让物联网公司遵守这些要求，加州隐私保护办公室发布了非约束性的指导方针。这些指导方针敦促物联网公司制定隐私政策，明确其如何收集个人信息、其收集何种类型的个人信息、其如何使用和与第三人共享这些信息，以及其如何保护数据安全。⑤ 除此之外，针对如何设法使隐私政策适应手机的小屏幕，加州近来发布了新的指导方针。⑥

根据《美国加州网络隐私保护法》的规定，由于物联网公司要么运营网站，要么经营"在线服务"，因此它们显然要制定隐私政策。因此，它们必须披露其收集何种类型的个人身份信息，以及其与第三人共享何种类型的个人身份信息。正如上文所述，这正是我们在现有的隐私政策当中所看到的。因为无论是联邦贸易委员会还是加州，又或者是其他相关立法机构、监管机构，它们都没有发布适用于物联网的具体规定，因此物联网公司只会遵循法律对网站的最低要求。这些公司制定的隐私政策仅仅符合互联网的法律规定，而不符合物联网的法律规定。

总而言之，消费者保护法实际上对物联网尚且准备不足。显而易见，公司不能在物联网设备上发布欺骗性的隐私政策，但消费者并不

---

① CAL. Bus. & PROF. CODE §§ 22575－22579（West 2008）.
② CAL. Bus. & PROF. CODE §§ 22575（a），22577（b）（1），（5）.
③ CAL. Bus. & PROF. CODE §§ 22575（b）（1）.
④ CAL. Bus. & PROF. CODE §§ 22575（b）（2）.
⑤ CA. Office of Privacy Prot., Recommended Practices on California Information-Sharing Disclosures and Privacy Policy Statements, at 12－14.
⑥ CA. Dep't of Justice, Privacy on the Go: Recommendations for the Mobile Ecosystem, at i, 9－13（2013）.

会因此感到安慰。针对物联网设备的信息披露,美国联邦贸易委员会和加州都没有向物联网公司提供实质性的指导。自物联网还未形成的2008年以来,加州从未修订过其隐私政策法。因此,毫无疑问,在物联网时代,"通知与选择"的坎坷之路才刚刚开始。

四、解决物联网问题的初步措施

随着联网的、基于传感器的消费类设备日益普及,物联网正在飞速发展。数以百万计的健康和健身设备、汽车设备、家庭设备、工作设备和智能手机设备被人们使用,它们可以收集消费者的行为数据。这些基于传感器的数据细致入微、质量上乘,它们能够用来推断用户的性格、品质、偏好,甚至意图,而这些推断是深入的、令人意想不到的。首先,物联网之所以引发了歧视的难题,原因有二:一方面,看似无害的传感器数据可能会造成非法的种族歧视、年龄歧视、性别歧视;另一方面,在经济上对消费者进行高度针对性的分类本身就存在争议。其次,物联网数据难以匿名化和保证安全,因而造成个人隐私保护问题。最后,对于歧视和个人隐私保护问题,通知和选择并不是最优的解决方案,一方面是因为,在消费者使用物联网设备时,该设备可能不会主动告知其对数据享有的权利;另一方面是因为,传感器设备公司似乎陷入了适用于网站的通知范式,然而它并不适用于联网的消费类产品。目前,对于这些新技术所带来的法律问题,反歧视法、隐私权法、数据安全法、消费者保护法均未提供应对之策。

在这一部分,笔者并没有就这些问题提出一个宏大的解决方案。笔者既不提倡制定新的联邦法律,也不敦促建立新的监管机构。这些解决方案可能简单直接,但至少在目前来说是难以实现的。在过去的10年里,学者们一直主张进行全面的隐私权改革[①],但是国会对此置之不理。这种大规模的解决方案毫无用处,因此,笔者建议采取较小的、更为折中的初步措施,只有这样才有可能产生实际效果。

笔者并不想在以下四个初步措施之上总结出一个笼统的理论方

---

① See, e. g., Daniel J. Solove & Chris Jay Hoofhagle, A Model Regime of Privacy Protection, 2006 U. Ill. L. Rev. 357, 358.

法。例如，要求提供正当程序保护消费者①，或者主张州（相对于联邦而言）或联邦（相对于州而言）进行干预。笔者采取的是另一种路径，既利用了程序性和实质性的解决方法，也利用了联邦和州的改革措施。笔者的目的并非提出一个完全一致的计划，而是提出一个现实可行的、务实有效的计划。因此，在物联网的法律规范和调整方面，笔者建议采取四个初步措施，尽管它们是混乱的、不健全的：第一步措施是，为了抑制歧视，拓宽现有的使用限制的范围，比如一些州关于汽车事故记录仪的法律；第二步措施是，为了保护个人隐私，重新界定"个人身份信息"，将生物识别数据和其他形式的传感器数据纳入其范畴；第三步措施是，为了加强数据安全，扩展州《数据泄露通知法》的适用范围，规制物联网领域的安全侵害行为；第四步措施是，为了促进消费者同意，对物联网公司进行指导，使得在物联网环境下，消费者知情和选择能够更好地发挥作用。

笔者旨在引起立法者、监管者和学者们对物联网相关问题的热烈讨论，以及在物联网发展的初期阶段，为向物联网公司提供咨询服务的企业法律顾问提供初步指导。为此，笔者借鉴了 Kenneth Bamberger 和 Dierdre Mulligan 的最新研究成果，他们指出，无论是首席信息官还是企业法律顾问，在如何保持消费者预期方面，他们都需要获得指导。② 如果隐私的法律规范和调整只注重确保通知和选择的程序性机制，那么企业决策者也同样只关注这些程序性举措。为了满足监管机构的要求，他们会调整自己的隐私政策，放大字体，增加更多华而不实的东西，但这可能不会对消费者福利产生什么实际影响。然而，如果向企业提供实质性的指导，那么企业决策者可能会走上一条不同的道路。一旦立法者、监管者和隐私倡导者明确表达出对物联网的实质性期望，物联网公司可能会以此为指导准则，满足消费者的期望和需求。这就是"消费者对物联网公司保护其隐私的实质性期待能够发

---

① See Kate Crawford & Jason Schultz, Big Data and Due Process: Toward a Framework to Predictive Privacy Harms, 55 B. C. L. Rev. 93, 126 – 127 (2014).

② See Kenneth A. Bamberger & Deirdre K. Mulligan, Privacy on the Books and on the Ground, 63 STAN. L. REV. 247, 298 (2011).

挥的巨大作用,即促使物联网公司向消费者提供程序性保护"①。

在这一部分,笔者建议,监管者、立法者和隐私倡导者可以利用某种方式,为公司提供实质性的指导,从而创建物联网。在该部分的最后,笔者采纳公共选择理论,在物联网生态系统当中的经济利益变得过于根深蒂固和不可动摇之前,我们可以而且应当迅速采取行动,制定指导方针和基本规则。

(一) 物联网法律规范和调整的蓝图

1. 为了抑制歧视问题,拓宽使用限制的范围

使用限制,或者"禁止使用"规则②,在法律当中是十分常见的。《美国联邦宪法第五修正案》规定,即使被告拒绝出庭做证,陪审团也不得因此做出对其不利的推断③;《公平信用报告法》规定,在提供消费者信贷报告时,消费者征信机构不得将10年之前的破产信息包括在内④;《禁止基因信息歧视法》规定,医疗保险公司不得利用客户的基因信息。⑤ 这些规则均依赖于一种社会判断,即虽然交易双方都希望公开和使用某个特定信息,这一信息可能同时带来社会危害(例如,造成对身患遗传病者的歧视)和社会效益(契约自由造成分配效率和运行效率的提高),但是如果其社会效益因为其社会危害而黯然失色,那么,应该禁止使用该信息。⑥

物联网法律规范和调整的第一步措施是,如果物联网数据的使用危及消费者预期,那么我们应该对这些数据进行一些使用限制。这种

---

① Home, Hacked Home, Economist, July 12, 2014, http://www.economist.com/news/special-report/21606420-perils-connected-devices-home-hacked-home, archived at http://perma.cc/WW5Y-BDHM.

② SeeScott R. Peppet, Unraveling Privacy: The Personal Prospectus and the Threat of a FullDisclosure Future, 105 Nw. U. L. REV. 1153, 1199.

③ E. g., Mitchell v. United States, 526 U. S. 314, 328 (1999); Carter v. Kentucky, 450 U. S. 288, 305 (1981).

④ See 15 U.S.C. § 1681c (a) (1) (2012).

⑤ See 29 U.S.C. § 1182 (a) (1) (2012).

⑥ SeeScott R. Peppet, Unraveling Privacy: The Personal Prospectus and the Threat of a Full Disclosure Future, 105 Nw. U. L. Rev. 1153, 1200.

做法是实质性的而不是程序性的,是行业性的而不是全面性的。① 其优点在于,既可以根据特定情况对这些限制进行调整,也可以首先针对消费者最可能受到损害的情况做出限制。此外,我们有时还可以调动立法者和监管者的积极性,使他们关注特定情况下信息的歧视性使用,以及此情况下信息使用的方式,但是他们可能不会采取更广泛的、更系统性的改革措施。

对数据的使用限制分为两大类型:一类是跨语境的使用限制;另一类是在特定语境当中强制披露的限制。

(1)跨语境的使用限制。Helen Nissenbaum 有一本著作《语境中的隐私》(*Privacy in Context*),该著作指出,为了保护消费者的隐私,限制数据跨语境流动至关重要,② 有鉴于此,隐私倡导者应该注重防止超越语境界限使用物联网数据。在某些情况下,选择是否进行使用限制是轻而易举的。如果对消费者进行种族、性别、年龄和其他形式的非法歧视,这可能会立即引起隐私倡导者的同情。如果雇主、保险公司或其他经济活动参与者利用物联网数据区别对待某一种族或其他受保护阶层,立法者和监管者无疑会对此做出反应。

然而,除了可以抑制种族歧视和其他形式的非法歧视之外,使用限制还可以抑制跨语境使用物联网数据造成的经济歧视。相比于国会而言,州立法机构颁布了各种各样旨在保护消费者信息的使用限制。例如,尽管法律文献较少关注在信用评分当中使用的不同信息来源③,但是否应该允许贷款人访问借款人的 Facebook、LinkedIn 和 Twitter 等社交媒体网站,将借款人的社会背景因素纳入贷款决策当

---

① See generally Omer Tene & Jules Polonetsky, Big Data for All: Privacy and User Control in the Age of Analytics, 11 Nw. J. Tech. & Intell. Prop. 86.

② See Helen Nissenbaum, Privacy in Context: Technology, Policy, and the Integrity of Social Life 2-4 (2010).

③ Nate Cullerton, Note, Behavioral Credit Scoring, 101 GEO. L. J. 807, 808. See generally Lea Shepard, Toward a Stronger Financial History Antidiscrimination Norm, 53 B. C. L. REV. 1695, 1700-1705 (2012).

中，对于这一问题，目前尚存在争议。① 类似地，在几年前，当汽车保险公司将 FICO 信用评分作为设定汽车保险费率的参考因素时，这引发了社会公众的热议。② 消费者纷纷抗议，认为，这种跨语境使用信息的行为对消费者而言是显失公平的、难以理解的。③ 最终，包括利福尼亚加州、康涅狄格州、夏威夷州、伊利诺伊州、马里兰州、俄勒冈州和华盛顿州在内，一些州还是通过了限制雇主将信用报告作为考量因素的法律，尽管研究表明，信用评分与冲动、自控力或急躁，以及诚信等特质息息相关。④ 这些特质与雇主相关，但将从某种情况当中得出的推断用于另一种情况当中，可能会令人烦扰。⑤

同样地，物联网设备可以追踪和测量用户最私密的身体和家庭情况，并由此产生各种各样的数据，州立法者可能也会积极地针对这些数据的使用采取行动。尽管在就业、保险和信贷决策方面，健身、健康、家电使用和家庭习惯数据可能具有经济价值，但对基于这些敏感信息的歧视，社会公众仍然可能做出强烈反应。

因此，隐私倡导者、监管者和立法者可能会认为，在公共健康领域和家庭领域，应当进行跨语境的使用限制。一方面，对于公共健康而言，健身和健康监测设备的日益普及无疑大有裨益、值得鼓励。与此同时，在设定健康险、人寿险、汽车险或其他保费时，保险公司不

---

① See, e. g., Stat Oil: Lenders Are Turning to Social Media to Assess Borrowers, Economist, Feb. 9, 2013, http://www. economist. com/news/finance-and-economics/21571468-lenders-areturning-social-media-assess-borrowers-stat-oil, archived at http://perma. cc/KE7J-3LF4.

② See Herb Weisbaum, Insurance Firms Blasted for Credit Score Rules, NBCNEwS (Jan. 27, 2010, 5: 02 PM), http://www. nbcnews. com/id/35103647/ns/business-consumernews/t/insurancefirms-blasted-credit-score-rules/#. VAzDthbfXww, archived at http://perma. cc/3ZTL-FPUK.

③ See Herb Weisbaum, Insurance Firms Blasted for Credit Score Rules, NBCNEwS (Jan. 27, 2010, 5: 02 PM), http://www. nbcnews. com/id/35103647/ns/business-consumernews/t/insurancefirms-blasted-credit-score-rules/#. VAzDthbfXww, archived at http://perma. cc/3ZTL-FPUK.

④ Shweta Arya et al., Anatomy of the Credit Score, 95 J. ECON. BEHAV. & ORG. 175, 17677 (2013).

⑤ See Ruth Desmond, Comment, Consumer Credit Reports and Privacy in the Employment Context: The Fair Credit Reporting Act and the Equal Employment for All Act, 44 U. S. F. L. REV. 907, 911 –912 (2010).

应当将这些物联网设备产生的数据作为参考因素。在就业决策、信贷决策、住房决策或其他公共生活领域，雇主、贷款人、卖房人也不应当将这些数据作为参考因素。为了促进物联网的发展，为了获得物联网设备可能带来的公共健康利益，我们应该向社会公众保证，不会利用其健康数据做出意想不到的推断，也不会将其健康数据作为经济决策的参考因素。当某位女性使用物联网设备跟踪自己的生育情况时，她无须担心潜在雇主会获取其信息，并因此拒绝雇佣她；当某位高级雇员监测自己的健康计划时，他无须担心其心率不正常或缺乏运动会导致健康计划降级或终止；当某位潜在房主想要申请新的抵押贷款时，他无须向银行披露自己的健康数据，以其作为其品质、勤奋或个性的指标。

另一方面，家用物联网设备也应该受到类似的保护。正如前文所述，从用户家庭生活的隐秘细节当中推断出其性格是轻而易举的。用户是否直到深夜才回家以及晚归的频率、用户自己烹饪的频率、用户使用吸尘器清洁房间的频率、用户在出门时忘记关烤箱或者车库门的频率、用户是否在晚上打开安全系统，别人可以利用这些隐秘的事实，做出无穷无尽的推断。目前，贷款人、雇主、保险人，以及其他经济活动的参与者几乎可以毫无限制地搜索或访问这些信息。然而，考虑到这些数据具有私人性，为了防止各种经济活动的参与者对用户实施侵犯行为，似乎完全可以对其进行跨语境的使用限制。

毫无疑问，有些人会反对这种跨语境的使用限制，他们认为，使用这些数据来调整经济决策，其所带来的经济效益远远胜于一切社会成本。笔者对此并不同意。虽然在物联网时代凡事皆有可能，但这并不意味着毫无限制地使用一切数据都必然有益于社会福利。如果说在某些情况下尊重和自主是必要的，那么涉及用户身体和家庭的情况就刚好需要尊重和自主。除此之外，为了物联网能够蓬勃发展，必须向消费者保证，别人对数据肆无忌惮的、跨语境的使用将得到控制。早期研究表明，由于担心自己的驾驶数据会被用于就业等其他语境当中，消费者迟迟不敢使用汽车保险远程信息处理设备。针对健康监测器的研究也表明了消费者具有类似的担忧。① 对数据进行合理的跨语境的使用限制,这可能并不会抑制物联网的发展,而是会促进物联网的发展。

(2) 在特定语境当中强制消费者披露其信息的限制。为了防止物联网敏感数据被强制披露,立法者应当考虑在一定情况下进行使用限制。跨语境使用限制的正当性来源于隐私权理论,该理论表明违反语境的数据使用会危及消费者期望和福利,而在特定语境当中强制消费者披露其信息的限制则基于这样一个假设,即不应当对消费者施加经济或其他压力,强迫其披露某些信息。

为了更好地理解在特定语境当中强制披露的限制以及它与跨语境使用限制的区别,我们还是以汽车事故记录仪为例。隐私保护团体主张对此进行使用限制。例如,美国电子隐私信息中心(EPIC)敦促美国国家公路交通安全管理局,要求其限制事故记录仪数据的使用。② 尤其值得注意的是,美国电子隐私信息中心主张,应当禁止保险公司将查阅事故记录仪数据作为被保险人投保的条件,禁止保险公司将事故记录仪数据用于保费的评估,禁止保险公司将使用这些数据作为向被保险人支付赔偿额的前提。③ 同样地,某些州也通过了限制事故记录仪数据使用的法律。目前有四个州禁止保险公司要求投保人事先许可披露其事故记录仪数据,或者禁止保险公司将查阅事故记录仪数据作为被保险人索赔的条件。其中,弗吉尼亚州还禁止保险公司仅仅由于被保险人拒绝提供事故记录仪数据就调整费率。④

这些法律很好地说明了在特定语境当中如何实质性地限制数据的使用。它们规定,保险公司不应当对消费者施加经济压力,强迫其披

---

① See Johannes Paefgen et al., Resolving the Misalignment Between Consumer Privacy Concerns and Ubiquitous IS Design: The Case of Usage-Based Insurance, in ICIS 2012: Proceedings of the 33rd International Conference on Information Systems 1, 2 (2012).

② Comment of the Elec. Privacy Info. Ctr. et al., to the Nat'l Highway Traffic Safety Admin., Docket No. NHTSA-2012-0177, at 2 (Feb. 11, 2013), available at http://epic.org/privacy/edrs/EPIC-Coal-NHTSA-EDR-Cmts.pdf, archived at http://perma.cc/H6EK-BAKY.

③ Comment of the Elec. Privacy Info. Ctr. et al., to the Nat'l Highway Traffic Safety Admin., Docket No. NHTSA-2012-0177, at 12 (Feb. 11, 2013), available at http://epic.org/privacy/edrs/EPIC-Coal-NHTSA-EDR-Cmts.pdf, archived at http://perma.cc/H6EK-BAKY.

④ VA. Code Ann. § 38.2-2213.1 (2007).

露汽车传感器数据。其他州也应当对事故记录仪数据实施这些限制。

除此之外，各州的立法机构应当扩展这些法律的适用范围。目前，这些州的法律大多不适用于驾驶监测器和汽车监测器产生的数据，如上文相关部分所提及的 Automatic Link 传感器设备，包括阿肯色州、加州、科罗拉多州、内华达州、新罕布什尔州和得克萨斯州在内，某些州对其有关事故记录仪的法律进行限制解释，仅仅适用于工厂或制造商所安装的数据记录器。因此，这些法律不适用于由消费者在售后所安装的设备，包括康涅狄格、俄勒冈州和犹他州在内，其他州的法律则仅仅适用于记录碰撞事故发生前后车辆数据的设备。讽刺的是，这些法律再次将物联网设备排除在适用范围之外，比如全天候记录信息的 Automatic Link。

弗吉尼亚州和华盛顿州也颁布了有关事故记录仪的法律，其适用范围更加广泛，它保护物联网数据免受保险公司的强制使用。弗吉尼亚州和华盛顿州对"记录设备"采取了广义的界定方式，认为"记录设备"是指，"车辆内部的一种保存或记录传感器所收集数据的电子系统"①。如果其他州的立法机关制定有关事故记录仪的法律，或者虽然已经制定有关事故记录仪的法律但是想要进行修订，它们应该拓展法律的保护范围，将消费类物联网设备在售后收集的数据纳入其中，而不仅仅包括由制造商安装的事故记录仪所收集的与碰撞事故有关的数据。这种做法可以确保，在体验物联网的同时，消费者不必担心保险公司会强制其披露数据。

当然，凡事皆有可能，在制定或者修订有关事故记录仪的法律时，州立法机关应当郑重其事，防止发生损害。如果将汽车和驾驶数据用于就业、信贷和住房决策，以及汽车保险范围之外的保险决策（例如，健康险或人寿险），由于这些决策并不与驾驶直接相关，使用限制可能会限制在这些情况下的数据使用。因此，如果为了提高车队效率或监督司机安全驾驶，雇主想要获得车队的驾驶数据，由于与驾驶直接相关，则各州有关事故记录仪的法律应当允许其使用。但是，如果为了做出是否雇佣或者其他相关决策，雇主想要获得员工的

---

① VA. Code Ann. § 46.2-1088.6 (A) (6) (2007); Wash. Rev. Code Ann. § 46.35.010 (2) (West 2012).

物联网数据,各州有关事故记录仪的法律应当防止这些信息被强制披露。

从某种角度上来说,对汽车事故记录仪数据进行细致入微的考量似乎大可不必。但是,笔者认为,如果要实现对物联网数据的控制,可能必须通过这种细致入微的方式。首先,我们需要考虑所有的语境、设备和数据类型。其次,我们必须权衡物联网数据所带来的机遇和歧视。最后,如果允许在意想不到和敏感的语境当中使用传感器数据,立法者必须确认这是否会损害消费者的利益。

目前考虑不同语境的时机已经成熟。不难想象,健康和人寿保险公司要求或希望获得被保险人的健身和健康传感器数据,家庭保险公司要求获得被保险人的家庭监测系统数据。随着物联网数据日益详细、敏感和具有揭示性,各州可能会禁止保险公司根据数据所揭露的事实来调整承保范围。例如,Nest Protect 不但可以向消费者发出烟雾警报,而且装有移动传感器,该传感器可以追踪用户如何以及何时居住在家中。① 虽然对于家庭保险公司调查火灾或意外事故的理赔而言,这些信息可能大有裨益,但是如果允许保险公司将被保险人提供细节信息作为投保条件,这似乎侵犯了被保险人的权利。

类似地,对于要求雇员披露其物联网数据的雇主,立法者可能会施加语境的限制。例如,Lumo Back 姿势传感器是缠绕在用户腰腹部的背带。② 它可以不间断地监控用户的姿势,并能有助于背部受伤的用户更快康复。③ 可以想象,在雇员通过诉讼向雇主索赔时,或者在雇主调查雇员在工厂或仓库当中的工作习惯时,雇主会对这些数据饶有兴致。然而,随着时间的推移,如果强制消费者披露这些信息,那么消费者对物联网设备的兴趣可能会被扼杀。为了抑制这些问题,语境内的合理使用限制可能不失为一种好方法。

有些人必然会对此表示反对,他们认为语境内的使用限制具有明

---

① See Nest Support, Nest, https://support.nest.com/article/Learn-more-about-the-Nest-Protect-sensors, archived at http://perma.cc/JT6H-772W.

② Lumo Back, Lumo, http://www.lumoback.com/lumoback/, archived at http://perma.cc/7M 6F-SNLC.

③ The Science of LUMO back, Lumo, http://www.lumoback.com/learn/the-science-of-lumo back, archived at http://perma.cc/NUK6-JDPY.

显的家长式作风，并且他们会阻止某些消费者利用其物联网数据，从而成为优秀的、值得信赖的、勤勉的市场经济活动的参与者。笔者曾经提出，随着生物识别和其他传感器的日益普及，无论是在现在还是在将来，强制用户披露其信息的做法都百弊丛生。① 此处不再赘述。在这里，笔者只想做出简要的总结，即物联网设备极有可能会引发各种各样语境内的强制披露的事例，而立法可能会对此做出回应。

总而言之，笔者的观点是：立法者，尤其是各州的立法者应当权衡消费者的利益，并确定这种使用限制是否合理。目前，物联网的法律规范和调整还未考虑到歧视问题。为了抑制物联网引发的歧视问题，笔者建议对数据进行使用限制，希望能够开启这一法律议题。

2. 为了保护个人隐私，重新界定个人身份信息

物联网法律规范和调整的第二步措施是，密切关注"个人信息"或"个人身份信息"是如何与物联网数据相互关联的。在上文有关部分当中，笔者已经指出，无论是学者还是联邦贸易委员会，他们都已经逐渐放弃了个人身份信息和非个人身份信息的二分法，转而采取一种更精细的方法，如果物联网数据可能或已经被识别为个人信息，就会更加严格地对其进行法律规范和调整。然而，无论是学者还是监管者，他们都没有关注物联网引发的有关个人身份信息的特殊问题。因此，正如笔者在上文的有关部分当中所指出的那样，这导致了在其隐私政策和使用条款当中，物联网公司以截然不同的方式对"个人信息"和"个人身份信息"做出了界定。

一方面，监管机构应当向物联网公司提供指导，在隐私政策、网站以及安全保护措施领域，指导它们如何界定和对待个人身份信息。在上文的有关部分当中，笔者已经指出，传感器数据的匿名化难于登天，至少目前的计算机科学研究是支持这一结论的。如果通过 Fitbit 数据可以识别每一位用户独一无二的步态，那么去识别化 Fitbit 数据几乎是天方夜谭。如果每条道路都是独一无二的，并且当用户行驶在某一特定道路上时，智能手机会发出独一无二的加速度计数据流，那么去识别化加速度计数据简直是无稽之谈。如果在一年的时间当中，

---

① See Scott R. Peppet, Unraveling Privacy: The Personal Prospectus and the Threat of a Full Disclosure Future, 105 Nw. U. L. Rev. 1153, 1159 (2011).

仅仅根据为数不多的已知位置，就可以从150万个匿名手机位置当中辨认出某一个特定位置，那么去识别化手机位置数据基本上是异想天开。如果用电量不仅可以显示出用户正在看电视，而且还可以显示出用户在看什么电视节目，那么去识别化用电数据可谓痴人说梦。

物联网公司目前采取的做法，尤其是在隐私政策方面的做法，似乎认为"个人信息"只包括姓名、地址和电话号码等。因此，他们不会使用严格的安全措施来保护传感器数据免受攻击，在无法轻易重新识别信息的前提下，他们还会向合作伙伴或其他第三方披露聚合的、去识别化的传感器数据流。但是，如果物联网传感器数据寥寥无几，重新识别这些数据轻而易举，那么，物联网公司的这些做法就会使得异常敏感的消费者信息公之于众。

至少，物联网公司的法律和隐私权顾问应该关注其对个人身份信息的界定，并认真考虑它们可能对公众造成的误导。比方说，笔者所研究的某些隐私政策表明，该物联网公司承诺采取措施，使得重新识别聚合消费者数据成为不可能。鉴于计算机科学研究已经表明，重新识别传感器数据轻而易举，公司法律顾问应该充分调查这些承诺是否真的能够实现。

另一方面，监管机构应当与公司法律顾问、计算机科学家、学者和隐私倡导者共同讨论，尤其是美国联邦贸易委员会和加州隐私保护办公室，在物联网环境下，就公司对个人身份信息做出界定提供指导。对于某些类型的物联网设备而言，将"个人信息"与传感器信息区分开来或许仍然意义非凡。一个联网灯泡的开关，可能并不足以透露用户的身份。但是对于许多（也许是大多数）物联网公司来说，目前对个人身份信息采取界定的方法似乎是考虑不周的。

3. 为了保护数据安全，拓宽《数据泄露通知法》的范围

物联网法律规范和调整的第三步措施是，监管机构、公司法律顾问、隐私倡导者，以及其他人都应该关注物联网的数据安全。至少，为了保护物联网设备的安全，监管机构可以就公司采取最佳措施发布软指导。加州已经发布了这种非约束性的指导方针，该指导方针普遍

适用于互联网数据①,而加州和其他州应当拓展指导的适用范围,将物联网数据也纳入其中。物联网公司应当尽可能地进行数据加密;物联网公司应当保证固件的可更新性,使其能够采取措施解决安全漏洞;只有在维持设备正常运行所必需的情况下,物联网公司才能收集、传输和存储数据。②在物联网这个新兴领域,通过监管机构对物联网公司提供指导,用户会对行业标准产生浓厚兴趣,并对此展开热烈讨论。

然而,除了将物联网数据纳入指导方针之外,各州还应当扩展《数据泄露通知法》,将物联网传感器数据纳入其适用范围。公开披露数据泄露具有声誉制裁的功能,能够减轻数据失窃对公众造成的损害。③实际上它是一种解决数据安全问题的市场机制,而不是一种管理机制。④再加上,就采取最佳措施保证物联网数据安全,监管机构向公司提供实质性指导,在约束设备制造商方面,数据泄露通知就可以发挥出巨大作用。⑤研究表明,对公司及其法律顾问来说,要求公司向用户通知数据泄露至关重要,这会使他们认真对待通知对其声誉所造成的后果。⑥

为了将《数据泄露通知法》拓展到物联网领域,现有的州法律需要修改对个人信息所做出的界定。如上文的有关部分所述,目前只

---

① CA. Office of Privacy Prot., Recommended Practices on Notice of Security Breach Involving Personal Information 8 – 14 (2012).

② See Belkin Fixes WeMo Security Holes, Updates Firmware and App, Networkworld (Feb. 19, 2014, 7: 16 AM), http://www.networkworld.com/article/22 263 74/microsoft-subnetelkin-fixes-wemo-security-holes-u/microsoft-subnet/bekin-fixes-wemosecurity-holes-updates-firmware-and-app.html, archived at http://perma.cc/F4LW-7CSR.

③ Paul M. Schwartz & Edward J. Janger, Notification of Data Security Breaches, 105 Mich. L. Rev. 913, 917 – 918 (2007).

④ Compare Mark Burdon, Contextualizing the Tensions and Weaknesses of Information Privacy and Data Breach Notification Laws, 27 Santa Clara Computer & High Tech. L. J. 63, 66 (2011), with Nathan Alexander Sales, Regulating Cyber-Security, 107 Nw. U. L. REv. 1503, 1545 (2013).

⑤ See Mark Burdon, Contextualizing the Tensions and Weaknesses of Information Privacy and Data Breach Notification Laws, 27 Santa Clara Computer & High Tech. L. J. 63, 126 – 127.

⑥ See Kenneth A. Bamberger & Deirdre K. Mulligan, Privacy on the Books and on the Ground, 63 Stan. L. Rev. 247, 275.

有少数几个州的《数据泄露通知法》可以说适用于物联网传感器数据泄露。

为了改变这一局面，各州可以采取以下两种方法。

第一种方法是，改变州数据泄露法律当中对"个人信息"做出的界定，除了姓名之外，将生物特征和其他基于传感器的数据也纳入其范畴，包括但不限于：健身和健康传感器设备产生的信息、汽车传感器产生的信息、家电和电力等传感器产生的信息，以及智能手机传感器产生的信息。这种方法仍然将《数据泄露通知法》仅仅适用于已经识别的数据集，即包括姓名或其他明显可识别信息的数据集，而这与目前所采取的做法是一致的。目前，由于各州《数据泄露通知法》主要采取了这种方法，因此，如果各州将《数据泄露通知法》扩展到物联网传感器数据，那么它们可能会继续对姓名和敏感传感器信息失窃做出规定。

第二种方法是，放弃重新界定个人信息，将去识别化数据集的泄露纳入《数据泄露通知法》的规制范畴。如前所述，大多数州的法律目前并不适用于去识别化的数据集。然而，如果州立法机构打算修改其《数据泄露通知法》，立法者可能会考虑这种限制是否仍然是明智的。在上文的有关部分当中，笔者已经指出，重新识别物联网数据轻而易举，这就意味着，《数据泄露通知法》也应当保护去识别化的传感器数据集。因此，如果去识别化的传感器数据失窃，公司应当根据州《数据泄露通知法》通知用户。

以上两种方法均可以显著地改善现状。目前，消费者既无法得知物联网公司是否会遭到攻击，也无法得知其潜在的敏感信息是否会失窃。随着物联网越来越多地对消费者行为进行测量、量化、分析和存储，像信用卡或社会保险号受到法律保护一样，用户的体重、心率、生育周期、驾驶能力和居家习惯也应当受到法律的保护。唯有这样，物联网数据才能和其他类型敏感信息平起平坐。

4. 为了促进消费者同意，对物联网消费者提供信息披露的指导

物联网法律规范和调整的第四步措施是，就如何确保消费者同意其隐私措施，美国联邦贸易委员会、加州隐私保护办公室、类似的州监管机构和隐私倡导团体应当向公司提供指导。

在此，笔者并不想过分强调通过消费者同意来解决歧视、个人隐私保护、数据安全问题。对信息性隐私进行法律规范和调整的方法大多都有这样一种误解，即消费者同意可以消除隐私做法所存在的问题。Daniel Solove 称之为"隐私自我管理"的方法，即认为，一旦向消费者提供充分的信息，并赋予其控制权，他们就可以"自行决定在收集、使用或披露其信息的成本和收益之间如何权衡的问题"①。遗憾的是，Solove 和其他学者均指出，由于各种各样的原因，隐私自我管理未能取得成功。② 这些原因包括：消费者未被告知相关信息、消费者认知能力不足、在隐私自我管理所需的海量信息和诸多决策方面，消费者能力欠佳。③

即便如此，我们仍然有必要关注物联网隐私政策，原因有二：其一，消费者和消费者权益倡导者应当有权利用隐私政策来评估产品选择的影响。虽然消费者使用通知和选择具有局限性，但这并不意味着公司可以制定糟糕的隐私政策，使得消费者产生困惑；其二，目前对物联网进行法律规范和调整的工具为数不多，而隐私政策是其中之一。④ 如前所述，美国联邦贸易委员会享有抑制欺诈行为的权力，它是监管措施强有力的依据。因此，我们有必要关注消费者保护法是如何对待物联网隐私政策的。

在物联网环境下，监管指导必须以保护消费者预期为基础。迄今为止，很少有人在消费者对物联网的预期这一方面进行实证研究。⑤ 为数不多的对物联网设备的初步研究也表明，它们确实引发了消费者的担忧。Pedrag Klasnja 等几位学者花费了几个月的时间，对 28 位健

---

① Daniel J. Solove, Introduction: Privacy Self-Management and the Consent Dilemma, 126 Harv. L. Rev. 1880, 1880 (2013).

② See Ryan Calo, Essay, Code, Nudge, or Notice?, 99 Iowa L. Rev. 773, 788 – 789 (2014) (reviewing the arguments for and against notice requirements).

③ See Ryan Calo, Essay, Code, Nudge, or Notice? 99 Iowa L. Rev. 773, 789.

④ See M. Ryan Calo, Against Notice Skepticism in Privacy (and Elsewhere), 87 Notre Dame L. ReV. 1027, 1028 (2012).

⑤ See, e. g., Debjanee Barua et al., Viewing and Controlling Personal Sensor Data: What Do Users Want?, in Persuasive 2013: Proceedings of the 8th International Conference on Persuasive Technology 15, 15 – 16.

身追踪器的用户进行了研究。① 他们发现，这些受访者的隐私关切包括：跟踪器使用的传感器类型（例如，加速度计、GPS 或音频记录）、数据保存的时长（例如，无限期保存或快速删除）、用户使用传感器的情境（例如，工作场所或家庭环境）、用户对支持传感器的应用程序的感知价值、数据存储的位置是用户设备、网站还是云端。② 与此相类似，最近 Debjanee Barua 等几位学者对 Fitbit、Withings 体重秤和其他健康相关传感器设备进行了研究，她们发现，用户希望能够获得这些设备所产生数据的副本。③ 通过具备检查、处理和存储自身信息的能力，用户可以实现对数据的最低级别的控制。④ 然而，正如这些学者所指出的那样，当前的消费产品甚至不支持用户享有这种基本控制权："对于目前的传感器来说，这是一个问题。通常，所有的传感器及其相关数据，都由其制造商所控制……这使得大多数人无法获得自身数据的副本。"⑤

除了上述两个例子之外，Heather Patterson 和知名隐私学者 Helen Nissenbaum 也进行了迄今为止最有趣的一项研究，他们主要针对的是用户对 Fitbit 和其他健身数据的隐私期待。⑥ 该项研究的基础是一个基本发现，即美国人普遍担心与健康有关的数据被用于医疗领域之外：其中，77% 的美国人担心这些信息被用于市场营销，56% 的美国人担心这些信息会被雇主获取，53% 的美国人担心这些信息会被保险

---

① Predrag Klasnja et al., Exploring Privacy Concerns About Personal Sensing, in Pervasive 2009: Proceedings of the 7th International Conference on Persuasive Compputing 176, 177 (Hideyuki Tokuda et al. eds., 2009).

② Predrag Klasnja et al., Exploring Privacy Concerns About Personal Sensing, in Pervasive 2009: Proceedings of the 7th International Conference on Persuasive Computing 176, 179–181.

③ Debjanee Barua et al., Viewing and Controlling Personal Sensor Data: What Do Users Want?, in Persuasive 2013: Proceedings of the 8th International Conference on Persuasive Technology 15, 22.

④ Omer Tene & Jules Polonetsky, Big Data for All: Privacy and User Control in the Age of Analytics, 11 Nw. J. Tech. & Intell. Prop. 64.

⑤ Debjanee Barua et al., Viewing and Controlling Personal Sensor Data: What Do Users Want?, in Persuasive 2013: Proceedings of the 8th International Conference on Persuasive Technology 15, 24–25.

⑥ Heather Patterson & Helen Nissenbaum, Context-Dependent Expectations of Privacy in Self-Generated Mobile Health Data 3.

公司获取。① Patterson 和 Nissenbaum 发现，受访者担心在招聘和保险方面受到歧视②、担心物联网公司利用 Fitbit 数据进行过度的市场营销③、担心数据安全遭到威胁。他们结论是："自我追踪服务应当……具体说明信息披露情况，向用户说明特定第三方，包括雇主、保险公司和商业研究人员可能在何种情况下获得其数据，并明确赋予用户拒绝披露这些信息的权利。"④

综上所述，这些研究表明，物联网消费者希望能够明确以下基本问题：该设备使用何种类型的传感器、收集了有关其自身或用户的何种具体信息？这些信息是存储在设备本身当中、用户的智能手机当中（假设该设备与用户的手机交互）、制造商的云服务器当中，还是同时存储在这三者当中？这些信息是否进行了加密？如何加密？如果信息以去识别化的形式存储，那么制造商是否能够重新识别信息（例如，基于诉讼的需要）？为了将原始传感器数据导出到其他服务或设备，用户是否有权访问这些数据？如果传感器数据保存在制造商的服务器当中，用户是否有权访问、编辑或删除这些数据？设备制造商规定由谁享有这些数据？制造商或者服务提供者究竟会与谁共享数据，用户是否有权拒绝披露这些数据？

以上这些信息均能够为消费者提供必要信息，以便其对这些联网设备做出更好的选择。遗憾的是，上文的有关部分表明，当前的行业实践没有达到为消费者提供充分信息的水平。恰恰相反，现有的物联网隐私政策或多或少地使这些基本问题悬而未决。

除了上文有关部分已经提及的重新界定"个人身份信息"之外，

---

① Debjanee Barua et al., Viewing and Controlling Personal Sensor Data: What Do Users Want?, in Persuasive 2013: Proceedings of the 8th International Conference on Persuasive Technology 15, 11 & n. 91; see also Markle Found., Survey Finds Americans Want Electronic Personal Health Information to Improve Own Health Care 1, 3 (2006), http://www.markle.org/downloadable-assets/research-doc_120706.pdf, archived at http://perma.cc/AAW5-BCW4.

② Heather Patterson & Helen Nissenbaum, Context-Dependent Expectations of Privacy in Self-Generated Mobile Health Data 26 - 27.

③ Heather Patterson & Helen Nissenbaum, Context-Dependent Expectations of Privacy in Self-Generated Mobile Health Data 28.

④ Heather Patterson & Helen Nissenbaum, Context-Dependent Expectations of Privacy in Self-Generated Mobile Health Data 46.

笔者建议针对当前的做法进行四项基本改革。

首先，就何时何地向消费者通知隐私和数据问题，监管机构应当寻求行业共识，采取最佳措施。物联网公司要么在消费类物联网设备的包装当中说明与产品相关的隐私政策，要么在产品当中告知用户如何查找到隐私政策的明确信息。另外，公司应当明确网站政策是只适用于网站使用，还是同时也适用于用户使用产品所产生的数据。如果是后者，则这种综合的隐私政策应当明确地、直接地指出其适用于物联网设备产生的传感器数据，并阐明其对待这些数据与对待用户使用网站所产生的数据之间的区别。

其次，物联网隐私政策应当规定公司遵循以下原则：消费者享有由其身体、汽车、住宅、智能手机和其他设备产生的传感器数据。而为了实现这一承诺，公司还应当明确赋予用户以访问、修改和删除传感器数据的权利。如上文的有关部分所述，笔者所调查的隐私政策都没有规定用户对传感器数据享有所有权，只有极少数隐私政策明确规定用户对传感器数据享有访问权。虽然公司间或赋予消费者更改"个人信息"的权利，但由于目前尚未明确传感器数据是否属于个人信息，因此，消费者对传感器数据享有的这种更改权微乎其微。

再次，物联网隐私政策应当明确设备使用何种类型的传感器、这些传感器究竟产生了何种类型的数据、这些数据被用于何种目的，以及这些数据是如何存储的（以及存储多长时间）。隐私政策应当告知消费者传感器数据存储的位置是设备还是云端，并应当明确通知消费者云端存储意味着数据更容易受到安全漏洞的攻击、被作为诉讼程序呈上法庭，以及被发现。如果传感器数据存储在云端，公司应当披露这些数据存储的方式是加密还是去识别化。

最后，物联网公司应当承诺，即使是聚合的、去识别化的传感器数据，它也不会与第三人共享，因为重新识别这些数据轻而易举。关于这一推断，笔者在上文的有关部分已经做出了说明，但此处仍然值得单独讨论。传感器数据具有敏感性、揭示性，因此物联网公司应当向消费者做出承诺，保证这些数据不会泄漏到公共领域。笔者认为，监管机构和隐私倡导者应该鼓励物联网公司采用这样一个简单原则：一旦存在疑问，就假定传感器数据可以被重新识别。在建立自己的商业模式时，这些公司最好采取一种假设，即如果没有重大的声誉、市场和监管风险，它们甚至无法与第三人共享聚合的、去识别化的传感器数据。

对物联网隐私政策的这些基本改革，旨在开启监管者、消费者权益倡导者、隐私学者和公司法律顾问之间的对话。物联网是一个新兴的、不断发展的领域，同时新的物联网产品也不断涌现出来。笔者通过回顾现状发现，为了尽量减少消费者的困惑，使物联网隐私政策更加有用，改革是不可避免的。当然，监管者、消费者权益倡导者、隐私学者和公司法律顾问之间的这一对话需要花费时间，也需要在监管机构和市场参与者之间达成共识。但是，正如下文的有关部分所述，这一对话已经迫在眉睫。

（二）把握时机：解决公共选择问题为何迫在眉睫

除了以上所述的问题，我们还需要讨论最后一个话题：解决物联网问题不可避免地存在公共选择问题，以及解决这一选择问题迫在眉睫。长期以来，在信息性隐私领域，隐私方面的立法改革一直难以实施。① 在过去10年当中，尽管学者和监管机构纷纷提出建议，但是美国国会均视若无睹。那么，在物联网环境下，解决这些视、个人隐私保护、数据安全和消费者同意问题的可能性有多大呢？

事实上这些问题有望被解决，原因有二：一方面，公众及其代表往往会对基于传感器的追踪做出强烈反应。在美国，许多州竞相禁止雇主未经尝试就要求雇员植入皮下射频识别（RFID）标签。② 有些州已经解决了GPS定位跟踪问题，公众对此反应十分强烈。并且，如前所述，为了控制传感器数据的使用，某些州已经将集中关注汽车事故记录仪数据和各种各样的跨语境使用限制。简而言之，传感器往往会令用户产生恐惧，因为相比于互联网跟踪所带来的更为模糊、普遍的危害而言，它们所带来的潜在危害可能更加突出。因此，改革者门可能会发现，相比于管理互联网或网络数据而言，动员人们支持打

---

① See, e. g., Paul M. Schwartz, Preemption and Privacy, 118 Yale L. J. 902, 917 (2009).

② Scott R. Peppet, Unraveling Privacy: The Personal Prospectus and the Threat of a Full-Disclosure Future, 105 Nw. U. L. REV. 1153, 1202.

造物联网更加容易。另一方面,物联网是一个相对较新的事物,因此,对于应该如何管理这些数据流,业界或许尚未坚定自己的观点。最近,Lior Strahilevitz 注意到,在隐私争议当中辨别出胜者和败者,以及分析由此产生的公共选择问题至关重要。① 笔者也试图让信息性隐私学者集中关注这些问题。② 公司想方设法地从物联网信息当中获利,这将会推动对物联网数据使用的法律规范和调整。随着物联网从新兴到逐渐壮大,老牌的互联网公司,比如最近收购了 Nest Thermostat 的谷歌,③ 将会拥有更强大的力量来对抗行业管理。然而,就目前而言,本文所讨论的消费类产品大都是由物联网新兴市场当中规模较小、相对较新的公司所制造的。隐私倡导者、监管者和公司法律顾问应当抓住机会,指导这些公司采取最佳做法。而且,即使大型企业制造了物联网产品,或者从新兴企业当中获得了此类设备,在物联网领域当中,寻求加强监管的公司与构建物联网的公司也可能暂时性地进行某种合作。

这表明,解决公共选择问题迫在眉睫。目前,消费者极易受到视、个人隐私保护、数据安全和消费者同意问题的影响,而且随着时间的推移,解决这些问题可能会难上加难。在科技界和政治界,持有"等待和观望,让市场自由发展"的立场可能比较方便,然而现实是,随着时间的推移,对于消费者权益倡导者、监管者和立法者来说,采取行动可能会变得更加困难。物联网已经成为现实,我们应当尽快针对其带来的挑战做出回应,及时、合理地解决物联网所固有的歧视、个人隐私保护、数据安全和消费者同意问题。

五、结语

本文介绍了作为消费者物联网核心的传感器设备,探讨了这些设备引发的四个主要问题,并提出了能够限制这些问题的合理的初步措施。尽管笔者的论据范围十分宽泛,但笔者仍然列举了几种物联网的

---

① Scott R. Peppet, Unraveling Privacy: The Personal Prospectus and the Threat of a Full-Disclosure Future, 105 Nw. U. L. Rev. 1153, 1169 – 1170.
② Lior Jacob Strahilevitz, Privacy Versus Antidiscrimination, 75 U. Chi. L. Rev. 363, 2010.
③ Scott R. Peppet, Unraveling Privacy: The Personal Prospectus and the Threat of a Full-Disclosure Future, 105 Nw. U. L. Rev. 1153, 1201 – 1203.

法律规范和调整方法,希望通过这些措施解决物联网这一新领域的难题。迄今为止,各方都已经为物联网的发展做出了各种各样的努力,笔者也想为此贡献自己的一份力量,希望以此文引发人们对物联网这一新兴事物的热议,并能够认真思考如何更好地实现物联网法律的规范和调整。